BASTEI
LÜBBE

Verdun war mehr als eine Schlacht.
Wilhelm von Schramm

»Ein Schlachten war's, nicht eine Schlacht zu nennen.«
Ernst Jünger

Wer nicht dabei war, für den werden Verdun, Douaumont, Somme nur Worte, nichts als Worte sein.
Ernst Johannsen

Verdun . . . papperlapapp!
Louis Ferdinand Céline

GERMAN WERTH

VERDUN

BASTEI LÜBBE

BASTEI-LÜBBE-TASCHENBUCH
Band 65 041

1. Auflage 1982
2. Auflage 1984

Vollständig überarbeitete und erweiterte Fassung der gebundenen Ausgabe

Printed in Western Germany 1984
Einbandgestaltung: Roland Winkler
Gesamtherstellung: Ebner Ulm
ISBN 3-404-65041-7

Der Preis dieses Bandes versteht sich einschließlich der gesetzlichen Mehrwertsteuer

Inhalt

Anhang

Prolog: »Ernte Vierzig«

Verdun, 13. Juli 1936. Ein trüber Regentag. In der Stadt finden die Feierlichkeiten zum 20. Jahrestag der »Schlacht von Verdun« statt. Am Kriegerdenkmal, dem *Monument aux Morts*, auf dem »Platz der Nation«, schräg gegenüber der Porte Chaussée, dem einzigen noch aus dem Mittelalter erhaltenen Turm der früheren Befestigungsanlagen, hat sich eine Menschenmenge gesammelt. Es vergeht kein Jahr, an dem hier nicht zu Füßen der fünf in Stein gehauenen Poilus Kränze niedergelegt werden.

Doch diesmal ist es nicht wie sonst. Gegen elf Uhr nähert sich eine deutsche Delegation, ihre Vertreter tragen Zivil, und die Hakenkreuzfahne, die sie mit sich führen, gibt nichts von dem martialischen Eindruck nationalsozialistischer Aufmärsche wieder. Auch den Hitlergruß, mit dem die Deutschen – unter ihnen der als »Stürmer des Douaumont« gerühmte Cordt von Brandis – vor dem Denkmal Aufstellung nehmen, den Hut in der Linken an die Hosennaht gepreßt, scheint niemand als Störung zu empfinden.

Es war der demonstrative Abschluß einer großen Kundgebung, die am Abend zuvor Kriegsteilnehmer aus England, Frankreich, Deutschland und sogar aus Italien zu einem nächtlichen Schwur auf die Trichterfelder vor der Stadt zusammengeführt hatte. *»Pour la paix du monde«* – für den Frieden in der ganzen Welt, wie eine helle Kinderstimme aus dem Lautsprecher den Versammelten zugerufen hatte, den Überlebenden des »Stahlgewitters«, die auf dem riesigen Friedhof vor dem von Scheinwerfern angestrahlten Beinhaus, einer kalten, marmornen Totengruft, gestanden und in der Erinnerung noch einmal die Schlachtenhölle, das Knattern der Maschinengewehre, das Geräusch explodierender Granaten und die Schreie der Verwundeten erlebt hatten. So schien sich zu bewahrheiten, was der Schriftsteller Ernst Glaeser als »Wunder von Verdun« bezeichnet hatte: »Verdun ist die große Gleichung zwischen drei großen Völkern Europas. Wo Verdun beginnt, hören die

Nationen auf. Sein Boden gehört allen, denn er ist vom Blut aller genäßt.«

Vier Jahre später, 15. Juni 1940. Wieder weht die Hakenkreuzfahne in Verdun, doch mischt sie sich diesmal nicht mit dem Blau-Weiß-Rot der französischen Trikolore, und auch die Szenerie hat sich gewandelt. Auf der Hauptstraße der Stadt, dort, wo die Stufen zum Siegesdenkmal mit der überlebensgroßen Ritterfigur hinaufführen, paradieren deutsche Truppen vor ihrem Armeeführer General Busch. Diesmal tragen die Deutschen Uniform, sie sind nicht als Pilger gekommen, sondern als Eroberer. Der *Völkische Beobachter* meldet: »Das Symbol der Widerstandskraft Frankreichs gefallen. Die Reichskriegsflagge weht über Verdun. 24 Stunden nach dem Fall von Paris marschieren unsere Soldaten in die Stadt ein, die heißer als jedes andere Stück französischer Erde im Weltkrieg umkämpft war. Heute ist der Mythos zerbrochen. Wo im Jahre 1916 die deutsche Kraft erlahmte, ist unser Heer unaufhaltsam weitergestürmt.«

Zu diesem Zeitpunkt war Hitlers Frankreichfeldzug entschieden. Verdun, ein Vierteljahrhundert zuvor vergebens von den Deutschen berannt, fiel an einem einzigen Tag, mit ihm die legendären Forts Vaux, Douaumont, Marre, die Stellungen auf beiden Ufern der Maas, nach einem Angriff von Panzerjägern und motorisierten Infanterieeinheiten in Bataillonsstärke.

Schon Ende Mai 1940 hatte es sich herumgesprochen, daß sich »ein Verdun« auf keinen Fall wiederholen würde. »Nicht unmöglich, daß wir jenseits der Aisne auf die Maginotlinie einbiegen, um sie von hinten zu nehmen«, notierte Erich Kuby, Angehöriger einer Nachrichteneinheit, »dann wird der Schreckensname Verdun auftauchen. Aber keine Sorge, das wird diesmal anders verlaufen. Diese Franzosen haben einfach keine Lust, in die Partie, die wir ihnen liefern, richtig einzusteigen. Sie werden fürchterlich aufwachen, wenn es zu spät ist.«

»Die Kämpfe waren zwar kurz, aber hart und unerbittlich. Manche Kameraden werden wir morgen neben Euere Kameraden des Weltkrieges betten müssen. Neue Kreuze werden zu den Hunderttausenden alter verwitterter kommen. Aber wir sind uns bewußt, daß unser Kampf um Verdun leichter war als der Euere. Wir stießen auf einen Feind, dessen Moral unserem Ansturm, der beispiellosen Überlegenheit unserer Waffen nicht mehr gewachsen war«, schreibt ein junger Soldat seinem Vater nach Hause. Ein Kriegsberichterstatter bemerkt: »Der Name Maginot war einmal ein Symbol für Frankreichs ewigen Sieg über das Reich. Sein Werk war nichts in der Stunde, da Deutschland sich unter Adolf Hitler wiederfand. Es zerbrach unter Adolf Hitlers Feldherrnkunst.«

General der Infanterie Weisenberger, dessen Division die Zitadelle gestürmt hatte, sah im Rückblick einen »geraden Weg« von den Kämpfern um Verdun des Jahres 1916 zu den »Erstürmern der Festung« des Jahres 1940. Wenn er auf der runden Betonplatte des Geschützturmes auf dem Douaumont stand, wurde für den Infanteriegeneral der Wehrmachtslandser zum »Vollender dessen, was andere lange vor uns erstrebt und ersehnt hatten«. Die Deutschen kamen (so der General, der als junger Offizier selbst vor Verdun gekämpft hatte, ohne die »heißumkämpfte Stadt auch nur einmal zu sehen«) diesmal mit nur 200 Toten davon, weil »all die vielen Opfer, die die Bezwingung einer so starken Festung kostete, schon vorweggenommen waren in dem unendlich harten Ringen um Verdun vor einem Menschenalter«.

Die geschichtliche Ironie, die darin bestand, daß hier die Lebenden noch einmal auf dem Schlachtfeld der Toten Krieg führten wie Schauspieler vor einer längst abgedrehten, zufällig stehengelassenen Kulisse, bemerkte der damals noch unbekannte Hans Habe. Gerade noch waren Touristen aus aller Welt, Michelins illustrierten Führer in der Hand, neugierig über »das größte Schlachtfeld aller Zeiten«, gewandert, dann hatten die Franzosen vergeblich versucht, Vorbereitungen zur Verteidigung der berühmten Festungsstadt zu treffen. Habe hatte sich als Angehöriger eines ausländischen Freiwilligenregiments auf dem berüchtigten Morthomme, auf der Kuppe des Toten Manns, eingegraben, wo auf einem Denkmalstein mit der Plastik des triumphierenden Todes Pétains Worte von 1916 eingemeißelt stehen: *»Ils n'ont pas passé – Sie sind nicht durchgebrochen!«*

Zwei Tage später, am 17. Juni 1940, mußte Marschall Pétain, der greise »Sieger von Verdun«, in letzter Minute an die Spitze eines zusammenbrechendes Staates gerufen, Hitler den Waffenstillstand anbieten, indes sein ehemaliger Untergebener de Gaulle nach

England ging, um von dort den Widerstand fortzusetzen.

Für die Propagandaschreiber rechtfertigte (im nachhinein jedenfalls) die geringe Zahl der Gefallenen Hitlers Blitzkriegskonzept. Verblüfft nahm Jean Benoist-Méchin, gegen den später nach der Rückkehr de Gaulles der Vorwurf der Kollaboration erhoben wurde, die niedrige Ziffer zur Kenntnis. In seinem 1942 auch in deutscher Übersetzung erschienenen Buch *Ernte Vierzig* heißt es: »Verluste vom 10. Mai bis zum 25. Juni, das heißt vom Beginn der Westoffensive bis zur Unterzeichnung des Waffenstillstandes: tot, vermißt, verwundet – 156 492 Mann – das ist sehr wenig, wenn man bedenkt, daß allein der Kampf um Verdun 1916 mehr als 600 000 Tote gekostet hat.«

Der Ruhm des »Siegers von Verdun« schien dem geschlagenen Frankreich Sicherheit vor den Pogromen der Nationalsozialisten zu versprechen, aber Pétain vermochte die Franzosen ebensowenig vor den Folgen Hitlers zu schützen, wie Hindenburg die Deutschen vor Hitler bewahrt hatte.

»Die Wahl liegt immer zwischen Verdun und Dachau«, schrieb ein französischer Patriot, noch bevor die Massentreibjagd auf die jüdische Bevölkerung einsetzte (bewerkstelligt von der Gestapo mit tatkräftiger Unterstützung durch die französischen Behörden). »Da sich Frankreich 1940 keinem zweiten Verdun stellen wollte, wurde tatsächlich Dachau sein Los«, wird Jahrzehnte später ein englischer Historiker kommentieren, der Frankreichs Niederlage von 1940 als Nachwirkung von Verdun auslegte.

Der Mythos von Verdun verblaßte während der deutschen Besetzung, die Stadt sank in Vergessenheit zurück. Nur selten wurde das große Beinhaus für offizielle Besucher aus Deutschland geöffnet. Ab und zu brachten Lastkraftwagen Gruppen junger deutscher Soldaten in das Sperrgebiet auf die Anhöhen der Maasstadt, um ihnen die Kriegslandschaft von einst zu zeigen; Urlaubsabwechslung und moralische Aufrüstung gleichermaßen. An der Feier, die 1941 im Fort Douaumont veranstaltet wurde, nahm kurioserweise der als »Held vom Douaumont« ausgezeichnete Oberleutnant von Brandis nicht teil, sondern ein Kriegsversehrter, dem ebenfalls die Eroberung des Forts zugesprochen wurde, nachdem er lange um seine Anerkennung gekämpft hatte.

Zwischen den Franzosen und den Angehörigen der Besatzungsmacht kam es nur selten zu Spannungen, eher konnte man, wenn nicht von Kollaboration, so doch von »freundschaftlicher Koexistenz« sprechen. Deutsche und Franzosen gingen gemeinsam zur Jagd, um Saatgut vor dem Schwarzwild zu schützen, und einmal befreite die Kreiskommandantur der Wehrmachtsbehörden, im Hotel Coq Hardi einquartiert, mit Hilfe der Feldjäger sogar als Geiseln verhaftete Bauern aus den Händen der SS. Die Kreiskommandantur ließ überdies das an eine Klagemauer gemahnende Denkmal der jüdischen Gefallenen bei Thiaumont mit Brettern verkleiden, nicht etwa, »um die Gefühle der deutschen Soldaten zu schützen«. Der Abbruch eines Denkmals für gefallene Verdunkämpfer war für Friedrich Wunderlich, Ordonnanzoffizier der Kreiskommandantur, ein schrecklicher Gedanke. Ihm, der 1917 beim Toten Mann gekämpft hatte und nun Stabsoffizieren als Führer diente, kam es nicht vor, als ob er sich »in Feindesland« befände, sondern in einer vertrauten Umgebung.

Das alte Schlachtfeld, kümmerlich mit Dornengestrüpp bewachsen, mußte für die neuen Sieger freilich als Schießstand und Panzerübungsgelände herhalten, und später wurden auch Bahnschwellen und intakte Panzerkuppeln für den Ausbau des »Atlantikwalls« demontiert. Der Krieg kam erst nach dem 20. Juli 1944 zurück.

Am späten Nachmittag des 21. Juli erhielt Wunderlich, inzwischen zur Feldkommandantur in Bar-le-Duc versetzt, den Befehl, nach Verdun zu fahren, wo ein hoher Wehrmachtsoffizier angeschossen worden sei. Er sollte die Lage erkunden und gegebenenfalls Maßnahmen gegen die Partisanen einleiten. Mit drei Kraftfahrzeugen, besetzt mit schwerbewaffneter Feldgendarmerie, fuhr Wunderlich auf der Voie Sacrée, der »Heiligen Straße«, auf der im Ersten Weltkrieg der Nachschub an die Front transportiert worden war, nach Verdun. Dort erfuhr er von den aufgeregten Begleitern des Wehrmachtsoffiziers, daß es sich bei dem Verletzten um den bisherigen Militärbefehlshaber von Frankreich, Karl-Heinrich von Stülpnagel, handle: bei Vacherauville am Maaskanal sei der General ausgestiegen und habe erklärt, er wolle die alte Stellung wiedersehen, auf der er im Ersten Weltkrieg gekämpft habe; als er außer Sicht hinter einem Hügel gewesen sei, habe man einen oder zwei Schüsse gehört; der begleitende Unteroffizier und der Fahrer waren sofort dorthin gelaufen, wo sie den General vermuteten, und hatten ihn zu ihrem Entsetzen blutend, »mit schwachen Schwimmbewegungen« im Kanal treibend, gefunden.

Kurz vor Mitternacht fuhr Wunderlich vor dem Wehrmachtslazarett in Verdun vor, es war unbewacht und hell erleuchtet. Im Operationssaal bemühten sich zwei Stabsärzte um den General, der eine schwere Kopfwunde aufwies. Sein Augenlicht vermochten sie nicht zu retten, doch sein Leben. Wunderlich und den beiden Ärzten war sofort klar, daß es sich um einen gescheiterten Selbstmordversuch handelte. Stülpnagel wurde nach Berlin überführt und am 30. August 1944 als Verschwörer gegen Hitler in Berlin gehenkt.

Am selben Tag räumten die wenigen deutschen Wehrmachtseinheiten Verdun vor den anrückenden Panzern der Amerikaner. Völlig unnötig zerstörten Partisanen in der Nacht zum 2. September die letzte intakte Maasbrücke, den Pont Ste. Croix; ihre Sprengung hatten Wunderlich und Oberst von Frankenberg und Ludwigsburg, die letzten Verantwortlichen der Kampfkommandantur, absichtlich unterlassen, um sinnlose Zerstörungen zu vermeiden. »Diesmal wird es kein Sedansfest«, kommentierte Wunderlich den fluchtartigen Abzug der Wehrmacht. Doch noch einmal, zum letztenmal in der Geschichte Verduns, kam es auf den Höhen vor der Stadt zu Kämpfen, an denen SS-Einheiten beteiligt waren.

Über die Infanteriedivisionen, die im Mai/Juni 1940 durch die Maginotlinie nach Verdun durchgestoßen waren, gab es nur den lakonischen Vermerk: Kampf und Untergang im Kessel von Stalingrad. Die Stadt an der Wolga wurde auch das »Verdun des Zweiten Weltkriegs« genannt.

1 Die Zange
(3. August – 12. September 1914)

1

Am 3. August 1914 erklärte Wilhelm II. Frankreich den Krieg. Rund vier Wochen später hatten deutsche Truppen den Festungsbereich im Norden von Verdun erreicht. Der Kompanieführer Hans Frentz erhielt den Befehl, die Ortschaft Azannes einzunehmen und als »Infanteriestützpunkt« zur Verteidigung einzurichten. Der Ort lag an einer aus den Wäldern Verduns herausführenden Landstraße; hier gabelte sich die Chaussee und führte auf der einen Seite nach Stenay weiter, auf der anderen, östlichen Seite über Romagne nach Longuyon. Frentz' Kompanie, die sich aus altgedienten westfälischen Bergarbeitern zusammensetzte, gehörte zum V. Reservekorps, dessen Aufgabe darin bestand, zusammen mit der später dazustoßenden Landwehrdivision Franke die Flanke der 5. Armee gegen Ausfälle vom Festungsbereich Verduns her zu sichern, insgesamt nur schwache Kräfte.

Am 1. September erreichte Frentz' kleine Einheit, der man 20 Pioniere zum Ausbau der Stellung beigegeben hatte, ihr Ziel. Unter den argwöhnischen und ängstlichen Blicken der zurückgebliebenen Bewohner demolierten sie Wohnungen und Scheunen von Azannes, indem sie in Frontrichtung Schießscharten in die Häusermauern schlugen. Um gegen Feindeinsicht geschützt zu sein, zogen sie Laufgräben quer durch das Dort von Haus zu Haus zur nächsten Höhe hinauf, die sie ebenfalls besetzten.

Die Männer hatten sich kaum zu einer kurzen Schlafpause niedergelegt, als im Morgengrauen die Franzosen angriffen. Die kleine Garnison geriet bald in Bedrängnis.

Frentz bat um Artillerieunterstützung. Aber zuerst einmal feuerten die Franzosen; der Kirchturm wurde von zwei Granaten getroffen. Die Franzosen setzten zum Sturm an, als das Feuer der deutschen Artillerie auf sie herabschlug. Frentz' Kompanie war gerettet. Als die Dämmerung hereingebrochen war, erschienen französische Sanitäter auf dem Vorfeld, um im Schein ihrer Handlampen nach Verwundeten zu suchen. Kein Schuß fiel. Schließlich verschwanden die Lichter wieder in den Wäldern. Aus dem Fortbereich fand danach kein weiterer Infanterieausfall auf diese Ortschaft statt.

Noch am selben Tag hatte Frentz als Ortskommandant den Befehl erhalten, für die Evakuierung der restlichen Bevölkerung zu sorgen. Nun teilten auch die Bewohner von Azannes das Schicksal von hunderttausend französischen Zivilpersonen, die in diesen Tagen ihr Dach über dem Kopf verloren.

Am späten Abend übergab ein Melder, der mit dem Fahrrad eingetroffen war, eine schriftliche Mitteilung, die der Truppe sofort bekanntzugeben war. »Im Osten ist unter General Hindenburg die russische Narew-Armee völlig vernichtet und ihr Rest gefangengenommen worden. 100 000 Mann. Es ist die größte Schlacht seit Menschengedenken.« Schlaftrunken richtete sich der Feldwebel, mit dem Frentz die Unterkunft teilte, auf: »100 000 Mann – das gibt's doch gar nicht«. Sie wußten nur dunkel, daß im Osten die Sache schlecht lief und die deutsche Armee vor der Übermacht der Russen auf die Weichsel zurückgewichen war. Sollte nicht die erste Entscheidung hier im Westen gesucht werden, während im Osten nur schwache Kräfte blieben?

2

Nördlich von Verdun, in respektvollem Abstand vor der Festungsartillerie, wälzte sich unterdessen das Gros der 5. Armee, zu der neben dem V. Reservekorps mit seinen Deckungskräften vier weitere Korps, insgesamt rund 400 000 Mann, gehörten, in westlicher Richtung vorbei, um nach dem Überschreiten der Maas südlich einzuschwenken. Zur gleichen Zeit setzten sich auch im Südosten von Verdun deutsche Truppen in Marsch. Erich von Gündell, der kommandierende General des V. Reservekorps, erhielt von der Armeeführung den Befehl, ein Pionierbataillon und ein Mörserregiment abzugeben – »wahrscheinlich zum Angriff gegen die Sperrforts zwischen Verdun und Toul«.

Gündell hatte sich inzwischen »bei einer freundlichen Witwe« in Damvillers, 20 km nördlich von Verdun entfernt, einquartiert, durch dessen Hauptstraße der endlos scheinende Troß eines anderen Armeekorps zog, und fand seine rein defensive Aufgabe »recht wenig ermunternd«.

Das »lästigste« war der furchtbare Staub, der durch den ununterbrochenen Wagenverkehr verursacht wurde – »nahezu so staubig wie in China«.

Gündell hatte 1900 als Generalstabschef des deutschen Expeditionskorps gemeinsam mit Engländern und Franzosen den Boxeraufstand in China niedergeschlagen, später jedoch keine besondere Karriere gemacht und 1913 schließlich seinen Dienst quittiert, um sich in Göttingen dem Studium der Philosophie zu widmen. Nun galt es statt dessen, Lagekarten und Mannschaftsstärken zu studieren.

Im Gegensatz zum einfachen Soldaten und Frontoffizier konnte sich Gündell einen Reim auf das augenscheinliche Durcheinander von Truppenbewegungen machen. Als ehemaligem Direktor der Kriegsakademie in Berlin war ihm der große Feldzugsplan vertraut, der Schlieffen-Plan, das todsichere Siegesrezept, nach dessen Anweisungen Frankreich binnen weniger Wochen vernichtend geschlagen werden sollte.

Verdun war danach nur Nebenschauplatz; denn nach Schlieffen sollte die Stadt, die nach dem verlorenen Krieg von 1870/71 von den Franzosen als Ersatz für das verlorene Metz zur starken Festung ausgebaut und mit mehreren Verteidigungsringen umgeben worden war, einfach links liegengelassen werden. Der deutsche Hauptstoß erfolgte weiter westlich, bei den drei Armeen auf dem rechten Flügel des deutschen Gesamtaufmarsches. Während die Franzosen auf Elsaß-Lothringen vorgehen würden, sollte die Masse des deutschen Heeren durch das zentrale Belgien bei Lüttich nach Westen durchstoßen, den linken französischen Flügel umfassen und das ganze französische Heer zur Schweiz hin abdrängen; Angelpunkt dieser gewaltigen »Drehtür«, die das deutsche Heer in den Rücken des Feindes befördern würde, war Verdun, der »Eckpfeiler« der französischen Festungslinie.

So jedenfalls hatte es sich der im Vorjahr verstorbene preußische Generalfeldmarschall Alfred Graf von Schlieffen gedacht.

Aber die Frage war nicht nur, ob der Gegner auch den Deutschen den Gefallen tun würde, sich »wie in einem Sack« fangen zu lassen;

ein Problem stellten auch die sieben einzelnen deutschen Armeeführer dar, die ihre Rolle in diesem Stück gut einstudiert haben mußten; das größte Fragezeichen schließlich war die Person des Schlieffen-Nachfolgers und für die Gesamtoperation verantwortlichen Chefs der Obersten Deutschen Heeresleitung (OHL), Generaloberst Helmuth von Moltke (der Neffe des großen Moltke von Sedan).

»Wie ein Traum ist es, daß diese lange durchdachten Operationen nun in der Tat ganz so laufen wie auf dem Papier. Es ist die größte Tat seit Bestehen der Kriegsgeschichte, ermöglicht durch die Kühnheit der Konzeption, die Sicherheit der Organisation und die unvergleichliche Willigkeit und Tapferkeit unserer Truppe. Es werden noch kleine Rückschläge kommen – doch im ganzen ist es in Ordnung«, schwärmte ein Generalstäbler.

Moltke dagegen war voller Skepsis mit dem Schlieffen-Plan in den Krieg gegangen. Gegenüber dem legendären Wunsch des Grafen, »Macht mir den rechten Flügel stark«, sah er sich keineswegs in der Rolle des Testamentsvollstreckers, eher des unfreiwilligen Erben. Das Konzept stammte noch aus dem Jahre 1905, als es die Schwäche des anderen Gegners, Rußland, erlaubte, so gut wie alle Kräfte zuerst gegen Frankreich zu werfen, um sich dann nach dessen Niederringung nach Osten zu wenden; inzwischen jedoch war der Zweifrontenkrieg zu einem schweren Problem geworden, und die Russen hatten ihre Stärke bereits unter Beweis gestellt und waren in Ostpreußen eingedrungen. Außerdem war Moltke mit der passiven Rolle des linken deutschen Flügels nicht zufrieden; ihn ängstigte die Vorstellung, die Franzosen könnten hier zu stark sein und sogar auf die Rheinlinie vorstoßen und das Ruhrgebiet gefährden. Der Nachbar der 5. Armee, der ehrgeizige Führer der 6. Armee, Kronprinz Rupprecht von Bayern, hatte sich hier auch nicht damit zufriedengegeben, Lothringen von Metz bis Straßburg gegen einen französischen Angriff zu schützen, sondern war von sich aus gegen die oberen Forts an der Maas vorgegangen. Indirekt hatte Moltke ihn sogar dazu ermutigt, indem er dem Bayern zusätzliche Truppen zur Verfügung gestellt hatte.

Das war ein Verstoß gegen den Schlieffen-Plan, den umzustoßen Moltke allerdings nicht die Courage hatte; auch der entscheidende rechte deutsche Flügel war von ihm keineswegs geschwächt worden, wie bald behauptet wurde. »Verdun ist einzuschließen«, lautete die Weisung aus dem Hauptquartier vom 27. August, und an alle Armeen gerichtet der Zusatz: »Schnelles Vorgehen ist dringend erwünscht, um den Franzosen keine Zeit zu lassen, sich neu zu gliedern und ernsten Widerstand zu leisten.«

Als Moltkes Befehl bei der 5. Armee eintraf, hatten die Verantwortlichen schon längst mit ihren Operationen in diesem Sinn begonnen: die Einheiten der 5. Armee sollten die Festung von Norden und Süden umgehen und mit einer Zangenbewegung »abkneifen«. Durch die mangelhafte und schleppende Nachrichtenübermittlung war Moltke in seinem Großen Hauptquartier in Luxemburg von der Front so gut wie abgeschnitten und erfuhr meist erst mit einem Tag Verspätung, was bei den Armeespitzen eigentlich vorging. Es lag aber auch gar nicht in seiner Absicht, die Führer seiner Armeen zu gängeln. Für einen Augenblick glaubte er sogar, das gleichzeitige Vorrücken beider deutscher Heeresflügel werde den Franzosen ein schreckliches »Über-Cannae« bereiten, der Gegner würde zwischen beiden zerdrückt werden. Die 5. und 6. Armee, meinte er, sollten sich deshalb nach dem Einschluß Verduns so bald wie möglich wieder vereinigen.

Der Widerstand der französischen Armee war unterschiedlich. Truppenmeldungen zufolge befand sich der Feind in »fluchtartigem Rückzug«, doch entsprach diese gern nach oben durchgegebene Formel keineswegs den tatsächlichen Verhältnissen. Gegenüber Besuchern aus der Heimat äußerte sich Moltke besorgt: »Wir haben Erfolge gehabt, aber wir haben noch nicht gesiegt. Sieg heißt Vernichtung der Widerstandskraft des Feindes.«

Die Rückmarschwege der französischen Armee sahen kaum anders aus als die Straßen ihrer Verfolger, die diese bei ihrem strapaziösen Vormarsch zurückgelegt hatten. Liegengelassene Ausrüstungsgegenstände, zerbrochene Wagen, defekte Waffen, Tierkadaver, doch nichts, was auf Panik oder Flucht schließen ließ.

Der Übergang über die Maas bei Dun geriet für die 5. Armee sogar zur »harten Nervenprobe«, weil die deutsche Artillerie dem schweren französischen Granatfeuer nichts Gleichwertiges entgegenzusetzen vermochte. Den Stäben wurde klar, daß es sich nicht mehr »um einen einfachen Vormarsch« handelte, vielmehr »dieser erkämpft werden« mußte.

Als der deutsche Kronprinz, der Führer der 5. Armee, am Nachmittag des 3. September erfuhr, daß das Dorf Montfaucon besetzt worden war, hielt es ihn nicht länger beim Kartenstudium. Mit seinem persönlichen Stab fuhr er nach vorn, um sich an Ort und Stelle von dem weiteren Vordringen seiner Soldaten zu überzeugen, vorbei an endlosen Nachschubkolonnen, Batteriestellungen und vormarschierender Infanterie. Humpelnde Leichtverwundete und französische Gefangene kamen ihnen entgegen.

Der Bergkegel von Montfaucon war ein idealer Beobachtungspunkt. Vor den Blicken des Kronprinzen entfaltete sich ein kriegerisches Panorama, das in ihm ein Feldherrngefühl emporsteigen ließ, »jenes herrliche Siegesgefühl, das nur die vorderste Kampflinie selbst kennt«.

Im Westen wurde sein Blick durch den Waldrand der dunklen Argonnen begrenzt, wo das VI. Armeekorps gerade in Richtung Varennes vorging. Im Südosten lag, durch die Höhen 304 und Toter Mann verborgen, Verdun.

Clermont und St. Ménehould hießen die nächsten großen Zielorte. Daß gerade seine Armee mit ihren Truppenteilen aus Sachsen, der Provinz Posen, Schlesien, Württemberg, Elsaß-Lothringen, Hessen und Bayern eine »Mischung aller vaterländischen Stämme« darstellte, empfand Kronprinz Wilhelm als glückliche Fügung. Es war seine Armee, mochten ihm auch die Worte nicht aus dem Kopf gehen, mit denen ihm der Kaiser zum Feldzugsbeginn in Gegenwart des Reichskanzlers und der militärischen Führungsspitzen das Oberkommando der 5. Armee anvertraut hatte: »Du bekommst Generalleutnant Schmidt von Knobelsdorf als Chef des Generalstabs. Was er dir rät, mußt du tun!«

3

Um Verdun selbst machte sich der Kronprinz keine allzu großen Sorgen. Hatten doch die großen belgischen und französischen Fortanlagen, mit deren Hilfe die Sturmflut der Deutschen gleich bei Kriegsbeginn gebrochen werden sollte, allesamt nicht die Erwartungen erfüllt, die von ihren Erbauern in sie gesetzt worden waren. Am 16. August, nur zwei Tage nach dem Ende der deutschen

Mobilmachung, war das letzte der zwölf Ringforts um die belgische Festung Lüttich gefallen und damit das »Einfallstor« zwischen Holland und den Ardennen für den Durchmarsch des deutschen Heeres geöffnet. Der bis dahin unbekannte General Ludendorff war bei dieser Gelegenheit mit dem Pour le Mérite ausgezeichnet worden, obwohl er nur zufällig – in seinen eigenen Worten als »Schlachtenbummler« – dazugekommen war und die unwichtige Zitadelle mit einer bereits übergabewilligen Besatzung »erobert« hatte. Da auf einer raschen Einnahme Lüttichs jedoch der ganze Feldzugsplan der Deutschen beruhte und Ludendorff als Chef der Aufmarschabteilung bereits in Friedenszeiten den Angriff auf die belgischen Festungen durchgeplant hatte, war es nur logisch, daß der Kaiser das »Wunderkind« unter den deutschen Generalstäblern auszeichnete. Am 26. August hatte das letzte Fort von Namur kapituliert, die französischen Sperrbefestigungen Hirson und Laon waren gefolgt, Maubeuge wurde gerade belagert. Unter den durchziehenden Truppen war es bald üblich, sich neben den zerborstenen, wie Spielzeugklötzchen in die Gegend geschleuderten Panzerkuppeln der Forts für einen Postkartengruß an die Heimat fotografieren zu lassen.

Die schweren Geschütze der Firma Krupp, die das Wunder vollbracht hatten, waren erst im letzten Moment herangeschafft worden, so daß die Geduld der Generalität, die ihre Truppen schon im Feuer aus den betonierten Kuppeln dezimiert sah, auf eine harte Probe gestellt wurde. Von einer Geheimwaffe konnte allerdings keine Rede mehr sein. Der Kaiser hatte befohlen, Fotografien über die Zerstörung der Forts von Lüttich in der Presse zu veröffentlichen, um damit aller Welt zu beweisen, daß dem deutschen neuesten Belagerungsgeschütz, der 42-cm-Riesenhaubitze, auch das modernste Panzerfort nicht widerstehen könne: »Ein Schuß genügt, um die stärksten Beton- und Panzerdecken durchzuschlagen.«

Der Glaube an die »Wunderwaffe« hatte in der Heimat eine völlig neue Kategorie von Witzen erzeugt. Der dumpfe »Humor« des Jahres 1914 machte sich in »Brummerwitzen« folgender Art Luft: »Ein Herr klagt in der Elektrischen einem Bekannten sein Leid, daß ein ihm gehöriges Gehöft zusammengeschossen worden sei. ›Wenn's wenigstens een 42jer Brummer gewesen wär‹, mischt sich ein vorlauter Berliner ein. ›Denn kennten Se doch een *Bergwerk* uffmachen!‹« In einer Karikatur in den *Lustigen Blättern* trat der russische Zar angesichts einer Riesengranate von einem Bein aufs andere: »Was soll erst werden, wenn ich das 42-cm-Stuhlzäpfchen einkriege?«

Der Hauptmann Ernst Bach vom Kasseler Infanterieregiment 83, den man zum Festungskommandanten des gestürmten Forts Boncelles bei Lüttich ernannt hatte, machte eine frappierende Entdekkung, als er die Mechanik der ein- und ausfahrbaren Kuppeln untersuchte: »Die meisten Geschütze waren Kruppsches Fabrikat.« Es lag auf der Hand, daß von der Heeresleitung dieselben Fachleute zur Wiederinstandsetzung der Panzertürme geholt wurden, die sie vor rund 20 Jahren im Auftrag der belgischen Regierung dort installiert hatten.

Longwy, das im Vormarschgebiet der Kronprinzenarmee lag, war am 26. August von Mörsern und Haubitzen übergabereif geschossen worden. Als der Kaiser daraufhin den Kronprinzen lobte, wurde er von dem Freiherrn von Lyncker, dem Chef des Militärkabinetts, korrigiert: »Knobelsdorf, Euer Majestät, Knobelsdorf!«

Die Festung Montmedy fanden die Deutschen von der Garnison verlassen vor. Die gesamte Besatzung wurde 15 km weiter gefangengenommen. Als der Kommandant beim Verhör gefragt wurde, weshalb er die Festung aufgegeben habe, zog er einen Befehl Joffres hervor, der die Erlaubnis zum Rückzug enthielt. General Fritz von Loßberg staunte: »Für deutsches soldatisches Denken war dieser Befehl unverständlich, denn nach unseren Auffassungen mußte jede Festung sich bis zum letzten Mann halten und hierdurch feindliche Truppen und vor allem feindliche Artillerie fesseln.«

4

Was dem Kommandanten von Montmedy erlaubt war, schien jedoch nicht für den Poilu, den französischen Frontsoldaten, zu gelten. Am 6. September wurde ein Armeebefehl des französischen Oberbefehlshabers Joffre bei einem Toten gefunden. In ihm hatte

Joffre befohlen, »den Boden, koste es, was es wolle, festzuhalten und lieber zu sterben, als zurückzuweichen«.

Der Kronprinz und Knobelsdorf zogen daraus den Schluß, das französische Heer sei am Ende: »Jetzt hat sich der Feind zum letzten verzweifelten Entscheidungskampf gestellt.«

In Wirklichkeit waren die deutschen Aussichten auf den vom Kronprinzen erhofften »endgültigen Sieg« nur noch ziemlich gering. Am 8. September, der Kronprinz hatte sich gerade selbst durch eine Fahrt zum VI. Armeekorps von den schweren Verlusten überzeugt, die der nur schrittweise zurückgehende Gegner den Angriffsspitzen bei Clermont zufügte, kam zum ersten Mal ein Abgesandter der Obersten Heeresleitung zur 5. Armee.

Oberstleutnant Hentsch sollte sich im Auftrag Moltkes einen Überblick über die Lage verschaffen, gleichzeitig brachte er Neuigkeiten: Der rechte Flügel des deutschen Heeres rücke immer noch vor, wenn auch nicht mehr im »raschen Siegeslauf«. Der Zusammenhalt zwischen den einzelnen Armeen, eine Grundbedingung für den Flankenschutz, habe sich zu lockern begonnen. Die 1. Armee am äußersten rechten Flügel habe in letzter Minute einen Angriff aus Paris abgewehrt, doch sei durch eine eilige Umgruppierung möglicherweise zwischen der 1. und der 2. Armee eine Lücke entstanden.

Über diese »erhebliche« Lücke wollte Hentsch sich Klarheit verschaffen, als er sich im Hauptquartier der 5. Armee verabschiedete und sein Auto bestieg.

Während Hentsch noch auf dem Weg war, ließ Moltke, den die Lage bei der 1. und 2. Armee in große Besorgnis gestürzt hatte, dem Bayernprinzen Rupprecht mitteilen, die 6. Armee habe ihren Angriff gegen die französische Festungsfront zwischen Toul und Epinal einzustellen und sich auf den Abtransport an den rechten deutschen Flügel vor Paris vorzubereiten. Wütend fuhr Kronprinz Rupprecht ins Große Hauptquartier, um Protest einzulegen.

In Luxemburg traf Rupprecht auf einen Oberbefehlshaber, der »den Eindruck eines kranken, gebrochenen Mannes« machte. Moltkes »hohe Gestalt war gebückt, und er sah ungemein abgespannt aus«. Der Oberbefehlshaber klagte, es seien viele Fehler begangen worden. Neben der Krise auf dem rechten Flügel beunruhigte ihn der Gedanke einer Landung der Engländer in Antwerpen im Rücken der Deutschen. Genügend schwere Artillerie, um Verdun zu belagern und zugleich noch im Bereich der 6. Armee auf Nancy vorzugehen, sei auch nicht vorhanden.

Moltke und Rupprecht einigten sich auf einen Kompromiß. Der Bayer sollte nur einen Teil seiner Truppen abgeben. Aber kaum war Rupprecht wieder bei seiner Armee, als der Befehl eintraf, die gesamte Armee vom Feind zu lösen: »Man hat bei der OHL offenbar völlig die Herrschaft über die Nerven verloren.«

5

Am frühen Vormittag des 10. September kehrte Oberstleutnant Hentsch von seiner Rundfahrt zu den einzelnen Armeekommandos in höchster Eile zurück. In Varennes, dem Hauptquartier der Kronprinzenarmee, erschien er in Katastrophenstimmung: die Operationen des rechten Flügels seien auf dem toten Punkt angelangt, die Truppen hätten sich durch die ununterbrochene, wochenlange Verfolgung zu Tode marschiert und seien infolge des Rückganges der Offiziers- und Mannschaftsbestände zu einer erfolgreichen Fortsetzung der Offensive nicht mehr fähig; die Armeen müßten sich hinter die Marne zurückziehen. Die 2. Armee unter Bülow sei nur noch Schlacke, ihr rechter Flügel würde zurückgeworfen, so daß starke feindliche Kräfte einen Keil zwischen die 1. und 2. Armee getrieben hätten. Auch die 4. Armee schließe sich dem Rückzug an. Eine schriftliche Anordnung der OHL gebe es nicht, man habe ihm aber die mündliche Vollmacht erteilt, auch der 5. Armee die Rückzugsorder zu geben, damit der Zusammenhalt der Armeen zwischen Paris und Verdun nicht verlorengehe.

Im Oberkommando der 5. Armee fiel man aus allen Wolken; für angespannt hatte man die Lage gehalten, aber nicht für kritisch. In ihrem Bereich fühlten sich der Kronprinz und Knobelsdorf als Herren der Situation. Das XVIII. Armeekorps hatte den Rhein-Marne-Kanal überschritten, in einem nächtlichen Angriff waren die Franzosen von den schwäbischen Truppen des XIII. Korps zwischen Genicourt und Heippes »geworfen« worden. Man setzte zum Sprung auf Bar-le-Duc an und stand damit fast im Rücken von

Verdun. Nun müsse sich zeigen, wer die besseren Nerven habe, erklärten die Herren von der 5. Armee. Ein Rückzug käme nicht in Frage!

Da erschien am 11. September überraschend der Chef des Generalstabs des Feldheeres selbst in Varennes, um Hentschs Ausführungen Nachdruck zu verleihen. Es war Moltkes erste Fahrt an die Front. Auch auf den Stab der 5. Armee machte er den Eindruck eines nervlich angegriffenen Mannes. Die deutsche Führung habe sich in der Schlagfähigkeit des französischen Heeres getäuscht, sagte Moltke, keine französische Armee sei ernstlich angeschlagen, die Gefechtsstärke der eigenen Korps sei um 50 Prozent auf nur noch 10 000 Mann gesunken, in den nächsten Monaten müsse mit einem großen Mangel an Artilleriemunition gerechnet werden.

Dem Kronprinzen gelang es zunächst, den Oberbefehlshaber zu beruhigen; Moltke ließ die 5. Armee vorerst einmal dort, wo sie war, und fuhr zum eigentlichen Ort des Dramas an die Marne. Aber am Nachmittag desselben Tages erreichte die 5. Armee der endgültige Rückzugsbefehl: Nach der Rücknahme der 1.–4. Armee werde die 5. Armee in eine äußerst exponierte Lage geraten, außerdem sei ein französischer Durchbruch zwischen Verdun und Metz zu befürchten; ein Rückzug nach Norden und Osten sei unumgänglich!

Zwei Tage später waren die »Feldherrentage« Moltkes zu Ende. Der Neffe des älteren Moltke, dessen Name für die Unbesiegbarkeit des deutschen Feldheers gleichsam bürgen sollte, wurde vom Kaiser abgelöst. Um in der Öffentlichkeit den Eindruck eines Rückschlages und Führungsdesasters zu verdecken, mußte Moltke formell im Amt bleiben, für ihn selbst eine demütigende Aufgabe. Neuer Chef des Generalstabs des Feldheeres wurde der 53jährige Kriegsminister Erich von Falkenhayn, zunächst nur als »Generalquartiermeister« – »Generalstabschefkriegsminister«, wie Admiral von Müller, der Chef des Marinekabinetts, frotzelte.

So gut wie alle begrüßten die Ablösung des »Pessimisten« Moltke. Sein engster Mitarbeiter, Oberstleutnant Tappen, der Chef der Operationsabteilung, befand sich zu diesem Zeitpunkt zusammen mit dem Generalquartiermeister von Stein, der ebenfalls abgelöst wurde, auf einer Frontfahrt und wurde von dem »Wachwechsel« völlig überrascht; er selber hatte gerade den Eindruck gewonnen, daß sich die Lage zunehmend stabilisierte. Im Gegensatz zu dem unentschlossen wirkenden Moltke war Tappen »ein Mann von ungewöhnlichem Willen« und »guten Nerven«, was einige auch als Phantasielosigkeit und Sturheit auslegten. Er war unbeliebt, ja zuweilen gehaßt bei Untergebenen.

In der Umgebung des »allerhöchsten Kriegsherrn« war man der Ansicht, Falkenhayn werde mit seinem scharfen Verstand und seiner Tatkraft, durch irgendwelche Gemütsregungen ungetrübt, neuen Schwung mitbringen. Josef Stürgkh, der österreichisch-ungarische Delegierte im Großen Hauptquartier, wurde allerdings wie so mancher Uneingeweihter aus der neuen Situation nicht recht klug. Es verblüffte ihn, daß Moltke neuerdings bei den Lagebesprechungen zusammen mit dem Kriegsminister auftauchte, sich jedoch wortlos im Hintergrund hielt, und daß es nun auf einmal hieß, »Falkenhayn hat dies gesagt« oder »Falkenhayn hat jenes angewiesen«. Manche stellten sich auch insgeheim die Frage, ob Falkenhayn nun eigentlich mehr zum Diplomaten oder zum Heerführer geboren sei.

6

Durch den überraschenden Rückzug der Kronprinzenarmee wurde eine Gegend zum Kriegsschauplatz, die bis dahin unberührt geblieben war, obwohl sie für die Franzosen eine ideale Verteidigungsmöglichkeit dargestellt hätte. Der 5. Armee und ihrer rechten Nachbararmee unter Herzog Albrecht von Württemberg war es nur recht gewesen, daß sie den urwaldartigen und unwegsamen Gebirgszug der Argonnen, seit der Französischen Revolution auch die »Thermopylen Frankreichs« genannt, bei der Verfolgung der 3. und 4. französischen Armee aussparen konnten. Beim Rückmarsch wiederholten beide deutschen Armeen nunmehr ihrerseits den Fehler der Franzosen und suchten dem finsteren Waldgebirge zwischen Champagne und Maastal so schnell wie möglich den Rücken zu kehren. Aus Furcht vor einem Angriff aus Verdun gegen die weit herumgebogene Flanke ließ Knobelsdorf die Truppen sogar noch weiter nach Norden zurückgehen, als es die Oberste

Heeresleitung verlangt hatte, die für eine Haltelinie in der Höhe Clermont – St-Ménehould plädierte. Schließlich verlor die 5. Armee durch eine fehlerhafte Befehlsübermittlung sogar noch die Kontrolle über den wichtigsten Straßenknotenpunkt in den mittleren Argonnen bei Le Four-de-Paris und damit die Querverbindung zur 4. Armee. Varennes am Fuß der Argonnen und die beherrschende Höhe von Vauquois gehörten ebenfalls zu den Plätzen, die übereilt aufgegeben wurden.

Als ob der Himmel die Stimmung der Kronprinzenarmee zum Ausdruck bringen wollte, schlug auch das Wetter noch um. Mit einem Male war es Herbst. Aus einer niedrigen Wolkendecke regnete es ohne Unterlaß. Die wenigen Straßen in den Wäldern verwandelten sich binnen kurzem in Schlamm, durch den sich der Heerwurm mühsam zurückquälte. Zwischen der Artillerie und den Munitionswagen fuhren Bagage- und Sanitätsfahrzeuge, auf denen übermüdete und durchnäßte Fahrer hockten. Dazwischen Infanteristen, die stumpf durch die Wälder marschierten, voller Unklarheit, was »oben« vor sich ging.

Den Offizieren ging es nicht besser. »Unsere Unkenntnis über die Vorgänge«, notierte General von Loßberg, »beruhte darauf, daß wohl schon bei der OHL, sicher aber dem Oberkommando der 5. Armee, eine beinahe verletzende Geheimtuerei über den Gesamtstand des Kampfes vorwaltete.«

Am 12. September 1914 beschossen die Franzosen die verlassenen Stellungen der Deutschen, bevor sie verblüfft den Abzug zur Kenntnis nahmen. Dann rückten sie vorsichtig nach. Unmittelbar nach dem Sieg an der Marne war hier ein zweites »Wunder« geschehen. Verdun war gerettet. Die Zange hatte sich wieder geöffnet.

2 Die Fronten erstarren
(September 1914–19. Februar 1915)

1

Kaum waren die Argonnen verlassen, als Ende September schon die Befehle zum neuerlichen Vormarsch herauskamen. Dieses Hin und Her spiegelte die Ratlosigkeit der Armeeführer wider, die nach dem Scheitern des Schlieffen-Plans verzweifelt nach einem neuen strategischen Konzept suchten, das die »entgleiste Operation« wieder in die rechte Bahn und den Feldzug doch noch zum raschen Gelingen bringen sollte. Der überhastete Rückzug des rechten deutschen Flügels bis zur Aisne wurde als »Umgruppierung« verschleiert.

Die Angriffe liefen sich sofort fest, aber noch wollte niemand wahrhaben, daß die Zeit des Bewegungskrieges vorbei war; der »tausendmal verhaßte Grabenkrieg« wurde nur als Übergangslösung angesehen, als eine Art Kräftesammeln vor der nächsten Großoffensive, als Pause, zu der überdies neben der Erschöpfung der Truppen auch die Munitionskrise zwang, die sich im September einstellte.

Der Stellungskrieg, das Maulwurfsleben unter der Erde, wurde ohnehin als eine dem Deutschen »lebensfremde« Kampfform angesehen, für den die »ehrenvollere« Offensive als Wesenszug galt. »Feldbefestigungen erleichtern es, mit schwächeren Kräften einem überlegenen Gegner standzuhalten . . . über diese Absichten hinaus dürfen (sie) nicht die Freude am unaufhaltsamen Angriff lähmen oder gar zum Grabe des Angriffsgedankens werden«, hieß es im Exerzierreglement, an das sich die Führung in den ersten Kriegsmonaten noch unelastisch klammerte.

Was in Wahrheit der Beginn eines vierjährigen Grabenkrieges war, der die Stellungen vom Kanal bis zur Schweizer Grenze in einer Länge von 750 km erstarren ließ, galt bei der Führung noch Monate lang als Provisorium, als »augenblickliche Verteidigung«, der heute oder morgen wieder die Offensive folgen würde. Denkschriften »zur Wiederbelebung der erstarrten Front« kursierten. Niemand wollte so recht glauben, daß es mit dem Traum, zu

Weihnachten wieder zu Hause zu sein, vorbei sei.

Am 19. November meinte der neuernannte Chef des Feldheeres, Falkenhayn, der den meisten bayerischen Offizieren nicht einmal vom Hörensagen bekannt war, in einem Telefongespräch mit Kronprinz Rupprecht von Bayern, er rechne damit, daß man höchstens drei bis vier Monate in der Defensive verharren müßte. »Die Worte hör' ich wohl — allein mir fehlt der Glaube«, kommentierte der Befehlshaber der 6. Armee ahnungsvoll.

2

Der Stellungskrieg war geboren, ohne daß es die deutsche Heeresleitung gemerkt hatte. Die Truppe büßte für die Tatsache, daß es mit dem in Friedenszeiten geübten provisorischen »feldmäßigen Eingraben« nicht mehr getan war, mit hohen Verlusten. Front und Führung mußten erst ihre Erfahrung sammeln, wobei die Führung die Erfahrungen der vorm Feind liegenden Truppe lange Zeit mit bürokratischer Arroganz ignorierte.

In der Praxis sah es so aus, daß zuerst die einzelnen Schützenlöcher durch Gräben verbunden, diese Gräben mit der Zeit tiefer und sorgfältiger ausgebaut wurden. Die Pioniere schleppten, auch an ruhigen Abschnitten pausenlos im Einsatz, Stacheldrahtrollen und Stollenbretter nach vorne. Der Bedarf war unermeßlich. Zimmerleute und Grubenarbeiter wurden aus den Verbänden herausgezogen, um den Pionieren als Facharbeiter zur Hand zu gehen. Hinter der Front entstanden überall Sägewerke, für deren Betrieb sogar alte Dampfmaschinen aus Zuckerfabriken demontiert wurden. Ganze Wälder fielen den Sägewerken zum Opfer; in den belgischen Ardennen hatten die Deutschen zu ihrem Glück ein unerschöpfliches Reservoir an Bauholz.

Der Bau von Unterständen wurde genormt, überall tauchten die gleichen Stollenbretter auf: vier Bohlen in einer Stärke von ungefähr 5 cm, die zusammenpaßten; unten das Bodenbrett, dazu zwei Seitenteile, oben das Deckbrett. Diesen »Rahmen« gab es in verschiedenen Größen, für schmale und breitere Stollen. Die Unterstände wurden wie Keller gebaut: In die Wand des Schützengrabens setzte man feindwärts einen Rahmen und ging dann

Rahmen für Rahmen stufenweise nach unten, wobei die Stollen, die so entstanden, auch nach Stufen gezählt wurden; bei zehn Stufen nahm man an, gegen leichte und mittlere Kaliber »schußsicher« geschützt zu sein, bei zwanzig Stufen »bombensicher« gegen schwere Artillerie – Tiefe und Stollenführung je nach Größe und Bodenbeschaffenheit.

Aus den ersten »Karnickellöchern«, primitiven, mit nur einer dünnen Erdschicht bedeckten Unterständen, durch die in der Mitte das Wasser heruntertropfte, entstanden bald Unterstände, für die das Prädikat »bombensicher« zutraf. Bald kam man auf die Idee, zur »Eindeckung« zerschnittene Eisenbahnschienen als T-Träger zu verwenden, an denen im Gegensatz zum Stacheldraht anfangs kein Mangel bestand.

Ein Stellungssystem gliederte sich »normalerweise« in die Hauptverteidigungslinie, den vordersten, besetzten Schützengraben; hinter ihm verlief in 50 bis 100 m Entfernung ein Deckungsgraben, in dem notfalls bei Verlust der ersten Linie weitergekämpft wurde, und hinter diesem als letzte Bastion der Unterstützungsgraben, aus dem der Gegenstoß mit den dort einquartierten Reserven eingeleitet werden sollte.

Dahinter lagen im Zickzack auf die Front steil zulaufende Stichgräben für den Verkehr von und nach der Front, mit Nebenanlagen für Stäbe, Sanitäter und Küchen. Der hin und her wogende Grabenkrieg, in dem die Stellung zertrommelt und um jeden Meter gekämpft wurde, brachte es allerdings bald mit sich, daß ganze Labyrinthe von Kampf- und Verbindungsgräben entstanden, mit riesigen betonierten Unterständen.

3

Bis der Stellungsbau, bald eine Wissenschaft für sich, zu der späteren Perfektion entwickelt wurde, mußte jedoch erst ein Lernprozeß durchlaufen werden, denn noch wurde das neben dem Maschinengewehr wichtigste Requisit, der Spaten, als »trauriges« Gerät angesehen, weil es angeblich die Würde des Infanteristen beleidigte. Einer Kompanie, deren Gefechtsstärke rund 200 Mann betrug, standen bei Kriegsbeginn auch nur 100 Spaten zur Verfügung, und zum Zerschneiden des feindlichen Drahtverhaus sogar nur vier Drahtscheren, von Spitzhacken ganz zu schweigen! Ein Mann wie der Kompanieführer Erwin Rommel vom württembergischen Infanterieregiment Nr. 124, der schon beim Vormarsch und später bei der Verfolgung der Franzosen durch die Argonnen auf dem Eingraben bestand, »mit aller Energie und ohne Rücksichtnahmen auf die Ermüdung der Truppe« (»anzustreben ist eine Tiefe von 160 cm«), war damals noch eine Seltenheit.

Ja selbst die Handgranate, zu Beginn des Krieges eine noch unbekannte Waffe, deren Handhabung so viel Geschicklichkeit und Kaltblütigkeit verlangte, daß sie nur besonderen Pionierkommandos anvertraut wurde, galt lange als »zu Unrecht bevorzugte Waffe«, weil über sie das Schießen vergessen wurde; dabei stellte sie im Grabenkrieg, wo sich die Gegner auf Wurfweite gegenüber lagen, die ideale Nahkampfwaffe dar. Eine Ausnahme in der Einschätzung war der Minenwerfer, der »Laufgrabenmörser«, dessen Geschosse bis 1000 m weit in die gegnerischen Gräben geschleudert werden konnten; er war bereits in Friedenszeiten entwickelt worden, so daß im August 1914 die Deutschen in den Kämpfen um die belgischen Befestigungen »zum Schrecken und Erstaunen« ihrer Feinde große Erfolge erzielten.

Doch noch war der Vorteil der Verteidigung, die auf der Wirkung des Maschinengewehrs beruhte und raffiniert versteckter Anlagen (aus Feldbefestigungen, Drahtverhauen, Feuernestern), nicht in vollem Ausmaß ihrer Stärke erkannt. Erst ganz allmählich sah man, daß ein frontales Anrennen der Infanterie gegen vorbereitete feindliche Stellungen ohne starke Unterstützung der Artillerie mit reicher Munitionsausstattung nur nutzlose Opfer forderte. Obwohl sogar die Dienstvorschrift dem Truppenführer auferlegte, durch die Artillerie der Infanterie »die Bahn zum Sieg zu brechen«, glaubte man immer noch daran, durch das Schützenfeuer die Feuerüberlegenheit zu erringen, eine Einstellung, die zu der Angriffshetze bei der Infanterie führte, die nicht auf die mitunter langwierige Artillerieunterstützung warten durfte. Gegen Feldbefestigungen gab es vorerst nur eine Lösung: stundenlanger, ja tagelanger Artilleriebeschuß, die Wucht tausender und abertausender Granaten, das »Trommelfeuer« (eine Erfindung der französischen Artilleriespezialisten).

Die Franzosen paßten sich rascher und bereitwilliger den neuen Erfordernissen der Kriegstechnik an als das durch seinen Konservatismus geistig unbewegliche deutsche Heer. Sie legten als erste tiefer gestaffelte Verteidigungsstellungen an, damit sich die Truppen nicht zu dicht im ersten Graben drängten, ein leichtes Opfer konzentrierter Artillerieüberfälle; sie übten auch als erste die elastische Verteidigung, den Kampf aus der Tiefe heraus, während der Befehl, unter allen Umständen zu »halten«, die deutschen Soldaten im vorderen Graben festnagelte.

Aus Fliegerberichten wußte die deutsche Führung, daß die feindliche Artillerie sich »ganz hervorragend« dem Gelände anpaßte, besser als die bürokratischen Deutschen: »Von irgendwelch' linearer Aufstellung, von regelmäßigen, gleichen Abständen sei da nichts zu sehen. Jede Hecke, jeder Baum und Strauch würde mit vorbildlicher Geschicklichkeit als Deckung genützt; nur selten finde man eine Batterie wieder in der nämlichen Stellung, in der sie am vorhergehenden Tage gewesen.« Auch benutzten die Franzosen bereits Telefontrupps bei Patrouillenvorstößen und ließen durch »Artillerieflieger« die genaue Position der deutschen Linien ermitteln, so daß auch die weit hinter der Front stehende schwere Artillerie ein klares Bild der Feindlage hatte.

In den ersten Bestimmungen über den Stellungskrieg, die die OHL im Dezember 1914 herausgab, war als »heiliger Grundsatz« (Zwehl) die Forderung kodifiziert, die vordersten Stellungen »unter allen Umständen« zu halten. General von Falkenhayn war sogar den ganzen Krieg über der Ansicht, daß eine flexible Verteidigung nur die Einladung zur undisziplinierten Rückwärtsbewegung enthielt. Die Erkenntnis, daß solches »Festkrallen« sinnlos war und schwere Verluste bewirkte, blieb den Unterführern an der Front vorbehalten. Erst unter Ludendorff sollte 1917 eine Dienstvorschrift erlassen werden, in der die flexible, tief gestaffelte Verteidigung erlaubt und kein »heldenmütiges Ausharren« verlangt wurde.

Immerhin hatte die deutsche Armee in Friedenszeiten die Fußartillerie entwickelt, eine Artillerie mit schwersten Kalibern, geradezu für den Stellungskrieg geschaffen, doch war diese Waffengattung eine »bürgerliche Waffe«, die mit Mathematik und Technik zu tun hatte und sich in ihrer schwerfälligen Art nicht dafür eignete, parademäßig zu glänzen wie etwa die reitende Feldartillerie, bei der mehr auf manövermäßiges Vorpreschen als auf Ausbildung im indirekten Schießen aus verdeckter Stellung Wert gelegt worden war, oder auf die Zusammenarbeit von Artillerie und Infanterie, die *liaison d'armes*, für die Franzosen eine Selbstverständlichkeit.

Daß die Franzosen wie die Deutschen dem vielzitierten heroischen Geist der Offensive huldigten, der *attaque á outrance*, wie es in ihrer Felddienstordnung hieß, bewiesen sie in den Champagneschlachten des Jahres 1915, in denen sie nach dem »Trommelfeuer« ihre Divisionen in die Maschinengewehrgraben der 3. Armee laufen ließen.

4

Wenn die deutschen Stellungen in den Argonnen den nördlichen Teil der Zange bildeten, mit der die 5. Armee die Festung Verdun gepackt hatte, dann bildete der sogenannte »Keil von St.-Mihiel« den südlichen Teil.

30 km südlich von Verdun bei St.-Mihiel war es den Deutschen gelungen, das Sperrfort Camp des Romains zu Fall zu bringen und sogar die Maas zu überschreiten, wodurch auch die Bahnverbindung Verdun–Toul unterbrochen wurde. Da die übrige Front im Süden zurückging, hatte sich ein weit vorgeschobener spitzer Vorsprung gebildet, der »Keil von St.-Mihiel«, der für beide Seiten ein Risiko barg. Die Franzosen mußten davon ausgehen, daß die Deutschen den Brückenkopf benutzen würden, um ins Hinterland von Verdun vorzustoßen und auf diese Weise die »Zange« doch noch zu schließen. Die Deutschen konnten wiederum befürchten, durch Flankenangriffe wie in einem Sack gefangen zu werden. Französische Karikaturisten verglichen den »Keil« mit dem Kopf eines Wildschweins, an dem zwei Poilus säbelten, um es zu schlachten.

Auf den waldigen Höhenzügen der Côtes Lorraines an der Grande Tranchée de Calonne, einer alten Heerstraße, bei Les Eparges und Combres, kam es daher bald zu heftigen Stellungskämpfen. Am 1. März 1915 schrieb der Theologiestudent August Hopp nach Hause: »Wir zwängten uns, einer hinter dem anderen, durch den Schützengraben, in dem Leichen Deutscher und Franzosen im wüsten Durcheinander fast alle paar Schritte den Weg versperrten, so daß man über die angehäuften Leichen hinwegklettern mußte. Gleichzeitig sahen wir die furchtbare Wirkung des Artilleriefeuers; von der oberen Hälfte des Waldes hinter und vor den Schützengräben stand kein Baum mehr. Der Boden war wie von einem Erdbeben zerwühlt.«

Anfang April 1915 erweiterten die Franzosen den Kampf um die Maashöhe zu einem großangelegten Umfassungsangriff gegen den »Keil«. Sie stürmten gleichzeitig von Toul her im Priesterwald gegen die Südfront wie von den Maashöhen her gegen die Westfront, doch scheiterten alle Versuche, die deutschen Truppen ihrerseits in die Zange zu nehmen.

Der Offiziersaspirant Ernst Jünger hatte den Krieg bisher nur beim Postenstehen oder Schanzen kennengelernt. Vom Grabenkrieg hielt er wenig und den Bau von Unterständen und Erdwällen für eine Schikane, die er schon deshalb ablehnte, weil es, wie er meinte, nicht auf die Höhe der Verschanzungen, sondern auf »Mut und Frische« der Männer dahinter ankam. Im April 1915 konnte er an den Kämpfen um die Höhe von Eparges teilnehmen, freilich nicht in vorderster Linie, da seine Einheit als Reserve zurückbehalten wurde. In einer ruhigen Stunde schlenderte er einen französischen Graben entlang, der am Vortage erstürmt worden war. Die Unterstände glichen geplünderten Trödelläden. Der Boden war mit Proviant, Munition, Ausrüstungsstücken, Tornistern, Waffen und Zeitungen bedeckt, dazwischen lagen noch die Leichen der Verteidiger. Wie sieht wohl eine Landschaft aus, in der man die Toten über der Erde läßt, fragte er sich zum ersten Mal.

Vor der Stellung hatte Jünger zum ersten Mal zu Mumien geschrumpfte Leichen gesehen, neben denen die Franzosen monatelang gelegen haben mußten, ohne sie bestatten zu können. Gegen Mittag setzte starkes Artilleriefeuer ein. Aus den weißen und gelben Explosionswölkchen spritzten Erdklumpen hoch. Die Schlacht war ganz anders, als sie Jünger sich vorgestellt hatte. Er war an einer großen Kampfhandlung beteiligt gewesen und hatte keinen Gegner zu Gesicht bekommen.

5

Während sich die Deutschen vergeblich bemühten, Verdun zu umgehen, und weder rechts (in den Argonnen) noch links (bei St.-Mihiel) irgendwelche Fortschritte machten, war es vor der Festung selbst ruhig geblieben. »Man hört nichts vom Kriege, und im kleinen bei uns passiert nichts; nur unbedeutende Vorpostengefechte haben wir täglich«, notierte Ende September 1914 General Erich von Gündell in Damvillers.

Sein Korps lag vor Verdun fest, und es wurde ihm allmählich zur »Gewißheit«, daß er an einer »planmäßigen Belagerung« würde teilnehmen müssen. »Ein langweiliges Geschäft«, wie er fand, »aber immer noch besser als die bloße Einschließung.«

Das V. Reservekorps war inzwischen zu einer 38 km langen dünnen Linie im Halbrund »um eine der größten Festungen der Welt« auseinandergezogen worden. Kurze Artillerieduelle stellten die einzige Abwechslung dar. Die deutschen Mörser beschossen am 8. Oktober das Fort Douaumont. Als Gast Gündells beobachtete Kronprinz Wilhelm das Bombardement von dem neu erbauten Beobachtungsturm auf dem Romagnerücken. Die Franzosen zeigten sich wenig beeindruckt. Der »Gündell-Turm« wurde bald eine beliebte Zielscheibe für die französischen Artilleristen.

Gündell unterschätzte wohl den Offensivgeist im Oberkommando der 5. Armee. Schon im Oktober 1914 beschäftigte man sich dort mit einem ersten Angriffsentwurf gegen das »verhaßte Verdun«, dessen Festungsbereich wie ein gewaltiger Pickel aus der Front herausragte.

Am 9. Oktober hatte endlich das belagerte Antwerpen kapituliert, wodurch Belagerungsartillerie und Pioniere frei geworden waren. Zusammen mit Oberst Bauer, einem Artilleriespezialisten, den die Oberste Heeresleitung geschickt hatte, machte die 5. Armee einen ersten Kostenvoranschlag für die Vernichtung Verduns: 48½ Munitionszüge für 2½ Armeekorps bei einer Angriffsdauer von nur zehn Tagen; für das V. Armeekorps östlich der Maas zusätzlich 274 Geschütze schweren Kalibers, 3 Pionierregimenter und 6 Kompanien mit Belagerungstrains, dazu als »Verkehrstruppen« 3 Luftschifferabteilungen, 1 Fliegerabteilung. Die

Disposition beim 6. Reservekorps für die Angriffsführung auf dem Westufer der Maas war ähnlich.

Was man mit diesem Aufgebot im einzelnen anfangen sollte, wußte niemand so recht. Grundsätzlich war aber wohl auch weiterhin an eine Zangenbewegung oder ein Umfassungsmanöver gedacht, das die Festung in einen großen Kessel verwandeln sollte. Wie konkret oder vage die Pläne der 5. Armee auch sein mochten – sie fanden jedenfalls Falkenhayns Zustimmung. Am 19. Oktober erteilte die Oberste Heeresleitung den offiziellen Angriffsbefehl.

Daraufhin verlängerte die 5. Armee sofort ihren Wunschzettel und verlangte nun 9½ Munitionszüge täglich für den Angriff beiderseits der Maas und 4½ Züge für die Armeeabteilung von Strantz im »Keil« von St.-Mihiel.

Über diese Preistreiberei war die Oberste Heeresleitung empört. Unter dem Hinweis, daß mit der Munition für die modernen Geschütze sparsam umgegangen werden müsse, überwies sie mehrere Batterien alter 9-cm-, 12-cm- und 15-cm-Kanonen mit und ohne Bedienung. Die Zuteilung von Pioniereinheiten wurde abgelehnt, die 5. Armee sei sowieso besser ausgestattet als alle anderen Armeen.

Die 5. Armee reagierte beleidigt. Dann müsse man den Angriff auf die Festung eben verschieben. Das Dauerkampfgebiet der Argonnen und der Dauerbeschuß der Sperrforts bei der Armeeabteilung von Strantz verschlinge alle Mittel, die man augenblicklich habe.

Daraufhin erklärte wiederum Falkenhayn die 5. Armee für »abgabefähig« und entzog ihr die 9. Reservedivision, die mitsamt schwerer Artillerie nach Flandern abkommandiert wurde.

Oberst Bauer sah sich düpiert und desavouiert! Wütend stellte er fest, daß die Kronprinzenarmee wohl nur mit einem Angriff kokettiert habe.

Schuld an dem plötzlichen Stimmungswechsel beim Armeeoberkommando trug nach seiner Meinung Knobelsdorf, der Stabschef der 5. Armee, »derselbe Mann, der nach der Marne-Ourcq-Schlacht nicht schnell genug durch die Argonnen zurück konnte«.

Auch Gündell war außer sich. Zuerst war eine »Dicke Berta« auf direkten Befehl der OHL in seinem Abschnitt aufgebaut worden, ohne daß man es für nötig befunden hatte, ihn, den verantwortlichen Abschnittskommandeur, überhaupt zu informieren, und jetzt verschwand das Geschütz wieder, ohne einen Schuß abgefeuert zu haben. Gündell fühlte sich von Knobelsdorf und von der Heeresleitung an der Nase herumgeführt: »Drei Tage vor dem Losschlagen, nach neun Wochen der Untätigkeit, diese Vereitelung aller Hoffnungen! Es ist hart. Natürlich, wenn man keine Munition hat, kann man keinen Krieg führen. Aber die Wichtigkeit des Falles von Verdun, des rechten Ecksteines der ganzen französischen Linien, wird im Großen Hauptquartier verkannt.«

6

Das neue Jahr begann mit einem Einfall des deutschen Kronprinzen, den seine eigenen Generäle und erst recht die Franzosen für einen ziemlich peinlichen Silvesterscherz hielten. Er »bat«, dem französischen Kommandanten von Verdun, General Coutanceau, als »Neujahrsgruß« ein persönlich signiertes Porträt überbringen zu lassen. Die »ehrenvolle Aufgabe«, diesen Wunsch in die Tat umzusetzen, blieb an Gündell hängen.

Der General fuhr nach Mangiennes und ließ das Artilleriefeuer einstellen, und von dort weiter nach Azannes, wo er zur Beförderung des Briefes einen Rittmeister mit einem Dolmetscher und einem Trompeter ins Niemandsland schickte. Obwohl der Trompeter »Die Wacht am Rhein« blies, da er nur dieses Lied beherrschte, verfehlte die weiße Fahne, die der Dolmetscher schwenkte, nicht ihre Wirkung. Die Franzosen ließen die Delegation über ihre Vorpostenlinie gehen und schickten sie nach Abgabe des Briefes auch wieder zurück.

Der nächste Ärger mit dem Armeeoberkommando ließ nicht lange auf sich warten. Wenn ihnen aus Mangel an Truppen schon kein regelrechter Sturmangriff gegen Verdun möglich war, so wollten der Kronprinz und Knobelsdorf die Festung doch wenigstens durch das Feuer von Ferngeschützen beunruhigen. Zuerst sollte der »Lange Max«, ein 38-cm-Eisenbahn-Langrohrgeschütz mit einer Reichweite von 27 km, das bei Loison stand, in Aktion treten.

Gündell verlangte daraufhin eine Verstärkung der Infanterie und zusätzliche Feldgeschützmunition, da nach seiner Meinung die Franzosen sofort mit einem Gegenschlag antworten würden. Nach langen Verhandlungen gab Knobelsdorf, der Gündells Vorausmaßnahmen für überflüssig hielt, seine Zusage, zog sie jedoch ein paar Tage später wieder zurück. »Von solcher Unzuverlässigkeit des Generals von Knobelsdorf habe ich schon viel erlitten«, stellte Gündell fest. »Es ist schlimm, mit solchen Leuten arbeiten zu müssen. Aber durchhalten!«

Drei Tage später hatte das AOK erneut seine Meinung geändert. Nun sollte eine Art Wettschießen zwischen dem »Langen Max« und einer »Dicken Berta« stattfinden – Ziel »Douaumont«. »Eine solche Leistung von Unbeständigkeit und Mangel an Voraussicht sollte man nicht für möglich halten; und mit solcher Behörde muß man sich herumschlagen«, stöhnte Gündell.

7

Für den Infanteristen war jeder große Mörser eine »Dicke Berta.« Der gemütliche Beiname erinnerte an die »Faule Grete« aus der Zeit der Vorderlader und war keineswegs eine Erfindung aus Landsermund, traf aber nur für eins der beiden schweren Steilfeuergeschütze vom 42-cm-Kaliber zu, die die Firma Krupp serienmäßig entwickelt hatte. Nicht die Konstruktion übrigens, sondern der Transport der großkalibrigen Ungetüme hatte dabei das eigentliche Problem für die Konstrukteure dargestellt.

Die »Kurze Marinekanone 12«, das »Gammagerät«, wie die Tarnbezeichnung lautete, bestand aus einem rund 3 m hohen kastenartigen Gestell als »Bettung« für das wuchtige Rohr, zu dessen Bedienung sich die Kanoniere über eine bequeme Leiter auf eine hohe Plattform begaben; das »M-Gerät« dagegen, die »Marinekanone 14«, die »Dicke Berta«, stand auf zwei riesigen Stahlrädern und sah mit ihrem Schutzschild wie eine richtige Kanone aus, wenn sie auch mit ihren Rädern gar nicht fahren konnte. Beide Riesenmörser konnten nur im zerlegten Zustand transportiert werden, das wesentlich schwerere Gammagerät, das bei einer Reichweite von 15 km 5 km weiter schoß als das M-Gerät, benötigte – in rund 350 Einzelteile zerlegt – zehn Eisenbahnwaggons; die einzelnen Teile der »Dicken Berta« konnten immerhin auf der Straße bewegt werden.

Eine einzige »Dicke Berta«, wie zum Beispiel die der »Kurze-Marine-Kanonen-Batterie 4«, die Verdun beschießen sollte, stellte beim Marsch eine Kolonne von fünf unförmigen Fahrzeugen auf großen Eisenrädern dar, auf denen die einzelnen Teile des Geschützes geladen waren. Der Bettungswagen brachte die eiserne Grundkonstruktion, ein zweiter Wagen trug die Lafette. Das Wiege- und Spornfahrzeug brachte die Wiege, deren vier Bremszylinder den Rückstoß auffangen sollten. Endlich kamen auch der Rohrwagen mit dem kurzen, massiven Geschützrohr, das nur etwa zweieinhalb Meter lang, aber 24 Tonnen schwer war, und der Gerätewagen mit Hebe- und Werkzeug.

Geschleppt wurden sie jeweils von Dampfpflügen bzw. Trekkern, die in Friedenszeiten in der Landwirtschaft gedient hatten und nunmehr als militärische Zugmaschinen herhalten mußten, weil es noch keine speziell für diese Aufgabe konstruierten Traktoren gab. Der Kolonne folgte ein Rattenschwanz von Mannschaften, mehr als 250 Mann, die zur Herrichtung der Stellung und zum Aufbau gebraucht wurden, denn das 70 Tonnen schwere Geschütz bedurfte umfangreicher Erdbewegungen, um von einem stabilen Untergrund aus exakt schießen zu können.

Trotz der sensationellen Durchschlagskraft der 42-cm-Mörser war die »Dicke Berta« doch nicht das Nonplusultra der Belagerungsmaschinerie; das waren viel eher die nicht so gewichtigen Mörserbatterien aus den Skoda-Werken, die sich unter der Bezeichnung »Motorbatterien« großer Popularität erfreuten – Österreichs Beitrag für die Westfront seines Bündnispartners. Ihr Debüt hatten die 30,5-cm-Geschütze, die dank der guten französischen Landstraßen 150 km an einem Tag zurücklegen konnten, bei Namur gegeben, und hatten dann zum Fall Antwerpens beigetragen, bevor sie im Süden von Verdun gegen die Forts Troyon und Liouville eingesetzt werden konnten. Allein die Munitionsknappheit hatte ihren Eifer bremsen können. Diese schweren Geschütze hatten in Österreich den Spitznamen »Rosa« erhalten, und da sie auch bei der erfolgreichen Einnahme von Lodz eingesetzt worden waren, trällerte man in Wien bald den Schlager: »Rosa, wir fahren nach Lodz«.

Die Heeresführung hatte sich nach dem Abflauen der Kämpfe Ende 1914 trotz allem noch nach weiteren Möglichkeiten umgesehen, um den »Fuhrpark« an schwerster Artillerie zu verbessern. Um die kostbaren und schwerfälligen Steilfeuergeschütze der Einwirkung durch den Gegner zu entziehen, aber auch weil der Kampf gegen Betonwerke seltener, der gegen das Hinterland des Feindes und seine Versorgungseinrichtungen wichtiger wurde, wandte sich das Augenmerk der Artillerieexperten den Flachfeuerwaffen zu, die es zu diesem Zeitpunkt nur in den Küstenbatterien gab. Da die Marine über eine Reihe von großkalibrigen Geschützrohren verfügte, die nicht mehr für die Panzertürme von Schlachtschiffen gebraucht wurden, lag der Gedanke nahe, zum Beispiel die gewaltigen, 18 m langen Rohre vom 38-cm-Kaliber, deren Reichweite fast 50 km betrug, auf verstärkten Eisenbahnwaggons an die Front transportieren zu lassen.

»Richtige« Eisenbahngeschütze waren sie noch nicht, da am Einsatzort eine eigene, sorgfältig vorbereitete, tief betonierte Bettung (zum Beispiel mit einem Drehkranz) erforderlich war, weshalb sie von den Experten korrekt »Eisenbahn-Bettungskanone« oder »Marinerohr in Bettung« genannt wurden. Wie im Fall der Krupp-Mörser wurden beim Abschuß zur gleichen Zeit in der Nähe aufgebaute andere Batterien abgefeuert, um dem Gegner die Orientierung zu erschweren. Erst das Eisenbahngeschütz, dessen Lafette mit dem fahrbaren Untersatz fest verbunden (»eisenbahnlaffiert«) war, war schließlich das befriedigende Endprodukt in der Entwicklung der Fernkampfartillerie (zu einem Zeitpunkt, an dem das modernste Kriegsgerät, das Flugzeug, noch als fliegendes Maschinengewehr diente und nicht als Fernbomber). Diese schwerste Artillerie war nicht etwa dem Befehl einer Armee unterstellt, sondern unmittelbar der Heeresleitung und fuhr im Bereich der Armeen herum (soweit Gleisanlagen gebaut waren), ohne sich um die Proteste der wütenden Frontkommandeure zu kümmern, da das Erscheinen eines Fernkampfgeschützes natürlich den Artilleriesegen der Gegenseite auf sich zog, der meist herunter kam, wenn der Unruhestifter längst wieder verschwunden war.

In Verdun war im November 1914 zum ersten Mal solch ein »Langer Max«, ein 38-cm-Kaliber, aufgebaut worden, um seine Tüchtigkeit im Vergleich mit dem bewährten 42er Mörser zu testen, nämlich auf der Sorel-Ferme bei Loison. Zwei weitere 38er kamen später dazu.

Zehn Schuß konnte eine »Dicke Berta« in der Stunde abgeben; dann wurde das Leermaterial gesammelt und an Sammelstellen abgeliefert; kein Problem, da eine »Dicke Berta« selten in Gefahr geriet, durch einen feindlichen Angriff erobert zu werden. Dazu befand sie sich zu weit von der Front entfernt.

Eine »Lebensversicherung«, wie die vorbeimarschierenden Infanteristen den Kanonieren höhnisch zuriefen, stellte sie für ihre Bedienung trotz allem nicht dar. Bei jedem Abschuß kam es zu einem langen Mündungsblitz, und der Pulverdampf bildete einen verräterischen runden Qualmring, der bis zu 30 m hoch stieg und bei klarem Wetter kilometerweit zu sehen war.

9

Am 16. Februar 1915 sollte die Beschießung endlich beginnen, aber am Morgen lag dicker Nebel über den Wäldern. Gündell stand seit 7.30 Uhr auf seinem Gefechtsstand auf dem Morimont bei Romagne. Als sich vier Stunden später endlich der Nebel hob, feuerten beide Geschütze abwechselnd auf das Fort Douaumont, der »Lange Max« 10, der Mörser 28 Schuß. Die Treffgenauigkeit des 38-cm-Geschützes enttäuschte, nur ein einziger Schuß lag im Fortbereich, dagegen meldete der vorgeschobene Beobachter telefonisch nach dem 23. Schuß des 42-cm-Geschützes einen Volltreffer auf dem großen Panzerturm des Forts. Dann wandten sich die Kanoniere einem einzelnen Panzerturm zu, der außerhalb des Forts lag. Nach der Auskunft des Beobachters wurde er mit dem 28. Treffer »erwischt«. »Ein sehr günstiges Ergebnis«, notierte Gündell. Von einer Höhe bei Pillon beobachteten auch der Kronprinz und Knobelsdorf das Ereignis.

Zwei Tage später hatte ein feindlicher Flieger die Stellung des Mörsers gefunden. Die Arbeit der Kanoniere wurde ungemütlich. Eine französische Granate tötete einen Mann der Bedienung und zerstörte die Zufahrtsgleise. »Der Douaumont ist erledigt«, notierte ein Artillerieoffizier am 18. Februar im Kriegstagebuch. 13 Schuß auf Fort Vaux folgten. Dann setzte ein französischer Volltreffer 4 m vor dem Geschütz auf, drei Treffer folgten dicht daneben. Der Koloß neigte sich zur Seite, so daß die Bedienung von der Plattform abspringen mußte. Gündell gab den Befehl zum Abbau des Mörsers, zumal auch das AOK Sorgen um das kostbare Geschütz hatte.

10

Am 19. Februar kreiste ein deutscher Flieger über dem Fort Douaumont, um die Wirkung des Artilleriebeschusses festzustellen. Der Beobachter auf dem hinteren Sitz (namens Hermann Göring) beugte sich weit mit der Kamera hinaus und machte eine Aufnahme, die bald darauf auf dem Tisch des Oberkommandos landete. Mit der Lupe war zu erkennen, daß einige Treffer auf der Oberfläche tiefe Krater gerissen hatten. Die Betonplatte des 15,5-cm-Turms war zerstört, einige äußere Fortgänge eingestürzt.

Die Garnison des Douaumont hatte sich während der Beschießung in den Westteil des Untergeschosses zurückgezogen und dabei den Eindruck gehabt, daß bei jedem Treffer die Mauern einstürzten. Die Decke des Wachgebäudes an der Kehle, dem Eingang zum Fort, 4 m über einem Kalksteingewölbe, war durchschlagen worden, die Kasematte mit der Bäckerei ebenfalls, ein Treffer hatte einen Hohlgang eingedrückt. Zwei Tote lagen unter den Geröllmassen. Einige Trichter auf dem Glacis maßen 8 bis 10 m Durchmesser und 3 bis 4 m Tiefe.

Was die Deutschen nicht wissen konnten, war, daß viele der 42-cm-Geschosse gar nicht »zerlegt« hatten (also nicht explodiert waren). Ein Geschoß prallte von einer Stahlkuppel ab und flog, wie Zeugen berichteten, heulend und kreisend 5 km weiter in Richtung Charny davon. Ein anderer Blindgänger, der im Fortgraben liegenblieb, wurde entschärft und in Verdun und Paris ausgestellt.

11

Von den Ereignissen war in den Argonnen nur ein schwaches Echo zu vernehmen. Der Argonnerwald blieb Nebenschauplatz, doch entwickelte sich hier, in dem zerklüfteten Waldgebiet mit seinen versumpften Talsohlen und dem undurchdringlichen Dickicht an der alten Römerstraße, der Grabenkrieg in seiner ausgeprägtesten Form. Es war nach den Worten eines Oberlehrers ein rechter »Teufelswald«, so ganz anders als die »wohlgepflegten, trauten Wälder daheim«. Es schien ihm, als ob die »Eingeborenen selber so wenig wie möglich mit dem geheimnisvollen Wald zu tun haben wollten« und sich deshalb auf die Gewinnung von Holzkohle und das Sammeln von Brennholz beschränkten. Oft lagen sich die Gegner monatelang in einer Entfernung von wenigen Metern gegenüber. Es war ein permanenter Kleinkrieg aus Sappenangriffen, Stoßtruppunternehmen, Flugminenüberfällen – eine Kampfform, die – wie viele Deutsche meinten – dem »verschlagenen, haßerfüllten Wesen« des Feindes mehr lag als dem eigenen »furor teutonicus«. Unterirdische Minenexplosionen machten aus dem alten Hochwald aus Buchen und Eichen bald eine Karstlandschaft. Ein neuer Typ des Feldsoldaten entstand, der Einzelkämpfer, der gar nicht mehr alten Kasernenhofvorstellungen entsprach, mit struppigem Bart, zerknautschter Feldmütze und geflickter Feldbluse, den »Argonnenknüppel« in der Hand. Düster wie die Landschaft waren die Namen der umkämpften Höhen und Täler: *La fille morte* und »Mühle zum Toten Mann«.

»Nun mahlt die Mühle zum Toten Mann das blutbeschmierte Heldentum«, dichtete der Argonnenkrieger Max Barthel.

Die Hoffnung, zum Bewegungskrieg zurückzukehren, hielt sich lange. Nur der alte Feldmarschall Graf Haeseler, der nahezu 80jährig als Pensionär ohne Kommando seinem in Metz stationierten alten Korps hinterhergeritten war und nun in einem kleinen Bauernhäuschen in Comay die Kämpfe verfolgte, war anderer Meinung. Eines Tages klopfte er einem Infanteristen, der gerade von einem Einsatz zurückkehrte, väterlich auf die Schulter: »Mein Sohn, hier könnt Ihr das Ende des Krieges abwarten.«

Das versuchten die Soldaten tatsächlich. In einem Waldkessel bei Apremont legte sich das Landwehrregiment 27 eine Ruhestellung an, deren einzelne Holzhütten mit Öfen, elektrischem Licht und Bildern wohnlich eingerichtet waren. Efeu umrankte die Außenwände, Sinnsprüche begrüßten den Eintretenden: »Wir bauen dich aus Angst und Not vor dem verfluchten Heldentod.«

Stabsoffiziere ließen sich villenartige Anwesen aus Birkenholz bauen, Soldaten, im Zivilleben Gärtner, legten ganze Parkanlagen um die Ruhequartiere an; mit Blumen zwischen sauberen Knüppelwegen. Bäder, Entlausungsanstalten, Lesehallen gesellten sich hinzu. Gesangswettbewerbe und Sportfeste, bei denen Handgranatenweitwerfen und Sackhüpfen auf der Wettkampfliste standen, sorgten für Zerstreuung und Erholung zwischen den Einsätzen.

Die Grundeinstellung war defensiv. »Und droht der Feind auch noch so sehr, wir Deutschen fürchten ihn nicht mehr. Ob er auch noch so stark mag sein, in unsere Stellung kommt er doch nicht rein!« hieß es in dem neuen »Lied vom Argonnerwald«. Von Verdun würde es kein Lied geben.

3 Der schweigsame Feldherr (August 1915–Januar 1916)

1

Im Herbst 1915 deutete nichts darauf hin, daß gegen Verdun eine Offensive bevorstehen könnte. Noch immer galt die Front an dieser Stelle als »ruhig«. Für die Franzosen war Verdun Etappenstadt.

Die »Heeresgruppe Deutscher Kronprinz«, der die südöstliche Hälfte der Westfront (von den Argonnen bis zur Schweizer Grenze) unterstellt war, hatte völlig andere Absichten. Sie plante ein Unternehmen, das einen »Schönheitsfehler« in der deutschen Front beseitigen sollte. Bei ihrem Vorstoß gegen Elsaß-Lothringen hatten die Franzosen im Jahre 1914 nämlich in der Nähe der Schweizer Grenze ein paar Quadratkilometer des Reichsgebietes besetzt. Dies wollte man rückgängig machen und die »gänzliche Vertreibung der Franzosen von deutschem Boden« erreichen.

Seit dem August 1915 reisten Stabsoffiziere von Stenay zur Armeeabteilung Gaede nach Homburg am Rhein, um den besten Angriffsraum zu erkunden. Im Herbst hatten die Schanzarbeiten begonnen, Magazine waren errichtet, Eisenbahnanlagen gebaut worden. Es handelte sich um einen Angriff Richtung Belfort; die französische Festung selbst sollte jedoch nicht angegriffen werden. Die Schwierigkeiten der 6. und 7. Armee im Herbst 1914 waren noch zu gut in Erinnerung. Am 11. September 1915 hatte Falkenhayn der Heeresgruppe vier Armeekorps zugesagt, genug Truppen also für eine örtlich beschränkte Aktion.

Um die Franzosen zu verwirren und abzulenken, schlug Knobelsdorf im November einen zusätzlichen Angriff in den Argonnen vor. Auch dies wurde von Falkenhayn in einer Sonderbesprechung Ende November genehmigt, allerdings unter Vorbehalt; Falkenhayn wollte erst einmal die genauen Forderungen der Heeresgruppe abwarten. »Dem Unternehmen gegen Verdun stehe ich skeptisch gegenüber«, schrieb er an den Rand der Besprechungsunterlagen, bemerkte dann, daß er sich verschrieben hatte und änderte den Satz: »Unternehmen *bei* Verdun« mußte es heißen.

Da Knobelsdorf der sprichwörtliche Geiz des Heereschefs bei

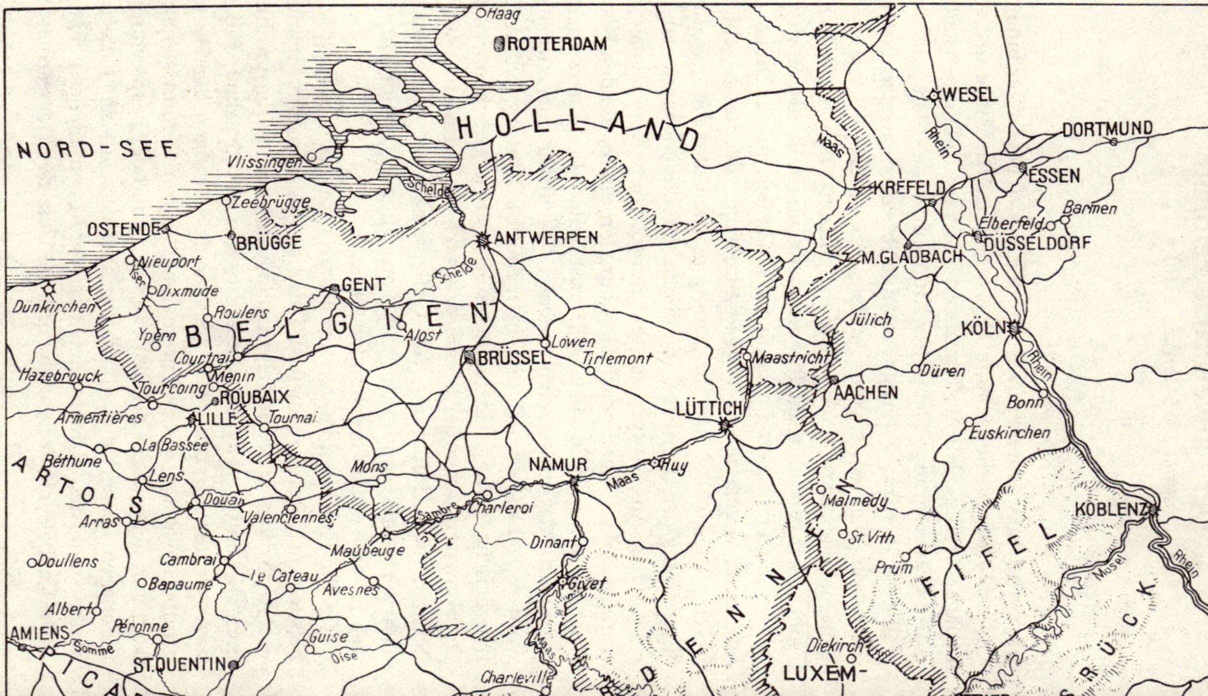
NORD-SEE
HOLLAND
BELGIEN
ARTOIS
ARDENNEN
EIFEL
LUXEM-
Haag
ROTTERDAM
WESEL
DORTMUND
ESSEN
Barmen
Elberfeld
DÜSSELDORF
KREFELD
M.GLADBACH
KÖLN
Bonn
Euskirchen
Düren
Jülich
AACHEN
Maastricht
LÜTTICH
Huy
Malmedy
St.Vith
Prüm
Diekirch
KOBLENZ
Mosel
Rhein
Maas
Schelde
Vlissingen
Zeebrügge
OSTENDE
BRÜGGE
ANTWERPEN
GENT
Nieuport
Yser
Dixmude
Dünkirchen
Roulers
Ypern
Alost
BRÜSSEL
Lowen
Tirlemont
Courtrai
Menin
Hazebrouck
Tourcoing
ROUBAIX
LILLE
Tournai
Armentières
La Bassée
Béthune
Lens
Mons
NAMUR
Charleroi
Sambre
Douai
Valenciennes
Arras
Maubeuge
Dinant
Givet
Doullens
Cambrai
le Cateau
Avesnes
Bapaume
Albert
Péronne
AMIENS
Somme
Guise
Oise
ST.QUENTIN
Charleville

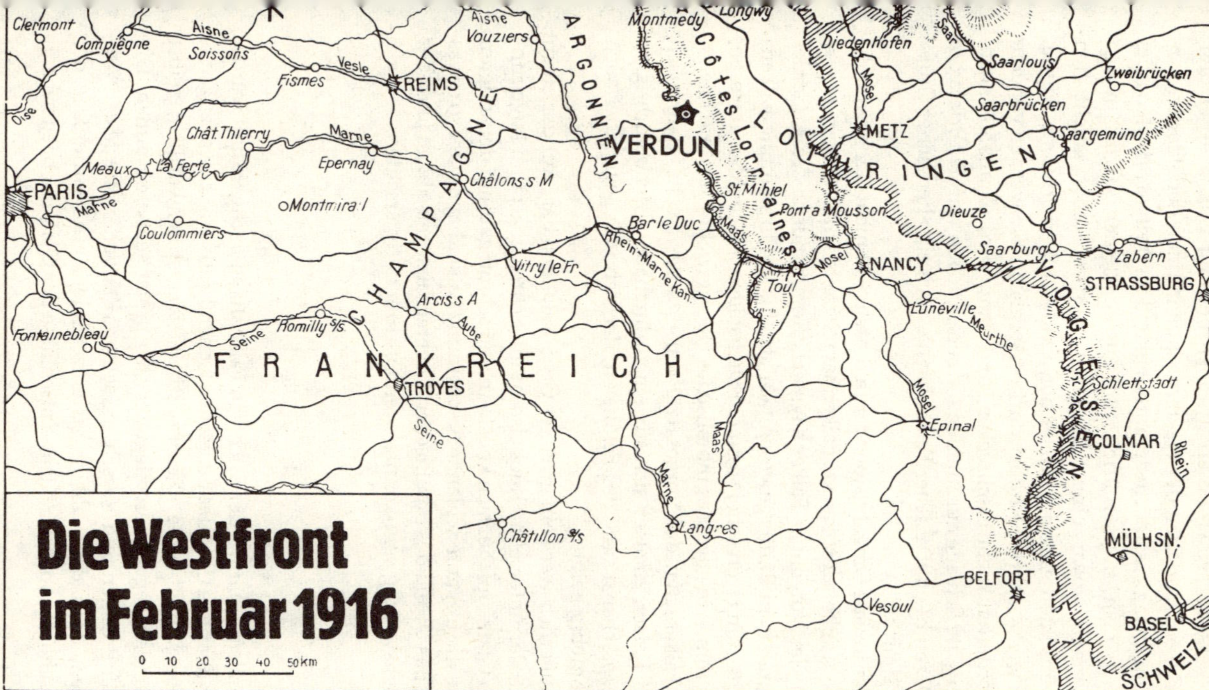

Die Westfront im Februar 1916

der Vergabe seiner Reservetruppen bekannt war, legte er dem offiziellen Schreiben der Heeresgruppe mit den detaillierten Forderungen (27 zusätzliche Infanteriebataillone!) einen privaten Brief bei, in dem er unterstrich, daß ein zu kleiner Angriff in den Argonnen »zwar einen Erfolg« verspreche, aber »nicht den gewünschten großen moralischen Eindruck hervorrufen« würde. »Ich weiß«, schrieb Knobelsdorf vorsorglich, »Sie werden vor dem Geforderten nicht erschrecken, und dann wird es uns gelingen, zwei gute Schläge auszuteilen.« Überschrieben war der Brief vom 3. Dezember mit »Lieber Falkenhayn«, auch ein »herzlicher Gruß« fehlte nicht.

Der joviale Umgangston war in diesem Fall nichts Ungewöhnliches. Knobelsdorf kannte Falkenhayn bereits seit längerem, er war 1911 der Vorgänger Falkenhayns als Kommandeur des 4. Garderegiments in Berlin gewesen, war also bis zur Ernennung Falkenhayns zum Heereschef sogar der Dienstältere von beiden gewesen, was ihm »ein gewisses moralisches Übergewicht gab.« Auch jetzt, wo Falkenhayn der Vorgesetzte war und der zweite Mann nach dem Kaiser, hielt er sich für einen durchaus gleichberechtigten »Gesprächspartner« des Feldherrn, der sich ihm gegenüber auch nachgiebig zeigte.

Äußerlich war kein größerer Gegensatz denkbar. Auf der einen Seite der untersetzte Knobelsdorf mit Schnauzbart und kugelrundem Glatzkopf, der sich knöchern und schroff gab, auf der anderen Seite die elegante schlanke Erscheinung Falkenhayns, der so etwas wie das Urbild des preußischen Generalstabschefs abgab und sehr liebenswürdig sein konnte, wenn es ihm nötig erschien.

2

Bei allem Charme, der Erich von Falkenhayn nachgerühmt wurde, war der neue Chef des deutschen Generalstabs ein schwer zugänglicher Mann. Seine »Reserviertheit« war sprichwörtlich; selbst Freunden gegenüber pflegte er sich privat selten zu öffnen. Die Ausführungen und Vorschläge seiner Mitarbeiter pflegte er anzuhören, doch dann alleine zu entscheiden. »Die Grundlage der Entschlüsse oder der Nicht-Entschlüsse der OHL blieb jedermann unbekannt«, stellte Wilhelm Groener, Chef des Eisenbahnwesens, später fest, eine Mitarbeit habe nicht einmal stattgefunden, wenn es sich um das Fachgebiet eines anderen handelte, so zum Beispiel um die Ausnutzung der Eisenbahn, deren Kapazität über das Tempo von Truppenverschiebungen entschied. »Wenn alles so weit war, dann hieß es nur: Los! Die Lokomotiven angespannt.«

Ausnahmen allerdings gab es. Eine davon war Generalmajor Gerhard Tappen, der als Chef der Operationsabteilung Falkenhayns engster Mitarbeiter wie schon vorher Moltkes erster Berater gewesen war. Während der Marnekrise hatte er für »Durchhalten« plädiert und galt auch sonst als Optimist, was wiederum gefährlich werden konnte, da er »stets das hoffte und glaubte, was sich für uns am günstigsten anhörte«. So jedenfalls Groener, dem gegenüber wiederum Falkenhayn jeden Einfluß Tappens bestritt – er sei für ihn lediglich eine vortreffliche Hilfe für die Ausführung der Befehle. Immerhin stellte Tappen so etwas wie ein Gegengewicht zum Skeptiker Falkenhayn dar.

Mit seinem Brief vom 3. Dezember hatte Knobelsdorf, wie es schien, dem Oberbefehlshaber das entscheidende Stichwort geliefert. Knobelsdorfs Anregung fiel mit grundsätzlichen Überlegungen zusammen, die Falkenhayn zum Jahresende anstellte, um ein Konzept für das kommende Jahr zu entwerfen. Er war seit langem entschlossen, im Jahr 1916 an der Westfront die Initiative zu ergreifen, nachdem man sich hier das ganze vergangene Jahr passiv verhalten hatte, um an der Ostfront mit konzentrierten Kräften operieren zu können. Die Heeresleitung konnte zu diesem Zeitpunkt über fünfundzwanzig ausgeruhte, erfahrene Divisionen als Reserve verfügen, und es schien wenig ratsam, mit ihrem Einsatz allzu lange zu warten. Einen Krieg ohne Ende konnte sich Deutschland auf Grund seiner Lage nicht leisten, die englische Blockade mußte sich bald bemerkbar machen, seine Rohstoffreserven waren deutlich begrenzt und damit auch die industrielle Kapazität. Man brauchte einen Erfolg auf dem Schlachtfeld, der den Gegnern den Mut nahm.

An der Ostfront konnte der Feind in den weiten Raum Rußlands ausweichen, schon Clausewitz hatte davor gewarnt, und an der italienischen Front war erst recht nichts zu holen. Selbst ein Vormarsch auf Rom, den der österreichische Verbündete nur allzusehr begrüßt hätte, würde die Entente kaum in Schrecken versetzen. Die Entscheidung, davon war Falkenhayn fest überzeugt, lag an der Westfront. Hier war auch am ehesten eine Offensive der Alliierten zu fürchten. War das deutsche Heer nicht schon während der Champagneschlacht im Herbst an den Rand einer Katastrophe geraten, als es nur durch ein Zögern der Franzosen nicht zum Zusammenbruch der deutschen Front gekommen war?!

Knobelsdorf hatte zwei Unternehmen geplant. Warum sollten diese nicht zusammengelegt werden? War es nicht besser, einen einzigen kräftigen Schlag gegen die Westalliierten zu führen? Und warum sollte dann nicht Verdun der Angriffspunkt sein, diese ständige Bedrohung in der Flanke des rechten Heeresflügels? Wenn die beiden geplanten Unternehmen zusammengelegt würden, brauchten die Aufwendungen für diesen Schlag auch nicht umfangreicher zu sein und es blieben genügend Reserven für den Fall einer alliierten Großoffensive frei.

Am 8. Dezember besprach sich Falkenhayn mit Tappen in der Operationsabteilung der OHL; Knobelsdorf wurde telegrafisch angewiesen, die Vorbereitungen für das Unternehmen »Schwarzwald« (den Angriff gegen Belfort) zu stoppen und zu überlegen, ob man nicht den Schwerpunkt auf eine Offensive – auf das Unternehmen »Waldfest« in den Argonnen legen könnte. Falkenhayn war sich also noch nicht ganz schlüssig und ließ sich erst von seinem Vertrauten, dem Kriegsminister Wild von Hohenhorn, endgültig davon abraten, »Extratouren ohne ausschlaggebenden Erfolg zu tanzen«, etwa im Elsaß »den letzten Fußbreit deutschen Bodens zu reinigen«.

Nun mußte nur noch die Genehmigung des Kaisers eingeholt werden, eine Gelegenheit ergab sich bereits auf einer Eisenbahnfahrt zum östlichen Kriegsschauplatz, die am 10. Dezember abends angetreten wurde.

Und nun begannen sich die Termine zu jagen. Nach seiner Rückkehr hatte Falkenhayn am 14. und 15. Dezember in Berlin mit Knobelsdorf eine Unterredung, am 16. Dezember eine weitere beim AOK 5, auf der Falkenhayn allerdings noch nichts von einer endgültigen Entscheidung des Kaisers durchblicken ließ und sich auch ohne Einwände Knobelsdorfs, sogar von Tappen unterstützten Vorschlag anhörte, auf beiden Ufern der Maas auf großer Frontbreite von Varennes in den Argonnen bis zur Woëvre-Ebene anzugreifen.

Am 21. Dezember 1915 wurde Falkenhayn noch einmal, diesmal in Potsdam, beim Kaiser vorstellig, um einen ausführlichen Lagevortrag zu halten. Er konnte sich dabei auf eine Denkschrift stützen, die er in der Zwischenzeit zu Papier gebracht hatte.

Die Bilanz, die Falkenhayn zog, war nicht schlecht: Frankreich hielt er für so gut wie erledigt – »militärisch und wirtschaftlich bis nahe an die Grenze des Erträglichen geschwächt« (die Franzosen hatten ohnehin nach seiner Ansicht wenig Schneid).

Die Offensivkraft Rußlands sei gebrochen, wenn auch das russische Heer noch nicht »voll niedergerungen« worden sei. Serbien und Italien spielten als Gegner keine Rolle. Im Grunde wäre die Entente schon längst auseinandergebrochen, wenn sie nicht ein Land zusammenhalten würde:

England, Deutschlands Hauptgegner (so wie das Kaiserreich umgekehrt Englands »gefährlichster Nebenbuhler« sei).

England, das Deutschland mit militärischen Mitteln nicht niederringen könne, habe seine Sache offenbar auf den »Ermattungskrieg« gestellt (Beweis war die Hungerblockade, die es über Deutschland verhängt hatte). England müsse vor Augen geführt werden, daß ein Sieg über das Kaiserreich aussichtslos sei. Da die Zeit jedoch für den Gegner und gegen Deutschland arbeite, könne man nicht einfach in der Defensive verbleiben, die Kräfteverhältnisse würden sich auf die Dauer zuungunsten des Reiches verschieben. Den »Erzfeind« England gelte es zu treffen. Nur wie? Und wo?

Auf seinen Inseln wäre England nicht erreichbar; auf dem Festland, in Flandern zum Beispiel, schwer zu schlagen, und selbst wenn die englischen Truppen vom Kontinent vertrieben worden seien, würde das Inselreich mit seiner Seemacht nicht nachgeben. Und nur »Schwärmer« könnten sich von einem »Alexanderzug« nach Indien oder Ägypten eine kriegsentscheidende Wirkung erhoffen.

Aber wenn auch England nicht direkt zu fassen sei, so doch indirekt in seinem Bündnispartner, in Frankreich, im französischen Heer, das Englands Hauptstütze darstelle: Gelinge es, den Franzosen klar vor Augen zu führen, daß sie militärisch nichts mehr zu hoffen hätten, dann »wird die Grenze (des Erträglichen) überschritten, England sein bestes Schwert aus der Hand geschlagen«.

Damit kam Falkenhayn zum Kernstück seiner strategischen Überlegungen: »Hinter dem französischen Abschnitt der Westfront gibt es in Reichweite Ziele, für deren Behauptung die französische Führung gezwungen ist, den letzten Mann einzusetzen. Tut sie es, so werden sich Frankreichs Kräfte verbluten, da es ein Ausweichen nicht gibt, gleichgültig, ob wir das Ziel erreichen oder nicht. Tut sie es nicht, und fällt das Ziel selbst in unsere Hände, dann wird die moralische Wirkung in Frankreich ungeheuer sein.«

Deutschland wäre nicht gezwungen, sich für diese räumlich eng begrenzte Operation so zu verausgaben, daß alle anderen Fronten bedenklich entblößt würden. Entlastungsunternehmungen der Alliierten bzw. der großen Offensive der Engländer, die mit Sicherheit zu erwarten sei, könne das deutsche Oberkommando mit Zuversicht entgegensehen, auch eigene Offensiven an anderer Stelle einplanen – »denn es steht ihm frei, seine Offensive schnell oder langsam zu führen, sie zeitweise abzubrechen oder zu verstärken, wie es seinem Zweck entspricht.« Die beiden Ziele, die man ins Auge fassen könne, sogar »mit verhältnismäßig schwachen Kräften« anzugreifen, um zu dem erwünschten Erfolg zu kommen, seien Belfort und Verdun – Verdun verdiene den Vorzug.

Niemand zweifelte daran, daß der Kaiser mit Falkenhayns Ausführungen etwa nicht einverstanden gewesen wäre. Noch am selben Tag fuhr der deutsche Heereschef mit Tappen im Sonderzug nach Mézières zurück. Hinter Montmedy stieg Knobelsdorf zu. Auf dieser historischen Bahnfahrt erhielt er den »mündlichen, aber endgültigen Befehl«, die Stellung des Feindes an der Maas anzugreifen. Am 23. Dezember folgte eine Besprechung in Mézières, bei der Groener, der Chef des Feldeisenbahnwesens jedoch noch gar nicht davon überzeugt war, daß die Operation gegen Verdun schon beschlossene Sache sei, obwohl sich Falkenhayn intensiv an den Gesprächen beteiligte. Groener, der ja für die Organisation des Truppentransportes zuständig war, bereitete sich immer noch auf eine Offensive im Oberelsaß gegen Belfort vor und hatte zu seinem Erstaunen am 21.12. von Knobelsdorf gehört, daß diese Operation nur als »Scheinunternehmungen« weiterlaufen sollte; gleichzeitig wurden in den nächsten Tagen noch Aktionen in der Ukraine und bei Saloniki gegen die gelandeten Engländer erwogen. Wie immer »schien sich Falkenhayn bis zuletzt alle Möglichkeiten offenzuhalten«.

In Stenay dagegen hielt man den Angriff auf Verdun für den entscheidenen Schlag gegen Frankreich. Selbstgefällig taufte man das Unternehmen auf einen fatalen, zweideutigen Decknamen: Ein »Gericht« sollte die Offensive gegen Verdun werden. Noch am 24. Dezember setzte die Flut von Telegrammen ein, die das Unternehmen vorbereitete. Truppen, die bereits für die ursprünglichen Angriffe vorgesehen waren, brauchten nur umgeleitet zu werden und fuhren statt in die Argonnen oder ins Elsaß an die Nordfront von Verdun.

Jetzt wurde auch Gündell in die Vorbereitung einbezogen. Bis in die Nächte hinein war der Stab des Generalkommandos mit der Planung beschäftigt. Gündells Verhältnis zu Knobelsdorf besserte sich durch den engen Kontakt keineswegs. »Starke dienstliche Widerwärtigkeiten«, notierte er nach einer Besprechung.

Immerhin ließ Falkenhayn, der den Befehlshaber des V. Reserve-Korps noch von China her kannte, am 26. Dezember durchblicken, daß Gündell selbst die Operationen leiten werde. Schließlich war er kein Neuling auf dem Gebiet des Festungskrieges und hatte bereits 1890 an dem ersten Festungskriegsspiel größeren Stils teilgenommen.

Um seine Meinung nach dem Gelingen des ganzen Unternehmens befragt, zierte sich Gündell allerdings nicht, auf Schwierigkeiten aufmerksam zu machen, die einer Offensive im Winter im Weg standen. Auch plädierte er für einen Angriff auf beiden Ufern der Maas, während Falkenhayn und Knobelsdorf zur Überraschung Gündells glaubten, sich auf das östliche Ufer beschränken zu können, um Truppen zu sparen. Im Angriffsentwurf der 5. Armee hieß es großspurig: »Vom eroberten Ostufer aus können dann die ständigen Befestigungslinien und die Feldbefestigungsanlagen des Westufers zu deren Fortnahme flankierend niedergekämpft werden.«

Die Quittung für seine Umsicht erhielt Gündell drei Tage später. Knobelsdorf teilte ihm mit, daß er die Sache lieber selbst machen wolle.

Unklarheiten blieben. Den Kronprinzen hatte eine merkwürdige Formulierung Falkenhayns beunruhigt, nämlich der mehrfach ausgesprochene Gedanke, daß es darauf ankomme, Frankreichs Heer bei Verdun zum »Ausbluten« zu bringen, »gleichgültig, ob die Festung falle oder nicht«. Das ließ darauf schließen, daß Falkenhayn mit einer langandauernden »Schlachthandlung« rechnete. Knobelsdorf und der Kronprinz aber waren der Ansicht, daß alles daranzusetzen sei, Verdun schnell zu Fall zu bringen, um einer Materialschlacht »mit ihrer unberechenbaren Kräfteverausgabung« vorzubeugen.

3

Ein großer Theoretiker war Falkenhayn nicht. Wie fast alle deutschen Generalstabsoffiziere war er vor seiner Ernennung zum Oberbefehlshaber von den Pflichten, die der Alltag mit sich brachte, so beschäftigt gewesen, daß so gut wie keine Zeit blieb, historische Studien zu treiben oder sich in Clausewitz zu vertiefen. Doch hatte ja selbst Feldmarschall Graf Schlieffen eingestanden, sich erst im späten Alter gründlich mit der Kriegsgeschichte beschäftigt zu haben.

Vor Ausbruch des Ersten Weltkrieges war Schlieffens strategisches Denken gegenwärtiger als Clausewitz' rund hundert Jahre zuvor niedergelegte Überzeugung, jede militärische Aktion müsse stets von Überlegungen politischer Natur begleitet sein. Schlieffen dagegen, Chef des Generalstabs 1891–1905, war ein »reiner Militärtechniker« und hatte seinen Feldzugsplan unbekümmert um alle außenpolitischen Folgen aufgestellt, die eine Verletzung der belgischen und luxemburgischen Neutralität nach sich ziehen mußte; die militärische Notwendigkeit hatte Vorrang.

Vom Kriegsphilosophen Clausewitz war zu dieser Zeit nur noch der Militärschriftsteller und damit der halbe Clausewitz übriggeblieben. Aus dem Gesamtgebäude seiner Lehre waren einzelne Teile herausgelöst und zum Dogma gemacht worden.

Clausewitz hatte, obwohl er noch keine Ahnung von der furchtbaren Feuerwirkung eines Maschinengewehrs besitzen konnte, zu bedenken gegeben, daß die Verteidigung unter bestimmten Voraussetzungen die stärkere Kriegsform sei, während die Devise Schlieffens »Kriegführen heißt Angreifen« lautete, die Fähigkeit, dem Gegner große entscheidende Schläge zu versetzen. Der »Vernichtungsgedanke« beherrschte das militärische Denken der Jahrhundertwende. Schlieffen predigte zu diesem Zweck die Umfassung des Gegners, den Flankenangriff, um frontales Anrennen zu vermeiden – den berühmten »Klammeraffen«, wie die Stabsoffiziere witzelten. Vom Zufall und Unvorhersehbaren, von Clausewitz unter dem Begriff »Friktion« zusammengefaßt, war keine Rede mehr. Die Schlieffen-Verehrung nahm solche übertriebenen Formen an, daß ein bekannter Militärhistoriker zu bedenken gab, daß »einer der größten Soldaten, die je gelebt haben«, doch niemals Gelegenheit gehabt hätte, die Probe aufs Exempel zu machen.

Als Falkenhayn 1913 überraschend preußischer Kriegsminister wurde – so überraschend, daß viele die Ernennung sich nur mit dem Einfluß des Kaisers zu erklären vermochten, der in der Tat Falkenhayn überaus schätzte –, war er sofort mit dem Kernproblem des Schlieffen-Plans konfrontiert worden: Für die Truppen, die im Ernstfall zur Verfügung stehen würden, war er ein paar Nummern zu groß.

Der Plan beruhte auf der durchaus richtigen Überzeugung, daß Deutschland in einem längeren Zweifrontenkrieg unweigerlich benachteiligt wäre und die Gegner deshalb einzeln erledigen müsse. Im Vertrauen darauf, daß der russische Koloß wohl kaum in der Lage sein würde, seine Kräfte schon in der Anfangsphase des Krieges zu mobilisieren, sollte zuerst ein Präventivschlag nach Westen geführt werden, mit dem das englische Expeditionskorps abgedrängt und die Franzosen eingekreist wurden. Dieser Plan brachte allerdings im Krisenfall die Deutschen in Zugzwang: zeitlich eher als alle Gegner die Mobilmachung auszurufen und die Initiative zu ergreifen – so geschehen im Juli 1914, als die Festlegung auf den Schlieffen-Plan jegliches politisches Handeln und diplomatisches Agieren, die Suche nach Ausgleichsmöglichkeiten lähmte, so daß das Kaiserreich in der Rolle des brutalen Aggressors, des nach außenhin Schuldigen dastand. Denn nachdem Österreichs von Berlin nicht rechtzeitig gebremster Rachefeldzug gegen Serbien (wegen der Ermordung des österreichisch-ungarischen Thronfolgerpaars in Sarajewo) Rußlands Unwillen und seine Teilmobilmachung provoziert hatte, mußte Deutschland Rußland den Krieg erklären, um dessen Verbündete Frankreich ohne Verzug angreifen zu können; man konnte nicht auf Frankreichs Kriegserklärung warten, denn Frankreich hätte sie ja hinauszögern können, um Rußland genügend Zeit zur Mobilmachung zu geben, und in diesem Fall wären beide Gegner Deutschlands gleichstark und gleichzeitig an den Grenzen aufmarschiert, und das widersprach wiederum dem Schlieffen-Plan.

An einen anderen Plan für den Kriegsfall hatte man nicht gedacht. Aber in der Defensive zu bleiben, widersprach ohnehin dem militärischen Geist. Daß der Schlieffen-Plan aus ganz anderen Gründen mehr einem großspurigen Wunschdenken entsprang als nüchternem Realitätssinn, blieb den meisten höheren Militärs verborgen.

Angesichts des damaligen Transportwesens (Eisenbahn, Pferdefuhrwerke) war Schlieffens dynamischer »Sensenschwung« nur mit einem gewaltigen Truppenaufgebot zu realisieren, dem eine ungeheure Marschleistung abverlangt werden mußte. Diese Truppen waren aber bei Kriegsbeginn gar nicht vorhanden (zum Beispiel fehlten die Armeekorps zur Umfassung und Einschließung von Paris, geschweige konnte der rechte deutsche Flügelmann den Kanal streifen, wie Schlieffen träumte), obwohl die Heeresvorlage von 1913 einen nie dagewesenen Umfang aufwies. Falkenhayn selbst hatte einer raschen Verstärkung der Armee sogar kritisch gegenübergestanden, nicht weil er die außenpolitischen Folgen fürchtete, sondern weil er der Überzeugung war, daß die Armee eine übereilt durchgeführte Neuaufstellung zusätzlicher Armeekorps nicht so leicht »verdauen« würde.

Im Gegensatz zu den meisten anderen Generalstäblern, die zwischen den Kriegen 1871 und 1914 allenfalls Nordfrankreich und Belgien bereisten, um die besten Möglichkeiten für einen schnellen Durchmarsch auszuspionieren, hatte Falkenhayn die große Welt kennengelernt. Mehrere Jahre verbrachte er im Fernen Osten, 1896 bis 1898 als Militärinstrukteur in China, ein weiteres Jahr im neu erworbenen Gouvernement Kiautschou, schließlich gehörte er zum Führungsstab der deutschen Expedition, die zusammen mit französischen und englischen Einheiten den Boxeraufstand niederschlagen sollte.

In dieser Zeit erhielt Falkenhayn Einblicke in die Bedeutung wirtschaftlicher Zusammenhänge und Abhängigkeiten, die über den Horizont des reinen Militärfachmanns hinausgingen. So stimmte er sofort nach Kriegsausbruch dem Vorschlag des AEG-Chefs Walther Rathenau zur Gründung einer Abteilung zu, in der alle Vorräte an den Rohstoffen, die für die Kriegsindustrie unentbehrlich waren, erfaßt werden sollten.

Denn bis auf die Mobilmachungspläne des Großen Generalstabs, die wohlverschlossen in der Schreibtischschublade auf den Tag X warteten, gab es so gut wie keine Kriegsvorbereitungen, weil die Heeresführung in Berlin die Bedeutung der Wirtschaft für die Kriegsführung unterschätzt hatte und auch betreffs der Dauer eines Krieges Illusionen nachhing.

1890 hatte zwar der ältere Moltke, als Sieger von Sedan eine unumstrittene Autorität, von der Möglichkeit gesprochen, daß ein Krieg, den die Großmächte führen würden, »ein siebenjähriger, wenn nicht ein dreißigjähriger« werden könne, desgleichen 1893 Graf Caprivi. Doch Schlieffen hatte alle Forderungen nach einem »wirtschaftlichen Generalstab« in den Wind geschlagen. Weniger die Erkenntnis, daß Deutschland einen langen Krieg wirtschaftlich nicht überstehen könne, hatte zur Herausbildung seiner »Blitzkriegstrategie« beigetragen, als militärischer Optimismus und Hochmut, die sich auf den siegreichen Ausgang des deutsch-französischen Krieges von 1870/71 gründeten. Weil, wie er meinte, sich ein moderner Industriestaat nicht den Luxus einer hinhaltenden Kriegsführung erlauben konnte, mußte eben ein Kriegsplan her, der aus der Welt schaffte, was nicht sein durfte.

Eine Quittung für diese Leichtfertigkeit war zum Beispiel die Munitionskrise im September 1914 (in die übrigens auch das französische Heer geriet) und der Mangel an Winterbekleidung, der bald nach der Schlacht von Tannenberg Spendenaktionen notwendig machte, denen im Januar 1915 noch die »Reichs-Wollwoche« folgte, in der für die im Felde stehenden Truppen warme Kleidungsstücke gesammelt wurden. Bei der Truppe fehlten im Herbst 500 000 Wolldecken – an einen Winterkrieg in Rußland hatte niemand gedacht. Gesammelt wurde mit Fortgang des Krieges schließlich alles. An der Front gab es den Sammelunteroffizier, der für gebrauchte Patronenhülsen einen »Bergelohn« zahlte, und den

Sammelbeuteoffizier, dessen Geldprämien für erbeutete Maschinengewehre und Geschütze so beliebt waren, daß sich die Mannschaften um mitunter bereits erbeutete Waffen gegenseitig bestahlen.

Schon im September 1914 hatte Rathenau in einer Denkschrift vor zwei Irrtümern gewarnt: daß der Krieg kurz sein würde – denn England würde auch nach der Niederwerfung Frankreichs, also bei Gelingen des Schlieffen-Plans, nicht Frieden schließen – und daß England im Lauf des Krieges wirtschaftlich schwerer leiden würde als Deutschland. Typische Fehleinschätzungen, die – wie Rathenau formulierte – darauf beruhten, »daß man bei uns lieber die Landkarte als den Globus betrachtet«. Rathenau dagegen wurde nicht müde, auf die Abhängigkeit von Lieferungen aus dem Ausland hinzuweisen: »Was uns umgibt – Gerät, Bauwerk, Mittel der Bekleidung und Ernährung, der Rüstung und des Verkehrs – alle enthalten fremdländische Beimengungen, denn die Wirtschaft der Völker ist unauflöslich verquickt.«

Oberstleutnant Max Bauer, Referent für Artilleriewesen bei der OHL, ärgerte sich noch lange über die Begriffsstutzigkeit vieler Politiker und Vertreter des Kriegsministeriums, denen nicht bewußt war, daß Stellungskrieg zugleich auch »Materialkrieg« hieß, weil ja der Weg zum eingegrabenen Gegner durch Flächenbeschießung der Artillerie gebahnt werden mußte, und daß damit »Technik, Taktik und namentlich Beschaffung von Kriegsgerät«, vor allem »Steigerung der Munitionsfertigung« sich immer mehr darauf einstellen mußten.

Falkenhayn war kein Anhänger Schlieffens, sondern nach eigenen Worten »Autodidakt«, was ihn in den Augen der meisten Generalstäbler suspekt machte (populär war er sowieso nie gewesen). Das Debakel an der Marne und der danach fehlgeschlagene Versuch, den Gegner zu überflügeln und damit den alten Feldzugsplan zu retten, hatten Falkenhayn gewarnt, irgendwelchen Siegesrezepten zu trauen, die nicht von der Erfahrung des neuen Krieges ausgingen. Die entsetzlich hohen Verluste bei Ypern hatten auf ihn wie ein Schock gewirkt. Ein zweites Langemarck sollte es nicht geben!

Der große Erfolg an der Ostfront in der Schlacht von Tarnow-Gorlice 1915 hatte ihm allerdings wieder neues Selbstbewußtsein gegeben. Im Mai 1915 hatten die 11. deutsche und 4. österreichische Armee unter Mackensen die russische Front am Dunajek durchbrochen und binnen weniger Tage 150 000 Gefangene machen können. Es war eine Operation ganz nach Falkenhayns Sinn gewesen, eine Konzentration von Kräften, die den Durchbruch garantierte und trotz allem die Freiheit des Handelns an anderen Frontstellen nicht einengte. Daß man sich überhaupt unter Deutschen und Österreichern auf die Operation hatte einigen können, die auf einem frontalen Stoß gegen die feindliche Front beruhte, bezeichnete Generaloberst von Seeckt, als Stabschef Mackensens der geistige Kopf des ganzen Unternehmens, als Wunder: »Vor dem Kriege wäre die Schlacht von Gorlice verboten gewesen, bei keiner Übungsreise, bei keinem Kriegsspiel des Großen Generalstabs hätte die Leitung den Durchbruch gelingen lassen, höchstens um ihn zum warnenden Beispiel mit eigener Vernichtung zu strafen. Der Schlachterfolg winkte (damals bei Schlieffen) nur der Umfassung.« Nun sollte der »Schlachterfolg« der Artillerie zu verdanken sein, die das Infanteriegewehr, das Schützenfeuer, als Hauptwaffe ablöste.

Trotz allem blieb Falkenhayn vorsichtig und glaubte nicht an die Möglichkeit eines Durchbruchserfolgs an der Westfront.

»Massendurchbruchsversuche gegen einen moralisch intakten, gut bewaffneten und zahlenmäßig nicht erheblich unterlegenen Feind können auch bei größter Menschen- und Materialanhäufung nicht als aussichtsvoll betrachtet werden«, schrieb er in seiner Weihnachtsdenkschrift. »Dem Verteidiger wird es in den meisten Fällen gelingen, die eingedrückten Stellen abzuriegeln. Die Einbuchtungen, flankierender Feuerwirkung in hohem Maße ausgesetzt, drohen zum Massengrab zu werden. Die technischen Schwierigkeiten der Leitung und Versorgung der Massen darin werden so groß, daß sie kaum überwindlich erscheinen.«

Im Februar 1916 wiederholte er in einem Schreiben an die 3. Armee: »Wir dürfen nicht übersehen, daß die bisherigen Kriegserfahrungen mit Massenaufgeboten an Menschen wenig zur Nachahmung einladen.« In der Tat: Wer auch immer 1915 an der Westfront angegriffen hatte, ob Franzosen, Engländer oder Deutsche, alle waren gescheitert.

Der Schutz ihrer Gräben und Bunker einerseits und die Treffsicherheit und Feuerkraft der modernen Infanterie- und Artilleriewaffen mit ihren gezogenen Läufen und ihren verbesserten Ladesystemen andererseits machten es den Verteidigern leicht, die Angreifer schon auf große Entfernung zu dezimieren. Selbst die schreckliche Wirkung konzentrierten Artilleriefeuers, dem man noch die größte Durchschlagskraft zutraute, genügte nie, um *alle* gegnerischen Stellungen zu vernichten.

Schließlich »trommelten« die Franzosen im Artois 1915 6 Tage, in Flandern 1917 sogar 16 Tage, um die gegnerischen Stellungen zu zermalmen (während die Deutschen ihren Rekord bei Verdun mit nur 9 Stunden erreichten [für den Verlauf des ganzen Krieges], weil sie nicht genug Munition hatten und daher auf das Überraschungsmoment setzten).

Doch stets blieben irgendwo ein paar Maschinengewehre unbeschädigt, deren Garben die stürmenden Truppen zerfetzten.

»In dieser ausweglosen Situation stand die Kriegskunst hilflos da,« stellte Winston Churchill fest, und es wäre wohl jeder der Gegner gut beraten gewesen, in den Jahren des Stellungskrieges einfach stillzuhalten und zu warten, bis die neuen Waffen, der Tank und das Bombenflugzeug ausreichend erprobt in die Massenfertigung gegangen wären.

4

Falkenhayn schien das zu ahnen; denn der Angriff gegen Verdun, den er plante, war keineswegs rein »offensiv«. »Unser Problem ist eben«, schrieb er, »mit verhältnismäßig bescheidenem eigenem Aufwand dem Gegner schweren Schaden an entscheidender Stelle zuzufügen.«

Diese Stelle glaubte er an der Nordfront von Verdun gefunden zu haben: ein Durchbruch war hier weder möglich noch notwendig: Falls die Franzosen sich entschließen würden, die Festung zu halten, würden sie in dem »Kessel« von Verdun von der deutschen Artillerie zermalmt werden. Die Wegnahme Verduns war »unerheblich«!

Damit hatte sich Falkenhayn ebenfalls zu einer Art Ermattungsstrategie entschlossen, die er mit der Vokabel vom »Ausbluten«

oder »Weißbluten« verschleierte – ein Lieblingsausdruck von Generälen und kein Zeichen besonderer Blutrünstigkeit. Der Ausdruck verdeckte, daß Falkenhayn nicht an einen rein militärischen Sieg glaubte. Der Gedanke der »Ermattung« des Gegners war dem militärischen Denken der deutschen Generäle fremd, die immer noch an entscheidende Schlachten und große Siege glaubten; alles andere galt als »Armutszeugnis«, als Zweifel am deutschen Endsieg. Doch Falkenhayns Ansicht nach konnte der Krieg nur noch politisch beendet werden, und der Angriff gegen Verdun war als Probe auf die moralische Durchhaltekraft des Gegners gedacht, dem hier »die Lust zur Fortführung des Krieges gründlich verleidet« werden sollte.

Dem Heereschef war der Gedanke, mit dem Gegner zu verhandeln, nicht fremd. Seiner Ansicht nach konnte Deutschland den Krieg nicht gegen alle drei Hauptgegner siegreich führen. Nach dem Eindruck seines Adjutanten Pentz gehörte er zu den wenigen, die den Krieg und die Lage Deutschlands nüchtern einschätzten. Großspurigkeit war ihm fremd. »Wenn wir den Krieg nicht verlieren, haben wir ihn gewonnen«, meinte Falkenhayn sibyllinisch im engsten Kreis. Militärische Schwierigkeiten erinnerten ihn an das Instrument der Diplomatie. Als Mitte November 1914 die letzten Versuche, den Schlieffen-Plan und damit den Bewegungskrieg mit einer schnellen Kriegsentscheidung zu retten, in Ypern endgültig gescheitert waren, forderte Falkenhayn den Reichskanzler auf, mit Frankreich oder mit Rußland eine Verständigung einzuleiten. Damals hatte Bethmann Hollweg gezögert, da ihm die militärische Niederlage als schlechte Verhandlungsgrundlage erschien. Im Sommer 1915 schlug Falkenhayn sogar mehrere Male vor, den erfolgreichen Feldzug in Polen auszunutzen und in Petersburg wegen eines Separatfriedens vorzufühlen. Bethmann Hollwegs Bemühungen waren jedoch am Zaren gescheitert, der nur gemeinsam mit seinen Alliierten Frieden schließen wollte. Der Weg über die Offensive bei Verdun war ein neuerlicher Versuch Falkenhayns: Frankreich sollte an den Verhandlungstisch gezwungen werden.

5

Weder die Verbündeten, Feldmarschall Conrad von Hötzendorf, noch die Befehlshaber der über die Westfront verteilten deutschen Armeen, noch die eifersüchtig an der Ostfront über Falkenhayns Schritte wachenden Hindenburg und Ludendorff wurden von Falkenhayn über das Unternehmen »Gericht« informiert; ganz im unklaren blieb der Reichskanzler Bethmann, dem gegenüber Falkenhayn sogar noch im Januar 1916 behauptete, es sei »noch ganz unentschieden, ob wir eine größere Offensive im Westen machen können und werden«. Offenbar scheute Falkenhayn nicht etwa so sehr Verrat als etwaigen Widerspruch gegen ihn als »Außenseiter.«

Bisher galt im Stellungskrieg der Angriff auf breiter Front an der schwächsten Stelle des Gegners als strategische Maxime; Falkenhayn dagegen plante an der schmalsten Stelle der französischen Front einen Schlag gegen eine Festungsfront, ganz im Sinne Tappens, der diejenigen verächtlich fand, die »immer nur angreifen wollten, wo nichts steht«. Bisher hatte stets der Angreifer höhere Verluste gehabt; nun sollte es auf einmal der Verteidiger sein, wenn man ihn in die artilleristische »Blutmühle« nahm. Kühnheit oder Wahnsinn?

Kronprinz Rupprecht von Bayern, der Führer der 6. Armee, die jetzt in Flandern eingesetzt war, erfuhr erst am 13. Januar von einem aus Berlin zurückgekehrten Offizier seines Stabes, daß dort seit Tagen der bevorstehende Angriff auf Verdun das allgemeine Gesprächsthema bilde. Bald darauf verlangte die Oberste Heeresleitung, die 6. Armee solle Lastkraftwagenkolonnen und Straßenbaukompanien an die Armee des Kronprinzen abgeben. Rupprecht war entsetzt. Er hielt die Stellung um Verdun für die stärkste der ganzen Westfront; das ganze dortige Gelände sei ein »riesiges Festungsglacis« (wo sich die Artilleriewirkung zersplittern würde). Die von den Preußen hochgerühmte schwere Festungsartillerie hatte Rupprecht unter die Lupe genommen und dabei erhebliche Mängel festgestellt.

Die Zielgenauigkeit der 42-cm-Krupp-Mörser war miserabel. Von 159 Granaten, die z. B. im August 1914 aus 12 km Entfernung auf das Fort Manonviller verfeuert worden waren, hatten nur drei das Fort selber getroffen (das war also, was Bauer als »schöne Arbeit« ansah!). Nur die demoralisierende Wirkung des Beschusses hatte damals zur Kapitulation geführt – »im Augenblick der Übergabe war es nicht sturmreif«. Bei der Einnahme Namurs hatten nicht die Forts, sondern die Zwischenwerke und Hinterhangstellungen des Gegners mehr Opfer gefordert; und eine Auswertung der Beschießung von Antwerpen hatte ebenfalls ergeben, daß die Kapitulation der Besatzung (die immerhin nach zwölf Tagen aufgegeben hatte und sich doch angeblich zwölf Monate lang gegen eine Belagerung hätte halten sollen) in erster Linie der mangelnden seelischen Widerstandskraft der Verteidiger zu verdanken war: »Nach der Wirkung der deutschen Artillerie konnte von einer Vernichtung der geschützten Artillerie der Festung nicht die Rede sein. Es waren vielmehr 76 % der Panzertürme und 68 % ihrer Geschütze nach der Kapitulation noch brauchbar. Ebenso kann von einer Zerstörung der Werke, wenn auch Decken von 2,5 bis 3 m Stärke durchschlagen wurden, nicht die Rede sein.« In der Tat hatten sich die Forts als unzweckmäßig erwiesen, der Luftdruck und die giftigen Explosionsgase machten den Verteidigern den Aufenthalt in den »Hohlräumen« unmöglich, zumal es in Antwerpen »an guten Lüftungseinrichtungen anscheinend gefehlt hat«.

Kein Wunder, daß die Deutschen darauf brannten, auf die Frage nach der Wirkungsweise der schwersten Artillerie endlich eine eindeutige Antwort zu geben.

Wer nicht das ganze Unternehmen in Frage stellte, bemängelte zumindest doch die Tatsache, daß der Angriff nur auf dem rechten Ufer angesetzt wurde, anstatt beiderseits der Maas.

Verdun sei »wie ein starker Panzer anzusehen, in den man sozusagen eine Bresche schlagen müsse; ein Vergleich mit Maubeuge und Antwerpen ließe sich nicht ziehen«, erfuhr Bauer mündlich, als er in Stenay gegen die zu schmale Angriffsfront nunmehr auch seinerseits Bedenken anmeldete und – wie Gündell – das Westufer der Maas einzubeziehen vorschlug, um der Flankierung durch feindliches Feuer vorzubeugen; auch wies er darauf hin, wie schwer der Stellungswechsel der Artillerie bei einem so tiefen Aufmarschraum sein würde, bliebe man bei einem so schmalen Angriffsstreifen – »sofern der Gegner nicht völlig überrascht wird, muß man mit länger dauernden Kämpfen rechnen«.

Obwohl Bauer der Artilleriefachmann der OHL war, hatte er aus Geheimhaltungsgründen erst von dem Vorhaben erfahren, als der Angriffsentwurf – und damit die Begrenzung auf das Ostufer – bereits durch Falkenhayn genehmigt war. Und Falkenhayn blieb dabei.

Ein Angriff auf Verdun war bereits in Friedenszeiten in Planspielen durchexerziert worden, so im Winter 1912/13 in Metz unter dem Generalstabschef Helmuth von Moltke. Dabei hatte Moltke sogar als Patentlösung den »Angriff von Nordosten auf den Douaumont als Schlüssel der Festung« angegeben; ein Hauptmann vom Generalstab des Gouvernements Metz dagegen hatte für einen Angriff beiderseits der Maas vom Norden her plädiert und Moltkes Lösung abgelehnt mit dem Hinweis auf die »gefährliche artilleristische Flankierung« vom Westufer her. Falkenhayn und Knobelsdorf hatten sich schon am 16. Dezember auf die Beschränkung des Angriffs auf das Ostufer geeinigt – »infolge Kräfte- und Artilleriemangels«. In Wirklichkeit aber dachte Falkenhayn nicht daran, der Kronprinzenarmee sämtliche Armeereserven und Artillerie zur Verfügung zu stellen. Entsprechend seiner Konzeption, die eigenen Kräfte zu schonen, beließ er es bei der Zuteilung von vier frischen, ausgeruhten Armeekorps (acht Divisionen) und machte die weitere Zuteilung von Truppen von den Fortschritten der Offensive abhängig. Der vorläufige Verzicht auf einen westlichen Vorstoß mußte nur dann teuer werden, wenn es nicht gelang, die französische Artillerie auf dem Westufer niederzuhalten.

Die Unklarheit darüber, worin denn nun eigentlich »die Festung Verdun« besteht (in der Zitadelle, in der Stadt mit Zitadelle oder in den Befestigungsanlagen um die Stadt herum), spiegelte sich in den Formulierungen: Während Falkenhayn den Erfolg der Operation nicht vom Fall Verduns abhängig machte, hatte das Armeeoberkommando natürlich den Ehrgeiz, die Festung in die Hand zu bekommen, und während Falkenhayn vorsichtig von einer Offensive »in Richtung Verdun« sprach, hieß es in dem Angriffsentwurf der 5. Armee: »Wer im Besitz der Höhen auf dem Ostufer der Maas ist, ist auch im Besitz der Festung.«

Daß Falkenhayn selbst nur mit »halber Seele« an der Sache beteiligt schien, lag wohl an seiner Überzeugung, daß die Einnahme der Stadt Verdun nicht das Entscheidende sei: Fiele Verdun, sei das ein großer Erfolg; bliebe die Offensive jedoch stecken, würde sein Ausblutungsplan in Aktion treten.

Der »Grundwiderspruch« zwischen Falkenhayn und dem AOK, das ganz auf die Einnahme von Verdun setzte, lag in der schlichten Tatsache, daß nach Falkenhayns Worten »das Durchführen der Schlacht nicht meine Sache ist, sondern die der Armeen und Oberkommandos« – schließlich hatte Knobelsdorf dem Angriffsentwurf zugestimmt.

6

Auch auf der anderen Seite der Westfront wurden im Winter 1915/16 Angriffspläne geschmiedet. Während Falkenhayn glaubte, daß Frankreich »bis an die Grenze des Erträglichen geschwächt« sei, war es in Wirklichkeit gerade dabei, mit seinen Bündnispartnern England, Rußland und Italien Pläne zur endgültigen Niederwerfung des kaiserlichen Deutschland zu machen.

Das war leichter gesagt als getan, da jeder Bündnispartner den anderen in Verdacht hatte, die fremden Truppen als »Kanonenfutter« mißbrauchen zu wollen, um die eigenen zu schonen. Das größte Problem waren die Engländer, die auf französischem Boden standen und doch das Gefühl haben sollten, ihr Vaterland zu verteidigen. Das ging so lange gut, wie die erfahrenen Berufssoldaten des Expeditionskorps in Frankreich standen, und wurde mit zunehmendem Rückgriff auf Wehrpflichtige schwieriger. Trotzdem gelang es dem französischen Oberbefehlshaber Joffre, seine verbündeten Armeeführer Feldmarschall John French, den russischen General Shilinski, den Italiener Graf Porro, den Belgier Wielemans und den Serben Stephanowitsch am Konferenztisch zur Unterzeichnung eines gemeinsamen Kommuniqués zu bewegen, in dem alle Aktionen für das Jahr 1916 abgestimmt waren, das das Jahr der Entscheidung sein sollte.

Im Großen Hauptquartier Joffres in Chantilly zwischen Paris und Compiègne war man sich bereits zwei Tage nach Konferenzbeginn am 8. Dezember 1915 einig, die Entscheidung nur auf dem Hauptkriegsschauplatz in Europa zu suchen und die Kräfte nicht auf

Nebenschauplätzen wie Saloniki, Gallipoli oder Ägypten zu verzetteln. Für die Mitte des kommenden Jahres war eine große Offensive geplant, die, wie Joffre glaubte, den Durchbruch erzwingen und damit dem deutschen Heer den Todesstoß versetzen würde. Vorher sollte jedoch in mehreren Teilangriffen »die Abnutzung des Feindes« betrieben werden.

Zum Zeitpunkt der großen Schlacht würden 167 alliierte Divisionen gegen 116 deutsche stehen und 28 Millionen Granaten in den Depots gesammelt sein – ein nacktes Rechenexempel, das bereits den Erfolg garantierte. Natürlich machten sich die Generäle auch Gedanken über die Absichten der Deutschen. Ein Schlag gegen Rußland, dessen Armee als noch schwächer als die italienische eingestuft wurde, erschien dem französischen Generalissimus am gefährlichsten. Am 8. Februar legte das französische Oberkommando seine Anschauungen in einer Denkschrift dem Obersten Rat der Landesverteidigung zur Genehmigung vor und gab als Stichtag der Entscheidungsschlacht den 1. Juli 1916 an. Als Schlachtfeld war die Somme vorgesehen, die Nahtstelle zwischen der englischen und französischen Armee.

Von der Gefahr deutscher Angriffe an der Westfront wollte Joffre verständlicherweise nichts hören. Eine Denkschrift seines Stabes vom 15. Februar 1916 führte auch den Beweis, daß mit Angriffen der Deutschen ohnehin nicht vor April zu rechnen sei.

Joffres Selbstsicherheit täuschte. Seit einiger Zeit schon schwelte eine Vertrauenskrise zwischen dem Oberbefehlshaber der französischen Armee und dem Kriegsminister Gallieni, dem der selbstherrliche Führungsstil des »Diktators von Chantilly« seit langem mißfiel. Nach dem Mißerfolg in der Champagne stand es mit dem Ansehen Joffres sowieso nicht zum besten.

Im Gegensatz zum Kaiserreich, wo dem energischen Falkenhayn ein schwacher Kriegsminister gegenüberstand, hatte Joffre in Gallieni einen starken und klugen Kontrahenten. Der asketische, nervöse Gallieni war dem bauernschlauen, korpulenten Joffre durchaus gewachsen. Beide waren seit der Marneschlacht im September 1914 verfeindet. Damals hatte nämlich Joffre allen Ruhm an der Rettung Frankreichs für sich eingeheimst, und Gallieni, zu der Zeit Gouverneur von Paris, der durch seinen improvisierten Stoß in die Flanke den Vormarsch der Deutschen gestoppt hatte, war leer ausgegangen.

Seither herrschte Krieg zwischen beiden. Während Joffre die Kompetenz des Kriegsministers allein auf die Rekrutenaushebung und Beschaffung der Mittel zu beschränken beabsichtigte, wollte Gallieni, dem die ganze »Sippschaft des Generalstabs« zuwider war, Joffres Rolle auf den rein militärischen Oberbefehl festlegen und in den Konferenzen mit den alliierten Verbündeten selbst den Vorsitz übernehmen. Abwechselnd liefen die Parteigänger Gallienis und Joffres zu Minister Briand und Staatspräsident Poincaré, um sie zur Zusammenlegung beider Ämter in einer Hand zu überreden.

Als es am 18. Februar in der Kammer zu einer Diskussion der Frage kam, wer im Konfliktfall zwischen Regierung und Heeresleitung den Ausschlag geben würde, antwortete Gallieni: »Der Feind!« Er war fest entschlossen, den Oberbefehlshaber zu stürzen, wenn sich zeigen sollte, daß die Deutschen immer noch angreifen konnten.

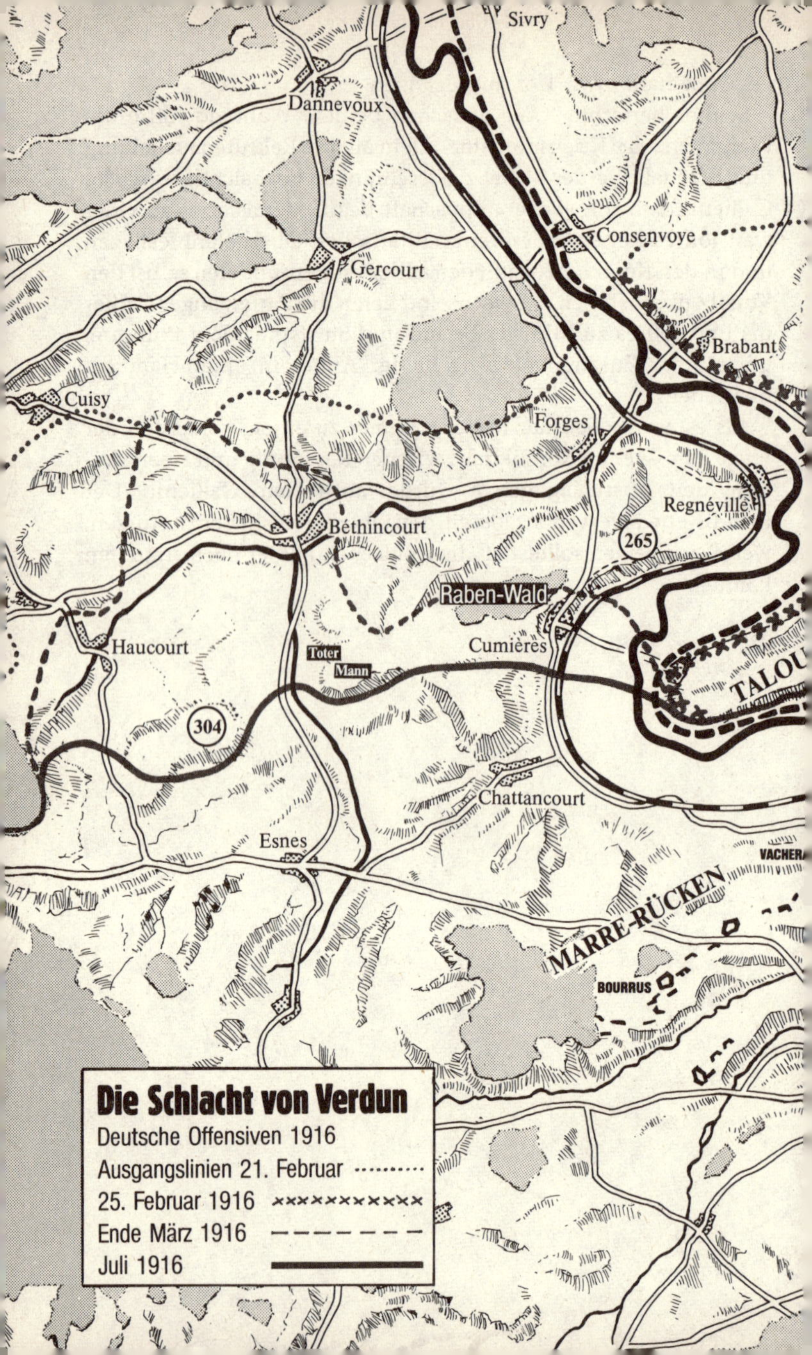

Sivry
Dannevoux
Consenvoye
Gercourt
Brabant
Cuisy
Forges
Regnéville
Béthincourt
265
Raben-Wald
Haucourt
Cumières
Toter
Mann
TALOU
304
Chattancourt
Esnes
VACHERA
MARRE-RÜCKEN
BOURRUS
Die Schlacht von Verdun
Deutsche Offensiven 1916
Ausgangslinien 21. Februar
25. Februar 1916
Ende März 1916
Juli 1916

Crépion
Chaumont
Ville
Azannes
Flabas
Kap
Spincourt-Wald
Caures-Wald
Gremilly
Herbebois
Haumont
307
Beaumont
gneux
Ornes
344
Fosses-Wald
Vaux-Kreuz
pneuville
Chambrettes-Ferme
WOËVRE-EBENE
Brûle-Schlucht
Bezonvaux
Louvemont
PFEFFER-RÜCKEN
Vacherauville
Chauffour-Wald
Douaumont
HARDAUMONT
Caillette-Wald
Charny
Bras
Vaux
Chapitre-Wald
KALTE ERDE
FUMIN
Damloup
Fleury
Berg-Wald
VERDUN
0
1
2
3 km
Regret

4 Die Bereitstellung (24. Dezember 1915–20. Februar 1916)

1

Ausgerechnet am 24. Dezember 1915, kurz nach der Weihnachtsfeier, kam für das Infanterieregiment 159, das zum VII. Reservekorps gehörte und bei Valenciennes in Belgien im Ruhequartier lag, der Abmarschbefehl. In der bitteren Kälte kletterten die Bataillone am nächsten Morgen in die Eisenbahnzüge, die sie über Sedan nach Dun brachten. Ein langer Marsch durch den strömenden Regen in Richtung Verdun folgte, bevor die einzelnen Kompanien über zwölf Dörfer zwischen Maas und Flabas verteilt wurden, in denen sie sich ihre Quartiere suchen sollten. Die Ortschaften waren in einem armseligen Zustand, die meisten Häuser zerschossen, die Scheunen verfallen.

Natürlich schimpften die Neuankömmlinge darüber, daß ihre Vorgänger so gut wie nichts für den Ausbau von Stellungen getan hatten, und warfen ihnen vor, nach der Devise gelebt zu haben, den Gegner nicht zu reizen, um selber Ruhe zu haben. Doch die Kräfte des V. Reservekorps, das bis zu diesem Zeitpunkt die Nordfront bei Verdun besetzt hatte, konnten gar nicht ausgereicht haben, bei 15 km Frontlänge Grabendienst, Stellungsbau und Nachschub zu versehen und obendrein noch bei Kampfhandlungen ihren Mann zu stehen.

Obwohl 15 000 russische (schlecht ernährte) Kriegsgefangene zu Armierungsarbeiten in der Gegend verteilt worden waren, mußten die Sturmtruppen zum Stellungsbau abkommandiert werden. Der Führer des VII. Reservekorps, General von Zwehl, mahnte daher seine Offiziere, darauf zu achten, daß die Truppen am Tage des Angriffs auch »frisch und ausgeruht« seien.

In den nächsten Wochen vertauschten die Kompanien, in einzelne Arbeitskommandos aufgelöst, das Gewehr mit dem Spaten, fällten Bäume, legten Knüppeldämme und Unterstände an, stapelten Pioniermaterial und Munition oder arbeiteten an der Verbesserung der Quartiere für Mann und Pferd. Bereits am 28. Januar hatten sie die Zahl der Unterkünfte in den Orten Murvaux und

Brandeville verdreifacht, so daß die Bataillone wieder zusammengezogen werden konnten. Doch die Arbeitsplätze an der Front lagen immer noch stundenweit von den Quartieren entfernt, mitunter über 10 km, die Trupps rückten bei Dunkelheit aus und kehrten erst wieder bei Anbruch der Nacht zurück.

Tag und Nacht kamen Munitionszüge an, die entladen werden mußten. Nachts hörten die Männer auf den Straßen das Rumpeln der schweren Geschütze. Wenn sich die Gelegenheit bot, suchte der eine oder andere die Höhe von Haraumont auf, von der sich ein Teil der nördlichen Festungsfront überblicken ließ. Die Gegend machte einen trostlosen, verlassenen Eindruck. Dunkel und undurchschaubar lagen die Wälder vor ihnen – als »Quartier für Wildschweine« gerade gut genug. Die feindlichen Stellungen waren in zahllosen tiefen Schluchten verborgen. Auf dem anderen Ufer der träge dahinfließenden Maas erhoben sich Bergkuppen, deren eine »Le Mort-Homme« genannt wurde – Toter Mann.

2

Die Mehrzahl der Regimenter war erst Anfang Februar nach Verdun in Marsch gesetzt worden. Teile der hessischen 21. Infanteriedivision, zu der die Regimenter 80, 81 und 87 gehörten, wurden am 1. Februar nach Carignan in der Nähe der Maas transportiert. Die Offiziere reisten standesgemäß in Eilzugcoupés, die Mannschaften mußten mit Güterwagen vorliebnehmen. Nach dem Ausladen marschierten die Männer in die Bereitstellungsräume.

Wie die anderen hatte sich auch Georg Wolf von den 87ern mit einer letzten Postkarte von seiner Familie verabschiedet: »Bin Gott sei Dank noch gesund, was ich Euch allen wünsche. Mit dem Brief müßt Ihr Euch gedulden. Vorläufig bekommt Ihr keinen. Nicht daß Ihr denkt, ich hätte was dabei. Wir sind aber stets am Wandern. Wenn Ihr schreibt, müßt Ihr die neue Adresse richtig jetzt schreiben. Mit den besten Grüßen an Euch alle – Euer lieber Sohn Georg. – Absender Musketier Wolf II, I/87 aktiv. Dies ist jetzt meine Adresse – weiter nichts schreiben, sonst kommt nichts an.« In der Schreibstube, auf der die Post gesammelt wurde, hatte der Kompaniefürer seinen Stempel »gelesen« auf die Karte gedrückt. Aus Geheimhaltungsgründen erfuhren die Angehörigen nicht den Einsatzort.

Das I. Bataillon der 80er kam zusammen mit dem Regimentsstab und der MG-Kompanie nach Rupt sur Othain. Das Bauerndörfchen, etwa 25 km nördlich von Verdun, war ebenso armselig wie die anderen lothringischen Ortschaften. Der 17jährige Kriegsfreiwillige Ernst Weckerling hatte Glück. Er bezog ein »Bürgerquartier« im ersten Stock eines Hauses, in dem sich alle »wie Heringe« zusammendrängen mußten, um eine Schlafstelle auf dem Boden zu finden. Der Familie des Hausbesitzers blieb ein Zimmer im unteren Stockwerk. Auch Scheunen und Stallungen wurden mit Truppen belegt, sie standen ohnehin leer, Pferde und Vieh waren bereits 1914 von den französischen Behörden requiriert worden.

Zusätzlich zu den Quartieren mußten auch Unterstellmöglichkeiten für die Pferde gefunden werden. Jede Kompanie, von der anfänglichen Stärke von 250 Mann zu Kriegsbeginn inzwischen auf rund 200 Mann gesunken, hatte neun Zugpferde für die Versorgungsfahrzeuge. Dazu kamen noch das Kompanieführerreitpferd und ein Pferd für den Pferdeburschen, der zugleich die berittene Ordonnanz darstellte.

Die Führung hatte mit Frost gerechnet, der sogar Feldwege passierbar gemacht hätte. Statt dessen kam ununterbrochen Nieselschnee vom Himmel herunter, der nicht liegenblieb, sondern sich sofort in Matsch verwandelte. Selbst die wenigen Schotterstraßen wurden durch das Tauwetter zu Schlammwegen. Der Schlamm, ein dicker kreidiger heller Morast, war schließlich so tief, daß die Räder bis zu den Achsen versanken und die Füße der Stangenreiter auf den Zugpferden im Dreck schleiften. Personenkraftwagen, in denen Stabsoffiziere saßen, mußten ab und zu durch ausgespannte Pferdegespanne wieder flottgemacht werden.

Jeden Morgen um acht Uhr zog Weckerling mit seiner Kompanie Richtung Flabas, um Schlamm von den Straßen herunterzuschaufeln und sie einigermaßen befahrbar zu halten. Neben Pickel und Schaufel mußten die Männer auch noch ihre Gewehre mitschleppen – »ein Soldat geht auch zum Schanzen nicht ohne Gewehr«. Da es meist regnete, benutzten die Männer ihre viereckigen Zeltplanen als Umhang. Verpflegung gab es erst abends, wenn sie nach zweistündigem Marsch in ihre Quartiere zurückkehrten. Bis zum nächsten Morgen trocknete die Uniform selten.

Von der üblichen »Kompaniestärke« konnte in Ernst Weckerlings 3. Kompanie keine Rede sein. Ein Unteroffizier und sechs Mann waren als »persönliche Wache« des »Großherzogs zu Hessen und bei Rhein« abkommandiert worden, der als Landesherr im Generalsrang in dem Schlößchen bei Rupt residierte. Da er laufend den Besuch der Regimentskommandeure und anderer höherer Offiziere empfing, waren als Stabswache am Schloßeingang Soldaten ausgewählt worden, die noch den Präsentiergriff beherrschten, der im Krieg nicht mehr geübt wurde.

Ernst Weckerling hatte als Kriegsfreiwilliger nur »Gewehr über« gelernt. Er wurde zum Ausbau einer Stellung für eine »Dicke Berta« abkommandiert. Das Geschütz war bereits zusammengesetzt, beinahe haushoch stand es in einem niedrigen Gehölz, nur die Schutzwälle und die splittersicheren Unterstände für die schweren Granaten mußten noch angelegt werden. Stolz erklärten die Artilleristen den staunenden »Fußlatschern«, daß ihr Riesengeschütz auf 9 km genau sein Ziel treffen konnte.

Da die Soldaten, unter ihnen viele Handwerker und Bergleute aus dem Siegerland, Geschick und Fleiß an den Tag gelegt hatten, forderte sie der Chef der Batterie »Emil« sogar noch einmal als Hilfsbedienung für den ersten Angriffstag an, so daß der Kompanie schließlich 110 Mann zur Gefechtsstärke fehlten.

Durch den Arbeitsdienst waren die Soldaten dermaßen überfordert, daß auf das kasernenmäßig straffe Exerzieren, das sonst vor jeder Offensive üblich war, verzichtet wurde. Trotzdem war die restliche Zeit mit Appellen ausgefüllt, bei denen Waffen und Ausrüstung auf Reinlichkeit und Vollständigkeit überprüft wurden.

Natürlich unterlagen die eisernen Portionen einer besonderen Überwachung; einige Leute, die bei der schweren Arbeit besonders hungrig geworden waren, hatten die Konservenbüchsen heimlich geleert. Ein Soldat, der sich wiederholt dieses Vergehens schuldig gemacht hatte, wurde zu drei Tagen Mittelarrest verurteilt. Da es jedoch kein Gefängnis im Ort gab und der Mann bei den Schanzarbeiten gebraucht wurde, ließen ihn die Offiziere täglich zwei Stunden mit einer Kette an das Rad der Feldküche anschließen, die mittem im Ort stand – zur Abschreckung.

Das »Anbinden an einen Baum« oder an eine Wand, daß »der Bestrafte sich weder setzen noch legen kann«, war noch 1916 ausdrücklich als Disziplinarmaßnahme erlaubt. Nur wenige Offiziere empfanden es als mittelalterliches Strafverfahren, das den Menschen »auf die Kulturstufe eines Kettenhundes« stellte; die meisten meinten mit leichtem Spott, der dumme Kerl hätte sich eben nicht erwischen lassen sollen.

Verdun stellten sich die Männer wie alle anderen Festungen vor: als eine mit Mauerwerk umgebene Zitadelle. Eine Redensart stellte sich ein, wenn sie abends beim Skatdreschen in den Quartieren saßen: »Na ja, unser Blut wird bald an den Mauern von Verdun verspritzen!«

3

Der Angriffsentwurf des Armeeoberkommandos trug zwar das Datum vom 4. Januar 1916, war aber fast einen Monat alt, als er endlich den Stabsoffizieren der einzelnen Armeekorps ausgehändigt wurde. Er spiegelte die großen Erwartungen, die von der Heeresführung in die Schießkünste der deutschen Artillerie gesetzt wurden. »Der Entschluß, die Festung Verdun in beschleunigtem Verfahren zu nehmen«, hieß es gleich zu Anfang, »beruht auf der erprobten Wirkung der schweren und schwersten Artillerie.«

Erfolgreich erprobt hatte man dieses neue für Verdun vorgesehene Angriffsverfahren bei Gorlice; dem Angriff in Galizien vorangegangen war wiederum ein Angriff an der Westfront, bei Soissons, im Januar 1915, als Hans von Seeckt noch Generalstabschef des dort eingesetzten III. Armeekorps, der »Brandenburger«, gewesen war; dem Führer des Korps, General von Lochow, hatte diese Operation den Pour le mérite eingebracht. Auf eine kurze Formel gebracht hieß dieses Angriffsverfahren: Zertrümmerung der Kampfkraft des Gegners durch ein überraschendes, kurzes, »überwältigendes« Artilleriefeuer, danach der Sturm der Infanterie. (Um tagelang zu »trommeln«, fehlte den Deutschen bekanntlich die Munition.)

Daß an Geschützen und Munition diesmal nicht gespart wurde, davon konnte sich in diesen Tagen so gut wie jeder überzeugen, auch der einfache Soldat, der natürlich im Gegensatz zu den Offizieren wenig Bewegungsfreiheit hatte und sich nur in seinem Abschnitt aufhalten durfte. In dem Halbbogen zwischen Consenvoye an der Maas und Azannes wurden über 1200 Geschütze nach und nach in Stellung gebracht. Alle Kaliber waren vertreten (da ständig neue Kaliber und Geschütztypen konstruiert und erprobt wurden, brachten es die Deutschen im Stellungskrieg bald auf mehr als 50 Geschützsorten, was sich für den Nachschub als wenig förderlich erwies): von der Feldkanone 7,7 cm über die Feldhaubitze (10,5 cm) und schwere Haubitze (15 cm), den Mörser und Küstenmörser (den gedrungenen Steilfeuergeschützen mit kurzer Reichweite von 21 und 30,5 cm), bis zur »Dicken Berta« und dem 38-cm-Langrohr. Von diesen beiden kostbaren Kalibern unter den »Schwersten« waren immerhin 16 Rohre vorhanden. Das Eisenbahngeschütz bei Loison wurde verblüffenderweise von Matrosen bedient, denen man erst im letzten Moment dann noch »Artilleriekluft« verpaßte. Sogar russische Beutegeschütze waren aus dem Osten antransportiert worden, die wegen ihrer Qualmentwicklung beim Abschuß nicht beliebt waren. Eine solche Massierung an Geschützen, bis in die Tiefe von 10 km hinter der Front gestaffelt, hatte es bis dahin noch niemals gegeben. Für je 150 m Frontbreite war je eine Mörserbatterie zu vier Geschützen vorgesehen.

Am 3. Februar zog General Groener eine erste Bilanz. Er zählte auf, was seine Güterzüge herangeschafft hatten: »In den letzten Wochen sind noch zur 5. Armee befördert worden: 160 schwere Batterien mit 640 Geschützen, außerdem zahlreiche Artilleriepionierstäbe, Pionierformationen, Straßenbaukompanien, Armierungstruppen, Munitionskolonnen, Flieger, Kriegsgefangenenbataillone und dergl.« Eine »Riesentransportbewegung«, fand er. Immerhin waren 24 neue Bahn- und Verladestationen angelegt worden, um das Material in der Gegend zu verteilen.

Am 11. Februar notierte Groener, daß für die ersten sechs Tage der Offensive 2 Millionen Schuß bereitlägen und für die nächsten zwölf Tage nochmals die gleiche Zahl. Den Optimismus der Artilleriefachleute teilte er allerdings nicht ganz, in sein Tagebuch nahm er auch die Erklärung eines französischen Fliegers auf, der bei seiner Gefangennahme erklärt hatte: »Verdun ist zu stark, das bekommen Sie nicht.«

General von Zwehl, der in einem Schlößchen bei Monthenault residierte, nahm nach dem Studium des Angriffsentwurfs mit dem bayerischen General der Fußartillerie, Beeg, Rücksprache, ehe er die Befehle für seine Infanteristen vom VII. Reservekorps formulierte. Artillerie und Infanterie sollten nach einem genauen Zeitplan zusammenarbeiten, um ein einheitliches Vorgehen der ganzen Front zu garantieren.

Natürlich sollten vorgeschobene Artillerieoffiziere die Wirkung des Feuers beobachten, allein schon, um eine sinnlose Munitionsvergeudung auf bereits zerstörte Stellungen zu verhindern, aber im Prinzip sollte das Feuer nach der Uhr gelenkt werden. Nach einem Signalschuß würden am Angriffstag kurz nach acht Uhr morgens alle Geschütze gleichzeitig die Beschießung der französischen Stellungen aufnehmen und bis fünf Uhr nachmittags fortsetzen. Erst dann, nach neun Stunden, sollte das Feuer vorverlegt werden, unter Berücksichtigung der Sprengkraft der schweren Geschosse jeweils um 500 m, um die Infanteriespitze nicht zu gefährden. Sollte zu diesem Zeitpunkt der feindliche Widerstand noch nicht gebrochen sein und der Sturm mißlingen, würde die Infanterie in ihre Ausgangsstellungen zurückkehren, um ein erneutes Sturmreifschießen der feindlichen Stellungen abzuwarten.

Hier lag eine Unstimmigkeit; würden die angreifenden Regimenter dermaßen umständlich und systematisch vorgehen, dann müßten sie ja gerade gegen die im Angriffsentwurf vorgeschriebene Anordnung verstoßen, »den Angriff niemals ins Stocken kommen zu lassen, damit die Franzosen keine Gelegenheit finden, sich in rückwärtigen Stellungen erneut festzusetzen und den einmal gebrochenen Widerstand wieder zu organisieren.«

Während der Nachbar Zwehls, der Kommandierende General des XVII. Armeekorps, von Schenck, sich stur an die Empfehlung, nur mit Patrouillen vorzustoßen, hielt und sogar untersagte, vom Feind geräumte Stellungen etwa ohne telefonische Rücksprache mit seinem Stab zu besetzen, beschloß Zwehl, hier selbständig zu handeln und den widersprüchlichen Angriffsentwurf zu korrigieren. Als Beeg ihm berichtete, wie viele Batterien in seinem Angriffsstreifen bereitstanden, entschied er also, auf die geplanten Erkundungsgänge kleiner Patrouillen ganz zu verzichten. Seiner Meinung nach würde die durchschlagende Wirkung der Artillerie schon am ersten Tag der Offensive massierte Infanterieangriffe erlauben.

An der großen Wandkarte studierte von Zwehl die Angriffsaufgaben für sein eigenes Korps, dessen Zuverlässigkeit er nach des Belagerung und Einnahme von Maubeuge 1914 und während des dreizehn Monate dauernden Stellungskrieges an der Aisne 1915 kennengelernt hatte: »Fortnahme der Befestigungen auf dem Haumont, Vordringen bis auf die Südhänge der beiden Höhenrücken in Richtung Samogneux, Säuberung des Geländeabschnitts zwischen Haumontwald, Samogneux und Maas.«

Keine leichte Aufgabe, zumal die Luftbilder keine zuverlässigen Angaben über die tatsächliche Stärke der einzelnen französischen Stellungen im Haumontwald erlaubten. Waldkämpfe gehörten zu den schwierigsten Operationen, und gerade die Gegend vor Verdun war überreich an Wäldern mit kreuz und quer laufenden Schluchten und Mulden, welche die Orientierung erschwerten. Die »düstere Einsamkeit« der Landschaft »mit viel Regen und Nebel« erinnerte den General an die Eifel.

Das gesamte künftige Schlachtfeld war auf den Generalstabskarten der 5. Armee in saubere Angriffsabschnitte eingeteilt worden. Die drei entscheidenden Abschnitte lagen auf dem östlichen Maasufer zwischen Consenvoye und Gremilly. Auf diesem nur 15 km breiten, wald- und schluchtenreichen Geländestreifen sollten am Tag des Angriffs drei Armeekorps nach Süden vorstoßen: Neben dem VII. Reservekorps zur Rechten das XVIII. hessische Armeekorps, in dessen Stoßrichtung der Caureswald, die Orte Beaumont und Louvemont lagen. Dessen Nachbar war das III. brandenburgische Korps unter General von Lochow, das den Herbebois, den Wavrille und Fosseswald zu durchqueren hatte, bevor es in den Bereich des Douaumonts gelangte.

Der vierte Abschnitt daneben lag bereits in der Woëvre-Ebene, hier standen das V. Reservekorps unter General von Gündell und das XV. Armeekorps. Beide Korps sollten erst einmal die Entwicklung der Offensive abwarten, das Oberkommando behielt sich ihre Disposition vor. Auf dem Westufer der Maas stand das VI. Reservekorps, dem vorerst nur eine artilleristische Aufgabe zufiel. Es sollte die französischen Batterien bei Cumières »niederhalten«, um das VII. Reservekorps vor einem Beschuß aus der Flanke zu bewahren.

General von Zwehl hatte eigens bestätigen lassen, daß seinen Infanteristen von dieser Seite her keine Gefahr drohen würde.

Jedes Korps hatte zwei Divisionen, so daß auf dem Ostufer insgesamt 10 Divisionen mit 150 000 Mann bereitstanden.

In vorderster Linie standen von den drei vorgesehenen Korps – ohne Reserven – allerdings nur 13 Regimenter mit 21 Bataillonen und 27 Pionierkompanien, rund 32 000 Mann, als »reine Sturmtruppe«.

Als erstes würde sie in das äußere der drei um die Stadt Verdun sich ringförmig hinziehenden Befestigungssysteme einbrechen, das aus Waldstellungen, Blockhäusern und befestigten Dörfern bestand, erst dann würden sie auf die eigentliche Festungsregion mit den großen Forts, den permanenten Befestigungsanlagen wie Froideterre, Thiaumont, Douaumont, Hardaumont und Vaux stoßen. War diese zweite, stärkste Zone durchstoßen, erwartete die Deutschen als letztes Bollwerk der innere Ring der alten und nicht mehr modernisierten Forts aus dem vorigen Jahrhundert wie Belleville und Souville. Doch das ging Zwehl nichts mehr an. Nach der Erstürmung des mittleren Befestigungsrings sollte das VII. Reservekorps vorerst herausgezogen werden. In den Richtlinien für die Sturmtruppen hieß es zum »Anzug«: Helm mit abgeschraubter Spitze oder auch Mütze; kein Gepäck, aber auf dem Rücken am Brotbeutelband das Kochgeschirr, darum den Mantel gelegt. Drei bis vier eiserne Rationen im Brotbeutel, Feldflaschen gefüllt. Tornister seien bewacht zurückzulassen. Die Offiziere sollten sich keineswegs von den Mannschaften unterscheiden, deshalb den Mützenschirm nach hinten tragen. Jeder Infanterist sollte mindestens 200 Patronen und drei Handgranaten mitnehmen. Weiterhin mußten Drahtscheren, Gasmasken, Leuchtpistolen, Schanzzeug, Erkennungsflaggen und Baumflaggen, um der Artillerie Signale zu geben, mitgeführt werden.

Unter den Anweisungen befand sich der Befehl, daß im Verlauf der Kampfhandlungen abgedrängte einzelne Gruppen auch im Fall der Umzingelung durch den Gegner niemals Veranlassung hätten, sich zu ergeben. »Entsatz oder Zurückweichen des Feindes« sei stets zu erwarten. Zum »Verhalten nach dem Sturm« gehörte das Sammeln der Beute, die Herstellung von Fernsprechleitungen und Rückschaffung von Verwundeten, und vor allem der Rat an die

Offiziere, bei Nacht hinter den vorderen Linien Wachgänge durchzuführen, um »Drückeberger« abzufangen.

Die »einheitliche Leitung« des Unternehmens hatte sich das Armeeoberkommando selbst vorbehalten. Es verlangte, daß sich alle nachgeordneten Stellen streng an die gegebenen Anweisungen hielten. Ein ganzes System von Vorschriften, Befehlen und Belehrungen fesselte jegliche eigene Initiative. Von der alten Auftragstaktik war nicht mehr die Rede. Der Grundsatz, daß der Vorgesetzte dem Untergebenen zwar das Ziel durch einen Befehl angibt, ihm jedoch die Wahl der Mittel überläßt, war durch ein »bürokratisches Korsett« ersetzt worden. Aber das war wohl unvermeidlich, meinte von Zwehl, der ganze Mechanismus moderner Waffen war zu kompliziert, um den Eingebungen des einzelnen noch Spielraum zu lassen.

4

Am Morgen des 8. Februar 1916 fuhr Hauptmann Walter Bloem von Mangiennes zu dem Waldlager, wo sich seine Einheit befand. Am Vortag war er überraschend zum Führer des 1. Bataillons des 12. Grenadierregiments ernannt worden, dem er bereits während der Marneschlacht angehört hatte. »Eine große Sache steht bevor, aber ich darf noch nichts sagen«, hatte ihm der Kommandeur des Ersatzbataillons in Frankfurt/Oder erklärt, bevor er ihn »in Marsch setzte«.

Über Nacht war Neuschnee gefallen, der sich auf der stark befahrenen Chaussee sofort in Matsch verwandelte. Hinter Romagne bogen sie von der Straße herunter in einen Mischwald. Unter hohen Eichen, deren breite Äste vor Fliegersicht schützten, lagen langgestreckte, aus dünnen Bäumen zusammengesetzte Mannschaftsbaracken, über denen sich blauer Rauch kräuselte; ein anheimelndes Bild, das nur durch den tiefen Schlamm zwischen den einzelnen Unterkünften getrübt wurde.

In der Stabsbaracke wurde Bloem von seinem Vorgänger, Hauptmann von Freyhold, erwartet, den man zur »Führerreserve« abkommandiert hatte. Wie Bloem erfuhr, lag die Ausgangsstellung, aus der das Bataillon zum Sturm antreten sollte, in der Nähe von

Ville. Zur Zeit sei sie noch von einem elsässischen Infanterieregiment besetzt, das erst im letzten Augenblick von den Grenadieren abgelöst werden würde, »damit der Franzose nichts merkt«.

Im übrigen sei die Stellung in einem ziemlich verkommenen Zustand. Bloem runzelte die Stirn. Ob der Franzose denn wirklich noch nichts bemerkt habe, bei dem Riesenverkehr auf der Anmarschstraße? Für Freyhold war die ruhige Front der beste Beweis für die Ahnungslosigkeit des Gegners. Außerdem sei durch das seit Wochen anhaltende schlechte Wetter jegliche Fliegertätigkeit lahmgelegt. Die Landstraßen seien an allen in feindlicher Sicht liegenden Stellen durch tannengrünverkleidete Holzgerüste verdeckt. Diese würden freilich alle paar Tage vom Sturm umgelegt und müßten in mühevoller Arbeit wieder aufgebaut werden. Kein Fehler übrigens, daß es allerhand für die Kompanien zu tun gäbe – sie würden sonst »verschimmeln«!

Zwei Tage lang inspizierten Bloem und sein Stab die ihnen zugewiesenen Ausgangsstellungen. Sie stiegen den Romagnerükken hinauf, wo sich ihnen ein Panoramarundblick über das Vorfeld Verduns bot. Unter einer fleckenlosen Schneedecke lag das Niemandsland vor ihnen. Eine Salve Schrapnells fegte über die Offiziere hinweg und zerspritzte ein paar Schritte hinter ihnen. Wieder außer feindlicher Sicht fanden sie bei den Trümmern eines Gutshofes verschlammte Grabensysteme, die noch aus den Kämpfen des Jahres 1914 stammten. Am zerschossenen Stationsgebäude einer Bahnstrecke ließen sie schließlich die Pferde stehen und gingen zu Fuß weiter.

Hinter dem zerschossenen Dörfchen Ville stiegen sie in einen Annäherungsgraben und arbeiteten sich anhand der Karten durch das labyrinthische Grabengewirr vier hintereinanderliegender Stellungen. Über ihren Köpfen hörten sie einzelne Granaten. Die deutschen Geschütze schossen sich ein, suchten sich ihr Zielgebiet in den Planquadraten, das sie am Offensivtag mit voller Wucht unter Beschuß nehmen sollten. An den Nordhängen wimmelte es von Soldaten mit Hacken und Schaufeln, die Stellungsmulden für die Artillerie anlegten und Munition stapelten. Die Geschütze selbst sollten erst im letzten Moment nach vorn gebracht werden, um den Feind nicht zu warnen.

»Meine Herren, das wird keine Offensive, das wird ein Spaziergang für Sie!« erklärte ihnen ein Hauptmann des Feldartillerieregiments 18 siegesbewußt.

»Wir kennen aus den Fliegeraufnahmen jedes Erdwerk, jedes Blockhaus, jedes Drahthindernis – von den Forts ganz zu schweigen. Das alles bügeln wir nieder, stampfen es in den Erdboden. Sie brauchen hernach nur die Leichen- und Trümmerwüste in Besitz zu nehmen.«

Jedes Regiment hatte seinen eigenen Gefechtsstreifen, konnte zu dessen Eroberung aber nur auf jeweils zwei seiner drei Bataillone zurückgreifen. Die 900 Mann des Sturmbataillons kamen als erste zum Einsatz, das zweite bildete die Regimentsreserve, das dritte hatte sich der Division zur Verfügung zu halten. War das Bataillon der vordersten Linie abgekämpft, wurde es durch das Reservebataillon abgelöst.

In seinem Schlafraum in der Stabsbaracke kam Bloem ins Sinnen, während die feuchte Winterkälte durch Schlafsack und Bettstroh kroch, nachdem der gußeiserne Ofen ausgeglüht war. War der Februar nicht ein wenig zu zeitig für eine solche Offensive? Wie sollten bei dem aufgeweichten Boden die schweren Geschütze nach vorne gebracht werden? Wie stand es bei Nebel oder Schneefall mit der Fliegerbeobachtung? Durfte man es sich wirklich so einfach machen wie der junge Regimentsadjutant, der bei diesen Fragen vorgestern mit den Schultern gezuckt hatte: »Das müssen die da oben wissen. Die Front macht, was befohlen wird.«

5

Am 7. Februar machte ein Divisionsbefehl allen Gerüchten ein Ende: Die Heeresgruppe Kronprinz wird am 12. Februar 1916 zum Angriff gegen die Befestigungen von Verdun antreten.

In den nächsten vier Tagen übte das Infanterieregiment 159 an einer nachgebauten französischen Stellung den Angriff gegen den Haumontwald. Eine Demonstration der neuen Flammenwerfer, einer Geheimwaffe, die vor Verdun zum erstenmal eingesetzt werden sollte, sorgte für moralische Stärkung. Schließlich baute sich das Regiment auf, um die Ansprache seines Kommandeurs zu hören: »Unserm Regiment . . . eine herrliche Aufgabe zugefallen.

Ich weiß, daß ich mich ... verlassen kann ... jeder einzelne von euch seine Pflicht ... die erste Sturmwelle tritt noch während des Trommelfeuers an ... was wir in der Stellung noch vorfinden, wissen wir nicht ... Was aber eine Westfalenfaust einmal gefaßt hat ... läßt sie nicht los.«

In den frühen Morgenstunden des 12. Februar verließen an der ganzen Front die Sturmbataillone ihre Quartiere und marschierten zu ihren Ausgangsstellungen. Jeder hatte nur das Sturmgepäck bei sich. Die Tornister lagen bei der Bagage, die später folgen würde. Der Vormarsch zog sich wider Erwarten in die Länge. Da den Einheiten verboten war, die Landstraßen zu benutzen, um dort die vorrückende Artillerie und deren Troß nicht zu behindern, mußte sie auf Sommerwegen marschieren, die sonst nur die Bauern benutzten. Da den Kompanieführern diese Wege unbekannt waren, sollten Kavallerieposten als Führer dienen, doch stellten sie sich als ortsunkundig heraus und führten bei Dunkelheit und Nebel die Kolonnen auf große Umwege.

Die Soldaten warfen schon Spaten, Handgranatensäcke und Kreuzhacken weg, weil sie mit der schweren Last nicht vorwärts kamen. Zur Stunde des Angriffs, um 8 Uhr, lauschten sie atemlos auf den ersten Feuerschlag der Artillerie, aber kein Schuß fiel. Müde und erschöpft ließen sie sich in die Bereitstellungen sinken. Es wurde 9 und 10 Uhr, und immer noch schwieg die Artillerie.

Um 11 Uhr traf die Meldung ein, daß der Angriff verschoben worden sei. Den Grund konnten sie sich denken – das regnerische und diesige Wetter erlaubte weder eine Fliegertätigkeit noch Artilleriebeobachtung. Außerdem würde der aufgeweichte Boden das Vorziehen der Artillerie durch das Gelände so gut wie unmöglich machen. Eine Verschiebung um 24 Stunden! Die Kompanieführer nahmen die erzwungene Pause mit Erleichterung entgegen. Ihre Männer konnten sich ausruhen und vor allem das weggeworfene Material wieder einsammeln.

Aber auch am nächsten und übernächsten Tag schwieg die Artillerie. Jeden Morgen um acht Uhr horchten an der ganzen Front in den engen Unterständen und überfüllten Unterkünften Offiziere und Mannschaften, ob der »Feuerzauber« nicht endlich anfangen wollte. Aber jeden Morgen war nur der Regen zu hören. Vom Fernsprecher kam nur das Stichwort »Innerer Dienst«, und das hieß

Aufschiebung des Angriffs um weitere volle 24 Stunden.

Die Soldaten mußten wieder den Arbeitsdienst aufnehmen, aus den Unterständen das Grundwasser schöpfen, mit den Kochgeschirren und Konservenbüchsen, da Eimer fehlten, ein strapaziöses Unterfangen. Der Schlamm, der in die Gräben hereinsackte, mußte wieder herausgeschaufelt und die Munition vor Nässe geschützt werden. Und dies alles, ohne allzuviel Bewegung zur Feindseite sichtbar werden zu lassen. Inzwischen wurden Proviant, Schlafdecken und Stiefel feucht, die Uniform saß klamm und steif am Körper. Die Kompaniekomiker jedenfalls hatten ihre große Stunde.

Zum Teil wurden die Sturmtruppen wieder zurückgezogen und warteten weiter hinten in Behelfsquartieren auf den Einsatz. Die Unruhe der Offiziere darüber, was aus der Offensive werden sollte, da es mit der Überraschung ja nun wohl vorbei sei, teilte sich bis zum Gemeinen hinunter mit; hinter vorgehaltener Hand sprach es sich herum, einzelne Leute seien zum Feind übergelaufen.

»Schauderhaftes schlechtes Wetter!« kritzelte der Unteroffizier Hornik am Montag, dem 15. Februar, bedrückt in sein Schreibheft; als Kradmelder beim Regimentsstab der 87er kam er viel herum. »Unterstände sowie Stellung und Laufgraben sind voll mit Wasser und so dicht belegt, daß sich kein Mann legen kann, sondern alles sitzen muß Tag und Nacht. Sonst nichts von Bedeutung. Schneefall.« Am Tag zuvor hatte es etwas von Bedeutung gegeben: »Zwei Mann der 2. Kompanie sind über Nacht verrückt geworden.«

Nun schienen auch die Franzosen endlich aus ihrer monatelangen Lethargie zu erwachen. Französische Artillerie begann sich zu melden, beschoß Straßen und Dörfer. Am 20. Februar erschienen mit einem Schlag drei gelbe französische Fesselballons am Himmel über Verdun, um die Front zu überwachen.

Es war der erste klare Wintertag. Das Oberkommando ließ ihn verstreichen, um Gewißheit zu haben.

6

Der französische Oberstleutnant Driant saß am 20. Februar bei Kerzenlicht in seinem Betonunterstand im Caureswald und schrieb seiner Frau: »In Eile nur ein paar Zeilen. Der Sturmangriff der Deutschen kann in dieser Nacht losgehen, wie auch um einige Tage verschoben werden. Aber ausbleiben wird er nicht. In unserem Wald werden die ersten Gräben gleich zu Beginn verlorengehen, denn die Deutschen werden Flammenwerfer und Gas einsetzen. Wir erfuhren das heute morgen von einem Gefangenen. Meine armen Bataillone . . .«

Driant unterstanden das 56. und 59. Jägerbataillon, das im Caureswald lag, rund 1300 Mann, die sich als Elite betrachteten. Zu ihrem Kommandeur hatten sie großes Vertrauen. Driant hatte selbst den Ausbau der Stellungen überwacht, so daß der Caureswald, davor nur ein Tummelplatz für Patrouillenunternehmen beider Seiten, zu den bestvorbereiteten Abschnitten der französischen Verteidigungsfront gehörte, obwohl Driant ständig über den Mangel an Arbeitskräften und Stacheldraht geklagt hatte.

Emile August Cyprien Driant, ein gedrungener, energischer Mann mit einem buschigen Schnauzbart, war gerade 60 geworden. Als Abgeordneter von Nancy besaß Driant praktische Erfahrungen in der Politik, die er auch im Kriege nicht brachliegen ließ.

Im Dezember 1915 war er zu einem Sonderurlaub in Paris gewesen, um vor der Kriegskommission der Abgeordnetenkammer auf den mangelhaften Verteidigungszustand der Festung Verdun hinzuweisen. Er war damit bei seinem Vorgesetzten Joffre höchst unliebsam aufgefallen, der sich übergangen fühlte, weil Driant den Dienstweg nicht eingehalten hatte. Aber die Kriegskommission hatte sogar einige Delegierte nach Verdun entsandt, die sich an Ort und Stelle »von der Berechtigung der vorgebrachten Klagen überzeugen« sollten.

Die Franzosen hatten lange nicht an einen Angriff der Deutschen gegen Verdun geglaubt. Im Gegenteil, sie hatten sogar ihre eigenen Stellungen im nördlichen Umkreis der Festung vernachlässigt und nur dünn mit Truppen besetzt. Der einzige, der sich darüber beschwerte, war Lieutenant-Colonel Driant, der davor warnte, die Deutschen zu unterschätzen.

Driant hatte unter dem Pseudonym Danrit eine stattliche Zahl von Büchern veröffentlicht, unter denen sich neben militärgeschichtlichen Werken auch Romane befanden. 1889 hatte er durch die Schrift *La Guerre de demain* Aufsehen erregt, in der vom Luftkrieg und Unterseebootkrieg als zukünftige Formen der militärischen Auseinandersetzung die Rede war.

Gemeinsam mit dem erzkonservativen katholischen Schriftsteller Maurice Barrès war Driant für die Idee einer Wiedergeburt der Nation aus Blut und Religion eingetreten, hatte aber auch so nützliche Dinge wie die Ausrüstung der französischen Soldaten mit Stahlhelm und Brustschutz verlangt (während die deutschen Infanteristen immer noch mit den unnützen, sperrigen Pickelhauben aus Leder antreten mußten).

Auch den Deutschen war Driant kein Unbekannter, obgleich niemand von den deutschen Generälen offenbar eine Ahnung hatte, daß ihnen gerade an der Verdunfront einer der besten Kenner der deutschen Armee gegenüberstand. 1906 hatte Major Driant als Beobachter an dem Kaisermanöver in Schlesien teilgenommen und für eine französische Zeitung Berichte verfaßt, die als Buch in Deutschland eine hohe Auflage erlebten. Driants Broschüre war allerdings in Berlin nur deshalb so erfolgreich gewesen, weil er das Loblied des deutschen Heeres sang, ganz im Gegenteil zu dem kritischen englischen Oberst a. D. Repington, der seit 1904 Militärkorrespondent der *Times* war.

Repington hatte man in Deutschland nicht vergessen, daß er den deutschen Generalstabsoffizier als »hölzern« beschrieb und die Niederlage der Russen gegen die Japaner 1905 auf eine falsche Anleitung durch die deutschen Militärberater zurückführte. Später hatte er die Deutschen als »Sklaven Schlieffens« bezeichnet.

Da griffen die Gardeoffiziere lieber zu dem Buch Driants, in dem der Kaiser in einer Weise beschrieben wurde, die zu den schönsten Hoffnungen von morgen berechtigte: »Der gegenwärtige Kaiser ist ein Führer in des Wortes höchster Bedeutung. Das Alter und vor allem die ständige Übung im Befehlen haben das Feuer der ersten Regierungsjahre gemildert. Sein Geist belebt die ganze Armee vom höchsten General bis zum letzten Soldaten. Ich habe die feste Überzeugung, daß er in der Stunde der Gefahr alle Welt mit sich fortreißen und elektrisieren wird und daß da, wo es gilt, einen großen Erfolg zu erringen, seine Gegenwart ein ganzes Armeekorps aufwiegen wird.«

Wer allerdings Driant genauer las, der mußte bemerken, daß als eigentlicher Adressat nicht das Berliner Offizierskorps, sondern die eigenen Landsleute gedacht waren, die Driant durch seine finsteren Prognosen aufzuschrecken beabsichtigte. Nicht zu übersehen war eigentlich auch die Kritik an der deutschen Führung, die zwar das Maschinengewehr in reichlicher Stückzahl eingeführt, doch seine revolutionäre Bedeutung auf dem Gefechtsfeld offensichtlich nicht erkannt hatte. Vor allem erstaunte Driant die Gewohnheit der deutschen Infanteristen, im Gelände die Deckung zu verschmähen und dem Gegner auf Höhenzügen ihre volle Silhouette geradezu als Zielscheibe anzubieten. In der französischen Armee gehörte »das Vorgehen in langen Schützenlinien, die auf 50–100 m wellenförmig einander folgen, längst zum alten, abgeschafften Reglement«, so daß sich Driant damals gefragt hatte, ob die »Piefkes« die Absicht hätten, die »heutigen Stellungen wie einst bei St-Privat durch Einsatz von Menschenmassen zu nehmen«. Daß bei den Kaisermanövern viele Truppenbewegungen nur durchgeführt wurden, um die Schaulust des Kaisers zu befriedigen, war Driant verborgen geblieben.

Driants Ausführungen über die unterschiedliche französische und deutsche Artillerietaktik erscheinen heute belanglos, doch hatte er zumindest eines durchschaut: Die Deutschen hofften, die Hauptstellung des Gegners durch überlegenes Feuer so weit erschüttern zu können, daß sie praktisch von selbst fiel.

Zur Resignation sah Driant trotz allem keinerlei Anlaß. Noch am Abend des 20. Februar 1916 schrieb er an einen persönlichen Freund: »Der Kronprinz, der vor seinen Armeekorps verkündete, daß die Einnahme Verduns den Krieg beenden werde, wird erfahren, was es heißt, die Festung nicht zu nehmen . . .«

5 Auf nach Verdun (21.–23. Februar 1916)

1

Als am 21. Februar 1916 auf fast 20 km Frontbreite die deutsche Artillerie zu feuern begann, schien die Erde zu beben. Es war nicht notwendig, daß jede einzelne Batterie einen Feuerbefehl erhielt. Als sich das Armeeoberkommando auf Grund der guten Wetteraussichten endlich zum Angriff entschloß, bedurfte es nur eines Telefongesprächs mit einer Batterie im Spincourtwald. Das Donnerkrachen eines 38-cm-Langrohrgeschützes (genannt »Langer Max«) gab um 8 Uhr 12 Minuten das verabredete Signal. Auf der französischen Seite verschwand die Welt in einer Wand aus Qualm und Dreck. Die Feldartillerie deckte die vorderen Stellungen ein, weitreichende Geschütze strichen die rückwärtigen Verbindungen ab, die Straßen zur Front. Der Bahnhof von Verdun, die Zitadelle, die Straßen der Stadt und die Brücken über die Maas wurden getroffen. Das bisher friedliche Etappenstädtchen begann sich in eine Ruinenlandschaft zu verwandeln. Ein »Langer Max« feuerte seine schweren Geschosse auf das jenseitige Ufer, um die Batteriestellungen hinter dem Mort-Homme zu treffen.

Nichts von alledem sahen die Kanoniere. Nur über Draht erhielten die Offiziere in den Kommandoständen von den vorgeschobenen Beobachtern Nachricht über die Wirkung des Bombardements. Stundenlang standen die Geschützbedienungen ohne Unterbrechung an ihren Feldkanonen und Haubitzen. Die einzige Abwechslung lag darin, daß sie sich untereinander als Ladekanoniere, Richtschützen oder beim »Abziehen« ablösten. Um sie herum stapelten sich die leeren Kartuschen zu Bergen.

Mittags setzten die Minenwerfer ein, die aus nächster Nähe Geschosse abfeuerten; im steilen Bogen torkelten sie schwerfällig durch die Lüfte. In den vorderen Gräben am Rande des Moirey- und Ormontwaldes steckten die Infanteristen vom Regiment 159 zum erstenmal unbesorgt ihren Kopf aus der Deckung, um das imposante Schauspiel zu genießen, das sich vor ihren Augen entfaltete. Über ihnen zischten und gurgelten die vorüberfliegen-

5. Armee: Gliederung Februar 1916 (Angriffstruppe)

Westufer		Ostufer									
VI. Res.-Korps (v. Goßler)		VII. Res.-Korps (v. Zwehl)		XVIII. Armeekorps (v. Schenck)		III. Armeekorps (v. Lochow)		V. Res.-Korps (v. Gündell)		XV. Armeekorps	
11. RD	*12. RD*	*14. RD*	*13. RD*	*21. ID*	*25. ID*	*5. ID*	*6. ID*	*10. RD*	*9. RD*	*30. ID*	*39. ID*
RIR 10	RIR 23	FR 37	RJ 7	IR 81	LGR 115	LGrR 8	IR 24	RIR 37	RIR 6	IR 99	IR 126
IR 22	RIR 38	RJB 5	RIR 39	IR 87		GrR 12	IR 64	RIR 98	RIR 19	IR 105	IR 132
IR 156	RIR 51	RIR 16						IR 155	RIR 98	IR 143	IR 172
	RJ 6	IR 159									
		Als Reserven: RIR 13, 53, 57		Als Reserven: FR 80, IR 116, IR 117		Als Reserven: IR 52, 20, JB 3					

Zeichenerklärungen:

ID = Infanteriedivision
RD = Reservedivision
IR = Infanterieregiment
RIR = Reserveinfanterieregiment
JB = Jägerbataillon
RJB = Reservejägerbataillon
JR = Jägerregiment
FR = Füsilierregiment
GrR = Grenadierregiment
LGrR = Leibgrenadierregiment
LR = Leibregiment
LGR = Leibgarderegiment
GIR = Gardeinfanterieregiment

den Geschosse. In sicherer Entfernung wirbelten Erdklumpen durch die Luft, dicke Bäume wurden wie Streichhölzer geknickt und umgeworfen, unaufhörliche Detonationen ließen schwarze Qualmwolken wie Pilze zum Himmel schießen. Die Soldaten machten sich gegenseitig auf die besonders eindrucksvollen Explosionssäulen der »42er« aufmerksam. Unter den jungen Infanteristen herrschte Optismismus. Wann war man jemals mit solcher Unterstützung vorgegangen?

Nachmittags zwischen 4 und 5 Uhr steigerte sich das Artilleriefeuer noch einmal. Bei den mittleren Kalibern jagte in dieser Stunde jede Batterie mit je vier Geschützen rund 200 Schuß hinaus, Schnellfeuer. Auf den Sturmleitern stehend, fast schon außerhalb des Grabens, gaben die Offiziere, die Uhr in der Hand, um 5 Uhr das Zeichen zum Losbrechen. In mehreren Wellen, jeweils mit 10 Minuten Abstand, wie geplant, schritten die einzelnen Kompanien auf den Haumontwald zu.

Zehn Minuten nach 5 Uhr verlegte die Artillerie ihr Feuer vom Waldrand fort in das Innere. Vor den Augen der hinteren Angriffswellen, die sich auf dem flachen Feld zwischen Haumont und Ausgangsgraben befanden, verschwanden nun die ersten Deutschen ohne Hast im Dunkel des Waldes; der vorderste französische Graben war also ohne Gegenwehr überwunden worden.

Auf einmal schlugen französische Granaten auf der Ebene ein. Die Infanteristen, die sich noch im offenen Gelände befanden, fingen an zu laufen und rannten auf den schützenden Wald zu, anstatt sich befehlsgemäß einzugraben, um das programmgemäße Fortschreiten des Angriffs abzuwarten. Im Wald entstand sofort ein Gedränge, die einzelnen Angriffswellen gerieten durcheinander, die Offiziere verloren ihre Leute, alles hastete nach vorne, dem Schießen und Schreien nach.

Umgestürzte Bäume versperrten den Weg. In kleinen Gruppen arbeiteten sich die Deutschen vor. Zu spät erkannten die Offiziere, daß die in den Wald geschlagenen Schneisen als gefährliche Fallen angelegt waren. Hier, wo ein leichtes Vorwärtskommen möglich war, stand am Ende der Schneise meist ein französisches Maschinengewehr, das seine Garben knapp über den Boden fegen ließ.

Die traditionellen Helmspitzen waren abmontiert worden, damit sich die ledernen »Pickelhauben« nicht im Unterholz verfingen; nur die Artilleristen hatten ihre kugelförmigen Helmspitzen behalten. Daß die Gefahr von einer ganz anderen Vorrichtung kommen würde, daran hatte keiner gedacht. Im Dauerregen waren die Sicherungskappen der Handgranaten, die aus Pappe waren und noch nicht den Zinkblechschraubenverschluß besaßen, völlig durchweicht worden und hatten sich schließlich gelöst. Die Abreißschnüre baumelten frei vom Stiel der Handgranaten herunter, verfingen sich im Gehölz und lösten die Zündung aus. Von der Explosion, die ihn in Stücke zerriß, spürte der ahnungslose Träger schon nichts mehr.

Quer durch den Wald lief ein 10 m breites Drahthindernis, das die 159er aufhielt. Als böse Überraschung stellte sich heraus, daß das Sternwerk, eine stacheldrahtumgürtete, mit Buschwerk getarnte Beton- und Blockhausanlage, die die Straße von Flabas nach Haumont blockierte, von der Artillerie nicht »sturmreif« geschossen war. Die Trichter der 21-cm-Mörser saßen genau daneben. Auch die Verteidiger waren durch das Artilleriefeuer nicht erschüttert worden. Aus den Schlitzen der Unterstände blitzte es auf. Gewehrschüsse und Maschinengewehrsalven trafen jeden Angreifer, der die Waldlichtung vor dem Werk überspringen wollte.

Bunt gemischt lagen Gruppen aller Kompanien zusammen mit den Pionieren in Deckung. »Schneidig« vorgehende Offiziere, die ihre Leute zum Sturmlauf mitreißen wollten, brachen sofort getroffen zusammen. Daraufhin schickten andere Offiziere einige Gruppen wieder zurück, um eine unnötige Ansammlung zu vermeiden. Endlich schob sich ein Pionier mit einem Flammenwerfer vor. Ein langer heißer Strahl zischte in Richtung Schießscharten.

Gleichzeitig setzten einige Infanteristen nach und warfen Handgranaten in die Unterstände, deren Verteidiger geblendet und durch den Rauch verwirrt worden waren. In eine Barrikade setzte der »baumlange« Krahwinkel von der 7. Kompanie, der angeblich für einen 50-m-Wurf gut war, seine Handgranaten; andere nutzten die Feuerpause des Gegners sofort aus, um vorzuspringen.

Überall gab es Handgemenge mit den Franzosen, aus bereits passierten Blockhäusern wurde nachträglich wieder das Feuer eröffnet, sobald die Deutschen vorbei waren. Wut und Erbitterung herrschten auf beiden Seiten. Die ungewohnten Umstände des Waldkampfes mit einem Gegner, den man nicht sehen konnte, die Gefahr, die aus allen Richtungen drohte, brachten es mit sich, daß die Feldgrauen kaum Gefangene machten. Wer erst im letzten Moment die Hände hochhob, nachdem er bis zuletzt geschossen hatte, auch wer nur noch zufällig eine Waffe in der Hand hielt, wurde unbarmherzig getötet.

Nicht durch die Artillerie, sondern im Nahkampf hatten die Franzosen die meisten Verluste. An einigen Stellen lagen auf einem rund 20 Meter breiten Abschnitt zwanzig Franzosen nebeneinander. Eine Stunde nach dem Antreten war das Sternwerk erobert. Ohne Kampf wurde danach der Südrand des Waldes erreicht und damit das Ziel für den 21. Februar.

Auch das Nachbarbataillon, die Jäger, hatte sich von Flabas her durch ein unzerstörtes kleines Sternwerk hindurchkämpfen müssen und war dabei in Schwierigkeiten gekommen, weil die Unterstützung durch das XVIII. Korps, das den benachbarten Cauréswald stürmen sollte, ausblieb. Im Wald richteten sich die Kompanien notdürftig zur Nacht ein. Das Wetter hatte sich wieder verschlechtert. Es regnete, die feindliche Artillerie tastete den Haumont ab, das Feuer auf die eroberten Sternwerke wurde so stark, daß sie wieder geräumt werden mußten. Eisen- und Holzsplitter sausten herum. Da es am nächsten Tag weiter vorgehen sollte, hatten die Leute wenig Lust, sich im harten Lehmboden ein tiefes Loch als Splitterschutz zu graben, zumal sich darin doch nur Wasser ansammelte. Von Kälte und Nässe geschüttelt, in den Morast gewühlt, wartete jeder, daß es hell wurde.

2

Im Gegensatz zu den Truppen General von Zwehls hatten sich die beiden anderen Angriffskorps an die ursprüngliche Planung des Armeeoberkommandos gehalten und am ersten Tag des Angriffs nur mit kleinen Infanteriepatrouillen rekognosziert. Das

VII. Reservekorps war allein vorgeprescht.

Von den Erfolgen von Zwehls stimuliert, stieß Knobelsdorf auf seinem Gefechtsstand in Vittarville in den Abendstunden des 21. Februar seinen eigenen wohlkonzertierten Angriffsplan um und befahl auch den anderen Korps, »so weit wie möglich vorzugehen«. Aber zu diesem Zeitpunkt war es schon dunkel, und das hessische XVIII. Korps begnügte sich, ebenso wie das brandenburgische III. Korps, mit dem »Patrouillenvorspiel«.

Unmittelbar nach 17 Uhr drangen im Mittelabschnitt der Angriffsfront drei Patrouillen der Hessen vom Infanterieregiment 87 (je 30 Infanteristen und einige Pioniere unter Führung eines Offiziers) in den Caureswald ein. Ihnen folgte eine Gruppe, die einen alten Laufgraben freilegen sollte, der senkrecht auf die französischen Stellungen traf. Kreuz und quer laufende Stolperdrähte, knapp über den Boden gespannt, erschwerten die Arbeit. Einige Soldaten machten darüber hinaus auch schmerzhafte Bekanntschaft mit den sogenannten »Igeln«, in den Boden vergrabenen Metallstücken mit herausgedrehter Spitze, die glatt durch die Stiefelsohle ging, wenn man darauftrat.

Eine der Patrouillen gelangte unbemerkt durch alle französischen Stellungen und machte sogar 50 Gefangene. Ihr Führer, Leutnant Ludwig, schickte nacheinander drei Meldungen nach hinten, in denen er auf die großartige Gelegenheit hinwies, durch schnelles Nachholen von Truppen gleich die ganze schwerbefestigte dritte Grabenstellung der Franzosen von der Seite her aufzurollen. Aber das war vergeblich. Der Sturm sollte laut Angriffsplan eben erst am nächsten Tag erfolgen. Auch war es seit 18 Uhr dunkel, so daß eine Abstimmung zwischen Artillerie und Infanterie nicht mehr möglich war. Der Kampf bei Nacht oder Nebel galt immer noch als Ausnahme.

Auch hatten die beiden anderen Patrouillen weniger Glück gehabt. Zwar war in ihrem Erkundungsstreifen der erste französische Graben von der Besatzung aufgegeben worden, dann wurden sie jedoch vor Blockhäusern und MG-Nestern in Kämpfe verwickelt. Alle drei Patrouillen zogen sich wieder auf ihre Ausgangsstellung zurück. Immerhin konnten die Offiziere genaue Angaben darüber machen, wie das Artilleriefeuer gewirkt hatte – in der dritten Stellung der Franzosen nämlich so gut wie gar nicht. Die kleinen roten Gummiballons, die am Ziel der Patrouille mit Wasserstoffpatronen aufgefüllt und an einer langen Kordel – 250 m pro Ballon – hochgelassen werden sollten, um die hinteren Stäbe von der erreichten Position zu unterrichten, hatten sich freilich als überflüssiges Spielzeug erwiesen.

3

Am Morgen des 22. Februar sammelten sich die Kompanien der 159er am äußersten Südzipfel des Haumontwaldes. Auch durch die Ferngläser war im nahe gelegenen Dorf keine Bewegung erkennbar. Niemand schien das mörderische Feuer der deutschen Mörser überlebt zu haben. Doch als die Deutschen um halb zehn Uhr auf das Dorf zugingen, schlug ihnen ein unvermutet heftiges Abwehrfeuer entgegen, so daß sie schleunigst kehrtmachen mußten. Unerkannt gebliebene französische Feldbatterien schalteten sich ein, die sich vor allem der nunmehr in dichten Haufen im Haumontwald herumstehenden Truppen annahmen.

Die deutschen Mörser begannen daraufhin, die Ortschaft förmlich in den Boden zu stampfen. Der Kirchturm, der der Artillerie als Orientierungspunkt diente, brach auseinander. Um drei Uhr nachmittags verlor ein Teil der Verteidiger die Nerven, mit erhobenen Händen rannten ungefähr 40 Franzosen auf die deutschen Linien zu, ein französischer Offizier erschoß sich vor den Augen der Deutschen mit einem herumliegenden Gewehr.

Die Zigarette im Mund gingen die ersten Wellen der Deutschen auf das Dorf zu, kletterten über Mauerreste und suchten im Ruinenfeld in den Kellern nach französischen Überlebenden. Doch kaum hatten die ersten Gruppen den vorderen Teil des Dorfes durchkämmt, als ihnen wiederum Feuer entgegenschlug. Zwischen Trümmern, Granattrichtern und Hindernissen entbrannte ein wilder Kampf, der fast vier Stunden dauerte. Für die Offiziere war keine Übersicht möglich. Um ein Haus am Südende des Dorfes kam es zu wilden Handgranatenkämpfen. Wiederum waren es die Flammenwerfer, die den Widerstand brachen. Rund 400 Franzosen wurden als Gefangene zusammengetrieben, der Rest der Verteidiger flüchtete hinunter zur Maas.

Der Ort war nun so gut wie unbewohnbar, die Dorfstraße unpassierbar; krepierte Pferde, Ziegel, landwirtschaftliche Maschinen lagen herum. Mitten in der Dorfstraße gähnte das riesige Einschlagloch einer 42-cm-Granate. Von der Kirche stand nur noch eine Eckwand, der Friedhof war ein wüstes Durcheinander umgestürzter Grabkreuze, Schmuckkränze und gebleichter Gebeine, zwischen denen die neuen Toten in mitunter seltsam verbogenen Stellungen lagen. Dicht an der Kirche standen unversehrt zwei niedrige Betonbunker mit Schießscharten, ein Beweis mehr dafür, daß alle Ortschaften um Verdun zu kleinen Festungen ausgebaut worden waren. In den Kellern lagen Haufen von Toten, die durch den Luftdruck der Geschosse getötet worden waren. Viele Franzosen, die sich vor dem Bombardement verkrochen hatten, tauchten völlig verstört erst im Lauf der nächsten Stunden auf.

Bald kam der Befehl zum Stellungsbau, um einem möglichen französischen Gegenangriff gegenüber gewappnet zu sein. Der ganze Dorfrand wurde in durchgehender, der Maas zugewandter Front besetzt, aus den Häusern schleppten die Deutschen Strohsäcke, Decken und Baumaterial heran. Zu essen gab es nicht. Die Feldküchen kamen nicht durch. Es blieb den frierenden Leuten nichts übrig, als in den Gräben Kaffee zu kochen und sich mit erbeutetem Schnaps bei Laune zu halten.

4

Während die Regimenter Zwehls auf dem rechten Flügel des deutschen Angriffs am zweiten Tag völlig planmäßig das Dorf Haumont besetzten, hing das hessische XVIII. Korps im Mittelabschnitt noch immer zurück.

Der Rückzug der Patrouillen in der Nacht hatte sich als schwerer Fehler erwiesen. Denn auf Befehl des energischen Oberst Driant hatten die Franzosen in der Dunkelheit alle kleinen Grabenstücke und Stellungen des Caureswaldes wieder besetzt. Zwar wurden die mutigen Verteidiger in den Morgenstunden des 22. erneut von der deutschen Artillerie unter Trommelfeuer genommen, als aber die hessischen Regimenter um 12 Uhr mittags zum Sturmangriff antraten, schlug ihnen aus den kleinen Werken und Bunkern im Wald erneut erbittertes Infanteriefeuer entgegen.

Auch der Bauernsohn Georg Wolf vom Regiment 87 stellte bald fest, daß es ratsamer war, in den Schneisen im Wald nicht aufrecht zu gehen. Er erreichte die Chaussee, die aber durch gefällte Buchen gesperrt war. Aus einem seitlichen Blockhaus feuerte ein französisches Maschinengewehr. In der Luft explodierten Schrapnells. Überall entwickelten sich zu diesem Zeitpunkt im Caureswald kleine Gefechte. Die Hessen lagen vor der zweiten französischen Stellung. Wolf wußte nicht, wie lange er in seinem Gebüsch gelegen hatte, als er ein Hornsignal hörte, das sofort von einem anderen Hornisten aufgenommen wurde, das Signal zum Avancieren: »Geht langsam vor, geht langsam vor, geht langsam und bedächtig vor«, wie sie ulkten, auch als »Kartoffelsuppe«-Signal bekannt. Dazu das Kommando: »Seitengewehr pflanzt auf!« Hurragebrüll kam von rechts her und pflanzte sich durch den ganzen Wald fort. Auch Wolf sprang auf und lief wieder vorwärts. Von vorne kamen Franzosen mit erhobenen Armen gelaufen. Das MG im Blockhaus schoß nicht mehr. Wolf sah, wie Leutnant Stade mit einer Pistole in der Hand die eigenen Leute hinderte, einen verletzten Franzosen mit dem Bajonett zu erstechen. »Weiter, weiter!« Stade bestimmte einige Infanteristen, mit den Gefangenen nach hinten zu gehen; sonst hätte sich jeder einen Franzosen gegriffen und sich »verpißt«. Das Blockhaus, wie Wolf jetzt sah, war noch völlig in Ordnung, der riesige Trichter eines schweren Kalibers war kurz davor.

Im Durcheinander geriet Wolf jetzt in die Gruppe des Unteroffiziers Graf. Es war zum zweitenmal dunkel geworden, der Kampflärm hatte sich beruhigt. Da ein weiteres Vorgehen nicht befohlen wurde, suchten sie sich einen alten französischen Graben zum Übernachten. An Schlaf war allerdings kaum zu denken.

Ununterbrochen schlugen französische Granaten in den Wald. Als ein Volltreffer neben ihnen krepierte, setzten sie sich wieder in Bewegung und liefen weiter nach vorne, um aus dem Wald herauszukommen. Auf dem freien Feld vor sich hörten sie die Schreie der Verwundeten. Am Horizont kreuzten sich Scheinwerfer, die offenbar bei Verdun standen und den Himmel nach deutschen Fliegern absuchten. Die Soldaten verteilten sich auf ein paar Trichter und untersuchten aus Langeweile und Neugier die Tornister, die überall herumlagen. Den schwarzen Tabak, der sich anfand, konnte Wolf für seine Pfeife gebrauchen.

Am Morgen des 23. Februar lag im Caureswald dicker Nebel. Die Gruppe von Georg Wolf versuchte vergeblich, sich zu orientieren. Sie entdeckten einen Franzosen, der sich mehrere Wollsachen übergezogen hatte und behauptete, er sei »blessé«. Sie schickten ihn nach hinten. Am Waldrand trafen sie auf eine Gruppe völlig verstörter Kompanieangehöriger, einige schluchzten hysterisch: Gerade war eine Granate eingeschlagen und hatte einem Infanteristen den Kopf abgerissen.

Seitlich wurde noch immer geschossen, trotzdem gingen sie – fünf Mann stark – über die freie Fläche vor. Es war ihnen völlig schleierhaft, wo der Feind stand und wo die eigenen Linien verliefen. Als sie von der Seite beschossen wurden, erwiderten sie das Feuer. Ein einzelner Franzose wurde getroffen und überschlug sich »wie ein Hase«, andere kamen ihnen entgegengelaufen, riefen »Kamerad, nikt schießen« und hielten die Arme hoch. Als das Feuer stärker wurde, zog sich die kleine Gruppe auf den Waldrand zurück und setzte sich in einen Graben.

Der entscheidende Durchbruch im Caureswald wurde schließlich vom Regiment 115 erzielt, das links von den 87ern vorging. Die 87er waren mitten im Wald, an der Straßengabel, wo sich der Weg nach Flabas und Ville teilte, auf den Bunker des Oberst Driant gestoßen, dessen Chasseurs den Caureswald hielten. Das Werk wurde umfaßt und schließlich von einem Feldgeschütz unter Feuer genommen, das der Hauptmann von Wienskowski auf der Straße von Ville heraufgeführt hatte. Nach 20 Minuten war das Duell Geschütz gegen MG entschieden, Driant gab für seine Leute den Rückzug frei.

Als Wilhelm Riedel von den 87ern, der sich mit seinem Zug in den Angriffsstreifen der 115er verirrt hatte, an der Straßengabel eintraf, sah er auf einem kleinen Feldweg, 50 m von einem wuchtigen Bunker entfernt, die Leiche eines französischen Offiziers liegen, eines hohen Offiziers, der tadellos sauberen Uniform nach zu schließen. Durch nachfolgende Einheiten wurde Driant später am Rande des Caureswaldes »mit aller Sorgfalt begraben«, was von der französischen Presse befriedigt registriert wurde. Die Straßengabelung wurde zu Ehren der beteiligten Regimenter »Hessenplatz« genannt. Das Tagesziel (Beaumont und Fosseswald) hatte die 25. Infanteriedivision nicht erreicht.

5

Für die Reserveregimenter waren der 21. und der 22. Februar viel weniger dramatisch verlaufen, aber am 23. Februar erreichte auch Ernst Weckerling mit den 80ern das Schlachtfeld.

Die Männer hatten in aller Ruhe in ihren Quartieren gefrühstückt, als am 21. die Beschießung der französischen Stellungen einsetzte. Am 22. marschierten sie zur Front. Auf dem Wege passierten sie auch Damvillers, wo auf dem Marktplatz das Denkmal des französischen Marschalls Gerard stand. An seinem ausgestreckten Arm baumelte ein Schild: »Auf nach Verdun.« Die Offiziere schienen das komisch zu finden. Alle Privatsachen, Reserveschuhe, Zeltstangen, Wolldecken und leider auch mancher Fotoapparat blieben in einer Baracke zurück. Trotzdem war das »leichte Sturmgepäck« noch so schwer, daß es den Soldaten die Hälse zuschnürte.

Im Caureswald, wo Ernst Weckerling am Morgen des 23. eintraf, erblickten die 80er die ersten Toten. Vor allem um die eroberten Maschinengewehrnester häuften sich die französischen und deutschen Gefallenen. Die Franzosen waren bereits »gefilzt« worden. Um jeden Toten lagen Papiere, Briefe und Fotos von Frauen, Kindern, Bräuten verstreut.

6

Unter den Klängen von Preußens Gloria und des Yorckschen Marsches waren die ersten Regimenter des brandenburgischen III. Korps am 22. Februar in die Schlacht gezogen. »Ein letztes Stück militärischer Romantik flackert hier noch einmal auf, um dann für immer in der Brandung des modernen Krieges zu versinken«, schrieb Walter Bloem. Er konnte den Abmarsch in Ruhe beobachten, weil sein eigenes Bataillon zur Reserve gehörte.

Richard Friedenthal vom Preußischen Pionierbataillon 3 erschien das Bild eher komisch: Der Musikmeister, ein dicker Feldwebel, hatte sich gleich zwei Pistolen umgeschnallt, obwohl er wenige Minuten später mitsamt seinem Musikzug wieder nach hinten zurückging, um in der Etappe Promenadenkonzerte zu geben, während die Sturmtruppen an ihm vorbei an die Front mußten.

General von Lochow, der Kommandeur des III. Korps, war auf seine »Märker« ungeheuer stolz. Insgeheim betrachtete er sie als Konkurrenz der Potsdamer »Garde«. Um die Bedeutung seiner Truppe besonders zu akzentuieren, hatte sich der korpulente General einen rhetorischen Kniff ausgedacht. Wenn bei Paraden das unvermeidliche Hoch auf Wilhelm II. ausgebracht werden mußte, pflegte Lochow die Worte »Unser allergnädigster Kaiser und Kriegsherr, König von Preußen« fast zu verschlucken, um sich dann im Sattel aufzurichten und der Truppe »Markgraf von Brandenburg« mit besonders lauter Stimme entgegenzuschmettern. Diese Marotte hatte Lochow bei den Berliner Pionieren zu dem Spitznamen »Markgraf« verholfen.

Seinen brennenden Ehrgeiz sah Lochow gleich am zweiten Tag der Offensive gebremst. Während auf dem rechten Flügel das VII. Reservekorps unter Zwehl sein »Soll« erfüllt und das XVIII. Korps wenigstens am zweiten Tag den Nordrand des Caureswaldes besetzt hatte, lagen seine eigenen Truppen, die 5. und 6. Infanteriedivision, auch noch am 23. im Villewald und im Herbebois fest. Ausgerechnet das stolze III. Korps war steckengeblieben. Jetzt mußten die Reserven an die Front gebracht werden, und so begann am späten Nachmittag des 23. Februar auch für Walter Bloem die Schlacht von Verdun.

Bis zu diesem Zeitpunkt hatte sein Bataillon als Reserve der 5. Division hinter der Front in Stellung gelegen. Zwischendurch besuchte sie der Korpskommandeur, um sich danach zu erkundigen, ob sie denn auch schon alle ihre Helmspitze heruntergenommen hätten; sie sollten aber nun nicht etwa ihre eigenen Kameraden mit den Franzosen verwechseln, die jetzt »blaue Blechtöppe« trügen, meinte Lochow leutselig.

In den Gräben beim »Kap der Guten Hoffnung« an der alten

deutschen Frontlinie wimmelte es von Truppen. In den Stollen lagen zum Teil noch Verwundete, und in dem für Bloem bestimmten »Bremer Stollen« hatten sich die Stäbe des 18. Feldartillerieregiments eingenistet. Für die Kompanien Bloems blieb wenig Platz. Vom Hinterland waren sie durch das Sperrfeuer der Franzosen abgeschnitten. Keine Feldküche kam durch. Von der Front, die sich langsam von ihnen entfernte, hörten sie nur ein wütendes Wummern, in dem das MG- und Gewehrfeuer unterging. Nach den Äußerungen der Verwundeten, die vorbeikamen, stand es vorne nicht gut. Überall waren unvermutet neue Hindernisse aufgetaucht, niedrig gebaute Blockhäuser mit MG-Ständen, die auf keiner Karte eingezeichnet und daher von der Artillerie unbeschossen geblieben waren. Im Abschnitt der 5. Infanteriedivision hatte es eine angenehme Überraschung gegeben; die als Batterien 422 und 426 auf der Karte eingezeichneten »Widerstandsnester« stellten sich beim Näherkommen als Feldküchen heraus (weshalb die Senke, in der sie standen, als »Küchenschlucht« in Erinnerung blieb). Der Wavrille war genommen, aber die Erstürmung hatte schwere Opfer gekostet. Nach nur einem Kampftag mußte das 1. Füsilierbataillon herausgenommen werden, und wie es schien, war auch das 2. Bataillon verbraucht.

Am 23. Februar nachmittags erhielt Bloem den Befehl zum Vorgehen. Über das einstige Niemandsland, durch den zerschnittenen Drahtverhau, schoben sich die drei Kompanien vorwärts. Diesmal spielte nicht mehr die Regimentsmusik wie am Tage zuvor. Auf dem Boden lagen die ersten deutschen Toten verstreut.

Dann, hinter dem ersten französischen Graben, lagen tote Franzosen, auf dem Rückzug von der Artillerie erfaßt, dahinter, vor dem zweiten französischen Graben, wieder Gefallene in grauen Uniformen.

Bloem und sein Stab wollten sich gerade in einem Unterstand einrichten, als eine Gefechtsordonnanz des Regimentsstabs mit einem Handzettel herangekeucht kam – dem Befehl zum weiteren Vorgehen – Ablösung des 2. Bataillons am Südrand des Wavrille.

Bloem begann zu rechnen: Drei Bataillone hatte jedes Regiment, zwei waren demnach verbraucht, blieb nur noch sein eigenes

Bataillon für den weiteren Angriff. Als Reserve stand der 5. Division jetzt noch ein Regiment zur Verfügung. Doch wo sollte es eingesetzt werden, wenn es etwa im Nachbarabschnitt ebenso düster aussah wie hier?

Sollte ein Reserveregiment dann die Frontbreite von zwei erledigten Regimentern besetzen? Das Korps hatte offenbar kaum noch Reserven, und eine Armeereserve, die als Feuerwehr hätte eingesetzt werden können, gab es nicht – ein Geheimnis, das Bloem von seinem Vetter Schmundt, einem hohen Stabsoffizier hatte: Jedes Korps mußte seine Reserven aus eigenen Beständen bilden. »Sind diese aufgezehrt, dann ist Schluß . . .«

Ein fragwürdiges Glück für einen Unterführer, fand Bloem, bei einem hohen Stab einen Verwandten zu haben: »Die vorderste Linie darf nicht zuviel wissen . . .«

Inzwischen war es dunkel geworden. Die Kolonnen des Bataillons wanden sich durch den zerschossenen Wald. In der Dunkelheit, die durch die Leuchtraketen der Franzosen gespenstisch erhellt wurde, stießen die Füße an Tote. Da der Morast zu frieren begann, wurde der Weg glatt und holprig. Die Kochgeschirre klapperten, leer, den ganzen Tag hatte es nichts zu essen gegeben. Zu zweien und dreien wankten ihnen Verwundete entgegen. In Trichtern lagen stöhnend und jammernd die Schwerverletzten, die nicht mehr laufen konnten. Die Vorbeikommenden versprachen ihnen, Hilfe zu schicken, obwohl sie selbst nicht daran glaubten. In einer Senke stand ein zerschossener französischer LKW. Den Stab des 2. Bataillons, das er ablösen sollte, fand Bloem in einem Unterstand am Hang: eine Gruppe erschöpfter, dreckverschmierter Offiziere. Vom Bataillonskommandeur Strauß erfuhr er, daß das ganze Bataillon in der Trichterwüste des Waldes versprengt sei, ohne Zusammenhalt, die »Angriffskraft gebrochen«, ihm stünden nur noch 70 Mann zu Verfügung. Die deutschen 42er-Granaten hätten übrigens den Wald so zugerichtet, daß sich die Franzosen völlig demoralisiert, halb wahnsinnig geworden, in Scharen ergeben hätten. Allerdings würde nun der Gegner den Wald mit Sperrfeuer belegen. Weiteres Vorgehen käme nicht in Frage, zwischen Wavrille und Fosseswald, dem nächsten Angriffsziel, läge nunmehr das Sperrfeuer der eigenen Artillerie, und alle Versuche, es vorverlegen zu lassen, seien gescheitert.

Dann machten sich Strauß und Bloem auf den Weg, um die vordersten Stellungen am Südrand des Wavrillewaldes zu suchen. Der ehemalige Hochwald war so gut wie unpassierbar geworden, zwischen riesigen Erdaufwürfen lagen dicke Baumstämme in dichtes Unterholz und Geäst verknotet. Für einen Kilometer brauchten die beiden Offiziere anderthalb Stunden. Auf der gegenüberliegenden Seite zog sich eine Linie von rötlichen Lichtpünktchen entlang, die glimmenden Zigaretten und Pfeifen der Franzosen.

Bloem ließ die 1. Kompanie sich in den Trichtern verteilen und ging dann mit den abgelösten Truppen wieder zurück, bis zur Senke, wo die anderen Kompanien lagen, eingeschlafen an der Stelle, wo sie sich hingesetzt hatten. Als Stabsquartier bot sich eine kleine Holzbaracke an, in der auf dem nackten Maschendraht von Bettgestellen zwei deutsche und ein französischer Schwerverwunderter lagen. Da sich niemand freiwillig fand, sie zurückzutragen, mußte Bloem zum Befehlston greifen. Zum erstenmal beobachtete Bloem: »Wie sehr die Mannschaften gegen den immer sich erneuernden Anblick fremden Leidens schon abgestumpft sind und nur um ihr eigenes Wohlergehen besorgt.«

6 Die Krise
(24. Februar 1916)

1

Es konnte keine Rede davon sein, daß die Franzosen bei Verdun überrascht wurden. Lange bevor zwei deutsche Überläufer am 16. und 25. Januar sie über den unmittelbar bevorstehenden Angriff bei Verdun unterrichteten, waren der französischen Führung eine Fülle von Informationen zugegangen. Von den deutschen Behörden abgeschobene Zivilpersonen berichteten von Truppenansammlungen, doch stand das »Deuxième Bureau«, das die Nachrichten auswertete, solchen Angaben skeptisch gegenüber, weil sie von den Deutschen lanciert sein konnten.

Auf Luftaufnahmen waren Stolleneingänge, doch keine Artilleriestellungen zu erkennen. Zwar waren die französischen Beobachtungsflugzeuge bei Romagne in Luftkämpfe verwickelt worden, so daß keine systematische Luftbilderkundung möglich gewesen war, doch glaubten die französischen Nachrichtenoffiziere ihrer Sache sicher zu sein.

Vor allem waren auf den Fotos keine »Angriffsgräben« zu sehen. Ohne diese Sturmausgangsstellungen in »normaler Angriffsentfernung« (die auf 200 m angesetzt wurde) vor den eigenen Linien war nach Ansicht der Grabenkriegtheoretiker eine Offensive undenkbar. Solange die Deutschen keine »Wabengräben« (typische Bereitstellungsgräben) und »Parallelgräben« zogen, konnten sie auch nichts Ernsthaftes vorhaben.

Trotzdem nervös geworden, bat General Herr, der Befehlshaber des Verdunabschnitts, Joffre am 16. Januar um Unterstützung für den Eventualfall. Ihm standen zu diesem Zeitpunkt an der Nordfront nur Driants Chasseurs und schwache Landwehreinheiten zur Verfügung, dazu fünf Batterien Feldgeschütze neben den Panzerturmgeschützen im Fort Douaumont.

Joffre sandte daraufhin seinen Stabschef General Castelneau nach Verdun. Er brachte jedoch keine Truppen, sondern nur gute Ratschläge mit: General Herr solle betonierte Unterstände und Flankierungsanlagen errichten. Außerdem bekam General Herr einen neuen Vorgesetzten, er wurde der Heeresgruppe Mitte unter General de Langle unterstellt.

Herr aber ließ sich weder durch seine Vorgesetzten noch durch die Verschleierungsmaßnahmen der Deutschen einlullen. Außerdem hatten die Deutschen die Kirchtürme der hinter ihren Linien liegenden Ortschaften gesprengt – Kirchtürme dienten als Orientierungspunkte für die feindliche Artillerie. Sein Abhördienst hatte inzwischen festgestellt, daß die zahlenmäßige Stärke der gegnerischen Truppe »in einem ernst zu nehmenden Umfang gestiegen« sei und der Feind seit dem 1. Februar täglich große Mengen von Artilleriemunition und Handgranaten empfangen habe; in der 1. und 2. Linie seien Minenwerfer verteilt worden. Schlußfolgerung am 11. Februar: »Der Feind wird vielleicht morgen angreifen.«

Sogar über Fälle von Trunkenheit und Geistesstörung beim Gegner wußten die französischen Horchposten Bescheid. Ungeniert gaben die deutschen Offiziere auf der anderen Seite per Telefon detaillierte Mitteilungen durch, so die genaue Uhrzeit von Kampfhandlungen oder die Verteilung von zusätzlicher Infanteriemunition, 110 Patronen pro Kopf.

Nun wurde auch General de Langle von der Armeegruppe hellhörig. Noch am 11. Februar schickte er General Herr zwei Divisionen als Kampftruppe – das Holz für den Stollenbau sollten sie sich allerdings selbst schlagen. Am 12. Februar, an dem Tag also, an dem die deutsche Offensive eigentlich losbrechen sollte, hatten beide Divisionen noch nicht einmal ihre zukünftigen Stellungen besetzt. Verdun wurde nur durch das schlechte Wetter gerettet. Als sich am 17. Februar das Wetter kurz besserte, stiegen sofort französische Beobachter auf. Ihre Luftaufnahmen ließen keinen Zweifel mehr zu. Fieberhaft verstärkten Herr und de Langle die Front. Am Abend des 20. Februar konnte Herr immerhin schon 9 Divisionen in seinem Befehlsbereich zwischen St.-Mihiel und der Nordfront verbuchen. Auf dem Ostufer standen statt 5 Batterien Feldgeschütze nunmehr 23, dazu 2 Gruppen Eisenbahngeschütze.

Aber als der Angriff am 21. Februar kam, waren seine Auswirkungen für die französische Heeresgruppe immer noch katastrophal. In den ersten drei Tagen herrschte Chaos in der Zitadelle der Stadt, wo sich 30 m tief unter der Erde im Felsen das Hauptquartier des Festungskommandanten mit zahllosen Büro- und Unterkunftsräumen befand. Von der Front waren so gut wie keine sicheren Nachrichten zu bekommen. Meldeläufer kamen nicht wieder, Telefonleitungen waren unterbrochen, Eingreiftruppen verschwanden »wie in einem Faß ohne Boden«.

Daß die Deutschen nicht sofort durchbrachen, war nicht etwa der planmäßigen Organisation des Widerstandes zu verdanken, sondern unzähligen unteren Offizieren und kleinen Einheiten, die überall die Initiative ergriffen und Widerstandsinseln bildeten. Der Vorteil der Franzosen lag darin, daß sie eben über die festen, mit Steinmauern und Eisenbetonwerken gewappneten Stellungen verfügten, während die Deutschen über das freie Feld angreifen mußten. Unglücklicherweise standen im eigentlichen Angriffsabschnitt zwischen Maas und Azannes, wo die Deutschen mit 6 Divisionen vorgingen, nur die 72. und die 51. Division zur Abwehr bereit. Aus Furcht vor einem Angriff auf dem westlichen Maasufer und aus der Woëvre-Ebene heraus, wagte General Herr nicht, diese Fronten zu entblößen.

Noch schlechter sah es bei der Artillerie aus; zusammen mit den Minenwerfern kamen die Deutschen auf rund 2000 »Feuerschlünde«, die Franzosen nur auf rund 380 Geschütze. Kein Wunder, daß die französischen Batterieführer nicht wußten, wohin sie zuerst schießen sollten, um ihrer Infanterie zu helfen. Eine Beobachtung war unmöglich. Planlos streuten sie die Dörfer und Straßen hinter der gegnerischen Front ab; die ungeheure Zahl der feindlichen Batterien »spottete jeder Bekämpfung«. Trotzdem gelang es, drei Tage lang eine feste Verteidigungslinie zu halten. Am 24. Februar kam es zur Krise.

2

Der vierte Tag ihres Angriffs begann für die Deutschen mit einer guten Nachricht: In den frühen Morgenstunden des 24. Februar erreichten die Truppen Zwehls den östlichen Punkt des Maasbogens, den Ort Samogneux, hinter dem die Maas, wie um eine große Nase zu machen, westlich herumschwang; nennenswerter Widerstand war hier später eigentlich nicht zu erwarten, da die Franzosen in dieser großen Maasschleife leicht abgeschnitten werden konnten. General Bapst hatte seine Truppen auf Samogneux zurückgezogen und das exponierte Brabant geräumt, freiwillig geräumt, weil er bereits dort die Einkesselung befürchtet hatte. Seine Vorgesetzten hatten jedoch für solche taktischen Überlegungen kein Verständnis und führten bald eine kriegsgerichtliche Untersuchung durch. Aber auch in Samogneux, das durch ein Bataillon des aus Niedersachsen stammenden Reserveinfanterieregiments 57 eingenommen wurde, leisteten seine Leute wenig Widerstand. Das Dorf brannte nach einer gründlichen Beschießung durch deutsche Steilfeuergeschütze, und auch der klare Wintermond sorgte für Beleuchtung. Aus einem Blockhaus am nördlichen Dorfeingang, das von Stacheldraht umgeben war, wurde MG-Feuer abgegeben, doch seine Besatzung ergab sich prompt, als ein Strahl aus dem eilig herangeschleppten Flammenwerfer herauszischte, der in der dunklen Nacht einen besonders schaurigen Eindruck erweckte. Mit erhobenen Händen wartete die Besatzung geduldig, bis sich die paar Deutschen durch das Drahthindernis hindurchgeschnitten hatten. 900 Franzosen insgesamt gingen in Gefangenschaft.

Die Deutschen inspizierten zunächst in aller Ruhe die Häuser und plünderten einen zurückgelassenen Marketenderwagen, der so reichlich mit Weißbrot, Ölsardinen und beliebten französischen Fleischkonserven beladen war, daß man sich gegenseitig freigebig zum Essen einlud. Lange allerdings konnte sich die Kompanie nicht ungetrübt am Besitz der Ortschaft erfreuen. Bereits in den Vormittagsstunden lag Artilleriefeuer auf den Straßen. Es steigerte sich zunehmend und schien von allen Seiten zu kommen, so daß es anfangs nach Fehlschüssen aussah. Diesmal war es allerdings einmal nicht die eigene Artillerie, sondern das Werk französischer Batterien jenseits der Maas aus der Gegend von Forges und Cumières. Haus um Haus erhielt Treffer. Die Keller boten kaum Sicherheit, und zwischen den herumfliegenden Stein- und Granatsplittern war es kaum möglich, nach Verschütteten zu suchen. Den »Eroberer von Samogneux«, Major Stahl, kostete dieser Vormittag das Leben, als ein Volltreffer in seinen Gefechtsstand schlug und ihn zusammen mit sechs Meldern und Telefonisten zerriß. Schließlich kam der überfällige Befehl, das Dorf bis auf eine kleine

Besatzung zu räumen. Von den sechs MGs des Bataillons war nun nur noch eins brauchbar.

Mit der Einnahme von Samogneux hatte das VII. Reservekorps als erstes und einziges Korps die im Angriffsplan vorgesehene Aufgabe auch tatsächlich gelöst. Zwehl war zufrieden, er erhielt ein persönliches Lob von Falkenhayn, mußte aber gleichzeitig die 14. Reservedivision an das Armeeoberkommando zurückgeben, das nun endlich eine Armeereserve aufbauen wollte. Die 77. Brigade, die sich Zwehl bei Gündells V. Reservekorps »ausgeborgt« hatte, wurde jetzt dem XVIII. Korps unterstellt. Sie hatte schon bisher die Verbindung zum mittleren Korps hergestellt und sollte jetzt an der Erstürmung der Höhe 344 mitwirken.

3

Bei den 80ern, die seit dem Vorabend am Südrand des Caureswalds lagen, erschien am Mittag des 24. Februar der Divisionsgeneral von Oven und erkundigte sich, ob die Soldaten auch alle Ausrüstungsgegenstände noch bei sich hätten, insbesondere Handgranaten und Schanzzeug, obwohl die Mitnahme des Spatens eigentlich überflüssig war, da inzwischen überall genügend Granattrichter als Deckungslöcher vorhanden waren.

Als Oven bei Weckerling anlangte, gab er ihm die Hand, wünschte ihm viel Glück und sprach davon, daß den Männern ein sehr wichtiger Angriff bevorstünde. Die kahle Höhe 344, die vor ihnen lag, war nur noch 12 km von der Festung entfernt. Da sie ein guter Beobachtungspunkt war, galt sie bei der Artillerie als »Schlüssel Verduns«.

Weckerling kannte Oven persönlich, sein Bruder, im Beruf Pfarrer, war Weckerlings Pate. Oven hatte ihn an der Somme persönlich zum Gefreiten ernannt, eine große Ehre, die Weckerling nur den Nachteil brachte, von den anderen wegen seiner Verbindungen »nach oben« scheel angesehen zu werden. Ovens Frage nach den Handgranaten kam nicht ohne Absicht. Da bei den Truppen durchgesickert war, daß beim Sturm im Haumontwald viele Kameraden von den eigenen Handgranaten zerrissen worden waren, hatten die meisten Infanteristen ihre Handgranaten einfach fortgeworfen. Der Umgang mit Handgranaten galt noch immer als Angelegenheit der Pioniere, sie war noch nicht Standardwaffe der ganzen Infanterie.

Weckerling kam auf die Idee, seine Handgranaten in einen leeren Sandsack zu packen und an einem Stück Draht hinter sich herzuziehen und empfahl dies auch seiner Gruppe. Die Splitterwirkung der Handgranaten war nur in geschlossenen Räumen erheblich, also konnte selbst bei einem Schuß in den Sack nicht viel passieren.

Um 14 Uhr drängten die 80er aus dem Wald, um gegen die Höhe 344 vorzugehen. Sie mußten dabei eine Mulde durchlaufen und legten am Fuß der Höhe erst einmal eine Verschnaufpause ein. Bataillons- und Regimentsstab mit dem Telefontrupp, den Trägern mit dem Telefonkasten und der Kabeltrommel hielten neben dem Zug von Weckerling. In 200 m Entfernung lag vor ihnen die kahle Höhe, auf der riesige Erdfontänen emporstiegen.

Zwischen den oberen Stellungen der Franzosen und ihnen befand sich nur noch ein Drahthindernis, völlig unzerstört, doch mit einer Gasse, einer Lücke in der Mitte, durch die nun die Kompanien hindurchdrängten, mit dem Regimentsstab an der Spitze. Wie eine Hammelherde, dachte Weckerling. Nur wenige machten sich die Mühe, durch das Drahthindernis hindurchzuklettern. Ein einziges französisches Maschinengewehr – und Hunderte wären gefallen. Aber niemand schoß. Die wenigen 42-cm-Granaten, die für den Beschuß der Höhe freigegeben worden waren, mußten den Gegner auf dem Berg völlig durcheinandergebracht haben. Beim ganzen Sturm gab es nur einen einzigen Schwerverwundeten.

Die ersten Deutschen hatten schon die Höhe erreicht, als plötzlich ein französisches Beobachtungsflugzeug mit Gitterrumpf über den Männern erschien. Es kreiste in einer Höhe von 300 m und ging auch nicht höher, als Oberst Braun befahl, das Feuer zu eröffnen. Alle schossen wie verrückt, doch ohne jeden Erfolg. Eine halbe Minute später krachte die erste französische Granate herunter, der Flugzeugbeobachter hatte offenbar nach hinten weitergegeben, daß die Höhe besetzt worden war.

Schockiert und immer noch zitternd ergab sich die Besatzung des Berges. Die Franzosen liefen den Abhang hinunter, durch die Drahtlücke hindurch und formierten sich zu Kolonnen. »La guerre est finie!« riefen sie. Andere mußten mit Gewalt aus den zerschossenen Erdwerken geholt werden, wo sie geduckt und halb erfroren hockten, immer wieder »Oh, les obus« stammelnd. Gemeint waren offensichtlich die 42-cm-Kaliber, die auf dem Bergplateau, durch keinerlei Betonbauten gebremst, wie ein Erdbeben gewirkt haben mußten.

Oben auf der Anhöhe, auf der weder Baum noch Strauch stand, konnte sich nun jeder einzelne Mann persönlich davon überzeugen, daß »344« ein »beherrschender Punkt« war. Im Maastal, 12 km südlich, waren die beiden Türme der Kathedrale von Verdun zu sehen, davor, auf einem langgestreckten Höhenzug, ließen sich von links nach rechts Forts und Zwischenwerke der Franzosen einzeln abzählen. Durch das plötzlich einsetzende Sperrfeuer wurden die Deutschen unsanft daran erinnert, daß der Weg nach Verdun noch weit war. Das Feuer lag präzise, innerhalb kurzer Zeit fielen über 200 Mann aus, tot oder verwundet.

4

Drei Kilometer östlich lag das Dorf Beaumont. Hierhin waren am 22. Februar die Überreste der französischen Verteidiger des Caureswaldes geflüchtet, und vor diesem Dorf waren die Kompanien der 115er nach ihrem Sieg am »Hessenplatz« schließlich liegengeblieben. Einheiten des Infanterieregiments 116 und 117 lösten sie in der Nacht zum 24. ab. Die Flammenwerfertrupps gingen ebenfalls zurück, da ihnen das Öl ausgegangen war.

Beim Stab der 25. Infanteriedivision, zu der die beiden Regimenter gehörten, war man der Ansicht, das seitlich liegende Faywäldchen sei »feindfrei«. Eine Patrouille stellte allerdings das Gegenteil fest. Trotzdem erhielt Leutnant von Borcke, der Führer der rechten Flügelkompanie der 117er, den strikten Befehl, am 24. morgens auf Beaumont vorzugehen. Die geforderte Beschießung des Wäldchens mit Artillerie lehnte man ab. Der Regimentsadjutant wünschte »Hals- und Bauchschuß«.

Kaum waren die ersten Wellen aus dem schützenden Waldrand heraus, setzte aus dem Faywäldchen heftiges MG-Feuer ein, das die Reihen der 117er durchsiebte und bis zu den 116ern wirksam war, die weiter östlich vom Wavrille herabkamen. Die Kompanien ließen sich, Schutz suchend, nach Osten abdrängen und fielen vorerst aus.

Schließlich drangen die 116er vom Hang des Wavrille her laufend durch die Drahtverhaue in den Ostteil des Dorfes ein. Wieder gab es einen Kampf um jedes Haus. An der Kirche versteifte sich der Widerstand, völlig durcheinandergeraten kämpften nun Teile der 116er und 117er mit Handgranaten gegen die MG-Stände, die unter den Trümmern versteckt lagen. Die Franzosen dachten nicht daran, sich zu ergeben.

Der Häuserkampf war für die deutschen Infanteristen ungewohnt. Die Taktik der Franzosen, sich überlaufen zu lassen und den Kampf im Rücken der Angreifer wiederaufzunehmen, führte zu schweren Verlusten. Die Deutschen waren so verwirrt und erbittert, daß sie kein Pardon geben wollten. Als sich ein französischer Offizier als Kommandant von Beaumont zu erkennen gab, wollten ihn die Männer mit ihren Gewehrkolben totschlagen. Das Dazwischentreten eines deutschen Leutnants bewahrte ihn vor diesem Ende. Um vier Uhr war das Dorf eingenommen.

Die Überreste des 1. Bataillons vom Regiment 116 blieben am Dorfrand zurück, um Gegenangriffe der Franzosen abzuwehren. Das 3. Bataillon ging sofort weiter vor, um den Fosseswald einzunehmen, wo die Männer sechs intakte Geschütze und vier gefüllte Feldküchen vorfanden, die ihnen beide gleich lieb waren – die Geschütze brachten ein paar Mark Prämie oder auch Sonderurlaub, und hungrig waren sie sowieso. Patrouillen streiften durch den Wald und lieferten sich Gefechte mit Zuaven, die hinter Bäumen steckten und im Gegensatz zu den Verteidigern der Unterstände den Kampf selten freiwillig aufgaben.

Um 21 Uhr erreichten die ersten Deutschen den südlichen Rand des Bois des Fosses, wo das Dorf Louvemont lag. Über 200 Mann, ein Drittel des Bataillons, waren gefallen, gingen als Verwundete zurück oder lagen noch irgendwo.

5

Auch auf dem linken Flügel, beim III. Armeekorps, war es am 24. vorwärts gegangen, und der ehrgeizige General von Lochow konnte Erfolge vorweisen.

Nachdem es sich zwei Tage lang mühselig durch den Herbebois und den Chaumewald gekämpft hatte, durchkämmte das Leibgrenadierregiment Nr. 8 am 24. den Ostteil des Bois des Fosses und nahm durch einen Zufall auch noch die Chambrettes-Ferme. Dort hatten völlig überraschte Franzosen die Hände gehoben, als eine kleine Gruppe von Deutschen herankam, um Wasser zu holen. Die Deutschen, die gar nicht wußten, daß der Bauernhof noch besetzt war, hatten dabei viel Glück; denn statt der Gewehre hatten die Männer nur Kochgeschirre in den Händen.

Vom Fort Douaumont waren sie jetzt nur noch zweieinhalb Kilometer entfernt.

6

Das zwischen dem III. Armeekorps und dem VII. Reservekorps stehende XVIII. Korps, das am Morgen des 24. durch die Unterstellung der 77. Brigade verstärkt worden war, wollte nicht hinter den Erfolgen Zwehls zurückstehen und bemühte sich nun ebenfalls, noch am 24. die Maas zu erreichen. Nach der geglückten Einnahme der Höhe 344 entschloß sich der Kommandeur der Brigade, zu der auch Jäger vom Reservebataillon 5 zählten, den Angriff gleich weiter in Richtung des Talourückens voranzutragen. Von der Höhe 344 und von Samogneux stießen gemischte Verbände vor, die auch anfangs gut vorankamen, obwohl ihnen gezieltes Gewehr- und MG-Feuer entgegenschlug. Unangenehmer waren die Gasschwaden, die sich nach der Beschießung durch deutsche Haubitzen noch in den Trichtern hielten.

Schließlich waren es nur noch kleine Gruppen, die bis zur Chaussee nach Vacherauville am Hang des Talourückens kamen. Einen Gegenangriff der Franzosen konnten sie mit Mühe und Not abschlagen. Als die Dunkelheit hereinbrach, gingen die Männer zum Gros zurück und gruben sich in der Nähe ehemaliger französischer Batteriestellungen kleine Erdlöcher; zu tieferen Gräben reichten die Kräfte nicht mehr aus. Rund dreihundert Mann bildeten so zwischen der Höhe 344 und der Côte de Talou die Spitze des deutschen Angriffs.

In zwei kleine Unterstände der Batterie kamen Fernsprecher und Verwundete, durch nasse Zeltbahnen an den Eingängen versuchte man, das Eindringen der Gasschwaden zu verhindern. Der Gasgeruch, der die Augen tränen ließ, stand in der ganzen Gegend, obwohl ein schneidender Ostwind wehte. Feuer zu machen, war verboten. Das Schicksal der Verwundeten, die man vorne zurückgelassen hatte, war ungewiß.

Spät, um 21 Uhr, traf der Befehl ein, daß die Côte de Talou doch noch in dieser Nacht zu nehmen sei, wenig später hob das Armeeoberkommando den Befehl wieder auf; die Bataillonskommandeure hatten ihn wegen Erschöpfung ihrer Truppen ohnehin ignoriert. Nur Offizierspatrouillen gingen vor, teilweise ohne Karten. An der Chaussee Samogneux–Vacherauville fanden sie viele Schwerverwundete, die sie anflehten, sie nach hinten zu bringen. Die Offiziere vertrösteten sie auf den Tag, da sie selbst zu wenig Leute bei sich hätten. Eine andere Patrouille fand am Südhang der Côte de Talou 18 Angehörige der Brigade, die von den Franzosen, vermutlich algerischen Schützen, gefangengenommen und dann offenbar erschossen worden waren.

7

Der 24. Februar hatte für die Deutschen auf breiter Front einen Erfolg gebracht, fast alles war geglückt, man konnte von einem regelrechten Umschwung sprechen. Bei allen drei Korps betrug der Einbruch beim Gegner mindestens zwei Kilometer, die Gesamtzahl der Gefangenen war höher als 10 000 Mann, am meisten zählte jedoch die Tatsache, daß nun die ersten feindlichen Batteriestellungen ausgeschaltet und unzählige Geschütze erbeutet worden waren.

Am 24. Februar waren nun auch die beiden bisher untätigen Korps in der Woëvre-Ebene in den Kampf einbezogen worden. Gündells V. Reservekorps hatte bereits am 21. Februar Ornes angegriffen, das mit der großen Kirche und einer Weberei einmal zu den schönsten und größten Ortschaften in der Umgebung gezählt hatte. Da Gündells Truppen vom westlichen Herbebois aus vorgingen, Ornes aber nur nach Nordosten, gegenüber der Doppelhöhe 307/310, wo die Frontlinie seit 1914 verlief, schwer befestigt war, kam die Ortschaft leicht in deutsche Hand. Auch das XV. Armeekorps, das in breiter Front von Etain aus gegen die steil abfallenden Hänge der Côtes Lorraines vorrückte, kam gut voran.

Auf dem rechten Flügel jedoch lag die Spitze des deutschen Angriffs vor dem Talourücken dann allerdings fest. Knobelsdorf hatte sein großspuriges Versprechen, die französischen Batterien auf dem anderen Ufer der Maas durch eigenen Beschuß »zum Schweigen zu bringen«, nicht einhalten können. Die schweren Geschütze bei Cumières schossen völlig ungehindert herüber, und weil sie jetzt in der Flanke der Angreifer standen, waren diese dagegen so gut wie wehrlos. Die Verluste nahmen zu.

Der 24. Februar brachte auch ein weiteres Problem mit sich: Der Geschützwechsel der deutschen Batterien mußte durchgeführt werden – ein kritischer Moment in allen Angriffsoperationen des Stellungskrieges, der zu einem Stocken des Vorgehens führte, da ein Großteil der artilleristischen Unterstützung erst einmal ausfiel.

Vor Verdun hatte die eigene Artillerie inzwischen den Überblick über den Vormarsch der Infanterie verloren.

Als am 25. Februar Schneetreiben und Nieselregen einsetzten, war es mit der geordneten Zusammenarbeit zwischen Artilleristen und Infanteristen vorbei.

Als erste bekamen das die Füsiliere von der 77. Brigade zu spüren, als sie ihren zweiten Versuch unternahmen, die Côte de Talou zu besetzen. Die angreifenden Kompanien gerieten in mörderisches Feuer von 21-cm-Granaten. Woher sie kamen, stand außer Zweifel: »In der Luft und im Schnee konnten die Geschoßbahnen genau verfolgt werden.« Im Schneetreiben blieben alle Versuche vergebens, mit Leuchtkugeln oder Flaggen Signale zu geben, und die Brigade mußte zurückgehen. Ihr Zusammenhalt wurde mit Mühe gewahrt.

Sah so der frisch-fröhliche Angriffskrieg aus, von dem die älteren Kameraden, die den Vormarsch 1914 mitgemacht hatten, immer redeten? Der sechzehnjährige Kriegsfreiwillige Richard Arndt von den Reservejägern 5 lag zähneklappernd im bitteren Frost vor dem Talourücken. Jedes Geräusch beantwortete der Feind sofort mit einem wahnsinnigen Gewehr- und MG-Feuer. Die Zigarren »alle«, der Mantel weit hinten beim Gepäck, Verpflegung seit zwei Tagen nicht nach vorne gekommen, Füße und Uniform naß und steif – ihm war von dem geschluckten Gas und vor Hunger speiübel.

8

Trotz der deutschen Erfolge gelang es den Franzosen, bis zum Abend des 24. eine durchgehende Verteidigungslinie zu behaupten. Aber als sich die Deutschen durch den sie umschließenden Waldgürtel durchgekämpft hatten und vor sich die Forts liegen sahen, waren die letzten Reserven, eineinhalb Divisionen, die General Herr herangeholt hatte, aufgerieben oder erschüttert. Zwischen Bezonvaux und der Höhe 378 klaffte vor den Truppen General Lochows und General Gündells eine Lücke von mehreren Kilometern, von der die Deutschen allerdings nichts wußten.

General Herr und General Chrétien, der die Truppen auf dem Ostufer kommandierte und seinen Gefechtsstand im Fort Souville, hart hinter der Front, eingerichtet hatte, erwarteten den Anmarsch des »eisernen« XX. Armeekorps, doch um 6 Uhr waren von den beiden Divisionen nur die Kommandeure in Fort Souville eingetroffen. Zusammen mit ihrem Korpskommandeur versuchten sie Chrétien klarzumachen, daß ihre Truppen durch die Eilmärsche angeschlagen seien.

Schlag auf Schlag trafen weitere Hiobsbotschaften ein: Beaumont und Höhe 344 verloren, die Deutschen im Anmarsch auf Fort Douaumont. Unter dem Eindruck eines Desasters einigten sich Herr und de Langle, die Woëvre-Ebene zu räumen und auch auf dem Ostufer den Rückzug ins Auge zu fassen. Um 21 Uhr gingen Befehle und Anweisungen heraus, denen gemäß Troß- und Artillerieeinheiten zurückbeordert wurden; die ersten Regimenter des XX. Korps, die gerade in Verdun eintrafen, durften die Maas nicht mehr überschreiten und mußten auf dem Westufer bleiben; Maasbrücken, Forts, neben dem Douaumont und dem Fort Vaux auch das Fort Moulainville, wurden ebenso wie der Tavannestunnel zur Sprengung vorbereitet.

Zur selben Stunde jedoch war Joffre endlich im Hauptquartier von Chantilly aus seiner bekannten Lethargie erwacht. Bis zu diesem Zeitpunkt hatte er der deutschen Offensive keine große Bedeutung beigemessen und wie immer abgewartet, wie sich die Dinge entwickeln würden, bevor er grundsätzliche Entscheidungen traf. Ihm schien »ein ernsthafter Angriff im Maasgebiet wenig Aussicht auf kriegsentscheidende Erfolge zu bieten«. Und sein englischer Verbündeter General Haig glaubte nur an eine örtliche Unternehmung, bei der sich die Kräfte des Feindes in willkommener Weise abnutzen würden. »Es scheint mir«, schrieb er an Joffre, »daß wir uns nichts Besseres wünschen können, als daß der Feind seine Angriffe fortsetzt.« Natürlich konnte sich Haig nichts Besseres wünschen, schließlich würden ja seine eigenen Truppen weniger unter den Deutschen zu leiden haben, wenn diese sich bei Verdun festrannten.

Eine Räumung des Ostufers wollte Joffre indessen nicht dulden. Das wäre das Eingeständnis einer Niederlage gewesen. Sein Stabschef Castelnau bestärkte ihn darin, nicht aufzugeben. Die 2. Armee unter General Pétain sollte Verdun retten.

Um 22.14 Uhr diktierte Joffre General de Langle den Befehl durchs Telefon, die Front um jeden Preis zu halten. Dann stieg Castelnau selbst in seinen Stabswagen, um in Avize, dem Hauptquartier de Langles, persönlich dafür zu sorgen, daß Joffres Anordnungen auch wirklich befolgt würden. In den frühen Morgenstunden des 25. Februar traf er in Avize ein und gab sofort einen weiteren Haltebefehl an General Herr durch: Die Verteidigung Verduns müsse auf dem rechten Ufer erfolgen! Tatsächlich hatte de Langle General Herr noch nicht von der von der neuen Lage informiert. Falls er noch weiteres Gelände preisgäbe, erklärte Castelnau scharf, könnten die Folgen »sehr ernst« für General Herr sein.

Zur Frühstückszeit in Verdun angekommen, kam Castelnau zu dem Schluß, die Festung sei durchaus noch zu retten, wenn sie nicht nur auf dem westlichen, sondern auch auf dem östlichen Ufer verteidigt würde. Er schlug dem Großen Hauptquartier vor, den »erschöpften« General Herr abzulösen und General Pétain gleich die gesamte Verdunfront zu unterstellen. General Herr sollte »abgesägt« werden, um der Öffentlichkeit einen »Verantwortlichen« zu präsentieren. Damit traf man ausgerechnet den Mann, der Joffre gewarnt hatte.

Währenddessen wurde der Befehlshaber der 2. Armee, General Pétain, der zum »Retter Verduns«, ja, zum »Retter Frankreichs« werden sollte, noch in der Etappe gesucht. Der 60jährige Junggeselle Pétain hatte sich, wie sein Adjutant Hauptmann Serrigny später zugab, für die Nacht in charmanter Begleitung im »Hotel Terminus« an der Gare du Nord in Paris eingemietet und war zunächst auch keineswegs bereit, von seinem amourösen Treiben zu lassen. Empört richtete er sich im Bett auf, als Serrigny nach immer dringlicherem Klopfen schließlich die Tür zum Hotelzimmer aufriß. »Was erlauben Sie sich?«

»Mon Général, Anruf aus dem Hauptquartier. Das Oberkommando im Sektor Verdun ist Ihnen übertragen worden.« Während Pétain in seine Uniform stieg, tröstete Serrigny die schluchzende Dame anekdotenreif: »Frankreichs Existenz steht auf dem Spiel.«

9

Den Fortgang der Offensive quittierte Falkenhayn ganz nach seiner Gewohnheit einsilbig. Als er an einem der ersten Kampftage mit seinem persönlichen Ordonnanzoffizier Hanns Henning von Pentz an die Verdunfront fuhr, nahm Pentz die Gelegenheit wahr, Falkenhayn einmal unter vier Augen sprechen zu können, um ihm die Meinung der ganzen Operationsabteilung des Hauptquartiers (die auch seine eigene Meinung war) mitzuteilen: Wenn Verdun nicht innerhalb von acht Tagen fiele, dann sollte man diese Sache abbrechen!

»So, so«, antwortete Falkenhayn.

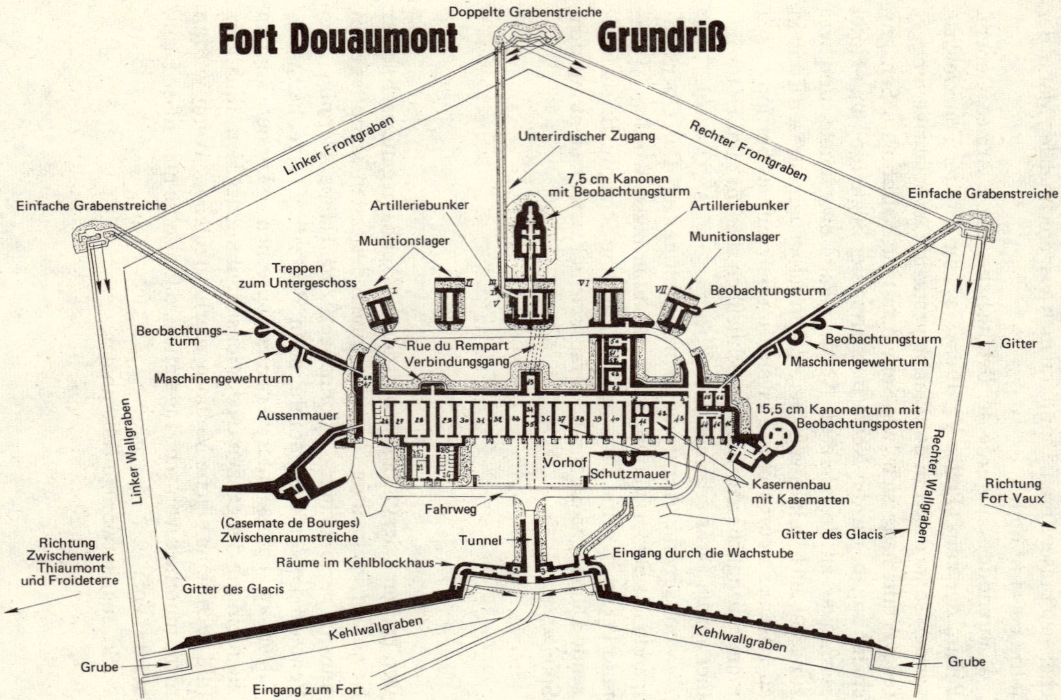
Fort Douaumont Grundriß
Doppelte Grabenstreiche
Linker Frontgraben
Rechter Frontgraben
Unterirdischer Zugang
7,5 cm Kanonen
mit Beobachtungsturm
Einfache Grabenstreiche
Artilleriebunker
Artilleriebunker
Einfache Grabenstreiche
Munitionslager
Munitionslager
Treppen
zum Untergeschoss
Beobachtungsturm
Beobachtungs-
turm
Rue du Rempart
Verbindungsgang
Beobachtungsturm
Gitter
Maschinengewehrturm
Maschinengewehrturm
Linker Wallgraben
Aussenmauer
15,5 cm Kanonenturm mit
Beobachtungsposten
Rechter Wallgraben
Vorhof
Schutzmauer
Kasernenbau
mit Kasematten
Richtung
Fort Vaux
Fahrweg
(Casemate de Bourges)
Zwischenraumstreiche
Gitter des Glacis
Tunnel
Eingang durch die Wachstube
Richtung
Zwischenwerk
Thiaumont
und Froideterre
Räume im Kehlblockhaus
Gitter des Glacis
Kehlwallgraben
Kehlwallgraben
Grube
Grube
Eingang zum Fort

7 Wettlauf zum Douaumont
(25. Februar 1916)

1

Die Nacht vom 24. auf den 25. Februar war die erste ruhige Nacht für die »Brandenburger« des Generals Lochow. Das III. Korps hing zwar immer noch etwas zurück, hatte jetzt aber den Waldgürtel hinter sich gebracht. Ein Bataillon war sogar über das befohlene Angriffsziel »hinausgeschossen«, was bei der Regimentsführung Verwirrung und Ärger ausgelöst hatte.

Erschöpft, doch nicht mutlos hatten sich die 24er in den flachen Granatlöchern des Hermitagewaldes schlafen gelegt, die die französischen Granaten in den harten Boden gerissen hatten. Auf den unebenen Boden kam eine Lage Zweige, darüber eine Zeltbahn, auf der sich die Infanteristen im Mantel ausstreckten und mit einer zweiten Zeltbahn zudeckten, die sie gegen den Schnee schützen sollte. Ab und zu stand einer der Männer von der Eiseskälte hochgetrieben auf und schlug mit den Armen um sich.

Feldwachen sicherten nach vorne. Auf den umgewühlten Feldern und zerschossenen Waldstücken suchten bis in die Nacht Sanitäter und mit Tragen ausgerüstete Hilfskräfte nach Verwundeten. Der Frost verkürzte bei den Schwerverwundeten den Todeskampf. Zugleich rettete er vielen, die sonst verblutet wären, das Leben, denn die Wunden schlossen sich rascher als bei normaler Temperatur.

Vor dem Bataillon lag auf einer kleinen Erhebung ein neunzehnjähriger Kriegsfreiwilliger aus Berlin, Bernhard Lehmann, mit seiner Gruppe als »Unteroffiziersposten«, obwohl er gar nicht Unteroffizier, sondern nur Gefreiter war. Zu essen gab es morgens nichts. Wer noch einen Rest seiner eisernen Ration hatte, kratzte ihn zusammen, andere gingen auf Suche nach weggeworfenen Tornistern. Die Feldküche war auch heute nicht zu sehen.

Trotzdem war die Stimmung gut, wie der 24jährige Leutnant der Reserve, Eugen Radtke, befriedigt zur Kenntnis nahm, als die 24er am frühen Vormittag des 25. an den Südrand des Hermitage vorrückten, um sich im Schutz des dichten Unterholzes am Waldsaum bereitzustellen.

Die Franzosen waren allerdings früher aufgestanden. Im Sonnenlicht sahen die 24er etwa 300 m entfernt auf einer Anhöhe die erste feindliche Stellung, in der der Gegner wie im Manöver ungeniert beim Schanzen war. Lehmann, technischer Fotograf von Beruf und deshalb bei den Offizieren, die sich gerne »für die Heimat« aufnehmen ließen, sehr geschätzt, bedauerte, seinen Fotoapparat bei der Bagage zurückgelassen zu haben. Ob man ihm den kostbaren Apparat in Verdun auch ins richtige Quartier bringen würde? Lehmann fragte sich, warum man so trödelte, anstatt den Franzosen »einzuheizen«. Sie stellten erst einmal ihre Uhren.

2

Oberleutnant von Brandis und seine 8. Kompanie hatten die Nacht weitaus angenehmer verbracht als die 6. und 7. Kompanie. Nur die Hälfte seiner Leute blieb in den verschneiten Schützenlöchern, die anderen konnten es sich in den geräumigen Unterständen einer eroberten französischen Batterie bequem machen. Brandis nahm ein kräftiges Frühstück mit Eisbein, Sauerkraut und Ananas zu sich. Seine gute Laune wurde noch durch die Verstärkung verbessert, die ihm sein Bataillonskommandeur geschickt hatte, zwei Züge schwerer Maschinengewehre, die ihr Führer Leutnant Calow auf den Dächern der Unterstände postierte, um Brandis' Männer »überschießen« zu können und damit beim Stürmen nicht zu gefährden.

Ähnlich gut ging es Leutnant Fritz Klingenberg von der 5. Kompanie, dessen Zug morgens vorverlegt wurde und ebenfalls einen verlassenen, sogar heizbaren französischen Unterstand fand. Vincenz Pluczik, der Bursche des Kompanieführers Schünemann, machte einen Glühwein aus französischem Rotwein und ein Mahl aus erbeutetem Büchsenfleisch. Die Aussicht, hier als Reserve einen Ruhetag zu verbringen, war Klingenberg nicht unangenehm. Um den Douaumont machte er sich keine Gedanken, er sollte ja, wie er in sein Tagebuch kritzelte, erst den ganzen Tag lang und die nächste Nacht über von der schweren Artillerie »eventuell sturmreif« geschossen werden.

Brandis dagegen wollte der Douaumont, das »nördlichste und stärkste Sperrfort« vor Verdun, nicht aus dem Kopf. Ungeduldig geworden ließ er durch seine MGs auf die Franzosen feuern, die sich vor ihm in aller Ruhe eingruben. In der Etappe, in Hirson, hatte das Regiment den Angriff auf betonierte Grabenstücke einer »Scheinfestung« geübt, von der Ausbildung in Königsberg her kannte er den Sturm auf Festungswälle, zum Beispiel den Bau einer Pyramide aus Menschenleibern, um eine hochliegende Mauerkrone zu erreichen. Das Infanterieregiment 24 aus Neuruppin hatte eine lange Tradition, es war schon beim Sturm auf die Düppeler Schanzen dabeigewesen. 1873 war es als letzte deutsche Truppe der deutschen Besatzungsmacht aus den Toren der Stadt Verdun abmarschiert, auf dem Balkan hatte es 1915 mit Bravour gegen die serbische Armee gekämpft – kurzum, Brandis hoffte, die Eroberung des Forts Douaumont als seine Heldentat in die Annalen der preußischen Armee zu schreiben.

Von seinem Bataillonskommandeur wurde er immer wieder vertröstet, der Angriff würde erst am Nachmittag stattfinden: »Brandis – Geduld! Die Artillerie baut noch um.« – »Scheiß auf die Artillerie«, knurrte Brandis am Telefon zurück. »Inzwischen graben sie sich ein bis über die Ohren!«

Mittags bekam Brandis den Besuch eines Verbindungsoffiziers vom Bataillon des Hauptmanns Bloem vom Grenadierregiment 12, das jetzt 1 km rückwärts bei der Chambrettes-Ferme lag. Mit der Verbindung zur Nachbardivision wollte es trotz allem nicht klappen. Bloems Grenadiere waren nicht auszumachen.

3

Zu sehen bekam den Douaumont nur die 10. Kompanie, die auf der linken Seite das Infanterieregiment 64 ablöste und aus diesem Grund einen Stellungswechsel vornehmen mußte. Mit größter Vorsicht, im Gänsemarsch und zu einzelnen Gruppen, marschierte die Kompanie durch einen halbzerschossenen Verbindungsgraben zum Caurièreswald hinüber, da der Graben über eine Höhe führte und von den gegnerischen Linien beobachtet wurde.

In einer tiefen Waldschlucht sammelte sich die Kompanie wieder, mußte dann noch einmal steil hinauf und auf glatten, morastigen Pfaden wieder hinunter. Überall im Wald passierten sie erstürmte Unterstände, aus denen die deutschen Truppen Sachen herausgerissen hatten, Kleidungsstücke französischer Soldaten, Decken, Waffen, Papiere – Anzeichen einer überstürzten Flucht. In den Schluchten führten Schmalspurbahnen zu den einzelnen Geschützunterständen und den danebenliegenden Munitionsstapeln.

Als er seine Leute in einer Reihe von Schützenlöchern am Waldrand verteilt hatte, sah der Kompanieführer in über 2 km Entfernung auf der Höhe ganz deutlich als scharfe Silhouette gegen den Himmel die kantigen Umrisse des Forts Douaumont.

4

Da Walter Bloem nachts in einem engen, stickigen Grabenloch, »Leib an Leib gepreßt«, kaum Schlaf gefunden hatte, war er früh aufgestanden und zur Chambrettes-Ferme hinübergeschlendert, die ihm gestern das Leibregiment 8 »weggeschnappt« hatte. Über Nacht war das Bauerngehöft zusammengeschossen worden, im Hof lagen zwischen französischen Handgranatenkisten Verwundete, die auf den Abtransport warteten. Alle anderen waren inzwischen verschwunden. Im Laufe des Vormittags zog Bloem in einen gerade frei gewordenen Unterstand an der Südwestecke des Hermitagewaldes ein, in dem vorher ein Jägerbataillon unter Major von Quitzow gelegen hatte. Beim Großreinemachen durch die Offiziersburschen stellte es sich heraus, daß die Franzosen ihren Müll einfach im Unterstand begraben und darauf geschlafen hatten. Unter großer Heiterkeit wurden Hühnerknochen, Zigarettenschachteln, Konservenbüchsen, alte Zeitungen, Briefschaften, Fetzen von verrotteten Kleidungsstücken zutage gefördert – »brüllender Jubel« kommentierte die Entdeckung von Präservativen, zu denen sich dann auch noch Postkarten mit pornographischen Darstellungen gesellten. Dies sei wohl ein »Museum der französischen Soldatenseele«, meinte – etwas pharisäerhaft – Walter Bloem.

Nachdem der »Dreck« aus dem Haus war, streckte sich Bloem auf einem alten Strohsack gemütlich zum Schlafen aus. Aber nun mußte er bald die Kehrseite deutscher Ordnungs- und Sauberkeitsliebe feststellen. Es kam ihm vor, als sei ein dicker, schützender Teppich hinweggeräumt worden, so hart und fußkalt war nunmehr der Boden.

Während sein Bataillon draußen in der Sonne saß, kam von rechts aus Richtung Louvemont Kampflärm herüber. Offenbar war dort früher mit dem Angriff begonnen worden.

5

Um 14.00 Uhr verstärkte sich das Artilleriefeuer. Endlich, gegen 15.00 Uhr, klingelte beim Fernsprechposten der 8. Kompanie das Telefon, am Apparat war von Klüfer, der Bataillonskommandeur: »Schreiben Sie! Befehl: Das Bataillon greift um 16.00 Uhr an. Im Verband der 5. und 6. Division. Die Linien werden um etwa 1800 m vorgeschoben. Der Befehl ist jedem Unteroffizier bekanntzugeben. Keinesfalls darf wieder durchgegangen werden.«

Wenig später fügte der Befehlsübermittler hinzu: »Nehmen Sie den Bleistift, verbinden Sie das C von Chauffour mit dem roten Strich an der Südecke Hassoulewald – das ist die zu erreichende Linie.«

Brandis' Enttäuschung wurde noch größer. Nicht nur, daß die 24er 400 m vor dem Douaumont liegenbleiben mußten, sie sollten auch noch den Angriff, der erst für den nächsten Tag geplant war, den Festungspionieren überlassen. Überdies war vom Stab des III. Armeekorps der Sturmstreifen so verschoben worden, daß Brandis' Kompanie links am Fort vorbeiging, zugunsten der Nachbardivision, der Grenadiere von Bloem.

6

Kurz vor 16.00 Uhr steigerte sich das Artilleriefeuer. In zwei Wellen sollten die 24er vorgehen, zuerst die 6. und rechts daneben die 8. Kompanie, hinter ihnen die 7. und 5. als zweite Welle. Auf der linken Seite dieser Kompanien, die noch nicht wußten, daß sie die Helden dieses Tages sein würden, nahmen die Männer des 3. Bataillons ihre schweren Tornister und setzten die Bajonette auf die Gewehrläufe. Nach der neuerlichen kalten Nacht ließ keiner mehr seine Decke zurück, um etwa das Gepäckgewicht zu verringern.

Plötzlich schlugen deutsche Artilleriegeschosse bei der 6. Kompanie ein. Haubitzen oder 21-cm-Kaliber, konstatierte wütend Hauptmann Haupt, der Führer der 7. Kompanie. Die Angriffsordnung war »zum Teufel«. Da der Artillerieverbindungsoffizier nur das Feuer der Feldgeschütze über den Fernsprecher leiten konnte, hatte er auf die Fernartillerie keinen Einfluß. »Zugführer zu mir«, kommandierte Haupt: »Alles auf einen Ruck vor. Die nächste Lage muß schon hinter uns liegen!« Die 7. Kompanie stürzte vor, in die Linie der 6. hinein, wo sich die Getroffenen am Boden wälzten.

Auf der rechten Flanke dagegen zögerte Brandis, da von seinen Nachbarn, den 12ern, immer noch jede Spur fehlte.

7

In seinem Unterstand bei der Chambrettes-Ferme wartete indessen Hauptmann Walter Bloem von den 12ern auf den Angriffsbefehl. Als Verfasser einiger patriotischer Bücher über den Krieg »70/71« ein Lieblingsautor des Kaisers, galt Bloem als das Renommierpferd der 5. Division und war, wie man munkelte, aus diesem Grund für die Erstürmung des Douaumont vorgesehen. Immer wieder ließ er von seinem Adjutanten, Oberleutnant Maron, das Telefon prüfen. Und immer wieder hieß es: »Die Leitung ist ganz.« Aber es kam und kam kein Befehl.

8

Als Leutnant Radtke von der 6. Kompanie plötzlich die Männer der anderen Kompanien hinter sich herankommen hörte, hob er, als Zeichen zum Angriff, ohne den Befehl seines Kompanieführers abzuwarten, seinen Karabiner, den er statt des üblichen Gewehrs trug. Sein Zug hatte sich schon in Bewegung gesetzt. Auch hier war der MG-Führer auf die Idee gekommen, die vorgehenden Infanteristen in der Talsenke zu überschießen, so daß sie an den ersten französischen Graben heran waren, bevor die Franzosen sie überhaupt bemerkt hatten. Verblüfft ließen sich die meisten gefangennehmen. Der Gefreite Lehmann glaubte, noch niemals so viele Franzosen »auf einem Haufen« gesehen zu haben.

Während ein Teil der Franzosen schon erleichtert in »Richtung Deutschland« marschierte, schossen einige wenige noch. Die Gefangenen boten den weiterlaufenden Deutschen Zigaretten und Konserven an, Verwundete schrien, ein älterer Franzose hielt Radtke die Fotos seiner Kinder entgegen: »Pardon, pardon, camarade! Nix schießen!« Wie sich herausstellte, waren diese Einheiten nach einem Eilmarsch von 70 km gerade herangeführt worden und hatten die Situation noch gar nicht erfaßt.

Hauptmann Haupt, der Führer der 7. Kompanie, blieb zurück, Melder und Handreserve bei sich, und wartete auf seinen Telefonisten Schneider, der mit der abschnurrenden Drahtrolle auf dem Rücken herankeuchte, neben ihm der Artillerieverbindungsoffizier Wackerzapp mit seinem zusammengeklappten Scherenfernrohr. Für die Männer, die zur Rückführung der Gefangenen als Bewachung abkommandiert wurden, war der Krieg für heute vorbei. »Also, Jungs, weiter«, rief Radtke.

9

Leutnant Klingenberg vom 3. Zug der 5. Kompanie sah nun endlich auch die 8. Kompanie vor sich aus der Deckung hervorbrechen. Sofort setzte allerdings auf dieser Seite schweres Gewehr- und Maschinengewehrfeuer ein. Brandis traf auf einen härteren Gegner als Radtke und Haupt. Bis auf 100 m kam er indessen gut an den feindlichen Graben auf der Bodenwelle heran, da Leutnant Calow seine MGs über die Köpfe der Stürmenden hinwegfeuern ließ und so die Franzosen zum Deckungnehmen zwang, doch dann waren im Nu die Franzosen aus dem Graben heraus und erwarteten die Deutschen sogar »stehend freihändig« mit ihren Gewehren. Klingenberg wurde beim bloßen Zusehen unbehaglich zumute. Die ersten Gefangenen, die ihm entgegenliefen, kamen ihm in ihren nagelneuen blauen Uniformen allerdings gar nicht »kriegsmäßig« vor. Freudestrahlend drückten sie den Deutschen die Hände. Klingenberg nahm bei der Gelegenheit einem Capitaine gleich die Pistole und das Prismenglas ab, um es nicht den »Etappenfritzen« in die Hände fallen zu lassen. Er stutzte – ein Glas mit deutscher Fabriksignatur! Der erschreckte Franzose beteuerte, es nicht etwa einem Deutschen abgenommen zu haben. Unbehelligt wurde er nach hinten geschickt.

Oben auf der Anhöhe beim eroberten Graben angekommen, sah Klingenberg Brandis bereits 500 m weiter vorgehen, während ein großer Teil seiner Leute sich noch immer im eroberten Graben aufhielt und sich dabei »wichtig« tat; er war der Ansicht, daß diese »Drückeberger« sich nur von dem weiteren Angriff fernhalten wollten.

10

13 Minuten nach 16.00 Uhr wurde Bloem gemeldet, daß die 24er bereits vorgingen. Es mußte also etwas bei der Befehlsübermittlung nicht geklappt haben! Als Bloem aus seinem Kompaniestand hinaustrat, sah er nun selber die Leute von Brandis bereits weit voraus. Seine eigenen Männer, die jetzt endlich im Laufschritt den 24ern nacheilten, kamen jedoch weiter. Aus dem Chauffourwald kamen die gezielten Stöße französischer MGs. Der Douaumont lag noch in weiter Ferne.

11

Inzwischen waren Radtkes Leute weitergelaufen, ohne sich darum zu kümmern, was rechts und links vor sich ging. Sie kamen jetzt in die Erdbeerschlucht. Zur Rechten wurden sie zu ihrem Glück durch einen kleinen ansteigenden Höhenkamm gegen Feindsicht geschützt, andererseits konnten sie aber auch nicht beobachten, was sich um sie herum abspielte. Es begann wieder zu schneien. Lehmann, nach anderthalb Jahren Krieg schon so etwas wie ein

»alter Hase«, sagte sich nur, daß man einen Feind, der davonläuft, so lange verfolgen sollte, wie es nur ging.

Plötzlich tauchte der Douaumont aus dem Schneetreiben auf, Qualm und Rauch über sich, bedeckt mit unregelmäßig tanzenden Fontänen der einschlagenden Granaten, ein massiver Koloß, aus dem in immer gleichen Abständen das Mündungsfeuer eines Panzerturms aufblitzte. Der großgewachsene Feldwebel neben Lehmann ließ sich etwas zurückfallen. »Machen Sie, daß Sie nach vorne kommen!« rief Radtke, dessen Trupp immer mehr abbrökkelte, ihm zu. »Ich muß aufpassen, daß keiner zurückbleibt!« entschuldigte sich der Feldwebel. Radtke hatte Zeit zu Berliner Schlagfertigkeit: »Nee, es bleibt nur einer zurück, und das sind Sie!« – Lehmann hörte etwas klatschen. Der Soldat neben ihm, der mit lachendem Gesicht gerade sein Gewehr abgefeuert hatte, stürzte zu Boden, ohne zu schreien. Direkt ins Herz, dachte Lehmann, wenn es einen Heldentod gibt, dann so.

Hinter den flüchtenden Franzosen herlaufend, gelangten Radtke und sein Trupp bis zu einer Landstraße, die, wie sich später herausstellte, vom Dorf Douaumont nach Bezonvaux führte, als auf einmal wieder die Granaten der eigenen Artillerie heulend und fauchend um sie herum einzuschlagen begannen. Lehmann wußte als Gruppenführer natürlich nichts von der Linie, die auf den Karten der Kompanieführer eingetragen war und den äußersten Punkt des deutschen Angriffs bezeichnete. Innerhalb von 25 Minuten hatten die 24er das Angriffsziel erreicht und dabei 1 km zurückgelegt. Einigen wurde es nun doch mulmig zumute. »Leutnant, was wird denn nun?«

Verwirrt rannten sie ein Stück zurück; für die deutschen Artilleristen, die wohl an einen französischen Gegenstoß glaubten, war das offenbar nur die Aufforderung, nun noch rasender zu feuern. Hilflos blieben sie stehen. Diesmal war es Lehmann, der an Radtke, den einzigen Offizier bei dem kleinen Trupp, die Frage richtete: »Herr Leutnant, was nun?«

Im Grunde war Radtke ebenso ratlos wie Lehmann und die anderen: »Lehmann, nu is es egal, ob wir morgen mit oder ohne Gewehr herumlaufen!« Zurückgehen war im Granatfeuer ebenso gefährlich wie Vorwärtslaufen, Stehenbleiben und Eingraben kam bei dem hartgefrorenen Boden ebenfalls nicht in Frage. Die mögliche Gefangenschaft war noch das harmloseste. Siedendheiß war Radtke die Anordnung aus dem Exerzierreglement für die Infanterie bewußt, seit er die Angriffslinie überschritten hatte: »Die Selbständigkeit der Unterführer darf nicht zur Willkür werden.« Noch während des Laufens feuerte er eine Signalpatrone nach der anderen ab, um den Artilleriebeobachter auf sich aufmerksam zu machen, doch die grünen Raketen verpufften wirkungslos im Rauch der explodierenden Granaten.

Der Infanteriegraben vor einem breiten Drahtverhau, auf den die Männer nach dem Überqueren der Straße stießen, war unbesetzt. Ungefähr zwanzig Deutsche aus verschiedenen Kompanien drängten durch die Lücken, die die deutschen Granaten in den Stacheldraht gerissen hatten. Radtke blieb wie immer mitten im Rudel, um nicht aufzufallen und von einem Scharfschützen herausgeschossen zu werden.

Niemand hatte Drahtscheren. Die Uniformhosen waren zerrissen, die Hände bluteten, da niemand Handschuhe besaß. Noch immer schwiegen die französischen Schützengräben vor ihnen, nur der Panzerturm weiter oben auf dem Glacis donnerte alle paar Minuten.

Plötzlich standen sie vor einem letzten Hindernis, einem 2 bis 3 Meter hohen massiven spitzen Eisengitter, an dem sie langsam entlangwanderten, bis sie eine Bresche fanden, die eine deutsche Granate gerade gerissen hatte. Radtke blickte nach unten in den Fortgraben, die Steilwand war an dieser Stelle leicht eingedrückt. Unten, 4 bis 5 m tiefer, lag Geröll. Was nun zu tun war, hatte er nicht bei ihren Übungen gelernt, das war eigentlich eine Sache der Pioniere: durch »Minieren« von außen die in der Wallmauer verborgenen Grabenstreichen zu sprengen.

Leitern, Stricke oder Fallgatter waren natürlich nicht vorhanden. Radtke überlegte nicht lange, er und Feldwebel Wiedenhus knüpften hastig ihre Gewehrriemen ab, und Radtke ließ sich, von Wiedenhus gehalten, herunter. Es war 17 Uhr.

Was ihn im Graben erwarten konnte, hatte Radtke allerdings im Unterricht gelernt: das tödliche Feuer aus den Grabenstreichen mit den nach innen gerichteten MGs und Revolverkanonen, dem der Eindringling im Fortgraben schutzlos ausgeliefert war.

In diesem Augenblick erhielt Lehmann auf dem Wall – offenbar von einem Klumpen hartgefrorener Erde, den eine Granate hochspritzte – einen Schlag gegen die Schläfe und verlor das Bewußtsein. Als er wieder zu sich kam, waren seine Kameraden, die ihn offenbar für tot gehalten hatten, verschwunden. Doch um wieder zu ihnen zu kommen, brauchte er nur ihren Fußspuren nachzugehen, die sich im frisch gefallenen Schnee abzeichneten. Lehmann ließ sich nun ebenfalls in den tiefen Graben hinunter, indem er an den Telegrafenstangen herunterrutschte, die seine Kameraden inzwischen aufgestellt hatten. Zum erstenmal sah er die Schießscharten in den Grabenwänden mit den Rohren der Revolverkanonen. Sie schwiegen noch immer.

12

Als Radtke und seine Leute in den Douaumont eindrangen, war das Fort kaum noch kampftüchtig. Der französische Generalstab hatte, was die deutsche Führung nicht wußte, aus dem Zusammenbruch des belgischen und nordfranzösischen Festungssystems im Jahre 1914 Konsequenzen gezogen und am 5. August 1915 die Desarmierung des Festungsgürtels im Süden befohlen. Dieser Maßnahme lag die sogenannte »Nutzlosigkeitstheorie« zugrunde, die der französische Kriegsminister Roques in folgende Worte faßte: »Bei der Zerstörungsgewalt der gegenwärtigen Artillerie sind die ständigen Werke eines festen Platzes einer sicheren Vernichtung preisgegeben. Eine geschlossene Festung wird infolgedessen in kurzer Zeit zu Fall gebracht. Unter diesen Umständen hängt die Verteidigung des Landes ausschließlich von dem Feldheere ab.«

General Dubail, dessen Heeresgruppe Ost 1915 Verdun unterstand, hatte hinzugefügt: »Die festen Plätze, die einer Einschließung ausgesetzt sind, haben keine Rolle mehr zu spielen und dürfen in keinem Fall um ihrer selbst willen verteidigt werden. Die Truppen der Plätze sind als bewegliche Feldeinheiten zu gebrauchen.«

Die Wert- oder Nutzlosigkeitstheorie war nicht neu und nur durch die schlechten Erfahrungen, die die Franzosen und Belgier 1914 mit ihren Sperrforts gemacht hatten, wieder hervorgeholt worden. Was auch sollte eine Festung noch für eine besondere Bedeutung besitzen, nachdem die ganze Front sich in eine einzige riesenhafte Festung verwandelt hatte?

Außerdem hatten die Deutschen ja ebenfalls ihre Forts (Metz zum Beispiel) »entwaffnet«, wo ungenutzt große Mengen des gewünschten Materials lagen. Für Verdun hatten diese Anordnungen zur Folge, daß aus den umliegenden betonierten Zwischenstellungen mehr als 40 Batterien mitsamt 128 000 Schuß Munition fortgeschafft worden waren, obwohl General Coutanceau, dem Verdun damals unterstand, dagegen protestierte. Ergebnis dieses Einspruchs gegen die Unterbewertung der Forts war seine Versetzung; Nachfolger wurde General Herr. Eine andere Maßnahme, die vielleicht folgenreich war, betraf die Befehlsgewalt; der Festungskommandant, der bis dahin für die Festung allein verantwortlich gewesen war und mit seinem Kopf für ihre Verteidigung gehaftet hatte, wurde nunmehr dem Befehlshaber der betreffenden Armee, in dessen Operationsbereich die Festung lag, untergeordnet.

Aus der Festung Verdun wurde eine »*région fortifiée*«, in der die Panzerforts ihre ehemalige Sonderstellung verloren. Trotzdem war bei Verdun eine Ausnahme gemacht worden (im Gegensatz zu Toul und Belfort, die allerdings auch nicht unmittelbar in der Frontlinie lagen wie Verdun).

Zwar sollte der »befestigte Bereich« seine Bedeutung einzig im »augenblicklichen Dienst« haben, den er den Operationsarmeen leistete. Doch schien es dem französischen Oberkommando, daß »die moralische Wichtigkeit, die dem Besitz von Verdun beizulegen ist, die Einhaltung eines gewissen Mittelweges« verlange. »Es ist notwendig, alle wichtigen Maßnahmen zu treffen, um sich der Drohung, wie sie sich im feindlichen Stellungsverlauf ausdrückt, zu widersetzen.« Gleichzeitig war die Aufgabe der Festung nicht ausgeschlossen worden, so daß der Kommandant der Region 1915 den Auftrag gegeben hatte, auch auf dem westlichen Ufer der Maas Richtung Bar-le-Duc Verteidigungsstellungen vorzubereiten.

Von den theoretischen Spitzfindigkeiten, die einerseits vom »moralischen Wert« sprachen, andererseits den Fluchtweg offenhielten, hatte das deutsche Oberkommando keine Ahnung. Doch war ihm bekannt, daß die Festung weitgehend »desarmiert« und an Truppen »ausgedünnt« worden war.

Auch das Fort Douaumont war von den Anordnungen Dubails in Mitleidenschaft gezogen worden. Zwar hatte keine Demontage der Kanonen stattgefunden, doch gab es zum Zeitpunkt des deutschen Angriffs am 25. Februar keine selbständige Fortbesatzung, die für eine geordnete Bedienung aller Türme und Grabenwehren hätte sorgen können. Die beiden Maschinengewehre, die in die beiden stählernen MG-Türme gehörten, standen in Kisten verpackt in den Kasematten. Noch nicht einmal ein Beobachter saß in der höchsten Panzerkuppel, von der sich eine Übersicht über das Schlachtfeld anbot.

Der furchterregende Eindruck, den der massive Koloß auf die vorstürmenden Brandenburger ausübte, war nichts als eine optische Täuschung. Der Douaumont stellte keineswegs mehr den »Angelpunkt« des gesamten Verteidigungssystems von Verdun dar. Im Gegenteil, General Herr, der Festungskommandant von Verdun, hatte sogar die Zerstörung des Douaumont und seines Nachbarforts Vaux ins Auge gefaßt. Am 24. Februar war der Befehl zur Selbstzerstörung gegeben worden, doch die Offiziere, die ihn ausführen lassen sollten, kamen niemals in den Forts an. (Im Fort Vaux brachte eine deutsche Granate später zufällig die Sprengladung zur Explosion und zerstörte den einzigen Geschützturm des Forts.)

Auf der höchsten Spitze eines Höhenzugs gelegen, 388 m über dem Meeresspiegel, überragte der Douaumont alle anderen Erhebungen der Umgebung. Aus der Sicht des Fliegers zeigte das Fort eine charakteristische mächtige Polygonform, ein Fünfeck, dessen Anlage auf die Tradition des berühmten französischen Festungsbauers Vauban zurückging. Den Kern bildeten im Mittelteil ein Kasernenbau, ein zweistöckiges Kasemattensystem, in dessen labyrinthischen Fluren und Zwischengängen sich ein Fremder leicht verlaufen konnte. Quer durch die Kaserne führte im oberen Stockwerk der Hauptgefechtsgang, von dem aus es zu den einzelnen Kasematten für die Unterbringung der Mannschaften, für die Waschräume und Küche, für das Lazarett und die Kommandoräume und vor allem für die Munition ging. Um den Kasernenbau herum führte eine Ringstraße, die im Einbahnsystem befahren wurde und teilweise durch überdachte Durchfahrten lief. Außerhalb des Kasernenbaus lagen an dem nördlichen Teil dieser Ringstraße, an der »Rue Rampert« und der West-Ost-Durchfahrt, fünf Frontwallkasematten, die als Munitionsbunker dienten.

Der Douaumont war im Grunde veraltet, man hatte ihn nur durch zusätzliche Bauten ständig modernisiert, das heißt den ständig neuentwickelten, immer größeren und schwereren Kalibern angepaßt. Bereits im Jahr 1885 war mit dem Bau des Forts (zunächst als Mauerwerk mit einer darübergelegten Erdschicht) begonnen und der Kasernenbau von Jahr zu Jahr durch eine Betonschicht verstärkt worden, die an einigen Stellen 2,50 m stark war. Über der Betonschicht lag eine 4 m dicke Erdschicht, wiederum überlagert von einer Betonschicht – insgesamt ein 5 m dicker Schutzpanzer. Zusätzliche Artillerie- und Beobachtungstürme wurden gebaut, mit einer Stahlpanzerung versehen, ebenso die MG-Stände; immerhin waren die Panzertürme mit ihren versenkbaren Geschützen so fortschrittlich, daß noch beim Bau der Maginotlinie später nach dem gleichen Konstruktionsprinzip verfahren wurde. Zu den drei einzelnen Türmen der 7,5-cm- und 15,5-cm-Kanonen führten unterirdische Verbindungsgänge, ebenso zu den außerhalb der Kaserne liegenden Grabenstreichen (»Coffres«), die in den drei nach Norden, zur Feindseite, angelegten Winkeln des Fünfecks lagen und so eingerichtet waren, daß ein etwaiger Eindringling, wollte er den Graben überwinden, unweigerlich ins Kreuzfeuer geraten mußte.

An der Südseite, in Blickrichtung Verdun, lag der Haupteingang, die »Kehle« des Forts, die durch eine Zugbrücke und ein mächtiges Gatter verperrt werden konnte. Von hier aus lief ein Gang direkt auf den unteren Gefechtsgang zu. Mit einem Umfang von mehr als einem Kilometer bot der Douaumont innen Platz für 5 Fußballplätze.

Statt der 500 Mann, die zur ständigen Besatzung des Forts gehörten, befanden sich am 25. Februar nur noch ungefähr 70 ältere Angehörige der Landwehr, vor allem Artilleristen, in den Kasematten. Weitere Infanteristen, die im Fort oder in Baracken außerhalb gelegen hatten, waren zur Verteidigung weiter vorne eingesetzt. Durch den Wechsel im Kommando, das vom XXX. Korps an das XX. Korps überging, war im allgemeinen Chaos das Fort vergessen worden. Die meisten Truppen des XXX. Korps waren sowieso schon in alle Winde zerstreut. Niemand aus dem Oberkommando in der Zitadelle von Verdun hielt es für nötig, dem Fort besondere Aufmerksamkeit zu widmen und die Landwehrleute von den Geschehnissen um sie herum zu informieren. Und auch sie selbst hatten wenig Interesse daran, sich durch einen Blick aus den Beobachtungstürmen ein Bild von der Lage zu machen.

Der Verantwortliche für die Landwehrmänner, ein Wachtmeister namens Chenot, saß in einer Kasematte und beschäftigte sich mit Schreibarbeiten. Einzig der 15,5-cm-Panzerturm war in Betrieb, doch er schoß nicht auf die Brandenburger, sondern blind nach Karte, weit hinten auf eine Straßenkreuzung bei Azannes. Diesen Turm allerdings hatte die deutsche Artillerieführung für erledigt gehalten und statt dessen den Turm mit den 7,5-cm-Doppelschnellfeuerkanonen durch schwere Granaten eindecken lassen – und er wiederum war seit langem außer Funktion, ohne daß man dies auf deutscher Seite bemerkt hätte.

Radtkes Trupp war, nachdem er ungehindert in den breiten Fortgraben der Nordflanke gelangte, unmittelbar auf das ansteigende Glacis gestiegen, hatte teilweise auf allen vieren kriechend die in die Kasemattenkaserne führende Ringstraße erreicht und war in den Eingängen der Norddurchfahrt verschwunden, um seinen Eroberungszug fortzusetzen. Das »dramatischste Drama des ganzen Krieges« war so gut wie abgeschlossen, ohne daß bisher auch nur ein Gewehrschuß gefallen wäre. Von allen Seiten sickerten die Deutschen in das Dunkel des Forts ein, von dem sie noch nicht einmal eine Skizze besaßen.

13

In dem rund 250 m entfernten Dorf Douaumont blieb der Fall des Forts so gut wie unbemerkt. Das Dorf wurde vom 95. Infanterieregiment verteidigt, dessen Kommandeur, obwohl verwundet, fest entschlossen war, es auf keinen Fall preiszugeben. Erst am Vormittag hatte das Regiment in einem Eilmarsch von 72 km den Bereich des Douaumont erreicht und seine Bataillone auf die Stellungen verteilt. Auf den Gedanken, eine Patrouille zum Douaumont hinüberzuschicken, zu dem immer noch bequem begehbare Wege hinüberführten, kam kein Offizier. Von der Generalität lag nur der

Befehl vor, um jeden Preis die eigene Stellung zu halten.

Überall bildeten sich am 25. Februar kleine Widerstandsinseln mit entschlossenen französischen Offizieren. Die Front war auseinandergerissen, nach Verdun selbst strömten fliehende Soldaten und Troßfahrzeuge. Geschütze standen im Stich gelassen in ihren Stellungen. Mitunter war sogar vergessen worden, die Verschlüsse mitzunehmen, so daß die Deutschen sie sofort umdrehen und auf die Franzosen richten konnten. »Fluchen, Peitschenhiebe, stöhnende Achsen, alles lärmt durcheinander. Viele der Zurückweichenden gehen barhäuptig. In ihren Augen ist tierischer Schrecken zu lesen, und ihre verstohlen nach hinten geworfenen Blicke verraten Angst vor einer möglichen Verfolgung«, so charakterisierte Oberleutnant Péricard die Lage, der nun als Kompanieführer im Dorf saß und auf die Deutschen wartete. Der Hauptangriff wurde aus dem Chauffourwald erwartet.

Auf das Dorf fielen keine Granaten. Gegen 16 Uhr wurde Péricard durch weiße Leuchtraketen in der Nähe des Forts beunruhigt. Wenig später liefen in einiger Entfernung zwischen den Drahthindernissen des Dorfes und des Forts fliehende französische Soldaten mit Zuavenmützen vorbei. Péricards Vorgesetzter Delarue, der die seitlich vor dem Dorf liegenden Grabenstücke beaufsichtigte, hielt sie offenbar für Deutsche und befahl MG-Feuer.

Péricard, noch immer im Zweifel, überredete ihn, das Feuer einzustellen, und schickte einen Feldwebel hinüber, um Gewißheit zu bekommen. Dieser Feldwebel wurde jedoch von den Zuaven und Marokkanern beschossen, verschwand in einem Granattrichter und kam erst nach Einbruch der Nacht wieder. Inzwischen hatte der Regimentskommandeur befohlen, auf alle Fliehenden an dieser Seite zu schießen, um kein Risiko einzugehen.

Péricard war nun ganz sicher, als Zuaven verkleidete Deutsche vor sich gehabt zu haben. Daß eigene, fliehende Truppen voller Angst den Feldwebel, der sie offenbar wieder an die Front zurückschicken wollte, beschossen hatten, wollte ihm nicht in den Kopf. Zumindest behielt er diese Vermutung für sich. Bald nach dem Zusammenstoß zwischen dem Feldwebel und den »vermeintlichen Zuaven« sah er auf dem Fort eine große gelbe Flagge »siegreich« wehen, die er in seiner Phantasie mit einem schwarzen Adler ausschmückte. Daß die ganze Zeit ein Maschinengewehr vom Kirchturm herunter die Deutschen auf dem Fortglacis beschoß, war ihm beim Abfassen seines Berichts später offenbar aus dem Gedächtnis entglitten.

14

Die rechts von Radtkes buntem Haufen vorgehenden Kompanien blieben derweil immer weiter zurück, da sie in das MG- und Infanteriefeuer gerieten, das aus dem Chauffourwald und dem Dorf Douaumont auf sie herabschlug. Mit dem Sturmlauf war es vorbei. Zuaven flüchteten vor ihnen. In kurzen Sprüngen von Trichter zu Trichter schoben sich Klingenberg und andere nach vorn. Trotz der Kälte waren sie in Schweiß gebadet. Neben Klingenberg fiel der Gefechtsmelder, 5 Minuten später sein Nachfolger.

Der Kirchturm von Douaumont kam in Sicht. Völlig außer Atem legte Klingenberg in einem Graben vor einem Drahthindernis eine Verschnaufpause ein, als neben ihm Hauptmann Haupt von der 7. Kompanie in den Trichter sprang. Aufgeregt fragte Haupt, ob Klingenberg noch Leuchtpatronen hätte, die Artillerie müsse ihr Feuer vorverlegen, die 7. und 8. Kompanie hätten Verluste und kämen nicht weiter. Er habe eine Meldung nach der anderen nach hinten geschickt, doch alles ohne Erfolg. Das Fort, so stieß er hervor, müsse unbedingt noch heute unter allen Umständen angegriffen werden, es sei nur schwach besetzt, die Besatzung hätte in einem bereits von den 24ern genommenen Graben gelegen und sei gefangengenommen. Haupt fügte hinzu, daß er Oberleutnant von Brandis gebeten hätte, hinten der Artillerie Bescheid zu geben.

Klingenberg und seine Leute verließen den gestürmten Graben und liefen zum Fort. Vom Dorf her feuerte ein Maschinengewehr. Jammernd blieben rechts und links die Getroffenen liegen. Wieder gab es eine kritische Situation, als Klingenberg den tiefen Fortgraben zu Gesicht bekam. Unschlüssig blieb er stehen. Da sah er rechts eigene Leute in der Tiefe verschwinden. Es war dieselbe Stelle, an der Radtke nach unten gesprungen war. An der Bresche stauten sich die Infanteristen und standen, obwohl die Kugeln über sie hinwegschwirrten, an der Lücke im Eisenzaun regelrecht Schlange, bevor jeder an die Reihe kam. Beim Manöver wäre ein Sturm in dieser Form niemals durchgeführt worden. Pionierleutnant Voigt, der noch außerhalb stand, machte in aller Ruhe ein paar fotografische Aufnahmen. Auf der anderen Seite des Grabens sah Voigt die ersten die steile Böschung hinter dem Graben wieder emporklettern. Klingenberg warf sein Gewehr nach unten und ließ sich an den Holzbalken hinunter. Unten bekam er natürlich einen Schreck, als er die aus dem Bunkerfenster ragenden Mündungen der Revolverkanonen erblickte.

Mit dem Gewehrkolben schlugen sie gegen die eisernen Türen, nichts rührte sich zu ihrer Erleichterung dahinter. Schnell kritzelte einer der Männer mit Kreide an die Eisentür: »5. Kp. I. R. 24.« Unaufhörlich kamen andere die Rutschbahn nach unten gesaust, manche fluchten, weil sie sich Splitter in die Hände gerissen hatten. Pionierleutnant Voigt machte nun eine Aufnahme von der Innenseite auf die Bresche.

Da die eisernen Türen nicht nachgaben, begannen Klingenberg und andere den steilen Hang nach oben zu steigen. Wenn die Front des Forts zur Nordseite lag, mußte die Südseite, so überlegte er, mit der Kehle und den Eingängen sich auf der gegenüberliegenden Seite befinden. Über den Hang fegten die Garben vom Kirchturm des Dorfes Douaumont. Leutnant Neumann begann plötzlich zu jammern, und Klingenberg sah, daß er einen Unterleibsschuß bekommen hatte. Da er ihm nicht helfen konnte, ließ er ihn in einem Granatloch liegen und lief weiter. Plötzlich sah er vor sich eine runde braune Panzerkuppel, die gerade geräuschlos in der Erde versank, ein unheimliches Bild. Klingenberg erreichte wiederum einen Graben, in dem mehrere dunkle Eingänge gähnten, neben ihm stand Haupt mit ein paar Mann, sonst war niemand zu sehen.

Um dem Granatbeschuß zu entgehen, flüchteten sie sich notgedrungen in einen der Eingänge. Im Innern waren französische Stimmen zu hören. Klingenberg raffte ein paar französische Brokken zusammen und rief, die Franzosen sollten sich gefangengeben, das ganze Fort sei besetzt. Als sich nichts regte, drohte er, Handgranaten zu werfen. Da sich noch immer nichts ereignete, legte Klingenberg erst einmal eine Zigarettenpause ein. Inzwischen würden sich wohl hoffentlich noch andere einfinden.

Während sich alle anderen kriechend auf dem inneren Glacis fortbewegten, stand ein Musketier der 24er auf dem höchsten Punkt des Forts und schwenkte eine gelbrote Signalfahne hin und her, um den Artilleriebeobachtern ein Zeichen zu geben. Wie durch ein Wunder wurde er nicht von den französischen Kugeln getroffen.

Draußen kamen Leute gelaufen. Franzosen? Haupt und Klingenberg fiel ein Stein vom Herzen: Es waren Angehörige der 8. Kompanie, die zwei Franzosen als Gefangene bei sich hatten, angeblich die Bedienung des Panzerturms. Einem Franzosen wurde eine Taschenlampe in die Hand gedrückt, er sollte vorangehen und seine Kameraden zur Übergabe auffordern. Wenn den Deutschen etwas passierte, würden sie ihn sofort über den Haufen schießen. Die Drohung tat ihre Wirkung. Während er am Rockschoß festgehalten wurde, führte er die Deutschen in das Fort, durch dunkle Gänge, die durch Ölfunzeln an den Wänden kümmerlich erhellt wurden.

Der Weg führte Treppen hinauf und Treppen hinunter, mal ging es nach rechts, mal nach links, und bald wußten die Deutschen nicht mehr, wo sie sich eigentlich befanden. An einer Treppe angelangt, erklärte der Franzose, hier ginge es zur Küche und zu den Lazaretträumen, dort würden die anderen sein. Barsch wurde ihm erklärt, er solle sie schleunigst holen. »Vite! Vite!« Den paar Deutschen wurde es immer »gruslicher«, wie Klingenberg fand. Mit hocherhobenen Händen kamen zögernd rund 25 Mann nach oben. Wütend ließ Klingenberg fragen, wo die anderen seien, das könne doch unmöglich die ganze Besatzung des Forts sein!

Einer der Franzosen erklärte, im Fort befänden sich nur 65 Mann, die ganze übrige Besatzung hielte sich in den Gräben vor dem Fort auf. Zuletzt tauchte der »Kommandant« auf, ein Offizier, wie Klingenberg glaubte. Der eigentliche Fortkommandant, erklärte der Gefangene, sei vorne, er selber sei der Adjutant und hätte den Befehl über den Rest der Leute. Feierlich übergab er Klingenberg seinen Degen und seine Pistole und wollte auch noch seine Orden ablegen, was Klingenberg aber zurückwies: Die könne er natürlich behalten!

Der Offizier bedankte sich und gab nach einigen Fragen bereitwillig Auskunft, daß sich im Fort keine Sprengladungen befänden, die von außen gezündet werden könnten, es könne auch nicht unter Wasser gesetzt werden. Er versicherte mehrmals, daß die Deutschen in dieser Hinsicht völlig unbesorgt sein dürften. Trotzdem ließ ihm Klingenberg mitteilen, man werde sie als Gefangene hierbehalten: »Falls wir in die Luft fliegen, sollen Sie auch dabeisein!«

Inzwischen fanden sich Offiziere und Mannschaften der verschiedensten Kompanien ein, standen überall in den Gängen herum und wußten selber nicht, wie sie hereingekommen waren. Leutnant Voigt und andere Pioniere waren auf dem Glacis rechts an Klingenberg und Haupt vorbeigekrochen und in der halbverschütteten Westdurchfahrt gelandet. Alle trafen sich nun im Hauptgefechtsgang. Voigt machte sich als Pionier sofort daran, nach Sprengladungen zu suchen, landete aber, als er einen dunklen Steigschacht hinunterkletterte, nur mit beiden Füßen im Wasser. Hauptmann Haupt, der Dienstälteste, gab Klingenberg sämtliche Gefangenen zur »Aufbewahrung«, kommandierte ein paar Infanteristen unter einem Unteroffizier als Wache ab, und lief mit den anderen nach draußen, weil Alarm geschrien wurde, es käme ein Gegenangriff.

Als die Franzosen in eine Kasematte gesperrt wurden, fragte einer der Gefangenen schüchtern, ob sie sich nicht noch aus dem Kessel mit Fleischbrühe bedienen könnten, der unten auf dem Feuer stünde. »Wir brauchen es nötiger, vor allem die Verwundeten«, knurrte Klingenberg, während er die Tür verrammelte. Auch Leutnant Neumann war inzwischen hereingetragen worden, weiterhin der Musketier Hentzke, der auf dem Glacis gewartet und allen geraten hatte, die östlich abfallende Seite zu benutzen, weil sie vom MG auf dem Kirchturm nicht bestrichen werden könne.

15

Den Grenadieren, in deren Gefechtsabschnitt das Fort eigentlich lag, ging es in der Zwischenzeit schlecht. Während Brandis auf Bloem wartete, wartete Bloem auf die Füsiliere des 8. Grenadierregiments. Das starke französische Artilleriefeuer, das durch die

Kämpfe um das Dorf Louvemont ausgelöst wurde, hatte die Befehlsübermittlung verzögert. Die Füsiliere lagen am Südrand des Fosseswaldes. 100 Mann Verluste kostete hier allein das Warten im Granatfeuer, nur 25 Mann der anschließende Sturm, der sie bis zum Südrand des Chauffourwaldes brachte.

Bloem war zuerst leicht vorangekommen, so daß sich die Prognose seines Leutnants – »Heute wird ein Pour le mérite fällig, Herr Hauptmann« – zu erfüllen schien. Der erste Erfolg war dem konzentrierten Feuer einer ganzen Brigade von Feldgeschützen unter General Lotterer zu verdanken, der seine Geschütze auf eine Linie an der Straße Ornes – Beaumont am Fosseswald herangeführt hatte. Nun kamen ihnen gefangene Franzosen mit den Rufen »Debberitz! Debberitz!« glückstrahlend entgegen im Gefühl, dem Tod entkommen zu sein.

Auf einmal traf sie »mörderisches« Gewehrfeuer von rechts aus dem Wald, doch der Schwung des ersten Anlaufs trug sie weiter. Der zweite französische Graben wurde genommen. Das ganze Bataillon, alle Kompanien und Züge nun durcheinander, lief über den freien Hang vor dem Dorf Douaumont, während links das Fort auftauchte. »Richtung Douaumont!« kommandierte Bloem, als sie plötzlich von Maschinengewehrfeuer überrascht wurden. Reihenweise kippten die Infanteristen um. Völlig außer Atem, wie im Rausch – »was fällt, fällt« –, wollte Bloem den Rest seiner Leute mit nach vorn reißen, als ihn ein Offizier seines Stabes, der Vernunft bewahrt hatte, zu Boden warf.

Bloem schaute sich um. Überall auf dem Hang verstreut lagen die Toten seines Bataillons, nur noch ein paar Mann lagen neben ihm und preßten sich auf den Boden. Bloem mußte umkehren. Was von seinem Bataillon übrig war, sammelte sich in einem französischen Graben, wo sie vom Dorf nicht beschossen werden konnten. Bis auf 25 m waren sie an die befohlene Haltelinie herangekommen. Nur an das Dorf hatte niemand gedacht.

In der Dunkelheit, als es ruhiger wurde, standen sie auf und ordneten sich zu Zügen. Es waren noch 350 Mann – von ehemals 900.

Vor Mitternacht kam von einer Patrouille die Hiobsbotschaft: »Die 24er sind im Fort.« Nur dank unseres Flankenschutzes, dachte Bloem neidisch.

16

Fast 40 Minuten war Brandis mit seiner Kompanie durch das MG-Feuer aus dem Dorf Douaumont gestoppt worden, bis ihm endlich Bloem etwas Luft verschaffte. Voller Ungeduld ließ er Flankendeckung Flankendeckung sein, lief in Richtung Fort, als ihm Verwundete entgegenkamen mit dem Ruf »Der Douaumont ist gefallen!« Doch Hauptmann Haupt sei tot. Daß er von Haupt gebeten worden war, zurückzugehen und der Artillerie drastisch klarzumachen, wohin sie schießen müsse, hatte Brandis offensichtlich vergessen.

An der Straße traf er einen Telefontrupp, der zunächst zurückgeblieben war, weil der zugeteilte Telefondraht nur bis zur befohlenen Haltelinie reichte. Inzwischen hatte der Fernsprechunteroffizier Foth aber durch französischen Draht seine Leitung verlängert und bekam Anschluß zum Bataillonsführer Klüfer. Brandis nahm den Hörer und mußte sich die besorgte Frage anhören, ob sie wieder »durchgebrannt« seien, dann riß die Verbindung ab.

Eine Viertelstunde später gelang es Foth, die Verbindung zum Gefechtsstand des Bataillons erneut herzustellen, am Apparat war nun der Bataillonsadjutant Leutnant Kluge. Brandis nahm Foth den Hörer aus der Hand und teilte ihm mit, daß »das Fort fest in unserer Hand« sei. Haupt sei gefallen, die Artillerie müsse unbedingt das Feuer vorverlegen, sie beschieße noch immer das Fort, statt dessen müßte der Kirchturm des Dorfes Douaumont beschossen werden. Wörtlich fügte er hinzu: »Ich gehe jetzt ins Fort.«

Es war 17.33 Uhr. Da Kluge seinen Bataillonskommandeur gerade nicht erreichen konnte, rief er sofort den Regimentsstab an und erzählte, was ihm Brandis soeben mitgeteilt hatte. Allerdings vergaß er den letzten Satz, weil er ihm im Augenblick nicht besonders wichtig erschien. Der Satz »Das Fort ist in unserer Hand« wurde sofort an die 6. Division weitergegeben mit dem Zusatz, daß es »fest in der Hand des Oberleutnant von Brandis« sei. Der Regimentskommandeur hielt Brandis für den Haupterstürmer des Forts. Dieser Ansicht schlossen sich alle an, die nun auf dem Befehlsweg Kenntnis von dem Fall des Forts bekamen.

Nicht so schnell sprach sich das Ergebnis bei den Artilleriekommandeuren herum. Um 20 Uhr traf Brandis, der kurz im Fort gewesen und erneut von Haupt zurückgeschickt worden war, auf eine Feldbatterie, die noch immer auf das Fort schoß. Auch beim Regimentsstab, wo er um halb neun eintraf, um persönlich zu berichten, vergaß Brandis zu erzählen, daß er selber fast eine Stunde später als die ersten im Douaumont angekommen war. Das Kriegstagebuch der 12. Infanteriebrigade, die die Aktionen gegen Dorf und Fort koordinierte, verzeichnete um 22 Uhr die Notiz: »Meldung vom I. R. 24, daß Fort Douaumont immer noch von 5. I.-Division beschossen wird. Ist aber fest in unserer Hand, gestürmt durch 7. und 8./24. durch Hauptmann Haupt und Oberleutnant von Brandis. Beide Führer ganz besonders ausgezeichnet.« Haupt war irrtümlich für tot gehalten worden.

Um 20 Uhr traf nun auch der Bataillonskommandeur von Klüfer im Fort ein, der die ganze Zeit in der Erdbeerschlucht gesessen und nicht gewußt hatte, wo sein völlig durcheinandergekommenes Bataillon, vor allem die Züge Radtke und Morgenroth, steckten. Um 17 Uhr hatte bereits ein Beobachter einer Minenwerferbatterie eine weiße Fahne auf dem Fortglacis gesehen, doch niemand wollte ihm Glauben schenken. Kurz nach 17 Uhr waren vom Bataillonsgefechtsstand Telefonanrufe und Meldeläufer beim Regiment eingetroffen, um die Vorverlegung des Feuers zu erwirken; die ersten Kompanien stünden vorm Fort. Von dort aus ging diese Meldung zum Stab der 6. Infanteriedivision, dann zum General der Fußartillerie Ziethen weiter und von dort zum Mörserregiment »Weiß« – ein zeitraubender Umweg, da das Regiment Weiß der 5. Infanteriedivision unterstand, die das Fort beschoß und der Ansicht war, daß die 6. Infanteriedivision, zu der die 24er gehörten, dort nichts zu suchen hätte. Immerhin stellte das Regiment Weiß das Feuer ein – 2 Batterien 21-cm-Mörser, 8 Geschütze, die innerhalb dreieinhalb Stunden 1700 Schuß verfeuert hatten; auch zwei »Dicke Bertas« schwiegen, über deren einzelne Schüsse sowieso Buch geführt wurde. Doch ein anderes Haubitzenregiment mit dem Namen »Fritz« feuerte weiter.

Die Franzosen schienen keine so lange Leitung wie die Deutschen zu haben und begannen schon bald, ihr ehemaliges Fort zu beschießen. Eine vom Dorf kommende Patrouille wurde von den 24ern abgewiesen. In der Nacht verloren die 24er 30 Mann während der Wache auf der Wallkrone. Alles schimpfte auf die Artillerie, dabei hatte sie nicht »zu kurz«, sondern korrekt nach Zeitplan und Karte geschossen.

17

Die magische Anziehungskraft des Forts Douaumont wirkte auch auf Leutnant von Osteroth, den Führer der 10. Kompanie. Er hatte eigentlich an der Südspitze des Hassoulewaldes haltmachen sollen. Statt dessen sprang er mit zwei Offizieren gegen 17.55 Uhr durch eine Bresche an der Nordostspitze des Forts in den Graben.

Als er feststellte, daß das Fort schon von den Nachbarkompanien besetzt worden war, kehrte er pflichtbewußt um und sammelte die Versprengten, die sich außerhalb in den Trichtern versteckt hatten und keineswegs darauf erpicht waren, in das Fort einzudringen. Auf diese Weise verstärkte sich die deutsche Besatzung allmählich.

Erster Exkurs:
Eine preußische Groteske

1

Vor jeder Offensive werden nicht nur Granaten und Verpflegungsrationen gestapelt, sondern auch Orden. Das Eiserne Kreuz, die klassische deutsche Kriegsauszeichnung, 1813 nach einem Entwurf Schinkels vom Preußenkönig Friedrich Wilhelm III. gestiftet, wurde in den vier Jahren des Ersten Weltkriegs über fünf Millionen mal verliehen.

Kronprinz Rupprecht von Bayern rügte bereits im ersten Kriegsjahr die Verleihungspraxis und stellte als Vorbild die Bestimmungen für bayerische Orden entgegen, deren Verleihung erst beim Kriegsministerium in München beantragt werden mußte, was allerdings den Nachteil hatte, daß die Auszuzeichnenden durch langes Warten verstimmt wurden (falls sie nicht inzwischen gefallen waren).

Mochte es beim Bayern umständlich zugehen, so gab sich der hessische Herzog, der im Generalsrang hinter der Front ohne Generalsbefugnisse residierte, um so großzügiger: noch vor der Schlacht von Verdun ließ er an seine Wache am Schloßeingang die Hessische Tapferkeitsmedaille verteilen. Immerhin stiftete er auch ein ernst zu nehmendes Abzeichen, das nur verwundete Frontsoldaten bekommen konnten, respektlos der »blutige Ludwig« genannt.

Das EK, das als die eigentliche Kriegsauszeichnung gedacht war, als Auszeichnung für »tapferes Verhalten vor dem Feind«, bekam nicht nur der Frontsoldat. Die Verleihungsbestimmungen wurden vielmehr so weitherzig ausgelegt, daß auch die Angehörigen höherer, also hinten stationierter Stäbe, Bahnhofskommandanten, Zahlmeister, Korpsveterinäre und Mitglieder der Militärverwaltung, kurzum die Etappensoldaten, die von der Front im allgemeinen nur das Donnergrollen mitbekamen, sich mit dem höchsten Ehrenzeichen brüsten konnten. Selbst in der Heimat gab es ein »EK«, nämlich das »Eiserne Kreuz zweiter Klasse am schwarzen, weiß eingefaßten Bande«, das sogenannte »Schieberkreuz«, mit dem sich Mostrichfabrikanten, Stammtischpolitiker und Verlagsdirektoren schmücken konnten. Sogar nach dem Krieg ging die Ordensflut weiter; von November 1918 bis Mai 1924 gab es 550 000 mal das EK II und 196 000 Mal das EK I, so daß die Bemerkung eines Generalstäblers, die Ausbreitung des Eisernen Kreuzes habe eine Beschleunigung erhalten, die an »galoppierende Schwindsucht« gemahne, eine gewisse Berechtigung hatte.

Kein Wunder, daß der »Mann aus dem Graben«, der erst mehrere Einsätze bei Großkämpfen glücklich überstehen mußte, um überhaupt zu seinem EK II zu gelangen, diese inflationäre Entwicklung mit Verachtung quittierte.

Die Flut der Ordensauszeichnungen, die das EK II auf die Stufe eines »Kriegserinnerungszeichens« (Stürgkh) herabdrückte, hatte ihre Ursache nicht zuletzt in der Person des Kaisers selbst, der Orden sehr hoch einschätzte und niemals in der Öffentlichkeit auftrat, »ohne die Brust mit Sternen bedeckt« zu haben. Stürgkh notierte, daß der deutsche Kaiser über jeden ihm von den verbündeten Potentaten verliehenen Orden ein »fast kindlich zu bezeichnendes Vergnügen« empfand. Unter den Stabsoffizieren kursierte der Witz, daß man sich nur durch Selbstmord vor einem EK II schützen könne.

2

Ein Beispiel dafür, wie unterschiedslos der Ordenssegen über »Gerechte und Ungerechte« erging, ist die »Affäre Douaumont«. Es war klar, daß der Fall des Forts, das als mächtigster Eckpfeiler der Befestigungsgalerie um Verdun galt, auch die entsprechende Würdigung nach sich ziehen mußte. Der Öffentlichkeit blieb dabei verborgen, welchem Zufall die Heeresführung »eine der schönsten Waffentaten des Krieges« verdankte.

Als 1914 das Sperrfort Camp des Romains bei St.-Mihiel gestürmt werden sollte, war den Kompanieführern vorher immerhin eine Denkschrift übergeben worden, in der kurz und knapp alles Wichtige über »Lage, Armierung, Verteidigungsfähigkeit und Angriffsverhältnisse des Forts« stand. Die Brandenburger dagegen wußten so gut wie nichts über den Douaumont. Da die Angelegenheit jedoch gut ausgegangen war, konnten Kaiser und Generalität nunmehr ungeniert feiern, was ihnen unverdient in den Schoß gefallen war.

Was bei einem Mißerfolg vermutlich als »Befehlsverletzung« bestraft worden wäre, wurde nun als »angeborener« ungestümer »Vorwärtsdrang« der deutschen Infanterie dargestellt. »Einzelheiten über die Einnahme fehlen noch«, teilte der Kriegsberichterstatter der *Frankfurter Zeitung* am 26. Februar 1916 seinen Lesern mit. Trotzdem war es für ihn selbstverständlich, »aus der Größe und Schnelligkeit dieses Erfolges, der die voraufgegangenen krönte, die absolute Sicherheit der Sturmdisziplin« zu folgern und das »unvergleichliche Zusammenarbeiten aller Armeeteile, das peinlich genaue Vorausdenken der Heeresleitung« zu rühmen. Es war eine Parodie auf die Realität. Als die Auslandspresse die »Heldentat« der Brandenburger als Glücksfall bagatellisierte und auf die Räumungsabsichten der Franzosen hinwies, ließ die *Frankfurter Zeitung* am 1. März einen weiteren Bericht folgen, in dem von einer »tausendköpfigen« Zahl an Verteidigern des Forts die Rede war (die sich allerdings vor dem demoralisierenden Feuer der deutschen Artillerie in das Innere zurückgezogen hätten). Peinlich wurde die Einnahme des Douaumont für das Kaiserhaus und Große Hauptquartier auf ganz andere Weise.

Orden gab es nämlich keineswegs für alle Angehörigen der Kompanien, die – wie gerne gesagt wurde – »mit altpreußischer Wucht« am Sturm beteiligt gewesen waren. Zwar gelangten zwei Wochen später ein paar Kochgeschirre voll Eiserner Kreuze in den Douaumont, die unter den »Erstürmern« verteilt werden sollten, doch erhielten nur die Angehörigen der Kompanien von Haupt und Brandis (einschließlich aller Schuster, Bäcker und Schreibstubenhilfen) den Orden, weshalb es noch am selben Tag fast zu einer Schlägerei unter den Beteiligten kam, die nur durch die ständige feindliche Bedrohung abgebogen wurde. Die 6. Kompanie, die neben der 7. Kompanie den Hauptanteil am Erfolg hatte und zu der ja auch Radtke gehörte, ging leer aus, und auch die Pioniere wurden vergessen. Ursache dieser »Vergeßlichkeit« war vor allem die Tatsache, daß inzwischen alle

Offiziere der 6. Kompanie, auch Radtke, tot oder verwundet waren und keine Ansprüche anmelden konnten.

3

Es war nur selbstverständlich, daß dem Offizier, unter dem der Angriff erfolgte, der höchste Orden an den Hals gehängt wurde, den der Kaiser für solche Zwecke bereithielt, der »Pour le mérite« (eine exklusive Auszeichnung, die für Mannschaften und Unteroffiziersgrade nicht in Frage kam; der »Gemeine« erhielt für ähnliche Verdienste das später geschaffene Goldene Militärkreuz, das übrigens zum erstenmal am 15. Oktober 1916 einem gewissen Vizefeldwebel Dülz vom Infanterieregiment 68 verliehen wurde).

Seltsamerweise war es der Oberleutnant Cordt von Brandis, dem man schon zwei Tage nach dem 25. Februar durch einen Boten den Pour le mérite überbringen ließ. Dabei hatte er ja nicht etwa den Douaumont als erster gestürmt, sondern lediglich die Erstürmung telefonisch nach hinten gemeldet und sich dann nur in das bereits gestürmte Fort begeben. Acht Tage später folgte der gleiche Orden, überbracht durch einen »Küchenbullen«, für Hauptmann Haupt. Aus irgendwelchen Gründen mußte sich bei der höheren Führung die Vorstellung durchgesetzt haben, daß die beiden Offiziere das Fort »gemeinsam« gestürmt hätten, und diese Vision wurde später auch in einem Film der UFA in Szene gesetzt, wo sich die beiden auf offener Szene umarmen. Dies war nun schon grober propagandistischer Schwindel. Als Brandis fast eine Stunde nach Haupt ins Fort kam, wimmelte es dort bereits von deutschen Soldaten, so daß der Anlaß zum gemeinsamen Glückstaumel längst vorbei war.

Um der Wahrheit willen muß jedoch gesagt werden, daß Brandis, der den Pour le mérite als geschätzter Kompanieführer eines renommierten Regiments wohl ohnehin eines Tages erhalten hätte, sich das Verdienst, Erstersturmer zu sein, nicht angemaßt hatte, sondern in die Heldenrolle nur hineinschlidderte. Aus dem Irrtum, der den dienstlichen Stellen bei der Weiterleitung der Vorgänge unterlief, wurde erst Schwindel, weil die Heeresführung sich nicht zu dem Eingeständnis bereit fand, für ein Telefongespräch den höchsten Militärorden verliehen zu haben. Nun aber, da alles seinen gleichsam amtlichen Verlauf nahm, sah auch Brandis, der sich inzwischen fleißig Arm in Arm mit Haupt ordensgeschmückt fotografieren ließ, keinen Grund zu einer Berichtigung – »Wer die Braut kriegt, führt sie auch heim«, kommentierte er ruppig. Im übrigen sei für ihn »die Willensentscheidung von S. M.« ausschlaggebend.

Auch in seinen bereits ein Jahr später – also noch während des Krieges – unter dem Titel *Die Stürmer des Douaumont* veröffentlichten Kriegserlebnissen bezeichnete sich Brandis nicht als »ersten«, stellte jedoch seine Rolle bei der Erstürmung mit einer solchen Anschaulichkeit und Ausführlichkeit dar, als ob es neben ihm – gleichsam als Regisseur des Ganzen – kaum andere gegeben hätte. Von der »Parole Douaumont«, mit der er angeblich den Wettlauf eingeleitet hatte, konnte in Wirklichkeit keine Rede sein, da mit diesem Satz nur, wie bei Vorwärtsbewegungen üblich, eine Groborientierung über die einzuschlagende Richtung gegeben worden war, nicht etwa die Aufforderung zur Eroberung des Forts.

So ging das Ereignis als das Bravourstückchen von Brandis' in die Geschichte ein, obwohl noch im Mai 1916 der Bataillonskommandeur Kurt von Klüfer, den Brandis einen »Blindgänger« zu nennen pflegte, Protest einlegte. Nachdem sein Gefechtsbericht nicht zur Kenntnis genommen worden war, ging Klüfer sogar so weit, ein ehrengerichtliches Verfahren gegen sich selbst zu beantragen, um eine Untersuchung der Vorgänge durch den Gerichtsoffizier zu erzwingen. Er setzte allerdings doch noch vorher seinen Vorgesetzten, den Kommandeur des III. Korps, General von Lochow, von seinen Absichten brieflich in Kenntnis, der nun wiederum, wie zu erwarten, nichts Eiligeres zu tun hatte, als Klüfer Korpsgeist anzuempfehlen und damit die Rücknahme seiner Beschwerde – eine Entscheidung von S. M. könne doch nicht rückgängig gemacht werden, es gelte, das Ansehen des Offizierskorps zu wahren, und außerdem sei »Krieg!«

Klüfer zog daraufhin seinen Einspruch zurück, wurde aber dennoch zur Heimatgarnison nach Neuruppin in Marsch gesetzt, was einer Strafversetzung gleichkam. In welchem Maß die ganze

Affäre inzwischen zu einem Tabu geworden war, mußte auch Bernhard Lehmann erfahren, der sich im Lazarett, wo er eine Gasvergiftung kurierte, als Querulant verschrien sah, als er die Abbildung des ordensgeschmückten Stabs der 8. Kompanie in einer Illustrierten als Schwindel bezeichnete.

Der eroberte Douaumont, dessen Erstürmung bei genauerem Hinsehen wenig Heroisches hatte, wurde im Laufe des Krieges zum Ersatz für das nicht eroberte Verdun, ein »Symbol des Ringens um Verdun«, ein »Fanal deutschen Heldentums« (Hindenburg), und jede Korrektur der Legende war im höchsten Maße unerwünscht.

Die Franzosen trauten in diesem Fall einmal den deutschen Veröffentlichungen und sprachen die Verdienste, ihr bestes Fort erobert zu haben, ebenfalls in erster Linie Brandis zu, wobei sich Philippe Pétain in seiner *Geschichte der Schlacht von Verdun* sogar auf den deutschen Kronprinzen als Quelle stützen konnte. General Passaga, ein ehemaliger Teilnehmer der Schlacht, erwähnte zudem Hauptmann Haupt, den er den »Spuren« Brandis' »folgen« ließ. Auch andere Schlachtenchronisten wie Péricard und Roquerol lobten Brandis' Kühnheit. Noch in dem *Geschichtlichen Illustrierten Führer*, den der Tourist heute im Douaumont oder im Fremdenverkehrsamt der Stadt erwerben kann, wird Brandis als der Kompanieführer vorgestellt, der den »kühnen Entschluß faßte, gegen das Fort vorzugehen«. Aus Bequemlichkeit folgten bis in unsere Tage die Touristenführer im Douaumont der gewissermaßen offiziellen Version. Wer will es ihnen verübeln, da es deutschen Brandis-Verehrern gelang, sogar eine Todesanzeige mit Porträt von Brandis' unter die Erinnerungsrequisiten im Fortmuseum zu pflanzen.

Den deutschen Militärhistorikern begann der Douaumont nach Kriegsende Kopfschmerzen zu bereiten, zumal sich die Angehörigen der Kompanien, die sich zu den »Douaumont-Geschädigten« rechneten, zu einer Frontsoldatenvereinigung »Sturm-Douaumont« zusammenschlossen und mit ihrer Meinung auch bei Regiments- und Kameradentreffen nicht zurückhielten. Sobald der »Telefonheld« Brandis, der mit seinen Erlebnissen nach dem Krieg regelrecht hausieren ging und sie auch in der *Grünen Post* abdrucken ließ, bei Vorträgen wie »Der Douaumont-

Stürmer Brandis« zum Thema kam, sah er sich durch Rufe wie »Du warst ja gar nicht dabei« gestört, so zum Beispiel 1921 im größten Berliner Saal »Clou«, wo es in Anwesenheit verschiedener preußischer Prinzen und ehemaliger Generäle zu tumultartigen Szenen kam, die ganz im Gegensatz zu anderen Treffen dieser Art standen, auf denen das »ewig lebendige« Erlebnis der Front oder die »echte, wahre Liebe« zum Frontkameraden gepflegt werden sollte. Radtke jedenfalls, in dem der Unruhestifter vermutet wurde, sah sich daraufhin aus der Liste der ehemaligen »24er« gestrichen.

Es zeugte nicht gerade von Fingerspitzengefühl, daß der Vorsitzende der Offiziersvereinigung des I. R. 24., Wilhelm von Müllmann, der im Kreise Gleichgesinnter gern von der »heldenmütigen Kraft der Beine« sprach, um Radtke dem Gelächter preiszugeben, ausgerechnet Brandis mit der Abfassung der Regimentsgeschichte beauftragte.

Obwohl die Herausgeber des Reichsarchivs, sämtlich ehemalige Angehörige des Generalstabs, den »höchst bedauerlichen Streit« am liebsten unter den Teppich gekehrt hätten, mußten sie in der amtlichen Schriftenreihe *Schlachten des Weltkriegs* 1926 schließlich den wirklichen Begebenheiten doch Rechnung tragen. So rangierten sie Radtke zwar vor Brandis ein als »ersten deutschen Offizier«, der den Sprung in den Graben des Forts wagte – jedenfalls »nach Berichten seiner Leute« – fügten jedoch hinzu, daß bei einem solchen Gedränge und Durcheinander es nicht möglich sei, mit unbedingter Sicherheit anzugeben, wer der erste, wer der zweite war – »eine unnötige Feststellung, da Heldentum in solcher Lage nicht nach Graden« zu messen sei. Kam Radtke so doch noch zu seiner Genugtuung, so Brandis zu einer Art Ersatz für den verlorenen ersten Rang, indem ihm das Verdienst zugeschrieben wurde, durch Flankendeckung zum glücklichen Ausgang des Sturms beigetragen zu haben, wobei wiederum unterschlagen wurde, daß Brandis, als er eine knappe Stunde später im Fort erschien, nur die Franzosen gefangengenommen hatte, die bereits vorher schon einmal gefangengenommen worden waren. Von der Fußnote im verbindlichen Geschichtswerk ließ sich die Volksmeinung über Brandis ohnehin nicht beeindrucken.

Immerhin, auch der abgedankte Kaiser und der Kronprinz sprachen Radtke nun in einem Schreiben, das zusammen mit einem farbigen Gemälde von S. M. verschickt wurde, ihre »volle Anerkennung« aus. Nachdem nun auch Radtke seinerseits 1934 seine Darstellung, »wie es wirklich war« (später sogar als Reclam-Bändchen), veröffentlichte, verschwand Brandis von der Bildfläche, so daß nun der umgekehrte Eindruck entstand – als ob Radtke das alleinige Verdienst an der Einnahme zukam. Auch bei ihm gab es Ungereimtheiten: Stand noch in der ersten Ausgabe der Satz, daß »Radtke als erster Deutscher« den »Sprung ins Ungewisse« wagte, so machte er bei der zweiten Auflage seiner »Erinnerungen« das Zugeständnis, im Graben unten dem Gefreiten Baak begegnet zu sein, der also zumindest gleichzeitig durch eine andere Bresche nach unten gesprungen sein mußte, immerhin konnte er sich damit herausreden, daß er als erster deutscher Offizier im Fortgraben gelandet und damit »die Verantwortung mit ihm hinuntergesprungen« war, auch wenn Baak (der am 13. 5. 1916 vor Verdun fiel) »gerade dazukam«.

Um diese Feinheiten kümmerte sich der Romanschriftsteller Franz Schauwecker in seinem »Geleitwort« nicht, er schloß sich der Heroisierung des Douaumontsturms an und erklärte Radtke zum Helden, »der den großen Augenblick seines Schicksals in den Nachmittagsstunden des 25. Februar 1916 erlebte und Manns genug war, sofort zuzupacken«. Diese Personalisierung der Weltgeschichte widersprach nur Schauweckers Appell, aus dieser ganzen Affäre die »preußische Lehre« zu ziehen, daß es »ohne Erwartung von Lohn und Dank« zu arbeiten gelte.

Die neuen Machthaber, die seit 1933 regierten und stets eine Vorliebe für den einfachen Mann in Feldgrau ohne Adelsprädikate zur Schau trugen, luden Radtke zum Hindenburg-Begräbnis ins gerade fertiggestellte neue Nationaldenkmal Tannenberg ein und ließen ihn auch 1941 an der Feier der Wehrmacht im Douaumont teilnehmen. Überdies wurde er, da eine militärische Auszeichnung nicht mehr möglich war, außerplanmäßig zum Reichsbahnrat befördert. Der Zeitgeist wirkte in die Interpretation des Handstreichs von damals hinein, wenn es in einer Rezension des Radtke-Buches hieß: »Es ist der Geist jahrhundertealter preußisch-deutscher Soldatenerziehung, keine Spur des von angekränkeltem

Zeitgeist und jüdischem Intellektualismus oft zu Unrecht verspotteten Kadavergehorsams, sondern instinktmäßig richtiges Erfassen des gegebenen Augenblicks.«

Obwohl Klüfer übel mitgespielt worden war, bewies er weiterhin mehr Korpsgeist als Zivilcourage, wenn er ab 1930 auf Tourneen durch ganz Deutschland mit seinen Lichtbildvorträgen auf Einladung der Reichswehr, der Maggiwerke, der Universität Köln und der NS-Gemeinschaft »Kraft durch Freude« über den Douaumont sprach.

1938 publizierte der Major a. D. und pensionierte Polizeioberst ein Buch, das als Schlußstrich unter der ganzen Auseinandersetzung gedacht war: *Seelenkräfte im Kampf um Douaumont*. Den üblich gewordenen Kotau vor dem »ehemals unbekannten Soldaten« des Weltkrieges und nunmehr neuen Kriegsherrn Adolf Hitler begleitete Klüfer mit der üblichen Abwertung der Weimarer Republik. Was Klüfer in den Jahren »deutscher Schmach und Unfreiheit« zusammengetragen hatte, klang wie die Trivialausgabe von Ernst Jüngers *Kampf als inneres Erlebnis*. Klüfer versuchte in seiner Rekonstruktion »aus dem Trichterschutt« nicht nur, auf die Minute genau den Ablauf der Ereignisse und die Reihenfolge der Douaumontstürmer vom 25. Februar festzustellen, sondern auch die Gefühle der beteiligten Offiziere, wobei er vom Ergebnis auf die Motivation schloß. So war die Einnahme des Forts dem »Vorwärtsdrang«, einer »zielklaren Entschlossenheitskurve« zuzuschreiben, zu der »die aus Blut und Boden gewachsenen, vom Christusglauben überstrahlten Seelenkräfte« beitrugen.

Wie geknickt in Wahrheit die psychische Gefechtslinie etwa Radtkes aussah, der – wie erst lange nach seinem Tod herauskam – notfalls die Gefangenschaft dem Heldentod vorgezogen hätte, davon wollte Klüfer nichts wissen, und von den vielen rat- und orientierungslosen »Drückebergern« nahm er erst recht keine Kenntnis.

Gleichzeitig sorgte Klüfer für die Verbreitung eines neuen Rätsels in der Gestalt des Pioniers Kunze, mit dem nun angeblich wirklich der erste Forteindringling gefunden sein sollte: Kunze war seinerzeit, so stand zu lesen, nachdem er durch eine andere Bresche in den Wallgraben und von dort angeblich mittels einer Soldatenpyramide in eine Grabenstreiche gelangt war, auf solch kuriose Weise von der Erfüllung seiner soldatischen Pflichten abgehalten worden, daß er erst 1934 seinen Erlebnisbericht beim Reichsarchiv in Potsdam ablieferte. Allein in den dunklen Korridoren des Forts, hatte er einen Franzosen nach dem anderen gefangengenommen, sogar die Bedienung des Panzerturms eingesperrt und sich dann zu einer Offizierskasematte führen lassen, wo er sich erst einmal an einem Korb mit frischen Eiern gütlich tat, nicht ohne zuvor einen Franzosen zum Probekosten aufzufordern, und war dann durch ausgiebigen Weingenuß für ein Weilchen ausgefallen. »Erst abgeklärte Ruhe erinnert sich dankbar einst vergessener Tat«, so beantwortete sich Klüfer die Frage, weshalb Kunze erst so spät seine Reklamation einreichte – niemand der Leute um Radtke, Müller, Sommer, Klingenberg hatten Kunze am 25. gesehen, niemandem hatte er selber von seinen Abenteuern berichtet – »die dichtbesetzte Stellung der Franzosen, die die 6. Kompanie als erstes Ziel ausräumte, hat er wohl als Pionier unterkrochen!« kommentierte Lehmann.

Die Legende vom Douaumontstürmer Brandis überlebte trotz allem auch den Zweiten Weltkrieg. Brandis, der sich zusammen mit dem mehrfachen Verdunautor P. C. Ettighofer auf Reisen in die Maasstadt zum Versöhnungsdeutschen stilisierte, trat im französischen Fernsehen anläßlich der 50-Jahres-Feier unter de Gaulle auf; Radtke dagegen sah sich von einer Mitwirkung an der Filmdokumentation ausgeschlossen. Als er, der Invalide im Rollstuhl, trotzdem zur Richtigstellung nach Paris anreiste, wurde er durch einen Vertreter der Deutschen Botschaft daran gehindert, eine Resolution zu verlesen. Ein Held im Rollstuhl entsprach wohl auch nicht Ernst Jüngers Vorstellungen vom Überleben – am 11. Juni 1968 verzeichnete er in seinem Tagebuch als Tischnachbarn auf der Hohenzollernburg bei Hechingen: »Brandis vom Douaumont«. Als Brandis 1972 starb, würdigte eine große deutsche Tageszeitung in ihm den Mann, der »mit seiner Kompanie das im Vorfeld von Verdun gelegene, seit Monaten heftig umkämpfte Fort Douaumont im Handstreich eroberte«. Der einzige Historiker, der nicht auf die Brandis-Legende hereinfiel (wenn er auch der Kunze-Fiktion glaubte), war der Engländer Alistair Horne; der französische Schriftsteller

Georges Blond ließ seinen Irrtum erst in der deutschen Taschenbuchausgabe korrigieren.

4

Ernsthafter war die Frage, ob nicht die deutsche Führung am 25. Februar die einmalige Gelegenheit verpaßt hatte, nach Verdun durchzubrechen, ja ob nicht bereits an dem für Frankreich »finsteren Abend« des 24. Februar »der Weg nach Verdun frei«, der »Sieg zum Greifen nah« gewesen war, wie später manche Deutsche und Franzosen meinten. Der deutsche Kronprinz schloß sich dieser Schützengrabenversion an, führte jedoch zur Entschuldigung an, es habe an Reserven gefehlt zur »sofortigen rücksichtslosen Ausbeutung des errungenen Erfolges«. Das Problem, wie man eine Situation ausnutzen sollte, von der man gar keine Ahnung hatte, ließ er offen. Auf jeden Fall ging damit der »Schwarze Peter« an die oberste Führung, an Erich von Falkenhayn weiter. Daß zur gleichen Zeit Teile des VII. Reservekorps (u. a. die 13. Reservedivision), nachdem sie ihre Aufgabe erfüllt hatten und überdies der sich hier zurückbiegende Maasbogen eine Frontverkürzung mit sich brachte, aus der Front ausschieden, ohne daß sie das AOK 5 sofort umdirigiert hätte, übersah der Möchtegernfeldherr. Erst 1926 widerlegte Ernst Kabisch, Generalstäbler a. D., die Legende vom »verpaßten Augenblick des Glücks«: Bereits am Abend des 24. Februar hatte General Herr neue Truppen auf das Kampffeld geworfen, französische Einheiten schanzten vor dem Dorf Douaumont, die Verteidigung stabilisierte sich. Und außerdem würde die Führung der 5. Armee, falls sie zu diesem Zeitpunkt über ein frisches Korps hätte verfügen können, dies ganz sicher nicht beim Fort Douaumont eingesetzt haben, da diese Gegend mit als schwerster Punkt der Verdunfront galt. Überdies hatte Knobelsdorf gar keinen Überblick, weder bei sich selbst, noch über die Verhältnisse bei den Franzosen, mochte dort auch alles »am seidenen Faden« hängen. Knobelsdorf und der Kronprinz wußten, daß sie frühestens nach den ersten Anfangserfolgen weitere Kräfte erwarten konnten. Aber auch die Frage nach den Reserven war unerheblich, denn als der große Anfangserfolg da war, blieb der

Angriff liegen, nicht vor dem berühmten Fort übrigens, sondern vor dem unscheinbaren Dorf Douaumont – »und damit war die Schlacht verloren.« Bereits am 26. Februar, am 6. Offensivtag, stellte sich Falkenhayns Ausblutungstheorie als Dilettantismus eines Schreibtischtechnokraten heraus: »Falls die Franzosen den ersten deutschen Ansturm eher als erwartet zum Stehen brächten, müßte das gewonnene Gelände zunächst nur gehalten und die Franzosen durch flankierendes Artilleriefeuer so in die Zange genommen werden, daß sie sich schließlich verbluten«. Daß hinter der überfüllten deutschen Front gar kein Platz für zusätzliche Armeekorps (die z. B. Lochow von Falkenhayn gefordert hatte) war, und erst das Freiwerden der Quartiere abgewartet werden mußte, gab der Kaisersohn nur nebenbei zu.

Hinzu kommt, daß Verdun, dessen strategische Bedeutung ohnehin gering war, im Februar 1916 noch nicht der politisch-militärische Mythos war, zu dem es später aufgebauscht wurde. Der Krieg wäre mit der Einnahme der Zitadelle von Verdun sicherlich nicht gewonnen gewesen, wie man den Soldaten mit den üblichen Tagesparolen suggerierte. Die Nacht vom 24./25. Februar 1916 war trotzdem ein »Wendepunkt«: Frankreich hatte sich entschlossen, die Herausforderung anzunehmen, in diesem Punkt hatte sich Falkenhayn nicht getäuscht.

5

Legenden gab es aber auch auf französischer Seite, wo man am Anfang den ziemlich unheroischen Verlust des Forts offenbar nur zu verschmerzen vermochte, indem man den Deutschen unrühmliche Machenschaften unterschob, nämlich einen Verstoß gegen die Haager Landkriegsordnung Artikel 23. Bis in unsere Zeit hinein gab es am Souvenirstand auf dem Douaumont eine Postkarte zu kaufen, auf der zu lesen war, daß die Deutschen sich französische Zuaven-Uniformen übergezogen hätten, um sich heimtückisch in die Festung zu schleichen.

Klüfer beeilte sich, in seinen Vorträgen, auf den »peinlichst ordentlichen und vorschriftsmäßig feldmarschmäßigen Sturmanzug« der Kompanien hinzuweisen. Ausgerechnet jenen Männern mit dem Wahlspruch »Hie gut Brandenburg allewege!« einen Betrug zu unterstellen! Auch verübelten die französischen Chronisten den Deutschen die Behauptung, von einem auf dem Kirchturm des Dorfes Douaumont postierten Maschinengewehr beschossen worden zu sein.

1966 gab Brandis – oder verwechselte er wiederum Wirklichkeit und Legende? – zu, einer seiner Leute, ein dummer Kerl, habe sich aus Spaß ein Zuavenkäppi – ausgerechnet von den »verlausten Zuaven«! – aufgesetzt, als sie französische Gefangene machten (als ob die Deutschen nicht selber verlaust waren). Ein anderer Irrtum der Verteidiger vor dem Fort scheint glaubwürdiger: Für die Franzosen von damals war das Erscheinungsbild des deutschen Soldaten mit dem Boche unter der Pickelhaube verbunden, kein Wunder also, daß manche der Verteidiger geglaubt haben mögen, die flachen französischen Helme vor sich zu haben, als die Angreifer ohne Helmspitzen aus dem Schneesturm auftauchten.

6

Vor dem Hintergrund der späteren blutigen Opfer nimmt sich die Frage, wer nun eigentlich der erste im Douaumont gewesen sei – Brandis, der einfach nur zu spät kam, oder Radtke, der nach eigenen Worten sogar unten im Graben einem anderen Deutschen begegnete, oder Kunze, der zwanzig Jahre lang an einer Gedächtnislücke litt –, peinlich, wenn nicht wie der Streit um des Kaisers Bart aus. Treffend nannte ein Douaumontbeteiligter selbst einmal die Affäre »eine preußische Groteske«. Erst im späteren Verlauf der Schlacht erhielt der Douaumont seine berüchtigten Beinamen wie Sargdeckel, Golgathahügel, Totenschädel.

Nur schwerlich vermochten die Angreifer vom Februar in dem zerstampften und verschütteten Betonklotz, der sich kaum mehr von der umgebenden Trichterlandschaft unterschied, das markante Angriffsziel von einst zu erkennen. Und doch läßt sich an der Affäre, deren Protagonisten einen so merkwürdigen kleinlichen Ehrgeiz an den Tag legten, ein bezeichnender Tatbestand ablesen, der nicht nur für das Infanterieregiment »Großherzog Friedrich

Franz II. von Mecklenburg-Schwerin« Nr. 24 Gültigkeit hatte; nämlich der tiefe Riß im kaiserlichen Heer von 1914, die gesellschaftliche Kluft zwischen den aktiven Berufsoffizieren von Adel, für die der Krieg nur eine andere Spielart ihrer sportlich-schneidigen Soldatenexistenz bedeutete, und den aus den Bürgerberufen heraus zu den Fahnen berufenen Reservisten, die, wenn sie zudem auch noch eine Nickelbrille trugen, wie Radtke, so keineswegs dem Urbild des sogenannten echten deutschen Frontkämpfers entsprachen.

Für die Front hatte dieser Kastengeist üble Folgen, da es zu Fällen kommen konnte, in denen ein adligerArtilleriekommandeur beim Divisionsstab von einem Telefonanruf eines verzweifelten Bataillonskommandeurs der Infanterie keine Kenntnis nehmen wollte und ihn auf den Dienstweg, d. h. die Zwischenstation beim Regiment, verwies, ein Beispiel für die deutsche Befehlsbürokratie und für die Vorstellung der Gardejunker von der »Gesellschaftsfähigkeit« eines Bürgerlichen. Die Wahrheit war, wie Major Reimann vom Reichsarchiv gegenüber Radtke durchblicken ließ, daß er nicht »zum Gestüt« gehörte.

Für den kleinen Musketier Bernhard Lehmann, der selbst an der Front alles miterlebt hatte, brach damals eine Welt zusammen, sein Glaube an die Soldatenehre der Offiziere, an die Gerechtigkeit einer Welt, die unter einem gemeinsamen Schicksal zu stehen schien.

Als er nach der Sommeschlacht endlich sein EK II bekam, schickte Lehmann es gleich seinem Vater, der »1870-Kämpfer« war: »Du wirst Dich vielleicht freuen, ich möchte aber weinen, wenn ich es sehe, es hängt zuviel schreckliches Erleben daran!«

8 Pétain
(25.–28. Februar 1916)

1

Am 25. Februar war der Kaiser in aufgeräumter Stimmung mit einem kleinen Gefolge nach Stenay gefahren, wo er unmittelbar im Operationszimmer der 5. Armee den Eingang der telefonischen Meldungen von der Front verfolgte und Generalleutnant von Knobelsdorf bei der Auswertung und Befehlserteilung beobachten konnte. Bei Damvillers hatte er sogar die Zone, in die die feindliche Artillerie hinreichte, passiert. Da er trotz aller Höflichkeiten schließlich doch das Gefühl nicht los wurde, überflüssig zu sein, kehrte er bald in seine Villa Belleaire außerhalb der Stadt Charleville zurück. So entging ihm die Überraschung, die die Einnahme des Forts Douaumont in Stenay auslöste, und er erfuhr erst beim Abendessen, das er wie immer mit seinen Kabinettchefs zusammen einnahm, durch einen Telefonanruf des Kronprinzen von der Sensation. Natürlich kam nun bei Tisch nicht mehr die Rede auf so brennende Probleme wie die Fortführung des U-Boot-Kriegs und andere strategische Fragen. Nach dem Essen zog sich Wilhelm II. zufrieden in sein bombensicher abgedecktes Schlafzimmer zurück.

2

Pétain war erst morgens um 8 Uhr in Chantilly eingetroffen. Joffre empfing ihn »frisch und ausgeruht«. Er gab sich optimistisch, während die Offiziere im Großen Hauptquartier aufgeregt davon sprachen, General Herr wegen der Überraschung bei Verdun erschießen zu lassen. Danach fuhr Pétain mit drei Offizieren über Châlons zuerst nach Dugny, dem Hauptquartier von General de Langle, dem er unterstellt war.

Für den letzten Teil der Strecke von 50 km benötigten sie nahezu vier Stunden. Schneeverwehungen blockierten die Straße, langsame Lastwagenkolonnen zwangen sie, streckenweise im Schritt zu fahren. Zugpferde stürzten auf der spiegelglatten Fahrbahn. Castelnau und auch General Herr waren in Dugny anwesend. Deprimiert gab Herr zu, den Truppen in der Woëvre-Ebene den schriftlichen Befehl zum Rückzug gegeben zu haben. De Langle deckte ihn, die Initiative sei von ihm selbst ausgegangen.

Zu ihrer Überraschung begrüßte Pétain die Evakuierungsmaßnahmen – die Verteidigung der Front in der Ebene hätte beträchtliche Kräfte verbraucht, die woanders nützlicher seien. Castelnau drängte Pétain zur Weiterfahrt, obwohl der neugebackene Armeechef erst am nächsten Tag sein Amt übernehmen wollte, wenn sein ganzer Stab eingetroffen war. Um 11 Uhr nachts fuhr das Auto in Souilly ein, einer kleinen Ortschaft an der Chaussee von Bar-le-Duc nach Verdun. Noch am Abend telefonierte Pétain mit den Korpskommandeuren an der Front, sprach ihnen sein Vertrauen aus. Am 26. Februar zog er ins Bürgermeisteramt, wo sein Stab das Armeekommando einrichtete – Schreibstube, Telefonzentrale und eine Karte.

Dann befahl Pétain Gegenangriffe; verlorenes Terrain sollte von jetzt an auf der Stelle zurückerobert, der Feind durch pausenlose Gegenaktionen beunruhigt werden. Neue Armeekorps trafen ein, vor allem jedoch Artilleriebatterien, das wichtigste für Pétain. Die Schreckensnachricht, daß der Douaumont gefallen sei, ließ nicht lange auf sich warten. Trotz allem blieb Pétain ebenso wie Castelnau optimistisch: Die Front würde halten, »wenn es uns gelingt, zwei, drei Tage zu gewinnen«.

Diesen Aufschub sollte ihnen das neben dem Fort liegende Dorf Douaumont verschaffen, das die Deutschen bislang nicht genommen hatten. Zwischen Maas und Woëvre-Ebene war es nur dieses einzige Widerstandsnest, das die Deutschen aufhielt. Das Dorf verteidigte nun eine Elitetruppe, Pétains früheres 33. Infanterieregiment. Ein Armeebefehl sprach den Verteidigern Mut zu: »Der eiserne Wille (der Deutschen) wird sich an unserer Standfestigkeit brechen wie in Lothringen, in der Picardie, im Artois, an der Yser und in der Champagne. Schließlich werden wir sie bezwingen, und das Scheitern dieser verzweifelten Kräfteanspannung wird der Auftakt ihres Zusammenbruchs sein. Ganz Frankreich blickt auf Euch, nochmals erwartet es, daß jeder seine Pflicht bis zum Letzten tut. Der kommandierende General der 2. Armee: Pétain.«

3

Pétain war nicht der Mann der *»attaque à outrance«*. Er hatte vielmehr die Wirkung der modernen Waffensysteme, des Maschinengewehrs, der Mörser und Handfeuerwaffen studiert und war dabei zu ähnlichen Ergebnissen gekommen wie Falkenhayn, ohne freilich über dessen Machtbefugnisse gebieten zu können. Am 29. Juni 1915 hatte er seine Gedanken über die Kriegsführung in einer Denkschrift zusammengefaßt und das bisherige Verfahren der Offensive, der Suche nach der Entscheidungsschlacht, scharf kritisiert: »Der jetzige Krieg hat die Form eines Abnutzungskrieges angenommen«, meinte Pétain, also sei es das beste, zum »methodischen« Verschleiß des Gegners – zur *»bataille d'usure«* – überzugehen. Die Partei würde »schließlich den Endsieg davontragen, die den letzten Mann besitzt«.

Da sich die Militärs von Joffre herunter bis zum einfachen Brigadegeneral zu diesem Zeitpunkt mehr für die Strategie des Durchbruchs um jeden Preis interessierten, war dies eine sehr kühne These. Einen langen Krieg wollte niemand: Der heilige Boden des Vaterlandes mußte befreit werden, und zwar sofort!

Im Gegensatz zu einigen anderen Generälen, denen der Ruf als »Schlächter« vorauseilte (wie zum Beispiel Mangin), galt Pétain als ein Vorgesetzter, der seine Untergebenen schonte und sie nicht sinnlos um irgendwelcher imaginären Ziele willen opferte. Er war deshalb so etwas wie eine kollektive Vaterfigur; seine unbestreitbare Autorität war von einer Art, wie sie nicht durch den Dienstrang zustande kam.

Philippe Pétain hatte eine selbst für Kriegszeiten ungewöhnliche Karriere hinter sich. Zu Beginn des Krieges war er noch ein unbekannter Oberst, nur vier Jahre jünger als der 62jährige Oberbefehlshaber Joffre. 7 Jahre war er Leutnant gewesen, 10 Jahre Hauptmann. Viele sahen in dieser schleppenden Karriere den Beweis dafür, daß Pétain als Instrukteur und Ausbilder unpopuläre Ansichten vertreten hatte. Denn obwohl er Infanterietaktik lehrte, hatte er der Artillerie sein Hauptaugenmerk geschenkt. Statt von rasanten Bajonettangriffen zu schwärmen, verlangte er eine gründliche Artillerievorbereitung beim Angriff. »Pétain wendet die Methode Pétain an. Immer und überall sich vor jeder Aktion einrichten. Die Linien werden gestaffelt, und das Terrain wird bearbeitet. Noch bevor der Schützengrabenkrieg beginnt, läßt Pétain Schützengräben ausheben, er zieht Stacheldrahtzäune, postiert Maschinengewehre. Und die Aktion beginnt immer mit der Artillerie: Vorbereitung vor dem Angriff, Sperrfeuer in der Zwischenzeit.« (Georges Blond)

»Jede Offensive wird von Pétain durch schwerstes Artilleriefeuer gründlich vorbereitet«, kommentierte ein Beobachter später. Jede Verteidigung auch, muß man hinzufügen: »Pétain praktiziert genau das, was man später ›amerikanische Kriegsführung‹ nennt« – den Einsatz des Materials!

4

Die 3. Kompanie der 80er, zu der Ernst Weckerling gehörte, lag am 26. Februar in alten französischen Stellungen in der Nähe der Anglemont-Ferme vor dem Caureswald. Von fern her kam Kampflärm. Sie wußten nicht, ob nun um Louvemont oder um Beaumont gekämpft wurde. Ein paar tausend Meter vor ihnen kamen Franzosen gleich truppweise in brandneuen, hellblau leuchtenden Uniformen die Hänge des Talourückens herunter und gruben sich ein. Weckerling wunderte sich, daß sein Kompanieführer nicht den Befehl gab, auf sie zu schießen.

Hinter ihnen lag ein französischer Schwerverwundeter, der schon die ganze Nacht gejammert und sie in ihrem leichten Schlaf gestört hatte, so daß schon einige wütend rieten, ihm doch den »Gnadenschuß« zu geben. Niemand ging zu ihm, um ihm zu helfen, falls ihm überhaupt geholfen werden konnte.

Morgens kam Post. Ein Unteroffizier stand im Schneeregen und versuchte, die zerlaufene Schrift auf den Briefen und Päckchen im Postsack zu entziffern, als der Kompanieführer einen Befehl bekam und sie alarmierte: »Abmarsch! Richtung Pfefferrücken. Unsere Kameraden verbluten sich da.«

Die Post hätten alle noch gerne abgewartet, aber ihr Kompaniechef wurde ungeduldig: »Schmeißt den ganzen Dreck in die Gräben – Los! – Ohne Tritt marsch!«

Sie überquerten die Chaussee, die nach Vacherauville führte und von schweren Troßfahrzeugen befahren wurde. Auf der Straße lag ein halbes Dutzend toter Franzosen, Kolonialtruppen, mit abgefahrenen und zerschmetterten Gliedern.

Wie immer war es gar nicht so eilig gewesen. Wieder mußten sie warten und setzten sich in einen verlassenen französischen Graben. Keiner wußte, wo sie waren – zur Linken rauchte es gewaltig, wahrscheinlich das brennende Louvemont, halbrechts lag ihnen gegenüber der Pfefferrücken. Da sie in guter Deckung saßen, konnten sie sich unbesorgt Kaffee machen. In der Nähe lagen verwundete Marokkaner. Vielleicht war es eine Art Wiedergutmachung, als sie einem jungen Kolonialsoldaten, der mit einem aufgerissenen Bein dalag, erlaubten, an das Feuer heranzurücken, um sich zu wärmen. Allerdings zeigte sich der Franzose gar nicht dankbar, versuchte sich heimlich ein herumliegendes Gewehr zu angeln, was rechtzeitig mit einem kurzen Kolbenstoß verhindert wurde.

Zwischen zwei Kompanien eines fremden Bataillons eingeschwärmt, verbrachten sie die ganze Nacht vor dem Pfefferrükken. Ein Gegenangriff der Franzosen, mit Schnellfeuer beantwortet, war wie ein Spuk vorbei. Danach wurde die auf 50 Mann reduzierte Kompanie, die nicht einmal wußte, wo ihr Regiment war, wieder aus der vordersten Linie herausgezogen und bekam den Auftrag, die Gefallenen, die hinter der Front lagen, zu sammeln und zu begraben. Ihr Führer, ein Offiziersstellvertreter, der den Hereroaufstand mitgemacht hatte und seltsamerweise alle mit »Knechte« anredete, ließ sie das Gebiet in Schützenlinie durchkämmen und die Toten zum Ende der Louvemontschlucht bringen.

Die Gliedmaßen der Toten waren schon steif und die Leichen daher schwer zu tragen. Wie sie der Tod ereilt hatte, lagen sie in den verschiedensten Stellungen am Boden, auf der Seite – in der »Schlafstellung« – zusammengekrümmt, viele mit Kopfschüssen vornüber gesunken, das Gesicht auf dem Boden, oft noch das Gewehr im Anschlag, einer hatte noch wie im Laufen die Hand ausgestreckt, wohl um den Sturz abzufangen. Manche hatten sich auf den Rücken gewälzt, ihre fahlgelben Gesichter waren verzerrt, sie waren offenbar nicht gleich tot gewesen. In den offenen Mündern lag Schnee. Die meisten der Gefallenen waren an Splitterwirkung gestorben.

Nach zwei Jahren Krieg waren die Soldaten so »abgebrüht«, daß sie kein Grauen empfanden, den Toten die Erkennungsmarken abzubrechen, die oft verklebt und schwer am Körper aufzufinden waren. Am Ende der Louvemontschlucht hoben sie eine Grube aus – mit den Abmessungen einer großen Kartoffelmiete – und warfen die Toten der Reihe nach hinein, Deutsche und Franzosen. Auf das provisorische Holzkreuz kam ein Pappschild mit der Aufschrift: »Hier ruhen 42 tapfere Krieger.« Die Erkennungsmarken kamen in einen Sack, nur die Papiere eines toten Offiziers nahm der Kompanieführer an sich, um den Vater, einen Reichstagsabgeordneten aus Frankfurt, persönlich zu benachrichtigen.

Der Aufenthalt in der Louvemontschlucht brachte auch Annehmlichkeiten. An einem Feldweg entdeckte Weckerling in einem zusammengedrückten Bunker bei einer aufgegebenen französischen Artilleriestellung ein Verpflegungslager. Nachdem er mehrmals Schokolade, Kaffee und die begehrten dreieckigen Schinkenbüchsen angebracht hatte, schlichen ihm ein paar Kompaniekameraden nach, um die Fundstelle herauszubekommen, und plünderten den Bunker endgültig.

Ein Regimentsbefehl dirigierte den Torso der 3. Kompanie zur Chambrettes-Ferme, die mit ihrer freien und gut sichtbaren Lage an der »Kegelbahn« eine Art Treffpunkt und Orientierungsmöglichkeit darstellte. Im zerschossenen Fosseswald hingen noch in den Wipfeln der Bäume hoch oben Leichen, die die Granaten bis hierhin geschleudert hatten. Sie waren nackt und hatten höchstens noch Stiefel an, durch die Druckwelle der Explosion war ihnen die Uniform regelrecht weggeblasen worden. »Da ist wieder einer aus dem Anzug gestoßen worden«, hieß die Redensart für diesen nicht üblichen Anblick.

In der Nähe der Ferme, deren Wohnhaus, Ställe und Scheunen inzwischen eingeschossen waren, lagen rechts und links der Straße nach Louvemont Massen von Truppen, die auf neue Befehle warteten. In die Keller waren Stäbe und Ärzte eingezogen, auf den Kellertreppen warteten die Verletzten mit frischen Verbänden auf den Rücktransport, Schwerverwundete lagen auf ihren Zeltplanen apathisch unter freiem Himmel im Dreck. Zwischen den Reihen gingen Sanitäter herum und sortierten die Verwundeten nach dem Dringlichkeitsgrad ihrer Verletzungen aus.

5

Geschlafen hatte so gut wie keiner in der ersten Nacht »auf dem Douaumont«. »Wir sind noch so aufgeregt und überanstrengt«, kritzelte Leutnant Klingenberg in sein Kriegstagebuch, »daß wir kaum vermögen, die Augen zu schließen.« Schließlich waren sie doch eingenickt, bis sie morgens um halb sieben durch lautes Hinundherlaufen aufgeschreckt wurden. »Alarm! Alles raus!« In den unterirdischen Gängen hörte sich das Gebrüll schaurig an. Draußen angelangt, stellte sich das Ganze als Fehlalarm heraus. Vor dem Drahtverhau am Fort standen ungefähr zwanzig Franzosen, um sich zu ergeben. Der Posten hatte an einen Angriff geglaubt.

Lehmann hatte, wie er jetzt erst sah, neben einem großen Stapel französischer Granaten übernachtet, die in Massen in den Gängen lagen. Wer nicht als Posten abkommandiert war, sonnte sich oder schaute sich das Fort an. Ein paar Offiziere ließen sich am halb eingeschossenen Kehleingang des Forts fotografieren, wo von dem Namen des Forts nur noch das »mont« geblieben war.

Von der Wallkrone öffnete sich der Blick über das Schlachtfeld der kommenden Tage: Rechts kleinere Betonwerke, vor ihnen Caillette- und Chapitrewald, dazwischen freie Ackerflächen, abgeschlossen durch ein Dörfchen mit einem noch gut erhaltenen Kirchturm – Fleury. Ganz links, auf dem Plateau gegenüber ein weiteres Fort – Vaux.

Von deutschen Reservetruppen war nirgends etwas zu sehen. Statt dessen sah die Besatzung vom Südwall aus französische Truppen. In großen Kolonnen strömten sie aus der Richtung Fleury und Souville heran, sogar auf Lastwagen wurde Infanterie herangefahren, dazu Feldartillerie. Das alles geschah wie beim Manöver, in völliger Ungestörtheit. Die eigene Artillerie schwieg. Sie hatte keinen einzigen Beobachter mit einem Telefon nach vorne geschickt. War sie beim Stellungswechsel? Wußte sie noch immer nichts von der Erstürmung des Forts?

Um 11 Uhr war es mit der Ruhe vorbei. Die Beschießung durch die Franzosen wurde so heftig, daß alle Infanteristen bis auf die Posten ins Fort zurück mußten. Die dünnen Mauern der nach draußen zum Hof liegenden Kasematten hielten dem Granatbeschuß nicht stand und stürzten ein. Alle sechs Minuten wurden die beiden Posten auf der Wallkrone abgelöst, falls sie nicht vorher verwundet wurden und um Hilfe schrien. Der Zug der 6. Kompanie, zu dem Bernhard Lehmann gehörte, stand in einer Durchfahrt in Deckung, der Feldwebel mit der Uhr in der Hand, denn niemand wollte auch nur eine Sekunde länger draußen sein als befohlen. Lehmann meldete sich freiwillig, nicht aus Mut, sondern weil er das Warten als quälender empfand und nicht mit ansehen wollte, wie alle aus Angst zitterten, die als nächste »dran« waren.

Um 17 Uhr kamen die Franzosen. Das II. Bataillon besetzte die Wallkrone, während Klüfer unten im Hof stand und beschwörend hinaufrief, vorsichtig zu schießen und Munition zu sparen. Hinter sich hörte Lehmann die Schrapnellkugeln an die Betonwände klatschen. In kürzester Zeit hatten die Überreste der 6. Kompanie sieben Ausfälle. Auch Radtke wurde schwer verwundet. Mit einem Granatsplitter im Rücken wurde er in die feuchtkalten Kasematten gebracht. Schließlich holte Kompaniechef Müller die ganze 6. Kompanie ins Fort, da sie auf der Seite nach links ziemlich nutzlos stand und nur unnötige Verluste hatte.

Lehmann nutzte die Gelegenheit, um in den Verbandsplatz hinunterzugehen. Erst jetzt hatte er bemerkt, daß er am Tag davor doch etwas »abbekommen« hatte, der Fuß schmerzte, in seinem Stiefel war am Hacken ein Loch. Der Arzt wollte ihm eine Bescheinigung ausstellen, einen Zettel, den jeder Verwundete bekam, um nach hinten gehen zu dürfen. Lehmann konnte allerdings jetzt, wo der Verband um den Fuß lag, kaum noch gehen. Es erschien ihm sicherer, im Fort zu bleiben, als mitten im Feuer an der steilen Böschungsmauer an Stricken hochgezogen zu werden und dann durch das Feuer der Artillerie nach hinten zu hinken.

6

Gleich am Morgen nach dem Fall des Douaumont machte Falkenhayn einen Besuch beim Oberkommando der 5. Armee. Der Kronprinz und Knobelsdorf befanden sich in Hochstimmung. Nach dem überraschenden Erfolg im Bereich des III. Armeekorps hielt es Knobelsdorf für angebracht, den Führer des deutschen Heeres um Verstärkung zu bitten. Doch Falkenhayn lehnte ab: Die bisherigen Truppen müßten seiner Meinung nach ausreichen, um den »Rest« des Ostufers zu nehmen; mit den freiwerdenden Truppen könne dann der Angriff auf dem anderen Ufer der Maas durchgeführt werden. General Tappen, der an der Lagebesprechung teilnahm, notierte erleichtert: »Mit Rücksicht auf das schnelle Vorwärtsdringen auf dem östlichen Ufer brauchen wir keine weiteren Kräfte zu geben.«

Falkenhayn hatte keine Übersicht über das Geschehen unmittelbar an der Front. Aber wie der Angriffsbefehl für diesen Tag bewies, wußte auch die Armeeführung nicht, daß die Divisionen angeschlagen waren, die jetzt fünf Tage lang ohne Unterbrechung gekämpft hatten. Zwar versuchte jedes Regiment mit den Kräften hauszuhalten, aber am 26. Februar gab es so gut wie kein ausgeruhtes Bataillon mehr.

Bei der Armeeführung glaubte man, auch ohne Unterstützung Falkenhayns auskommen zu können. Immerhin waren bereits aus dem Abschnitt Zwehls eine Division als Eingreifreserve herausgezogen und zwei Divisionen, die man eigentlich der Abteilung Strantz in Metz versprochen hatte, als Zusatztruppen ins Auge gefaßt worden. Die Führung der Kronprinzenarmee stand keineswegs mit leeren Händen da. Auch hatte man schon am Abend zuvor zwei Regimenter, die untätig in der Woëvre-Ebene gelegen hatten, in Marsch gesetzt. Aber diese beiden Regimenter, das sächsische I. R. 105 und das I. R. 132, waren am 26. Februar um neun Uhr erst in der Gegend von Ornes angekommen und konnten noch nicht in die Kämpfe eingreifen. Nur das I. R. 52 stand als »frische« Truppe zur Verfügung.

Die Armeeführung ließ sich also nicht in ihren Plänen beirren. In Gedanken sah sie bereits Fort Vaux und die Zwischenwerke auf dem Höhenrücken der »Kalten Erde« erobert, die vermeintlich letzten Hindernisse auf dem Weg nach Verdun. Mit der Eroberung des Douaumont glaubte man die entscheidende »Bresche« in das Verteidigungssystem der Franzosen geschlagen zu haben. Nun schien der Zusammenbruch der ganzen übrigen Stellungen nur noch eine Frage der Zeit.

»Man hatte auf deutscher Seite keine Vorstellung davon, daß es sich hier um einen der seltenen glücklichen Zufälle gehandelt hatte, wo schwere Fehler auf der einen Seite durch keckes Zufassen der anderen auf der Stelle bestraft werden können, was wenige Stunden später an der Maas nicht möglich gewesen war«, stellte der Generalstäbler Ernst Kabisch fest. Das »siegreiche« III. Armeekorps sollte der ganzen Armee als »Sturmbock« dienen. Um eine günstige Ausgangsposition zu gewinnen, mußten allerdings die Stellungen rechts und links des Douaumont beseitigt werden, die das Fort noch umklammerten. Auf der westlichen Seite des Forts sollte die 5. Infanteriedivision das Dorf Douaumont einnehmen und danach die Reihe der kleineren Werke zwischen Thiaumont und dem Fort Kalte Erde »aufrollen«. Dieser Vorstoß sollte zugleich dem XVIII. Armeekorps Entlastung bringen, das auf dem Talou- und dem Pfefferrücken nicht vorankam. Auf der östlichen Flanke hatte die 6. Infanteriedivision die Aufgabe, den Caillettewald zu stürmen und gemeinsam mit dem V. Reservekorps unter Gündell den Hardaumontwald zu besetzen. Von dort würde dann der Angriff auf das gegenüberliegende Fort Vaux vorgetragen werden.

Durch die schlechten Erfahrungen, die bei den Dörfern Louvemont und Beaumont gemacht worden waren, hätte das Oberkommando eigentlich gewarnt sein müssen, sich die Einnahme des Dorfes Douaumont als leicht vorzustellen. Fast alle Ortschaften um Verdun waren von den Franzosen zu Widerstandsnestern ausgebaut worden (die Straßendörfer, in denen ein Haus ins andere überging, machten sowieso den Eindruck »einer kleinen Festung«), Infanteriegräben und Blockhäuser umgaben sie, von breiten Drahthindernissen gesichert. Die Hausfenster waren zugemauert, die Kellerdecken durch Beton verstärkt, zusätzliche Bunker in die Häuserzeilen eingeschoben. Beim Dorf Douaumont warteten über dreißig gut versteckte Maschinengewehre auf die Deutschen.

7

Der Angriff auf der Ostseite des Forts kam gut voran. Noch in der Nacht zum 26. Februar besetzte das Infanterieregiment 20 die Batterie Hardaumont und die dazugehörigen kleinen Werke 645 und 646, die von den Franzosen aufgegeben worden waren. Auch das Werk Bezonvaux leistete keinen Widerstand. Gegen halb zwölf schob sich das Infanterieregiment 155 in drei Kolonnen durch den Hardaumontwald, um das Hauptwerk der ganzen Hardaumontanlage einzunehmen. Doch nur die mittlere Kolonne kam auf dem einzigen Weg und den danebenliegenden Feldbahngeleisen gut vorwärts. Die anderen verloren im dichten und unübersichtlichen Wald, in dem wie überall getarnte Hindernisse und Widerstandsnester angelegt waren, viel Zeit. Rufe und Schreie, das Knallen von Handgranaten und Maschinengewehrrattern zeichneten ein ungefähres Bild vom Vorwärtskommen.

Am Ende des Waldes lag eine 300 m breite und 2 km lange Lichtung, die rechts direkt zum Fort Douaumont hinaufführte. Von gegenüberliegenden Stellungen empfingen die Kompanien prasselndes Feuer, ebenso aus dem östlich am Hang liegenden Ouvrage d'Hardaumont. »Die französische Feldartillerie trommelte auf die deckungslose Lichtung, wo ihr jeder Meter Boden bekannt ist wie auf einem Schießplatz. Der Feind kämpft verzweifelt um diese beherrschende Höhenstellung.«

Deutsches Artilleriefeuer war nicht zu spüren. Wie sich später herausstellte, war durch eine Verwechslung der Punkte, die hier alle ähnliche Zahlen aufwiesen, das Ouvrage mit der bereits eroberten Batterie Hardaumont verwechselt worden und galt als schon eingenommen. Die 1. Kompanie verlor binnen weniger Minuten alle Offiziere. Kurz vor dem Sturmangriff, den der Regimentskommandeur schließlich auch ohne Hilfe der Artillerie machen sollte, setzte endlich das deutsche Feuer ein. Ein einziger Einschlag einer schweren Mörsergranate, die kurz vor dem Werk einen tiefen Trichter aufriß, brachte die Entscheidung. Die französische Besatzung winkte mit einem weißen Tuch. Während an anderen Stellen noch geschossen wurde, nahm ein Unteroffizier eine Fahne, die von der Kaisergeburtstagsfeier des Regiments 1914 in Ostrowo stammte, aus seinem Sturmgepäck und ließ sie als Siegeszeichen wehen.

Etwa zwanzig Mann stürmten inzwischen auf eigene Faust bis in die Vauxschlucht hinunter, wo sie ein schweres, in ein Betonhaus eingebautes Schiffsgeschütz entdeckten. Da sie jedoch weder rechts noch links Unterstützung fanden, kamen sie bald nach oben zurück.

Rechts von ihnen, in westlicher Richtung, hatten Teile des Infanterieregiments 20 bereits die Kasemattenschlucht erreicht, die sie vom Caillettewald trennte, und vergeblich versucht, bis zum frontal gegenüberliegenden französischen Graben zu kommen, der zwei kugelige Ausbuchtungen aufwies und deshalb der »Busengraben« genannt wurde.

Der schnelle Erfolg täuschte über den Wert der eroberten Befestigungen hinweg. Das Zwischenwerk Hardaumont, von den Deutschen als Hardaumont Ost in den Karten verzeichnet, gehörte wie das Ouvrage de Bezonvaux zu den älteren, bereits 1875 errichteten Befestigungen, die noch in Ziegel- oder Bruchsteinmauerwerk gebaut waren. Sie besaßen keine betonierten und unterirdischen Räume, hatten weder eine artilleristische Bewaffnung noch gepanzerte MG-Türme, nicht einmal Beobachtungstürme.

Das Ouvrage d'Hardaumont bestand aus mehreren gewölbten Kasematten, jede ungefähr 8 m lang und 3 m breit, die vom Hof her betreten und von einem Grabenwall umgeben wurden, durch den ein eisernes Tor in der Südseite hindurchführte. Die einzelnen Anlagen waren durch 40 m breite versenkbare, d. h. einbetonierte Drahthindernisse umgeben. Als Zuflucht vor dem Artilleriefeuer waren sie wenig geeignet. Da jedoch das Zwischenwerk am Hang lag und einen guten Blick auf die französischen Stellungen in der Vauxschlucht und dem dahinter ansteigenden Vauxberg mit dem Fort auf der Höhe ermöglichte, sollte es vor allem als Beobachtungspunkt für Artillerie- und Regimentsstäbe noch gute Dienste leisten. Da aber auch umgekehrt das Hochplateau vom Gegner einzusehen war, sollte eine Annäherung an die Anlagen bald nur noch nachts möglich sein.

8

Daß nach dem Fall des mächtigen Forts ausgerechnet das Dorf Douaumont noch Widerstand leisten würde, erschien den Deutschen absurd. Der Armeeführung war noch immer nicht bewußt, daß es sich bei der Wegnahme des Forts nur »um einen der seltenen glücklichen Zufälle gehandelt hatte«. Patrouillen, die sich an die Häuser heranschlichen, wurden indessen sofort mit Feuer empfangen. Um acht Uhr eröffnete die deutsche Artillerie das Feuer, aber eine Falschmeldung, der Feind marschiere in Kolonnen hinten aus dem Dorf heraus, trug dazu bei, daß der Artillerieeinsatz »nicht die für ein Sturmreifschießen notwendige Stärke erhielt«.

Großspurig hatte Bloem seinen Regimentskommandeur um die Ehre gebeten, Schulter an Schulter mit den Füsilieren vom Leibregiment 8 »wenigstens das Dorf« holen zu dürfen. Doch als am Morgen des 26. eine französische Haubitzenbatterie in völliger Deckungslosigkeit auf dem Thiaumontrücken auffuhr und den Graben Bloems mit ihrem Feuer eindeckte, kapitulierte Bloem und flüchtete in den Chauffourwald. Zurück blieb ein Graben voller Toter und Schwerverwundeter. »Nehmt mich mit, ihr könnt mich doch nicht hier liegenlassen!« wimmerten die Verletzten. Von den ursprünglich 900 Mann, von den 300 Mann des Vormittags hatte Bloem jetzt noch 107.

Nun wurde das Infanterieregiment 52, die Reserve, die eigentlich für die Fortsetzung des Angriffs auf der »Kalten Erde« vorgesehen war, auf das Dorf angesetzt.

Der Angriff um 11 Uhr fiel erst einmal aus. Die Bereitstellung der 52er verzögerte sich, weil die Höhe 378, die in Marschrichtung vor dem Chauffourwald lag und von den Franzosen systematisch beschossen wurde, am hellen Tage überschritten werden mußte. Aus 14 Uhr wurde 15 Uhr, schließlich 16 Uhr. Niemand hatte das

Regiment vor dem gewarnt, was ihm bevorstand. Die Soldaten, mit den Verhältnissen noch unvertraut, gingen in langen Linien hintereinander gestaffelt den freien Hang zum Dorf hinein, »in eiserner Disziplin«, »mit zusammengebissenen Zähnen«, »den Kopf gesenkt«, im Vertrauen auf die richtigen Anweisungen ihrer Offiziere, während die französischen MGs ratterten. Einige erreichten sogar die ersten Gräben, machten Gefangene, mußten aber zurück, als die Franzosen gleich einen Gegenstoß ansetzten, ebenfalls in eiserner Befolgung ihrer Infanterietaktik. In den Ausgangsstellungen ordneten im Dunkeln die übriggebliebenen Offiziere die Kompanien, zählten die Überlebenden: Das Regiment hatte 600 Mann eingebüßt.

9

Vier Stunden lang wurde am nächsten Tag das Dorf beschossen, sogar eine »Dicke Berta« wurde zum »Sturmreifschießen« hinzugezogen. Doch konnten die vorgeschobenen Beobachter wenig von der Wirkung erkennen, da das Schneetreiben einen Strich durch alle Planungen machte.

Nun sollten die Sachsen vom Regiment 105, das bisher in der Woëvre-Ebene beim XV. Armeekorps gelegen hatte, den Durchbruch erzwingen – war das Dorf doch nur noch ein Trümmerhaufen! Sie wurden in aller Eile über Ornes herangeführt, ohne zu ahnen, was man mit ihnen vorhatte.

Keine Truppe liebte es, an ein fremdes Korps »ausgeborgt« zu werden. Die Sachsen mochten nicht gerne zu den Preußen, die Hessen nicht zu den Schlesiern oder etwa die Bayern zu den Pommern. Der Zusammenhalt der Landsmannschaften wurde durch den Aufbau des kaiserlichen Heeres besonders gefördert, da jedes Korps aus einer festen Heimatgarnison kam, die nur aus der Umgebung Wehrpflichtige einzog. Dieser Zusammenstellung entsprach der Umgangston.

Unter sich im eigenen Korps sagten die Soldaten meist »Landsmann« zueinander. Mit Kamerad wurde jeder andere angeredet, ganz gleichgültig, ob man ihn schätzte. Für Eliteeinheiten hielten sie sich alle, ob Sachsen, Bayern oder Brandenburger. Prügeleien entstanden nur zu leicht, wenn jemand Zweifel daran laut werden ließ.

»Wenn die pumpen, sind sie selber fertig ... Rausreißen dürfen wir, danach aber: Mohr, du kannst gehen. Orden? Die (fremde) Division wird dir was, ihre Orden aus dem eigenen Truppenbereich zu lassen. Den Ruhm nimmt sie gerne allein. Die Arbeit läßt sie anderen«, überlegten die Männer.

Ihre schlimmsten Befürchtungen bewahrheiteten sich. Schon beim Passieren der Höhe 378 im Morgengrauen erlitten sie schwere Verluste, und im Chauffourwald trafen sie auf einen preußischen Offizier von den 12ern, der einen Nervenschock hatte, und ihr Angriff gegen das Dorf Douaumont um 14 Uhr brach augenblicklich zusammen, da ihre Flanke am Rand des MG-gespickten Albainwaldes völlig ungedeckt blieb. Das Regiment 116 (vom XVIII. Korps), das den Flankenschutz übernehmen sollte, existierte nur noch auf dem Papier: Von zwei Kompanien gab es jeweils nur noch zwanzig Mann vorne, die anderen waren dem Artilleriefeuer der Franzosen zum Opfer gefallen.

Die 52er warteten in ihrem Kampfabschnitt links neben den 105ern vergebens auf das Erscheinen der Sachsen und traten daher nicht zum Angriff an. Da jedoch bei der Brigade, unter deren Befehl der Angriff auf das Dorf Douaumont zusammengefaßt war, inzwischen die Falschmeldung einlief, die Truppen auf der Ostseite des Douaumont hätten sogar schon den Caillettewald genommen, befahl sie beiden Regimentern barsch von neuem den Angriff.

Vorher hatte es einen fatalen Irrtum gegeben, als weiße Leuchtkugeln scheinbar signalisierten, daß die eigene Infanterie im Dorf sei – »wie so oft bei Tageslicht waren grüne und weiße Leuchtkugeln verwechselt worden«. Der Divisionsstab, der natürlich zur Brigade einen guten Telefondraht besaß, während der Brigadestab nur sehr kümmerliche Kontakte zur Front hatte, befahl nun, gleich auch das Werk Thiaumont zu nehmen und ließ das Artilleriefeuer vom Dorf Douaumont abziehen.

Während die deutschen Granaten auf das Werk Thiaumont fielen, blieben die angreifenden Truppen beim Sturm auf das Dorf ohne Artillerieunterstützung. Die Franzosen konnten gefahrlos aus den Unterständen klettern und die Deutschen in aller Ruhe erwarten. Bis in die Nacht wurde gekämpft, vor allem waren es Handgranatenkämpfe, bei denen Todesmut und Verzweiflung sich die Waage hielten. 500 Mann betrugen allein die deutschen Verluste – ohne daß irgend etwas erreicht war.

Östlich vom Fort, wo angeblich die erstaunlichen Fortschritte gemacht worden waren, hatte sich inzwischen ein weitaus größerer Mißerfolg ereignet. Den Lübbener Jägern und dem 3. Bataillon der 24er war erklärt worden, daß das Dorf Douaumont bereits in deutscher Hand sei – das *Reichsarchiv* ließ später durchblikken, daß es sich hierbei nicht um einen Irrtum handelte, sondern um eine absichtlich ausgestreute Falschmeldung zur Anfeuerung der Truppe – »ein bisweilen gebrauchtes, aber bedenkliches Mittel«. Der Erfolg war jedenfalls, daß die offen vorlaufenden 24er von dem feindlichen Abwehrfeuer völlig überrascht wurden.

Zu allem Unglück brach um vier Uhr ein Schneesturm los, der den Stürmenden ins Gesicht schlug. Wer das Sperrfeuer überlebte, geriet in das Flankenfeuer aus den »Weißen Häusern« in der Nähe des Forteingangs, die als Familienwohnungen der Fortoffiziere dienten. Die 24er suchten Schutz in Mulden und Trichtern. Kleinere Gruppen hatten sich trotzdem durch das dornige Buschwerk bis an den Waldrand vorgearbeitet und an der Nordspitze des Caillettewaldes sogar einen mit MG ausgestatteten, mit »Erde und Graswuchs zugedeckten Schuppen oder Keller« erreicht, der als I-Werk-Nord noch traurige Berühmtheit erlangen sollte. Im Graben einer Chaussee, die zum Fort führte, wurde nachts eine provisorische Stellung gebildet, als Absprungbasis für den nächsten Tag. Doch kam es am nächsten Tag zu keinem weiteren Angriff, die vorderen Linien wurden allerdings auch nicht zurückgenommen, so daß sie einen weiteren qualvollen Tag unter dem Beschuß der französischen Maschinengewehre verbrachten.

Es war ein »Scheibenschießen« für die Franzosen. »Wir lagen alle eng am Boden gedrückt, den Kopf durfte man nicht heben, nicht einmal umdrehen konnte man sich, wollte man nicht sogleich einen Schuß durch Schulter oder Rücken haben. Aber der Tag war lang und einer nach dem anderen wurde von diesem entsetzlichen MG erfaßt . . . (wir) versuchten, mit den Fingernägeln den harten

Boden unter uns fortzukratzen, um etwas tiefer in die Erde zu kommen.« Nach der Ablösung im Dunkeln bezifferte das 3. Jäger-Bataillon seine Verluste auf über 400 Mann.

Brigade und Division erfuhren von diesen Vorgängen im Caillettewald zwei Tage lang so gut wie nichts. Niemand hatte einen Überblick. Melder brauchten Stunden, um Berichte durch »die eiserne Jalousie des Fern- und Sperrfeuers« der Franzosen zu bringen, die die deutsche Führung und die kämpfende Truppe von diesem Tag bis zum Ende der Schlacht voneinander trennen sollte. Die Stäbe waren auf Gerüchte angewiesen, zu denen am 27. Februar sogar das Gerücht von der Zurückeroberung des Forts Douaumont durch die Franzosen gehörte.

10

Bescheidener geworden, doch immer noch in dem Glauben, es lediglich mit einem letzten verzweifelten Aufflackern der französischen Widerstandskraft zu tun zu haben, nahm sich das Hauptquartier in Stenay für den 28. nur den Abschnitt mit dem Dorf Douaumont vor, blieb jedoch bei der gleichen Angriffsmethode: Massiertes Artilleriefeuer zuerst, dann Angriff in Kompaniebreite in mehreren Wellen. Um die Stellungen der Franzosen präziser zu treffen, wurden schwere Minenwerfer nach vorne gebracht, doch gelang es nicht, mehr als 60 Minen durch den Sperrfeuerriegel zu transportieren.

Inzwischen war der Korpsstab von Lochows auf die Idee gekommen, das Dorf auch seitlich vom Fort aus anzugreifen, doch protestierte der Kommandant, weil er durch die Unterbringung weiterer Truppenteile ein Durcheinander in den engen Gängen des Forts befürchtete und damit die Verteidigungsfähigkeit gefährdet sah. In der Tat übte das Fort mit seinen »bombensicheren« Kasematten eine immer stärkere Anziehungskraft auf alle in der Umgebung liegenden Einheiten aus. Ein Befehl der 6. I.D. setzte sich über diese Bedenken hinweg, doch war es an diesem Tag zu spät, Ausgangsstellungen am Fort vorzubereiten. Das I. R. 12, das hier vorgehen sollte, bat aus diesem Grund um 24 Stunden Aufschub, aber Lochow lehnte brüsk ab; man dürfe den Feind nicht zur Ruhe kommen lassen.

Für die Sachsen vom Regiment 105, das nun zum zweiten Mal angriff, wurde es ein Todesgang. Zwischen dem Feuer aus den vorgeschobenen Blockhäusern vor dem Dorf und dem Albainwald wurden sie zerrieben. Exakt eine Handbreit über den Boden strichen die Garben der zahlreichen französischen Maschinengewehre. So, wie die Reihen aus dem Wald heraustraten, »klappten sie nach vorn über wie Bleisoldaten«, erzählte später Leutnant Vogel von der 5. Kompanie, selbst schwer verwundet. Fast alle Offiziere fielen aus. Trotzdem gelangte die letzte Welle bis an die französischen Gräben, nur zogen im Nahkampf die wenigen Deutschen den kürzeren.

Mehr Erfolg hatten ihre Nachbarn, die 12er, die aus dem Südrand des Chauffourwaldes und aus dem Fort Douaumont vorstießen. Die dem Dorf vorgelagerten Blockhäuser konnten erobert werden, vom Douaumont her war man bis auf 50 m an den Dorfrand herangekommen, alles unter fürchterlichen Verlusten. Gefangene wurden kaum gemacht. Wie immer kämpften die Franzosen mit großer Tapferkeit, ergaben sich jedoch sofort, wenn sie in einer aussichtslosen Situation waren. Aber einer MG-Besatzung, die eben noch die Kameraden reihenweise »niedergemäht« hatte und erst in letzter Sekunde um Gnade bat, gaben die stürmenden Deutschen selten Pardon.

Die Erfolge standen in keinem Verhältnis zu den Opfern. Dem Ziel, das Dorf einzunehmen, war man im Grunde keinen Schritt näher gekommen. Die Eroberung des Forts hatte 80 Mann gekostet, die drei Tage vor dem Dorf 2000 Mann. Vier Regimenter waren liegengeblieben. Das Regiment der 105er war nur noch ein Torso. Nach einer Woche Kampf vor Verdun waren alle Truppen am Ende. In diesen Tagen kursierte zum ersten Mal das Wort von der »Hölle Verdun«.

In den Köpfen der deutschen Führer kamen Zweifel auf, ob man das Unternehmen mit den bisherigen Methoden fortsetzen solle. Der 29. Februar, der zusätzliche Schalttag im Jahr, gab gleichsam eine Gelegenheit zur Denkpause. Am 29. wurden neue Truppen von Falkenhayn freigegeben, neben schweren Batterien die 11. bayerische Division und die 22. Reservedivision. Seine Kritiker im Großen Hauptquartier sahen darin kein weitreichendes strategisches Denken, sondern lediglich einen weiteren Beweis »für sein oft wendisches und sehr selbstbewußtes Auftreten« und für seine »Unbelehrbarkeit«. »Jetzt ist nichts mehr zu ändern!« erwiderte er barsch auf Seeckts Feststellung, daß Verdun »ein Fehlstoß« sei; da er zu Seeckt bis dahin ein gutes Verhältnis besaß, hatte er ihn um seine »ehrliche Meinung« gebeten.

Mit dem Überraschungsschlag gegen Verdun war es vorbei, die Angriffsschlacht war zu Ende, der Plan »zur beschleunigten Wegnahme der Festung« gescheitert; der Hintergedanke, dann eben eine Zermürbungsschlacht zu führen, wurde blutige Realität. Aber im Gegensatz zu Falkenhayns Spekulationen wurden die Opfer des beginnenden Gemetzels nicht nur die Franzosen. Der Kampf um jeden Meter Boden begann.

9 »Artillerie schießt zu kurz!« (28. Februar–5. März 1916)

1

Der Leser der *Frankfurter Zeitung*, den der Kriegsberichterstatter Kurt Freiherr von Reden mit Nachrichten von der Verdunfront versorgte, konnte die Schlacht bereits Ende Februar für so gut wie gewonnen betrachten. Dabei gab von Reden selber zu, nicht viel »von dem großen Zusammenhang« zu verstehen, war aber auf Grund des wenigen, was er »zu sehen« bekam, davon überzeugt, »daß Verdun schon heute aufgehört hat, ein Waffenplatz für Frankreich zu sein«. Wo das Hauptquartier des VII. Reservekorps, das er besuchte, lag, durfte er natürlich nicht schreiben, doch berichtete er ausführlich, wie er an einem grauen, nassen Tag um acht Uhr in einem kleinen französischen Dorf bei einem »nüchternen« Haus anlangte, vor dem ein Posten und mehrere Automobile standen.

Zwischen den Fahnen des neuen Viererbundes (Bulgarien, Deutschland, Österreich und Türkei) erblickte er ein Bild mit einer Germania »mit Schild und Schwert und blonden Haaren«. Im Lagezimmer durfte er die Karte bewundern, auf der die täglichen Fortschritte eingezeichnet waren: »Rote, grüne, braune und blaue Linien – es sieht aus, als müßte die Farbenreihe wiederholt werden; regelmäßig wie die Schichten einer Zwiebel schließen sie einen immer engeren Bogen um den Kern. Der Kern aber ist von langen Farbstrichen nach allen Seiten durchschnitten – die Schußrichtungen der Artillerie. Wo die hingehen, wissen die Franzosen am besten.«

Bei Consenvoye besuchte von Reden den »jetzt berühmt gewordenen« Wald von Haumont, wo die beiderseitigen Linien seit fast anderthalb Jahren einander in 1000 m Entfernung gegenübergelegen hatten. Die verlassenen deutschen Stellungen, die nun menschenleer waren, fand er »so musterhaft, so rein, so wissenschaftlich wie immer und überall«, den Anblick der französischen Gräben und Unterstände dagegen trostlos und unordentlich. Alles lag durcheinander, umgewühlt, eingeworfen, zertrümmert, Gewehre neben Unmengen von Handgranaten. Er stolperte über einen »ganz niederträchtig knapp« über dem Boden quergespannten starken Draht, der unsichtbar in den welken Gräsern verlief. Vor den Gräben häuften sich leere Blechbüchsen, Schrapnellhülsen – »alles schmutzig, öde, wie auf einem Baugrund«. Die Granatlöcher waren halb mit Schmutzwasser vollgelaufen – es sah aus, als wenn »Riesenmaulwürfe« überall Löcher gegraben und Erdhügel aufgeworfen hätten. Wäsche, blaue Mäntel, blutige Stoffetzen, Briefe und Stahlhelme, auch noch Tote, sogar ein blanker Schädel lagen im Zwischenfeld. In einem Unterstand fand er drei französische Soldaten, die keine Verwundungen aufwiesen und offenbar nur durch die Druckwelle einer Granate getötet worden waren – »wie drei schlafende Zecher auf einem alten flämischen Gemälde, zwei mit den Köpfen auf den Armen über der Tischplatte, der dritte hintüber den Kopf hängend«.

In der Luft war ein ununterbrochenes Getöse zu vernehmen, die Stimmen der Schlacht, die dem Kriegsberichterstatter geisterhaft »unheimlich« vorkamen.

2

In Wirklichkeit war die deutsche Armeeführung in eine schwere Krise geraten. »Stillstand auf der ganzen Front«, hatte General von Gündell am Abend des 28. Februar sorgenvoll feststellen müssen. Auch seine eigenen Truppen hatten ihr Angriffsziel noch keineswegs erreicht. Knobelsdorf hatte Gündell, dem ja im Dezember einmal der Oberbefehl über alle Angriffstruppen gewinkt hatte, immerhin noch Fort Vaux als Ziel zugewiesen, das er stark unterschätzte. Aber das V. Reservekorps lag immer noch auf dem Hardaumont fest und hatte selbst das Vauxtal noch nicht erreicht (vom dahinterliegenden Vauxberg mit dem Fort ganz zu schweigen). Gündells Nachbarkorps, das XV. Armeekorps, war am äußersten linken Flügel der 5. Armee bis an den Rand der Côtes Lorraines vorgerückt, doch war die Ebene vom Gegner freiwillig geräumt worden.

Der Stillstand im mittleren Hauptangriffsabschnitt hatte seine Ursache unter anderem darin, daß jetzt endlich der Stellungswechsel der Artilleriebatterien durchgeführt wurde. Das bisherige Aufmarschgebiet auf dem nördlichen Höhenrücken der Côtes Lorraines hatte zwar den Angreifern die Möglichkeit geboten, ihre Artillerie in den Wäldern und Mulden zu verstecken, die sich in ost-westlicher Richtung zur Maas hinzogen; die Infanterie hatte einen weiteren Vorteil, auch auf gleicher Höhe mit dem Gegner zu liegen. Doch als die Artillerie jetzt nachgezogen werden mußte, weil sich die Angriffsspitzen der Infanterie zu weit entfernten, machte sich der ganze Nachteil des Geländes bemerkbar. Der tiefe Lehmboden wurde bei dem nassen Wetter zum schweren Morast, in dem die Fahrzeuge bis zu den Achsen wegsackten, die starken Steigungen erschwerten die ohnehin strapaziösen Transportbewegungen, die wenigen Straßen waren sofort völlig ausgefahren, zu Wegverbesserung war keine Zeit und auch keine Ruhe mehr, da die französische Artillerie die »Verkehrsadern« abstreute. Jeder Trampelpfad, jede Schlucht, jedes Wasserloch war den Verteidigern ja genauestens bekannt.

Als jetzt die Batterien um sechs Kilometer nach vorn verlegt wurden, als sich in den Mulden um das Dorf Louvemont und in der Hassouleschlucht neue »Artillerienester« herausbildeten, war das ein mühseliger, verlustreicher Vorgang. Bis zu 24 Pferde an einem Geschütz, dazu 40 bis 50 Mann an den Tauen, die zusätzlich zum Vorziehen angebracht wurden – auf diese Weise wurde jede schwere Haubitze einzeln in stundenlanger Mühe die aufgeweichten, von den Geschossen umgewühlten Hänge hinaufgezogen, bis sie schließlich endgültig in Position gebracht waren. In der Louvemontschlucht standen neben den Batterien vom Fußartillerieregiment 3 noch drei weitere schwere Feldhaubitzenbatterien des Regiments 16, jedes Geschütz aus Platzmangel nur 6 bis 10 Meter vom nächsten entfernt, dahinter weitere zwei Mörserbatterien am rechten Flügel, hinter dem linken zwei Batterien 10-cm-Kanonen, kaum 1000 Meter weiter nördlich dahinter zwei »Dicke Bertas«.

Auch in ihren neuen Positionen blieb die Artillerie natürlich nicht unangefochten. Im Gegenteil: Bald entstand um die Geschütze herum ein Trichterfeld, durch das die Munitionswagen hindurch mußten. Fast jeden Tag gab es »Ausfälle« in den Batterien, hinzu kamen die Verluste unter den Telefonisten, die die immer wieder zerschossenen Fernsprechleitungen zu flicken hatten. Auch für die Artillerie sollte es keinen »Spaziergang nach Verdun« geben.

Im Bereich Zwehls ließen sich die Bayern eines Reserve-Fußartillerieregiments immerhin noch Zeit für ungewöhnliche Erdbewegungen; als die Soldaten beim Schanzen auf der Brabanter Höhe auf frühgeschichtliche Grabstellen stießen, hielten die Offiziere die Ausbauarbeiten an. Die Scherben wurden gesammelt und mit einer genauen Beschreibung der Reihengräber nach Kaufbeuren gesandt, wo sich die Forschungsstelle »Deutscher Gaue« befand: »Die Toten liegen mit dem Gesicht nach Osten, der Körper liegt etwa 60 cm unter der Erde auf Felsen, der Kopf ist an beiden Seiten und am Scheitel durch Steinplatten gerahmt und mit einer Platte zugedeckt.« Ein paar Wochen später kam der Bescheid, daß es sich um fast 1000 Jahre alte Merowingergräber handelte. Eine aus gefundenen Scherben zusammengesetzte kleine Urne wurde dem Römisch-Germanischen Zentralmuseum in Mainz geschenkt.

3

Am 28. Februar begannen die Franzosen systematisch, das Fort Douaumont zu beschießen. Gleich morgens schlug eine Granate in eine Kasematte, in der sich zum Glück niemand aufhielt, da sich die gesamte 7. Kompanie der 24er gerade draußen auf Posten befand. Daraufhin wurden alle oberen Kasematten geräumt und ihre Insassen nach unten, einen Stock tiefer, verlegt, wo die Luft ziemlich verbraucht und stickig war. Vor die eingeschossenen Außenwände der Kasematten wurden Sandsäcke gestapelt. Von morgens bis abends dröhnte das Gewölbe unter Einschlägen schwerer Kaliber, bei jeder größeren Erschütterung erloschen die flakkernden Kerzenstummel und Petroleumlampen, und die Mannschaften saßen in der Finsternis, während feiner Steinstaub von der Decke auf sie herabrieselte. Erschöpfung und Gewohnheit stumpften ab. Schließlich schliefen einige Männer sogar auf den Stapeln französischer Granaten, die noch immer in den Gängen lagerten und von niemandem weggeschafft wurden, obwohl es im Fort immer enger wurde.

Der gesamte Verkehr von und zur Front wickelte sich jetzt über das Fort – gleichsam durch die Diagonale – ab: Die ablösenden Truppen drängten vom Eingang an der Ostgrabenstreiche hinein, die abgelösten kamen ihnen von der Südseite entgegen und schoben sich im Dunkeln aneinander vorbei, so daß die Schläfer an den Wänden mitunter übel getreten wurden. Obwohl Offiziere Streife gingen, sammelten sich in den dunklen Winkeln viele Soldaten, die vorgaben, versprengt zu sein, um nicht zum Einsatz zu müssen. In aller Gemütsruhe kochten sich viele mit dem Pulver von Handgranaten ihren Kaffee, ungeachtet der herumliegenden Munition. Andere saßen still da oder lausten sich, einfachheitshalber öffneten sie ihre Hosen und brannten sich mit einer Kerze die Schamhaare weg, den Lieblingsplatz der Plagegeister. Lehmann prägte den Spruch, daß im überfüllten Fort immer noch mehr Läuse als Soldaten wären.

Trotz des Großreinemachens zu Beginn der »Ehrenwache« war der Boden der Gänge bald wieder voller Dreck und Abfall und mitunter durch das von den Wänden heruntertropfende Schwitzwasser so glitschig, daß die Soldaten auf ihren Nagelsohlen ausrutschten. Die Latrinen waren verstopft und verbreiteten einen unerträglichen Gestank.

Am 26. Februar war die Feldküche das letzte Mal auf einen Kilometer an das Fort herangekommen. Seitdem mußte die Verpflegung (Brot, Schmierfett, wasserlösliche Erbswurst, Fleischbüchsen) in Sandsäcken von hinten herangeschleppt werden – zwei Stunden Hinmarsch, zwei Stunden Rückmarsch. Im Fort gab es nur eine einzige Wasserstelle, eine Pumpe im Mittelgang, um die nachts ein furchtbares Gedränge herrschte, da sich auch die um das Fort liegenden Einheiten hier Trinkwasser holten. Das Quietschen des Pumpenschwengels begleitete die Besatzung im Wachen und Schlafen. Ihre heimliche Benutzung verhinderte ein Vorhängeschloß.

Fast täglich kam »Ersatz«, ungefähr 9 bis 12 Mann jeweils, die in ihren nagelneuen Uniformen den gutmütigen Spott der »Landser« ernteten. Auch Lehmann mußte einmal »Ersatz« holen und nahm kurzerhand zwei der jungen Soldaten, die bei jedem Einschlag »wie Hühner« auseinanderlaufen wollten, an der Hand: »Macht nur, was ich mache!«

Am 3. März mußte ein Zuleitungsrohr der Zisterne, die, wie man munkelte, im Fall eines Angriffs die Fortgräben mit Wasser füllen sollte, zerschossen worden sein, denn auf einmal stand das untere Stockwerk, wo sich die von oben vertriebenen 24er eingerichtet hatten, unter Wasser. In allen möglichen Ecken suchten sich die Männer, »naß wie die Ratten«, ein neues Quartier. Sie wunderten sich nur, daß es nicht weiter voranging. Draußen wurden die 52er und 48er abgelöst – wie lange sollten sie selbst eigentlich noch in diesem Gefängnis sitzen? Fast jede Nacht gab es mehrmals Alarm, was ein ständiges Rauf und Runter bedeutete. Meist schossen sie auf der »stockfinsteren« Wallkrone wie »blödsinnig drauflos«. Am Tag war es nicht ratsam, sich zu zeigen. An der Maas bei Verdun stand ein Fesselballon neben dem anderen, von denen aus die Franzosen jede Bewegung beobachten konnten.

»Die Tage vergehen einer wie der andere, dauernd schweres Artilleriefeuer und dauernd Verluste«, schrieb Leutnant Klingenberg. »Wenn wir uns mal bei Tageslicht besehen, sehen wir aus wie Leichen, grauweiß und eingefallen mit tiefliegenden, entzündeten Augen.« Kopf und Ohren dröhnten, durch den Steinstaub erkrankten die Atmungsorgane. Ein Volltreffer tötete 14 Mann auf einmal und verwundete 22. Die Toten wurden in Massengräbern im Fortgraben beerdigt, wo tiefe Trichter die Leichen aufnahmen, im ganzen jetzt über 100 aus einem Bataillon, das aus vier zusammengeschmolzenen Kompanien bestand. Die Schwerverwundeten wurden anfangs an Seilen die Grabenmauer hochgezogen. Dann bauten Pioniere nachts eine Rampe, deren Existenz den Franzosen natürlich nicht verborgen blieb. Bald hatten ihre Granaten so viele Breschen in die Mauern geschlagen, daß der Graben an vielen Stellen mit Schutt fast aufgefüllt war.

Einmal gab es für Klingenberg »angenehmen Dienst«, er kam zur Fortkommandantur und entzifferte Telegramme, die dort chiffriert in der Blinkstation ankamen. Der Hauptbetrieb war nachts. Nach langer Zeit bekam er wieder eine warme Mahlzeit. Durch seine Tätigkeit erfuhr er auch zum ersten Mal wieder von den Ereignissen um sie herum, unter anderem, daß das I. und III. Bataillon der 24er schon im Elsaß im Ruhelager lagen, was alle »unerhört« fanden.

4

In der Nacht zum 29. Februar marschierten die Hessen vom Infanterieregiment 80, unter ihnen Ernst Weckerling, nach vorne in die Chauffourschlucht. Erst mußten sie jedoch den Sperrfeuerriegel passieren, den die Franzosen seit dem Fall des Forts zwischen der Chambrettes-Ferme und den vorderen Linien Tag und Nacht mit leichter Feldartillerie legten.

Im Zickzack von Trichter zu Trichter springend, warteten die 80er, jeweils nur ein paar Mann, immer eine Salve ab und versuchten durch den Feuergürtel zu laufen, bevor die nächste Salve einschlug. Hinter dem Sperrfeuergürtel hatten sie vor der Artillerie zuerst einmal Ruhe, doch summten bald Gewehr- und Maschinengewehrgeschosse von allen Seiten um sie herum.

Ein Sachse der 105er, die vergebens versucht hatten, das Dorf Douaumont zu stürmen, diente als Führer. Gruppenweise, um Verluste zu vermeiden, ging es noch in der Dunkelheit über die Höhe 378. Als sie in die Mulde hineinkamen, die zur Chauffourschlucht führte, sahen sie rechts am Hang eine Menge Löcher, die mit Zeltplanen und Gestrüpp zugedeckt waren. Aus Neugier lief ein Infanterist hinüber und berichtete, daß die Löcher voller Toter lagen, offenbar Verwundete, die sich bis hierhin zurückgeschleppt hatten und dann gestorben waren. Eine Granate schlug in der Nähe ein und verwundete den Unteroffizier Tappenreich, den Weckerling gut kannte. Nachdem seine Fleischwunde verbunden war, ging er lachend zurück – »Heimatschuß«! Alle beneideten ihn.

Ein schreckliches Bild erwartete sie am Hang der eigentlichen Chauffourschlucht. So »abgebrüht« waren sie nun doch nicht, daß sich ihnen nicht das Herz zusammengezogen hätte vor Entsetzen. Am Fuß des Hanges lagen Hunderte von Toten und Schwerverwundeten. Alles Sachsen vom Regiment 105.

Angehörige eines anderen Bataillons der 80er, das vor Weckerling angekommen war, erzählten ihnen, daß die unglücklichen 105er Opfer der deutschen Artillerie seien. Die abgelösten Sachsen hätten nur immer »Artillerie schießt zu kurz« gerufen, als sie an ihnen vorbeikamen. Bei einer Batterie Feldgeschütze sei es zu einem Wortwechsel mit der dortigen Bedienung gekommen, in deren Verlauf die 105er sogar Handgranaten in die eigenen Artilleriestellungen geworfen hätten. Vermutlich hätten die Kanoniere die Vorwürfe der Sachsen als Spinnerei zurückgewiesen. Weckerling konnte die Wut der Infanteristen verstehen, als er zwischen den teilweise schrecklich verstümmelten Toten den Hang hochkroch.

Inzwischen schoß die französische Artillerie mit schweren Kalibern. Da die Schlucht voller Truppen war, gab es alle paar Minuten ein entsetzliches Geschrei; die Verwundeten schrien, auch wer in der Nähe eines Getroffenen lag, brüllte »Sanitäter«. Die Granaten krepierten in den Wipfeln des Hochwaldes und schütteten ihre Splitter nach unten aus, was die Wirkung eines Schrapnells hatte. Am Nachmittag steigerte sich das Feuer, Franzosen und Deutsche schossen mit rasender Schußfolge, einer dachte wohl vom anderen, daß er angreife.

Da den höheren Stäben inzwischen bekanntgeworden war, daß das Flankenfeuer aus dem Albainwald den Sturm auf das Dorf Douaumont vereitelt hatte – daß die 105er durch das eigene Feuer dezimiert worden waren, wollte man »hinten« natürlich nicht wahrhaben –, sollten die 80er erst vorgehen, wenn rechts von ihnen die anderen Bataillone die Blockhäuser im Albainwald genommen hätten. Also lagen sie am Hang und schossen sich mit Franzosen, die ungefähr 40 m über ihnen am Kamm über die Gräben hinüberguckten und Witze machten. Vor allem machten sie Jagd auf einen Elsässer, der mal hier, mal da über der Erdbrüstung erschien und »Fritz« und »Wilhelm kaputt« rief. Durch den Rauch und Qualm, vor allem den scharfen schwefeligen Gestank der Pulvergase war der Durst wieder einmal fast unerträglich geworden. Einige sammelten das Wasser von geschmolzenem Schnee, andere krochen zu den Maschinengewehren, schraubten den Schlauch am Mantel des wassergekühlten Laufes ab und versuchten, die Flüssigkeit zu trinken, die mit gefährlichen Frostschutzmitteln durchsetzt war.

In der Abenddämmerung erschienen Pioniere mit Flammenwerfern, drei Behälter, die von jeweils zwei Mann bedient wurden. Ein Pionier trug den Behälter auf dem Rücken, der zweite den Schlauch mit dem Mundstück, aus dem bis 30 m weit ein dicker, qualmender Feuerstrahl herausspritzte – schaurig anzusehen in der Nacht, wie die Anwendung wenig später bewies. Die Pioniere krochen links von Weckerlings Platz aus dem Graben und sprühten ihre Behälter leer, bis ein etwa 100 m langes Grabenstück der feindlichen Stellung vor ihnen erfaßt war. Dann verschwanden sie mit ihren leeren Behältern, und Weckerling wartete zusammen mit den anderen auf den Befehl zum Angriff, denn ihrer Überzeugung nach mußte der erfolgreiche Einsatz der Flammenwerfer sofort ausgenutzt werden, solange die Schockeinwirkung beim Gegner noch anhielt. Statt dessen kam nach langer Zeit von einem Offizier des Bataillonsstabes lediglich der Befehl, eine Patrouille hinauszuschicken, um sich von der Wirkung der Werfer zu überzeugen.

Der »Kriegsmutwillige« Weckerling kam wie immer für die Patrouille in Frage. Mit zwei zuverlässigen Männern aus seiner Gruppe, Sauerwein und Gratz, schob er sich aus der Deckung und kroch im Dunkeln zum feindlichen Graben hinüber. Die Nacht war zwar dunkel, wurde jedoch erhellt durch die Abschüsse der Artillerie und die von beiden Seiten abgefeuerten Leuchtkugeln. Während die deutschen Leuchtpatronen wie Raketen nach oben zischten und dann ausglühten, schwebten die französischen, ein gleißendes Licht verbreitend, an kleinen Fallschirmen langsam abwärts. In den Trichtern fand Weckerling deutsche Tote, ein Blick auf die Achselklappe zeigte ihm, daß es 105er waren.

Sie krochen an den Rand des feindlichen Grabens, aus dem es widerlich nach verbranntem Fleisch und Öl roch. Von der Besatzung waren nur noch schwarze Klumpen zu sehen. Sie blieben unbehelligt und wollten gerade zurück, als Weckerling weiter rechts französische Stahlhelme aufblinken sah – eine gegnerische Patrouille, die sie offenbar abzuschneiden versuchte. Weckerling gab Zeichen, sich zu beeilen, als plötzlich von beiden Seiten her der Schußwechsel aufgenommen wurde. Gratz bekam einen Armschuß, den Weckerling notdürftig verband. Von Loch zu Loch hechtend rief er die Parole und »Feuer einstellen«, als er plötzlich auf etwas Weiches sprang, das sich bewegte, ein Franzose, ein großer schwerer Mann mit einer Bauchverletzung. Ängstlich jammerte er »je suis blessé« und war sofort bereit, mit Weckerling zum deutschen Graben zu kriechen, weil er die

Gefangenschaft natürlich dem qualvollen Herumliegen vorzog.

Als die deutschen Posten endlich das Feuer einstellten, konnte die Patrouille in die eigene Stellung zurück. Aber Sauerwein fehlte. Weckerling machte seine Meldung beim Kompanieführer, der sie an das Bataillon weitergab, und Weckerling aus Gemeinheit noch einmal hinausschickte, um nach Sauerwein zu suchen. In dem unübersichtlichen Gelände, bei fortlaufendem Beschuß, in dem er den Kopf nicht einen Meter über den Boden zu heben wagte, konnte Weckerling ihn nicht finden.

Es wurde Morgen, aber noch immer war kein Befehl zum Angriff gekommen. Da tauchten auf einmal an der Stelle, wo die Flammenwerfer gewirkt hatten, Franzosen in sauberer, blauer Uniform auf – mit erhobenen Händen. Sie stürzten, ohne die Reaktion der Deutschen abzuwarten, in die Schlucht hinunter. Die Männer wußten nicht, woher die vielen Franzosen kamen, entweder waren sie gefangengenommen worden, als andere Einheiten oben das Dorf Douaumont genommen hatten, oder sie waren durch den Anblick der verbrannten Kameraden so schrecklich schockiert, daß sie sich zum Überlaufen entschlossen – der Strom wollte jedenfalls nicht enden. Als Weckerling in die Schlucht sah, wimmelte es unten von blauen Uniformen.

Ein Sanitätsfeldwebel hielt die Franzosen unten fest und befahl ihnen, beim Zurückgehen die deutschen Schwerverletzten bis zur Chambrettes-Ferme mitzunehmen. Nachdem den Gefangenen noch die begehrten Feldflaschen abgenommen worden waren, trugen sie bereitwillig die Schwerverwundeten, die in eine Zeltplane gelegt wurden, jeweils an einem langen Stock davor. Drüben mußten nun eigentlich alle Stellungen leer sein, aber noch immer kam kein Befehl.

Da seit Herbst 1914 die Kompaniefeldwebel gehalten waren, nicht mehr mit in die vordere Linie zu gehen, sondern hinten für die ordnungsgemäße Abwicklung der Kompaniegeschäfte zu sorgen, zu denen neben dem Schriftverkehr mit dem Bataillon die Ausfertigung der Soldbücher und die laufende Meldung der Gefechtsstärke sowie Verlustzahlen gehörten, hatte Unteroffizier Weckerling den Auftrag erhalten, als »Frontfeldwebel« für die Beerdigung der Toten zu sorgen und ihnen neben der Erkennungsmarke die persönlichen Sachen abzunehmen. Waren Börse,

Uhr und Briefschaften von den blutverklebten Leichen entfernt, kam alles zusammen in ein leeres Zwiebacksäckchen. Zum Beerdigen der Toten kam es nun allerdings kaum mehr, im Artilleriefeuer hätte diese Tätigkeit zu große Verluste gefordert. Auch die Offiziere wurden nicht mehr nach hinten gebracht, sondern vorne verscharrt. Als Ernst Weckerling den Gefreiten Sauerwein fand, war dieser tot. Er hatte einen Kopfschuß erhalten.

5

Während die Hessen im Albainwald scheiterten, war es den Bataillonen des 52. Infanterieregiments tatsächlich gelungen, am 2. März das Dorf Douaumont einzunehmen. Es war nur noch ein Trümmerhaufen, in dessen Kellern und Bunkern sich ein zäher und lang anhaltender Nahkampf abspielte. Ein Teilnehmer, der sich nach dem Kampf im Fort Douaumont ausruhte, erzählte Bernhard Lehmann, er sei gefangengenommen und dann wieder befreit worden. Das hartnäckige Dorf war einem »konzentrischen Angriff« zum Opfer gefallen. Ein Bataillon war von Norden, eins von Nordwesten und eins direkt von Osten her aus dem Fort vorausgegangen. »9.15 vormittags beginnt das gewaltige Artilleriefeuer, 10.45 und 11.45 wird es für kurze Zeit nach vorwärts verlegt, einzelne unserer Leute steigen aus den Gräben; jedesmal glaubt der Feind an den Beginn unseres Sturmes, besetzt seine Stellungen und feuert heftig. Dadurch verrät er die Punkte, wo er noch am wenigsten erschüttert ist, und kann durch rasch dorthin zusammengefaßtes Feuer weiter zermürbt werden«, hieß es später in der Geschichte des Regiments.

Das raffinierte Zusammenspiel zwischen den beiden Waffengattungen war möglich geworden, weil die Artilleriebeobachter das Feuer aus den sicheren Panzerkuppeln des Forts ungestört dirigierten. Das war dem Kommandeur der 5. Feldartilleriebrigade zu verdanken, der bei den Soldaten einen geradezu legendären Ruf besaß – General von Lotterer. Bereits in den ersten Tagen der Offensive hatte er im Bereich der 5. Infanteriedivision für eine gute Abstimmung zwischen Infanteristen und Feldartilleristen gesorgt, indem er unermüdlich zwischen Front und Batteriestellungen hin und her geritten war (am 4. März brachte ihm seine Courage den Tod, er wurde durch einen Granatsplitter getroffen, als er in einem Beobachtungsturm des Douaumont das Geschehen verfolgte).

In einem Turm des Forts hatten MG-Spezialisten inzwischen ein französisches Maschinengewehr eingebaut und sich auch mit der Bedienung der Kuppel vertraut gemacht, so daß sie den Angriff vom Fort aus entscheidend unterstützen konnten. Ahnungslos standen die Franzosen auf dieser Seite in den Gräben und konnten sich nicht erklären, woher das fürchterliche Maschinengewehrfeuer kam, das sie massenweise mit Kopf- und Brustschüssen erfaßte.

Bei den Gefangenen fand man einen heroischen Durchhaltebefehl Pétains: »Das 33. Regiment wird, wenn nötig, zu sterben wissen, aber weichen wird es niemals.«

Mit den Soldaten des 33. Infanterieregiments ging auch der Kompanieführer Charles de Gaulle in die Kriegsgefangenschaft. Pétain, 1913 der Vorgesetzte de Gaulles, hatte ihm ein Jahr vor dem Krieg ein gutes Zeugnis ausgestellt: »Offenbar von Anfang an alle Eigenschaften eines guten Offiziers. Berechtigt zu größten Hoffnungen!«

De Gaulles Gefangennahme vollzog sich immerhin nicht so demütigend wie die meisten Gefangennahmen. Einer der deutschen Infanteristen, denen der »lange Lulatsch« auffiel, ärgerte sich sogar über einen deutschen Offizier, der die gegnerischen Offiziere höflich mit Handschlag begrüßte. Als die Offiziere auch noch mit einem Pferdefuhrwerk nach hinten gefahren werden sollten, anstatt zu laufen, während die deutschen Verwundeten liegenblieben, war der deutsche Gemeine vollends empört: »Weil fast alle meine Kameraden am gleichen Tag gefallen waren, war es für mich ein Schock.«

6

Der Verlust des Dorfes Douaumont am 2. März war für General Pétain ein Rückschlag. Durch den zähen Widerstand des 33. Infanterieregiments hatte er jedoch nicht nur die dringend notwendigen »zwei, drei Tage«, sondern sogar die doppelte Zeit gewonnen. Inzwischen hatte er nicht nur die französische Front stabilisiert, sondern auch die Logistik organisiert, hing doch »Gedeih und Verderb« seiner 2. Armee von einer ungestörten Versorgung durch das Hinterland ab.

Für den Angriff der Deutschen gegen Verdun hatte auch die Tatsache gesprochen, daß sich die Franzosen von vornherein in einer schlechten Position befanden, was ihre Verkehrsverbindungen betraf, ganz im Gegensatz zu dem guten Eisenbahnnetz hinter der deutschen Front. Gerade in einem Krieg, der ein »Eisenbahnkrieg« war, in dem es vom Funktionieren der Versorgungswege abhing, ob ein gefährdeter Frontteil gerettet oder eine Offensive überhaupt in Gang gebracht werden konnte, in dem überhaupt erst durch die Eisenbahn die »Verschiebung der Truppenmassen« ermöglicht wurde, spielte die Einschätzung der gegnerischen Logistik eine entscheidende Rolle.

Bereits am Beispiel der Munitionsversorgung ließ sich die Bedeutung des Schienenstrangs demonstrieren. Ein normal beladener deutscher Munitionszug enthielt, die Daten waren exakt angegeben – 26 880 Schuß für die leichten Feldgeschütze oder entsprechend weniger für die schweren Kaliber – je nach Gewicht der Granaten; die Untergrenze lag bei 2000 Mörsergranaten. Eine einzige Infanteriedivision mit 16 000 Mann, 7000 Pferden und dazugehöriger Feldartillerie von 15 Batterien benötigte rund 36 Züge, um komplett transportiert zu werden – bei einer Zugstärke von 100 bis 110 Achsen, waren das 55 km Waggons. Auf einer Einspurbahn dauerte der Transport zwei bis drei Tage.

Für Pétain war die Frage der Versorgung seiner Armee mit Nachschub, mit Lebensmitteln, Soldaten und vor allem mit Munition (da Verdun sich zu einer Artillerieschlacht entwickelte) prekär: Die beiden einzigen Eisenbahnverbindungen zwischen Verdun und dem Hinterland waren abgeschnitten oder lagen im Bereich der deutschen Artillerie. Die Linie Verdun-Toul war bei St-Mihiel unterbrochen, die westliche Strecke nach Ménehould wurde von der deutschen Fernartillerie »bestrichen«. Übrig blieb als Verkehrsweg nur eine kurvenreiche Schmalspurbahn und eine kümmerliche Chaussee, 75 km lang und 7 m breit, nach Bar-le-Duc, wo die nächste Eisenbahnlinie erreicht wurde.

Die Kronprinzenarmee hatte diese Straße im September 1914 in der Nähe von Souilly kurz überschritten, bevor sich die Auswirkungen der Marneschlacht bemerkbar machten. Nun wurde sie zur großen Überraschung der Deutschen zur Lebensader Verduns. Das Organisationstalent Pétains machte aus der Notlösung ein perfekt funktionierendes logistisches System. Nicht die Beschaffung von Transportautos stellte sich als Schwierigkeit heraus, sondern der Zustand der Straße. Sie war nicht geteert und daher voller Schlaglöcher. Das Anfang März einsetzende Tauwetter verwandelte sie binnen kurzem in einen Schlammbrei.

Die Strecke wurde in vier Hauptabschnitte eingeteilt, für deren Überwachung einzelne Streckenoffiziere verantwortlich waren. Da kein Straßenbaumaterial zusätzlich auf dem Transportweg herangeschafft werden sollte, ließ Pétain einfach mehrere Steinbrüche zwischen Verdun und Bar-le-Duc öffnen und das brüchige Gestein als Schottermaterial an die Straße heranfahren, wo es von Arbeitskolonnen, Territorialsoldaten, zur Arbeit herangezogenen Zivilisten und später auch von deutschen Kriegsgefangenen zerklopft und unter die Räder der vorüberrollenden Fahrzeuge gekippt wurde.

In den Dörfern an der Straße sorgten Abschleppdienste und Reparaturwerkstätten für einen zügigen Ablauf. Den Fahrern wurde befohlen, stehengebliebene Fahrzeuge, deren Motoren streikten, einfach von der Fahrbahn zu schieben, da der Verkehrsstrom nicht eine Minute zum Stocken kommen durfte. Bald fuhren Tag und Nacht, Stoßstange an Stoßstange, die Fahrzeuge auf der Straße, vollgeladen mit Mannschaften, Munition und Verpflegung auf der rechten Seite, zur Front, mit Verwundeten und abgelösten Truppen beladen auf der anderen Seite zurück nach Bar-le-Duc, zwischen den LKWs Stabsfahrzeuge, Geschütze, Nachrichtenwagen, Sanitätseinheiten. Allein schon die Lastkraftwagen bildeten die stattliche Zahl von 3500 Fahrzeugen. Pferdefuhrwerken war die Benutzung der Rollbahn untersagt. Statistiker berechneten, daß während der Zeit, in der die Schlacht in vollem Gange war, im Durchschnitt alle vierzehn Sekunden ein Fahrzeug passierte.

Das hatte die deutsche Führung nicht erwartet. Ein Auto war hinter den deutschen Linien noch immer eine Seltenheit. PKWs waren höheren Stabsoffizieren vorbehalten, mit denen die Truppe ohnehin nur in der Etappe oder auf den Marschierstraßen konfrontiert wurde – »wer im Auto fuhr, war was Besseres oder hatte die Hose voll«, wie ein Angehöriger des Infanterieregiments 87 kommentierte. Die marschierende Truppe wurde oft überanstrengt und abgehetzt, da die Exzellenzen und Stabsoffiziere, die »bequem und schnell vorausfuhren, mitunter jeden Maßstab für die Grenze der Leistungsfähigkeit ihrer Leute verloren«. Die wenigen Lastkraftwagen wurden in den ersten beiden Jahren in erster Linie zum Munitionstransport eingesetzt, da es keine pferdebespannten Munitionswagen für die schwersten Kaliber der Fußartillerie gab. Die 42-cm-Granaten der »Dicken Berta« waren so schwer, daß die damals üblichen LKW-Fabrikate nur 3 bis 4 Geschosse dieses Kalibers laden konnten, ohne daß die Achsblätter sich nicht gefährlich durchbogen.

Daß man auf motorisierten Lastautomobilen auch Truppen schnell von einer Front zur anderen »werfen« konnte, sah man lange nicht ein. So hegte zum Beispiel Kronprinz Rupprecht von Bayern, der Führer der 6. Armee, Bedenken gegen diesen Weg: »Die Lastkraftwagen fassen nicht viel Leute, und diese Beförderungsart verleitet zur Zerreißung der Verbände und zu einer Zersplitterung und einem tropfenweisen Einsatz der Kräfte.« Immerhin wurde Anfang März 1916 eine »fliegende Brigade« der 193er auf LKWs in die Champagne transportiert. Die Soldaten freuten sich über diese Bequemlichkeit. Viele Offiziere fanden stramme Marschleistungen erwähnenswerter.

Dabei war das Automobil schon sehr früh, nämlich 1900, bei den Kaisermanövern, die ja den neuesten Stand der Armee präsentierten, aufgetaucht und zum beliebtesten Vehikel »höherer Kommandoelemente« geworden, doch die Traditionalisten im Kaiserheer sahen »verhängnisvolle Folgen« auf sich zukommen, falls »sich der Führer größerer Truppenverbände ausschließlich auf das Auto verlassen und gänzlich des Pferdes entsagen wollten«. 1906 hatte bei den Manövern in Schlesien eine Transportkolonne von 42 motorisierten Wagen des »Deutschen freiwilligen Automobilkorps« an den Manövern teilgenommen. Aber noch 1913 gab es eine Anweisung Moltkes, nach der die Aufgabe des Kraftwagens »in der Hauptsache in dem Überbringen von Meldungen und Fahren von Offizieren mit dienstlichen Aufträgen« bestand.

Daß die Deutschen das Automobil (ihre eigene Erfindung) unterschätzten, hätte ihnen vielleicht schon 1914 aufgehen müssen, als die Pariser Taxis zur deutschen Niederlage an der Marne beitrugen. Dennoch stellte Pétains Idee, eine fast abgeschnittene Armee durch Lastkraftwagen zu versorgen, auch für die Franzosen eine Revolution dar. Zwischen dem 24. Februar und dem 6. März, innerhalb von acht Tagen, wurden auf 3500 Lastkraftwagen 190 000 Mann und 23 000 Tonnen Munition »im rollenden Einsatz« von Bar-le-Duc in den Festungsgürtel gebracht. Einige sprachen von einer »Wagenkette«, um Pétains System zu umschreiben. Für die Chaussee, auf der sich die Rettung Frankreichs auf Vollgummibereifung abspielte, fand Maurice Barrès später den legendären Namen *»voie sacrée«* – heilige Straße.

7

Trotz der hohen Verluste waren viele deutsche Soldaten bis in den März hinein vom Fieber der Offensive erfaßt und zweifelten nicht an einem Erfolg. »Nun sind wir mitten drin in diesem ungeheuerlichsten aller Kriegstage. Die ganzen französischen Linien sind durchbrochen. Von der wahnsinnigen Wut und Gewalt des deutschen Vorsturmes kann sich kein Mensch einen Begriff machen, der das nicht mitgemacht hat«, schrieb der 36jährige Leutnant Franz Marc, der zu einem bayerischen Ersatz-Feldartillerieregiment (zur Munitionskolonne) in der Woëvre-Ebene gehörte, nach Hause. »Einmal mußte dieser Moment ja kommen, in dem alles eingesetzt wird; aber daß es gelang (und es wird sicher noch weiter gelingen), und zwar gerade am *stärksten* Punkt der französischen Front: Verdun – das hätte niemand geahnt, das ist das *Unglaubli-*

che.« Noch am 2. März zweifelte er »keine Minute an dem Fall von Verdun«. In einem gänzlich verwüsteten Gut bei Braquis in der Nähe von Etain malte er zum Zeitvertreib die Keller mit Fresken aus.

Auf Zeltplanen hatte er überdies »nach einem grob pointilistischen System« mehrere »Kandinskys« gemalt. Mit ihnen sollten Geschützstellungen gegen Fliegersicht und Fliegerfotografie getarnt werden, da die eckigen Geschützmulden und Munitionslager mit ihren viereckigen Zeltplanen leicht entdeckt wurden.

Die deutschen Batteriestellungen bei Braquis lagen vor dem Höhenrand der Côtes Lorraines wie auf einem Präsentierteller vor den Franzosen.

Am 4. März, nachmittags um vier Uhr, geriet Marc mit seinem Pferdeburschen bei einem leichtsinnigen Erkundungsritt in einen französischen Feuerüberfall und wurde von einem Granatsplitter an der Schläfe getroffen. Er war sofort tot. Am folgenden Morgen begrub ihn seine Einheit im Garten von Gussainville. Es war »ein Vorfrühlingstag mit etwas Sonne, dazwischen Schnee- oder Regenschauer aus Wolkenfetzen, die vom Toten Mann her über die Maas in Richtung Douaumont fegten.«

10 Der zweite Anlauf
(6.–11. März 1916)

1

Seit er den Befehl über die Front von Verdun führte, hatte Pétain seinen Stabschef jeden Morgen gefragt, was es Neues »westlich der Maas« gäbe. Die Untätigkeit der Deutschen an dieser Front war für ihn der Beweis, daß »die drüben« ihr Handwerk nicht verstanden.

Er konnte nicht wissen, daß General Gündell sowohl Knobelsdorf als auch Falkenhayn schon frühzeitig auf die Notwendigkeit hingewiesen hatte, gleichzeitig auf beiden Ufern anzugreifen. Da Gündell mehr als sein Vorgesetzter mit der Frontsituation vor Verdun wie kaum ein zweiter deutscher Stabsoffizier vertraut war, befürchtete er, daß die französische Artillerie, die hinter dem Toten Mann verborgen war, den Einheiten in die Flanke schießen würde.

Falkenhayn und Knobelsdorf hatten dennoch entschieden, es bei dem Angriff auf dem Ostufer bewenden zu lassen – »aus Truppenmangel«. General Zwehl, dessen Reservekorps damit in den Feuerbereich der französischen Artillerie vom anderen Ufer geriet, wurde mehrmals versichert, die deutsche schwere Artillerie würde die französischen Geschützbatterien schon »zum Schweigen bringen«.

Noch am 17. Februar hatten die Führer der beiden Armeekorps rechts und links der Maas, General Zwehl und General Goßler, den Aufschub der Offensive dazu benutzt, um Falkenhayn (bei einer Ortsbesichtigung vom »Feldherrnhügel« Montfaucon aus) den gleichzeitigen Angriff auf beiden Ufern dringend nahezulegen. Falkenhayn pflichtete ihren Argumenten an Ort und Stelle bei, ließ sie aber, kaum daß er wieder in Charleville angekommen war, durch Knobelsdorf wissen, es gäbe nur einen Angriff, nämlich den auf dem Ostufer.

Die Folgen dieses »einsamen« Entschlusses ließen nicht lange auf sich warten. Kaum hatte Zwehls VII. Reservekorps die feindlichen Linien überschritten, als es schon aus der Flanke unter Feuer genommen wurde. Das Dorf Brabant war zwar von General Papst, dem Kommandeur der französischen 72. Infanteriedivision, geräumt worden, da er befürchtete, von den Deutschen abgeschnitten zu werden. Doch wurde der weitere Vormarsch der deutschen Infanteristen am Maasufer entlang auch ohne französischen Widerstand zu einer Tortur. General Zwehl entschloß sich daraufhin, zusammen mit General Goßler, ohne große Abstimmung mit Falkenhayn, auf eigene Faust etwas gegen die französischen Stellungen auf dem Westufer zu unternehmen, um die Franzosen zur Rücknahme ihrer vorderen Artilleriestellungen am Toten Mann und bei Cumières zu bewegen.

Sein Versuch, in einem nächtlichen Handstreich Samogneux nach Régnéville über den Kanal und die Maas zu setzen und einen Brückenkopf zu bilden, war am 27. Februar kläglich gescheitert. Die Jäger, Pioniere und Infanteristen, die zur gemischten 77. Brigade gehörten, hatten auch wenig Vertrauen in das ganze Unternehmen gesetzt, da es schlecht vorbereitet war. Über den Kanal hatten Pioniere einen Laufsteg geschlagen, für die Einschiffung standen jedoch nur zwei Pontons zur Verfügung. Der einzige Ponton, der schließlich vom Ufer abstieß, blieb drüben an unsichtbaren Drahthindernissen hängen, die von der um diese Jahreszeit über die Ufer getretenen Maas unter Wasser gesetzt waren. Sofort ließen die Franzosen in Régnéville, das angeblich feindfrei sein sollte, Leuchtraketen aufsteigen und eröffneten das Feuer. Als es hell wurde, lag das Gros der Deutschen immer noch am Kanalufer fest. Daraufhin zog Oberst Eben, der das Kommandounternehmen leitete, alle seine Leute zurück, die wie auf dem Präsentierteller lagen und bei den hohen Pappeln am Maaskanal kaum Deckung fanden. Die Mannschaft im steckengebliebenen Ponton wurde als vermißt abgeschrieben.

Am 6. März trat nun ein, was Pétain lange befürchtet hatte, zu diesem Zeitpunkt jedoch bereits mit Gelassenheit abwarten konnte. Aufgrund der fortgesetzten Klagen der Kommandeure über das französische Flankenfeuer entschlossen sich Knobelsdorf und Falkenhayn nun doch noch, einen Angriff auf dem westlichen Ufer in die Wege zu leiten. Zwei Wochen nach Beginn der Offensive sollte die Infanterie ausbügeln, was die Artillerie nicht geschafft hatte.

Ziel des Angriffs sollte nicht Verdun, sondern der vorgelagerte Marrerücken sein, der mit Fortanlagen gespickt war. Der Weg dorthin führte über zwei beherrschende, waldlose Höhen, Toter Mann und 304, die jenseits des versumpften Forgesbaches aufstiegen und durch den drei Kilometer breiten »Heckengrund« voneinander getrennt waren. Und diese beiden »Schlüsselstellungen« waren wiederum durch befestigte Dörfer und die Höhe 265 gedeckt – es gab kaum einen »toten Winkel« in diesem Verteidigungssystem, das ganz dem Gelände angepaßt war.

Die Truppen des VI. Reservekorps, alles Schlesier, waren alte »Verduner.« Über eineinhalb Jahre hatten sie die dunkle Bergkuppe des Mort-Homme vor Augen gehabt, so daß er ihnen wie »ein alter, brummiger Bekannter« erschien. Obwohl es schneite, fingen am Montag, dem 6. März, auch hier nun die Geschütze mit dem Trommelfeuer an. 10 Minuten vor 12 sollte der Vorstoß beginnen. Dem Angriffsbefehl war eine Notiz hinzugefügt, in der die Infanterie auf Feuerpausen der eigenen Artillerie um 8.50–9.00, 10.00–10.10 und 10.50 –11.06 Uhr hingewiesen wurde: »Diese sind zu Angriffsdrohungen, Vortäuschen des Infanterieangriffs auszunutzen.« Durch das plötzliche Aussetzen des Beschusses sollte der Gegner, der in diesem Augenblick das Heraustreten der deutschen Infanteristen erwartete, aus seinen Stellungen herausgelockt werden, um dann dem erneut einsetzenden Bombardement schutzlos ausgesetzt zu sein.

Kurz vor Mittag fluteten Teile der Regimenter 38, 51 und 82 von den Hängen des Forgeswaldes herab und überquerten auf vorbereiteten, von Pionieren mitgetragenen Behelfsbrücken den Forgesbach. Das morastige, weiche Gelände erschwerte das Vorgehen, brachte jedoch den Vorteil mit sich, daß die französischen Granaten regelrecht lautlos vom Boden »verschluckt« wurden.

Zur gleichen Zeit glückte dem Füsilierregiment 37 mit dem II. Bataillon von Samogneux aus der diesmal gut vorbereitete Maasübergang im großen Stil auf Pontons, kleinen Kähnen und mit Stroh gefüllten, wasserdichten Floßsäcken. Ein Panzerzug, eine seltsame Erscheinung vor Verdun, schob sich auf den unzerstörten Gleisanlagen auf dem linken Ufer aus Richtung Dannevoux heran und riß in die Drahtverhaue eine tiefe Lücke, in die mitgehende Infanterie einsickerte. Da die Lokomotive »reichlich

Dampf machte« und damit den französischen Artilleristen ein großartiges Ziel bot, mußte sich der Zug allerdings bald wieder zurückziehen.

Um 19.00 Uhr war die Höhe 265 genommen. Das Tagesziel, die Wälder vor dem Toten Mann, lag allerdings noch in der Ferne. Die Besatzung im eingeschlossenen Régnéville wehrte sich sogar noch zwanzig Stunden, bevor sie aus Munitionsmangel kapitulierte. Der Gefangenenzug von rund 250 Franzosen, die ihre eigenen Maschinengewehre mit sich nach hinten zu den Sammelstellen der Deutschen trugen, kam bei Samogneux auch an dem deutschen Frontmaler Ernst Vollbehr vorbei, der den Sturm auf dem westlichen Ufer auf seinem Block farbig festhielt, was die gar nicht kleinlauten Franzosen zu spöttischen Witzen veranlaßte.

Vollbehr war eine Entdeckung Knobelsdorfs. Der Chef der 5. Armee hatte den Künstler während der Champagneschlacht kennengelernt und nach Stenay eingeladen. Inzwischen hatte Vollbehr den Kronprinzen, Landwehrsoldaten »mit Kronprinzenpfeife« und Armeeärzte, Soldatenlager, Kirchenruinen und die Argonnenfront im Sonnenuntergang gemalt und auch nicht vor Leichenhaufen gezaudert, wobei er sich freilich auf die Darstellung französischer Toter beschränkte. Nun malte Vollbehr das brennende Forges und bewunderte das Zusammenspiel von Infanterie und Artillerie, die ihr Feuer so prompt vorverlegte, wenn die grünen Leuchtraketen »wie Perlenschnüre« hochgingen. Am 21. Februar hatte es Vollbehr sogar aus der Luft erlebt und im offenen Kampfflugzeug als vierter Mann »das schaurigschöne Schauspiel des Artilleriekampfes« von oben skizziert. Völlig allein stand er am 7. März in Samogneux und malte die Kirchenruine mit dem teilweise verschütteten Friedhof: »Schneeflocken lagen weiß auf den verkohlten Mauer- und Balkenresten. Unheimlich war es in diesem Ort. Nichts Lebendes beobachtete ich während des Malens, außer einer alten, wohl siebzigjährigen Frau und einem alten Mann, die als einzige Überlebende in diesem Schutt noch ausharrten.«

Rabenwald und Cumièreswald wurden am zweiten Tag der neuen Offensive genommen, doch verhinderte der Widerstand in Cumières das weitere Vorgehen an der Maas. Der Ort wechselte sogar mehrmals den Besitzer und blieb schließlich in den Händen der Franzosen. Die Deutschen ließen ihn vorerst links liegen.

Am 14. März, einem der ersten sonnigen Frühlingstage, erreichten die Schlesier vom R. I. R. 38 innerhalb einer Stunde den Toten Mann, nach der exakten Beschießung durch die Artillerie ein »Tohuwabohu von Brocken und Stacheldraht, Löchern und Trichtern, Erdhaufen und zerfetzten Balken«, in dem sich selbst die Verteidiger nicht mehr zurechtgefunden hatten. Die Deutschen zogen ihre MGs nach und richteten sich so gut wie möglich in den zerschossenen französischen Unterständen und Gräben ein, während sich oben bei »idealem Fliegerwetter« deutsche und französische Flugzeuge miteinander herumschlugen.

»Auf den ersten Blick wirkt diese fast ununterbrochene Serie von Fortschritten wie ein gutes Omen«, schrieb später Wilhelm Ziegler, der selber an der Schlacht teilnahm. »Genauer betrachtet aber schrumpft der Geländegewinn – höchstens 3 km Tiefe bei 5 km Breite – auf einen schmal begrenzten Teilerfolg zusammen. Noch immer standen die Eckpfeiler dieses Brückenbogens (der eingedrückten französischen Front) unangetastet. Man war immer noch im Vorgelände.«

Die drei Sturmregimenter hatten über 3000 Mann verloren. Tagelang lagen sie unter freiem Himmel ohne Verpflegung im französischen MG- und Geschützfeuer. Die Toten konnten nicht beerdigt, die Verwundeten nicht zurückgebracht werden. Zwischen Stellungen und Hinterland ging wie überall an der Verdunfront ein »eiserner Vorhang« von Artilleriegranaten herunter, den die Soldaten, die Munition und Essen brachten, nur mit Verlusten passieren konnten. Im amtlichen deutschen Heeresbericht wurde der Erfolg mit Worten bekanntgegeben, die angesichts der wirklichen Vorgänge recht dürr klangen: »Schlesische Truppen schoben mit kräftigem Schwung ihre Linien aus der Gegend westlich des Rabenwaldes auf die Höhe Toter Mann vor.« Eine Angabe über die Gesamtverluste fehlte natürlich – 10 000 Mann.

Das Reserveregiment 38, das die von den Franzosen für unmöglich gehaltene Erstürmung des Toten Mannes zu den »Großtaten« des deutschen Heeres zählte, um vor allem auch den Beweis zu liefern, daß Reserveregimenter den aktiven Truppen um nichts nachstanden, war sogar der Ansicht, man hätte an diesem Tag ohne Schwierigkeiten noch weiter vorstoßen können, wenn nicht der strikte Befehl gewesen wäre, auf dem Toten Mann anzuhalten. Dies war in der Tat ein Fehler, denn nun saßen die Deutschen auf der einen Hälfte, die Franzosen in gleicher Höhe auf der anderen Hälfte des Hügels, der bei genauerem Hinsehen nicht einen, sondern zwei Kuppen besaß. Auf einer französischen Geländekarte, die wenig später neu herausgebracht wurde, versetzte man die Bezeichnung »Le Mort-Homme« einfach ein paar Millimeter nach unten (auf den südlichen Punkt der Doppelkuppe), so daß sich der Gipfel optisch wieder hinter den französischen Linien befand. Auf diese Weise konnten sowohl Deutsche als auch Franzosen behaupten, den Toten Mann zu besitzen.

2

Auf dem Ostufer begann am 8. März ein Vorstoß gegen Fort Vaux. Wiederum sollte das Vorhaben in einem einzigen Zug geschafft, das Fort »überrannt« werden. Knobelsdorf, fern von den unmittelbaren Eindrücken der vorderen Kampflinie, glaubte nach wie vor an den Erfolg der bisherigen Angriffsart: Trommelfeuer und massierter Infanterieangriff. »Die überall in den Drahthindernissen leblos hängenden Opfer redeten eine nur zu deutliche Sprache.« – aber eben nur für die kämpfende Truppe. Diesmal sollten das V. Reservekorps und Lochows III. Armeekorps zum gleichen Zeitpunkt angreifen.

Vom Hardaumont aus gesehen, wo sich die bereitgestellten Angriffseinheiten gegenseitig auf die Füße traten, schien das auf gleicher Höhe liegende Fort Vaux zum Greifen nahe zu sein, doch öffnete sich zwischen Hardaumont und Vauxberg ein Einschnitt von fast 100 m Tiefe. Unten in der Vauxschlucht, die zur Woëvre-Ebene auslief, waren die Häuser von Vaux zu sehen, einem langgezogenen Straßendorf, an dessen westlichem Ende ein großer Teich lag. Ein Bach, etwa fünf Meter breit, und die eingleisige Trasse einer Eisenbahnlinie, die von Fleury herkam, teilten das Tal in zwei Hälften.

Wie immer pünktlich auf die Minute verließen mittags die Abteilungen der am Sturm beteiligten Regimenter nach ausgiebigem Wirkungsschießen ihre Deckungen und liefen in mehreren Wellen den Hang hinunter nach Vaux: vom Nordwesten her, aus dem Caillettewald, ein Bataillon der 24er, im mittleren Abschnitt Lübbener Jäger und Pioniere, aus dem Ostzipfel des Hardaumontwaldes Angehörige des Reserve-Infanterieregiments 19.

Der Angriff lief sich sofort fest. Vom noch nicht besetzten Teil des Caillettewaldes, aus dem Steinbruch unterm Hardaumont, aus dem Dorf und vom gegenüber ansteigenden Vauxberg legte sich ein dichtes Feuernetz aus den Mündungen der französischen Infanteriewaffen über die Angreifer. Teilweise wichen die Franzosen elegant aus und kamen in ihre Stellungen zurück, wenn den Deutschen die Munition ausging. Während die Verwundeten liegenblieben, versteckten sich die Infanteristen in Trichtern und Grabenstücken und warteten bis zum Einbruch der Dunkelheit, um sich unbemerkt zurückzuziehen. Zweihundert Tote und Verwundete blieben auf dem Hang liegen.

Immerhin gelang es dem linken Flügel, eine bastionsartig vorspringende Stellung auf der Hangmitte, den von den Deutschen als »Pfeifenkopf« bezeichneten Rundgraben, einzunehmen. Das kleine, von einem betonierten achtreihigen Drahthindernis umgebene Grabenstück lag voller deutscher und französischer Toter und Verwundeter. Bereits am Vortage war die Stellung für kurze Zeit im Besitz der Deutschen gewesen, bevor die Franzosen die Besatzung überwältigen konnten. Abwechselnd waren mal deutsche, mal französische Infanteristen in Gefangenschaft geraten. Ein Versuch, die Franzosen im »Pfeifenkopf« mit einem Flammenwerfer zu töten, war in der Nacht gescheitert, ein Gewehrschuß brachte den Öltopf zur Explosion, vor dem auslaufenden Öl mußten sich die Pioniere schleunigst nach hinten retten. Der Flammenwerfer begann seinen Schrecken zu verlieren.

Am Ausgang der Schlucht waren die 19er bis zum Bahndamm gekommen, lagen dann aber fünf Stunden fest, von der Besatzung von Vaux unablässig unter Druck gehalten. Um drei Uhr nachmittags befahl der Regimentskommandeur von Langsdorff der 1. und 3. Kompanie, den Steinbruch am Fuße der Nord-Süd-Schlucht anzugreifen, doch mißlang auch dieses Vorhaben. Zwischen den MGs im Dorf und denen im Steinbruch wurden die Kompanien aufgerieben. Von der 3. Kompanie fielen der Kompanieführer, alle Zugführer und die Hälfte der Mannschaft. Daraufhin stellte Langsdorff den Angriff ein, »von der Aussichtslosigkeit aller Versuche, vorwärts zu kommen, überzeugt«.

Obwohl der Sprung über das Vauxtal ziemlich klar mißglückt war, ließ das Generalkommando unter General von Gündell den Kommandeur der Reservedivision, General von Guretzky, durch einen Telefonanruf ziemlich grob wissen, daß es den »sofortigen Angriff mit Einsatz aller Kräfte« wünsche. Gündell hatte sich einreden lassen, Lochows 6. Division befinde sich von Westen her im Aufstieg zum Vauxberg.

Langsdorff gab neue Anweisungen, aber eine frisch hinzugezogene Kompanie der 19er wurde auf der offenen Fläche des Hardaumonthangs im feindlichen Feuer zersprengt. Daraufhin stellte er auf eigene Initiative hin den Angriff endgültig als aussichtslos ein.

Mit dieser Entwicklung im Bereich seiner Division war General von Guretzky keineswegs einverstanden und bot seinem ratlosen Vorgesetzten im Armeekorps einen neuerlichen Angriff »unter Ausnutzung der Dunkelheit« an. Gündell war einverstanden und hielt den verantwortlichen Artilleriekommandeur Ziethen an, noch einmal den Vauxgrund unter schweres Feuer zu nehmen. Im Zwischenwerk Hardaumont versuchten die vorgeschobenen Beobachter, durch ihre Scherenfernrohre die Standorte französischer MG-Nester und Verteidigungsgräben auszumachen, um das Feuer auf sie zu lenken.

Guretzkys rücksichtsloser Befehl war wider Erwarten erfolgreich. Die Franzosen, ebenso erschöpft wie die Deutschen, hatten keinen Angriff mehr erwartet und sich in ihre Deckungen zurückgezogen. In der hereinbrechenden Dunkelheit, in der zudem der Qualm und Rauch der platzenden Granaten die Sicht nahm, überrumpelten die 19er, die nun aus dem »Pfeifenkopf« endlich herauskonnten, die Verteidiger im Vauxgrund. Die 19er gelangten bis an den Ostrand des Dorfes.

Während ein Teil sich auf einen Barrikadenkampf mit den Franzosen einließ, durchwatete ein anderer den eiskalten Vauxbach und wandte sich gegen den Vauxberg. Das Granatfeuer hatte hier entsetzlich unter den französischen Grabenbesatzungen gehaust. 300 Überlebende wurden nach hinten geschickt. Keuchend arbeiteten sich die Kompanien den Steilhang hoch, auf dem bald oben schattenhaft die Umrisse des Forts auftauchten.

Wie beim Sturm auf den Douaumont waren alle Kompanien durcheinandergeraten, viele Offiziere tot oder abgekommen. Einige Gruppen warfen sich erst einmal zu einer Verschnaufpause vor dem letzten breiten Drahthindernis nieder, während andere schon durch das Gewirr der Stacheldrahtreihen kletterten – eineinhalb Stunden zu früh; denn zu diesem Zeitpunkt lag das Fort noch im Beschuß der eigenen Artillerie, die nach genauem Zeitplan schoß und in der Dunkelheit natürlich nichts von dem schnellen Vorstoß bemerkte. Fluchend mußten die Vordersten zurück. Die verabredeten Leuchtsignale – »Feuer vorverlegen« – verpufften wirkungslos in der Luft. Melder, die auf den Weg geschickt wurden, da alle Telefonleitungen vom Bataillonsstand zur Division nicht funktionierten, brauchten Stunden, um ihre Meldungen zu den Kommandostellen zu bringen.

Oben auf dem Berg legten sich derweil die Infanteristen in ehemalige französische Stellungen, die einmal zur Fortverteidigung gedacht waren. Die Kompanieführer suchten ihre Kompanien und auch umgekehrt. Patrouillen, von Neugierigen auf eigene Faust gebildet, drangen noch einmal während der Nacht bis zum Fort vor. Nach ihrer Meinung hätte man die Franzosen durch einen Handstreich überrumpeln können. Den Offizieren fehlte die Übersicht.

Noch am Abend unternahmen die Franzosen einen Gegenstoß nördlich des Dorfes im Tal. Als die 13. Kompanie der 19er als Verstärkung angefordert wurde, ließ ihr ahnungsloser Führer seine Leute in Reih und Glied über die Dorfstraße marschieren und geriet dabei in den von den Franzosen besetzten Teil. Der Gegner nutzte die Verwirrung und nahm einige der fliehenden Deutschen gefangen. Während es auf der einen Fortseite in der Nacht ruhig wurde, arbeitete sich das Reserveregiment 6 auf dem Nordosthang durch Verteidigungsstellungen zum Fort hoch und geriet in der Dunkelheit ebenfalls völlig durcheinander. Die

Verwirrung wurde noch dadurch gesteigert, daß sich zwei Kompanien des Regiments 155, die ebenfalls hier auf das Fort angesetzt waren, durch den Aufmarsch der 6er hindurchfädeln mußten, um in ihren Angriffsstreifen zu kommen. Leute von den 155ern liefen bei den 6ern mit und umgekehrt, andere verloren sich ganz im französischen Streufeuer. »Alle Nachteile eines nächtlichen Gefechts machten sich fühlbar ... Als gegen 11 Uhr abends auch noch die schmale Mondsichel unterging, wurde es stockfinster.«

Das in den blitzenden Granateinschlägen umrißhaft hervortretende Fort oben auf dem Berg gab die ungefähre Richtung an. Doch als der stark versumpfte Vauxbach überschritten wurde, zerriß der letzte Zusammenhalt. »Dauernd fielen die mühsam Schreitenden in unsichtbare, mit eiskaltem Wasser gefüllte Granattrichter.« Während die 19er innerhalb einer knappen halben Stunde oben gewesen waren, dauerte es bei den versprengten, in Gruppen aufgelösten Teilen des Reserveregiments 6 die ganze Nacht. Oben endlich angekommen, legten sich einige unbehelligt durch die Verteidiger vor den Drahthindernissen zum Schlafen nieder.

Ein Zug der 11. Kompanie vom Reserveregiment 6, der am weitesten um das Fort herumkam, entdeckte eine Lücke im Drahthindernis und geriet mit den Franzosen, die in der Überzahl waren, in ein Handgemenge. Die etwa 20 Mann zogen sich zurück und forderten Verstärkung an, doch statt dessen erschien ihr Leutnant, um zu erklären, daß sie hier ganz allein lägen. Bei ihrem weiteren Rückweg gerieten sie in einen französischen Gegenstoß.

Aus der Damloupschlucht stiegen Franzosen herauf und rieben die versprengten und isolierten Gruppen auf. Im Nahkampf wurde mit einer solchen Wut gekämpft, daß die Franzosen die Deutschen, die ihre Waffen wegwarfen, ohne Pardon niedermachten.

Bei Tagesanbruch füllten sich die deutschen Linien auf, die Franzosen zogen sich wieder zurück, als sie bemerkten, daß sie es nicht nur mit versprengten Deutschen zu tun hatten. Unter dem nunmehr in wilder Hast zurücklaufenden Gegner »räumten die Gewehre der Schlesier gehörig auf. Teilweise schossen die Franzosen, teils hoben sie die Hände. Wir machten viele Franzosen nieder«, berichtete ein Leutnant.

Zu einem organisierten Sturm auf das Fort kam es auch am Morgen nicht mehr. Der Offizier, der eine Verbindung zwischen den 19ern und den 6ern herstellen sollte, verirrte sich; die 19er traten allein an und scheiterten. Nun lag französisches Sperrfeuer auf dem Glacis, von der Wallkrone herab feuerten hinter Stahlschilden die Verteidiger, und aus umliegenden Stellungen her, vom Steinbruch bei Vaux, aus Fuminwald und -schlucht schlug rasendes Maschinengewehrfeuer. Von den Deutschen, die mit dem blanken Bajonett bis an die Wallkrone liefen, kamen nur wenige nach dem Abbruch des Angriffs zurück. Damit war der zweite Anlauf gescheitert. Die Angreifer gruben sich erst einmal ein. Die Franzosen verschwanden bis auf Posten in den sicheren Katakomben des Forts, um sich zu erholen.

3

Zur gleichen Zeit erhielt ein Bataillonsführer des nachrückenden Infanterieregiments 64 den Befehl, »die Nordspitze des Montagnerückens zu nehmen«, und die Fuminstellungen der Franzosen (zwischen Vauxberg und Caillettewald) vom Westen her aufzurollen. Fort Vaux sei in deutscher Hand, hieß es. Als er am Gefechtsstand der Brigade auf dem Hardaumont vorbeimarschierte, konnte er jedoch mit bloßem Auge schießende Franzosen auf dem Wall des Forts sehen. Ungeduldig hatten schon seit der Nacht die Stabsoffiziere auf die Nachricht vom Fall des Forts gewartet. Ihrer Meinung nach konnte es durch die »alles zerstörende Wirkung deutscher Mörser« nur noch ein Trümmerhaufen sein.

Auch an Gerüchten fehlte es nicht. Doch wartete der Kommandeur der 9. Reservedivision, General von Guretzky, noch auf die Bestätigung. Als um 8.30 Uhr in seinem 8 km entfernten Gefechtsstand an der Chaussée Gincrey-Maucourt der Fernsprecher klingelte, nahm er persönlich die ersehnte Meldung des Oberstleutnants von Gersdorff vom Reserveregiment 6 entgegen: »Rittmeister von Scheele meldet: Habe mit drei Kompanien 7 Uhr vormittags Fort Vaux erreicht. Habe links Anschluß an 14./

R. 6, rechts an I/R. 19. Trete den Vormarsch mit einer Kompanie weiter an.«

Gersdorff hielt am anderen Ende der Telefonleitung selber die Meldekarte mit dem Text in der Hand, es konnte also kein Zweifel mehr bestehen. Erfreut ging Guretzky zu seinem Generalstabsoffizier, Hauptmann Sichting, und rief ihm strahlend zu: »Wir haben Fort Vaux genommen! Gersdorff hat es soeben gemeldet.«

Er hatte also doch mit seinem Nachtangriff recht getan. In einer Mischung von Stolz und Untertreibung fügte er hinzu: »Es ist ja sehr schön, daß meine Division das zweite Panzerfort genommen, nachdem mein Freund Lochow Douaumont erobert hat. Aber unser Fort war ja ein Kinderspiel: Das war ja bloß ein Trümmerhaufen, der nicht mehr besetzt war.«

Am liebsten wollte Guretzky sofort seinem Vorgesetzten, General von Gündell den Triumph melden, rief jedoch vorerst den Brigadeführer, Oberstleutnant Smalian, auf dem Hardaumont an, in dessen Händen die Leitung des Sturms lag. Smalian, der zu dieser Zeit keine Telefonverbindung nach vorne hatte, äußerte seine Bedenken. Doch inzwischen waren sich Guretzky und sein Stab des Sieges noch gewisser geworden. Ein Generalstabsoffizier von der Infanteriedivision Lochows, Hauptmann von Stülpnagel, hatte durchtelefoniert, daß ein Artilleriebeobachter eine schwarzweiß-rote Fahne auf dem Fort entdeckt habe. Wenig später kam von der eigenen Reservedivision dieselbe Meldung.

Nun sah auch Guretzky durch das Scherenfernrohr ganz deutlich eine deutsche Fahne auf dem Fort wehen. Hauptmann Sichting glaubte sogar zu erkennen, daß die deutschen Stürmer auf dem Fort ihre Gewehre in Pyramiden zusammengestellt hatten, in Gruppen herumstanden und dabei, um sich zu wärmen, die Arme zusammenschlugen. Der Führer eines Feldartillerieregiments, Hauptmann Müller-Kranefeldt, der das Fort immer noch mit Schrapnells und Granaten beschießen ließ, weil er durch das Scherenfernrohr Kämpfe auf dem Fortwall beobachtete, erhielt den »geharnischten Befehl«, sofort das Feuer einzustellen.

Guretzky hatte inzwischen persönlich die Meldung an das Generalkommando weitergegeben. Um 10.05 Uhr trug dort ein Generalstabsoffizier in das Kriegstagebuch des V. Reservekorps ein: »Verschiedene Meldungen der 9. R.D. ergaben folgendes Bild: Bereits am Abend des 8. März waren Teile des R.I.R. 19 in das Fort eingedrungen, hatten sich aber darin nicht halten können. Am Morgen des 9. März war Rittmeister von Scheele mit mehreren Kompanien erneut in das Werk eingedrungen, hatte drei Kompanien dort gelassen und war mit den übrigen weiter nach Süden vorgestoßen, anscheinend bis gegen Battr. 749. Sämtliche übrigen Teile des R. 6 und des R. 19 befinden sich z. Z. auf der Vauxkuppe. Alles gräbt sich ein. Auf Fort Vaux wehe eine schwarz-weiß-rote Fahne; man hätte deutlich einzelne Leute, ohne Gewehr umhergehend, beim Fort gesehen.«

Trotzdem wollte Major Hasse, der engste Mitarbeiter Gündells, sichergehen und ließ bei Guretzky zurückfragen, ob die Meldung an Knobelsdorf weitergehen könne. Als Sichting davon sprach, mit absoluter Sicherheit Sturmtruppen auf dem Fortwall auszumachen, war der Vorgang nicht mehr aufzuhalten. In der Meldung wurde gleich auch noch das Dorf Vaux als »genommen« erwähnt. Beim Oberkommando der 5. Armee wurde schließlich in der Formulierung »ein glänzender nächtlicher Angriff« daraus, dem sich sogar »ein weiterer Vorstoß« über das Fort hinaus angeschlossen hätte.

Natürlich war ein Pour le mérite fällig. Diesmal bekam ihn, um allen möglichen Verwechslungen vorzubeugen, der General, dessen Division das Fort erobert hatte, also General von Guretzky. Der Kronprinz erschien, um den Orden persönlich zu überreichen. Doch kaum hatte der Thronfolger den Gefechtsstand wieder verlassen, als das erste Dementi auftauchte. Durch das Telefon meldete ein Oberstleutnant, daß die Infanterie noch immer vor dem Fort festlag. Mittags erschien ein verwundeter Offizier unaufgefordert auf seinem Rückweg zum Verbandsplatz auf dem Gefechtsstand der Division und klärte die versammelten Offiziere darüber auf, daß Fort Vaux durchaus noch in französischer Hand war.

Die auf der Fortkuppel wehende Fahne entpuppte sich als rotgelbe Signalflagge, und die lässig herumschlendernden deutschen Soldaten standen nicht etwa auf dem Fort, sondern am Rand der Bergkuppe, in einem toten Winkel, den der Gegner nicht einsehen konnte. Guretzky, dem der neue Orden am Kragen schwer wurde, begab sich selber nach vorne. Mitten im feindlichen Artilleriefeuer lief er zu Fuß auf den Hardaumont, in der stillen Hoffnung, durch persönliche Anwesenheit im Brigadegefechtsstand den Dingen noch eine andere Wendung zu geben.

4

Unvorsichtigerweise war die »Eroberung« des Forts bereits weitergegeben worden und am 9. März in den täglichen Heeresbericht und damit an die Presse gelangt. Bei der Truppe sprach man schon von 5000 Gefangenen und 38 Beutegeschützen! Einen Tag später ließ der Heeresbericht notgedrungen verlauten, das Fort sei bei kräftigen Gegenstößen des Feindes wieder »verloren«gegangen, zwei Meldungen, über die sich die französische Presse verständlicherweise sehr amüsierte. Auch in Deutschland ließen die irreführenden Meldungen »vielfach Zweifel an der Ehrlichkeit der deutschen Berichterstattung aufkommen«.

Nachforschungen ergaben, daß Gruppen der 6er tatsächlich das letzte Drahthindernis des Forts »erreicht« hatten. In diesem Sinn hatte auch Rittmeister von Scheele, der die drei Sturmkompanien anführte, seine Meldung an seinen Bataillonskommandeur formuliert. Die Gerüchte waren offenbar dadurch zustandegekommen, daß unerfahrene Offiziere die Wallgräben, in die kleine Patrouillen vorgedrungen waren, für die Bastion selbst gehalten hatten. Im Divisionsstab, der von älteren, aktiven Offizieren besetzt war, verstand man unter »Fort Vaux erreicht« die Einnahme des Werkes, denn nach der Befestigungslehre wurde unter dem »Erreichen« einer Festung das Überwinden des Wallgrabens und die Besetzung des »Kernwerkes« verstanden.

Wieder einmal war der Falsche dekoriert worden. Dazu kam obendrein, daß sogar der Anlaß fehlte. Gündell hielt es deshalb für das beste, dem Orden diesmal die Tat folgen zu lassen, und befahl der Division, das Fort nun endlich zu nehmen. »Die deutsche Führung glaubte am ehesten aus der unerfreulichen Lage herauszukommen, wenn sie am 10. März das erreichte, dessen sie sich am Tage vorher gerühmt hatte.« Diesmal sollte sich Lochow vom III.

Korps mit seiner 6. Infanteriedivision daran beteiligen, die Blamage seines »Freundes« Guretzky auszuwetzen, und den letzten Teil des Vauxgrundes »säubern«. Doch Lochows Truppen führten den Angriffsbefehl nicht aus: Als der Kommandeur des 1. Bataillons der 24er feststellen mußte, daß seine Leute ohne Flankenschutz gegen eine französische Stellung hinauflaufen mußten, entschied er selbständig, sie dort zu lassen, wo sie waren. Ein Jägerbataillon blieb aus demselben Grund im Graben sitzen. Da die 64er vergeblich auf das Vorgehen ihrer Nachbarn warteten, fielen sie ebenfalls aus.

Nur die 12er, die man nicht informiert hatte, brachen von Bezonvaux auf, mußten aber wegen des französischen Sperrfeuers bis zur Dunkelheit warten, um das Vauxtal durchqueren zu können. »Ein schauerlicher Weg«, berichtete später Hauptmann Fabricius. »Auf dem Hardaumont durch Gräben, über zertretene Leichen, durch Drahthindernisse und Granatlöcher den Berg hinunter, offenes Gelände . . . unmöglich, bei Tage das Tal zu überqueren.« Diese Erfahrung sollte bald sprichwörtlich werden.

Als General Gündell die Vorfälle bekannt wurden, drehte er durch und diktierte den Befehl an die Reservedivision Guretzkys, notfalls ohne Flankenschutz vorzugehen. Da die Artillerievorbereitung inzwischen aufgehört hatte, mußten die Kompanien ohne jede Unterstützung antreten. Die Folge: Auf dem vom Mond hell ausgeleuchteten Terrain brachen alle Angriffe im Vauxgrund zusammen.

Nun wollten die Jäger versuchen, die Franzosen mit einem Bajonettangriff zu überrumpeln. Schießen war verboten, die Männer sollten sogar die Patronen aus dem Gewehrschloß herausnehmen. Als sich die Jäger an die feindlichen Drahthindernisse herangepirscht hatten, stellte sich heraus, daß keine Drahtscheren mitgenommen worden waren. Unglücklicherweise beleuchtete ein Haus am Dorfrand, das durch einen auslaufenden Flammenwerfer in Brand geraten war, das Vauxtal. Die Jäger wurden von den französischen Posten entdeckt und verjagt. Dorf und Steinbruch blieben in französischer Hand.

Oben auf dem Vauxberg begannen am frühen Morgen wiederum die Granaten einzuschlagen, Regen und Schneefall trübten die Sicht. Aus Furcht vor Treffern durch eigene Artillerie waren die

Truppen, die im Halbring um das Fort lagen, 200 m zurückgegangen, bis hinter den Hang der Bergkuppe, trotzdem schlugen auch hier deutsche Granaten ein. Die Verbindungsoffiziere konnten nichts daran ändern, da alle Telefonleitungen zu den Geschützbatterien unterbrochen waren.

Um vier Uhr nachmittags sollte gestürmt, doch zuvor ein »Erkundungsbericht« an die Artillerie abgegeben werden. Als dieser Bericht endlich um 17 Uhr einlief, wurde er positiv ausgelegt: »Gegen das Fort waren etwa 400 Schuß schwerer Haubitzenbatterien abgegeben, Kehlkaserne und Fortwall getroffen worden, Franzosen völlig entnervt übergelaufen.« General Ziethen hielt das Fort für »sturmreif«, der Nachtangriff wurde befohlen.

Wieder kamen die Deutschen bis in die vordersten Drahthindernisse, doch jedesmal erschienen im letzten Augenblick die französischen Verteidiger auf der Wallkrone und feuerten auf die offen vor ihnen liegenden Pioniere und Infanteristen. Im Mondlicht hoben sich die Schatten der einzelnen Stürmer nur zu deutlich von der schneebedeckten Fläche ab. Nach Mitternacht befahl Oberstleutnant von Gersdorff, unter dessen Befehl dieser letzte Versuch stand, den Rückzug. Rittmeister Scheele, unschuldiger Urheber der Einnahmemeldung, war vor dem Wallgraben gefallen. Noch am Vormittag wurden die Reste der Kompanien abgelöst, die Randstellungen um das Fort herum mit neuen Truppen besetzt, mit der Absicht, sie bis zum nächsten Sturm nicht mehr preiszugeben. Die Stäbe begannen die Verluste zu registrieren: Tote, Vermißte, Verwundete, Nervenkranke, durch einen »Schock« taubstumm, stumm, zusammengebrochen.

Der spitzbärtige General von Guretzky behielt seinen Orden. Niedergeschlagen meldete er sich bei seinem Vorgesetzten. General von Gündell fand Guretzkys Situation »wenig beneidenswert«.

5

Was bei Fort Vaux geschehen war, erfuhr niemand außerhalb der Kronprinzenarmee. Der bayerische Thronfolger Rupprecht beschwerte sich über die Nachrichtensperre. Im ostpreußischen

Lötzen, dem Hauptquartier von Hindenburg und Ludendorff, machte General Hoffmann seine Witze auf Kosten Falkenhayns: »Mit Fort Vaux scheint sich die OHL etwas blamiert zu haben. Das einzig Gute dabei ist, daß, wenn wir nicht drin waren, wir auch nicht wieder herausgeworfen werden konnten.«

In Charleville hatte der Kaiser schlechte Laune. Er war »ungehalten«, wie man in seiner Umgebung sagte. Aber nicht wegen des »rätselhaften Verlustes« von Fort Vaux, sondern wegen einer »ungezogenen« schriftlichen Eingabe Falkenhayns, wie Admiral von Müller, der Chef des Marinekabinetts, wußte, »im Sinne des baldigsten Beginns des rücksichtslosen U-Boot-Krieges und mit einem Appell wegen der Rettung der Nation und der Dynastie und so ähnlich«. Diese Eingabe hatte den Kaiser beunruhigt, und zum ersten Mal ließ er es an der üblichen Zuversicht mangeln: »Man darf es ja eigentlich nicht aussprechen, und ich tue es ja auch Falkenhayn gegenüber nicht, aber dieser Krieg endet nicht mit einem großen Siege.« Falkenhayn hatte den Mißerfolg bei Fort Vaux zum Anlaß genommen, um am 10. März auf seine Forderung nach der Eröffnung des uneingeschränkten U-Boot-Kriegs zurückzukommen. In seiner Denkschrift hatte er nämlich die Landoffensive bei Verdun mit dem Unterseekrieg so miteinander verkoppelt, daß es wie ein Ultimatum aussah: Da beide Unternehmen letztlich strategisch gegen England gerichtet seien, könne die Verdunoffensive nur Erfolg haben, wenn ein rücksichtsloser U-Boot-Krieg geführt werde.

Damit hatte Falkenhayn, bisher ein gemäßigter, kühler Kopf, eine Kehrtwendung vollzogen und sich auf die Seite der Gegner des Reichskanzlers geschlagen; außenpolitische Folgen schlugen die Verfechter des harten Kurses in den Wind, obwohl sie nicht einmal genau wußten, wieviel Boote die Marineführung eigentlich zum Einsatz bringen konnte (wobei die Marine sogar mit falschen Zahlen operierte, um die Skeptiker von der Wirksamkeit ihrer Waffe zu überzeugen).

Auf der kleinen Flottille der Tauchboote ruhten die ganzen Hoffnungen der Admiralität, seit die großen Schlachtschiffe untätig in ihren Häfen lagen. Von dem Verlust des Kreuzers »Blücher« im Jahre 1915 erschreckt, hatte sich der Kaiser den Befehl zum Auslaufen der Flotte selbst vorbehalten. Der Versuch der deutschen Marine, der »Hungerblockade« durch die Royal Navy mit einer »Gegenblockade« entgegenzutreten, die das Inselreich von den dringend benötigten Versorgungs- und Rüstungsgütern aus dem eigenen Empire und aus den Vereinigten Staaten abschneiden sollte, konnte sich nicht auf Großschiffe, sondern nur auf die U-Boote stützen: Sie waren die »Wunderwaffe«, die die Wendung zum Kriegsglück herbeiführen sollte, wenn das Heer scheiterte.

Bereits das ganze Jahr 1915 war die Frage hin und her gegangen, wie der U-Boot-Krieg geführt werden sollte, als warnungsloser Versenkungskrieg gegen alle Schiffe, die die Insel zu erreichen suchten, oder als »Handelskrieg gemäß der Prisenordnung«. Die Prisenordnung verlangte, daß die U-Boote aufgetaucht operierten, gegnerische oder neutrale Schiffe notfalls durch Warnschüsse anhielten und ein Beiboot mit einem Prisenkommando aussetzten, um festzustellen, ob das betreffende Schiff Konterbande, also kriegswichtige Güter, an Bord hatte. Für die wenigen, sehr zerbrechlichen U-Boote war dies ein riskantes Verfahren, besonders dann, wenn sich die Handelsschiffe als bewaffnete Dampfer entpuppten oder mutige Kapitäne beschlossen, den Angreifer einfach zu rammen.

Die Kriegsmarine, vor allem Admiral von Tirpitz, verlangte daher seit langem, die U-Boote sollten rund um die Britischen Inseln jedes Schiff ohne Auftauchen angreifen und mit ihren Torpedos versenken dürfen. Das hätte freilich bedeutet, daß man nicht mehr zwischen englischen und neutralen Schiffen differenzieren konnte, und brachte daher das Risiko des Kriegseintritts der Vereinigten Staaten mit sich. Als am 7. Mai 1915 die britische »Lusitania« mit 120 amerikanischen Staatsbürgern an Bord versenkt worden war, und die USA einen geharnischten Protest an die Adresse der Reichsregierung schickten, hatte die Marine zurückgesteckt und den U-Boot-Krieg an der englischen Westküste sogar ganz eingestellt. Neuerdings glaubte sogar Falkenhayn, Amerikas Kriegseintritt riskieren zu können, einen Krieg mit den Vereinigten Staaten hielt er nicht für »unerträglich«, zumal ja Amerika selbst den Bruch wollte. Sein Schreiben vom 10. März 1916 kam bezeichnenderweise mehrere Tage nach der Konferenz von Charleville am 4. März, auf der – in Anwesenheit Falkenhayns – entschieden worden war, auf den radikalen Seekrieg vorerst zu verzichten. Falkenhayn hatte sich auf dieser Konferenz nicht durchsetzen können, obwohl er sich mit einem anderen lautstarken Vertreter des unbeschränkten U-Boot-Krieges, nämlich Admiral von Tirpitz, dem »Schöpfer« der deutschen Hochseeflotte, verbündete – Reichskanzler Bethmann Hollweg überzeugte den Kaiser noch einmal von der politischen Gefahr einer totalen Kriegführung. Als Kompromiß war beschlossen worden, nur bewaffnete Handelsschiffe ohne vorherige Warnung zu versenken, die endgültige Entscheidung war um einen Monat vertagt worden. Daraufhin hatte Tirpitz am 9. März seinen Rücktritt vom Amt des Staatssekretärs des Reichsmarineamtes eingereicht. Falkenhayn protestierte, wandte sich dann aber wieder Verdun zu. Er war noch immer der Hoffnung, die Franzosen würden sich bei Verdun »allmählich verbluten«, aber in seiner Umgebung mehrten sich deutlich die Zweifler, zumal Falkenhayns Forderung nach einem rücksichtslosen Seekrieg den Beweis zu liefern schien, daß er von der Wirkung seiner Verdunoffensive nicht mehr überzeugt war, und daß er wohl auch nicht den zähen, unbeirrbaren Willen besaß, der an ihm gerühmt wurde: Kam es nicht zum U-Boot-Einsatz, dann konnte er den Mißerfolg der Verdunoffensive immer noch seinem Gegner Bethmann Hollweg in die Schuhe schieben. (So war es ganz im Sinne Falkenhayns, daß der Kaiser wenige Wochen später seinen Kanzler vor die Wahl »zwischen Amerika oder Verdun« stellte, also das Wohlwollen der USA mit der Niederlage bei Verdun einkaufen). Am 11. März rief Falkenhayn Groener zu sich, um ihm die Ablösung des III. Korps mitzuteilen. »Danach scheint das III. Korps am Ende seiner Kraft«, kommentierte Groener. Die folgenden Überlegungen vertraute er nur seinem Tagebuch an: »Es unterliegt wohl kaum einem Zweifel, daß wir das Fort Vaux überhaupt nicht genommen hatten. Wer für die Falschmeldung verantwortlich ist, scheint noch nicht festgestellt. Den Selbsttäuschungen unsererseits folgen auch im Falle Verdun die Enttäuschungen wie stets im Leben. Wenn unsere OHL doch kritischer an sich selbst wäre! Wie ein roter Faden zieht sich diese Selbsttäuschung durch die ganzen Operationen hindurch vom Beginn bis zum heutigen Tage.«

Groener vermutete Tappens Einfluß hinter Falkenhayns »homöopathischer« Taktik, bei Verdun alle Reserven »tropfenweise« einzusetzen: »Tappen ist unzugänglich und selbst durch starke Enttäuschungen nicht belehrbar.« Weder Tappen noch Falkenhayn hatten nach Groeners Ansicht gemerkt, daß ihre operative Freiheit durch die Entwicklung mehr und mehr eingeengt wurde, sonst hätten sie nicht gleichzeitig Offensiven an anderen Fronten erwogen, so zum Beispiel bei der 4. Armee gegen Ypern.

Verdun verschluckte alle Reserven wie ein Faß ohne Boden, »das Ausbluten hatte begonnen: aber auf unserer Seite nicht minder als auf der französischen«, fügte Groener später hinzu. Nicht nur er verglich Verdun mit Ypern 1914, als zum Beispiel bei Langemarck Regiment um Regiment geopfert wurde, um den Durchbruch zu erzwingen. »Auch jetzt vor Verdun fand Falkenhayn nicht den Entschluß zum Abbrechen.« Schlimmer noch: »Man weiß nicht mehr recht, wer eigentlich der entscheidende Mann ist.«

11 »Eine zu große Aufgabe« (11. März–1. April 1916)

1

Zu den Truppen des III. und des XVIII. Korps, die am 11. März endlich abgelöst wurden, gehörten auch die Regimenter der 21. Infanteriedivision.

Ernst Weckerling kam der Rückmarsch wie der Rückzug der geschlagenen Armee Napoleons vor. Die Verluste wurden gezählt. Beim Infanterieregiment 80 waren es bei den Mannschaften und Unteroffizieren 1233 Mann, bei den Offizieren 29 Mann »blutige Verluste«, worunter alle an der Front Getöteten, Verwundeten und Vermißten rubriziert wurden.

Nicht nur Feindeinwirkung war an dem Erschöpfungszustand der Division schuld, sondern die Ruhr, die wie eine Epidemie um sich griff. Tagelang hatten die 80er im Albainwald in Schnee und Kälte gehockt, ohne jegliche Verpflegung. Da es nicht empfehlenswert war, Feuer zu machen und Kaffee zu kochen, um nicht die Aufmerksamkeit der Franzosen auf sich zu ziehen, hatten viele, deren Feldflaschen leer waren, das eiskalte Schmutzwasser aus den Trichtern getrunken.

Der Durst wurde durch das salzige Fleisch aus den eisernen Rationen noch schlimmer. Wer in den Tornistern toter Franzosen nichts zu essen fand, aß schließlich den steinharten Schiffszwieback, der nur den Vorteil hatte, nicht zu schimmeln. Bei der Truppe ging der Witz um, daß ihn sogar die Pferde verschmähten, weil er ihnen zu hart war. Hinzu kam die seelische Belastung. Die Verwundeten konnten nicht zurückgebracht, die Toten nicht begraben werden, sie wurden in unbesetzte Trichter geworfen. Im Schneegestöber begann am 11. März etappenweise der Rückzug. An der Chambrettes-Ferme sammelten sich die Reste der Regimenter, bevor die Soldaten, die wie Trauben aneinanderhingen, um sich gegenseitig zu stützen, zugweise weiter auf der »Kegelbahn« (wie die schnurgerade in Nord-Süd-Richtung von Azannes auf die Ferme zulaufende Straße – eine alte Römerstraße übrigens – genannt wurde, weil die Soldaten hier im Direktfeuer der Franzosen »wie Kegel purzelten«) nach Ville zurückschwankten. In Ville jedoch gab es kein Aufnahmelager. Die Mannschaften bekamen den Befehl, sich im Pionierpark einzufinden, um Material für den Bau von Unterkünften (Bretter, Dachpappe, Maschendraht) entgegenzunehmen.

Die normale Verpflegung war abbestellt, vorerst gab es nur Kakao, zum »Stopfen«, einmal sogar Weißbrot, sonst nichts. Die großen, in Ville errichteten Latrinen – lange Holzbalken an offenen Gruben – waren Tag und Nacht besetzt, obwohl die Kranken nichts als Schleim und Blut von sich brachten.

2

Die Regimenter des III. und des XVIII. Armeekorps waren »bis zur Schlacke ausgebrannt«, wie es in der arroganten Sprache der Generalstäbler hieß. Weder Fort Vaux noch die kleineren Blockhäuser und Zwischenwerke zwischen Douaumont und Thiaumont waren gewonnen, die Front auf dem Ostufer stand still, für die Stellungsregimenter verschlechterte sich sogar die Lage.

Als Heilmittel schien eine Neugruppierung der Befehlsverhältnisse notwendig. Die Front, bisher in die Abschnitte der drei Korpskommandeure gegliedert, wurde zwischen Maas und Vaux in der Angriffsgruppe Ost zusammengefaßt. Den Oberbefehl erhielt General von Mudra, ein Spezialist für Festungsaufgaben, der zu diesem Zweck am 19. März aus den Argonnen geholt wurde. Von seinen Erfahrungen als Pionier erhoffte sich Knobelsdorf den entscheidenden »Zündfunken.«

Noch am Tag seiner Ankunft machte von Mudra in einer »Anweisung für die Fortführung des Angriffs« mit seinem Erfolgsrezept bekannt: »Das Vorgehen der Infanterie ist ein Heranarbeiten an den Feind, unter Umständen gruppenweise in mehr oder weniger ausgedehnten Sprüngen. Deckung in Großtrichtern nehmen; Trichter untereinander verbinden, nach rückwärts durch Sappen, und damit neue Angriffsstellungen schaffen. Dieses Vorarbeiten muß Tag und Nacht im Fluß bleiben.«

Nun erreichten neue Direktiven die Truppe, in denen zumindest einige taktische Fehler der bisherigen Kämpfe beim Namen genannt wurden: »Bei allen Angriffen hat sich gezeigt, daß die Schützenlinie für den Sturm im Waldgelände und gegen Hindernisse unbrauchbar ist. Sie ist nicht gelenkig und ballt sich zusammen. Wenn ein Mann sich vor einem Hindernis oder einem MG hinlegt, machen es die Nebenleute nach. Der Führer hat keinen Einfluß. Der Sturm stockt. Diese Fehler werden durch zahlreiche kleine Sturmkolonnen vermieden. Der Führer hat seine Leute in der Hand. Bleibt eine Abteilung liegen, gehen die Nachbarabteilungen weiter, umgehen Hindernisse und Blockhäuser, greifen flankierend an und helfen sich gegenseitig vorwärts.« Die Taktik des »Stoßtrupps« und des »Einsickerns« in die feindlichen Linien wurden von nun an fleißig geübt.

Auch an die Feldartillerie ergingen neue Weisungen. Sie wurde aufgefordert, mehr die Gefahr mit der Infanterie zu teilen: »Von der Feldartillerie verlange ich, daß sie nachts Geschütze bis in die Infanteriestellungen vorbringt und einbaut. Zweck: Zerstörung von Blockhäusern, MG- und Beobachtungsstellen in direktem Schuß aus kurzer Entfernung. Die Geschütze können zurückgenommen werden, wenn sie ihre Aufgabe erfüllt haben.«

Das war leichter gesagt als getan, denn im Gegensatz zu den Argonnen gab es vor Verdun unter den allgegenwärtigen Augen der feindlichen Fesselballonbeobachter, die auf jeden Mann im Gelände schießen ließen, kaum ein Fleckchen, in dem ein Geschütz sich hätte verstecken können. Die Hochwälder in der Chauffourschlucht, im Caillette- und Hassoulewald hatten sich in Trichterwüsten verwandelt, aus denen die abgeschlagenen Stämme wie »Besenstiele« oder »Zahnstummel« hervorstanden. Trotzdem begann überall eine rege Schanz- und Ausbauarbeit, nur »was im Dunkel der Nacht an Erdarbeiten entstand, ebneten Artillerie- und Minenfeuer am Tage wieder ein. Es war ein Werk ohne Ertrag und Hoffnung auf Besserung«. Da die Feldartilleristen, die ihre Geschütze auf den Vauxberg ziehen sollten, bereits in dem von Trichtern übersäten Morast des Vauxgrundes stekkenblieben, der selbst den Fußmarsch zu einer Qual machte, kam das Korpskommando hier auf die Idee, Gebirgsgeschütze zu beantragen.

In der Tat hätten die auseinandernehmbaren, leicht beweglichen

Feldgeschütze der Gebirgstruppen die Ideallösung bedeutet. Die Urheber der Idee hatten nur nicht bedacht, daß eine Karawane von Tragtieren nur unter großen Verlusten nach vorne kam: »Was nützte es dann, glücklich die Hälfte der Geschützteile in die vorderste Linie gebracht zu haben, wenn der Rest hinten in Trichtern lag und man nicht schießen konnte?«

3

Um auf dem westlichen Maasufer gleichzeitig mit dem Toten Mann die Höhe 304 anzugreifen, hatten Anfang März die Kräfte gefehlt. Nun mußten die schweren Mörser, die den Toten Mann beschossen hatten, abgebaut und in die Gegend von Montfaucon gebracht werden, um die Höhe 304 unter Feuer zu nehmen. So rutschte das Schwergewicht der Artillerie von der einen Seite auf die andere hinüber, und die Franzosen konnten sich, nunmehr weniger »belästigt«, auf dem Toten Mann wieder an die deutschen Stellungen heranarbeiten.

General von Goßler, der Kommandeur des VI. Reservekorps, hatte laut Angriffsplan die Höhe 304 nicht frontal, sondern von Westen her anzugehen; denn die Front machte an dieser Stelle eine Krümmung und reichte weit in die französischen Linien hinein. Hier lagen das Dorf Avocourt und am Forgesbach das Doppeldorf Malancourt und Haucourt, von denen das eine 1914 schon einmal von deutschen Truppen besetzt gewesen war. Die württembergischen Landwehrtruppen hatten bis Ende 1915 an diesem Frontabschnitt ein beschauliches Leben geführt. Aus dem kümmerlichen Waldhof Cierges bei Montfaucon war im Laufe der Zeit ein Etappenort geworden, der solche Annehmlichkeiten wie ein Kino, eine Rasierstube, eine Bade- und Waschanstalt, eine Kegelbahn und sogar einen Zeitungskiosk enthielt. Stolz wiesen die alten Landwehrsoldaten darauf hin, die Bewohner dieses Ortes zum ersten Mal mit dem elektrischen Licht bekanntgemacht zu haben – »auch eine Kriegserrungenschaft«. Die Einwohner hätten sicherlich gerne zusammen mit der deutschen Einquartierung darauf verzichtet, denn die Masse der zusammengedrängten Troß- und Artillerieeinheiten mit unzähligen

Pferden führten zu einer Rattenplage. Die Zahl der Nagetiere wurde auf 25 000 geschätzt.

Den Deutschlehrern unter den älteren Landwehroffizieren war natürlich nicht entgangen, daß man sich auf »welthistorischem Boden« befand. Während der »Kampagne in Frankreich« hatte Goethe im Gefolge des Herzogs von Weimar am 11./12. September 1792 in Malancourt übernachtet, das freilich schon wieder in französischer Hand war. Und Valmy war nicht weit. Ihre Sturmstellungen mußten sich die Bayern, die inzwischen aus Serbien eingetroffen waren, selbst bauen. Die 11. bayerische Infanteriedivision war eine Elitedivision, ihr Kommandeur von Kneußl hatte für die Eroberung einer Stadt mit dem unaussprechlichen Namen »Przemysl« den Pour le mérite bekommen.

Den Franzosen blieben die vorbereitenden Arbeiten natürlich nicht verborgen. Immer wieder zerschlug ihre Artillerie die Splittergräben und Deckungsbauten. Die Tagesverluste lagen in dieser Zeit bei 50 Mann.

Am 20. März morgens um 8.00 Uhr begann das Trommelfeuer auf den Wald zwischen Avocourt und Malancourt. Während die Angriffstruppen in den Stollen saßen, zerstörten die Granaten den ehemals dichten Wald so nachhaltig, daß die »frühere Sorge um das Vorgehen unnötig« wurde; das »höllische Feuer hatte aus dem Dickicht eine Lichtung« gemacht, in dem nur noch kahle Baumstämme standen.

Fast alle vorderen französischen MG-Nester waren nach dem achtstündigen Bombardement zerstört. In den ersten feindlichen Linien fanden die Sturmkolonnen, denen Handgranaten- und Flammenwerfertrupps vorausliefen, nur noch Tote. Die Überlebenden – »einige am ganzen Körper zitternd« – waren demoralisiert und konnten ohne Bewachung nach hinten geschickt werden. Als die Bayern nach vier Stunden den Südrand des Waldes, das Ziel ihrer ersten Sturmetappe erreichten, hatte der Tag kaum Verluste, doch über 3000 Gefangene, darunter ganze Regimentsstäbe eingebracht, weiterhin fast 30 Maschinengewehre, eine Ehrenfahne des französischen 11. Infanterieregiments und eine unzerstörte Küchenanlage mit fertiger Suppe.

Nur der Angriff des Augsburger Infanterieregiments 3, das, mit schlesischen Pionieren zu einer Brigade zusammengefaßt, im Wald von Malancourt in Richtung auf den bald berüchtigten »Termitenhügel« vorstürmen sollte, hatte anfangs Schwierigkeiten gehabt. Sprengladungen, die Breschen schlagen sollten, gingen nicht in die Luft, das Trommelfeuer lief der zögernden Infanterie weg, und es gab erbitterte Nahkämpfe. Zwei Tage später war jeder Optimismus verflogen.

Vor den Deutschen lag nun als nächste Etappe die der Höhe 304 vorgelagerte Höhe 279. Bevor hier weiter vorgegangen werden konnte, mußten jedoch erst zwei schlesische Regimenter (das Reserveregiment 10 und das aktive I.R. 22), die dem Doppeldorf vorgebauten »flankierenden« Stellungen einnehmen.

Doch man war nicht mehr am Anfang der Verdunschlacht. Die Franzosen waren jetzt vorbereitet, ihre Artillerie in voller Stärke aufmarschiert. Der Angriff beider Regimenter am 22. März endete in einem Fiasko. Diesmal war in dem unübersichtlichen Gelände so gut wie kein MG-Nest getroffen worden. Im Stellungsgewirr von Malancourt-Haucourt blieben die Schlesier stekken. Die französische Artillerie war bereits während des deutschen Trommelfeuers so stark gewesen, daß Spötter von einem »Angriff mit feindlicher Artillerievorbereitung« sprachen.

Zwar erreichten die beiden Regimenter die ersten Tagesziele, zwei Anhöhen vor dem Doppeldorf, waren danach aber zu erschöpft, um den Angriff planmäßig fortzusetzen. Viele Reserveoffiziere, die in ihrer Einsatzfreudigkeit den adligen Berufsoffizieren nicht nachstehen wollten, waren tot, die Kompanien regelrecht »zusammengeschossen«. Zwei Bataillone, für später zurückbehalten, mußten eilig nachgeschoben werden, um die gewonnenen Positionen – Erdlöcher und zerschlagene Gräben, in die der Gegner von der Höhe 304 hineinsehen konnte – zu »sichern«.

Nun mußten die Bayern ohne ihre Nachbardivision angreifen. Kneußl befürchtete, daß sie dabei das gesamte Abwehrfeuer der Franzosen auf sich ziehen würden, und fragte mehrmals beim Korpskommandeur an, ob der Befehl auch wirklich heraus sollte. Goßler war jedoch »entschlossen, die gesteckten Ziele zu erreichen«. Über die wahren Verhältnisse vorne lagen bei den höheren Stäben wie immer keine genauen Nachrichten vor. Wieder einmal würden sie sich mit dem begnügen, was sie im Lauf des nächsten

Tages, wenn es zu spät war, erfuhren.

Auch die aufgelockerte Kampfweise der Bayern mit den vor der Infanteriemasse herlaufenden Handgranatenstoßtrupps half nicht. Das gesamte Gelände um die Höhe 304 war durch raffiniert aufgestellte französische Maschinengewehrnester gesichert. Während des Vorgehens blieben im Rücken der Deutschen Widerstandsinseln, oft betonierte Erdwerke, sogenannte »Franzosennester«, meist unbemerkt völlig intakt, deren automatische Waffen erst im letzten Moment zu feuern begannen. Als ob sie blind für die Gefahr wären, liefen die Infanteristen, durch ihre Offiziere nach vorne gerissen, immer wieder in das Maschinengewehrfeuer hinein. Ganze Kompanien blieben in den Stacheldrahtverhauen hängen.

Die Ursache für das Scheitern lag auf der Hand: doppelte Flankierung durch die Franzosen, ungenügende Artillerieunterstützung, falsche Disposition der Führung. »Ausbaden« mußte es die Truppe, im wahrsten Sinn des Wortes. Denn der zweite Anlauf gegen die Höhe 304 ertrank buchstäblich im Schlamm. Regengüsse verwandelten die aufgewühlte Landschaft, in der es keine Straßen und Wege mehr gab, in ein »Schlammlabyrinth«. Erdlöcher liefen voller Wasser, Grabenwände stürzten ein, Verwundete, die sich nicht bewegen konnten, ertranken oder wurden von den Vorwärtshastenden in den Morast getreten. Leichen verschwanden spurlos.

Die Nachschubkolonnen blieben stecken. Manche Leute kamen ohne Stiefel an, der zähe Lehmbrei drang von oben in die Stiefel ein und füllte sie auf, so daß sie der Träger nicht mehr aus der Erde herauszuziehen vermochte. Als zu viele in Strümpfen zurückkamen, ließ ein Stabsoffizier sogar den Befehl herausgeben, im Schlamm verlorene Kleidungsstücke einsammeln zu lassen, offener Hohn für die ermüdeten Leute. Die Gewehre verdreckten, Munition und Ausrüstungsgegenstände versackten, die Geschütze der Feldartillerie standen an einigen Stellen bis zu den Achsen im Schlamm, so daß ein Stellungswechsel nicht mehr durchgeführt werden konnte.

Am 23. März brach Goßler endlich das aussichtslose Unternehmen ab und disponierte um. Während des Stellungswechsels der schweren Geschütze mußten die Truppen ohne Artillerieunterstützung in den bisher erreichten Linien aushalten, während die Franzosen sofort zu Gegenstößen ansetzten.

4

Auf dem Ostufer war inzwischen das Dorf Vaux Haus für Haus von den Deutschen besetzt worden. Nachdem die Masse der schweren Artillerie ganz auf den Abhang des Hardaumont konzentriert worden war, fiel auch der Steinbruch oberhalb vom Dorf und mit ihm die französischen Stellungslinien mit dem »Gambettagraben« und dem »Pariser Graben« nördlich des Dorfes. Am Damm des Vauxteiches, der die Vauxschlucht an dieser Stelle blockierte, lief sich der Angriff schließlich fest, bei Gegenangriffen der Franzosen gerieten Teile des 7. Reserveregiments bei Vaux sogar in französische Gefangenschaft. Unmittelbar südlich des Forts Douaumont besetzte das Infanterieregiment 73 den »Garibaldigraben« in 400 m Länge, so daß niemand mehr den Eindruck hatte, daß die Franzosen ständig am Eingang des Forts anklopften.

Kleine Erfolge immerhin, im allgemeinen aber überwog überall die Enttäuschung. Ursprünglich hatte der neue Oberbefehlshaber des rechten Maasufers, General Mudra, weitergehende Pläne gehabt: Angriffe gegen Fort Vaux und Wegnahme des Dorfes Damloup am äußersten linken Flügel der Front. Daraus war allerdings nichts geworden. General von Gündell war nur noch mit kleinen Vorhaben einverstanden gewesen. Trotzdem hatten die beiden Divisionen seines V. Reservekorps in der Zeit vom Beginn der Offensive bis zum 25. März schon schwere Verluste gehabt – 9000 Mann.

Gündell begrüßte Mudras Befehlsübernahme, er erhoffte sich eine Erleichterung seiner Stellung zum Armee-Oberkommando, da der Ton zwischen Knobelsdorf und ihm täglich an Gereiztheit zunahm. Knobelsdorfs tägliche Ferngespräche waren so »unerträglich« geworden, daß sich Gündell sogar bei Falkenhayn beschwerte. Mudra hatte auch sofort eingesehen, daß ein Angriff auf Fort Vaux mit einem Vorstoß auf den Caillettewald gekoppelt werden mußte. Am 24. März war Gündells Begeisterung allerdings etwas gesunken – die neue Führung schrieb »entsetzlich viel«, solche bürokratische Emsigkeit hatte Gündell nicht erwartet. Die Truppe lag derweil fest und büßte fast 300 Mann jeden Tag ein.

Vorne war man jetzt nicht mehr bereit, alle Initiativen einfach der oberen Führung zu überlassen, sondern bemühte sich, den hinteren Stäben zu zeigen, wie die Situation wirklich aussah. Über die Lage auf dem Vauxberg berichtete der der 10. Reservedivision unterstellte Pionierhauptmann Lindow: »Andauernde Beschießung, mangelhafte Ernährung und Übermüdung der Truppe haben statt Fortschritte nur Rückschritte zur Folge gehabt. Eine Sturmstellung ist nicht vorhanden. Annäherungsgraben nur ½ m tief, Stollen zur Aufnahme der Truppe müssen erst gebaut werden ... Ein Sturm ist nach meiner Ansicht ausgeschlossen.«

Der Divisionskommandeur General von Bahrfeldt entschloß sich »nach schwerem inneren Ringen« zu der Meldung, ein Angriff der 10. Division sei ausgeschlossen. »Offiziere und Mannschaften sind durch die wochenlangen Kämpfe apathisch und entkräftet. Die unerhörten Anforderungen gehen auf die Dauer über menschliche Kraft. Nur geringe Teile der Truppe, die im Februar bei Bezonvaux und auf dem Hardaumont gestürmt, sind noch vorhanden. Der Rest ist minderwertig ... Auch die Vorbedingungen für den Sturm fehlen gänzlich.«

Es gehörte Mut dazu, solche Berichte »nach oben« zu schicken; denn es war abzusehen, daß General Mudra und erst recht Knobelsdorf nicht darüber begeistert sein würden. Bahrfeldt meinte denn auch zu seinem Generalstabsoffizier: »Passen Sie auf, auf diesen Bericht hin hängen sie mich auf!«

Auf dem Dienstweg gelangte der Bericht zu General Gündell, der ihn (ein außergewöhnlicher Schritt!) zum Anlaß nahm, Mudra persönlich aufzusuchen: Der Befehlshaber der Angriffsgruppe Ost, so bat Gündell, möge doch unter diesen Umständen von einem Sturmangriff auf das Fort Vaux Abstand nehmen, seine Truppe sei erledigt. Mudra fand sich bereit, den Bericht Bahrfeldts an das Oberkommando der 5. Armee weiterzugeben.

Dort hörte man derlei tatsächlich nicht gern, und General von Knobelsdorf glaubte auch zu wissen, wie man die abgekämpften

Divisionen wieder in Schwung bringen könnte. Er verzichtete wohlweislich darauf, Mudra, Gündell oder gar den General von Bahrfeldt über den Sachverhalt zu befragen, sondern ließ statt dessen Major Hasse, den Generalstabschef von Gündell, ins Hauptquartier nach Stenay kommen. Einen der karrierebewußten Generalstabsoffiziere von der Kriegsakademie glaubte er leichter unter Druck setzen zu können als die Troupiers. Knobelsdorf irrte. Obwohl er Hasse im Beisein des Kronprinzen mit den Ausführungen Gündells konfrontierte und auch die Frage im Raum stehen ließ, ob die Truppe unter einem anderen Generalstabsoffizier vielleicht weniger »abgekämpft« wäre, blieb Hasse standhaft: Die Divisionen seien erschöpft.

Schließlich gab Knobelsdorf nach. Man werde den Sturm auf das Fort Vaux eben aufschieben, bis neue Truppen da wären.

In der Zwischenzeit nahm Knobelsdorf Rache an General Bahrfeldt. Zwar wurde der Divisionär nicht »gehängt«, aber er wurde »gefeuert«. Das Kommando über die 10. Reservedivision erhielt Generalleutnant Dallmer.

Als dieser sich bei Gündell meldete, blieb der Blick des Korpskommandeurs an Dallmers Eisernem Kreuz hängen. Es stammte aus dem Jahre 1870. Trotzdem, meinte Gündell, wirke der neue Mann noch »recht frisch«.

5

Wäre Knobelsdorf ehrlich gewesen, dann hätte er die Offensive spätestens Mitte März als gescheitert ansehen müssen. Die Zeit der Anfangserfolge war längst vorbei, die Truppe hatte schwere Opfer gebracht. Über die deprimierende Situation bei Fort Vaux, wo sich die stärksten Stellungen der Franzosen befanden, konnte sich das Oberkommando seit General Gündells Bericht nicht mehr hinwegtäuschen. Das V. Reservekorps war am Ende. Auf der anderen Seite der Maas sah es nicht viel besser aus. Die Höhe 304 war noch immer in feindlicher Hand. Auf dem Toten Mann bauten die Franzosen ihre Stellungen aus, offenbar um die Rückeroberung vorzubereiten.

Abermals entschlossen sich Falkenhayn und Knobelsdorf zu

einer Neuordnung der Befehlsverhältnisse. Nachdem die Front bereits rechts der Maas zur »Angriffsgruppe Ost« zusammengefaßt worden war, stellte von Knobelsdorf nunmehr auch das Westufer unter einheitliches Kommando. Den Oberbefehl über die neugebildete »Angriffsgruppe West« erhielt General von Gallwitz, ein Artilleriespezialist, der vor dem Krieg Inspizient der Feldartillerie gewesen war und 1914 entscheidend am Fall Namurs mitgewirkt hatte.

Als Gallwitz am 28. März, vom bulgarischen Kriegsschauplatz heranbeordert, im Zug dem Großen Hauptquartier zufuhr, begleitete ihn schon von Metz an das dumpfe Echo des Kanonenfeuers, das von Verdun herüberdrang und, wie er sich sagte, auf »reicheren Munitionsaufwand« schließen ließ, als er es gewohnt war. In der Präfektur von Mézières empfing ihn Falkenhayn und machte ihn mit den neuen Befehlsverhältnissen bei der 5. Armee vertraut: Die Kronprinzenarmee sei durch die Ausdehnung der Angriffsfront zu groß geworden, eine Entlastung der Armeeführung sei dringend nötig, zumal der Generalstabschef von Knobelsdorf »etwas überanstrengt« wirke.

Trotz fehlender amtlicher Unterrichtung war Gallwitz die Situation vor Verdun nicht unvertraut. Anfang März hatte ihm General von Lauter bei einem Besuch in Veles indirekt zu verstehen gegeben, daß die Lage bei Verdun schwieriger war, als es sich »die Optimisten« gedacht hätten. Zwar seien die Beute und die Zahl der Kriegsgefangenen erheblich gewesen, doch habe man bereits alle Angriffskorps einsetzen müssen und 20 000 Mann Verluste erlitten, Vaux sei wieder verlorengegangen. Falkenhayn habe bereits von vornherein für den Fall, daß Verdun nicht fiele, sich mit der beruhigenden Wendung von der »Frontverbesserung« abgefunden. Die Schlußfolgerung zog Gallwitz: Man hatte den Stier bei den Hörnern gepackt, zum »Durchführen« fehlten die Kräfte.

Nach dem Gespräch mit Falkenhayn sah Gallwitz seine Vermutungen bestätigt. Abends schrieb er ins Tagebuch: »Eine zu große Aufgabe mit unzureichenden Mitteln unternommen.« Der Kaiser, bei dem sich Gallwitz einen Tag später meldete, ließ sich bei Tisch Einzelheiten von der Front an der griechischen Grenze erzählen, wich dem Thema Verdun aber nicht aus. Jetzt handele es sich nicht mehr um eine Offensive, meinte er vage, sondern um »eine Art Belagerung«, bei der wir den Feind zermürben müssen«. Jede Übereilung sei zu vermeiden.

Nachdem Gallwitz auch das Hauptquartier in Stenay besucht hatte, fuhr er am 30. März zum Bois de Consenvoye, um vom Hochstand aus durch das Fernrohr einen Blick auf die Front zu werfen. Wie andere vor ihm bemerkte auch Gallwitz »die berüchtigte Leere des Schlachtfeldes«. Die ganze Gegend war durch das weitverzweigte Netz von Verbindungsgräben aufgewühlt und unübersichtlich. Ein lebhafter Artilleriekampf war im Gange, wobei die französische Artillerie, wie Gallwitz feststellte, ausgezeichnet schoß, »meist ohne Streuen«, offensichtlich auf Grund guter Beobachtung. Auf dem Gänserücken waren gerade vier schwere Feldhaubitzen der Deutschen durch Volltreffer ausgefallen.

Nach dem Studium des hügeligen Geländes auf dem Westufer wurde ihm klar, daß mit den Mitteln eines einheitlichen »flotten« Angriffs nichts zu erreichen war. In Frage kam nur ein allmähliches Vorarbeiten, ganz wie Knobelsdorf (inspiriert durch Mudra) gesagt hatte. Besprechungen mit den einzelnen Resortleitern schlossen sich an, um eine Übersicht über den Zustand der Truppe und ihrer Versorgung zu gewinnen. Oberst Bauer, der Artilleriereferent bei der OHL, gewissermaßen von Amts wegen aufs sparsame Umgehen mit Munition bedacht, klagte über den »ungebührlichen Grad der Artillerieausnutzung«. Für ein so kleines Unternehmen wie dem Vorstoß gegen Malancourt sei die Ladung von acht Munitionszügen verbraucht worden! Noch bedenklicher als der Munitionsverbrauch sei der Materialverschleiß bei den Artilleriebatterien: Vor allem bei den besten, neueren Geschützen, den 10-cm und 13-cm-Kanonen, dann bei den schweren Feldhaubitzen »13« sei ein Ausleiern und Versagen der Geschütze festzustellen. Nach Ansicht Bauers schien Falkenhayn sogar zu schwanken, ob er den weiteren Angriff auf Verdun anordnen oder aufgeben solle, was allerdings »einen fühlbaren moralischen Rückschlag« bedeuten würde.

Zuerst gab Gallwitz für die Verwendung der Artillerie neue Richtlinien: die schwere Artillerie sollte nur noch bei einwandfreier Beobachtung schießen, Steilfeuer nachts nur noch in Ausnahmefällen erlaubt sein; statt dessen sollte die Feldartillerie weiter vorgezogen und stärker eingeschaltet werden, z. B. zum »Unterfeuerhalten von Geländeteilen«. Die Bataillonsführer erhielten nun die Erlaubnis, selber Sperrfeuer auszulösen – der Dienstweg (ein Dienstumweg über die Genehmigungsinstanz der Artilleriekommandeure) wurde also vereinfacht.

Bereits am 3. April erschien Falkenhayn zu einem Besuch, um sich über die Absichten Gallwitz' zu informieren. Der Notwendigkeit schrittweisen Vorgehens stimmte er zu, war jedoch wenige Minuten später erstaunt, daß man nun auf den großen Plan, die Malancourt-Bethincourt-»Ausbauchung« gleichzeitig von beiden Seiten abzuzwicken, verzichten wollte, zugunsten von Teilunternehmen. Gallwitz instruierte ihn über den Einfluß der feindlichen Artilleriegruppierung im Hessewald und auf dem Marrerücken und über seinen eigenen von ihm vorgenommenen Umbau der Artillerie. Er hatte den Eindruck, daß Falkenhayn von ihm ein »vortreffliches Sonderrezept« erwartete, nach dessen Anwendung bald alles vorangehen werde. Mit der sibyllinischen Erklärung, daß die sorgfältige Vorbereitung der Angriffe sicherlich Zeit kosten würde, die OHL jedoch Wert darauf lege, daß kein Stillstand eintrete, verabschiedete sich Falkenhayn. Gallwitz machte vor allem die Bemerkung seines Vorgesetzten nachdenklich, daß die Franzosen ihre Lage bei Verdun offenbar als gesichert ansähen.

6

Weder Knobelsdorf noch Gallwitz ahnten, daß Falkenhayn das ganze Verdununternehmen längst unheimlich war. Seit längerem hatte der Chef des Generalstabes seine Zweifel an einem »günstigen Ausgang« der Schlacht. Die Verlustzahlen waren ihm bekannt, er wurde täglich informiert. Nach welchen Kriterien der Verlauf der Operationen zu beurteilen sei, schien Falkenhayn allerdings selbst nicht zu wissen. Anfang April kam es zum ersten Meinungsaustausch zwischen OHL und AOK 5 über die »Fortführung der Offensive«.

»Über die Bedeutung, die einem weiteren Vortragen des Angriffs in Richtung auf Verdun für den Kriegsverlauf beigemessen werden muß, solange wir dabei weniger leiden als die Gegner, besteht kein Zweifel«, orakelte er am 30. März in einer Denkschrift an das Oberkommando der 5. Armee, beklagte aber zugleich, daß auch Mudra im März keine Fortschritte gemacht habe. Für die Oberste Heeresleitung sei es nun »von großer Wichtigkeit zu erfahren, wie die Fortentwicklung des Angriffs, im besonderen auf dem rechten Maasufer, geplant wird und ob nach Meinung der in Betracht kommenden Stellen überhaupt Aussicht besteht, daß dort in absehbarer Zeit Fortschritte zu erhoffen sind bzw. was von der Obersten Heeresleitung noch veranlaßt werden könnte, um sie zu fördern. Gewiß können meine Fragen nur unverbindlich beantwortet werden. Sie drängen sich aber auf, wenn man sich vergegenwärtigt, daß der Einsatz von vier frischen Divisionen zu keinerlei Ergebnis geführt hat und daß der Zufluß weiterer frischer Kräfte mit Rücksicht auf die allgemeine Lage wohl nur im Wege des Austausches, also mit erheblichem Zeitverlust möglich sein wird. Auch darf die augenscheinlich planmäßige Zurückhaltung erheblicher feindlicher Reserven an anderen Frontstellen vom Standpunkt der Obersten Heeresleitung aus nicht übersehen werden. Sie erfordert um so größere Beachtung, je mehr deutsche Kräfte im Kampf bei Verdun verbraucht werden und je weniger der Gegner dort trotzdem unter kräftig fühlbarem Druck gehalten werden kann.«

Ob die Deutschen tatsächlich geringere Verluste hatten als die Franzosen, war keineswegs sicher. Nennenswerte Geländegewinne oder gar eine »Entscheidung« waren jedenfalls nicht zu verzeichnen. Nach strategischen Gesichtspunkten gab es ohnehin keine Rechtfertigung für die verlustreichen Angriffe auf die französischen Stellungen. Verdun begann allenfalls, symbolischen Wert zu erhalten.

Die Heeresgruppe Deutscher Kronprinz aber war anderer Meinung. In einem Schreiben, das schon am folgenden Tag mit Kurierpost an das Große Hauptquartier abging, schrieb Knobelsdorf selbstbewußt und hoffnungsfroh: »Durch die bisherigen deutschen Erfolge hat der Gegner den weitaus größten Teil seiner Reserven nach Verdun herangezogen und außerdem seine weniger gefährdeten Fronten durch Herausziehen von kampferprobten Teilen und deren Ersatz durch Kavallerie geschwächt.«

»Leider nicht!« schrieb Falkenhayn an den Rand. Es blieb nicht bei der einen skeptischen Marginalie. Hinter Knobelsdorfs Behauptung, den Franzosen stünden für anderweitige Operationen außer den Territorialreserven nur noch 8 Infanteriedivisionen zur Verfügung, setzte er ein dickes Fragezeichen: »Irrtum: Es sind 13, abgesehen von den bei Verdun zerschlagenen, die genau wie unsere wiederaufgestellt werden können.« Und hinter Knobelsdorfs Mutmaßung, die französische Oberste Heeresleitung sei mit ihren verbleibenden Kräften nur noch in der Lage, lokale Offensivunternehmungen, nicht aber größere Operationen durchzuführen, kritzelte Falkenhayn, der seit langem eine große Offensive der Engländer erwartete: »Falsch; denn es stehen doch auch 14 englische Divisionen zur Verfügung!« Die Hoffnung Knobelsdorfs, daß das Schicksal der französischen Armee sich *»bei Verdun«* entscheide, ließ er mit Bedacht unkommentiert.

Um die Verzögerungen zu entschuldigen, wies Knobelsdorf auf die Schwierigkeiten hin, mit denen seine Soldaten fertigwerden mußten: Schwierigkeit des Geländes, Witterungsverhältnisse, fehlende Ersatztruppen, Kräfteverschleiß bei den Schanz- und Erdarbeiten, da sich die Truppe im Gegensatz zu den Franzosen ihre Geländestützpunkte selbst bauen müßte. Trotz allem seien Anzeichen vorhanden, daß die Entwicklung der Kämpfe um Verdun den von der Armeeführung geplanten Verlauf nähmen: »Ein Grund, in den bisherigen Anstrengungen nachzulassen, liegt nicht vor. Die französische Offensivkraft wird bei Verdun gebrochen!«

Anhand seiner Randnotizen beantwortete Falkenhayn dann am 4. April das Schreiben Knobelsdorfs. Eine Entscheidung fällte er nicht, das heißt, er ließ alles so wie bisher und machte von den Ergebnissen der nächsten Kämpfe seinen endgültigen Entschluß abhängig. Als Ziele des Verdununternehmens gab er an: die Franzosen zu zwingen, entweder fortgesetzt frische Kräfte einzusetzen oder den nordöstlichen Sektor der Festung aufzugeben. Dabei sollte im bisherigen Stil weiter angegriffen werden.

Angesichts der bisherigen Opfer war diese Aufgabenstellung für die 5. Armee dürftig genug, und Falkenhayn dachte auch tatsächlich längst weiter. Im Schlußabsatz seines Schreibens versuchte er, Knobelsdorf und dem Kronprinzen eine goldene Brücke zu bauen, indem er vorschlug, das »jetzige Verfahren« aufzugeben und an anderer Stelle die Entscheidung zu suchen: »Gewiß wird im letzten Falle gesagt werden, wir hätten die Schlacht vor Verdun nicht gewonnen. Das wird aber auch jetzt schon gesagt und kann und muß in Kauf genommen werden. Gewinnen wir die Schlacht, so steigen unsere Aussichten, den Krieg bald zu beenden, sehr. Gewinnen wir sie nicht, so wird, schon nach dem bisher Erreichten, das siegreiche Ende zwar verzögert werden, aber nicht beeinträchtigt, wenn wir uns rechtzeitig entschließen, uns bei Verdun nicht nutzlos festzubeißen, sondern den Feinden an anderer Stelle das Gesetz vorzuschreiben.« Knobelsdorfs Wunsch nach frischen Truppen lehnte er ab.

Tatsächlich hatten sich Falkenhayns Gedanken schon von Verdun ab- und einem anderen Frontabschnitt zugewendet. Am 6. April fragte er bei der 6. Armee nach, wie es denn mit dem früher geplanten Doppelstoß nach Arras sei? Ihm schwebte ein »Präventivschlag« gegen die Engländer vor. An der Verdunfront starben zu diesem Zeitpunkt, ohne daß eine Offensive stattfand, täglich fast 200 Mann.

7

Auch beim Kronprinzen hatte es einen Stimmungsumschwung gegeben. Schon als ihn Admiral von Müller am 12. März im Hauptquartier besuchte, »schien er den Glauben an die Eroberung von Verdun offenbar verloren zu haben und sprach sich für die Abkürzung dieses furchtbaren Krieges aus«, wie Müller notierte, der freilich den Eindruck hatte, daß der Hohenzollernerbe einfach keine Lust mehr hatte, »persönliche Opfer« zu bringen und sich »in dem Nest Stenay« aufzuhalten.

Es war kein Geheimnis, daß der Kronprinz seine Zeit lieber beim Tennisspielen und Reiten verbrachte als im Operationszimmer seines Stabes. Aber Knobelsdorf, ohnedies fremden Argumenten unzugänglich, sah dies nicht ungern, da er auf diese Weise durch den nominellen Armeeführer nicht in seinen Planungen gestört wurde. Den zufällig vorbeiziehenden Truppen warf der Kronprinz Zigaretten zu, ließ sie ab und zu, um bei seinen Gästen zu renommieren, ein Stück des Weges in Paradeformation defilieren, und poussierte, was ebenfalls kein Geheimnis war, in aller Öffentlichkeit mit ausgesprochen attraktiven Französinnen. Trotzdem war »Wilhelm« zumindest anfangs bei den Soldaten beliebt.

Der Kaisersohn war zu kultiviert, um Stabsbetrieb, Kasino und Kommiß etwas abzugewinnen, und in Militärdingen zu unbewandert, um seinen routinierten Generälen Vorschriften machen zu können. »Daß ein fürstlicher Heerführer keinerlei Einfluß auf die Operationen hat, ist bekannt«, schrieb ein Stabsoffizier, der offenbar intime Kenntnisse hatte. »Beim Kronprinzen war dies herkömmliche Verhältnis noch verschärft durch die Persönlichkeit seines Chefs, der, ein schroffer, unzugänglicher, unbelehrbarer Mann, sich von seinen Vorgesetzten in nichts hineinreden ließ. Er gab seine Befehle, und wenn er mal gerade Zeit hatte, hieß es: ›Darf ich Eure Kaiserliche Hoheit orientieren?‹ Und dann folgte ein kurzer Bericht, der mittendrin abgebrochen wurde, sobald etwas Wichtigeres dazwischentrat. Von den Fähigkeiten des Kronprinzen als Heerführer kann ganz abgesehen werden: tatsächlich hat er niemals geführt, sondern immer nur die Befehle seines Chefs unterschrieben. Seine übrige Tätigkeit bestand darin, daß er bei den Truppen herumfuhr, den leutseligen Fürsten markierte, Orden verteilte, Ansprachen hielt und ähnliche Dinge trieb.«

Seine kurzfristige Ernennung vom Husarenoberst zum Armeeführer bei Kriegsbeginn hatte ohnehin »ein Gefühl der Beklemmung« ausgelöst, da der alte deutsche Grundsatz der Gründlichkeit zugunsten dynastischer Rücksichten durchbrochen worden war (denn auch der bayerische Kronprinz führte eine Armee an).

Kronprinz und Kaiser befanden sich eigentlich in einer ähnlichen Situation, über deren Peinlichkeit militärische und höfische Umgangsformen hinwegtäuschten: Beide waren über die wirkliche Lage nur unzureichend informiert, schlechte Nachrichten wurden ihnen möglichst lange vorenthalten.

Dem Kronprinzen war, um seine angebliche Selbständigkeit zu betonen, keine Ausnahmestellung beim Kaiser oder beim Heereschef eingeräumt worden, alle seine Schriften hatten den Dienstweg einzuhalten (wie alle anderen Immediateingaben). Trotzdem hatte er natürlich unmittelbaren Zutritt zum Kaiser; wieweit der Kaiser allerdings seine Möglichkeiten der Einflußnahme nutzte, war eine andere Sache; niemand konnte behaupten, daß er noch nach 1914 regierte.

Der Kronprinz war sicherlich kein Schwächling (und auf der anderen Seite gewiß auch nicht etwa ein »Mörder«, wie die feindliche Propaganda behauptete), er besaß sicherlich moralische Empfindsamkeit, ließ sich jedoch nur zu gern von der Wirklichkeit ablenken (abgesehen davon, daß es ihm als dem Thronfolger untersagt war, die vorderen Gräben aufzusuchen). Als der Offizier Kurt von Unruh seinem Bruder im Hauptquartier in Stenay die Blätter aus seinem Tagebuch zeigte, in denen er mit Bleistift und Feder Frontskizzen angefertigt hatte, trat zufällig der Kronprinz, gefolgt von einem korpulenten Stabsoffizier, ins Zimmer. »Sieht es vorne so aus?!« fragte er. »Ich vermisse die Weiber!« schaltete sich sein Begleiter ein, bevor Unruh antworten konnte. »Ach, da ist ja so 'n Aas!« sagte der Kronprinz, auf eine Frauengestalt deutend. Damit war das Thema vom Tisch.

Auf die Dauer mußte der Lebensstil des Kaisersohnes Unverständnis erregen, ja die Frontsoldaten in ihrem Gefühl der Unvereinbarkeit von Front und Etappe bestärken, Kaiserhaus und Volk entfremden: »Die Herren beim schwarzen Kaffee ... auf der Schloßterrasse ... Tassen und Löffel glitzerten in der Sonne, der Zigarettenrauch schwebte in einer kleinen Dampfwolke über der vergnügten Gesellschaft ... Da vorne die Hölle! Und auf der Terrasse mußte eben eine Anekdote eingeschlagen haben ... eine Lachsalve ... So oft wir draußen im Feuer liegen ... immer ist als Hintergrund die sonnige Terrasse da ...« (Andreas Latzko)

Wie sehr man ihn bevormundete, bekam der Kronprinz Mitte April zu spüren, als er zu seiner Überraschung erfuhr, daß man über seinen Kopf hinweg Oberstleutnant Heymann, seinen 1. Generalstabschef und engsten Mitarbeiter, abgelöst und versetzt habe. Dahinter steckte Knobelsdorf; Heymann galt als Knobelsdorfs »Antipode«, er hatte die Methode der zahlreichen kleinen Angriffe mit beschränktem Ziel verurteilt und die Partei des Kronprinzen ergriffen.

8

Daß die Truppe inzwischen so hohe Verluste hinnehmen mußte, daß sie in Gefahr geriet, ihre Kampfkraft einzubüßen, war jedoch selbst Falkenhayn nicht bewußt. Niemals zuvor (und niemals danach) waren Front und Generalität, Soldaten und Führung so getrennt wie in diesem Krieg. Der einfache Soldat sah nur seinen Kompanieführer und Bataillonskommandeur, höchstens den Regimentskommandeur vorne, doch beim Regiment (das heißt Regimentsstab) endete auch die Front.

Die Offiziere in den Divisionsstäben setzten sich ihr Bild bereits nur noch aus Meldungen, Telefonaten und Berichten zusammen. Schlieffen hatte von einem »modernen Alexander« geträumt, der vom bequemen Stuhl vor einem breiten Tisch mit einer Karte des gesamten Kampffeldes die Schlacht durch Draht- und Funktelegraf beherrschen würde. Mit einem »Feldherrnhügel« hatten die Hauptquartiere des Ersten Weltkrieges nichts mehr zu tun, Alexander, Friedrich der Große, Napoleon, ja selbst Wilhelm I. mit dem älteren Moltke hatten noch das Schlachtfeld betreten, nicht selten waren zu ihren Füßen Granaten eingeschlagen. Hinter den starren Fronten des Grabenkrieges dagegen führte die Etappe ein Leben, das aus dem friedlichen Manöver stammen konnte, hätte es nicht die Verwundeten und Erschöpften gegeben, die von vorne zurückkamen. Kein Wunder, daß die »Etappensoldaten« verachtet wurden.

Übernächtigt vom Brüten über den Karten erschienen die Generalstabsoffiziere an der Grenzlinie, wo die wohlgeordnete Etappe in das Grauen der Trichterwüste überging. Sie waren möglicherweise nervlich erschöpft vom Durchspielen aller Möglichkeiten der Kräfteverhältnisse und von der Formulierung ihrer Befehle, aber gut genährt und in tadellosen Uniformen, die ihnen ihre Burschen sauberhielten. Durch das Scherenfernrohr sahen sie ihre Untergebenen fallen, ohne daß ihnen selbst ein Haar gekrümmt wurde. Die unbestrittene Qualifikation der »Himbeerfarbenen« wurde nur durch die »Unerschütterlichkeit« übertroffen, mit der sie an sich selbst glaubten. Manche hielten sich für so unabkömmlich, daß sie sich ein Telefon auf die Toilette legen ließen – aber das war nicht die Regel.

Die Generalstabsoffiziere, die »Chefs«, die eigentlich nur die rechte Hand der Kommandeure sein sollten, bildeten zunehmend eine Kaste für sich und griffen in die Führertätigkeit ein, so daß bald das Wort von der »Generalstabswirtschaft« die Runde machte.

Der Befehlsstrang lief von den Chefs der Armeen, wenn der Oberbefehlshaber seinen Namen unter das vom Chef entworfene Papier gesetzt hatte, zu den Chefs der Armeekorps, von dort zu den Generalstabsoffizieren der Divisionen, die sie mit den nötigen Abänderungen an die Adjutanten weitergaben: »Der meist ältere Divisionskommandeur war oft gar nicht orientiert über das, was er angeblich selbst befohlen hatte. War er tapfer, so lief er vorne in den Gräben herum; war er bequem, so blieb er unsichtbar. So entstand »neben der offiziellen Hierarchie der Befehlshaber eine zweite unzulässige Hierarchie, die im wesentlichen den Gang der Dinge kontrollierte, indem sie Reserven und Munition freigab oder zurückhielt« – das Generalstabssystem eröffnete – eben bei allen Vorzügen – »ehrgeizigen Stabsoffizieren die Möglichkeit, sich unter der Hand die Mittel zur Durchführung unnötiger Operationen zu beschaffen.« Einen Nachteil – und Konsequenzen! – hatte das Verfahren: ging etwas schief, »flog« der »Chef«. Ein weiterer Nachteil: Schönfärberei – frisierte, gefärbte Lageberichte nach oben, um gut Wetter zu machen und um Karrieren nicht zu verderben.

Die Moral der Truppe wurde durch die kalte Arroganz vieler Generalstabsoffiziere wohl schwerlich gefördert. Sie galten als »frontfremd«.

Man kann nur vermuten, was zum Beispiel in jenem frierenden Soldaten vorging, der von einem »schneidigen« Generalstabsoffizier gefragt wurde: »Frieren Sie? Frieren tun Onanisten, Säufer und Hurenböcke. Was sind Sie?«

9

Das Leben der Obersten Heeresleitung im kaiserlichen Hauptquartier in Charleville verlief in geordneten Bahnen. Falkenhayn, der früh aufzustehen pflegte, begann den Tag mit einem heißen Bad. Nach dem Frühstück erfolgte ein scharfer Morgenritt, wenn keine Fahrt zur Front vorgesehen war, die den Tagesrhythmus durcheinanderbrachte. Nach den Besprechungen mit den Abteilungsleitern erschien der Chef des Generalstabes täglich um 12 Uhr mittags in der Villa des Kaisers zum Vortrag über die militärische Lage. Tappen, der Chef der Operationsabteilung, begleitete ihn; anwesend waren der diensttuende Generaladjutant von Plessen und von Lyncker, der Chef des Militärkabinetts, mitunter auch der Kriegsminister Wild von Hohenborn. Falkenhayn entschied selbständig, hinterließ jedoch beim Kaiser nicht das Gefühl, ihn zu übergehen. »Das drücke ich schon beim Kaiser durch!« lautete eine selbstbewußte Redensart Falkenhayns.

Das Mittagessen pflegte Falkenhayn zusammen mit dem Kriegsminister, dem Generalquartiermeister und dessen Stabschef und Generalmajor Tappen in der Präfektur, dem Kasino der OHL, einzunehmen, der übrige Stab speiste an kleinen Tischen und war angehalten worden, das Grüßen zu unterlassen, um Falkenhayn nicht zu belästigen. Der engere Kreis der älteren Offiziere, die zu Falkenhayns Tafelrunde gehörten, hieß der »Flüsterklub«, da sachliche Fragen mit leiser Stimme abgehandelt wurden. Danach zog sich Falkenhayn zurück. Diese Reserviertheit und Verschlossenheit entsprach nicht nur seinem Wunsch nach Konzentration, die ihm sein außerordentlich großes Arbeitspensum abverlangte, sondern auch seinem Wesen, dem ironischer Sarkasmus und menschliche Kälte nicht fremd waren, was viele als Menschenverachtung auslegten.

Der Nachmittagskaffee wurde in den Arbeitsräumen der einzelnen Abteilungen eingenommen; in der Operationsabteilung zum Beispiel, wie Fritz von Loßberg erzählt, meldete der Offizier das Servieren regelmäßig mit den Worten an: »Der Kaffee wird kalt und der Kuchen wird alt, drum machen wir Pause und gehen zur Jause.« Der Kuchen stammte aus Päckchen der Offiziersfrauen.

Den Kaffee nach den Mahlzeiten nutzte Falkenhayn zu »behaglicher, zwangsloser Unterhaltung«, sie galt bei seinem späteren Biographen Zwehl als einzige Erholung im Tageslauf.

An der Abendtafel des Kaisers, bei der die vom Kaiser so geliebten Anekdoten von der Front erzählt wurden, fehlte Falkenhayn regelmäßig. Seine eigene Abendmahlzeit nahm er mit seinen Mitarbeitern in der Präfektur von Charleville ein, an die sich eine Sitzung im gelben Salon anschloß, die dazu beitragen sollte, die Offiziere der OHL einander »kameradschaftlich näherzubringen«. Dem Generalquartiermeister Freytag-Loringhoven erschien die Tafel von lobenswerter Bescheidenheit: »Es ging dabei sehr einfach zu. Der Suppe folgte ein Fleischgericht, dann nur noch Butter und Käse und ab und zu eine süße Speise. Falkenhayn war die Mäßigkeit in Person, er aß für seine Körpergröße und seine Arbeitsleistung auffallend wenig und trank selten mehr als ein Glas Wein.« Mit dem einfachen Essen schienen die höheren Offiziere gleichsam die Nähe zum Frontsoldaten zu betonen, wenn sie schon die Nähe zum Tod nicht zu teilen vermochten. Den »Fronthelden würdig zu sein«, das war »die Triebfeder für mein Handeln«, stellte Oberst Bauer fest: »Es waren viele schwere Jahre (in der OHL), ohne Erholung, ohne Feiertag, ohne Urlaub, täglich 14 bis 15 Stunden im Bureau, die Arbeit selbst erschwert durch Verständnislosigkeit, Eifersucht oder Ressortstreit.« Bauer war eine Ausnahme, für das Gros der Stabsbürokraten galt sein Ethos nicht.

Die durch die Maas getrennte Zwillingsstadt Charleville-Mézières eignete sich vorzüglich als Großes Hauptquartier. Die Stadt war weder beschossen noch irgendwie beschädigt und auch kampflos besetzt worden, so daß die Offiziere eine große Zahl möblierter Wohnungen vorfanden, die ihre Besitzer fluchtartig im Stich gelassen hatten. Bei den zurückgebliebenen Bürgern wurde gegen Gutscheine, die niemals eingelöst werden konnten, rücksichtslos requiriert. Der Bürgermeister von Mézières, aus dessen Haus Möbel und Antiquitäten wagenweise abtransportiert wurden, überlebte die Ausplünderung nicht.

Kritischen Betrachtern schien das Große Hauptquartier den Ungeist der korrupten Etappe in Reinkultur zu verkörpern, das vorherrschende Bild war nicht die Generalstabsarbeit der Kriegslenkung, vielmehr der Eindruck eines eleganten militärischen Hoflebens, das mit zahllosen glänzenden, reich dekorierten und gut berittenen Nichtstuern in krassem Widerspruch zur Front stand – »fehlten nur die Weiber!«

Der Bahnhof von Charleville lag an einem Eisenbahnknotenpunkt. Alle Frontabschnitte waren über ein gutes Straßennetz nach jeder Richtung hin bequem zu erreichen. Da der Kaiser in das durch Grünanlagen freundlich aufgelockerte Charleville gezogen war, wurde der Standort des Hauptquartiers nur nach diesem Ort bezeichnet, obwohl das Befehlszentrum der deutschen Armeen in Mézières lag. Der Donner der nahen Front machte auf Abstecher neugierig. Kronprinz Rupprecht, selbst an das Hauptquartier seiner 6. Armee gefesselt, kritisierte jedenfalls die Reiselust des Heereschefs: »Falkenhayns stetes Herumreisen an sämtlichen Fronten erschwert die kontinuierliche Arbeit. Über all den Details, mit denen er sich beschwert, verliert er den Blick fürs Große.«

Seine Liebe zum Detail ging allerdings nicht so weit, daß er bei der kämpfenden Truppe erschien, weshalb man ihn auch den »Salongeneral« nannte (um so mehr sollte der einfache Mann später das Erscheinen von Hindenburg und Ludendorff an der Front bewundern). Daß Falkenhayn bei Verdun keine unmittelbare Verbindung mit der Truppe pflegte und erst durch den »Filter« von Berichten und Zwischeninstanzen vom Zustand der Truppe erfuhr, ja sich nicht einmal selbst die Unterlagen verschaffte, die ihm ermöglicht hätten, statt vorsichtiger Anfragen klare Befehle an das Oberkommando der 5. Armee zu richten, wie es sich im Verlauf der Verdunoffensive ergab, trug nur dazu bei, seine Isoliertheit zu vergrößern: »Unpopularität« allein wäre nicht so gravierend gewesen.

Den Verlauf einer »Ausblutungsschlacht« stellte sich Falkenhayn – laut Tappen – folgendermaßen vor: »Der Feind greift nach längerem Trommelfeuer nach Zerstörung unserer Gräben an, wird zurückgeschlagen, greift wieder an und so fort, daß er nach einiger Zeit fertig ist. Dann setzt schlagartig unser Gegenangriff über das entstandene Trichtergelände an der nach dem feindlichen Angriff günstigsten Stelle, also schon mehr im Sinne des Bewegungskrieges, ein, für den besondere Vorbereitungen wie

Ausgangsgräben und dergleichen sich erübrigen.« Vor Truppenoffizieren mit solchen taktischen Erläuterungen zu glänzen, hat Falkenhayn immerhin zu vermeiden gewußt.

10

Am 1. April wurde dem Kaiser die 21. hessische Infanteriedivision, inzwischen durch Ersatz aus der Heimat neu aufgefüllt, frisch gestärkt, in gutgereinigten Uniformen und mit blankgewichsten Stiefeln in einer großen Parade vorgeführt.

Ein Problem, das den parademäßigen Anzug betraf, gab es trotzdem. Die Infanteristen hatten vor dem Angriff im Februar die Spitzen ihrer Helme abschrauben müssen, und die Kompanieführer hatten alle Helmspitzen in leeren Kartoffelsäcken gesammelt, weil dies für die sicherste Methode gehalten wurde, sie nicht verlorengehen zu lassen.

Jetzt, zur Parade, sollten die Pickelhauben wieder komplettiert werden, die Säcke mit der Helmzier waren aber nicht mehr zu finden. Irgend jemand kam auf die Idee, den leeren grauen Stoffüberzug, unter den die Spitze gehörte, mit aus Kartoffeln geschnitzten Spitzen oder kleinen Holzstückchen auszufüllen, was von den Soldaten mit unterschiedlicher Geschicklichkeit nachgeahmt wurde. Der vorsichtige Ernst Weckerling hatte seine Spitze behalten. Er brauchte sie nur aus seinem Brotbeutel zu holen.

Um acht Uhr waren die drei Regimenter – 80, 81 und 87 – zusammen mit ihrer Artillerie im offenen Karrée, jedes Regiment seinen Musikzug am rechten Flügel, an der Straße Marville–Longuyon angetreten, die Soldaten an einem Hang, so daß sie den Kaiser später alle sehen, wenn auch nicht hören konnten. Kaiser Wilhelm fuhr zwei Stunden später in einem mit großen Scheiben ausgestatteten, langgestreckten Personenkraftwagen vor, einem Mercedes, dessen kastenförmiger Aufbau hoch genug war, um seine Insassen bequem Platz nehmen zu lassen, ohne daß sie mit ihren Helmen an den Plafond stießen. Fünf Wagen folgten. Natürlich war auch der Herzog von Hessen erschienen. Er hatte sich einen großen Revolver an die linke Seite geschnallt und trug neben den hessischen Hausorden das EK I und EK II.

Die drei Regimentskapellen spielten »Heil Dir im Siegerkranz«, während der Kaiser den Herzog und den Kommandeur des XVIII. Armeekorps, von Schenck, begrüßte.

Langsam schritt der Kaiser zu den Klängen des Preußischen Präsentiermarsches die Front ab, hinter ihm sein Gefolge, zu dem auch zwei hochgewachsene Offiziere von der Leibgendarmerie, Standartenträger und Stabstrompeter in grün-weißer Uniform und Kürassierstiefeln, gehörten. Von dem Feldgrau aller anderen hoben sie sich ebenso befremdlich ab wie die gewaltige Kaiserstandarte, ein von Kronen, preußischen und wilhelminischen Adlern übersätes gelbes Tuch mit großem schwarzem Eisernem Kreuz und der Aufschrift: »Gott mit uns 1870.« Auf dem Kotflügel des kaiserlichen Wagens war sie in kleinerer Form als Stander noch einmal zu sehen. Der Kaiser gab jedem Regiments- und Bataillonskommandeur die Hand.

Am Schluß seiner Rede, in der sich der Kaiser bei der Truppe für ihren Einsatz bedankte, gab er seiner Zuversicht Ausdruck: »Verdun wird und muß fallen.« Dann sei »der Weg nach Paris frei«. Seinen letzten Worten gab er mit kurzen ruckweisen Bewegungen seines Stockdegens »Nachdruck«.

Anschließend erfolgte eine Ordensverleihung, EK I und EK II für einzelne Soldaten, Unteroffiziere und Offiziere, für die »Exzellenzen« (von Schenck, von Oven) der Hohenzollernsche Hausorden. Dann marschierten die Regimenter mit Musik und Fahnen an Kaiser und Divisionskommandeur straff vorbei.

Während der Ansprache des Obersten Kriegsherrn hatte sich sein Sohn, der Führer der 5. Armee, im Hintergrund gehalten. Offensichtlich völlig uninteressiert, unterhielt er sich, Zigaretten rauchend, mit den Mitgliedern seines Stabes. Ernst Weckerling und Georg Wolf sahen, wie die Oberkörper der Offiziere ab und zu nach vorne einknickten – die Herren erzählten sich offenbar Witze.

Einen Tag nach der Kartoffelspitzenparade von Marville gaben die Offiziere bekannt, daß es nun wieder zur Front ging. Angeblich sollte Fort Souville gestürmt werden. Weckerling schraubte seine Helmspitze wieder ab.

12 »1920 in Verdun« (28. März–21. April 1916)

1

Das Regenwetter hatte auch seine guten Seiten. So machten die tiefhängenden Wolken die Fliegerbeobachtung unmöglich, und die Franzosen blieben über die nächste Angriffsrichtung der Deutschen auf dem Westufer im unklaren. Der neue Plan, mit dessen Hilfe General Goßler sich in den Besitz der »Schlüsselstellungen« auf der Höhe 304 und dem Toten Mann setzen wollte, war freilich einfach genug. Nachdem der Flankenangriff bei Avocourt gescheitert war, wollte man jetzt auf der Linie Malancourt–Bethincourt frontal angreifen.

Die Sturmeinheiten hatten noch in der Nacht zum 28. März ihre Gräben verlassen und fast den ganzen Tag unbemerkt im Niemandsland auf freiem Feld in Regen und Schlamm zugebracht, um so den Weg zu den französischen Gräben zu verkürzen. Mit den letzten deutschen Granaten waren sie pünktlich um 16.00 Uhr nachmittags mitten unter den überraschten Verteidigern am Dorfrand von Malancourt. Um die Ruinen des Dorfes, um Brauerei und die Kirche, wurde trotz allem noch zwei Tage gekämpft. Dann zogen sich die Franzosen nach Haucourt zurück.

Schritt um Schritt wurde um die nächsten Stützpunkte der Franzosen gerungen, die den Zutritt zur Höhe 304 verwehrten. Von hier oben aus konnte jede Bewegung der Deutschen beobachtet werden, die beim Sturm das sumpfige Gelände des Forgesbachs überwinden mußten. Die eingenommenen französischen Gräben waren durch den nachgesackten Schlamm nur noch knietief. »Leute, die sich nicht tief genug in das Wasser hineindrückten, besonders die größeren, fielen durch Kopfschüsse.« Es gab Offiziere, die die Spannung nicht mehr ertrugen und auf die Deckung sprangen, um ihre Leute mit nach vorne zu reißen. Wer ihnen folgte, fiel sofort im MG-Feuer. Nur konzentriertes Artilleriefeuer half hier weiter.

Am 5. April nahmen die Sachsen des 192. Infanterieregiments

zusammen mit Pionieren und Flammenwerfereinheiten Haucourt, am 7. April Bayern und Westfalen den »Termitenhügel«, der nur 1000 m von der Kuppe der Höhe 304 entfernt lag. Die Versuche, Bethincourt einzunehmen, das die Schlucht zwischen dem Toten Mann und der Höhe 304 versperrte, scheiterten mehrmals. Die Mehrzahl der deutschen Batterien, die nun wieder aus der Gegend um Montfaucon zurückgebracht worden waren, pflügten die Kuppen beider Anhöhen um, vermochten jedoch nicht die »der Beobachtung entzogenen Hinterhangstellungen« der Franzosen zu treffen, deren Feuer den Sturmtruppen fürchterliche Verluste zufügte. Auch der Versuch, östlich um den Toten Mann herumzugehen, brachte nur ein paar Meter Bodengewinn. Gewonnen war am Ende nur eine einzige Grabenlinie zwischen dem Toten Mann und Cumières, ein paar tiefe Stollen auf dem »Termitenhügel«, in denen es nach Leichen stank.

Immerhin fiel am 9. April auch das anfangs unterschätzte Bethincourt, nachdem es einen Monat Widerstand geleistet hatte. Die Franzosen hatten es in der Nacht unbemerkt geräumt, wohl in der Befürchtung, abgeschnitten zu werden. Die Nachhut wurde auch prompt gefangengenommen. Eine Riegelstellung der Franzosen westlich vom Dorf – »Bärentatze« genannt – hielt die Deutschen noch einen weiteren Tag auf, so daß an dieser Stelle niemand über den Forgesbach kam.

Auf deutscher Seite hatten die vordersten Bataillone erneut ersetzt werden müssen. An zwei Tagen hatten acht deutsche Regimenter 2300 Mann verloren, 350 Mann hatte die Erstürmung des »Termitenhügels« gekostet, wo rund 750 Franzosen in Gefangenschaft gingen. Nach den statistischen Berechnungen von Gallwitz war am 9. April »die bis dahin in der Kriegsgeschichte wohl unerhörte Menge von 17½ Munitionszügen verschossen worden«.

Mit der Besetzung von Haucourt, Bethincourt und dem Talgrund des Forgesbaches »war der Zweck des deutschen Angriffs erreicht«. Was die Deutschen allerdings als Sieg feierten, verbuchte die französische Führung als großen Abwehrerfolg. In Souilly diktierte Pétain einen Tagesbefehl, der berühmt werden sollte: »Der 9. April war ein glorreicher Tag für unsere Waffen. Die wilden Angriffe der Soldaten des Kronprinzen wurden überall abgeschlagen. Infanteristen, Artilleristen, Pioniere und Flieger der 2. Armee haben einen wahren Wetteifer im Vollbringen von Heldentaten gezeigt. Ehre ihnen allen. Die Deutschen werden ohne Zweifel weitere Angriffe versuchen. Jeder Mann hat zu arbeiten und zu wachen, daß die gleichen Erfolge wie gestern erzielt werden. Mut, man wird sie kriegen. gez. Ph. Pétain.«

Pétains Stellvertreter Serrigny, der ansonsten seinen Chef verehrte und jedes seiner Worte für die Nachwelt protokollierte, behauptete später, auf den inzwischen legendären Ausspruch Pétains, »*Courage, on les aura!*« gekommen zu sein und ihn für Pétain aufgesetzt zu haben. Er selbst hatte die Formulierung wiederum dem Titelblatt einer Schützengrabenzeitung entnommen.

Den Poilus waren markige Sprüche ziemlich gleichgültig. Die französischen Gefangenen aus der »Bärentatze« waren »infolge des wüsten, über sie ergangenen Feuers völlig apathisch und zuerst nicht vernehmungsfähig«. Sie beklagten sich später bitter, von ihren eigenen Leuten im Stich gelassen worden zu sein.

2

Während sie vor dem deutschen Frontalangriff auf die Linie Malancourt–Bethincourt zurückweichen mußten, war es den Franzosen bereits Ende März gelungen, den früheren deutschen Vorstoß bei Avocourt mit Gegenangriffen zu liquidieren. Die Franzosen hatten nach starker Artillerievorbereitung gestürmt, erlitten aber dennoch schwere Verluste.

»Neun Tage sind es nun schon, daß die Leichen der Franzosen unbeerdigt da unten am Rande des Waldes liegen«, schrieb am 7. April die *Turiner Stampa* in einem Artikel »Die Toten von Avocourt«. »Mit ausgebreiteten Armen und weit aufgerissenen Augen liegen sie wie die Gekreuzigten vor der neuen deutschen Front, diese französischen Toten, die nur darauf zu warten scheinen, daß man endlich an ihr Begräbnis denkt. Von einem Wald von Avocourt läßt sich eigentlich nicht mehr reden. Das war einmal. Wie der Mast eines untergegangenen Seglers, so ragen hier und da die Äste der letzten, noch nicht ganz vernichteten

Bäume auf, die mit wehklagender Gebärde in den Himmel greifen.«

Nachdem bereits amerikanische Senatoren, in- und ausländische Politiker und sogar der alte Schriftsteller Maurice Barrès Verdun besucht hatten, traf Anfang April auch Oberst a. D. Repington ein, der hinter der französischen Front herumreiste und als angesehener Militärkorrespondent der *Times* Gelegenheit bekam, mit französischen Offizieren zu speisen.

In Souilly konnte Repington den Oberkommandierenden der 2. Armee in seinem Operationszimmer beobachten und war von Pétain sehr beeindruckt – »in erster Linie ein Soldat, und zwar einer mit einem sehr starken Willen und festen Anschauungen«. Vor allem imponierten ihm die schnelle und geschäftsmäßige Arbeitsweise sowie die sarkastischen und scharfsinnigen Bemerkungen des Generals. Pétain ging der Ruf eines Organisationstalentes voraus, seine Anhänger bewunderten daneben seine Ruhe und Gelassenheit in gefährlichen Situationen. Als die Deutschen einen Teil von Malancourt genommen hatten, gab Pétain den Rest der Ortschaft auf und zog sich zurück – »nachdem die Deutschen ihren Preis dafür gezahlt hatten«. Das war jedenfalls Pétains Version.

Mit einem Zeissglas versehen, studierte Repington vom Wall des noch hinter Verdun liegenden Forts Chaume aus das Schlachtfeld. Besonders effektvoll schien Pétain das Sperrfeuer – *le feu de barrage* – zu handhaben; von der deutschen Artillerie hatte Repington keinen so guten Eindruck, sie schoß seiner Meinung nach mit großer Streuung, geradezu »armselig«, was die Feuerleitung betraf, trotz der hervorragenden Positionen bei Beaumont. In der Woëvre-Ebene konnten sich die Deutschen keinen Schritt unbeobachtet bewegen!

Beim Mittagessen, an dem auch General Herr und der Armeestab teilnahmen, erläuterte Pétain seine Methode des Artillerieeinsatzes. Seine Waffe sei zwar die Infanterie – und unter General Foch habe er auch an der Kriegsschule Infanterietaktik gelehrt –, doch seit September 1914 habe er die Devise befolgt: die Artillerie erobert, die Infanterie besetzt. Ihr verdanke er seinen Erfolg. Die französische Artillerie schieße Tag und Nacht, sie halte sämtliche Anmarschwege ununterbrochen unter Feuer; alle neuen Wege der

Deutschen würden unweigerlich von der Luftaufklärung entdeckt. Wenn die Deutschen mit 250 000 Mann angriffen, würden zur gleichen Zeit 120 000 Mann des Nachschubs unter Feuer genommen werden, meinte Pétain. In den Reservestellungen würden die Deutschen mehr leiden als in den vorderen Linien. Mit den Zahlen nahm es Pétain nicht so genau.

Auch auf einen »hinterhältigen Sabotageakt« wurde Repington aufmerksam gemacht. Im Preßfutter, einer Lieferung der Deutsch-Amerikaner aus den Vereinigten Staaten, seien Stahlspäne und Nadeln gefunden worden, mehrere Pferde und Maultiere seien eingegangen, bevor man den Anschlag entdeckt habe . . .

Im »Deuxième Bureau« der 2. Armee, das sich mit der Feindlage beschäftigte, erfuhr Repington, daß bis zur Kompanie hinunter der gesamte deutsche Aufmarsch bekannt sei. 30 Divisionen stünden zur Zeit vor Verdun, das III. und XVIII. Korps erhole sich zur Zeit hinter der Front. Zuletzt wurden dem Journalisten noch die deutschen Soldaten, die vor ein paar Tagen im Wald von Avocourt gefangengenommen worden waren, in Kompaniestärke vorgeführt. »Miserable Vertreter der menschlichen Gesellschaft«, wie Repington fand. Zwei deutsche Offiziere schlugen ihre Hacken zusammen und salutierten – in bester »Potsdamer Schule«. Der französische Vernehmungsoffizier, ein verwegen aussehender kleiner Mann, drohte ihnen mit fürchterlichen Konsequenzen, falls sie nicht alles sagen würden. Stolz erzählte er Repington, daß er bereits mehr als 12 000 Gefangene seit der Champagneoffensive von 1915 verhört habe, aber nicht mehr als 5 oder 6 hätten sich geweigert zu sprechen!

Ein langer blonder »Boche« namens Achmüller, der einen fröhlichen Eindruck machte und mit seinem Schicksal nicht unzufrieden zu sein schien, gab sich als Mitglied des Oberammergauer Theaterensembles zu erkennen. Für seine Rolle als römischer Legionär habe er 1300 Mark in der Saison erhalten, erklärte er den Franzosen. Wie der Vernehmungsoffizier weiterhin erfuhr, wurde Pontius Pilatus vom 60jährigen Bürgermeister des Ortes dargestellt. Und Christus? Christus sei noch nicht »auf der Szene erschienen«; Judas dagegen, wie es sich gehöre, schon tot. Während der kleinen Episode saß ein gefangener deutscher

Leutnant abseits für sich allein, den Kopf in den Armen, und weinte.

Erst am 12. April erfuhr General Gallwitz, daß die Franzosen bei Avocourt »ganz ansehnliche« Geländegewinne gemacht hatten – die Bayern hatten dies einfach nicht gemeldet. Sie hatten gehofft, »den Schaden bald gutmachen zu können«.

3

Über seine Arbeit im Großen Hauptquartier war der schwerverwundete Bloem wenig glücklich. Mitte März hatte er seine Tätigkeit in der »Feldpressestelle des Generalstabs des Feldheeres« in Charleville aufgenommen. Was er hörte, stimmte ihn nachdenklich. Das Ausbleiben »eines größeren Erfolges der Verdunoffensive« stelle die OHL, wie sein Chef, Major Nicolai, formulierte, »vor die Zwangslage, das deutsche Volk auf eine vorläufig unabsehbare Kriegsdauer vorzubereiten«. Gegen die psychologische Kampfführung der Entente gelte es ebenso eine Abwehr zu schaffen wie gegen alle Versuche in der Heimat, »den Abwehrwillen des deutschen Volkes zu unterwühlen«. Die Zentralisierung der vielen Armeezeitungen und ein einheitlich gelenkter Kontakt mit der Heimatpresse wäre der wichtigste Aufgabenbereich.

Bloem gelangte bald zu der Ansicht, daß man der Propaganda von den Hunnen, die Kinderhände abhackten, mit den gleichen Mitteln entgegentreten sollte. Seine Ideen stießen beim Kanzler und im Kriegsministerium allerdings auf wenig Gegenliebe. Mit der »Militärischen Nachrichtenstelle« des Auswärtigen Amtes wurde sogar eine Konkurrenz zur Bloemschen Feldpressestelle geschaffen.

Mit einem anderen Vorschlag hatte Bloem mehr Erfolg. Ihn ärgerten die Berichte der amtlichen Pressevertreter, die meist weit hinter der Front aus den Erzählungen der Soldaten die Informationen für ihre Zeitungsartikel einholten. In der Person des Offizierskriegsberichterstatters glaubte er, den neuen Typ der Zeitungsberichterstattung gefunden zu haben, den mit Erzähltalent begabten Frontkämpfer, der nirgends als Zivilist störend auffallen, militärische Kenntnisse besitzen und sich auch nicht scheuen würde, mit der Infanterie bis in die vorderste Kampflinie vorzugehen. Würden sie dort verwundet oder getötet, so sei das echtes Soldatenschicksal.

Am 28. März wurde Bloem die Gunst des Kaisers zuteil. Er wurde zum Frühstück geladen. »Kleiner Rock«, wie das Hofmarschallamt zusammen mit der Einladung telefonisch durchgab. Der Kaiser überraschte Bloem durch seinen Optimismus, er schwärmte von den ungeheuren Verlusten der Russen und ließ sich von Bloem immer wieder erzählen, wie die Franzosen bei Verdun »getürmt« waren.

Später hatte Bloem den Kaiser beim Sonntagsgottesdienst wiedergesehen, der in der »behelfsmäßig« zur evangelischen Garnisonskirche umgebauten Reitbahn einer französischen Artilleriekaserne in Charleville abgehalten wurde. Der Kaiser sah ernst und verbittert aus; wie man munkelte, hatte ihn die Entlassung von Tirpitz stark angegriffen.

Dem Gottesdienst konnte Bloem wenig abgewinnen. Das Pathos des Militärpfarrers, des Geheimen Konsistorialrats Goens, über den unzählige Anekdoten im Umlauf waren, erschien ihm blechern. Dem »Verdunkämpfer« war seltsam zumute, als er am Schluß in das Altniederländische Dankgebet mit einstimmte: »Im Streite zur Seite hat Gott uns gestanden. Er wollte, es sollte das Recht siegreich sein. Da war, kaum begonnen, die Schlacht schon gewonnen.«

Mitte April wurde Bloem zu einer Ausfahrt mit Majestät nach Verdun befohlen. Hinter den deutschen Linien waren im Lauf der Zeit mehrere Beobachtungspunkte eingerichtet worden, von denen sich wie von einer Theaterloge aus ein bequemer Blick auf die Front werfen ließ, ohne daß der Betrachter durch feindliches Feuer gestört wurde. So gab es neben dem hölzernen Beobachtungsturm auf dem Romagnerücken, der von den Armeekorps benutzt wurde, den 50 m hohen Gündell-Turm bei Damvillers und die »Kronprinzenhöhe« südlich von Sivry an der Maas.

Auf dem westlichen Ufer diente das erhöht liegende Dorf Montfaucon, wenige Kilometer vom Toten Mann und der Höhe 304 entfernt, als moderner Feldherrnhügel. Hier allerdings waren am 31. März zwei Stabsoffiziere, die eben mit der 44. Reservedivision aus Serbien nach Frankreich verlegt worden waren, in ihrem Auto getötet worden, als neben dem betonierten Ausguck (im Kirchturm) eine Granate krepierte. Für den Kaiser gab es am Abhang des Waldes von Consenvoye knapp einen Kilometer vor den Ausgangsstellungen vom Februar 1916 einen Hochstand. Zur Plattform auf der sogenannten Kaiserbuche, einem mehr als zwanzig Meter hohen mächtigen Baum, führte um den Stamm herum eine bequeme Wendeltreppe hinauf. Für den Obersten Kriegsherrn und seine Begleitung war der Besuch der Kaiserbuche immerhin eine »Fahrt auf das Schlachtfeld«, mochten sie auch nur einen Blick durch das Fernrohr werfen, das auf 15 Kilometer weit jeden einzelnen Mann erkennen ließ.

Über Stenay, wo am Hauptquartier des Kronprinzen auf die Wagen des Armeeoberkommandos gewartet wurde, kroch die Autokolonne des Kaisers und der Hohen Generalität durch das Maastal in den Wald von Consenvoye hinein. Bloem gehörte zum Vorauskommando. Er nutzte die Zeit, die bis zur Ankunft des Kaisers verblieb, um selbst einen Blick auf das Schlachtfeld zu werfen. Erregt starrte er in die Ferne. Ganz deutlich konnte er den Weg verfolgen, den er selbst im Februar mit seinem Bataillon genommen hatte: die Capstellung, der Wald von Ville, der Wavrille, der Fosseswald, der mit seinen Stümpfen nichts mehr von einem Wald an sich hatte, dahinter die Chambrettes-Ferme, die seltsamerweise noch nicht ganz zusammengeschossen war, und hinter dem Chauffourwald der Douaumont, schwarz und finster. Auf seinem Rücken wanderten die Einschläge schwerer Granaten hin und her – französische Granaten, mit denen nunmehr die Franzosen ihr ehemaliges Sperrfort bedachten. Was keinem der deutschen Soldaten auf dem Schlachtfeld zu sehen vergönnt war, lag hier in greifbarer Nähe vor Augen: die Stadt Verdun mit dem Doppelturm ihrer Kathedrale. An einzelnen Stellen loderten in der Stadt Brände.

Unten fuhr der Wagen des Kaisers vor. Dann tauchte auf der Holztreppe eine Pickelhaube in feldgrauer Hülle auf, die dem Obersten Kriegsherrn gehörte. Hinter ihm quoll es herauf, Falkenhayn, die Fürsten Pleß und Fürstenberg, der Sohn des Thronfolgers Herzog Albrecht in der Uniform der Württembergischen Königsulanen, die Generaladjutanten, sogar der Oberstallmeister. Für

Bloem war kein Platz mehr. Unten wieder angelangt, kam ihm gerade General von Gallwitz entgegen, Bloems Vorgesetzter aus Rußland, doch ergab sich keine Gelegenheit zu einem persönlichen Wort.

Für den Kaiser, der erst neulich das nach Verdun kommandierte Alpenkorps in Paradeaufstellung besichtigt hatte, gab es diesmal keine Truppenschau. Statt dessen wurde ihm der Kapitänleutnant Schütte vorgestellt, der die beiden im Wald von Consenvoye aufgebauten »Langrohre« kommandierte.

Bloem hörte den Kaiser fragen: »Wieviel Schuß hat jedes bis jetzt getan?«

»Über 200, Euer Majestät.«

»Ich denke, Krupp hat nur 160 garantiert?«

»Stimmt. Aber wenn Euer Majestät eine Schreibmaschine kaufen, gibt die Firma auch nur für ein Jahr Garantie, und nach drei Jahren tut sie's immer noch.« Schütte korrigierte dann allerdings seinen etwas forschen Vergleich und gab zu, daß von den 40 km Schußweite bereits 4 km eingebüßt worden seien – die Tiefenstreuung betrage auch schon 1400 Meter. »Aber ich kriege meine Schüsse schon immer noch ungefähr dahin, wo sie hinsollen«.

Vor dem Abendessen in Stenay wurden im Garten hinterm Schloß sechzig frisch eingebrachte französische Gefangene besichtigt, die einen wohlgenährten Eindruck machten. Der Kronprinz zeigte sich erfreut, Bloem kennenzulernen. Vor einem Jahr war Bloem von ihm als Autor eines Buches über die Argonnen ins Auge gefaßt worden, das dann Bernhard Kellermann verfaßte. »Euer Kaiserliche Hoheit, damal ließ es sich nicht machen – ich lag damals im Schützengraben.«

»Nun, da war es jedenfalls auch schöner.«

Beim Essen im großen Speisesaal, an dessen Wand zwei Trikoloren, die man seit 1914 dort hatte hängen lassen, ein Christusbild einrahmten, saß »der Poet« Bloem dem Kaiser an der langen Tafel gegenüber. Unter den weiteren elf Gästen befand sich auch Knobelsdorf, zur Linken des Kaisers. Falkenhayn fehlte. Das Gespräch drehte sich um Verdun. Die Einnahme des Waldes von Avocourt im März sei voreilig gewesen, und »seine Festhaltung« hätte »viel Blut gekostet«, stellte man fest. Später ging es um die große Politik. Unerklärlicherweise schwärmte der Kaiser plötzlich von einem Kampf »Schulter an Schulter mit den Franzosen gegen die Engländer«.

4

Während der gesamten deutschen Verdunoffensive hatten bisher die Franzosen die Luftherrschaft über dem Schlachtfeld gehabt. Während ihre Flieger und Fesselballons das Artilleriefeuer auf die deutschen Bereitstellungen lenkten, war nur selten ein deutsches Flugzeug zu sehen gewesen. Mitte April wurde das anders. Fast täglich wurde jetzt von abgeschossenen Feindmaschinen berichtet. Daß sich die Luftkämpfe neben den Artillerie- und Infanteriekämpfen zu »regelrechten Luftschlachten« entwickelten, war allerdings übertrieben. Eine »Luftschlacht« bestand zum damaligen Zeitpunkt aus dem Aufeinandertreffen von höchstens einem Dutzend feindlicher Maschinen, doch das blieb eine Ausnahme. Der Einsatz von ganzen Geschwadern kam bei Verdun nicht vor, dazu war die Anzahl der von beiden Seiten eingesetzten Maschinen zu gering.

Vor Verdun lagen auf deutscher Seite ein halbes Dutzend Feld- und Artilleriefliegerabteilungen, dazu die zum »Kampfeindekkerkommando« zusammengefaßten modernen Kampfeindecker, insgesamt 12 Staffeln, alles in allem rund 160 Maschinen. Der Staffel bei Jametz war anfangs Hauptmann Oswald Boelcke zugeteilt worden, um die langsamen »Beobachter« zu schützen, doch war er am 11. März nach Sivry an der Maas umgezogen und hatte sich auf einer Maaswiese einen eigenen Flugplatz eingerichtet, auf dem er zunächst mit seinem Bodenpersonal allein war. Er wollte so nah wie möglich an die deutschen Linien heran, um sofort zur Stelle zu sein, wenn ein feindlicher Jäger auftauchte. Allgemein galt eine Entfernung von 30 km als angemessene Distanz zur Front, dort erst fühlten sich die Flieger vor Überraschungen sicher.

Im April war als Neuling gerade Manfred von Richthofen vor Verdun eingetroffen, um hier seine ersten Erfahrungen als Flugzeugführer zu sammeln. Sein vielbewundertes Vorbild Boelcke hatte gerade sein 14. Opfer südwestlich von Fort Vaux vom Himmel geholt. Boelcke gehörte zu den wenigen Auserwählten, die den neuen Fokker-Eindecker fliegen durften, der den französischen Jagdeinsitzern vom Typ Nieuport an Wendigkeit und Steigfähigkeit ebenbürtig war. Die anderen Flieger mußten sich mit den schwerfälligen Zweisitzern, den alten Albatros-Doppeldeckern begnügen, die nur als Beobachtungsflugzeuge oder zum Bombenwerfen taugten. Bombenwerfen wiederum war den meisten Piloten lästig, da die mit Munition vollgeladenen Maschinen zu sehr an Fluggeschwindigkeit verloren. Außerdem galt das »wüste Bombenschmeißen« noch als wenig attraktive und wirkungsvolle Aufgabe; man überließ es lieber den Zeppelinen.

Am Anfang hatten die Kampfstaffeln die Eisenbahnknotenpunkte Bar-le-Duc, Ligny und auch Verdun selbst bombardiert. Als im April jedoch die Zahl der französischen Flieger rapide anstieg und kein deutscher Fesselballon mehr vor ihren Attacken sicher war, wurde am 12. April die Bombardierung abgebrochen und »verschärfte Luftsperre« angeordnet – Flüge parallel zur Front, um feindliche Flieger daran zu hindern, ins deutsche Hinterland einzudringen – also zur Abwehr anstatt zum Angriff eingesetzt, wodurch die Luftwaffe keineswegs die Verwendung fand, die ihrer Bedeutung entsprach. Eine glatte Fehlplanung. Beobachtungsflüge kamen dazu, um Luftaufnahmen zu machen, nach denen Tag für Tag in den kartographischen Abteilungen der Armeekorps neue Stellungskarten für die Artillerie- und Infanteriekommandeure angefertigt wurden.

Noch gab es keine reinen Jagd- oder Bomberstaffeln. Wer das Glück hatte, einen Einsitzer zu fliegen, »jagte« andere Flieger; wer in einem Zweisitzer saß, suchte so schnell wie möglich seinen Auftrag zu erledigen und riß lieber aus, wenn ein schneller Jäger auftauchte – das galt für Deutsche wie Franzosen. Viele der zurückgekehrten Flieger stiegen mit stinkenden Uniformen aus ihren Maschinen; sie hatten im wahrsten Sinne des Wortes »die Hosen voll«.

Am meisten gefürchtet war eine so gut wie unsichtbare Gefahr: die Flugbahnen der schweren »Brummergeschosse«, die die Flieger als dunkle Punkte in 4000 m Höhe an sich vorbeihuschen sahen. Die durch Luftwirbel verursachte »Geschoßbö« war so stark, daß der Beobachter aus seinem Sitz gestoßen werden konnte.

Es gab kaum einen Infanteristen, der nicht neidisch nach oben sah, wenn die Flieger über ihn hinwegsurrten. Für die Piloten war es in erster Linie ein technisches Abenteuer, das faszinierende Gefühl der »neuen Beherrschung der Luft« und überdies eine Möglichkeit, aus der grauen Masse herauszutreten. »Der Luftkampf ist ein wildes Um- und Übereinanderkreisen – aber in diesem Massen- und Maschinenkrieg wirklich noch ein edler, ritterlicher Zweikampf, Mann gegen Mann«, meinte Erwin Böhme, der neben Boelcke vor Verdun Schlagzeilen machte. Sogar kühle Generalstabsoffiziere, die selber nie in einer Maschine gesessen hatten, gerieten ins Schwärmen. Albrecht von Thaer schien diese Art des Kampfes »nicht nur die forscheste, sondern auch die ritterlichste Art, die am meisten noch an das Heldentum der Vorzeit, die Einzelkämpfe erinnert«. Das Kriegführen »in den Schlammgruben und mit Läusen, Handgranaten und Giftgasen« schien sich dagegen wirklich »der Teufel« erdacht zu haben.

Die »Ritterlichkeit« hatte jedoch ihre eigenen mörderischen Gesetze. Dem Gegner näherte man sich möglichst von hinten, um den Moment der Überraschung für sich zu haben. Pardon wurde selten gegeben, wenn der angeschossene Gegner demütig um Schonung bat. Wurde man selber getroffen, verbot ein eigener Ehrenkodex das »Aussteigen«; es gab zwar Fallschirme, doch wurden sie nicht selten verschmäht. Erwin Böhme, als Zivilist ein begeisterter Bergsteiger, erzählte stolz, daß er sich auch niemals bei schwersten Klettertouren habe anseilen lassen. Die Fesselballonbeobachter, die völlig schutzlos die gegnerischen Flugzeugangriffe abwarten mußten, benutzten die Fallschirme oft auch dann schon, wenn der Feind noch gar nicht in ihrer Nähe war und auch noch nicht die Flaksperren überwunden hatte. Vor Verdun wurde so oft abgesprungen, daß schließlich der Befehl herauskam, ein Beobachter dürfe erst seinen Korb verlassen, wenn der Ballon über ihm brennen würde. Dann war es jeoch meistens schon zu spät.

Der Erfolg der deutschen Fliegerasse wie Boelcke, Immelmann, Erwin Böhme oder Richthofen konnte jedoch nicht darüber hinwegtäuschen, daß die Franzosen in der Luftkriegführung von Anfang an überlegen waren. Während die Deutschen ihre Flieger anfangs nur als Fernaufklärer, gleichsam nur als fliegende Husarenpatrouille, benutzten, setzten die Franzosen ihre Flugzeuge konsequent als »Artillerieflieger« zur Leitung ihrer Geschützbatterien durch Lichtsignale ein. Nicht zufällig wurden anfangs bei den Deutschen nur Kavalleristen zur Flugausbildung zugelassen; die Rittmeister stiegen vom Sattel in die Maschinen um, »ohne die Uniform zu wechseln«, einige vergaßen sogar die Sporen abzulegen, wie gespottet wurde. Während die französischen Flugzeuge frühzeitig mit Maschinengewehren ausgerüstet waren, mußte der deutsche Flieger noch zu Karabiner und Pistole greifen, um sich wehren zu können. Das wurde zwar anders, als der holländische Konstrukteur Fokker eine den französischen Jagdflugzeugen ebenbürtige Maschine baute, ebenfalls mit starrem Maschinengewehr, das durch den Propellerkreis schoß, so daß der Pilot gleichsam mit dem ganzen Flugzeug – einem fliegenden Maschinengewehr – zielte. Die deutschen Flieger verfügten damit über gleichwertige Waffen. Das Draufgängertum der Piloten fand endlich seine technische Entsprechung.

Zu diesem Zeitpunkt flogen die Franzosen und Engländer bereits in Großverbänden Bombenangriffe auf das Hinterland und hatten dabei im Auge, Straßen, Munitionslager, neuralgische Punkte im Nachschubsystem des Gegners zu treffen. Auch die Stabsquartiere gehörten dazu. Zum Ärger des Kronprinzen bombardierten die Franzosen mehrmals sein Hauptquartier in Stenay und flogen sogar das über 60 km hinter der Frontlinie gelegene Mézières-Charleville an. Die Annahme des Kaisers und seiner Umgebung, daß die beiderseitigen Standorte der Obersten Heeresleitungen nach einer »stillschweigenden Übereinkunft« beim Luftkrieg verschont bleiben würden, erwies sich als Illusion. Für den Kaiser wurde daher in seiner Villa Belleaire bei Charleville ein »bombensicheres« Schlafzimmer gebaut.

Um die Angriffe auf den Kaiser zu rächen, mußten die Zeppeline Bombenflüge nach London machen. Die Franzosen hingegen wunderten sich, daß die deutschen Flieger keine Anstalten machten, den Verkehr auf der »Heiligen Straße« zu unterbinden, über die der gesamte französische Nachschub nach Verdun rollte.

5

Am 14. April kam die 50. Infanteriedivision von der Champagnefront an die Verdunfront. Diese Elitetruppe sollte das V. Reservekorps Gündells im Vauxabschnitt unterstützen. Es war eine Division, die besonders auf die gute Zusammenarbeit zwischen Infanterie und Pionieren stolz war. Nur trugen die Pioniere dabei die Nase etwas höher, die Infanterie galt als »Kanonenfutter«; ein Infanterieoffizier konnte einem Pionieroffizier nichts befehlen, denn der Pionier hatte – wie Leutnant Harry Wiesebaum von der Pionierkompanie 100 zu sagen pflegte – den Vorteil, »jederzeit selbständig handeln zu können«, während der Infanterist auf seinem Platz festgenagelt war – bis zum bitteren Ende.

Was die Soldaten dieser modernen »Kampfdivision« bei Verdun erwartete, erschütterte sie allerdings doch. Verkommene Erdhütten, behelfsmäßige Unterstände, voller Wasser, verfaulte und verlauste Strohsäcke als Lagerstätten, die ganze Gegend infolge der Undurchlässigkeit des Lehmbodens in einen »unergründlichen Sumpf verwandelt, in dem Menschen, Wagen und Pferde steckenblieben und sogar versanken«. So schlimm hatte es keiner erwartet.

Die Batterien brauchten zwei Nächte, um ihre Stellungen einzunehmen, bei einem Feldartillerieregiment brachen 15 Pferde vor Erschöpfung tot zusammen.

Ehe sie an die Front gingen, machten es sich die Männer erst einmal in ihren Ruhelagern in der Woëvre-Ebene bequem. Die Lagerpioniere der Division gingen mit einem Eifer an den Ausbau von Straßen und Unterkünften, als wollten sie sich auf eine langjährige Belagerung des Vauxberges einstellen. Große Barakkenlager wurden errichtet – so zum Beispiel das Litzmannlager im Tilla- und Parinsauxwald –, ihre Übersichtlichkeit und Gliederung in geschlossene Kompaniereviere sollte eine rasche Dispositionsmöglichkeit bei der Unterbringung von Truppen gewähren, wobei die großen Baracken nebenbei noch den Vorteil »guter Überwachungsmöglichkeiten und leichter Aufrechterhaltung der Disziplin« boten, konnten doch unter ihrem Wellblechdach jeweils bis zu 300 Mann untergebracht werden.

Russische Kriegsgefangene wurden zur Entwässerung des verkommenen Lagergeländes eingesetzt, ein verzweigtes Wegenetz von Knüppeldämmen und Lattenrosten gestattete, »nunmehr trokkenen Fußes durch das ganze Lager zu gehen«. Für die Offiziere entstanden Einzelquartiere, dem Betrieb eines gemeinsamen Kasinos wurde durch den Bau einer Wohnbaracke für rund 20 Offiziere Rechnung getragen. Im Tschernylager legten Pioniere sogar einen großen Gottesdienstplatz an, der das Anhören der Predigt ohne Fußnässe erlaubte.

Schließlich wurde für den Bau von massiven Wohnbaracken sogar eine eigene Zementfabrik errichtet. Spülanlagen gestatteten den Mannschaften nach dem Essenfassen eine »gründliche Reinigung« ihres Eßgerätes in langen Holztrögen.

Als die Statistiker im November schließlich Bilanz machten, waren aus dem Pionierpark Baroncourt 130 000 qm Bretter, 1200 Bohlen, 11 000 laufende Meter Kantholz, 4500 Rollen Dachpappe, 2400 Wellblechbogen, 200 000 Ziegelsteine, 15 000 Schamottesteine, 5000 Rundhölzer, 600 Sack Zement geliefert worden. Auch die Straßen wurden wieder instand gesetzt und mit Schotterdecken unter Einsatz von Straßenwalzen versehen.

Zu der Zementfabrik kam eine Fettsiederei, in der die Pferdekadaver, die hinter der Front geborgen werden konnten, zu Seife verarbeitet wurden. Im Bismarcklager arbeitete eine Selterswasserfabrik mit einer Tagesleistung von 2500 Flaschen. Eine Feldbuchhandlung trug den Kulturbedürfnissen Rechnung, ein weites Netz von Zweigstellen sorgte in allen Dörfern für den Vertrieb von Büchern und Zeitungen. Auch Badeanstalten wurden eingerichtet, zwei große Flußbäder im Ornesbach, ein großes Strandbad am Amelsee, und natürlich mehrere Dampf- und Desinfektionsbäder zur Entlausung. Über den Barackenlagern breiteten die Bäume ihr Grün aus. »Ruhelager« konnten sie trotz alledem nicht genannt werden, da sich die französische Artillerie auf das Hinterland einzuschießen begann.

Neben dem liebevollen Ausbau der Unterkünfte hinter der Front begannen die Pioniere der 50. Division auch mit Vorbereitungen für den weiteren Angriff. Unterhalb des Forts Vaux, auf dem Nordhang, entstand auf der Hangmitte eine große Stollengruppe, die Lindowstollen, die bei der Fertigstellung Platz für 200 Mann boten. Oberhalb vom Dorf Vaux wurden weitere Stollen auf dem Hang ausgebaut, um den Weg für die Sturmtruppen zu verkürzen. Die besonders stark dem feindlichen Feuer ausgesetzten Stellungen wurden aufgegeben. Als Ende April trockenes Wetter eintrat, konnte endlich mit Erfolg an den Stollenausbau auch am verwüsteten Hardaumont gegangen werden.

6

Von der »berüchtigten Leere des Schlachtfeldes« konnte nachts zumindest nicht die Rede sein, denn in der Dunkelheit spielte sich der gesamte Verkehr von und nach der Front ab. Zwar war gerade nachts das Sperrfeuer auf Anmarschlinien und »Wegkreuzungen« stärker, doch schossen die Franzosen nur blind (nach Karte), und kein Fesselballonbeobachter konnte sich ein lohnendes Ziel herauspicken.

Die Ornesschlucht am Rand der Woëvre-Ebene war die erste Etappe auf dem Weg zur Front. Im zerschossenen Dorf lagen Stabseinheiten, den Keller der mächtigen, nun zerstörten Kirche füllte ein Pionierdepot, in die Hänge längs des Südhangs waren Unterstände und Stollen hineingetrieben, in der Hauptsache nur halbtiefe, mit schmutzignassem Stroh ausgelegte Lehmkuhlen, in denen sich mehrere Bataillone aufhielten. Anziehungspunkt war der Ornesbach, wo man sich waschen und mit Trinkwasser versorgen konnte. Da deutsche Batterien in der Schlucht standen, wurde sie von den Franzosen regelmäßig beschossen. Wer beim Fort Douaumont eingesetzt wurde, mußte durch die Brûleschlucht – Brühlschlucht, wie viele schrieben – und die langgezogene Hassouleschlucht laufen, bis er den Abhang erreichte, auf dessen Kamm das Fort lag. »Einen ansteigenden deckungslosen Hügel geht es hinan. Die Führer, wohlvertraut mit dem Gelände und den lauernden Gefahren, treiben zu höchster Eile. Schwer bepackt mit Handgranaten, Schanzzeug und doppelten Verpflegungsrationen schieben sich die Kompanien Mann hinter Mann hinan. Wie gehetztes Wild jagen die Führer voran. ›Anschluß halten‹! ruft es von vorn. ›Halt! Vorne kurztreten!‹ tönt es von hinten zurück. ›Was rennen denn die da vorne nur so?‹ schimpfen die Leute und raffen sich auf, um den Vordermann nicht aus den Augen zu verlieren. Sie ahnen nicht, daß diese scheinbare Ruhe sich jeden Augenblick in den tollsten Höllenlärm verwandeln kann. Wehe der Kompanie, die auf dieser kahlen Hochebene von dem schlagartig einsetzenden Feuerüberfall der feindlichen Batterien erfaßt wird. Kein Graben bietet Deckung, die Granattrichter gewähren bei solchem zusammengefaßten Feuer keinen Schutz, da gibt es nur eins: Vorwärts, hindurch, hinaus aus dem todbringenden Feuerwirbel.«

Für Versprengte und Meldeläufer war es nachts besonders schwer, den Eingang zum Fort zu finden, ein Loch am zusammengeschossenen Zugang zur östlichen Grabenstreiche. Weggeworfene Ausrüstungsgegenstände und vor allem die Tragestangen der Essenholer lagen hier in Massen herum und drohten, den Hineinhastenden zu Fall zu bringen. Besonders diese Stelle wurde von französischen Geschützen alle 20 Sekunden exakt mit Granaten bedacht. Den Leichen, die hier lagen, hatte der Luftdruck der Explosion die Uniformen und Stiefel vom Körper gerissen.

Der Weg zu den Stellungen vor Fort Vaux führte von Ornes über das inzwischen eingeebnete Bezonvaux. Es handelte sich um eine teilweise schnurgerade verlaufende Chaussee, die am westlichen Rand der Woëvre-Ebene unterhalb der befestigten Höhenlinie verlief. Da die Straße von Fuhrwerken aller Art befahren wurde, Küchen-, Artillerie- und Protzengespannen, und natürlich von der französischen Artillerie abgesucht wurde, standen zahllose zerschossene Wagen am Rand. Aufgedunsene Pferde lagen, oft in Stücke zerrissen, mitten im Weg. Rechts und links bemühten sich die Infanteristen vorwärts zu kommen, da die Straße freigehalten werden mußte. Während des Regens bedeckte eine 30 cm hohe Schlammschicht die Straße – »russische Verhältnisse«, wie die gerade von der Ostfront kommenden Grenadiere des Regiments Kronprinz Nr. 1 fanden.

Der Gefreite Pinnow von der Maschinengewehrkompanie hatte hier sein schrecklichstes Erlebnis: »Wir hatten die Tragbahre mit einem Verwundeten auf der Schulter, plötzlich saßen wir in einem Granatloch, der Verwundete fiel herunter und verschwand spurlos im Schlamm«.

Eine andere Route zu den Stellungen westlich des Douaumont war der Weg von Flabas über die Chambrettes-Ferme am Fosseswald. »Es war ein ganzes Heer, was sich da jede Nacht nach Süden wälzte, ablösende Infanterie zweier Divisionen, zahllose Munitionskolonnen, Ersatzgeschütze, Sanitätswagen, Küchen, Kolonnen mit Pioniergerät und tausend anderen Dingen. Bis zum Südrand des Caureswaldes, dem Hessenplatz, wo Driants Grab lag, ging es meist noch leidlich, auf erträglich breiten Wegen, nur der Leichengeruch der zahllosen, oberflächlich beerdigten Gefallenen der Februartage war schauderhaft. Dann aber begann die Zone des Grauens. Die Fahrzeuge bogen rechts ab, um, meist im gestreckten Galopp, die stark beschossene Straße nach Vacherauville hinabzufahren. Die Infanterie ging geradeaus nach Süden, um irgendwo die Fossesschlucht zu erreichen. Hinein ins Dunkle, ohne Weg und Steg; alles hastet aus dieser fortgesetzt mit Streufeuer belegten Zone herauszukommen. Ein paar Granaten krachen, alles schmeißt sich hin in das Dunkle. Weiter! Krach, rennt man auf das Kochgeschirr des Vordermannes auf, Stockung. Neue Granaten, Hinschmeißen, Weiterrasen. Gespenstische Schatten tauchen vor uns auf. Aus der Stellung zurückkommende Leute, stolpernd, hastend, laufend, wie wir, stinkende Schweißwolken verbreitend, wie wir. ›Ihr müßt weiter rechts, Beaumont kriegt viel Feuer‹, rufen sie uns zu. Der obere Rand der Fossesschlucht ist erreicht, den ewig beschossenen Steilhang hinunter, Durchwaten der Talsohle im knietiefen Schlamm. Dann entlang an dem ewig verstopften Laufgraben zum Südausgang der Schlucht. Hier stehen dicht an der Schlucht rechts und links Batterien. Hier gibt's Zunder. Ums Leben gelaufen durch die Batteriezone.« Für 5 km brauchten die Infanteristen bis zu sechs Stunden.

Über die Chambrettes-Ferme, die Höhe 278 und durch die Chauffourschlucht ging es weiter zur Front am Albainrücken westlich vom Fort. »Jeder ist bestrebt, so schnell wie möglich die unheimliche Chambrettes-Ferme hinter sich zu bekommen, die dem Feinde ein vortreffliches Ziel bietet. Ermattet erreichen wir den Gipfel der unbewaldeten Höhe 378 – vor unseren Blicken ein wunderbares Schauspiel: das Riesenfeuerwerk der Verdunfront. Mit langem Schweif beschreiben die französischen Leuchtraketen an dem Nachthimmel ihren ruhigen Bogen, stehen minutenlang über dem Gelände, um dann schwebend zu verlöschen; darunter flackern grell die deutschen Leuchtkugeln empor. Von Zeit zu Zeit flammen dazwischen rote und grüne Lichter auf.«

Südlich der Höhe 378 fiel das Gelände ziemlich steil gegen den Chauffourwald ab. »Das Vorwärtskommen gestaltet sich schwieriger, Granatlöcher, alte Drahthindernisse, Baumstämme versperren den Weg. Jetzt kommt die schlimmste Ecke, der granatendurchwühlte Chauffourrücken. Keuchend geht's aufwärts, links an dem unheimlichen Chauffourwald vorbei. An seiner Südseite liegt ein wirrer Haufen toter Kameraden: Im fahlen Licht der Nacht erkennt man ihre verkrampften Leiber.«

Neu eingetroffene Regimenter mußten die Erfahrung machen, daß es »unmöglich war, eine Kompanie geschlossen oder auch nur im Gänsemarsch vorzubringen«. Bis die Verdunneulinge gelernt hatten, durch »sprungweises und einzelnes Vorgehen« nach vorne zu kommen, waren schon die ersten Verluste eingetreten.

Für die Chauffourschlucht hatte sich inzwischen der Name Todesschlucht eingebürgert – »sie trägt ihren Namen mit Recht. Kalte Grabesluft umweht uns; süßlicher Leichengeruch und Moderduft geben Kunde von der grauenhaften Verwüstung«. Bald sollten alle Schluchten an der Front Todesschluchten genannt werden.

Durch die Chauffour- und Albainschlucht eilten die Ablösungen, Meldeläufer, Verwundeten- und Materialtransporte, die Essen- und Wasserversorgung und die Post – »die Trupps, die sich begegneten, hasteten aneinander vorüber ohne Laut, ohne Frage nach dem Truppenteil und woher und wohin, nur mit gespanntester Aufmerksamkeit die herabheulenden Granaten taxierend«.

Feldküchen fuhren nur bis zum Fosseswald. Doch die Mannschaften hungerten lieber, als nachts den vier Kilometer langen Weg hin- und zurückzugehen, der als sicherer Todesgang galt. Für die Wasserversorgung gab es nur eine einzige Quelle beim Dorf Douaumont, deren Existenz den französischen Artilleristen jedoch genau bekannt war – eine Steinspalte zwischen Leichen.

Je nach der Lage des feindlichen Feuers suchten sich die Essenholer ihren Weg entweder durch die Ost-West-Schlucht (Richtung Maas) oder quer durch die Chauffourschlucht. »Wir hatten nämlich sehr bald heraus, daß der Feind den Wald mit ziemlicher Regelmäßigkeit von Osten nach Westen abhämmerte. Sobald nun die ersten 15,5er an der Ostecke des Waldes aufmulmten, sausten die Essenträger den aufgewühlten Chauffourhang hinauf. Wehe, wenn sie nicht rechtzeitig oben waren und die Feuerwalze zurückkam! Nur ein kurzes Verschnaufen bei den Empfangsstellen, dann die Sandsäcke mit den Lebensmitteln umgehängt, die Kaffeefässer aufgebuckt und auf dem schnellsten Weg zurück. So bepackt, tasteten sich die Essenholer in stockfinsterer Nacht durch Granatlöcher, Schlamm, Draht und feindliches Feuer.«

Im Trichterfeld entwickelten die Infanteristen eigene Überlebenstechniken. Da nach einer Faustregel keine Granate in genau demselben Trichter landete, sprangen sie in das jeweils frisch aufgeworfene Granatloch, mit dem Gewehr in der Hand, das sie in Sandsäcke oder Lappen eingewickelt hatten, um es vor dem Verdrecken zu schützen.

7

Wieder einmal wurden die 80er zurückbehalten, während die 87er und 81er schon am 7. April nach vorn gingen. Ernst Weckerling lag mit seinen Regimentskameraden in der Brûleschlucht, die von den Franzosen mit Steilfeuergeschützen eingedeckt wurde. Gleich am ersten Tag wurden 23 Mann getötet, als sie zum Essenholen an der Feldküche anstanden. Im Steilhang, den der Gegner nicht »einsehen« konnte, waren im Laufe der Zeit Hunderte von Erdlöchern entstanden, die mit einer Zeltplane verschlossen wurden und so notdürftig gegen Regen schützten. Auf der anderen Seite der Schlucht, die ein Bach durchfloß, standen Batterien schwerer Haubitzen. Der Luftdruck der Abschüsse war so stark, daß sich bei den auf dem anderen Hang stehenden Infanteristen jedesmal die Rockschöße hoben.

Am 11. April, spätabends, marschierten sie wieder nach vorne. Östlich am Fort Douaumont vorbei ging es in die Kasemattenschlucht, wo auf der rechten Seite ihre Stellungen vor dem Caillettewald lagen. Es waren Stellungen, »die den Namen nicht verdienten«: ein Gewirr früherer französischer Gräben, teils umgebaut von den Deutschen, teils umgewühlt von den Granaten. »Von der Stellung gab es die schönsten Karten, auf denen alle Gräben sorgfältig mit Namen versehen waren, aber im Gelände waren sie kaum zu finden.«

Schon die vorhergehenden Angriffe und Gegenangriffe waren sehr verlustreich gewesen. Immerhin hatten ihre Vorgänger vom Reserveinfanterieregiment 120 am 2. April endlich das I-Werk-Nord an der Spitze des Cailettewaldes einnehmen können. Seitdem diente der 40 m lange Betonklotz als Sanitätsraum. Die Leichtverwundeten waren allerdings froh, daß sie sich bei Nacht selbst aus eigener Kraft fortstehlen konnten. Als Instruktion für den Angriff gaben die Kompanieführer an, die Stürmenden sollten sich einfach in dem unübersichtlichen Gelände an den Kirchturm von Fleury halten, der aus zwei Kilometer Entfernung herüberschaute.

Am nächsten Morgen stand der Zeitpunkt des Angriffs immer noch nicht fest. In der Zwischenzeit verbesserten die Unterführer ihre Stellungen auf eigene Faust und kamen so den feindlichen Gräben immer näher. Da die deutschen und französischen Stellungen sich bis auf 30 m genähert hatten, konnte weder die deutsche noch die französische Artillerie den Gegner beschießen, ohne die eigenen Leute zu gefährden. Statt dessen entstanden überall »lästige Handgranatenkämpfe«, so daß sich einige Gruppen bald »verworfen« und für den Angriff keine Handgranaten mehr zur Verfügung hatten.

Gegen Mittag spürte Ernst Weckerling einen Schlag unter den Schultern. Schmerzen hatte er nicht, und erst der Ausruf seines Nachbarn, »Mensch, du bist ja verwundet, das Blut läuft dir ja schon an der Hose raus«, machte ihn auf seine Verwundung aufmerksam. Weckerling ging – mühselig von Trichter zu Trichter springend – zurück.

Nach ein paar Stunden – er schaute nicht auf seine Uhr – langte er bei der Kompanieschreibstube in der Ornesschlucht an, meldete sich ab, nahm noch einen Schluck aus dem Ornesbrunnen, der mit Steinen eingefaßten Quelle am Hang, und ging zum Feldlazarett, um sich eine Tetanusspritze geben zu lassen.

Ein Pferdefuhrwerk nahm ihn weiter mit zurück bis nach Azannes, wo er in einen Lazarettzug eingewiesen wurde. Dieser fuhr über Montmédy die Mosel nach Koblenz hinunter, von dort nach Limburg, Gießen, Fulda, Erfurt. Überall wurden Schwerverwundete und die inzwischen Verstorbenen ausgeladen. Die fahren uns gleich an die Ostfront, dachte Weckerling. Im Zug waren nur noch Leichtverletzte. Schließlich hielten sie in Weißenfels (Sachsen), und die letzten Verwundeten, die alle marschfähig waren, ein Trupp von rund 30 Mann, marschierten, so dreckig und blutverschmiert, wie sie von Verdun gekommen waren, vom Bahnhof durch die Stadt zu einer Realschule, in der ein Reservelazarett eingerichtet war.

Unter einer dunklen Bahnüberführung begegnete ihnen eine Frau mit einem kleinen Jungen. »Sind das Franzosen?« hörte Weckerling das Kind fragen. Mein Gott, wie müssen wir aussehen, dachte er, wenn uns die Kinder in der Heimat nicht mehr als deutsche Soldaten erkennen?

8

Weckerlings Hessen-Nassauer waren inzwischen in eine verzweifelte Situation geraten. Eigentlich sollten sie zum zweitenmal im Caillettewald angreifen. Statt dessen ergriffen am 19. April die Franzosen die Initiative und brachen durch die dünnen Linien der strapazierten Infanteristen sofort bis zum Panzerturm 637 durch. Dieser außerhalb des Fort Douaumont in etwa 1000 m Entfernung östlich stehende Turm bestand aus einer halb fertig gewordenen Kuppel und einem danebenliegenden 10 m tiefen Betonunterstand. Hier hausten vor allem Bataillonsstäbe der vorderen Truppen und Artilleriebeobachter. Meldeläufer durften sich kurz unterstellen, Verwundete fanden erste Versorgung. Ununterbrochener Regen und permanentes Trommelfeuer hatten die Gräben eingeebnet, die Mannschaften der 81er und 87er lagen frierend und hungernd in Trichterlöchern im Gefühl, von aller Welt aufgegeben worden zu sein. Aber auch vom Gegner sickerten nur zusammenhanglose Gruppen bis zum Fort Douaumont durch, wo sie statt ins deutsche nunmehr ins französische Feuer gerieten.

Da an dem Tag davor keine Essenträger nach vorne gekommen waren, war Uffz. Riedel (»Schokoladen-Riedel«, wie ihn seine Kameraden seit den Tagen im Caureswald nannten, wo er einen verlassenen Personenkraftwagen voller Schokolade entdeckt hatte) zurückgeschickt worden, um schleunigst auf Ablösung durch die 116er zu drängen. Ein unangenehmer Befehl. Als er vom Osthang des Douaumont zurückkommend um eine Grabenecke am Panzerturm bog, sah er drei lange dünne französische Vierkantbajonette funkeln. Er warf eine Handgranate in die Richtung und machte, daß er davonkam. Inzwischen trafen die Ablösungen ein, die gerade noch rechtzeitig gewarnt werden konnten, daß die Franzosen bereits neben dem Douaumont lagen, sonst wären sie dem Gegner geradewegs in die Arme gelaufen.

Die Stabsoffiziere, Artilleriebeobachter, Sanitäter und Melder im Panzerturm wanderten in Gefangenschaft.

9

Einen kleinen Erfolg konnte Mudra dem immer ungeduldiger drängenden Knobelsdorf immerhin am 19. April melden. Der Steinbruch Haudraumont am Nordhang der Ost-West-Schlucht, an der westlichen »Ecke« der Frontlinie auf dem Ostufer, wurde nach dreitägigen Versuchen von Bataillonen der 13. Reservedivision eingenommen, obwohl die Geschütze des Reservefeldartillerieregiments Nr. 13 die Verteidiger in dem Steilhang nur schlecht zu fassen vermochten. Ein Zug der 12. Kompanie drang, nachdem andere Infanteristen von oben Handgranaten nach unten geworfen hatten, in den Steinbruch ein und nahmen über 60 Franzosen gefangen, darunter mehrere Verwundete, Sanitäter, einen Arzt und einen Feldgeistlichen. Die meisten Gefangenen konnten durch das Artilleriefeuer nach hinten durchkommen, die Verwundeten dagegen blieben in einem alten Holzhäuschen zurück und mußten weitere Tage ohne Verpflegung und Wasser auskommen, da es ummöglich war, ihnen im »Kampfgetümmel« irgend etwas zukommen zu lassen. Statt dem deutschen Artilleriefeuer waren sie nun dem eigenen ausgesetzt.

Steinbrüche spielten im Stellungskrieg eine große Rolle. Ihre

Steilhänge boten mit den in die Felswände getriebenen Stollen und tiefen Galerien einen guten Schutz vor feindlichem Artilleriefeuer. Für die Deutschen hatte der Steinbruch von Haudraumont jedoch nicht die Bedeutung wie für die Franzosen, da der Hang nach der feindlichen Seite zu offen lag und die sich hell abhebende Wand für die französischen Artilleristen ein gutes Ziel abgab. Die explodierenden Granaten verspritzten zusätzlich üble Steinsplitter, außerdem schossen die Franzosen mit Maschinengewehren vom gegenüberliegenden Thiaumontrücken auf alles, was sich tagsüber dort bewegte. Nachdem die französischen Verteidiger jedoch aus den tiefen Galerien des Haudraumont vertrieben waren, konnte die benachbarte niedersächsische 19. Reservedivision nun endlich über die Albainschlucht setzen und auf dem nächsten Rücken, dem Thiaumont, Fuß fassen, was bis dahin durch die »Flankierung« aus dem Steinbruch unmöglich gewesen war. Die Eroberung des Albainrückens war wiederum für den Angriff auf das Zwischenwerk Thiaumont entscheidend.

10

Auch auf dem Westufer kam der Gegner den Deutschen zuvor und ergriff die Initiative. Hier hatte Gallwitz von Tag zu Tag den Angriffstermin gegen die Höhe 304 verschoben. Die Spaten schaufelten nur Wasser aus den Gräben heraus, die Steilhänge waren für einen Sturmlauf zu glitschig, außerdem nahm der Schlamm den Granaten die nötige Sprengwirkung. Die Artillerie beschoß falsche Gräben, weil sich die Numerierung auf ihren Geländekarten nicht mit den Stellungspunkten in der Wirklichkeit deckte.

Zum Sturm gegen die Höhe 304, der schließlich am Ostersamstag stattfinden sollte, wurde eine routinierte Division vom Toten Mann ausgewählt (an ihre Stelle kam »zur Eingewöhnung« eine neueingetroffene Reservedivision aus dem Freiwilligenkorps der Langemarckschlacht). Der Stellungswechsel erwies sich als Fehler. Oberst Lebedour berichtete Gallwitz, daß sich von einem einzigen Bataillon des sächsichen Infanterieregiments 192 beim Einrücken in die Stellung vor der Höhe 304 »im grundlosen Waldgelände« 250 Mann

»verkrümelt« hätten, von einem anderen Bataillon waren nur 150 Mann vorne angekommen. Von den Toten und Verwundeten sprach er nicht.

Die Franzosen störten sich nicht am Regenwetter und griffen am Toten Mann an. Drei Bataillone trieben die Deutschen von der Nordkuppe herunter, während der deutsche Angriff auf den »Vogelherd«, eine Bastion vor der Höhe 304, am 22. April völlig fehlschlug. Anfängliche Erfolgsmeldungen zerflossen »in nichts«. Die 11. bayerische Division war am Ende, »halali und unmummig«, wie Gallwitz erfuhr. Goßler erschien, um sie zu entschuldigen: 4 Bayern waren unverwundet im Schlamm ertrunken, 50 hatten die Stiefel, etliche sogar die Hosen im Schlamm eingebüßt. Die Leute kämen seit Wochen nicht aus ihren klammen Sachen heraus, sagte Goßler.

Die Franzosen zeigten sich nicht im mindesten erschüttert. Ihre Artillerie hatte sich verstärkt, neue Batterien wurden von Fliegern entdeckt, lagen jedoch so weit hinter dem Marrerücken, daß kein deutsches Geschütz hinreichte. Besonders litten die deutschen Feldartilleristen auf den kahlen Hängen bei Forges; binnen weniger Tage fielen zehn Offiziere. Am Ostermontag, dem 24. April, wurde eine Batterie so eingedeckt, daß ein Geschütz 15 m weit flog. Gallwitz versprach »Eiserne Kreuze«. »Wenn man die Berichte der Bataillons-pp.-Kommandeure über all die großen Schwierigkeiten liest«, schrieb er in sein Tagebuch, »dann kann einem angst und bang werden, erstens um die arme Truppe, dann aber um den Ausgang unserer Unternehmung. Geht es nach ihnen«, so schloß er mit einem Stoßseufzer, »mit Einbuddeln, Sappen, Wegebau etc., dann sind wir frühestens 1920 in Verdun.«

Zweiter Exkurs:
Krieg dem Kriege

1

Den meisten Soldaten, die von der Front zurückkamen, hatte die »Hölle der Materialschlacht« die Stimme verschlagen. Wenige hatten Tagebuch geführt, in der Regel waren es Nachschriften von Frontbegebenheiten. In den vorderen Stellungen, wenn es nicht ausgesprochen ruhige Gegenden waren, gab es so gut wie keine Möglichkeit, den Spaten oder das Gewehr mit dem Bleistift zu vertauschen. Briefe an die Heimat beschränkten sich auf das Allernotwendigste, waren in erster Linie Lebenszeichen. Tagebuchblätter hielten die gröbsten Eindrücke fest. Ein Überblick über den »Sinn« der Kampfhandlungen ergab sich nicht aus ihnen, er blieb den Memoiren der Generäle und Feldherren vorbehalten, die ihrerseits wiederum recht wenig vom Leben des kleinen Mannes im Graben wußten.

»Der Sinn der ganzen Unternehmung ist uns nie aufgegangen. Hätten wir doch weiter vordringen sollen, und hatte die Artillerie nicht genug vorgearbeitet? Oder war alles nur unternommen, um den Feind abzulenken?« fragte sich der Grenadier Rudolf Koch im Rückblick auf einen mißlungenen Einsatz vor der Höhe 304 am Ostersamstag 1916, als er im Lazarett lag. Seine Antwort: »Der Soldat tut seine Pflicht und fragt nicht, warum. Die Pflicht war es allein, die uns die ganze Zeit aufrecht- und zusammengehalten hat. Von Begeisterung darf man nicht sprechen an einer solchen Stelle, jeder wünscht sich tausend Meilen fort, und nur ein schöner Heimatschuß ist der stille Herzenswunsch beim Kompanieführer wie beim geringsten Grenadier. Aber hätten wir am nächsten Tag wieder zum Sturm vorgemußt, so wären wir wieder ebenso ruhig aus den Gräben geklettert, aus einfachem Pflichtgefühl, die meisten aus Gewohnheit. Der Befehl kommt und wird ausgeführt, manchen treibt auch noch die Scham vor dem Spott der anderen, wenn er zurückbleibt.«

2

Glaubt man den zahllosen Gedichten, Bildbänden und Berichten, die noch weit bis in das Jahr 1915 erschienen, als die Front bereits in Erdbefestigungen und Artilleriestellungen erstarrt war, spielte sich der Krieg immer noch nach den Regeln »von Anno siebzig« ab, mit entrollten Fahnen und Bajonettangriffen, durchwegs in der Stimmung patriotischer Kriegsbegeisterung, die es ja im August 1914 tatsächlich kurz bis zu chauvinistischer Hysterie gegeben hatte. Diese eingefrorene Auguststimmung mochte mehr auf ein Wunschbild zurückgehen als auf eine planmäßige Kriegspropaganda – dem wirklichen Geschehen entsprach sie schon lange nicht mehr. Zum »Fronterlebnis« (wie man nun sagte, um zu betonen, daß ihm das Erleben in den vorderen Linien zugrunde lag und nicht der Erfahrungshorizont des verachteten Etappenkriegers) gehörten Desillusionierung und Desorientiertheit: Unter dem Eindruck einer brutalen Kriegstechnik geriet der Soldat bis an die Grenze der menschlichen Existenz, alles war auf ein paar Grunderfahrungen zu bringen – Hunger, Durst, Nässe, Erschöpfung; am schlimmsten war die ständige Angst, verletzt oder verstümmelt zu werden, nicht so sehr der Tod. Das Kampfgeschehen wird als eine unheimliche, gespenstische Realität erlebt, das von irgendwoher heranfliegende Geschoß, das sich wahllos und zufällig sein Opfer sucht, der meist unsichtbare Feind (die »Leere des Schlachtfeldes« wird sprichwörtlich), der Einsatz in einem militärischen Zusammenhang, dessen Logik undurchschaubar bleibt, die Vereinsamung im Granattrichter, und mit der endlosen Dauer des Krieges schließlich ein zermürbender Kriegsalltag, der immer wieder dieselben Erlebnisse und Erfahrungen mit sich bringt, daß der Nachbar stirbt oder verwundet wird, daß auf einen Einsatz der nächste folgt, der Soldat für keinen Augenblick aus dem »Teufelskreis von Tod und Vernichtung« entlassen wird. Körperliche Kraft und Tapferkeit, stoisches Duldertum und Humor, Anstand, Tugenden – alles dies bedeutet auf einmal nur noch sehr wenig. Der Mensch mußte die Erfahrung machen, daß er als Individuum ein Nichts war, nur eine Zahl in einer großen unbekannten Rechnung, schlimmer: nur ein Stück Material, wie es die Sprache der Technokraten unverhüllt zum Ausdruck brachte – »Menschenmaterial«, Teil einer gewaltigen Maschine, deren automatische Gesetzmäßigkeit alle beherrschte. Krieg war »Schicksal« – der Allerweltsausdruck traf die Wahrheit sogar am besten.

Alles das konnte nicht einfach hingenommen werden, es mußte einen Sinn haben – ganz so, wie es Arnold Zweig etwas karikierend ausdrückte in den Worten des Kriegsgerichtsrats Posnaski zu seiner Ordonnanz: »Der Mensch ward eingerichtet, ohne einen Sinn nicht gut auskommen zu können.«

Nur welcher Sinn war es, nachdem Kaiser und Vaterland ihre Rolle verspielt hatten, wenn es weder das stolze, erhabene Gefühl war, zu den »Auserwählten zu gehören, die das Letzte und Höchste für eine Idee hergaben«, noch der »Schicksalskampf« eines Volkes, noch der »Kampf um die heimatliche Scholle, für Weib und Kind, Haus und Hof«, wenn es, sollte nicht der Wahnsinn übrigbleiben, nur noch »die verdammte Pflicht und Schuldigkeit« war? Die Kameradschaft? Der einfache Soldat sah es anders als später mancher Schriftsteller: »Was heißt hier Kameradschaft? Da war nicht viel Kameradschaft. Jeder war sich da selbst der Nächste. Der eine denkt: besser der wie du! So war das. Oder es hieß: Kamerad, schieß mich tot! Wenn ein Verwundeter mit einem schweren Knochenschuß, Bauchschuß dalag. Kamerad, schieß mich tot!«

3

Einen strategischen Sinn sah auch der erste, der über »Verdun« schrieb, nämlich Fritz von Unruh, nicht in der Offensive. Noch im Frühjahr 1916 war seine Erzählung »Opfergang« entstanden, die der Ulanenoffizier und ehemalige Prinzenerzieher, der zum engeren Kreis um den Kronprinzen gehörte, als Auftragsarbeit anfertigen sollte. Das Ergebnis war allerdings gar nicht im Sinn seines Auftraggebers, Major Nicolai in der OHL. Der Leiter der Presseabteilung und des deutschen Nachrichtendienstes hatte den als Dramatiker bereits vor dem Krieg bekannt gewordenen Unruh gebeten, über die geplante Verdunoffensive zu schreiben – »um der Heimat den Ernst der Lage zu schildern und um die

Truppe beim Portepée zu fassen«. Als Unruh erwiderte, er sei Dichter und kein Offizier, wenn er über den Krieg schreibe, und dem Dichter könne man nicht befehlen, hatte Nicolai dem »Offizier Unruh« die Niederschrift befohlen: »Wenn jede Fabrik in der Heimat für uns arbeite, könne er doch nicht zurückstehen.«

Wie es heißt, bewahrte nur das Eingreifen des Kronprinzen Unruh vor dem Kriegsgericht. Die Veröffentlichung wurde untersagt. Hatte doch Unruh den Einsatz der angreifenden Infanteristen nicht als Opfergang für Vaterland, Kaiser und Reich, sondern als Kampf für eine neue Menschheit, für einen »neuen Menschen« geschildert: »Glaubt ihr, die Jugend da vorne stürbe umsonst? Ihr heller Geist blute für Ländererwerb? Ahnt ihr nicht endlich, daß wir in heilige Gemeinschaft streben? In des Geistes, in eines Volkes ernste Verbrüderung? Was kümmern uns Festungen oder Länder! Und wurde Welt faul, vergiftet, daß Eiter an ihrer Seele frißt, so sei sie verbrannt! Ich will der erste sein, der in dieses Nest der Auszehrung Fackeln wirft! Leib, werde wieder der Seele Tempel! Wäre Verdun dieses Versprechen, dann soll jeder Zoll hinfort bewaffnet gehen! Rücksicht falle! Denn ich erahne ein Kraftgeschlecht! Gerichtstag naht!«

Unruh hatte noch nicht einmal die Einnahme des Douaumont für erwähnenswert gehalten, seine Erzählung umfaßte nur den Aufmarsch und die ersten fünf Tage der Offensive mit den verlustreichen Angriffen auf das Dorf Beaumont. Doch war nach Unruh damit bereits das Mißlingen des ganzen Unternehmens besiegelt. Aus intimer Kenntnis heraus konnte Unruh einen Divisionsgeneral schildern, der verzweifelt das Fehlen von Reserven beklagte, und den Chef des Feldheeres, Falkenhayn, argumentieren lassen: »Keine Idee von Verstärkung. Ich brauche sie vor Arras, wo ich die Engländer erwarte. Ich kann doch hier vor Verdun nicht meine ganzen Reserven verbuttern.«

»Unerhört« war, wie Unruh den »Geist der Truppe« darstellte: tapfere Sturmtruppen, aber auch von Todesfurcht gepeinigte Grenadiere, Gruppen wahnsinnig gewordener Soldaten, ein Blinder und ein Tauber als »Zeugen«, ein ins Lazarett überführter, verrückt gewordener Soldat, im Zivilberuf Kellner, der die Leidensrolle von Christus übernommen hat und sich von 8000 Nägeln gekreuzigt fühlt – Krieg als Wahnsinn, Soldaten als

»Bestien«, die Generäle als ahnungslose Statisten.

Unruhs Erzählung war trotz allem weniger ein realistischer Reflex auf die »Hölle« von Verdun als eine vom Menschheitspathos der Vorkriegsexpressionisten gespeiste Vision des Weltuntergangs. Ein »Weltuntergang« freilich, von dem sich inzwischen Millionen von Menschen den Zusammenbruch der alten, brüchig gewordenen Gesellschaftsordnung versprachen. Das Codewort »Gericht« für die Verdunoperation wurde bei Unruh zum Symbolbegriff für den Prozeß, der einer verrotteten Gesellschaft gemacht wird: »Wir liegen im Fieber heut. Im Blutkrampf wälzt sich die Menschheit. Wollen wir da nicht mannhaft zustimmen, wenn der Arzt sagt, es muß geschnitten werden, ehe Genesung kommt?«

Mehrmals war auch der expressionistische Maler Franz Marc in seinen Feldpostbriefen auf den Geist, der »hinter jeder Kugel schwebt«, zu sprechen gekommen, denn »daß ich den Krieg als Gesundungsprozeß wie jede (auch die tödlichste Krankheit) ansehe, hat ja natürlich nur den Sinn, daß ich auch den Krieg nicht als solchen angreifen und vertilgen möchte, sondern seine Ursachen.«

Franz Marc war am 4. März 1916 gefallen. Der Schriftsteller Ernst Toller hingegen überlebte den Krieg und nahm auch tatsächlich am Kampf gegen den Krieg und seine Ursachen teil. Dabei hatte sich der Jude Toller 1915 als Kriegsfreiwilliger gemeldet und sich im ersten Taumel patriotischer Begeisterung auch seine völlige Aufnahme in die nationale Gemeinschaft versprochen. Doch die Größe des Erlebnisses, das der Krieg zu versprechen schien, erwies sich vor Verdun als sinnloses Leiden. Die Bürokratie des Todes konnte niemand begeistern: »Dreizehn Monate ... an der Front, die großen Empfindungen werden stumpf, die großen Worte klein, Krieg wird zum Alltag, Frontdienst zum Tagwerk, Helden werden Opfer, Freiwillige Gekettete, das Leben ist eine Hölle, der Tod ist eine Bagatelle, wir alle sind Schrauben einer Maschine, die vorwärts sich wälzt, keiner weiß, wohin, die zurück sich wälzt, keiner weiß, warum, wir werden gelockert, gefeilt, angezogen, ausgewechselt, verworfen – der Sinn ist abhanden gekommen, was brannte, ist verschlackt, der Schmerz ausgelaugt, der Boden, aus dem Tat und Einsatz wuchsen, eine öde Wüste.«

Als der Unteroffizier Toller im Herbst 1916, 24 Jahre alt, erkrankte und als kriegsuntauglich entlassen wurde, suchte er neue Ziele. Die Dreieinigkeit Deutschland, Vaterland, Krieg war zerbrochen. Toller gründete einen »Kulturpolitistischen Bund der Jugend in Deutschland«, der für eine friedliche Lösung der Widersprüche im Zusammenleben der Völker kämpfen sollte – »die Frontjugend« sollte das Werk der Reinigung beginnen. Dies alles war das Thema seines Heimkehrerstücks *Die Wandlung*. Es beschrieb die Kehrseite des Kriegs – die Krüppel in den Lazaretten, die Skelette in den Drahtverhauen – und verlangte, im Namen der Toten, »das Denkmal Vaterland« zu zerschlagen.

Toller wurde Mitglied der Räteregierung des Jahres 1918 in München und führte die bayerische »Rote Armee« am 16. April 1919 bei Dachau sogar zu ihrem einzigen militärischen »Sieg«. Nachdem das »Vaterland« die bayerische Räterepublik mit Hilfe der reaktionären »Freikorps« (unter den Generälen von Epp und Kneußl) zerschlagen hatte und der Revolutionär Toller nur knapp dem Tod entkommen war, schrieb er im Gefängnis sein Nachkriegsstück *Der deutsche Hinkemann*, in dem er den Staat noch radikaler anklagte.

Mit dem »Hinkemann« trat ein Kriegsbeschädigter, ein arbeitsloser Frontsoldat, auf die Bühne, den »der Heldenschuß einer verfluchten Kreatur zum elenden Krüppel, zum Gespött machte«; zum Gespött einer »Zeit, die keine Seele hat«, einer Gesellschaft, die nichts von »Kriegsgreuel« wissen will: »Leistung – das ist der Schlüssel unserer Zeit.« »Unerhört« war, daß Toller über eine Verstümmelung sprach, über die »man nicht sprach« bzw. nur Witze machte: Soldat Hinkemann waren die Geschlechtsteile weggeschossen worden. Das Stück zog eine Kette von Theaterskandalen nach sich. Daß vielleicht der Deutsche selbst ein »Hinkemann« war, der mit einem Defekt aus dem Krieg zurückgekehrt war, »daß das mit dem deutschen Helden ein Schwindel ist«, davon wollten die meisten nichts wissen.

4

Zur gleichen Zeit kamen die ersten Bücher Ernst Jüngers an die Öffentlichkeit, in denen der im »Stahlbad« des Trommelfeuers gehärtete Frontsoldat als Held gefeiert wurde, das Ideal Ludendorffs und Falkenhayns: »Von solchem Totendienste kehrt man nicht als Muttersöhnchen zurück, sondern als zerstörter Mensch – oder aber als – Soldat, welches Wort den Zerstörten heute ein Schimpfwort geworden ist.«

Die Erinnerung an die Beschädigten und Verstörten war peinlich. Als Arbeiterbuchhandlungen 1924 – im »Antikriegsjahr« – in Berlin das in drei Sprachen verfaßte Buch *Krieg dem Kriege* von Ernst Friedrich ausstellten, das Fotos mit entsetzlichen Kriegsverstümmelungen enthielt, die riesigen Gruben der Massengräber und österreichische Polizei bei Massenhinrichtungen zeigte, wurden die Bilder von Polizisten und Kriminalbeamten gewaltsam mit dem Seitengewehr aus den Schaufenstern entfernt und 77 Blätter beschlagnahmt. 1925 wurde das antimilitaristische Gemälde »Der Schützengraben« von Otto Dix, das »die Wirkung des modernen Menschenmordens« zeigte, aus einer Kölner Galerie abgehängt, weil es angeblich das »sittliche Empfinden« des deutschen Volkes beleidigte.

Die soziale Rückgliederung der Kriegsversehrten stellte für den Weimarer Staat ein besonderes Problem dar. Die Masse der Menschen, die mit einem seelischen Schaden oder einem Nervenschock aus dem Kriege zurückgekommen waren, schaffte sich der Staat durch einen Trick als lästige Subjekte vom Halse, da ihre Renten im Fall einer Anerkennung ihrer Erkrankungen als Kriegsfolge Milliardensummen verschlungen hätten. Nach den Vorstellungen der Ärzte, die bereits im Krieg für einen gleichbleibenden Rückstrom von Kranken an die Front gesorgt hatten, wurden Geistes- und Nervenkrankheiten als Machenschaften von Simulanten »entlarvt«: »Die Zitterer und andere Neurotiker, besonders solche mit bizarren Gangstörungen, die heute noch gelegentlich im Straßenbild auffallen, sind gewiß Kranke, aber sie haben nicht in gleicher Weise als beklagenswerte Opfer des Krieges zu gelten wie die verstümmelten und organisch Krankgebliebenen. Sie sind leicht völlig und dauernd heilbar, sofern sie sich nicht, man kann wohl zu behaupten wagen, aus bösem Willen der Behandlung entziehen, um der Allgemeinheit als Rentenempfänger zur Last zu fallen.«

Das Desinteresse einer Gesellschaft, die vergessen wollte, die Geschäftsinteressen einer Industrie, die verdienen wollte, und der Ehrgeiz von Militärs und Regierungen, die schon wieder aufrüsten wollten, erklärt auch, weshalb lange Zeit bis in das Ende der zwanziger Jahre die Kriegsliteratur wenig Resonanz hatte. Zum Beispiel blieb das Theaterstück *Die endlose Straße*, das Sigmund Graff und Carl Ernst Hintze 1926 verfaßt hatten, vier Jahre lang liegen. Erst 1930 über den Umweg über England, wo es im Sog des pazifistischen Erfolgsstückes *Die andere Seite* von Sheriff seine Uraufführung erlebte, kam es nach Deutschland zurück und wurde nun auch hier aufgeführt. Graff war längere Zeit Redakteur der Zeitschrift des Frontkämpferbundes »Der Stahlhelm« gewesen und mit den Erlebnisberichten konfrontiert worden, die bei der Redaktion eingingen. Sein Stück ging in der Hauptsache auf seine persönlichen Erfahrungen bei Verdun zurück, wo er im Juni 1916 verwundet worden war; mehr noch als der Angriff selbst, bei dem binnen 10 Minuten einhundert Mann fielen, hatte ihn das zermürbende Warten beschäftigt: »Das war unser Entrée bei ›Ferduhn‹ ... Die längste, entsetzlichste, trostloseste Schlacht, die die Weltgeschichte bis dahin kannte.« In dem Stück wurde der Krieg verurteilt, doch war die Kriegsanklage für rechts und links akzeptabel, weil Frontkameradschaft und Pflichtgefühl als gemeinsames Band zwischen allen Soldaten dargestellt wurde, das typisch deutsche Frontschicksal: »Der deutsche Soldat hatte vor sich den Feind, hinter sich die Not. Er hat den Krieg am tiefsten erlitten und am sieghaftesten überwunden.«

Da schwang noch viel trotziges Pathos mit, obwohl es Graff wie Ludwig Renn (»Krieg«) im Grunde nur um den Kampf gegen die nachträgliche Verherrlichung des Krieges ging. Der Pazifismus bestand in der Beschreibung der »nackten Wahrheit«, zu der eben als »wahrer Held« die Gestalt des »verdreckten Landsers« gehörte, der »trotz seiner schweren Enttäuschungen ohne Getue das Unscheinbare, aber Wichtige tat« (Renn).

5

Das plötzlich erwachte Interesse an Kriegsdarstellungen wurde durch den Fortsetzungsabdruck von Erich Maria Remarques *Im Westen nichts Neues* 1928 unerwartet beschleunigt. Noch überwogen die pazifistischen oder nüchtern-protokollarischen Bücher: Romane von Georg von der Vring (er hatte seinen Roman »Soldat Suhren« 17 Verlegern vergeblich angeboten, bevor S. Fischer zugriff), Martin Beradt (»Erdarbeiten« schildert die ruhmlose Tätigkeit der Schanzsoldaten), Ernst Johannsen (»Vier von der Infanterie«, weltweit übersetzt von G. W. Pabst), Heinrich Brandt (»Trommelfeuer. Symphonie der Kriegstoten«, über einen ehemaligen Frontsoldaten im Irrenhaus), Edlef Koeppen (»Heeresbericht« – neben Ludwig Renns »Krieg« das wichtigste Aufklärungsbuch im unpathetischen Protokollstil der neuen Sachlichkeit); für alle war Ernst Johannsens resignierte Bemerkung charakteristisch: »Sie kämpften und wußten nicht mehr, wofür, sie starben ohne Hoffnung, ohne Trost, ihrem Schicksal stumpf ergeben ... Über zehn Millionen Tote hinweg geht das Leben seinen gewohnten Gang.«

Resignation war nicht Sache der Arbeiterschriftsteller wie Adam Scharrer und Hans Marchwitza, den »vaterlandslosen Gesellen«, wie sie von rechts diffamiert wurden, obwohl sie genausogut an der Front »ihren Mann gestanden« hatten. Im Gegensatz zu Renn oder Vring, deren Berichterstatter Offiziere oder bürgerliche Intellektuelle waren, auch wenn sie den »Namenlosen« entdeckten, schilderten sie den Krieg nicht aus der Offiziersperspektive, sondern aus der Proletariersicht, seltene Beispiele für die Auskunft des »kleinen Mannes« über *sein* Kriegserlebnis, den Krieg von unten. Programmatisch verkündete Marchwitza einer Nation, die die Waffen segnen ließ: »Vor Verdun verlor ich Gott.«

Dem kleinen Musketier oder Kanonier ist die Fragwürdigkeit der Ideale Kaiser und Vaterland bereits vom Friedensalltag, dem grauen Arbeitsalltag eines Fabrikarbeiters her, bewußt; aber auch sie können sich nicht der Verführung durch das Militärische entziehen. Marchwitza fühlt sich »stolz und hundeelend« zugleich, als er vom Kaiser das EK I erhält. Nicht nur die »Fleischmühle

Verdun«, das ganze Militär ist eine »Mühle«, aus der es kein Entrinnen gibt: »Außerhalb des Kreises, den viele haßten, lag ein Dunkel, das schreckte.«

Im »Widerstreit« lebt auch Scharrers autobiographischer Romanheld, bis er sich 1918 entschließt zu desertieren: Die »Kameradschaft im Krieg« stellt für ihn »die größte Lüge« dar, weil sie »niemals eine freiwillige, sondern immer nur eine Gemeinschaft von Todeskandidaten« ist. Zur gleichen Zeit kann er gleich zwei Fälle von Frontkameradschaft aufzählen.

Die Entseelung des Menschen im Krieg beschrieb ein Kanonier in dessen Dienst Arbeiten und Kämpfen ineinander übergingen: ». . . bin seelenlos wie die Maschine, wie das Geschütz, das ich bediene, lebendig-tot im Dröhnen der Gefechte.«

Wenn es auch eine »Verspätung« der literarischen Verarbeitung des Krieges durch deutsche Autoren gab, so hatte es doch keinen Mangel an realistischen Antikriegsbüchern gegeben, die von ausländischen Autoren stammten. Bereits 1918 lagen als Übersetzungen Albert S. Asseos *Massengrab*, Andreas Latzkos *Menschen im Krieg*, vor allem Henri Barbusses *Tagebuch einer Korporalschaft ›Le Feu‹* – (Das Feuer) vor, das zum berühmtesten Antikriegsbuch nach dem Ersten Weltkrieg wurde; bereits 1917 in einem Züricher Verlag erschienen, fand es noch im letzten Kriegsjahr den Weg durch die Zensur nach Deutschland und wurde in den vorderen Linien gelesen und diskutiert.

Nicht Unruh oder Toller hatten also den Sinn für den literarischen Realismus beeinflußt, sondern Barbusse und der Amerikaner John Dos Passos, dessen Kriegsbuch *Drei Soldaten* 1922 in deutscher Sprache erschien. Passos war bei der amerikanischen Armee an der Verdunfront gewesen. Verdun stellte für ihn »das sprechende Beispiel für die Unmenschlichkeit zwischen Mensch und Mensch«, die »intensivste Erscheinungsform« des Ersten Weltkrieges, dar, »all seines Ruhmes und all seiner Schrecken, seiner Tapferkeit und seiner Sinnlosigkeit«.

6

Alle Autoren jedoch wurden durch die Resonanz eines einzigen Buches übertroffen, durch Remarques »Im Westen nichts Neues«, dessen Diskussion die Deutschen in zwei Lager teilte, was Carl von Ossietzky zu der Bemerkung veranlaßte, niemand würde jemals enträtseln können, warum gerade Remarque und damit »seine maßvolle pazifistische Denkungsart in der Agitation der Rechten zu einer Art von Plakatscheusal geworden ist«. Das war anläßlich des Verbots der von der SA gestörten Filmversion, eines jener Urteile, in denen sich wie im Fall Grosz und Dix der verstockt-unrepublikanische Geist der Weimarer Republik ausdrückte.

Daß »2000 dumme Jungen« unter einem »klumpfüßigen Psychopathen« es vermochten, die deutschen Zensurbehörden zum Verbot des Films zu veranlassen, dessen »Denkungsart über Millionen von Anhängern verfügt«, erschien Ossietzky besonders verabscheuungswürdig, charakteristisch für einen Staat auf dem Rückzug vor dem »Faschismus«.

Weshalb gerade Remarque einen solchen Erfolg hatte, ist heute noch ein Rätsel, denn er schilderte nichts, was nicht schon andere Autoren vor ihm beschrieben hatten. Auch wer seinen literarischen Rang nicht allzu hoch veranschlagte, mußte zugestehen, daß es Remarque gelungen war, einfach und wirklichkeitsnah auszudrücken, was Millionen erlebt hatten, ohne es durch irgendwelche »Sinngebung« zu verdecken: die typischen Situationen des zermürbenden Kriegsalltags an und hinter der Front, den Kampf ums Essen, Drill und Kommiß, die Vereinsamung im Trommelfeuer, die Verstörung des Fronturlaubers, der sich in der Heimat nicht mehr zurechtfindet, Dreck, Läuse und Ratten, Freuden und Leid, Demütigungen und Glücksmomente, die Abhängigkeit von der Militärbürokratie und von Stabsärzten, die Krüppel »k. v.« schreiben, kriegsverwendungsfähig. (»Das bißchen verkürzte Bein? An der Front brauchen Sie nicht zu laufen, wenn Sie Mut haben!«) Er sah den »Menschen« im Gegner, gebrauchte die Sprache der »normalen« Soldaten, verschmähte nicht Kraftausdrücke wie »Scheiße«.

Alle diese Einzelheiten waren es nicht, aus denen hier angeblich ein »Schanddenkmal für unsere Feldgrauen« errichtet wurde. Und wohl auch nicht, daß Remarque ein Tabu gebrochen hatte, als er den Gnadenschuß für Schwerverletzte als ein alltägliches Vorkommnis im Krieg darstellte (letzten Endes auch ein Beweis für die Frontkameradschaft, deren Existenz Remarque überhaupt nicht bestritt, jedoch nicht allein den nationalen, rechten Frontkämpferideologen überlassen wollte).

Die ganze Richtung war es, die der nationalen Rechten nicht paßte: der Zweifel an Deutschland, das Lazarett als das wahre Gesicht des Krieges, die Weigerung, im Soldatentum ein höheres Menschtum zu erblicken (auch wenn er kein böses Wort über die Frontoffiziere verlor und die Schleifer und Etappenkrieger dem Gelächter preisgab, indem er Kasernenhofwelt und Front miteinander konfrontierte). Denn für Remarque war die Frontgeneration eine zerstörte, verlorene Generation, mit der im Frieden nichts mehr anzufangen sein würde, auch wenn sie »den Granaten entkam«. Remarque wurde als Lügner, Verleumder oder »Etappenhengst« hingestellt, weil er erst 1917 eingezogen worden war und nur einem Schanztrupp (in Flandern) angehört, nie in einem Granatloch gelgen, an keinem Sturmangriff teilgenommen, vielmehr sich nur in die Lage anderer hineinversetzt hatte.

»Im Westen wohl was Neues« lautete ein Pamphlet gegen diesen »Degenerierten, welcher versucht, deutschen Heldengeist zu besudeln, nur weil sein ausgemergeltes Mark und sein mutwillig entnervter Leib, durch eigene Hand zerstört, nicht fassen konnte, was das große Ringen dem deutschen Frontsoldaten gab«.

Von der militärisch-literarischen Rechten sollte Remarque nun Zug um Zug widerlegt werden. Sein Buch setzte geradezu eine Lawine von Kriegsliteratur in Bewegung, die mit dem Pazifismus »abrechnen« wollte.

»Unsere deutsche Jugend soll wissen, daß es noch etwas Höheres gibt, als den ›Granaten des Weltkrieges zu entkommen‹, Höheres als das eigene Leben . . .«, schrieb der ehemalige bayerische Infanterist Friedrich Lehmann in seinem Fronttagebuch, das noch im selben Jahr wie Remarque (1929) erschien. »Gewissen Kriegsbüchern gegenüberzustellen, wie unverhetzte, natürliche deutsche Jugend den Krieg erlebte, das schien mir nach dem

Lesen jener unmännlichen Bücher junger Greise ein Gebot der Pflicht.« Allerdings fand Lehmann dort, wo er wirklich das Schlachtfeld beschrieb, kaum andere Worte als die Gegner des Krieges.

Das Schlachtfeld? »Ein Totenfeld um das Fort herum. Nicht ein Hauch von Leben ist übriggeblieben, die Baumstümpfe sind tot, die Grasnarbe ist verbrannt, der Boden ist bis zu vier Metern tief aufgewühlt, umgepflügt, zerschunden, gemartert, grau und tot, genau wie die vielen von Freund und Feind, die hier noch unbeerdigt liegen. Hier ragt eine Knochenhand hervor, da ein halbverwester Schädel unter dem deutschen Stahlhelm . . .« Lehmann schreibt, wie seine Kompanie vor Damloup und Fort Vaux innerhalb von vier Tagen von 100 auf 40 Mann reduziert wird, doch die verquaste Moral lautet »contra Remarque«: »Im Felde, da ist der Mann noch was wert, da wird das Herz noch gewogen.« Lehmann mußte es wissen, er war selber schwer verletzt worden.

Weil das Buch von Remarque angeblich »den deutschen Frontsoldaten zum Gelächter der Welt machte«, gab der Offizier Georg Bucher seine Aufzeichnungen an die Öffentlichkeit, weil er »fühlte und sah, daß für unsere Dahingesunkenen nochmals gekämpft werden müsse«. Sein Westfrontbericht sollte demonstrieren, daß die Frontgeneration »ungebrochen« nach Hause gekommen war. Bis auf diese verlogene »Moral« sind auch hier Übereinstimmungen mit Remarque im Erlebnis mitunter frappant: eine Kameradschaft, die aufgerieben wird, der Gegensatz Heimat und Front, die Verlorenheit des Frontsoldaten. Vor allem hatte auch Bucher den Bruch gespürt, mit dem die Schlacht von Verdun das deutsche Volk von seinen preußischen Traditionen abkoppeln sollte: »Es ist nicht mehr das gleiche wie früher: unsere Widerstandskraft ist nicht mehr so markig. Der Landser tut seine Pflicht, doch . . . es ist eben nicht mehr das gleiche.«

13 Der Sargdeckel
(21. April–8. Mai 1916)

1

Mitte April hatte die deutsche Offensive längst allen Schwung eingebüßt. Seit Wochen saßen die Angreifer in denselben Stellungen, während sich die französische Front verhärtete. Die Schlacht hatte sich festgefressen, sie stand. Der Offensive war die Phase der Zermürbung gefolgt, das Schicksal aller bisherigen Schlachten an der Westfront.

Wieder einmal wurde eine Wendung durch Umbesetzung der oberen Kommandoposition erhofft und diesmal General von Mudra in die Wüste geschickt. Als Vorwand benutzte Knobelsdorf die Tatsache, daß Mudra an einer Gürtelrose erkrankt war. In Wirklichkeit hatte sich seit langem gezeigt, daß sich die Temperamente des ehrgeizigen Knobelsdorf und des bedächtigen, aber taktisch versierten Mudra nicht vereinbaren ließen. Als Knobelsdorf Mitte April beim Kronprinzen auf die Ablösung Mudras drängte, behauptete er, ein »Systemwechsel« wäre geeignet, den Operationen »ein schnelleres Tempo« zu geben. Wie immer fügte sich der Kronprinz den Wünschen des Generals. Mudra mußte in die Argonnen zurück. »Der böse Geist ist geblieben«, kommentierte General Gündell (und meinte damit wohl Knobelsdorf selbst). »Was nun wird, weiß niemand.«

Neuer Befehlshaber der »Gruppe Ost« wurde der stämmige General von Lochow, dem Knobelsdorf größere Offensivleistungen als Mudra zutraute. Immerhin war Lochow Kommandeur des III. Brandenburgischen Korps, das im Februar das Fort Douaumont gestürmt hatte.

Mudra versuchte sein Bestes, um seinen Nachfolger und das Armeeoberkommando davon zu überzeugen, daß es vor allem darauf ankam, keine weiteren sinnlosen Opfer zu bringen. In einem vertraulichen Schreiben empfahl er Lochow, sich nicht »zu überstürzten Angriffen hetzen« zu lassen. An Knobelsdorf, mit dem er sich überworfen hatte, schickte der abgelöste Führer der »Gruppe Ost« eine Eingabe, in der er das Armeeoberkommando beschwor, für »gute Ausgangs- und Bereitschaftsstellung, Unterstände, Ausbau der Verbindung« zu sorgen: »Die Rücksicht auf die Truppe verlangt das. Sie verzehrt sich sonst zu rasch, physisch und moralisch. Ich rechne dafür bei Einsetzung aller Kräfte eine Zeit von mehreren Wochen. Während dieser Zeit wird unser Angriff hauptsächlich in Führung des Artilleriekampfes bestehen müssen, um dadurch die künftigen größeren Infanterieaktionen planmäßig vorzubereiten. Der Entschluß mag in Rücksicht auf die Gesamtlage nicht leicht sein, aber anders kommen wir nicht zum Ziel.«

Tatsächlich ließ Lochow noch am 21. April neue Richtlinien an die untergeordneten Stäbe hinausgehen, die den verstärkten Ausbau der Stellungen und der rückwärtigen Verbindungen verlangten. »Der jetzige Grabenkrieg verlangt schnellstes Verschwinden in der Erde. Jeder Zentimeter Bodengewinn ist von Wert. Dadurch allein verringern wir die Verluste und unterhalten uns die Kampfkraft. Es muß Gemeingut der Truppe und der Führer bleiben, daß wir durch das Eingraben dem Feind schweren Abbruch tun, da es uns erst die Möglichkeit schafft, zur gegebenen Zeit über ihn herzufallen.«

Damit war die Schanztätigkeit zwar gleichberechtigt neben den »Sturmangriff« und das »Feuergefecht« getreten, aber Lochow mochte keineswegs zugeben, daß dies nur um der Sicherheit der Truppe willen geschah. Da nach der Meinung des Generals »gerade die Untätigkeit in dem vom feindlichen Feuer beherrschten Raum unter dem zersetzenden Einfluß des Artilleriefeuers die Zermürbung und Erschlaffung der moralischen und physischen Kräfte der Truppe« herbeiführe, sollten die Erdbewegungen – »wie alle Arbeit« – die Nerven ablenken und die Willenskraft stärken.

In Wirklichkeit hatte Lochow mit Mudras »festungskampfartiger« Methode nichts im Sinn. Nun sollte es wieder »über der Erde«, nicht »in der Erde vorangehen«, der Angriff »nicht mehr ins Stocken kommen«, wie Knobelsdorf routiniert formulierte, der alles gerne »mit einem Ruck« gemacht hätte. Unter dem Druck Knobelsdorfs, aber auch vom eigenen Ehrgeiz beflügelt, der Eroberung des Douaumont einen weiteren spektakulären Erfolg an die Seite zu stellen, setzte Lochow gleich die nächsten

Angriffstermine fest. Jedoch alle Angriffe scheiterten, trotz Artilleriemassierung. Der einzige Erfolg – der Vorstoß der 13. und 19. Reservedivision über die Albainschlucht hinweg bis zum Thiaumontrücken – war noch Mudras Vorbereitungen zu verdanken gewesen. Am 20. April beschloß Lochow angesichts der französischen Gegenangriffe, seine Pläne zu verschieben; am selben Tag war ein Vorstoß auf den I-Raum bei der »Batterie a« und auf die Kiesgrube unterhalb des Douaumont gescheitert. Mit dem von Lochow geplanten »schrittweisen Vorgehen« in diesem Abschnitt schien es auch nicht zu klappen. Lochow verfaßte eine weitere Denkschrift und bat um Verstärkungen. Knobelsdorf beschloß, es nun wiederum durch »größere einheitliche Angriffe« zu versuchen. Zunächst fuhr er zu Falkenhayn, eine eigene Denkschrift im Handgepäck.

2

Ende April gab es den zweiten Meinungsaustausch zwischen Stenay und Mézières, der allerdings mehr einem Austausch von Aktennotizen für die Archive ähnelte, da Falkenhayn und Schmidt von Knobelsdorf fast täglich Gelegenheit zur mündlichen Aussprache hatten. Falkenhayn, der seit Ende März auf Fortschritte an der Verdunfront wartete, wünschte natürlich zu wissen, ob denn die Ernennung des neuen Befehlshabers der Angriffsgruppe Ost auch Anlaß zu einer neuen Lagebeurteilung gäbe.

Aber in Knobelsdorfs Bericht vom 27. April waren keine neuen Ideen erkennbar. Der Generalstabschef des Kronprinzen verlangte nur immer neue Truppen, um die alten Pläne weiterverfolgen zu können. »Die Fortführung der Operationen vor Verdun ist in der Weise beabsichtigt, daß nur größere, einheitliche Angriffe zur Durchführung gelangen«, stellte er fest. Für seinen (längst gescheiterten) Versuch, »das französische Hauptheer vor Verdun zu fesseln und zu schlagen«, verlangte er gleich »zwei frische Armeekorps«.

Weiterhin schlug Knobelsdorf vor, aus den Stellungen »zur Auffrischung« herausgezogene Verbände künftig nicht abzutransportieren, sondern unter dem Befehl der Heeresgruppe bei Verdun zu lassen, da diese Verbände mit den Kampfverhältnissen bestens vertraut seien, fremde Verbände dagegen erst durch Erfahrungen klug werden würden. Falkenhayn sah darin nur den Versuch, die Verdunfront zu einem immer größeren, selbständigen Machtbereich Knobelsdorfs auszubauen.

Der deutsche Ablösungsmodus unterschied sich grundlegend von dem der Franzosen. Während Knobelsdorf die Divisionen mitunter monatelang vor Verdun liegenließ, wobei auch noch die sogenannten Ruhelager von der französischen Fernartillerie beschossen wurden, tauschte Pétain seine Einheiten schneller aus, so daß sie nicht den deprimierenden Erfahrungen eines fast endlos scheinenden Aufenthaltes in der Todeszone ausgesetzt wurden. Knobelsdorf ahnte, daß diese Methode sinnvoll war, zog jedoch keine Konsequenzen, obwohl »nur dieser Maßnahme es zu danken war, daß die eingesetzten Truppenteile nicht in kurzer Zeit völlig zermürbt werden und unserem Angriff so nachhaltigen Widerstand zu leisten imstande sind«. Die angeschlagenen Divisionen wurden statt dessen durch »Ersatz« aus der Heimat wiederaufgefüllt, was jedoch bedeutete, daß junge, schnell ausgebildete und unerfahrene Soldaten brutal mit der Trichterwüste der Artillerieschlacht konfrontiert wurden.

Admiral von Müller sah bei einem Garnisongottesdienst in der Erlöserkirche von Bad Homburg, wie es mit dem »Ersatz« bestellt war: »Zur Kirche auch Rekruten des Ersatzbataillons Regiment 81. Die reinen Kinder, meist 18jährige. Ein zum Nachdenken mahnender Anblick, zumal auf andere Korpsbezirke hat zurückgegriffen werden müssen, um die kolossalen Verluste des XVIII. Korps zu decken.«

Händeringend und nahezu verzweifelt baten viele Kompanieführer ihre Vorgesetzten, ihnen nicht diese »Kinder« mit nach vorne zu geben, sondern ein paar ältere erfahrene Landser, die ihnen bessere Dienste leisten würden als 200 Neulinge. Von den jungen Soldaten erreichte meist nur ein Bruchteil die vorderste Stellung. Beim ersten Granatüberfall wurden die Kompanien zersprengt, die unerfahrenen jungen Leute hörten die Granaten nicht oder warfen sich erst zu Boden, wenn es zu spät und die Granate explodiert war. Ihr Los unterschied sich auch von dem der Soldaten, die zu einer alten zusammengehörigen Mannschaft eines Zuges oder einer Gruppe gehörten. Während die »alten Hasen« sich kannten und auch bei Verwundungen für den anderen sorgten, blieben die Ersatzleute oft unbeachtet irgendwo liegen, weil sie nicht einmal dem Namen nach bekannt waren.

Am 29. April teilte Falkenhayn Knobelsdorf mit, daß er der Verdunfront erst nach einem erfolgreichen Abschluß der Maioffensive zwei neue Armeekorps schicken würde, jedoch nur im Austausch gegen dann herausgezogene Truppen. Auf keinen Fall würden alle Truppenteile »dauernd im dortigen Bereich« bleiben. Für die geplanten Vorhaben seien die bisherigen Kräfte durchaus ausreichend. Noch mehr Truppen würden nicht nur die Heeresreserven in eine gefährliche Unordnung bringen, sondern auch hinter der Verdunfront »in den bereits ungünstigen Unterkunftsverhältnissen eine nicht unbedenkliche Anhäufung entstehen« lassen. Im übrigen stehe schon jetzt für etwa 1100 m Frontbreite eine Division zur Verfügung, bei Rückschlägen könne die Heeresgruppe überdies auf vier eigene Divisionen als Reserve zurückgreifen.

Erneut kam Falkenhayn, weil es vor Verdun nicht vorwärts ging, auf seine Absicht zurück, Verdunoffensive und Seekrieg zu kombinieren: Am 30. April drohte er Bethmann Hollweg, die Operation gegen Verdun einzustellen, wenn die Regierung nicht den »uneingeschränkten U-Boot-Krieg« unterstütze. Nur unter der Voraussetzung eines gleichzeitigen U-Boot-Krieges gegen England habe er die Offensive gegen Verdun überhaupt erst begonnen.

Admiral von Müller, der davon zum erstenmal hörte, fand dies »eine im höchsten Maße überraschende Ideenverbindung«. Der Kaiser wußte nicht, ob er sich dem Reichskanzler oder Falkenhayn anschließen sollte, und lenkte erst ein, als ihm Müller die Gefahr des Kriegseintritts Amerikas drastisch vor Augen führte.

Die Krise im Hauptquartier war damit nicht behoben. Am 2. Mai reichte Falkenhayn seinen Rücktritt ein, ließ sich jedoch durch die Bitte des Kaisers, im Amt zu bleiben, sofort wieder umstimmen. »Das ist nun derselbe Falkenhayn, der über das Abschiedsgesuch von Tirpitz ganz empört war: ein Offizier dürfe das niemals tun«, bemerkte Müller. Er nahm wie alle anderen Kabinettsmitglieder in Charleville an, daß Falkenhayn ohnehin nicht an Rücktritt gedacht habe, sondern »sich mit seinem Abschiedsgesuch als Demonstration ... gegen die Unterlassung des verschärften U-Boot-Krieges für die Zukunft sicherstellen« wollte. Falkenhayn brauchte ein Alibi, falls die Offensive gegen Verdun scheitern würde.

Dort setzten Knobelsdorf und Lochow den Termin für die nächste Großoffensive auf den 7. Mai fest, einen Tag nach dem Geburtstag des Kronprinzen. (Den wollten offenbar alle Exzellenzen und Korpsgeneräle noch in Ruhe im Hauptquartier in Stenay feiern.) Sinnigerweise erhielt das Angriffsunternehmen den Decknamen »Maibowle«.

3

Aber auch in der französischen Führung kam es zu einer Krise. Der »zunehmende Kräfteverbrauch« bei Verdun stellte die Durchschlagskraft der geplanten Offensive im Sommer in Frage. »Man darf annehmen«, erklärte Joffre den verbündeten Oberbefehlshabern am 12. März in Chantilly, »daß der Feind ein bestimmtes Ziel verfolgt. Angriff auf die französischen Armeen, nicht in der Hoffnung, sie zu vernichten, aber in dem Gedanken, sie von der gemeinschaftlichen Offensive fernzuhalten und die Moral der Nation durch Eroberung eines besonders hoch bewerteten Platzes zu treffen.«

Im März war Pétain noch mit 24 Divisionen ausgekommen, »die, immer neu wieder aufgefüllt, einander ablösen sollten«. Wenn Joffre zu dieser Zahl die übrigen, auf die einzelnen Frontabschnitte verteilten Divisionen dazurechnete, blieben als Reserven für die Großoffensive statt des geplanten Bedarfs von 39 bis 43 Divisionen nur noch 36 Divisionen übrig.

Ende April allerdings forderte Pétain, der den abgelösten Einheiten einen größeren Erholungsspielraum geben wollte, zusätzliche Divisionen an. Da er sie nicht erhielt, gab er einfach die abgelösten Divisionen, die er im Austauschverfahren für neue Divisionen eigentlich an die Heeresführung zurückgeben mußte, nicht her, sondern behielt sie in seinem Armeebereich hinter Verdun.

Joffre war keineswegs bereit, die gemeinsamen Pläne der Alliierten durch einen kleinen Frontabschnitt durcheinanderbringen zu lassen, den er selbst keineswegs für so bedeutend hielt wie sein Untergebener. Er löste das Problem, indem er ebenfalls eine Umgruppierung vornahm: General Pétain wurde befördert. Er wurde zum Führer der Heeresgruppe Mitte ernannt, in der Verdun nur noch einen Teilabschnitt darstellte. In der Nacht zum 1. Mai, 0 Uhr, fand der Kommandowechsel statt. Seinen Bedarf an Divisionen hatte er aus den vier Armeen nun selbst zu decken, die die Heeresgruppe ausmachten. Für Verdun – den Bereich der 2. Armee – wurde General Nivelle Befehlshaber.

Besuche an der Verdunfront lehnte Joffre mehrmals schroff ab, um damit ihre Zweitrangigkeit zu betonen. Als sich am 17. Mai die Führer der verschiedenen französischen Heeresgruppen trafen, gab auch Pétain zu, daß die geplante gemeinschaftliche Offensive »die beste Entlastung für Verdun« sein würde.

»Sie glauben nicht, wie sehr ich mich deswegen ärgere«, sagte Pétain, als ihm der Stabsoffizier Henry Bordeaux, ein Vertreter des Großen Hauptquartiers, zu seiner Beförderung gratulierte. Auch von seinem neuen Posten als Heeresgruppenführer aus beabsichtigte Pétain, weiterhin die Operationen vor Verdun zu leiten. »Immerhin ist Pétain der einzige, der von Verdun profitiert hat«, sagte sich Bordeaux; wenn auch von seiner Intelligenz am meisten er selber überzeugt sei, so fehle ihm doch jene göttliche Eingebung, die den Feldherrn ausmacht!

4

Bei dem von General Lochow geplanten Unternehmen »Maibowle« sollte Fort Vaux fallen und der Caillettewald besetzt werden.

Eine »Sonderbeschießung« sollte das Fort mürbe klopfen. Am 1. Mai flogen die »Dicken« eines 42-cm-Mörsers über die Köpfe der vorderen Linien mit dumpfen Rollen hinweg und schlugen mit »wahnsinnigem Krach« ein, so jedenfalls kam es den Beobachtern von hinten vor. Die Stellungsbesatzungen sollten weiße bengalische Feuer abbrennen, falls sie die Beschießung nicht mehr aushalten konnten. Gegen Mittag wurde der Führer eines

Bereitschaftsbataillons am Hardaumont von einem Artilleriebeobachter angerufen, der sich erkundigen wollte, ob die Kompanien auch wirklich keinen Schaden litten. Zur gleichen Zeit fragten die Einheiten auf dem Vauxberg hinten an, wann eigentlich die Beschießung stattfinden solle – im allgemeinen Artilleriefeuer hatten sie überhaupt nichts von einer Wirkung der »Dicken Berta« gespürt.

Immerhin konnten Pionierpatrouillen nach Beendigung der Beschießung feststellen, daß die Stacheldrahtverhaue an einigen Stellen verschwunden und mehrere Breschen in die Fortgräben geschlagen worden waren. Die Divisionsführung war von einem erfolgreichen Sturm so überzeugt, daß sie bereits Hängematten und Karbidlampen bestellte, um sie sofort im Fort installieren zu können.

Gündell war weniger optimistisch. Noch einmal wies er auf die Schwierigkeiten hin, die Angriffstruppen bei Tag auf dem Vauxberg »gegen Feuer gedeckt« unterzubringen. Noch einmal verlangte er, vor dem Sturm auf das Fort müsse der Caillettewald besetzt werden. Doch Lochow ließ diese Bedenken nicht gelten – der »überraschende Sturm« auf das Fort sollte das Problem lösen. Auch fielen Generalstabsoffiziere der neu unterstellten 50. Infanterdivision ihrem Generalkommando unter Gündell in den Rükken und erklärten, daß es durchaus möglich sei, geringe Angriffstruppen unterhalb vom Fort unterzubringen – »da der Feind infolge Rauchentwicklung des eigenen Artilleriefeuers verminderte Beobachtungsfähigkeit hätte«.

Jetzt hatte Gündell keine andere Wahl mehr. Lochow hatte den Angriff befohlen, aus Charleville war Falkenhayn unterwegs, um den »historischen Moment« nicht zu versäumen, die Bataillone für den Angriff auf den Caillettewald lagen bereit. Die Weichen für ein weiteres Fiasko waren gestellt.

Als die Bataillone, zu denen Pioniergruppen und Stoßtrupps mit Flammenwerfern aus dem Sturmbataillon Rohr gehörten, in der Nacht vom 6. zum 7. Mai am Vauxberg in Stellung rückten, wurden sie bereits so durch das feindliche Sperrfeuer durcheinandergeworfen, daß noch im Morgengrauen Soldaten auf der Suche nach ihrer Einheit und ihrem Einsatzort am Vauxberg waren, was den Franzosen sofort auffiel. Nun wurden die ungeschützt auf dem Hang liegenden Sturmbataillone Opfer der Artillerie, die durch französische Beobachtungsflieger geleitet wurde. Kein deutscher Flieger war zu sehen. Brandröhren und Flammenwerfer explodierten, in den Erdlöchern und Unterständen wurden die Besatzungen verschüttet, die für den Sturm vorgesehenen Bataillone von drei Regimentern wurden regelrecht zermalmt. Auf allen vieren kriechend suchten Kompanieführer verzweifelt ihre Leute. Falkenhayn, der am späten Nachmittag beim Gefechtsstand Gündells erschienen war, konnte wieder nach Hause fahren – vom Gefechtsfeld waren nur Rauchschwaden zu sehen, die sich die Hänge des Vauxberges herabwälzten.

5

Der ebenfalls am 7. Mai angesetzte Sturm gegen den Thiaumontrücken war genauso erfolglos. Bei Tagesanbruch zertrommelte die französische Artillerie, durch Flieger geleitet, die wartenden Bataillone des Infanterieregiments 78 in der Albainschlucht.

Viele MGs und Minenwerfer wurden zerstört, eine Kompanie verlor bereits hier alle Offiziere, so daß die Unverwundeten ratlos waren. Auch hier fehlte wie bei Fort Vaux die Luftunterstützung – »in der Hoffnung auf gelinde Überraschung war kein Kampfgeschwader bereitgestellt worden«.

Als am späten Vormittag das feindliche Artilleriefeuer nachließ, gaben die Bataillonsführer doch noch den Angriffsbefehl. In wilden Rudeln gingen die 78er vor. Sie erreichten sogar die vorderen französischen Gräben, Blockhäuser und MG-Stellungen, dann wurden sie von französischen Verstärkungen zurückgedrängt, abgeschnitten, getötet oder gefangengenommen. In der Dunkelheit krochen die Reste der Bataillone, Soldaten, die sich in aussichtsloser Situation einfach totgestellt hatten, zurück. »Ich hatte das Gefühl, hohes Fieber zu haben, und sah die Ereignisse des Tages wie in einem wirren Traum«, stammelte ein Bataillonskommandeur.

6

Die 24er, die mit dem III. Korps General Lochows nach Verdun zurückgekehrt waren, erkannten die Gegend kaum wieder, so sehr hatte sie sich inzwischen verändert. »Das ganze Gelände vom Ausgang der Hassouleschlucht bis zum Fort Douaumont und darüber hinaus bis in die vorderen Stellungen besteht aus Granattrichter an Granattrichter. Kein Grashalm wächst auf diesem aufgewühlten Erdreich.«

Während zwei Bataillone in der Brûleschlucht und Orneschlucht als Reserve zurückblieben, kam das I. Bataillon Anfang Mai nach vorne in die Stellungen östlich vom Douaumont, die ihnen noch vom März in schlechter Erinnerung waren.

Bereits die Ablösung ließ Unheilvolles ahnen. Die Kompanieführer waren auf Anordnung ihren Leuten vorausgegangen, um sich in die vorderen Stellungen einweisen zu lassen und dann ihre Züge entsprechend zu verteilen. Da das Übergabekommando des Infanterieregiments 20 in der Hassouleschlucht durch eine Granate auseinandergesprengt worden war, fand der Führer der 2. Kompanie weder die Stellung noch, als er endlich vorne eingetroffen war, seine Kompanie. Inzwischen irrte diese Kompanie im Gelände umher, da sich nun wiederum ihr Führer von den 20ern in der Dunkelheit in dem Trichterfeld verlaufen hatte. Als es hell wurde, unterblieb jede Bewegung auf dem Gelände. Die vielen Versprengten blieben den Tag über irgendwo hocken, um die nächste Nacht abzuwarten. Da die Ablösung nicht geklappt hatte, mußten die 20er eine Nacht und einen Tag länger vorne bleiben, obwohl sie nunmehr mit ihren Verpflegungs- und Wasservorräten längst am Ende waren.

Am 6. Mai waren die zugewiesenen Stellungen endlich besetzt, doch von einer »durchlaufenden« Stellung konnte allerdings keine Rede sein. Die Spitze des Caillettewaldes, dessen berüchtigtes I Werk-Nord endlich in deutschen Händen war, bestand aus einem »wüsten Grabensystem, zum Teil ehemalige französische Laufgräben, welche, wie der ›Senkrechte‹ und der ›grüne Graben‹, direkt auf den Feind zuliefen«. Andere Kompanien hatten die Kasemattenschlucht besetzt, wo auch Verbandsplätze und der Bataillonsstab lagen.

Auf den französischen Karten war diese Schlucht als »Ravin de la Fausse Cote« verzeichnet. Sie war zwischen Caillettewald und Hardaumont gelegen, begann etwa 700 m feindwärts vom Fort Douaumont und bestand eigentlich aus drei Senken, die wie ein großes Ypsilon zueinander lagen. Den ersten Abschnitt dieser Schlucht hatten die Deutschen Kasemattenschlucht genannt, weil sie auf dem Südhang der Schlucht zwei Betonunterstände gefunden hatten, die zu den französischen Anschlußbatterien 738 und 741 gehörten und früher als Deckungsräume und Munitionsräume für die Kanoniere dienten. Nach ein paar hundert Metern teilte sich die Schlucht, der Ausläufer nach Osten erhielt den Namen Fingerschlucht, die Fortsetzung der Kasemattenschlucht, auf deren Grund die Straße von Douaumont nach Vaux geführt hatte, bevor sie gänzlich zerschossen worden war, Britenschlucht.

Die Hänge der Schlucht boten sich natürlich zur Unterbringung von Reserven sowie zum Anlegen von Depots und Sanitätsstellen an, außerdem wurden von Minenwerferkompanien Werferstände angelegt. Teile des Infanterieregiments 20 hatten bereits am 27. Februar die Batterie 741 vom Hardaumont her erobert, in der sich vier 15-cm-Geschütze befunden hatten, und mußten 12 Tage – am Tage völlig abgeschlossen und nur in den Nächten verpflegt – aushalten, bevor die gesamte Schlucht eingenommen wurde, ein Angriff, der 300 Mann das Leben kostete. Anfang Mai waren auch hier alle Bäume des früheren Waldes verschwunden, die Erde zu zementartigem Staub zermahlen, die Hänge mit Schutt übersät.

Vor allem hielten die Franzosen die Wasserstelle, die sich am Ende der Schlucht, am Treffpunkt der Nebensenken, befand, unter ständigem Feuer, so daß die Wasserholer meist erfolglos zurückkehrten. »Die Anlage der Unterstände auf diesem engen Raum war recht schwierig gewesen«, erinnerte sich ein Hauptmann der Minenwerferkompanie. »So mußte ein Mannschaftsunterstand unter einem alten französischen Massengrab miniert werden. Von dem in diesem Unterstand herrschenden Leichengeruch kann man sich kaum eine Vorstellung machen.«

In der Nacht zum 7. Mai »steigerte sich das beiderseitige Artilleriefeuer zu wahnsinniger, brüllender und heulender Wut. Im

Südwestpanzertum war eine Feuerleitstelle, von der aus die schweren Batterien gelenkt wurden. Es war wirklich nur noch ein einziges Dröhnen, Krachen und Schüttern zu hören, als sei die gesamte Hölle losgelassen«, erinnerte sich ein 24er. Das Unternehmen »Maibowle« hatte begonnen.

7

Seit dem 25. Februar war das Fort Douaumont für die deutschen Angriffstruppen zur unentbehrlichen Organisationszentrale geworden. Wenn es auch nicht seine Funktion als Kampffort erfüllte, so war es doch als riesiger Unterstand an vorderster Front unersetzlich. Es war die Zwischenstation bei allen Angriffen gegen den »mörderischen« Caillette- und Chapitrewald (wie später gegen Fleury). Aus seinen Depots versorgten sich die umliegenden Truppen, Verwundete fanden Erste Hilfe. Über die Signalstation (die aus einem Panzerturm durch ein Geschützrohr nach hinten blinkte) konnten die Stäbe Verbindung halten.

Stabsarzt Dr. Hallauer von der Sanitätskompanie 3 des III. Armeekorps hatte Anfang Mai den Vorschlag gemacht, im Fort auch ein Lazarett einzurichten, in dem die Schwerverwundeten noch an Ort und Stelle operiert werden konnten; bis dahin war es üblich gewesen, nur die Leichtverwundeten zu versorgen, während die Schwerverwundeten abtransportiert werden mußten und auf dem Weg zum 6 km entfernten Hauptverbandsplatz meist starben.

Am 6. Mai war Hallauer mit vier freiwilligen Krankenträgern im Fort angekommen. Im untersten Stockwerk des Westtraktes wurde eine Kasematte als Verbandsplatz, eine andere als OP-Raum eingerichtet. Die Schwerverwundeten wurden von den marschfähigen Leichtverwundeten getrennt, die jeweils in der Morgendämmerung in Begleitung von Sanitätsmannschaften nach hinten gebracht werden sollten.

Am 7. Mai vormittags schlug eine Granate in den Gang des Lazaretts ein und verschüttete dort einen etwa 1 m breiten Entlüftungsschacht, in den das Rohr eines Handventilators mündete. Sofort verbreitete sich in allen Räumen des Kellergeschosses ein starker Chlorgeruch. Schleimhautreizung, Übelkeit und Kopfschmerzen ließen auf den Einschlag einer Gasgranate schließen, auf Chlorazeton, dem süßlichen Geruch nach. Hallauer ordnete an, Sauerstoffflaschen aufzustellen und zu öffnen.

Kaum war endlich der Ventilationsschacht freigelegt und die Luft wieder erträglich, als am 8. Mai gegen vier Uhr morgens in den Gängen eine Panik ausbrach. Als Hallauer aus dem Operationsraum hinaustrat, hörte er Hilfeschreie und angstvolle Rufe: »Die Schwarzen kommen.« Während Hallauer in den Verbandsraum zurückeilte, um die schlafenden Mannschaften zu alarmieren, gab es kurz hintereinander drei furchtbare Detonationen, sämtliche Lichter erloschen. Ein gewaltiger Luftdruck fegte durch die Kasematten, weit stärker als bei Volltreffern. Hallauer wurde gegen die Wand geschleudert und betäubt.

Als er wieder zu sich kam, schlug ihm eine dichte Wolke von Rauch und Schwefeldampf entgegen. Soldaten wimmerten und stöhnten. Er eilte zurück, befahl, Sauerstoffmasken anzulegen, und öffnete die Sauerstoffflaschen. Krankenträger schleppten einige der Frischoperierten aus dem mit gelben Rauchschwaden angefüllten OP-Raum in den Verbandsraum hinüber, wo die Luft erträglich war. In den anderen Räumen, wo die Verwundeten zum Abtransport bereitlagen, war es still geworden. Es war unmöglich, hier einzudringen, undurchdringliche Rauchschwaden standen in den Kasematten. Aus einer Nebenkasematte hatte sich eine MG-Mannschaft durch eine Entlüftungsöffnung auf den Gang gerettet. Einige lagen mit Knochenbrüchen im Gang. Hallauer ließ sie in den Verbandsraum schaffen und bandagieren. Inzwischen füllte sich die Luft mit einem dichten Gas, das sich schwer auf die Lunge legte; die Gasschutzmaske erschwerte eher das Atmen. Hallauer beobachtete bei einem anderen Arzt eine tiefblaue Verfärbung der Lippen. Starke Müdigkeit und Schwindelgefühle stellten sich ein. Als sein Kollege anfing zu taumeln, schleppte Hallauer ihn zur Maueröffnung, die am Tag zuvor die Granate in die äußere Wand geschlagen hatte, und von dort ins Freie hinauf. Danach stieg er ins Fort zurück, um bei Soldaten, die Erstickungsanfälle hatten, die künstliche Atmung durchzuführen. Dann verlor er erneut das Bewußtsein. Als er wieder zu sich kam, saß er im äußeren Laufgraben, zwei Pioniere hatten ihn bewußtlos am Operationstisch aufgefunden und durch den Luftschacht geschleppt.

8

Leutnant Wolfstieg von den 12ern hätte eigentlich wie alle Truppen der 5. Infanteriedivision mit seiner Kompanie in der Nacht zum 8. Mai im Fort Douaumont sein sollen, um beim zweiten Teil des Unternehmens »Maibowle« gegen den Caillettewald eingesetzt zu werden. Doch das dichte Artilleriefeuer nagelte ihn und seine Leute in der Chauffourschlucht fest, so daß er beschloß, erst im Morgengrauen nachzurücken, da seinen Erfahrungen nach das französische Artilleriefeuer dann nachließ.

Tatsächlich flaute das Feuer gegen Morgen ab. Er schickte seine Zugführer mit ihren Leuten in Richtung Fort und folgte dann selbst in der Morgendämmerung als letzter. Als er um halb sechs »mit gewohntem Schwung« in den Fortgraben herunterrutschte, sah er zu seinem Erstaunen die ganze Kompanie im Graben vor dem Eingang versammelt. Seine Zugführer erklärten, das Fort sei vergast. Tatsächlich sah er einzelne Infanteristen auf dem Fort und in der Nähe herumtorkeln, aus dem Eingang kamen Soldaten, auch Offiziere, heraus, ohne Waffen, mit schwarzen Gesichtern, die einen völlig verstörten Eindruck machten. Er hielt einen Offizier fest, bekam aber nur eine unverständliche Antwort. Kurz entschlossen nahm er sich zwei »Beherzte« von seinen Leuten und ließ die Gasmasken aufsetzen.

Im Fort war es stockdunkel, sie stolperten über Gegenstände und Menschen, die kreuz und quer auf dem Boden lagen. Da er durch die beiden Scheiben der Gasmaske trotz der Taschenlampe nichts sehen konnte, riß er sie herunter. Das Ende des Ganges wurde von einem matten Lichtschein erleuchtet, er genügte, um ihn vor Entsetzen erstarren zu lassen: »Rings umgibt mich der Tod, nichts als der Tod! In langen Reihen liegen die feldgrauen Soldaten im Gange, einer neben dem anderen, in ihre Schlafdekken eingehüllt, die Köpfe auf dem Sturmgepäck; schlafen sie vielleicht? Wir stoßen sie an den Füßen an, sie rühren sich nicht, sie sind tot.«

Rettungsmannschaften wurden gerufen. Zu ihrem Glück wurde das Fort während der folgenden Stunden nur relativ wenig beschossen. Der Gegner hatte die Katastrophe wohl gar nicht bemerkt. Die rätselhafte schwarze Qualmwolke, die über dem

Douaumont am Himmel stand, wurde offenbar auch von seinen Artilleriebeobachtern übersehen oder mißdeutet.

Nun ging auch Stabsarzt Dr. Hallauer wieder zurück in das Fort. In den großen Gängen saßen junge Infanteristen, der »Ersatz«, völlig aphatisch, am Boden, zwischen ihnen Verwundete und offenbar auch Geistesgestörte, wie Hallauer registrierte. In den Gängen, die zu den einzelnen Kasematten führten, lagen zwischen dem Schutt zum Teil verstümmelte Tote, auch nur Teile von Menschen, Rümpfe, Arme, Beine, alles schwarz gefärbt und mit Pulverstaub bedeckt. Damit war klar, daß die Katastrophe durch eine Explosion ausgelöst worden war.

Eine gewaltige Druckwelle hatte die Getöteten in die Ecken der Gänge gequetscht. Dort lagen die Leichen mit völlig zerschmetterten Gliedmaßen in drei und vier Lagen übereinander. Manche Tote schienen an den Wänden zu kleben. In einigen Kasematten waren die Bettgestelle durcheinandergewirbelt und auf einen Haufen geworfen worden, andere Räume sahen völlig unberührt aus. Hallauer sah, daß viele Tote »zusammengehockt« dasaßen und einige wie zur Abwehr die Arme ausgestreckt hatten. In den Kasematten, in die offenbar die Explosionsgase hingezogen waren, lagen Soldaten wie schlafend in ihren Betten, anscheinend nach langsamer Betäubung allmählich erstickt.

In den einzelnen Kasematten hatten sich fürchterliche Szenen abgespielt. Bei dem Versuch, durch die einzige Tür auf einmal hinauszukommen, hatten die Soldaten in der Panik sich nicht nur geschlagen, sondern auch mit Messern und Handgranaten »bearbeitet«. Ein geretteter Pionier bemerkte erst viel später, nachdem er sich erholt hatte, daß ihm die Schneidezähne ausgetreten worden waren.

Der untere Gang des Kellergeschosses zwischen Ost- und Westdurchfahrt des Forts war verschüttet, noch immer hörte man im Fortinnern explodierende Infanteriemunition. Hallauer fand kaum jemanden, der imstande war, bei Rettungsarbeiten zu helfen. Neun Krankenträger fehlten, sie waren offenbar umgekommen, alle anderen, die sich hatten retten können, so verstört, daß sie »dienstunbrauchbar« schienen.

9

Auf der anderen, feindwärts gerichteten Seite des Forts waren inzwischen Patrouillen der 24er eingetroffen, die durch die Nachricht, im Douaumont seien die Franzosen, aus ihren Stellungen vor dem Caillettewald aufgeschreckt worden waren.

Auch aus den Reservestellungen kam jetzt Hilfe. Leutnant Klingenberg war mit dem III. Bataillon in der Brûleschlucht – Brülleschlucht, wie die 24er sagten – als Reserve zurückgeblieben. Am 7. Mai wurde es ungemütlich. Die französische Artillerie begann die Schlucht anzusteuern und traf ein Handgranatenlager, das wiederum Flammenwerferbehälter in Brand setzte. Unglücklicherweise lag die 7. Kompanie der 24er in deren Nähe. 100 Mann wurden zum Ausheben eines Laufgrabens nach vorne kommandiert, andere Kompanien schleppten im Regen Munition und schwere Minen. Das Sperrfeuer der Franzosen nahm zu. Die Toten vom Tag zuvor wurden von den Granaten wieder ausgegraben und herumgeworfen.

Am 8. Mai kam Klingenbergs Kompanie als Stafettenposten nach vorne, die Telefonleitungen der Artillerie waren gar nicht mehr so rasch zu flicken, wie sie zerschossen wurden. Klingenberg machte sich vormittags auf den Weg, um zu kontrollieren, ob auch alle Stafettenposten besetzt waren, als ihm in der Hassouleschlucht plötzlich schwarze Leute ohne Kopfbedeckung, ohne Waffen, doch in deutschen Uniformen entgegengerannt kamen. Der Posten und Klingenberg sahen sich an: Sind die Franzosen durchgebrochen oder was ist los?

Einer der Flüchtenden stürzte, so daß ihn ein Posten festhalten und in den Verbindungsgraben ziehen konnte. Gesicht und Hände waren völlig von Rauch und Staub verdreckt, Haare und Augenbrauen angesengt, auch die Uniform teilweise verbrannt. Trotz wiederholter Fragen war nichts Zusammenhängendes aus ihm herauszubekommen. »Im Fort . . . gräßlich . . . entsetzlich.« Als er sich losriß, ließen sie ihn laufen. Nun sah Klingenberg über dem Douaumont dicke schwarze Rauchwolken aufsteigen. Er lief zum Fort, auch die letzten Stafettenposten waren nicht mehr in ihren Löchern. Ein Nebeneingang, an dem Klingenberg vorbeikam, war durch ein Knäuel von Menschenleibern völlig zugestopft. Offenbar hatten die Flüchtenden miteinander gerungen, um ins Freie zu gelangen.

Offiziere ließen die Wälle besetzen und von den Kasematten der Kehlseite die Sandsäcke herunterreißen, um frische Luft hereinzulassen. Überall kamen noch immer die Eingeschlossenen herausgetorkelt. In den Kasematten wälzten sich viele am Boden. Über 100 Mann konnten herausgeschleppt werden, Betäubte und Rauchvergiftete, deren Leben man durch die wenigen Sauerstoffapparate zu retten versuchte. »Die äußeren Verletzungen boten kein besonderes Interesse.«

Da die Gasschutzmasken teilweise versagten, konnten manche Räume lange Zeit nicht betreten werden. Auch gelang es nicht, die Trümmer über den Verschütteten wegzuräumen.

10

Hallauer schätzte die Zahl der Toten auf 700 bis 800 Mann, ungefähr 600 waren von den Pionieren auf den Gängen und in den zugänglichen Räumen gefunden worden, »eine genaue Feststellung der Zahl und Persönlichkeit wird infolge der starken Verstümmelung auf direktem Wege niemals möglich sein«, stellte er in seinem Bericht fest.

Auf die getöteten Offiziere achtete Hallauer besonders: Major Schönlein vom Regimentsstab 12 – durch Luftdruck und Zerreißung des Unterkiefers durch Holzteile, Leutnant Maron und Hauptmann von Schenkendorff – durch Luftdruck. Hauptmann Barnick von der MGK 52 hatte er bewußtlos in einem Tunneleingang aufgefunden mit einer Sprengstückverletzung in der rechten Scheitelgegend. Alle anderen Leichen faßte Hallauer unter 6 Todesarten zusammen, zu denen der Tod durch Luftdruck oder Explosionsdruck, durch Splitterwirkung, Verbrennen und Ersticken gehörte. Ein Offizier hatte sich durch einen Kopfschuß selbst das Leben genommen.

Unter dem Stichwort »Nervöse Erscheinungen« hielt Hallauer in seinem Bericht an den Kommandeur der 5. Infanteriedivision, angefertigt zwei Tage nach der Katastrophe, auch Folgeerscheinungen fest, von denen sonst selten jemand etwas erfuhr: »Seelische Störungen konnten in großer Zahl beobachtet werden. Schocks, Verwirrungs- und Erregungszustände, Sprachlähmungen, Hysterie, Krämpfe, Tobsuchtsanfälle und verschiedene Psychosen, unter denen mir besonders Amentia auffiel. Die schrecklichen Bilder der Massenvernichtung in den dunklen, mit Pulver- und Schwefeldampf erfüllten unterirdischen Gängen, der Anblick der gräßlich zerschmetterten Leichen zusammen mit dem Stöhnen der Verwundeten, dem Röcheln der Sterbenden, das Schreien und Toben der Irrsinnigen steigerte das Grauen nach der Katastrophe bis zum höchsten Maß menschlicher Widerstandskraft.«

Hallauer, der immerhin auf eine lange Praxis zurückblicken konnte, fand an den Leichen Erscheinungen vor, die nur den Rückschluß auf eine »besondere Gasvergiftung« als Todesursache zuließen. Diese Leichen unterschieden sich, wie er fand, »von den Rauchvergifteten dadurch, daß ihre Gesichter und Körper sowie die Räume, in denen sie lagen, ziemlich frei von Rauch waren, insbesondere fiel bei ihnen die frische Farbe auf und die gute Tension des Augapfels. Die Pupillen bei diesen Toten waren mittelweit ($^{2}/_{3}$) und nicht entrundet (noch nach 36 Stunden). An den Schleimhäuten waren keine sichtbaren Veränderungen. Hier und da fand sich blutiger Schaum vor dem Munde (Lungenödem). Die Toten machten den Eindruck von Schlafenden. »Hatten die Franzosen ein neues unbekanntes Gas eingesetzt?« Der »beratende Hygieniker« untersuchte eine Blutprobe, stellte aber einwandfrei fest, daß eine »Kohlenoxydhämoglobin-«, also Gas- und Rauchvergiftung vorlag.

Hallauer versuchte nun, den Verlauf des Unglücks zu rekonstruieren. Er erinnerte sich, bereits am 7. Mai auf den Geruch von Flammenwerferöl aufmerksam gemacht worden zu sein. Da die Flammenwerfer am Südausgang sich fast in unmittelbarer Nähe der im unteren Gefechtsgang gestapelten französischen 15-cm-Granaten befanden, mußte seiner Meinung nach die Katastrophe hier ihren Ausgang genommen haben. Dort sah man jetzt nur noch ein 2 m tiefes Loch, das bereits mit Wasser vollgelaufen war. 30 m weiter war das gewölbte Dach des Kasemattenganges eingestürzt, der Gang verschüttet, eine massive Steintreppe fortgerissen. Große Granatsplitter lagen herum. Da auch deutsche Gasgranaten im Fort vorhanden waren, war es zu einer verhängnisvollen Kettenreaktion gekommen: »Zuerst Entzündung von Flammenwerferöl, wahrscheinlich durch Umgehen mit Gaskochern; Brandwirkung; ungeheure Rauch- und Rußentwicklung; Verbrennung einzelner Mannschaften; bei zahlreichen anderen Rußschwärzungen des Gesichts, Panikrufe: ›Die Schwarzen kommen!!‹ Werfen von Handgranaten gegen die vermeintlichen Schwarzen und dadurch Explosion von Gasminen und Granaten.« Da kein französischer Angriff stattgefunden hatte, kam also nur Selbstverschulden in Frage. Für die Offiziere lag der Fall einfach: Infanteristen hatten sich wie immer ziemlich sorglos ihren Kaffee mit Pulver aus Handgranaten heißgemacht und dabei die Flammenwerfer in Brand gesetzt.

Einige Tote, die man aus dem Fort herausschleppte, wurden in dem Riesenkrater eines 42-cm-Geschosses beerdigt, doch ging es bald über die Kräfte der Rettungsmannschaften, die vielen Leichen außerhalb zu begraben. Die Pioniere, die zum Aufräumen abkommandiert worden waren, stapelten die Leichen daraufhin in den zwei linken Außenkasematten, die an der Ost-West-Durchfahrt lagen: Leiche – Chlorkalk – Leiche. Dann wurden Ziegelmauern hochgezogen und die ehemaligen Munitionsbunker in eine »Totengruft« verwandelt. Die Granaten, die weiterhin auf das Fort fielen, verschütteten bald die verschlossenen Eingänge. Der Douaumont war nun wirklich zum »Sargdeckel« geworden.

14 »Die Franzosen sind da!« (8.–26. Mai 1916)

1

Durch den französischen Widerstand beim Fort Vaux und im Caillettewald und die Explosionskatastrophe im Fort Douaumont war das Unternehmen »Maibowle« schon im Ansatz gescheitert. Die Kämpfe um die beiden entscheidenden Höhen auf dem Westufer gingen demgegenüber den ganzen Mai hindurch weiter. »Der feindliche Graben muß genommen werden!« drohte Kneußl seinen Bayern, die seit einem Monat vor der Höhe 304 lagen, ohne einen Schritt weiterzukommen. Kneußl wollte keine »Schwarzseherei« und »Ängstlichkeit« dulden. Daß es gar nicht am fehlenden guten Willen lag, wollte ihm nicht in den Kopf.

Obwohl er schlecht informiert und im Grunde auch desinteressiert war, mengte sich der Kronprinz mitunter in die Angelegenheiten der Abschnittskommandeure in einer Weise ein, die wenig Verständnis für die Probleme und erst recht keine Rücksicht auf die einfachen Soldaten, dafür aber um so mehr Besorgnis um den eigenen Ruf zeigte. Am 2. Mai platzte er unvermutet in eine kleine Geburtstagsfeier für General von Gallwitz hinein. Gallwitz berichtete ihm über den schlechten Stand der Kämpfe auf dem Toten Mann, worauf der Kronprinz erregt reagierte und sofort einen Gegenangriff verlangte, der die deutschen Truppen wieder in den Besitz der alten Stellungen bringen sollte. Gallwitz setzte diesem Wunsch die Bitte entgegen, erst den endgültigen Bericht abzuwarten: es sei zu berücksichtigen, daß das Gelände nicht mit »so schönen Nummern verziert« sei, wie sie die Stabsoffiziere auf den Karten hatten, also Irrtümer noch vorkommen konnten.

Kaum war jedoch der Kronprinz wieder abgefahren, erreichte Gallwitz am Morgen des 3. Mai ein scharfes Schreiben der Heeresgruppe, das eine genaue Meldung verlangte und eine straffere Befehlsführung am Toten Mann anordnete, als ob Gallwitz die Zügel aus der Hand geglitten seien. Dieses Schreiben war für die Verstimmung kennzeichnend, die im Oberkommando der 5. Armee über Gallwitz herrschte. Bereits am 30. April

5. Armee: Gliederung Mai/Juni 1916

Ostufer									
		Angriffsgruppe Ost							
VII. Res.-Korps		1. bayer. Armeekorps (Generalkommando)			X. Res.-Korps (Generalkommando)		XV. Armeekorps		
14. RD (siehe Februar 1916)	*13. RD* (siehe Februar 1916)	*19 RD* RIR 73 RIR 78 RIR 79 RIR 74 RIR 92 6. GIR	*Alpenkorps* bayer. Inf. LR JR 1–3	*1. bayer. ID* b. IR, 2, 24 *2. bayer. ID* b. IR 12, 15, 20	*7. RD* RIR 36 RIR 66 RIR 72 RJB 4	*1. ID* IR 41 IR 43 GrR 1 GrR 3	*50. ID* FR 39 IR 53 IR 158	*30. ID* (siehe Februar 1916)	*39. ID* (siehe Februar 1916)
Stellungsverlauf: Maas – Pfefferrücken – Haudraumont		Thiaumontschlucht – Zwischenwerk – Thiaumont – Fleury			Caillette – Chapitre – Fumin		Fumin – Vauxberg – Damloup		

hatte man ihm mitgeteilt, daß man »über die Ergebnisse der letzten Wochen« enttäuscht sei. Unter dem Vorwand der einheitlichen Führung wurde angeordnet, daß er künftig alle Pläne und Befehle beim Oberkommando vorlegen müsse. Damit war eigentlich die Selbständigkeit der Angriffsgruppe West aufgehoben. Die Befehlsgewalt lag wieder bei der 5. Armee in Stenay.

Auf einen Bruch mit Gallwitz wollte es Knobelsdorf jedoch nicht ankommen lassen. Am Abend des 3. Mai erschien er bei Gallwitz, um die Lage auf dem Toten Mann zu erörtern, ein »wohlwollendes Gespräch«, wie Gallwitz festhielt. Indirekt ließ Knobelsdorf seinen Unmut über den Kronprinzen durchblicken, behauptete aber, keinerlei Verstärkung versprechen zu können.

Der Eindruck ließ sich nicht von der Hand weisen, daß einer dem anderen den Stillstand vor Verdun in die Schuhe schieben wollte. Der Kronprinz mokierte sich über Knobelsdorf, der ihn nicht zu den Planungen hinzuzog, und spielte sich, kaum war Knobelsdorf nicht in der Nähe, als Feldherr auf. Knobelsdorf wiederum schob dem Kronprinzen die Schuld am Kräfte- und Munitionsmangel zu, nur um sich selbst keine Blöße zu geben. Obwohl er über die Gegenseite überhaupt nicht informiert war, behauptete er, er sei dabei, durch die Angriffe der 5. Armee die Reserven der Franzosen zu binden und die französische Armee »auszubluten«, ein Argument, das in seinem Mund nichts weiter als ein Vorwand war, um die Offensive auch gegen alle militärische Vernunft vorwärtszutreiben.

2

Über die Funkstation auf dem Eiffelturm erfuhren die Deutschen, jedenfalls die höheren Stäbe, täglich die neuesten Nachrichten. Es waren Meldungen aus französischer Sicht, aber sie stellten eine willkommene Informationsquelle für Armeeführer dar, da sie von der OHL so gut wie nichts über den Stand an der Gesamtfront erfuhren. Auch kleine Erfolge wurden über den Eiffelturm verlesen. Am 3. Mai war von 4 erbeuteten MGs die Rede. Die Division des betreffenden Abschnitts bestritt den Verlust. Als Gallwitz nachhakte, gab sie jedoch zu, 2 verloren zu haben. Daß die französische Division, die die Höhe 304 verteidigte, zwischen dem 19. April und dem 3. Mai über 1250 Mann Verluste gehabt hatte, war indessen nicht vom Eiffelturmsender zu hören.

Fünf Regimenter waren zum Sturm auf die umstrittene Höhe angesetzt, die seit Tagen in eine dichte Wolke von Qualm, Rauch und Staub gehüllt war. Leuchtzeichen wurden nicht mehr beachtet, die Batterien feuerten aufs Geratewohl, beim Sturm verlegten die Haubitzen alle 10 Minuten ihr Feuer um 100 m nach vorn. Auf dem östlichen Teil hinderte deshalb wieder einmal der eigene Feuervorhang die Stürmenden am Vorankommen. Auf dem Westhang fraß sich schließlich der Ansturm fest. Tagelang lagen Freund und Feind zwischen Toten und Verwundeten in Erdlöchern und warteten auf das Ende des Artilleriefeuers.

Am Abend des 5. Mai gab es auf dem West- und Ostufer ein seltenes Schauspiel. Im Gewittersturm wurden über ein Dutzend französischer Fesselballons abgerissen und trieben über die deutsche Frontlinie hinweg Richtung Belgien, den deutschen Ballons hinterher. Etappenoffiziere benutzten die Gelegenheit zu wilden Autofahrten, um die Ballons zu verfolgen.

Inzwischen waren über 1650 Mann und 40 Offiziere als Gefangene hinten eingesammelt worden. Am 6. Mai notierte Gallwitz, der zusammen mit dem Bruder Falkenhayns die Kämpfe beobachtete: »Vor uns ein schauerliches Schauspiel für Auge und Ohr; die ganze Gegend in Knall und Rauch, dazwischen Leuchtkugeln – die Hölle von Verdun in Tätigkeit.«

Der Landsturmmann Gustav Mohr, gleichfalls Zeuge auf einer Beobachtungsstelle, glaubte sich in »ein vulkanisches Gebiet versetzt«; bald »war das Ganze in eine Rauchwolke eingehüllt, gleich als sollte man diesem Morden nicht beiwohnen«.

Die »schlimmsten Stunden« seines Lebens hatte er beim Durchqueren des Sperrfeuers erlebt, als er auf der Suche nach einem Familienangehörigen vorne gewesen war. Er selbst gehörte einer Flugzeugabwehrkompanie an, die in einem blühenden Obstgarten in der Nähe des zerschossenen Cuisy stationiert war. Die Stellung lag herrlich – »leider nur gefährlich«: Erst lagen sie in der Nähe einer Mörserbatterie, so daß ihnen die Sprengstücke der Granaten um die Ohren flogen, wenn der Franzose Batterie und Munitionskolonnen beschoß, dann im Tal zwischen Cuisy und Septsarges, wo sie sich sogar in einem mit Baumstämmen und Panzerplatten zugedeckten Laufgraben verkriechen konnten, doch hier zu weit von der Front, um die französischen Flugzeuge erreichen zu können. Arbeit hatten sie immer; wenn sie nicht am Geschütz standen, trugen sie verwundete Infanteristen zum Hauptverbandsplatz.

Als sie im April nach Verdun verlegt worden waren, hatten sie in Dannevoux als ersten Eindruck eine Beerdigung gesehen: Auf einem Wagen eine Offiziersleiche, fünf Gefallene getragen von ihren Kameraden, die Regimentsmusik spielte »Jesus, meine Zuversicht« – dazu das Brüllen der Geschütze, bald Tag und Nacht. Zwischen Vorgesetzten und Mannschaften herrschte beim Landsturm ein »trauriges Verhältnis.« Bei Luftkämpfen schien ihnen der französische Nieuport dem deutschen Fokker überlegen zu sein, doch Boelcke machte alles wett. Mohr sah nun, was er sich schon lange erhofft hatte, mit eigenen Augen: »Oberlt. Boelcke zeigte hier seine Kunst, er überflog das Gebiet in einer Höhe von 100–200 m, plötzlich stürzte er im Gleitflug abwärts, man bangte, das Flugzeug könnte abstürzen und sich in den Telefondrähten verfangen, aber zwei Meter über denselben ging er ruhig weiter, um dann allmählich wieder anzusteigen. Zu verstehen, daß ein solcher noch keinen ebenbürtigen Gegner gefunden hat.« Bevor die deutsche Führung etwas von dem Ergebnis des 6. Mai durch Melder von vorne erfuhr, teilte ihr der Eiffelturm mit, daß die Franzosen den durch die deutsche Beschießung unhaltbar gewordenen Nordteil der Höhe 304 »geräumt« hätten. Am 8. Mai hatten die Stabsoffiziere der beteiligten Regimenter noch immer keine Ahnung vom Stellungsverlauf im Trümmergewirr auf der Höhe. Wie Gallwitz herausbekam, lagen hier, durcheinander, 13 Bataillone verschiedener Verbände ohne einen Regiments- und Brigadekommandeur in vorderer Linie.

»Also das ist die Höhe 304«, stellte der Landsturmmann Schiller, ein Redakteur aus Jena, fest, als er endlich oben war. »Ein Trümmerfeld von gigantischem Umfang, kein Fleck, der nicht von Granaten zerwühlt wäre. Der ganze weite Hang ist übersät mit

Ausrüstungsstücken, Waffen, Blechbüchsen, Flaschen und – Gräbern. In aller Eile ist der Graben entstanden, schmal und tief. Der Regen macht den Aufenthalt in ihm zur Qual. An Unterstände ist nicht zu denken. Jeder gräbt sich ein Loch in die Wand, moderne Katakomben. Sitzend oder kauernd verbringt man darin Tage. Bis ans Herz kriecht die Kälte und läßt nachts die erstarrten Körper nicht zur Ruhe kommen.«

3

Im Hauptquartier der 5. Armee war man ratlos. Die Wiederholung von »Maibowle«, der Angriff der 5. Infanteriedivision südlich des Douaumont, war am 12. Mai zusammengebrochen; am 13. Mai sollte er wiederholt werden, doch diesmal hörte Knobelsdorf auf die Bedenken der Divisionsführung, die ihre Untergebenen am Ende wußte. Was sollte Knobelsdorf tun? Der Erfolg bei der Höhe 304 genügte ihm nicht, auf die schlechte Lage bei Lochow hatte er keinen Einfluß. Sollte man die Offensive allein auf dem Westufer fortsetzen? Sollte man Fort Vaux direkt angreifen oder erst den schwierigen Caillettewald nehmen, der alle Vorstöße auf das Fort flankierte? Bei Thiaumont neu ansetzen? Auf neue Kräfte warten oder mit den bisherigen angreifen, obwohl die 5. Infanteriedivision bei der Explosionskatastrophe im Douaumont schwer angeschlagen worden war? Falkenhayn selbst warnte vor einem »Festbeißen« an der Front und schien seit Mitte Mai den Abbruch der Offensive in Erwägung zu ziehen. Seit dem 9. Mai schickte die OHL weniger Munition, statt der angeforderten 20 nur 8½ Munitionszüge täglich, woraufhin die Armeeführung neue Tagesraten für die »Feuertätigkeit« bei Angriffstagen festsetzen mußte; so durften zum Beispiel Feldkanonen an gewöhnlichen Tagen 200 Schuß verfeuern, bei Angriffen 250, die leichten und schweren Feldhaubitzen höchstens 420 Schuß.

Jede Angriffsgruppe an der Verdunfront kämpfte für sich. Das linke Ufer wußte nicht, was auf dem rechten Ufer geschah. Jeder Abschnittsführer starrte auf sein Gefechtsfeld und war um seine Reputation bemüht. Als Gallwitz von Knobelsdorf hörte, daß ihm die 11. Bayerische Division entzogen werden würde, war er empört. In völliger Umkehrung der bisherigen Vorstellungen wies er den Armeechef ärgerlich auf die »Unfruchtbarkeit gleichzeitigen Stoßens« auf beiden Ufern hin. Besser wäre es, nicht auf dem Ostufer fortgesetzt neue Truppen hineinzuführen, sondern den Hauptstoß im Westen zu führen.

Der verblüffte Knobelsdorf redete etwas von »Aushaltenmüssen« und vertröstete auf frische Kräfte. Gallwitz notierte: »Natürlich ist Knobelsdorf von seiner Idee nicht so leicht zu trennen, dafür werden wir schließlich auf beiden Ufern festsitzen.«

Am 13. Mai lud Knobelsdorf die »Generalstäbler« zu einer Beratung ins Hauptquartier der 5. Armee nach Stenay ein: Major Wetzell, den Chef des Stabes der Angriffsgruppe Ost, Oberstleutnant von Waldau, den Chef des Stabes des X. Reservekorps, und den neuen Stabschef des Kronprinzen, den Ia beim Armeeoberkommando, Graf Schulenburg.

Gündells Stabschef Hasse, mit dem Knobelsdorf nur noch im Ton der Gereiztheit verkehrte, war nicht eingeladen worden. Dennoch erfuhr Gündell »hintenherum«, daß Knobelsdorf plante, das V. Reservekorps abzuziehen und das Generalkommando für den Abschnitt Vaux unter Gündell überhaupt aufzulösen. Gündell war ihm offensichtlich lästig geworden.

Knobelsdorf ließ in der Besprechung keinen Zweifel daran, daß er für die Fortsetzung des Angriffs war – falls die Heeresleitung neue Truppen schicken würde. Von den Stabschefs erwartete er Unterstützung in dieser Richtung. Um sich abzusichern, schickte er Wetzell und Waldau für eine Stunde in Klausur mit der Aufforderung, ihre Ansichten schriftlich niederzulegen.

Nun erschien auch der Kronprinz. Als erster wurde Waldau gerufen, um seine Ansicht vorzutragen. Er plädierte für die Fortsetzung des Angriffs einfach schon deshalb, weil die jetzigen Stellungen auf dem Höhenrücken beiderseits der Feste Douaumont auf die Dauer nicht zu halten seien – »die durchschnittlichen Tagesverluste der drei Divisionen betragen 230 Mann«. Im Fall eines Angriffs müßte die 5. Infanteriedivision, die physisch und moralisch angeschlagen sei, unbedingt gegen »völlig frische« Truppen ausgetauscht werden. Die Angriffsgruppe Ost – und damit meinte er deren bei der Besprechung abwesenden Führer von Lochow – sei zu optimistisch hinsichtlich der Kampfkraft der 5. und 6. Infanteriedivision. Der Kronprinz meinte aus Waldaus Ausführungen Zweifel herauszuhören und sagte: »Wir dürfen nur noch den Angriff machen, von dessen Gelingen Führer und Truppe überzeugt sind.«

Dann erschien Major Wetzell, Lochows Stabschef. Er bewies genau den Optimismus, den Waldau wenige Minuten zuvor an Lochows Führungsstab gerügt hatte: Beide Divisionen des III. Armeekorps besäßen immer noch hinreichende Angriffskraft, um einen kurzen Angriff durchzuführen. Und nur durch Angriff und Geländegewinn nach vorwärts sei die dringend notwendige Verbesserung im Abschnitt der Angriffsgruppe Ost zu erreichen (ganz im Sinn Lochows, der sich von der Einnahme des Thiaumontwerks, des Fumins und des Vauxplateaus eine Stellung versprach, von der aus sich sowohl die Einstellung wie auch die Fortführung des Angriffs ermöglichen ließe); Verstärkungen seien allerdings erforderlich, um mit Erfolg angreifen zu können. Auch verspreche er sich »Erhebliches« vom Einsatz der neuen Grünkreuzmunition. Wetzell hatte auch keine Bedenken, die jetzigen Stellungen trotz täglichen Kräfteverbrauchs »für eine begrenzte Zeit« festzuhalten. Damit stand er in schroffem Gegensatz zu Oberstleutnant von Waldau.

In Gegenwart des Kronprinzen konnte sich Knobelsdorf nicht über diese Widersprüche und Vorbehalte hinwegsetzen. Den Anwesenden erklärte er deshalb, daß ihn die beiden Stabschefs nicht davon überzeugt hätten, daß die für den 15. Mai geplante Offensive gelingen könnte. Der Angriff auf dem Ostufer sei wohl festgefahren und vorläufig gescheitert. Es bleibe nur übrig, bis zur Zuteilung von Grünkreuzmunition zu warten; bis dahin hieße es: »Halten mit zugewiesenen Kräften. Hauptdruck auf westliches Ufer legen.«

Gleichzeitig wußte er den beiden Stabsoffizieren so geschickt das Wort im Mund zu verkehren, daß der Eindruck entstehen konnte, *sie* hätten *ihn* zu einem übereilten Angriff gedrängt. Es sei »hart für die Angriffstruppe«, wenn man die Offensive auf dem Ostufer einstelle, »aber ein Strich muß darunter gezogen werden!«

Noch während der Besprechung telefonierte Knobelsdorf mit dem General der Artillerie: »Mangel an Offensivkraft. Zunächst also von größerer Offensive Abstand nehmen. Eingraben. Nachdruck auf Westufer. Damit Ostartillerie zu stark ... Einwirkung von Ost- und Westufer.« Der Stenograf hielt die Anweisung für die Akten fest.

Auf Drängen des Grafen Schulenburg entschloß sich Knobelsdorf – obwohl es ihm »blutsauer« ankam – sogar, dem Kronprinzen die vorläufige Einstellung der Angriffe überhaupt vorzuschlagen, »weil er den Verbrauch an Menschen, Munition und Material nicht mehr verantworten zu können glaubte«. Hocherfreut stimmte der Kronprinz zu, dem die ganze Entwicklung vor Verdun, die die 5. Armee in den Mittelpunkt der Aufmerksamkeit der ganzen deutschen Armee rückte, offenbar über den Kopf gewachsen war. Er überhörte das Wort »vorläufig« und machte gleich den Vorschlag, Knobelsdorf möge noch heute, am selben Nachmittag, zu Falkenhayn fahren, um »die Erlaubnis zur gänzlichen Einstellung der Verdunangriffe zu erwirken«.

Darauf hatte Knobelsdorf nur gewartet. Als der Armeechef in Mézières mit Falkenhayn allein war, brauchte er keine Rücksicht mehr auf den Kronprinzen zu nehmen. Der Thronfolger fiel denn auch aus allen Wolken, als Knobelsdorf, aus Charleville zurückgekommen, die Genehmigung zu einem weiteren Angriff vorlegte, das glatte Gegenteil also von dem, was auf der Besprechung als Ergebnis festgehalten worden war. Sogar eine neue Division aus dem 1. Bayerischen Armeekorps hatte Falkenhayn versprochen.

Trotzig erklärte der Kronprinz: »Exzellenz tragen mir heute das Gegenteil von gestern vor, ich gebe den Befehl nicht! Wenn die OHL befiehlt, muß ich gehorchen, aber jede Verantwortung ausdrücklich ablehnen.«

Die OHL befahl. Am 16. Mai erschien Falkenhayn in Stenay, um Knobelsdorf Respekt zu verschaffen. Er hatte sogar Knobelsdorfs Argumente übernommen: der Schwerpunkt der Operationen vor Verdun müsse allmählich von der Ost- auf die Westseite verlegt werden. Zuvor aber müsse noch der Thiaumontrücken genommen werden, sonst schösse der Franzose alles zusammen; ein Zurücknehmen der Front käme nicht in Frage – aus Prestigegründen; außerdem handelte es sich nach Falkenhayn nur um »lokale Angriffe« (so bescheiden war man geworden!). Am 17. Mai unterschrieb der Kronprinz knirschend die neuen Angriffsbefehle, die ihm Knobelsdorf durch Schulenburg vorlegen ließ. Wie im Februar sollte ein »mit aller Wucht fallender Hammerschlag das Tor der Festung endgültig sprengen«. Am 19. Mai bekam Gündell seinen Ablösungsbefehl, Gündells Truppe wurde verteilt – die 50. Infanteriedivision kam zum XV. Armeekorps, die preußische 1. Division zum X. Reservekorps.

An Lochow erging der Befehl zum Sturm auf den Thiaumontrükken und Fort Vaux – »als letzter Versuch vor Verdun«, wie Knobelsdorf hinzufügte. Der nächste Angriff aber kam von den Franzosen.

4

»Die Franzosen sind da!« Mittags um 13 Uhr gellte am 22. Mai der Schrei durch das Fort Douaumont. Im selben Augenblick krachten auch schon überall Handgranaten. Zusammen mit den letzten Flüchtenden aus den Stellungen vor dem Fort waren die Angreifer in die Wallgräben gesprungen, während sich die Fortbesatzung in den Kasematten verkrochen hatte, um vor dem fürchterlichen Artilleriefeuer Schutz zu suchen, das seit fast einer Woche auf sie einprasselte. Um ein Haar wären die Verteidiger überrumpelt worden.

Seit dem 16. Mai war das Fort von schweren Kalibern der Franzosen, zu denen zum ersten Mal auch vier 37-cm-Mörser gehörten, systematisch bombardiert worden. Die Luft war mit feinem Kalkstaub erfüllt, in den sich süßlicher Leichengeruch mischte, da die Granaten draußen Massengräber freigelegt hatten. Kasematten, die am oberen Gefechtsgang lagen, wurden geräumt, da der Ostwind den Gestank durch die Scharten preßte. Als der Benzinmotor, der für elektrisches Licht sorgte, seine Abgase nicht mehr nach außen abgeben konnte, wurde die Luft noch schlechter.

Am 19. Mai waren Gasgranaten auf dem Fort niedergegangen, die Räume und Gänge hatten sich mit Giftgas gefüllt. Verwundete, die keine Gasmasken über ihre Kopfverbände streifen konnten, erstickten. Beobachtungstürme, Grabenstreichen, der unterirdische Kehlzugang, die Blinkstation und Durchgänge zu den Panzertürmen wurden eingedrückt, der mühsam gebaute (zweite) Zugang in der Nordspitze war unpassierbar. Das Fort wurde von den Granaten regelrecht in den Boden gestampft und versank mit seinen Wällen in dem umgebenden Trichterfeld, es begann langsam »zu zerbröckeln«. Doch die Gewölbe hielten, obwohl die Grundmauern ständig vibrierten.

So war man im Fort guter Dinge, für die Mannschaften gab es »en gros« Cognac – den »Divisionsfusel«. Der Kommandant und Hauptmann Heydemann, der Vorgesetzte der 12 Artilleriebeobachter sowie der Pionieringenieur vom Dienst tranken sogar »in Ruhe« eine Flasche Sekt, obwohl das Fort praktisch »blind« war und niemand wußte, was draußen vor sich ging. Dem irren Gestammel der Verwundeten, die in das Fort strömten, war nur zu entnehmen, daß es draußen kaum noch eine durchgehende Linie gab.

In den noch intakten Panzertürmen hielt es keiner mehr aus, die Kuppel dröhnte wie eine Glocke, Splitter spritzten durch die Sehschlitze. Am 22. Mai bei Tagesanbruch steigerte sich das Feuer noch einmal. Heydemann zählte bis 15 Einschläge »schwerer und schwerster« Kaliber pro Minute, dann gab er das Zählen auf. Ein Kompanieführer von den 12er »Brandenburgern« mußte von drei Mann festgehalten werden, weil er seinen Bataillonskommandeur zu erschießen drohte. Heydemann gelang es, ihn zu beruhigen. Im Gefechtsgang verteilte der Fortkommandant gerade Ohrfeigen, um die Leute wieder »zur Räson« zu bringen, als Alarm gegeben wurde.

34 Mann und 3 Offiziere, die Überlebenden von drei Kompanien des Leibgrenadierregiments Nr. 8 aus den vorderen Linien, kauerten apathisch im Innern des Douaumont, »aßen nicht und redeten nicht und ließen sich nicht emporreißen«.

Die erste Sturmwelle der Franzosen hatte den Douaumont erreicht. Das auf die Südostecke des Forts angesetzte Bataillon schaffte sein Ziel nicht und wurde vorher aufgerieben, aber auf dem linken Flügel kam ein Bataillon bis zum Dorf Douaumont; eine Kolonne versuchte, das Fort von der Seite zu umfassen. Auf dem rechten Flügel drangen die Franzosen immerhin bis zum frei stehenden Panzerturm vor, besetzten unterwegs die »weißen Häuser« und das Infanteriewerk Nord. Dann konnten sie durch seitliches Feuer aus den Stellungen vor der Kasemattenschlucht gestoppt werden.

Die Truppen, die direkt auf das Fort trafen, sprangen in den Kehlgraben, drangen zum alten Haupteingang in der Mitte vor und nahmen die Kasematten auf dem Innenhof unter Feuer. Andere stiegen die Böschung des Glacis hoch und besetzten die Casemate de Bourges, die Zwischenraumstreiche, die von den Deutschen als Südwestpanzerturm bezeichnet wurde und wegen des schweren Artilleriefeuers geräumt worden war. Von hier aus drangen die Franzosen zur Überraschung der Fortbesatzung bis zur Westdurchfahrt vor und konnten nur mit Mühe gestoppt werden. Eine weitere Kolonne drang im westlichen Fortgraben bis zur zerstörten Grabenstreiche an der Nordwestecke vor und ging von hier sogar im unterirdischen Gang bis zum Nordpanzerturm. Andere kamen oben bis zur »Radtke-Lücke« an der Nordspitze.

Dann ging es nicht weiter, weil die Fortbesatzung aus ihrer Lethargie erwacht war und alle Zugänge durch Sandsackbarrieren sicherte, auch die Gruppen oberhalb des Forts hatten sich gefangen, froh, nach dem langen Trommelfeuer nun endlich etwas »zu tun« zu haben. Dabei blieb es: Die Franzosen hielten den südwestlichen Oberteil des Douaumont, die Deutschen hatten die östliche Hälfte besetzt und waren weiterhin im Besitz aller unterirdischen Anlagen. Gegenseitig forderte man sich zur Kapitulation auf!

Als die Franzosen zum Zeichen, daß sie das Fort erreicht hatten, Rauchzeichen abfeuerten, wanderte die französische Feuerwand nach Norden, um das Fort vom Hinterland abzuschneiden, während sich das deutsche Sperrfeuer zwischen das Fort und Souville legte. Wie Heydemann von innen mit grimmiger Genugtuung beobachtete, lag es so gut, daß die Belagerer bald abgeschnitten waren und zu Belagerten wurden. Von der zweiten französischen Welle um 14.30 Uhr kamen nur noch Kompaniereste am südwestlichen Fortgraben an. Der dritten Welle, die ebenfalls noch bei Tageslicht über rund 1000 m »den Sprung nach vorne« machen mußte, ging es nicht besser; von 200 Mann einer Kompanie erreichten nur 40 das Fort.

Zu diesem Zeitpunkt war General Mangin, der das Kommando hatte, überzeugt, den Douaumont zurückerobert zu haben – »es galt nur die Kasematten von den wenigen Deutschen zu säubern, die sich dort noch aufhalten könnten«. Vom Wallauftritt des Forts Souville hatte er im Freien stehend den Angriff verfolgt, während neben ihm Ordonnanzoffiziere verwundet wurden. Nun sah er seinen Optimismus, daß nach dem fürchterlichen Bombardement die Soldaten das Fort »mit umgehängtem Gewehr« erreichen würden, aufs glänzendste bestätigt und damit Pétains Pessimismus widerlegt. Französische Flieger, die in aller Ruhe über dem Fort kreisten, lieferten weitere Beweise.

»Ich sah mich gezwungen, den Plan des Generals Mangin gutzuheißen, ohne ihn nach Wunsch ausführen zu können«, schrieb Pétain: Joffre hatte statt der notwendigen 4 nur 2 Divisionen für das Unternehmen genehmigt. Aus diesem Grund hatte Mangin den Angriffsraum auf einen Kilometer Breite beschränken müssen, diesen Nachteil jedoch durch ein bis dahin ungewöhnliches Aufgebot schwerster Kaliber von Eisenbahngeschützen und einbetonierten Mörsern auszugleichen versucht.

Die Bresche erwies sich als zu klein. Zwei Tage wurde mit großer Verbissenheit auf dem Fort gekämpft. Da die Deutschen bereits am 22. Mai abends Jägereinheiten ins Fort holen konnten, gerieten die Franzosen bald in die Minderheit. Ihren stärksten Rückhalt besaßen sie in ihren MG-Ständen in der erhöht gelegenen mehrstöckigen Casemate de Bourges, von wo aus sie auch zum Dorf Douaumont hinüberschossen. Am besten hatten es die französischen Gefangenen, die in eine sichere Kasematte des Forts gesteckt wurden. Heydemann betrachtete sie beim Verhör mit Respekt.

Auf deutscher Seite machte man den Fehler, die Franzosen mit aller Gewalt möglichst sofort wieder vom Fort holen zu wollen. Lübbener Jäger, Brandenburger und die frisch eingetroffenen Bayern, die Lochow übereilt dem Kommandeur der 5. Infanteriedivision zur Verfügung stellte, stürmten mit einer Bravour, die in den Augen der alten Verdunkämpfer Dummheit gleichkam. Zu ihrer Verblüffung sahen die 24er, selber nur 80 m von den mit aufgepflanztem Bajonett in den Gräben stehenden Franzosen entfernt, wie am hellen Nachmittag eine ganze Kompanie Bayern in drei Schützenlinien im Schritt über die Höhe auf die Kasemattenschlucht zuging – »in einem Gelände, über das man am Tage nicht einmal einzelne Leute schicken konnte«. Wie ein Offizier vom

Bayer. Infanterieregiment Nr. 15 berichtete, hatten sie zwar keine Karte, doch den Befehl erhalten, anzugreifen und die 24er »mitzureißen«; niemand konnte ihm jedoch sagen, wo diese überhaupt lagen!

Aber auch bei den Franzosen waren die Verbände durcheinandergekommen, die Trichterwüste um das Fort war mit planlos hin und her laufenden graublauen Gestalten bevölkert; die deutsche Feldartillerie begann, die eigenen Leute am Südrand des Forts zu befeuern, so daß diese Seite geräumt werden mußte. Von den verantwortlichen Offizieren wurden einfach neue Verbände in das Chaos geschickt in der Hoffnung, daß sich Ordnung und Übersicht wieder von selbst herstellen ließen. »Frisch, sauber und gepflegt, wie aus dem Ruhequartier«, erschien ein Rittmeister der Zietenhusaren mit mehreren Untergebenen im Fort mit dem Auftrag, in Erfahrung zu bringen, »wie es eigentlich auf dem Douaumont aussieht.« Am Abend mischte sich in das Wüten der Artillerie, die fast wahllos zwischen Freund und Feind hauste, ein Gewitter – der Regen, in Zeltplanen aufgefangen, löschte endlich den Durst.

Auf dem Fort wurde im Dunkel der Nacht ein schwerer Minenwerfer von der Fortbesatzung aufgebaut. Im Morgengrauen des 24. Mai flog die erste Mine 400 m weit zum Südwestpanzerturm hinüber. Das Fort zitterte wie unter dem Einschlag einer »Dicken Berta«. Sieben weitere Minen folgten. Nach einem schrecklichen Handgemenge wurden alle Franzosen überwältigt. Keiner kehrte nach Verdun zurück. Über dreißig Stunden hatten sie Widerstand geleistet.

Zu seinem Pech hatte Mangin den vermeintlichen Erfolg schon weitergegeben, so daß den Franzosen die gleiche Blamage widerfuhr wie den Deutschen bei der angeblichen Eroberung des Forts Vaux. Am 25. Mai meldete die *Daily Mail*, daß die Franzosen »nur eine halbe Stunde« gebraucht hätten, um das Fort Douaumont zu nehmen. Die *Frankfurter Zeitung* kommentierte diesen Lapsus wohlwollend: »Ein Irrtum in diesem Gewirr zerschossener Positionen und Gräben und in der Erregung dieser unerhörten Schlacht wäre durchaus begreiflich.« Als sich Mangin weigerte, noch einmal angreifen zu lassen, wurde er seines Postens enthoben. Die 5. französische Infanteriedivision, die er gegen das Fort geschickt hatte, wurde abgelöst.

Auf der deutschen Seite wurde die 5. Infanteriedivision der Brandenburger, die zu diesem Zeitpunkt als Verband nur noch auf dem Papier existierte, ebenfalls abgelöst. Lochow spielte bereits mit neuen Angriffsplänen. Den Douaumont und seinen Schutz in den umliegenden Trichterfeldern übernahmen die Bayern. Inzwischen fanden sie die Situation in Verdun so verrückt und sinnlos, daß es zu einer Meuterei kam. Der Kompanieführer Walther von Hollander erinnerte sich: »Diese armen Bayern, die mit Recht wegen der blödsinnigen Befehle meuterten, mit Revolverdrohung hinaustreiben, den angetrunkenen Regimentskommandeur strammstehend zur Raison bringen und in einer stockfinsteren Nacht zwischen Douaumont und der vorderen Linie Verbindung herstellen – 6mal 600 Meter hin und her, durch ein Gewühl von Schlamm, Toten, Verwesenden, Halbtoten, Sterbenden, Verwundeten, Drückebergern und Granaten.« Seine Worte wurden in keine Regimentsgeschichte aufgenommen.

5

Ausgerechnet Gallwitz zeigte dem ehrgeizigen Lochow, wie es gemacht wurde. Auch ohne »Hauptdruck« auf dem westlichen Ufer wurde am 20. Mai der ganze »Tote Mann« eingenommen. Der Angriff galt später als »einer der am besten gelungenen aller deutschen Stürme vor Verdun«. Die Vorbereitungen waren sorgfältig durchgeführt worden. Sogar bei Ferngesprächen mußten Decknamen benutzt werden: Drahtscheren hießen »Beißerchen«, Munition hieß »Futter«, die Division »Hochdruck«, die Angriffsgruppe »Großes Tier« und der Angriff selbst »Ideal«. 5 Regimenter waren beteiligt. Anderthalb Tage lang schoß die Artillerie nach einem gemischten Programm mal mit großen, mal mit kleinen Kalibern, mal auf die vordere Linie des Gegners, mal auf die Verbindungswege, mal mit Grünkreuzgranaten, mal mit Sprengsätzen, mal mit schweren Minen. Vom anderen Ufer schossen 38-cm-Geschütze und eine »Dicke Berta« herüber.

In der ersten Welle des 201. Infanterieregiments liefen die besten Handgranatenwerfer (zum Leidwesen der Deutschen waren die französischen Eierhandgranaten handlicher und flogen weiter als die Stielhandgranaten). Mit 20 Schritt Abstand folgte die Kampfwelle, wiederum mit dem gleichen Abstand die Trägerwelle mit Sandsäcken, Schanzzeug, Stacheldrahtrollen. Beim Sturm kam alles wieder durcheinander. Ein Stabsoffizier genoß (von hinten) den Sturmlauf – »es sah prächtig aus, wie die Leute aus der Sturmstellung hervorsprangen«.

Die dichtgedrängt stehenden Franzosen empfingen die Deutschen mit gezieltem Feuer. Bereits am Kuppenrand kam der Angriff zum Stocken, eine französische Handgranate traf den einzigen Flammenwerfer, schwer verbrannt taumelte sein Träger zurück. Dann wurde der zweite, der Reserveflammenwerfer, geholt. Er wurde nicht getroffen und versetzte die Franzosen an der Einbruchstelle in Panik.

Knobelsdorf saß neben Gallwitz »am großen Fernrohr« und war, wie Gallwitz bemerkte, einige Male besorgt. Aber der Bann war gebrochen, die Deutschen wälzten sich über die ganze Kuppe, die vorderen schienen gleich bis nach Chattancourt in der Ebene laufen zu wollen, wo allerdings »dunkle Punkte« erschienen.

Wie man bald sah, waren es Lastwagen mit französischen Verstärkungen, denen es schließlich gelang, den deutschen Vorstoß zu stoppen. Wer über den Kamm der Höhe gleich weiterlief, war verloren. Das Ganze war eben nur ein Stellungsgewinn, kein Durchbruch.

Nun begann der Stellungskampf, der zermürbende Alltagskrieg, wie immer ungleich unangenehmer als der Angriff. Die französische Artillerie pflügte die Kuppe um. Bereits in der Nacht trafen die müden neuen Besitzer des »Toten Mann« auf erste französische Gegenangriffe. Der Geruch der Leichen, mit denen alle Trichter und eingedrückten Gräben seit nunmehr schon über einem Monat gefüllt waren, ließ die Soldaten an die biblische Apokalypse denken.

6

Daß ein »großer Sieg« errungen war, blieb vielen unmittelbar Beteiligten verborgen. Viele verirrten sich in dem unübersichtlichen Gelände beim Zurückgehen, um Wasser und Munition zu holen. An bestimmten Gabelpunkten der Gräben stellten Leichen die besten Wegweiser dar.

Dem Schützen Jost, der mit der Maschinengewehrkompanie des Infanterieregiments 88 am »Toten Mann« lag, rettete so ein Toter das Leben. Als er mit anderen Soldaten zum Kaffeeholen in Richtung Forgesbach hinunterlief, teilte sich plötzlich vor ihnen der Laufgraben. Sie entschlossen sich für die linke Abzweigung. Jost hatte so ein ungutes Gefühl, denn am Tag zuvor waren sie über eine zertretene Leiche im Graben gegangen, die bis jetzt noch nicht zu sehen war. Da Jost nun sicher war, daß sie auf dem falschen Weg waren, kehrte er um, nahm die Abzweigung in die andere Richtung und gelangte schließlich zur Küche. Die anderen drei Mann blieben verschollen. Kein Offizier hatte Jost über den Stellungsverlauf unterrichtet, keiner von seinen Kompanieangehörigen wußte, was links oder rechts von ihnen geschah. Keine Rede von Karten!

7

Der deutschen Öffentlichkeit wurde die ganze Zeit über mit nichtssagenden Berichten Sand in die Augen gestreut. »Die kindlichen Vorstellungen, daß unsere Truppen verzweifelt gegen die Werke von Verdun Sturm laufen, um reihenweise niedergemäht zu werden, brauche ich nicht erst zu widerlegen«, meinte Kalkschmidt, der Kriegsberichterstatter der *Frankfurter Zeitung*. Sobald die Artillerie eine Sturmstellung sturmreif geschossen hat, gehe der eigentliche Sturm in der Regel »mit sehr geringen Verlusten« vor sich. »Im Grabenkampf, Mann gegen Mann, ist der französische Soldat unterlegen und zieht daher meist vor, sich zu ergeben.«

In Wirklichkeit war die Oberste Heeresleitung, die alle 10 Tage eine Aufstellung von der Sanitätsdienststelle der 5. Armee zugeschickt bekam, über die hohen Verluste sehr gut informiert. Ende April wurden 38 299 Tote, Verwundete, Vermißte registriert. Ende Mai 54 309, mit den Verlusten des Februar und März zusammen lag die Zahl der Gesamtverluste jetzt bei 174 000 Mann. Die Zahlen erfuhr jedoch die Presse nicht, sie verließ sich auf die Auskünfte, nach denen jetzt von den Franzosen in Massen Truppen an die wankende Front geworfen wurden und daß »in ungezählten Stürmen gegen die ehern vorrückende deutsche Front sich die Hoffnung Frankreichs auf den zerschmetterten Hügeln des Maastales verblutet«.

8

Der Satz hätte wortwörtlich von Falkenhayn stammen können, auch er sprach immer noch davon, die Franzosen »verbluteten sich durch fortgesetzte Gegenangriffe«. Der mißlungene Versuch, den Douaumont zurückzuerobern, war seiner Ansicht nach der beste Beweis.

Am 26. Mai erklärte Falkenhayn den zur monatlichen Besprechung in Mézières versammelten Stabschefs der an der Westfront stehenden Armeen, die »OHL habe nie die Absicht gehabt, Verdun zu nehmen. Die Fortschritte vor Verdun seien langsamer erfolgt, als man erwarten konnte. Die vielen im Gelände verstreuten Betonblockhäuser seien von der Artillerie nur schwer zu fassen und unschädlich zu machen.« Der Schluß seiner Ausführungen, die (wie so oft) nur nebensächliche Fragen berührten und keine »Auffassung über die Gesamtlage« zu erkennen gab, deutete auf kommende Anstrengungen hin: »Der Gewinn der Stadt Verdun hätte immerhin eine moralische Bedeutung.«

Zwei Tage später verblüffte Falkenhayn Bethmann durch seinen Optimismus, auch ohne U-Boot-Krieg würden sie bis zum Ausgang des Winters 1916/17 einen siegreichen Frieden erkämpfen: »Frankreich wird dann zum Weißbluten gebracht sein!«

9

Der in Bern lebende Herausgeber der »Friedens-Warte«, der österreichische Emigrant Alfred H. Fried, reimte sich aus der Lektüre deutscher und ausländischer Zeitungen ein anderes Bild der Lage zusammen: »Die Menschen unserer Tage sind sich in ihrer übergroßen Mehrheit wohl nicht bewußt, daß sie im Rahmen des Weltkriegs ein Ereignis erleben, von dem die Jahrhunderte noch mit Grauen und Entsetzen sprechen werden. Es ist dies die Hölle von Verdun. Seit hundert Tagen – Tag und Nacht – wird dort mit größter Hartnäckigkeit und Erbitterung zwischen den Söhnen zweier europäischer Kulturvölker gerungen . . . hundert Tage und Nächte um Bergzipfel und Mauertrümmer, um einige Meter Land vor oder zurück . . . Es ist der höllischste Massenmord, seitdem wir Geschichte schreiben . . .«

FORT VAUX - GRUNDRISS

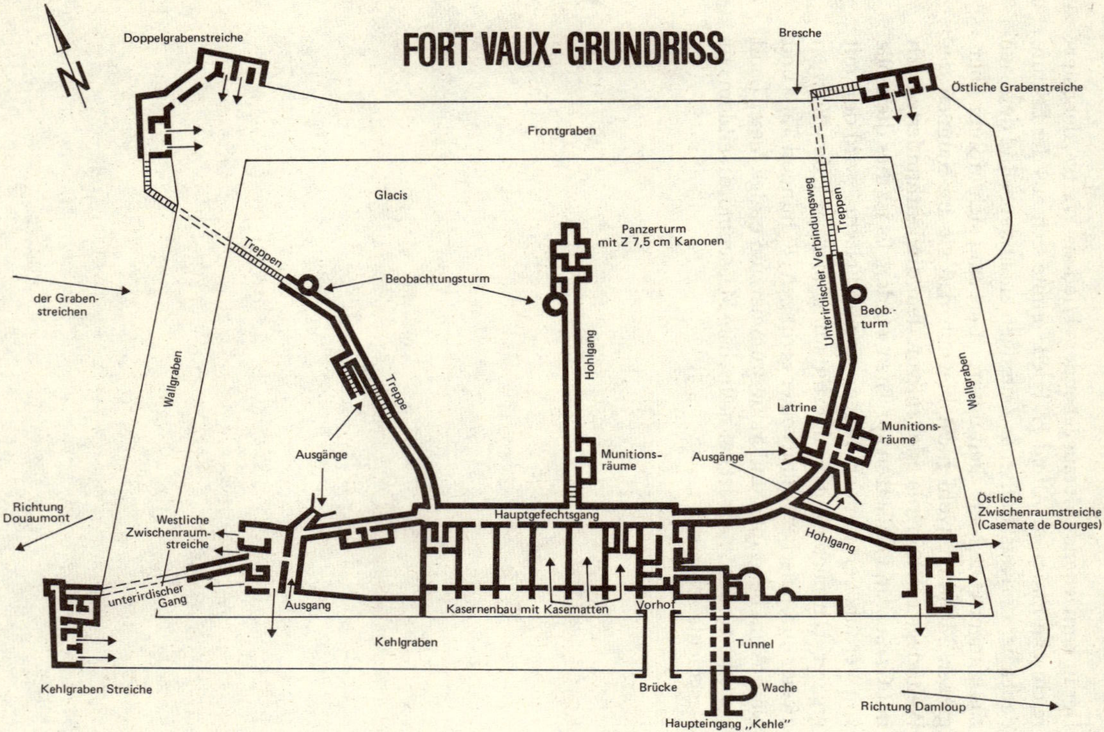

15 Bollwerk Vaux
(1.–10. Juni 1916)

1

Am 1. Juni wurde endlich der Caillettewald genommen. Vor dem berüchtigten Infanterieraum 323 auf dem Douaumontrücken fanden die Bayern von der 1. Bayer. Infanteriedivision die Leichen von Angehörigen vieler anderer Regimenter, die seit Ende Februar hier weiterzukommen versucht hatten. Die Stoßtrupps vom 1. Bayerischen Infanterieregiment erbeuteten allein hier acht Maschinengewehre, die zur Gefechtsausstattung dieser kleinen Festung gehörten. 350 Franzosen, die Überreste eines ganzen französischen Bataillons, gingen in Gefangenschaft, nachdem die Bayern sich von hinten herangearbeitet und den Eingang mit Handgranaten blokkiert hatten.

Vor allem war es dem Großeinsatz von Flammenwerfern zuzuschreiben, daß – neben den Bayern – die 7. Reservedivision mit Teilen der Infanterieregimenter 72 und 66 die tiefen Stellungen im Caillettewald fast mühelos durchbrach. Lang anhaltendes Zerstörungsfeuer hatte die Verteidiger zermürbt, diesmal war die Abstimmung zwischen Artillerie und Infanterie glänzend gelungen.

Für das 13stündige Zerstörungsfeuer waren 23 600 Schuß, im nächtlichen »ruhigen« Störungsfeuer 2800 Schuß (leichte und schwere Feldhaubitzen), beim 2stündigen Sturmreifschießen 11 820 Artilleriegeschosse (ohne Minenwerfer) abgegeben worden – auf eine Bresche von 1000 m Breite und 500 m Tiefe der französischen Front; jede leichte Batterie hatte 80 m, jede schwere 40 m Frontbreite. Durch das vorbereitende Feuer waren die französischen Grabenoffiziere gewarnt worden und hatten Sperrfeuer schießen lassen, unter dem die nachts in die Ausgangsstellungen vorrückenden Einheiten schwer zu leiden hatten; auch ein Teil der Flammenwerferapparate war zerstört worden. Der Rest genügte. Apathisch standen die Franzosen mit erhobenen Händen in den Gräben.

Innerhalb einer Stunde hatten die 72er und 66er die Mitte des

Waldes erreicht. Dann waren sie nach neuer Artillerievorbereitung bis zur Vauxschlucht (Chapitrehang) vorgestoßen, wo aus den Unterständen im Bahndamm Hunderte von Franzosen mitsamt ihren Offizieren herausgeholt werden konnten. Wie immer fehlten Reserven, um noch weiter vorzudringen; allerdings wäre es auch schwer gewesen, die zum weiteren Vorstoß erforderlichen Truppenmassen ohne schwere Verluste durch das wütende Sperrfeuer hindurchzuschleusen. Die Verluste beim Sturmangriff waren gering, wie immer kostete das Ausharren in den neuen Stellungen und der Ablösungsvorgang unvergleichlich mehr Opfer; beim Reserveinfanterieregiment 72 sollten im Laufe der kommenden Woche über 1000 Mann fallen.

Östlich der 66er waren vom Hardaumont herunter die Grenadiere des Regiments »Kronprinz« – Nr. 1 – am Vauxteich vorbei auf den hier ansteigenden Fuminrücken vorgegangen. Die Ostpreußen trugen versuchsweise bereits den neuen Stahlhelm. Sie hatten es von allen am schwersten gehabt; vor allem ein Maschinengewehr, das aus der Richtung von Fort Vaux her feuerte, dessen Position jedoch nicht auszumachen war, fügte ihnen schlimme Verluste zu. Ein ehemaliger Laufgraben der Franzosen vom Hardaumont herunter, der sogenannte Mariannengraben, füllte sich dermaßen mit Verwundeten und Toten, daß kein Durchkommen mehr möglich war und die Nachfolgenden oben auf der Grabenkrone entlanghasten mußten, um weiterzukommen, eine »prächtige Zielscheibe«. Wer im Graben Deckung suchte, mußte dabei auf den Verletzten herumtreten.

Wichtigstes Ergebnis des 1. Juni war, daß die vor der Festung Vaux festgenagelten Truppen, die bisher vom Caillettewald beschossen worden waren, nunmehr Luft bekamen; die mörderische »Flankierung« war beseitigt. Das brachte die 50. Infanteriedivision auf die Idee, den erst für den 5. Juni geplanten Sturm auf das Fort Vaux auf den 2. Juni vorzulegen – bevor der Gegner sich wieder erholt hatte. Als die entsprechenden Befehle ergingen, gab es bei den Divisions- und Brigadestäben deshalb einige Verwirrung, einige Offiziere glaubten schlichtweg, sich verhört zu haben, auch kam es zu Abweichungen in den schnell ausgeschriebenen Angriffsbefehlen.

Überhastet brachen die Kompanien der beiden beteiligten Regimenter, insgesamt zwölf Kompanien mit starken Pioniergruppen aus verschiedenen Pionierkompanien, noch in der Nacht zum 2. Juni auf. Die Sturmzeit der Infanterie war auf 4 Uhr morgens angesetzt. 11 Minuten später sollte die Artillerie, die die ganze Nacht über den Angriff vorzubereiten hatte, das Fort und seine Umgebung »frei geben«.

2

Im Gegensatz zum Fünfeck des Douaumont hatte Fort Vaux eine Trapezform, wobei die längere Seite mit dem Kasernenbau nach Südwesten, also in Richtung Verdun lag. Wie der Douaumont gehörte Vaux zu den modernen Festungswerken Verduns, konnte sich aber, was die Größe betraf, nicht mit ihm messen. Das Fort besaß mehrere gepanzerte Beobachtungskuppeln sowie zwei tiefliegende Grabenstreichen in den beiden Schulterpunkten des Grabens und eine Kehlgrabenstreiche, hinzu kamen zwei mit MGs gespickte *Casemates de bourges,* Zwischenraumstreichen genannt, weil sie in erhöhter Position noch innerhalb der vier Fortgräben lagen und über die Wälle hinwegschießen konnten. Alle Angreifer, die versuchten, das Fort zu umgehen, sollten sie zu spüren bekommen.

Von diesen Befestigungen war am 1. Juni 1916 nicht mehr viel übrig. Der Zugang zum mittleren 7,5-cm-Geschützturm, dem einzigen übrigens, war durch eine Sprengladung, die durch eine deutsche Granate gezündet worden war, zerstört. Weitere Geschütze standen nicht zur Verfügung, sie waren 1915, aus den Zwischenraumstreichen geholt, der Desarmierung der Forts zum Opfer gefallen. Die Panzertürme waren so gut wie wertlos, da aus ihnen heraus keine Maschinengewehre dirigiert werden konnten. Die nördliche Grabenstreiche war durch einen schweren Einschlag beschädigt, ebenso der Hohlgang zum Kasernenbau. Sandsackpackungen hatten beide Löcher notdürftig abgedeckt. Eine 42-cm-Granate hatte den Haupteingang unpassierbar gemacht, so daß sich der Verkehr vom Hinterland zum Fort über eine große Bresche neben der östlichen Grabenstreiche abspielte, die man ebenfalls der »Dicken Berta« verdankte. Der Umweg über den Frontgraben lohnte sich, weil der Kehlgraben seit Mitte März unter gezieltem deutschem Artilleriebeschuß lag.

Die Kasemattenreihe im Mittelbau konnte 250 Verteidiger aufnehmen. Seit Mitte Mai jedoch hielten sich im Fort mehr als 600 Mann auf, es waren Versprengte, Verwundete, führerlose Gruppen, die von keinem Offizier zu bewegen waren, das schützende Fort zu verlassen. Auf den Treppen und in den Kasematten lagen Soldaten herum. Diese Überfüllung des Forts sollte verhängnisvoll werden, da vor allem die Wasservorräte nicht für so viele Menschen im Fall einer Abriegelung berechnet worden waren.

Am 1. Juni beobachtete der Kommandant Oberst Raynal, wie seine MGs die Deutschen auf dem Hardaumont dezimierten, die verzweifelt danach ausspähten, woher »der Tod« kam. Raynal sah, wie die kleinen »grauen Erdarbeiter« trotzdem weiter vorliefen und anfingen, sich in 2500 m Entfernung einzugraben. Er mußte zugeben, daß der Deutsche »ein furchterregender Soldat« sein konnte – »er führt den Befehl aus, selbst wenn er sicher ist, daß er dabei fällt«. Da das Artilleriefeuer über seinem Kopf stetig zunahm, vermutete Raynal, daß ein Angriff bevorstand. In der Morgenfrühe zählte er ungefähr 1500 bis 2000 Granateinschläge pro Stunde.

3

Als Leutnant Rackow mit seiner Kompanie vom Infanterieregiment 158 oben auf dem Berg ankam, sah er bereits die Infanteristen von den »Kölner« 53ern auf dem Fort herumsteigen. Es war ihnen noch in der Morgendämmerung gelungen, den Wallgraben zu überwinden. Die Bresche, die auch die Franzosen benutzten, leistete dabei gute Dienste. Die 53er saßen auch schon auf dem Kasernendach und schossen in die Innenhöfe und Fenster der Kasematten. Nun aber waren die Besatzungen in den Grabenstreichen erwacht, so daß kein Deutscher mehr zu den anderen auf der Fortkuppe hinüberkam.

Unter den 158ern, denen die westliche Hälfte des Forts als Angriffsstreifen zugeteilt worden war, hatte es Verwirrung gegeben. Ein Teil von ihnen war in den Ausgangsstellungen sitzengeblieben, als um 4 Uhr ein Befehl eintraf, der den Angriff annullierte – die dem Regiment zugeteilten Pioniere waren noch nicht eingetroffen; eine andere Kompanie konnte allerdings nicht mehr zurückgerufen werden. Leutnant Rackow wiederum hatte den Haltebefehl ignoriert und war auf eigene Faust losgelaufen, als er Kampflärm gehört hatte.

Zuerst mußten die beiden Grabenstreichen »unschädlich« gemacht werden. Die 53er hatten Glück. Als der französische MG-Schütze in der östlichen Grabenstreiche für einen Moment eine Ladehemmung zu beheben versuchte, warfen Pioniere Handgranaten durch die Öffnungen. Im Innern begann es zu brennen. Ein französischer Offizier erschien in der zerborstenen Tür, um die Eindringlinge zu verscheuchen, mußte aber verwundet nach innen gezogen werden. Daraufhin kapitulierte die Grabenstreichenbesatzung, 32 Mann, und überließ ihren kleinen Bunker den Deutschen.

Inzwischen waren bei Rackow die verspäteten Pioniere mit Brandröhren angelangt, die nunmehr »schulmäßig« von oben, an kleinen Galgen hängend, in die Scharten eingeführt wurden. Da die Franzosen auf jeden Kopf feuerten, der sich über der Brüstung zeigte, erforderte dieses Vorgehen mehr Tapferkeit als Geschick. 2 m lange Flammen zischten in das Innere, der dicke Qualm vertrieb die Besatzung von ihren MG-Ständen, so daß Rackow die Feuerpause nutzen konnte, um mit ein paar Sprüngen durch den Graben das innere Glacis zu erreichen. Die vielen Breschen erleichterten das Vorhaben. Noch im März hatten die Stürmenden lange Leitern mit sich geschleppt, um die Gräben und Mauern überwinden zu können, jetzt waren die Hindernisse an mehreren Stellen zusammengesunken. Etwa 30 Mann folgten Rackow, die letzten »erwischte« das MG, das nun wieder zu feuern begann. Da den Deutschen auf dem Fort die Handgranaten ausgingen, ließ sich Rackow von dem besten Werfer seiner Kompanie ungeschärfte Handgranaten über den Graben zuwerfen. Ungefähr hundert Deutsche lagen jetzt auf dem Fort. Rackow ließ kleine Erkundungstrupps bilden.

4

Um 9 Uhr drangen Freiwillige in den dunklen Hohleingang ein, der von der östlichen Grabenstreiche ins Fort zurückführte, nur mit einer einzigen Taschenlampe »bewaffnet«. Nach ungefähr 20 m stießen sie auf eine Treppe, die endlos zu sein schien. Ihr oberstes Ende versperrte eine Stahltür. Schnell errichteten die Eindringlinge aus Tornistern und Sandsäcken, die im Hohlgang herumlagen, eine Barrikade. Wenig später begrüßte sie der Gegner mit einer Handgranate.

Am späten Vormittag trafen bereits die ersten Verstärkungen ein, unter anderem auch ein Offizier, der als Kommandant bestimmt war, so daß das Fort jetzt zwei Kommandanten besaß, einen deutschen und einen französischen.

Die ersten Gegenstöße der Franzosen wurden abgeschlagen. Aus der Richtung Damloup fegten MG-Stöße über den nördlichen Fortteil. Am späten Vormittag erschienen zwei französische Beobachtungsflugzeuge über dem Vauxberg. Zufällig wurde einem Flugzeug durch ein Artilleriegeschoß ein Flügel abgerissen, und es stürzte ab.

Die Pioniere waren immer noch beschäftigt, der nördlichen Grabenstreiche beizukommen. Mit Handgranaten gefüllte Säcke wurden anstelle der fehlenden geballten Ladungen an Schnüren heruntergelassen, um die Scharten zu sprengen. Dann entdeckten die Deutschen, daß sie es viel leichter haben konnten: Ein mit Steinen zugedeckter Sandsack bewegte sich, offenbar von unten zurechtgerückt. Die Deutschen zogen von oben die Sandsäcke fort und entdeckten ein Loch. Die Grabenstreiche war seit langem von einer Granate »geknackt« worden! Handgranaten flogen hinunter. Als die Infanteristen hinuntersprangen, war der Raum leer. Im Hohlgang explodierten Eierhandgranaten, die die Franzosen fallen ließen, um ihren Rückzug zu decken.

Die Deutschen inspizierten erst einmal die beiden Räume der Grabenstreiche. MGs wurden als Beute nach draußen gebracht. Ferngläser und Revolver, Schokolade und Zigaretten verteilte die Mannschaft unter sich. Dann tastete sich auch hier eine kleine Gruppe in der Dunkelheit vorwärts. Erst eine lange Treppe hinab – offenbar war man nun unter dem Graben –, dann wieder eine lange

Treppe hinauf, links ging es in den westlichen Beobachtungsturm, er war leer. Ein paar Schritte weiter teilte sich der Gang, ein eisernes Gitter versperrte den Weg, rechts ging es ins Freie – in den Forthof. Doch war es nicht ratsam, hier herauszutreten, da er von der gegenüberliegenden Tür der Zwischengrabenstreiche beobachtet werden konnte.

Im östlichen Gang hatte inzwischen der Pionierleutnant Ruberg mit einem Bündel Handgranaten die Stahltür gesprengt und war dabei verletzt worden. Da die Zündschnur zu kurz gewesen war, hatte er nicht genug Zeit gehabt, sich in Sicherheit zu bringen. Ein feuerndes MG empfing die Deutschen. Die Angreifer hatten Glück; da der Gang sich an dieser Stelle bog, klatschten die Kugeln gegen die Wand. Wieder waren sie hier ein Stück weitergekommen, zur linken Hand lag auch hier ein Beobachtungsturm. Er war ebenfalls leer, konnte aber als Aufenthaltsort für alle benutzt werden, die nicht dringend auf dem Fortdach gebraucht wurden. Am Ende der Treppe wurde eine Barrikade errichtet.

5

Die Truppen auf dem Fort waren am 3. Juni an einem toten Punkt angelangt. Das Fort war nun ganz eingeschlossen. Da sich jedoch im Kehlgraben auf jeder Seite Deutsche gegenüberlagen, gerieten sie in ihre eigene Schußrichtung. Vor dem französischen Artilleriefeuer, das seit dem Abend des 2. Juni wieder mit großer Heftigkeit auf dem Innenglacis niederging, hatten sich die Infanteristen in die Hohlgänge geflüchtet und saßen hier in drangvoller Enge mit angezogenen Knien, die Waffen neben sich, und warteten auf den Alarmruf, der sie bei französischen Gegenangriffen nach draußen holte.

Rechts und links des Forts tobte die Schlacht. Die Franzosen versuchten das Fort zurückzuerobern, die Deutschen, an beiden Seiten voranzukommen. Noch immer blockierte das Infanteriewerk R 1 am westlichen Fuß des Vauxberges zusammen mit dem Feuer aus den Zwischenraumstreichen des Forts alle Vorstöße. Daraufhin beschloß General Deimling, die Angriffstruppen auszuwechseln. 53er und 158er verließen in der Nacht das Fort. Ein schwieriges Unternehmen, die in den Trichtern verstreut hokkenden Truppen über die Ablösung zu informieren. Einige waren nicht gerade glücklich, anderen kurz vor dem Ziel den Erfolg überlassen zu müssen. Anstelle der 158er erschienen Düsseldorfer Füsiliere vom Infanterieregiment 39, die 53er wurden durch Schwaben vom württembergischen Regiment 126 abgelöst. Neuer Kommandant des Forts, das noch gar nicht erobert war, wurde Hauptmann Gillhausen von den 39ern.

Flammenwerfer sollten den letzten Widerstand brechen. Von zehn Apparaten kamen immerhin sechs auf dem Fort an. Nachdem ein massiver Entsatzversuch der Franzosen gescheitert war, stiegen am 4. Juni Stoßtrupps aus Pionieren und Infanteristen in die unterirdischen Gänge hinunter, um die Franzosen »auszuräuchern«. Das Resultat war »vernichtend«, im westlichen Hohlgang wurden 25 m gewonnen, im östlichen überhaupt nichts, durch den starken Luftzug aus dem Fortinnern schlug der Qualm den Angreifern ins Gesicht, so daß Gegenstände im Stollen zu brennen begannen und einige Pioniere mit Rauchvergiftungen zurückgeschleppt werden mußten.

6

Am 5. Juni schickte General Deimling einen Zug Pioniere als Verstärkung mit der Bemerkung auf den Weg, das Fort sei genommen, es müßte »nur noch von Resten der französischen Besatzung gesäubert« werden. Oben angekommen, staunten die neuen Pioniere nicht wenig. Mehrere Angriffe scheiterten: mit Brandröhren und »geballten Ladungen« gegen den Eingang der westlichen Zwischengrabenstreiche vom Innenhof aus und auf der anderen Seite vom Hof aus gegen den Eingang zum östlichen Hohlgang. Wiederum blies der Luftzug die Qualmwolken den Angreifenden ins Gesicht. Dann versuchten es die Deutschen noch einmal vergeblich im westlichen Hohlgang am Treppenaufgang. Ratlos wurden schließlich die Angriffe abgebrochen und die Behälter der Flammenwerfer abgestellt. Das Artilleriefeuer nahm in der Nacht vom 5. zum 6. Juni solche Gewalt an, daß die

200 Deutschen auf dem Fort langsam in eine verzweifelte Stimmung gerieten. Die Vorstöße der Franzosen nahmen an Heftigkeit zu. Sie überrannten die deutschen Belagerer an der Westseite und standen auf einmal auf dem Dach der nördlichen Grabenstreiche. Die Deutschen hatten Glück, daß die Verteidiger des Forts nicht eingriffen. Um 15 Uhr schrieb Gillhausen eine Meldung, die einer Kapitulation gleichkam: »Aufenthalt unerträglich. Ablösung aller Teile erforderlich.« Bevor er dem Melder das Blatt übergab, strich er das Wort »unerträglich« wieder durch und setzte statt dessen »aufreibend« darüber. Kurz vor 22 Uhr wurden die Infanteristen, die nicht zu den Wachen an den Eingängen zum Fort gehörten, wieder aus ihren Unterschlüpfen gerufen, weil die Franzosen angriffen. Die Deutschen, deren Feldflaschen nun schon seit langem leer waren, bereiteten sich auf eine schlimme Nacht und einen noch schlimmeren Tag vor.

7

Schritt für Schritt hatten sich die Franzosen bis in den Kasernenbau zurückziehen müssen. Mauern von Sandsäcken bildeten geradezu »ein zweites Fort im Fort«, wie Raynal schrieb. In den Kasematten, Gängen und Schächten organisierte er die Verteidigung – den »Kampf der Maulwürfe.«

Sorge machte Raynal nur die Wasserversorgung. Da er auf schnellen Entsatz vertraute, hatte er an den beiden ersten Tagen noch je ein Liter pro Kopf ausgegeben, was in der staubigen, heißen Luft schon zu wenig war. Ein Unteroffizier bewachte mit geladener Pistole die Zisterne. Am Nachmittag des 3. Juni aber war der Sergeant des Magazins bei Raynal erschienen, um ihm die Hiobsbotschaft zu überbringen, daß der Zisternenspiegel zu schnell sinke. Verrat? Die Angaben des Vorratsverzeichnisses stimmten nicht mit der wirklichen Füllung überein. Ab sofort wurde die Wasserzuteilung rationiert, zuletzt gab es täglich nur noch ein Achtelliter für jeden Mann, für Verwundete die doppelte Menge. Wiederum wurde eine Taube mit der dringenden Bitte um Entsatz nach außen geschickt. Als nach dem Schock der ersten Flammenwerfereinsätze immer noch keine Hilfe von außen kam, schickte Raynal schließlich in der Nacht des 4. Juni zwei Freiwillige nach Tavannes, die auch glücklich durch eine Lücke in der Kehlgrabenstreiche hinausschlüpfen konnten. Als durch den Durst schon halb wahnsinnig gewordene Soldaten ihnen folgen wollten, wurden sie von den aufmerksam gewordenen Deutschen niedergeschossen.

Mit dem Kreuz der Ehrenlegion geschmückt und der Botschaft Nivelles, daß bald angegriffen würde, kam einer der beiden Melder sogar zu Raynal zurück – an die Front erging die Weisung, keinen Zentimeter Erde preiszugeben und bis zum letzten Blutstropfen auszuharren. Den 5. Juni behielt Raynal als Höllentag im Gedächtnis. Verwesungsgeruch in den Gängen, Panikschreie, wenn wieder die rußigen Ölwolken nach einem Flammenwerferangriff durch die Gänge krochen – »Gasmasken auf! Der Feind räuchert uns aus!« Das Donnern der eigenen Einschläge auf dem Fortdach, deren Luftdruck Zementstaub und schwelende Rußflocken hochwirbelte, in allen Winkeln Kotabsetzungen, da die Latrine in dem östlichen Hohlgang lag, durch den deutsches MG-Feuer fegte, vor allem die Flammenwerfer – alles dies zusammen bildete ein Inferno menschlicher Leiden. Einem »besonnenen« Leutnant gelang es, eine dieser »Teufelsmaschinen« zu erbeuten, als die Bedienung des Flammenwerfers von dem französischen MG getroffen wurde.

Als am 6. Juni die Entsatzversuche scheiterten, herrschte eine defätistische Stimmung. Alle waren dem Verdursten nahe, bei seinen Gängen durch das Fort wagte Raynal kaum mehr, Mut zuzusprechen. Auf dem Boden wanden sich Menschen in Krämpfen, andere leckten von den Wänden die Feuchtigkeit ab, tranken ihren eigenen Urin. Ein Verwundeter mit blutigen Verbänden, den ein Flammenwerfer erfaßt hatte, warf sich vor dem Kommandanten zu Boden, um ihn um Wasser zu bitten.

Bereits am 4. Juni war die letzte Brieftaube zur Auffangstation auf der Zitadelle davongeflattert: »Halten noch stand, sind aber sehr gefährlichen Angriffen mit Gas und Rauch ausgesetzt, Befreiung dringend nötig. Dies ist unsere letzte Taube.« Der Blinkapparat blinkte weiterhin nach Souville hinüber, blieb jedoch ohne Antwort. Am Morgen des 7. Juni fing die Empfangsstation auf Souville eine verstümmelte Meldung auf – »haltet Verbindung aufrecht«. Bereits am Abend davor hatte Raynal beschlossen zu kapitulieren.

Er konnte nicht ahnen, daß die Kompanien, die ihn heraushauen sollten, im deutschen Sperrfeuer zwischen Souville und dem Fort aufgerieben und zersprengt wurden, so daß nur noch ein Drittel der Mannschaft für den eigentlichen Sturm übrigblieb. In seinem Kommandantenraum schrieb er einen Brief, in dem er die Übergabe nach dem geltenden Völkerrecht anbot, rücksichtsvolle Behandlung und Unantastbarkeit des Privateigentums verlangte. Am frühen Morgen befahl er seinen Untergebenen, ihre Sachen zu ordnen, Koppel und Uniform zu richten, ließ sie Gasmaske, Brotbeutel und die leere Feldflasche umhängen. Dann wurde der Hauptgefechtsgang von Verwundeten geräumt, zu beiden Seiten stellten sich die Unverwundeten und halbwegs Gesunden wie zur Parade auf. Als die deutschen Offiziere erschienen, präsentierten die Franzosen auf Kommando das Gewehr – ehrenvolle Kapitulation! (Im Fort wird es heute umgekehrt dargestellt.)

8

Am Morgen des 7. Juni hatte ein deutscher Posten am westlichen Hohlgang eine weiße Fahne entdeckt und Leutnant Müller von der Maschinengewehrkompanie der 53er gerufen. Die Fahne steckte 5 m im Rücken der deutschen Feuerstellung, so daß Müller erst dachte, eine schneidige feindliche Patrouille hätte sie zum Hohn hier plaziert. Da tauchte eine weitere Fahne an dem Loch auf, das hier unbemerkt ins Fort führte. Franzosen riefen ihnen zu »nicht schießen« und übergaben Müller einen Brief vom Kommandanten *»Au commandant des troupes allemandes attaquant le Fort Vaux!«*

Leutnant Müller stürmte zu Gillhausen, die Deutschen jubelten, dann folgte Müller mit zwei Unteroffizieren dem französischen Leutnant, der inzwischen ins Freie getreten war. Durch einen Eingang, aus dem bisher nur der Tod gekommen war, betraten die Deutschen das Fort, einen langgewölbten Gang, der durch Lampen erleuchtet war; die französischen Soldaten präsentierten trotz ihrer totalen Erschöpfung auf Befehl eines Offiziers das Gewehr. Im Zimmer des Kommandanten unterschrieben Raynal und Müller die Kapitulationsurkunde, wobei Raynal auf der Erklärung bestand, nicht die Deutschen, sondern der Durst habe ihn bezwungen. Nachdem Raynal noch seine Kartentasche und ein paar Messingschlüssel überreicht hatte, war der offizielle Teil vorbei, und die Deutschen luden ihre Gefangenen zu einem Schluck aus der Feldflasche ein – die Offiziere natürlich aus Bechern. Raynal führte Müller durch das Fort, erklärte ihm alle Einrichtungen, mit Ausnahme der militärischen, dann verließen die Franzosen das Fort im Gänsemarsch, die Schwerverwundeten auf Tragbahren zwischen sich, während ein deutscher Schütze laut zählte. Insgesamt waren es 574 Mann, darunter 11 Offiziere und 87 Verwundete. Der Kommandant ging als letzter (es hätten sich trotz aller Höflichkeit ja doch noch Sprengsätze finden lassen, die das Fort in die Luft jagen könnten, meinte jedenfalls Gillhausen).

Wie immer wurden den Gefangenen die Knöpfe als Souvenir abgeschnitten, obwohl es gefährlich war, »fremdes Kriegsgut« in den Taschen zu haben, geriet man selber in Gefangenschaft. Kurioserweise hatten ein deutsches und das französische Regiment die gleiche Nummer – 53. In einem Panzerturm flatterte eine einsame Brieftaube, die sich offenbar verflogen hatte. Leutnant Carlo Schmid von den württembergischen Pionieren ließ sie durch ein Geschützrohr ins Freie schlüpfen. In den deutschen Laufgräben, durch die Raynal und seine Leute hindurchkamen, standen die »Kronprinzer«, die Grenadiere vom I.R. 1, stramm und grüßten »vorschriftsmäßig«. Am Divisionsgefechtsstand holten Sanitätswagen die verwundeten Franzosen ab. Die deutschen Soldaten machten Erinnerungsfotos. Rackow ließ sich zusammen mit Raynal aufnehmen. Neben seinem hochgewachsenen eleganten Adjutanten, der noch immer seine Kartentasche trug, sah der kleine unrasierte Raynal gar nicht wie ein Held aus. »Das Fort Vaux ist in unserer Hand!« sagte hinten der Kriegsberichter Georg Queri triumphierend zu einem französischen Gefangenen aus dem Caillettewald. »Schön«, erwiderte der. »Und haben Sie auch Souville?«

9

Insgesamt hatte die Eroberung der Festung 22 vermißte und getötete Offiziere »gekostet« und 550 Angehörige der Mannschaft, davon 135 Pioniere. Die Anzahl der Verwundeten ging über 2000.

Für die Franzosen war nicht die Verlustzahl der Verteidiger hoch, sondern die der Entsatztruppen, so daß beide Seiten gleich gelitten hatten.

Bevor die Verteidiger von Fort Vaux in ein Kriegsgefangenenlager nach Mainz abtransportiert wurden, eilte der deutsche Kronprinz herbei. Er konnte Raynal die Mitteilung machen, daß er gerade zum Kommandeur der Ehrenlegion ernannt worden war. »In Anerkennung seiner Tapferkeit« sollte Raynal den Degen behalten, da Raynal jedoch gar keinen bei sich führte, überreichte der Kronprinz einen Beutedegen, den er eigens herbeischaffen ließ. Der Vorgang wurde in den deutschen Zeitungen und auch in der alliierten Presse als ritterliche Geste gefeiert.

Der Schriftsteller Alfred H. Fried, der zur Friedensbewegung gehörte, vertraute seinem Tagebuch kritische Bemerkungen an: »Die Völker setzen ihr Leben ein – das Leben des eigenen Volkes wird vom Gegner mit allen Mitteln vernichtet. Sobald er aber überwunden ist, ehren wir seine, für uns so furchtbar gewesene Betätigung. Man ehrt sich selbst damit. Ist das noch der Verzweiflungskampf ums Dasein und nicht vielmehr die ritterliche Allüre des Spiels, das im Gegner nur den liebenswürdigen Widersacher erblickt, ist das nicht der Krieg als Sport aufgefaßt?«

10

Auch die geglückte Eroberung des Fort Vaux hatte ein unrühmliches Nachspiel. Am 7. Juni meldete der deutsche Heeresbericht, daß die »harten Kämpfe« zwischen dem Caillettewald und Damloup weitere Erfolge gebracht hatten: »Die Panzerfeste Vaux ist seit heute nacht in allen Teilen in unseren Händen. Tatsächlich wurde sie schon am 2. Juni durch die 1. Kompanie des Paderborner Infanterieregiments unter Führung des Leutnants Rackow gestürmt, der dabei durch Pioniere der 1. Kompanie des Reservebataillons 20 unter Leutnant der Reserve Ruberg wirkungsvoll unterstützt wurde. Den Erstürmern folgten bald andere Teile der ausgezeichneten Truppe. Neben den Paderbornern haben sich andere Westfalen, Lipper und Ostpreußen bei diesen Kämpfen besonders hervortun können.«

Kein Wort von den anderen beteiligten Regimentern, weder von den 53ern, den 126ern oder den 39er Füsilieren aus Düsseldorf. Ein »Stammtischgespräch« zwischen den beiden Witzblatt-Rheinländern Pitter und Köbes in einer Sonderausgabe der *Feldgrauen Kriegszeitschrift* der 50. I.D. verriet etwas von dem Unmut der Rheinländer. »Pitter: ›Sag ens, Köbes, jehöre eijentlich die Nüngendrüßiger nit mie zur Division?‹ Köbes: ›Endoch! Woröm minnst de dat?‹ Pitter: ›Enjoch, ech han jeläse, die Division hätt däm Franzmann dat Fort Vaux affjenohme, äwer von onser Jonges höt on süht mer nix en de Ziedunge.‹«

Ziemlich verspätet, erst am 24. Juni, konnte der Leser des Düsseldorfer *General-Anzeigers* in der Morgenausgabe lesen, »Vaux kapitulierte vor den 39ern.« Wie sich herausstellte, war als Grundlage für die Abfassung des Heeresberichts eine Mitteilung des Generalkommandos genommen worden, die vom 3. Juni stammte und bereits vom »Eindringen« der 158er gesprochen hatte; die Meldung stammte natürlich von einem Angehörigen des 158. Infanterieregiments. Auf dem langen Weg dieser Meldung von Bataillon über Brigade und Division bis zum Generalkommando hatte sich der Fehler eingeschlichen, daß Rackow als Führer bezeichnet wurde. Als General von Deimling am 7. Juni um 8.30 Uhr morgens den »Fall der Feste« Knobelsdorf mitteilte, hatte er offenbar keine näheren Tatsachen miterwähnt.

Daß die Meldung am 7. Juni erst nach der förmlichen Kapitulation der französischen Besatzung an Knobelsdorf ging, zeigt recht deutlich, wie vorsichtig man mittlerweile mit Erfolgsmeldungen war. Die Vermutung liegt nahe, »daß diese Vorsicht auf die Erfahrungen zurückzuführen war, die die OHL im März gemacht hatte ... diesmal wartete sie, bis das Fort tatsächlich fest in deutscher Hand war«.

Verständlich, doch nicht für die untere Truppe. Schon am 8. Juni liefen bei Deimling die ersten Beschwerden ein, die Nichterwähnung der beteiligten Regimenter wurde als Kränkung empfunden. Daraufhin schickte Deimling schnell noch am 9. Juni Tagesbefehle hinterher, die deren Anteil hervorhoben. Da Deimling jedoch formulierte, daß dem Füsilierregiment 39 der Ruhm gebühre, »die Kapitulation des Forts entgegengenommen und seinen Besitz behauptet zu haben«, fühlten sich nun wieder die

Württemberger vom Infanterieregiment 126 zurückversetzt und erhoben durch ihren Kommandeur Einspruch. Zu Recht, denn es hatte sich ja herausgestellt, daß es gar nicht so einfach gewesen war, die Besatzung des Forts im Innern niederzukämpfen, wie es sich die Stabsoffiziere im Generalkommando vorstellten, die von der Annahme ausgegangen waren, daß der Besitz des Forts durch das Erreichen des Fortdaches und Niederkämpfen der Grabenstreiche gesichert war und daß es »hinterher nur darauf ankam, abzuwarten, bis die französische Besatzung sich ergeben würde«.

Also kam noch einmal, am 14. Juni, ein neuer Tagesbefehl, in dem nun auch die 126er gebührend gewürdigt wurden. Eine Korrektur im Heeresbericht wurde allerdings nicht vorgenommen, hatte doch auch am 10. Juni der Kommandierende General des XV. Armeekorps bereits 60 EK II und 2 EK I an die 158er verteilt und der Kronprinz Leutnant Rackow den Pour le mérite schon versprochen. Am Pfingstsonntag gab Rackow seiner 3. Kompanie Freibier, am 12. Juni fuhr er in das Hauptquartier der Armee nach Stenay, um sich seinen Orden zu holen. Auch Brandis und Oswald Boelcke waren aus diesem Anlaß vom Kronprinzen eingeladen worden, so daß es ein attraktives Foto für die Erinnerungsalben und die Presse gab: vier Ritter des Pour le mérite auf einen Schlag.

Den meisten Beteiligten schien der Versuch, die Leistungen der Regimenter nach Nummern auseinanderhalten zu wollen, weiterhin absurd; zu groß war das Durcheinander gewesen. Im Gegensatz zur Affäre um den Douaumont gab es nach dem Krieg auch eine Versöhnungsfeier, als sich die Angehörigen der ehemaligen 50. Infanteriedivision am 7. Juni 1936 in Münster trafen, um die 20. Wiederkehr des Sturmes auf die französische Panzerfeste zu feiern.

Obwohl Raynal lieber kapituliert hatte, als sich unter den Trümmern der Feste begraben zu lassen, wie es eine Inschrift in jedem größeren Betonwerk verlangte, wurde er in Frankreich gefeiert. Neben Pétain gehörte Raynal und nicht Driant zu den bekanntesten »Verdunfranzosen.« 1939 bekam er ein Staatsbegräbnis.

Auch rechts und links vom Fort waren inzwischen Fortschritte gemacht worden. »Die Augen der feindlichen Artilleriebeobachter waren um diese Zeit (am 2. 6. morgens) nur nach Fort Vaux gerichtet«, so daß sie die auf das Dorf Damloup (südöstlich des Forts) zulaufenden Grenadiere übersahen; erst im Dorf kam es in den Häuserruinen und Kellern zu einem heftigen Nahkampf, nachdem die Dorfbesatzung »erwacht« war. Der zweite Teil des Gesamtauftrags, die Erstürmung des Damlouprückens, stellte sich für das 3. Grenadierregiment dann als äußerst schwere Aufgabe heraus, und nur ein glücklicher Umstand, die Entdekkung eines von den Franzosen unbesetzten Grabens (unterhalb des Höhenrückens zwischen Damloup und der Hohen Batterie), führte zur Überrumpelung des französischen MG-Nestes, das in einer Schanze den Zugang zur Höhe bis dahin verwehrt hatte. Die vor den Deutschen fliehenden Franzosen – ein halbes Hundert – wurden von ihren eigenen Landsleuten erschossen – eine Verwechslung, die später eine der üblichen Legenden zudecken sollte: die Boches hätten sich als Poilus verkleidet!

Die danach freiwillig angebotene Fortführung des Angriffs in Richtung der Hohen Batterie scheiterte; das Glück blieb den Grenadieren nicht hold. Sie hielten das bei ihnen einschlagende Artilleriefeuer wie immer für eigenes und forderten durch Signalpatronen »Feuer vorverlegen!« an – da es jedoch französische Artilleriegranaten waren, wurde nun der Gegner auf die vor ihnen sich versammelnden Deutschen aufmerksam, und das machte ihnen das Leben auf dem Damlouprücken zur Qual.

Zwischen Vauxberg und Caillette-/Chapitrewald versperrten auf dem Fumin mehrere französische Stützpunkte wie ein Riegel den Zugang zur auf Fort Souville zulaufenden Souvilleschlucht – eine Aufgabe für die »Kronprinz«-Grenadiere. Sie bekamen durch zwei auf einen Höhenrücken zwischen Hardaumont und Dieppe aufgebaute Gebirgshaubitzen Unterstützung, außerdem nachbarschaftliche Hilfe durch das I.R. 41. Aber der Sturm vom Ort Vaux aus scheiterte. Nachdem die Grenadiere erst einmal durch das Feuer vom Vauxberg und Fumin liegengeblieben waren und später nur »tropfenweise« nach der Überwindung des

Vauxtales am Steilhang des Fumin eintrafen, hatten ihnen die 41er zur Rechten die Arbeit abgenommen und die fast zerstörten Infanteriewerke R 2 und R 3 allein erobert. Im I-Werk 512 wurde mittags die Spitze der 41er durch die Franzosen gefangengenommen und »zuvorkommend« behandelt, der verwundete deutsche Offizier sogar »sorgfältig« verbunden; Korrektheiten, die ein Deutscher sofort ausnutzte, um seinen noch vor dem Werk liegenden Kameraden »mit seinem auf eine Stange gesteckten Helm« Zeichen zu geben. Nachmittags gerieten die Franzosen dieses Werkes in einem unachtsamen Augenblick selber in Gefangenschaft, als endlich die Grenadiere wieder vorwärtskamen. Das war am 1. Juni gewesen. Erst eine Woche später, am 8. 6., nach dem Fall des Forts, wurde auch das Werk R 1 am westlichen Abhang des Vauxberges, der linke Flankenschutz des Forts, eingenommen – seine MGs hatten den gesamten Bereich des Fumin beherrscht. Den 41ern waren von der 1. Infanteriedivision die ostpreußischen 43er zur Hilfe geschickt worden – weil sie den Angriff der 50. I.D. (gegen Fort Vaux) »aufhielten!« Schließlich waren sogar die Jäger des neu an der Front eingesetzten Alpenkorps hier eingesetzt worden, die in dem Moment auf dem Fumin erschienen, als ein völlig verbrauchtes Bataillon des I.R. 43 trotz aller Bitten und Beschwörungen seiner Offiziere nicht mehr angreifen wollte und auch nicht mehr angreifen konnte: die unerbittlich befohlenen und immer wieder brav befolgten Angriffe hatten in eine »Sackgasse« geführt, wie immer wurde, wer nicht mehr ein noch aus wußte, »nervlich fertig« war, »Drückeberger« genannt.

Fast drei Monate lang war das Werk R 1 vergeblich berannt worden, kein Wunder, daß es geheimnisvoll geworden war. Auch die überschweren Mörser hatten es nicht zu treffen vermocht, einem Direkttreffer hatte die Decke standgehalten. In die Falte des Osthangs der Schlucht »hineinversteckt«, schien es den Deutschen nach allen Regeln moderner Befestigungskunst gebaut. Richtig war, daß es sich um gar keinen Stützpunkt mit besonderer Armierung handelte, sondern um einen rund 150 m langen schmalen Deckungsgraben aus Bruchsteinmauerwerk und einem Betondach, an dessen Ende (wo die Schlucht in die Hochfläche überging) sich ein betonierter Bunker befand (zwei quadratische Aufenthaltsräume von ca. 5 mal 6 m Grundfläche). Eine aus Eisenstäben bestehende Tür schloß diesen »Fuchsbau aus Beton« seitlich ab, von den verschiedenen Ausgängen des Kampfgrabens wurden die Maschinengewehre bedient – vor manchen Ausgängen lagen mehr als 30 Tote der angreifenden Deutschen.

Kleine Trupps, bunt zusammengesetzt aus Infanteristen eines neu angesetzten Bataillons der 43er und Jäger, mit und ohne Offiziere, hatten sich schließlich an die Widerstandspunkte herangearbeitet.

22 Maschinengewehre fielen den Siegern in die Hände, ein Beweis für die Feuerkraft dieses Kleinforts, das nicht einmal Türme aufwies; 500 Franzosen gingen in Gefangenschaft.

Natürlich gab es auch hier einen Streit um die Frage, wer nun eigentlich das Werk »allein« erobert habe. Salomonisch meinte ein Mitkämpfer, »einer habe dem anderen glücklich in die Hände gearbeitet«. Die Toten konnten sowieso keine Ansprüche anmelden.

12

Für die Franzosen wog der Verlust von Fort Vaux doppelt; sie hatten den Douaumont vergeblich zurückzuholen versucht und Vaux verloren. In ihren Nachrichten verschleierten sie zunächst den Verlust in der Hoffnung, das Fort schnell zurückzuerobern. Noch in der Morgenfrühe des 8. Juni begannen die Gegenangriffe. Welle auf Welle lief französische Kolonialinfanterie vor, Marokkaner und Zuaven. Sie prallten zunächst auf Einheiten der 50. I.D., die den Erfolg befehlsgemäß gleich noch zu einem weiteren Vorgehen ausnutzen sollten, doch viel zu erschöpft und zahlenmäßig schwach waren – wieder einmal waren die Kräfte überschätzt worden.

In den Trichtern spielten sich erbitterte Nahkämpfe ab. Schließlich wurde das Gehämmer der französischen Artillerie so stark, daß die Deutschen im Vorfeld und auf der äußeren Galerie des Forts panikartig in die Kehlkasernen zurückflüchteten. Durch das Sperrfeuer kamen nur wenig Verstärkungen durch, in der

Frühe nur 21 Mann mit 2 Offizieren. Im Fort sah es »fürchterlich« aus: »In die Fenster der Kehlkaserne waren mit unheimlicher Genauigkeit Granaten gefahren. In den Kasematten wälzten sich Verwundete über Toten. Die Kasernenräume waren als Unterkunft unmöglich. Alles preßte sich in den Hohlgängen zusammen. Verwundete, stöhnend und jammernd: ›Wasser! Wasser!‹ Kalk- und Zementstaub löste sich bei jedem Schuß vom Mauerwerk und füllte als undurchdringliche Wolke alle Räume, jedes Menschen Kehle austrocknend. Drang Pulverqualm einer platzenden Granate in das Innere, wähnten die überreizten Nerven Gefahr: ›Gas‹. Man griff zur Gasmaske, viele sprangen auf, traten auf am Boden liegende Verwundete und verbreiteten Unruhe und Verwirrung.«

Den ganzen Tag bis in die Nacht griffen die Franzosen unermüdlich an – »einzeln von Trichter zu Trichter springend, arbeitete sich der Feind heran. Tollkühne Draufgänger erreichten den Kehlgraben, um hier ihr Heldentum mit dem Tode zu besiegeln«. Schließlich, nach zehn Angriffen, gab die französische Führung auf – das Gelände vor dem Fort war mit französischen Toten übersät. Am Abend des 8. Juni meldete der Eiffelturm: »Nach sieben Tagen langen, erbitterten Kämpfens gegen immer wieder neu eingesetzte Angriffstruppen konnte die Besatzung des Forts Vaux, die am Ende ihrer Kräfte war, die Deutschen nicht mehr hindern, das durch die furchtbare Beschießung völlig zerstörte Fort zu besetzen. Die französischen Truppen halten die unmittelbaren Zugänge und die Gräben rechts und links vom Fort und wiesen alle Angriffe der Deutschen ab.«

So konnte man es auch sagen. Aber weder von immer wieder neu eingesetzten Angriffstruppen konnte auf deutscher Seite die Rede sein, noch von einem »völlig zerstörten« Fort. Allerdings wurde nun ein großer Teil der Württemberger und Düsseldorfer in der Nacht abgelöst. Neue Besatzung des Forts wurde das Infanterieregiment 143. Die Hoffnung der 50. Infanteriedivision, der Verdunfront den Rücken kehren zu können, erfüllte sich allerdings nicht, da die Angriffsgruppe Ost keine frische Division zur Verfügung hatte.

Die Deutschen begannen, sich im Fort einzurichten. Die eingeschossenen Fensterseiten der Kehlkaserne wurden durch Sandsackpackungen abgedichtet und mit einer Schießscharte versehen, durch die sich ein freier Durchblick über den zerschossenen Berg bis nach Souville hin eröffnete. Durch das Tageslicht, das durch die Sehschlitze in die Kasematten fiel, wurde der große Korridor immerhin so erhellt, daß tagsüber keine Kerzen zu brennen brauchten. Eine winkelig gebaute starke Sandsackbarrikade schützte den zerstörten Kehleingang. Überall standen Handgranatentrupps bereit, um Angreifern rasch entgegentreten zu können. Auch die noch guterhaltenen Eckbunker (Grabenstreichen und Zwischengrabenstreichen) wurden besetzt, die MG-Besatzungen hier hatten übrigens bessere Luft als die Truppen im Fort oder etwa die Soldaten in den dunklen Hohlgängen, die sich hier als Reserven im Fall eines Angriffs gegen die Flanken aufhielten. Auch ihre Unterkunft war besser als die des Kommandanten, der in einem kleinen Nebenraum in Eingangsnähe bei Kerzenlicht amtierte.

Ein Handgranatenlager und ein Verpflegungsdepot wurden eingerichtet. Am 12. Juni waren immerhin rund 300 Handgranaten und rund 80 Brote, dazu einige hundert Flaschen Selterswasser nach oben transportiert worden. Da der Vauxberg unter Sperrfeuer lag und der Aufstieg über eine Stunde dauerte, war das eine beachtliche Leistung. Überdies mußten die Trägertrupps klein gehalten werden, da der Gegner durch die Beobachter in seinen Fesselballons einen guten Einblick in alles hatte, was sich tagsüber auf dem Fort abspielte. Nur jeweils fünf bis acht Mann machten sich alle dreiviertel Stunde auf den Weg.

Was dem Kommandanten mißfiel, war die ständige »Kokelei« der Besatzungsmitglieder, mit der beim Kaffeemachen die ohnehin schlechte Luft in den Gängen verpestet wurde, ganz zu schweigen von den Gefahren. An die Division wandte er sich mit der Bitte, bereits gekochten Kaffee nach oben zu bringen oder Hartspiritus zum Warmmachen, Streichhölzer nicht zu vergessen. Auch würde die Besatzung Schokolade, Apfelsinen, Zigaretten und auch Zeitungen vermissen.

Echte Sorgen bereiteten den Deutschen auf dem Fort vorerst nicht der Gegner, sondern die Latrinen, die ein Besucher, der im Auftrag der Division das Fort inspizierte, in einem naturgemäß »nicht hygienisch einwandfreien Zustand« vorfand. Die Aborte waren, um Seuchen vorzubeugen, dermaßen stark gechlort, daß die Mannschaften nur mit aufgesetzten Gasmasken ihre Notdurft verrichteten. Für Zeiten starker Kampfbeanspruchung gab es sogenannte Notdurfttüten, falls ein Soldat seinen Posten nicht verlassen konnte. Gegen den starken Leichengeruch, der aus den eingedrückten Hohlräumen kam, konnte nur wenig getan werden, da die Aufräumungsarbeiten nur langsam voranschritten.

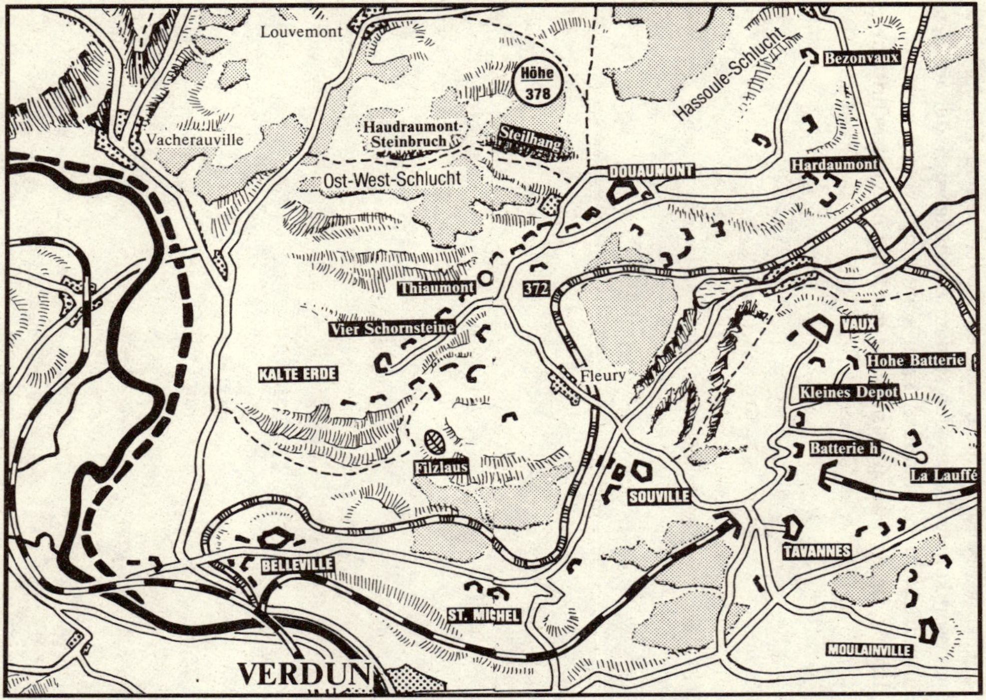
Louvemont
Höhe
378
Bezonvaux
Hassoule-Schlucht
Vacherauville
Haudraumont-
Steinbruch
Steilhang
DOUAUMONT
Hardaumont
Ost-West-Schlucht
Thiaumont
372
Vier Schornsteine
VAUX
Hohe Batterie
KALTE ERDE
Fleury
Kleines Depot
Batterie h
Filzlaus
La Lauffé
SOUVILLE
TAVANNES
BELLEVILLE
ST. MICHEL
MOULAINVILLE
VERDUN

16 Die Bayern in Fleury
(4.–24. Juni 1916)

1

Mit der Eroberung von Fort Vaux war die deutsche Front vor Verdun noch einmal deutlich vorwärts gerückt. Diese Fortschritte gegenüber dem Monat Mai wurden in der Heimat indessen kaum registriert. Mit dem Namen Verdun verbanden sich düstere Gedanken. Immer wieder drehte es sich um dieselben Geländeteile, hörte man dieselben Namen wie Höhe 304, »Toter Mann«, Vaux, Thiaumont, Caillettewald. Je weiter man sich vom Schlachtfeld entfernte, um so weniger verstand man das Ringen um jeden Meter Boden: dem Geländegewinn von 1 km Tiefe und 4 km Breite stand vom 1. bis 10. Juni der Verlust von 20 000 Mann gegenüber (eine Zahl, die natürlich nur der höheren Führung bekannt war). Zum anderen gab es Ereignisse, die wichtiger und folgenreicher schienen als die Einnahme eines zerschossenen Betonklotzes.

Die Skagerrakschlacht, in der Nacht zum Himmelfahrtstag mit dem Rückzug von Scheers Hochseeflotte zu Ende gegangen, war das Tagesgespräch. Am 5. Juni, im »scheußlichen Wilhelmshavener Wetter«, feierte der Kaiser den Ausgang der Seeschlacht als Sieg über die Engländer – der »Zauber von Trafalgar« sei gebrochen, ein Zeichen dafür, daß nun auch »der Feind vor Verdun langsam zusammenbreche«. Am 6. Juni lief der englische Kreuzer »Hampshire« auf eine Mine und sank, mit ihm Feldmarschall Kitchener, der Organisator der englischen Armee.

Daß am 4. Juni die Front des österreichisch-ungarischen Bündnispartners in Galizien durch eine russische Großoffensive unter Brussilow niedergewalzt worden war, wurde im Trubel und Jubel der Skagerraktage fast übersehen. Zuerst hatte Conrad von Hötzendorf, der österreichische Generalstabschef, lediglich auf dem Schriftweg »um eine oder andere deutsche Division« gebeten, weil er die russische Offensive mit den eigenen Kräften zu bändigen glaubte, was Falkenhayn nur zu der Randbemerkung »Phantast« veranlaßte. Am 7. Juni mußte sich Hötzendorf dann voller Widerwillen zum persönlichen Bittgang nach Berlin entschließen.

Seit Monaten hatten beide Generalstabschefs kein persönliches Wort mehr miteinander gewechselt. Hötzendorf war verstimmt, weil Falkenhayn ihm mit keinem Wort seine Absichten bei Verdun mitgeteilt hatte. Er hätte lieber gemeinsame Unternehmungen gegen die Italiener gesehen, wollte aber schließlich ohne Mithilfe des Bündnispartners auf eigene Faust handeln. Der Zusammenbruch an der galizischen Ostfront bestätigte nun, daß Falkenhayn die Österreicher zu Recht vor einer Truppenreduzierung an der Ostfront und einer Offensive gegen Italien gewarnt hatte. »Hötzendorf soll bei der Besprechung in Berlin ganz gebrochen gewesen sein. Die Österreicher reißen weiter aus«, notierte schadenfroh Groener. »Den Österreichern war der Kamm durch die Erfolge auf dem italienischen Kriegsschauplatz so geschwollen, daß dieser galizische Zusammenbruch auch seine gute Seite hat.«

Dei Genugtuung hielt nicht lange vor. Von der Westfront mußten sofort vier Divisionen und mehrere schwere Batterien abgezogen werden, um den »schwankenden Verbündeten« zu stützen.

Die Verdun-Front wurde zunächst von Abgaben verschont. Im Gegenteil, Falkenhayn hatte sogar die Genehmigung zu einer weiteren Offensive gegeben, denn nach dem Fall von Fort Vaux strotzte Knobelsdorf von Optimismus. Das Fort Souville war ihm nach seiner Meinung »sicher«.

Zum ersten Mal sollte in einem Masseneinsatz das neue Grünkreuzgas »Phosgen« angewandt werden, gegen das die französische Gasmaske nur einen unvollkommenen Schutz bot. Mit seiner Hilfe hoffte man auf deutscher Seite, die feindliche Artillerie »völlig lahmzulegen« und damit das Sperrfeuer auszuschalten, in dem bisher die nachrückenden Reserven bei den Angriffen aufgerieben worden waren.

Nur mußte das Wetter mitspielen. Regen hätte die Wirkung des Giftgases neutralisiert. Auch konnte das Phosgen nur nachts angewandt werden, da es gegen Sonnenwärme »empfindlich« war. In seiner chemischen Zusammensetzung war das »Phosgen« ein »Trichlormethylchloroformiat«. Seine Wirkung war tödlich, doch erst nach Tagen; wer es einatmete, wurde zunächst von Bewußtseinstrübungen und Schwächeanfällen betroffen. In wochenlanger Arbeit waren rund 110 000 Granaten bei 56 Batterien gestapelt worden.

Knobelsdorf und Lochow hatten für die Offensive drei Tage berechnet. Wie ein Boxer durch eine Schlagserie den Gegner K. o. zu setzen beabsichtigt, sollte zuerst der linke Flügel der Franzosen vom Vauxberg bis zur Tavannesschlucht zurückdrücken und dann der folgende rechte Stoß den wankenden Feind bis zum Bellevillerücken treiben. Mit den alten, unmodernen Forts Souville, Tavannes und schließlich mit St.-Michel und Belleville, die nicht mehr weit von den ersten Häusern Verduns entfernt lagen, glaubte man ohne Probleme fertig werden zu können.

Die Ausweitung des chemischen Krieges war vielen Generälen unheimlich. »Diese frontalen Kämpfe im Westen unter Anwendung der übelsten Gasgranaten sind zweifellos Akte brutalster Kriegführung und stellen an Geist und Nerven der Truppe die allergrößten Anforderungen«, meditierte Groener. Seine moralischen Skrupel ordnete er letzten Endes der Macht des Faktischen unter: »Da eine andere Entscheidungsmöglichkeit nicht vorliegt, so stellen sie die letzte Kraftanstrengung dar, deren die beiderseitigen Heere fähig sind. Dabei wird das Heer mit dem stärkeren Willen Sieger bleiben.«

2

Gallwitz war einer der wenigen deutschen Generäle, die gelegentlich Friedhöfe aufsuchten, um an der Zunahme der Holzkreuze, wenn auch nicht die Hoffnungslosigkeit des Stellungskrieges, so doch seine strategische Stumpfsinnigkeit zu erkennen. In Romagne, wo Gefangene Massengräber für tote Deutsche schaufelten, wurde er auf erneute Vorfälle von Fraternisation aufmerksam gemacht – »einige zur 192. französischen Brigade hinübergeworfene Zettel zeigten, daß zwischen den vorher dort gestandenen Bayern und den Franzosen wieder die oft gerügten Vertraulichkeiten gepflogen waren«.

Es war einer jener Fälle, in denen etwas von diesen »Vertraulichkeiten« unter Feinden nach oben durchdrang. Normalerweise blieben sie im dunkeln, und die Soldaten hüteten sich, ihre Vorgesetzten davon in Kenntnis zu setzen. »Fraternisierende« Einheiten wurden sofort ausgetauscht, an ihre Stelle kamen fremde

Truppen, deren Aufgabe es war, durch einen Angriff wieder für die Herstellung von Feindseligkeit zu sorgen. Die höheren Stäbe übersahen allerdings meist, daß irgendwelche Übereinkommen mit dem Gegner meist nur einer augenblicklichen Waffenruhe dienten, in deren Verlauf Verwundete geborgen oder Verpflegung ausgetauscht wurden. Die Deutschen warfen Zigaretten – Marke »Für Heer und Flotte« – hinüber und erhielten dafür Feldflaschen mit Wasser, was sie am meisten entbehrten. Kamen die entsprechenden Angriffsbefehle, ging der Kampf mit ungehinderter Heftigkeit sogleich weiter – »*ć est la guerre*«, wie die Franzosen sagten.

In der Trichterhölle von Verdun hatte es damit jedoch seine eigene Bewandtnis. Immer stärker sahen sich beide Seiten gleichermaßen dem Feuer der Artillerie ausgesetzt, das unaufhörlich auf sie herabstürzte. Die immer häufiger auftretenden Kurzschüsse der eigenen Artillerie führten zu einer Wut gegenüber den Kanonieren, deren Schießkünsten sich die Infanteristen ohnmächtig ausgeliefert sahen. »Der schlimmste Feind der Infanterie, das ist die eigene Artillerie«, lautete eine Redensart, die 1916 aufkam. In Abwandlung eines Aufrufs Wilhelms II. von 1914 – »Ich kenne keine Parteien mehr« wurden die Kanoniere gelegentlich als »Regiment Kaiser« bespöttelt: sie würden ebenfalls keine Unterschiede mehr machen und auf Franzosen *und* Deutsche schießen.

Der Kommandeur des Reserveinfanterieregiments 66 bat seinen Divisionskommandeur, nachdem dessen Stabsoffiziere stundenlang vergeblich versucht hatten, die zu kurz schießenden Geschütze ausfindig zu machen, den Sturm nur dann durchführen zu lassen, wenn alle beteiligten schweren Batterien die Flugbahn der Granaten um 100 m vorwärts legen würden.

Die übergroße Streuung, die im Juni die »normale« Abweichung um das Drei- bis Vierfache übertraf, ging zum Teil auf Verschleißerscheinungen zurück, da aus Materialmangel auch mit »ausgeleierten« Rohren geschossen werden mußte. Auf dem Westufer gab es Haubitzen, die bis Anfang Juni 10 000 Schuß verfeuert hatten, bei leichten Feldhaubitzen lag der »Ausstoß« an einem einzigen Tag bei 700 Schuß; die Rohre der 13-cm-Kanonen (Schußweite rund 15 km) streuten bis zu 600 m; Rohrkrepierer bei den raren Kalibern der »Dicken Berta« waren keine Seltenheit mehr.

Um den Feldgeschützbatterien den mühsamen Stellungswechsel

durch das schlammige Trichterfeld zu ersparen, war die Armeeführung dazu übergegangen, nur die Kanoniere auszutauschen und die Geschütze an Ort und Stelle stehen zu lassen. Das führte allerdings dazu, daß die Geschütze regelrecht vergammelten, da die Artilleristen kein Interesse an der Pflege und Reinigung einer Waffe hatten, die sowieso bald in fremde Hände kommen würde.

Die Ungenauigkeit, mit der die hinten aufgefahrene Fußartillerie schoß, hatte wiederum andere Gründe. Seit Mitte Februar gab es für das Personal dieser Artilleriegruppe, die nicht den wechselnden Divisionen, sondern der 5. Armee unmittelbar unterstand, keine Ablösung. Tagaus, tagein verrichteten die Kanoniere im Schichtwechsel ihre monotone Arbeit, aus Müdigkeit oder Hast wurden mitunter die Kartuschenstärken verwechselt. Die Verbindung zur kämpfenden Truppe war oft abgerissen, die direkte Beobachtung mehr und mehr dem Schießen nach Plan gewichen. Daran waren wiederum die schlechten Sichtmöglichkeiten und die Schwierigkeit des Geländes schuld.

Zwischen vorderer Truppe und Batteriestellungen lagen Schluchten und Hügel, die das Schätzen von Entfernungen erschwerten; meist waren die Drahtleitungen zu den vorgeschobenen Beobachtern zerschossen, wenn nicht Dunst und Qualm die richtige Auswertung von Signalraketen und Leuchtzeichen verhinderten. Den sich rasch ändernden Situationen konnte sich die zu starre Feuerregelung nicht anpassen. So fehlte es bis auf Ausnahmen bei den deutschen Angriffen am richtigen Zusammenarbeiten von Artillerie und Infanterie: einmal sprang das Artilleriefeuer zu schnell vor, und die Infanterie wurde von Maschinengewehren zusammengeschossen, ehe sie an den gegnerischen Graben herankam, während das eigene Trommelfeuer bereits weit voraus war – das andere Mal hatte sie erfolgreich gestürmt, sah die Möglichkeit vor sich, weiteres Gelände zu gewinnen und feindliche Batterien zu erobern, aber die eigene Feuerwand ließ sie nicht durch. Nicht selten kam es sogar vor, daß eroberte Stellungen wieder geräumt werden mußten, weil plötzlich die eigene Artillerie ihr Feuer dorthin lenkte.

»Die große Schlacht verläuft gut«, hatte Heinz Guderian, der als Nachrichtenoffizier im Stab des Armeeoberkommandos arbeitete, in den ersten Tagen der Offensive nach Hause geschrieben. Später war sein Urteil über die deutsche Artillerie »vernichtend«, denn er hatte erkannt, daß »die lange Dauer, die man dem Feuer zu ausreichender Wirkung bewilligen mußte, nur dazu beitrug, dem Verteidiger Zeit zu Gegenmaßnahmen zu gewähren«.

3

Zu seiner großen Überraschung erhielt Gallwitz Mitte Juni ein frisches Korps, nämlich das VII. Armeekorps unter General von François, obwohl ihm Knobelsdorf noch kurz vorher mitgeteilt hatte, nur auf dem Ostufer würden sie die Angriffe fortsetzen; für eine Offensive auf dem anderen Ufer seien nicht mehr genügend Reserven vorhanden und überdies müsse auch mit Munition gespart werden.

Das neue Armeekorps war als Austausch für abgekämpfte Regimenter gedacht, auch beabsichtigte Knobelsdorf, aus dem Bereich von Gallwitz Truppen abzuziehen und Lochow zur Verfügung zu stellen, um die Angriffsgruppe Ost zu verstärken. Seit Anfang März betrug der Frontgewinn auf dem Westufer 4 km. Von seinem Generalstabschef Bronsart erfuhr Gallwitz im Vertrauen, daß Knobelsdorf nur noch auf »sein persönliches Eintreten hin« bei Falkenhayn die Genehmigung zu einer weiteren Offensive erhalten habe. Wo sie stattfinden würde, erfuhr Gallwitz nicht; die Disziplin verbot auch einem General, seinen Armeechef danach zu fragen.

Ein örtlich begrenzter Angriff auf der Höhe 304 am 8. Juni, den das XXIV. Reservekorps auf eigene Initiative unternahm, endete mit einem Mißerfolg, obwohl auf 700 m Frontbreite zehn Kompanien angesetzt worden waren. Der Großherzog von Sachsen, der den Angriff »seiner« 94er beobachtete, schob die Schuld auf die »ungenügende Artillerievorbereitung«. In Wahrheit hatte die französische Artillerie, von tieffliegenden Beobachtern geleitet, mit einem enormen Aufwand den Sturm zerschlagen.

Bei seinem Besuch zeigte sich der Großherzog von Sachsen erstaunlich schlecht informiert. Von Gallwitz wollte er gerne etwas über die Strategie Falkenhayns, die Berechtigung des Angriffs auf Verdun und den Einfluß des Kaisers erfahren. »Ich war in der glücklichen Lage, einiges nicht zu wissen«, schrieb Gallwitz später.

Trübsinnig notierte Gallwitz am Pfingstsonntag: »Es regnet weiter. Draußen in den Gräben muß es wieder übel werden. Aber auch sonst keine Festtagsstimmung. Die Nachrichten aus Wolhynien und Galizien lassen immer deutlicher eine glatte Niederlage der österreichisch-ungarischen Ostfront hervortreten. Es ist eines der entscheidendsten Ereignisse des Krieges, das seine Rückwirkung überallhin äußern wird – eine Entlastungsoffensive im vollsten Sinne des Wortes – leider geglückt.«

4

Auch zwischen den großen Offensiven gab es keine Ruhe. Ununterbrochen brodelte die Front, zog Truppen an, zermalmte sie und ließ die Reste nur widerstrebend wieder davonziehen. Vor dem »großen« Sprung nach dem Dorf Fleury und dem Fort Souville sollten die drei Divisionen zwischen Pfefferrücken und dem Fort Douaumont ihre Ausgangsstellungen verbessern und das Zwischenwerk Thiaumont einnehmen.

Die Gegend war hier besonders unübersichtlich. Wie die Falten eines Waschbretts reihten sich hier die Schluchten hintereinander: Chauffourschlucht, Albainschlucht, Thiaumontschlucht. Seit März war man auch hier nur schrittweise – schluchtaufwärts, schluchtabwärts – vorangekommen. Die Stellungen waren bei der Truppe verhaßt. Es gab nur kümmerliche nasse Erdlöcher in den Hängen, die vordere Linie war unzusammenhängend und lückenhaft, die Franzosen leisteten zähen Widerstand und waren von der Artillerie kaum zu erfassen, da sie auf dem Hinterhang lagen und die Beobachter ihre Stellungen nicht einsehen konnten.

Als den Bayern Ende Mai der Abschnitt übergeben worden war, hatten sich die deutschen Angriffslinien immerhin schon bis in die gekrümmt verlaufende Thiaumontschlucht vorgeschoben, an deren östlichem Ende die mit zahllosen Maschinengewehren gespickten »Wabengräben« der Franzosen alle weiteren Angriffe blockierten. Am 8. Juni griffen zwei Regimenter die Schlucht erneut an. Schon vor dem Sturm waren viele Kompanien versprengt worden. Führer hatten die ihnen anvertrauten Gruppen in der Nacht in die Irre geführt. Immerhin drangen die Bayern bis an den Rand der Wabengräben vor, wurden aber von den aufgeschreckten Franzosen, die zum Teil in Hemdsärmeln aus ihren Stollen herausschwärmten, zurückgetrieben und zum Teil überwältigt.

Abends verlangte Lochow einen neuen Angriff. Als der Befehl beim Kommandeur der Sturmtruppen eintraf, erklärte dieser, es sei unmöglich, innerhalb einer Stunde die beteiligten Einheiten zum Gefecht neu zu gliedern. Inzwischen hatte Lochow aber bereits die schwere Artillerie angewiesen, die vorderen Gräben der Franzosen »angriffsreif« zu schießen, so daß die vor ihnen liegenden eigenen Truppen sich nicht mehr in Sicherheit bringen konnten und wieder einmal ins Feuer der eigenen Geschütze gerieten. Die obere Führung wollte den Erfolg erzwingen, befahl erneut den Angriff für 5 Uhr früh am 9. Juni und erreichte damit nur, daß die Kompanien, die wegen des Hinundherbefehlens das Zutrauen verloren hatten, vollends aufgerieben wurden.

Zur Verblüffung der Deutschen kamen die Eierhandgranaten der Franzosen aus 50 m Entfernung herangeflogen, was selbst einem guten Werfer unmöglich sein mußte. Wie sich später herausstellte, waren die Franzosen mit Gewehrgranaten ausgerüstet, die zu diesem Zeitpunkt bei den Deutschen noch nicht ausgegeben worden waren.

Der nächste Angriff erfolgte am 12. Juni, dem Pfingstmontag. Es war ein Tag voller Widersprüche. Die Wabengräben wurden vom bayerischen »Königsregiment« Nr. 1 überrannt – von den Resten der vorderen Kompanien, die im Sperrfeuer der Franzosen zum Teil bis auf 10 Mann reduziert worden waren und auch keine einsatzfähigen Flammenwerfer mehr hatten. Die Franzosen, auf die drei Tage lang Granaten herabgestürzt waren, waren nicht mehr verteidigungsfähig.

Dagegen war die Fortsetzung der Wabengräben in Richtung Thiaumontferme, das »Franzosennest« vor den Ruinen des Bauernhofes, unzerstört geblieben. Die erste, zweite und dritte Welle der bayerischen Jäger vom 2. Bayer. Jägerbataillon starben im MG-Feuer, andere Einheiten, die vor der Thiaumontferme vorgehen sollten, erschienen erst gar nicht, sondern sammelten sich vormittags wieder im Fort Douaumont, da sie in der Nacht in alle Winde verstreut worden waren.

Aber noch einmal kam den Bayern die Schwäche des Gegners zu Hilfe. Am Vormittag des 13. Juni erschien vor dem »Franzosennest« ein Parlamentär, ein deutscher Gefangener, um den Jägern, denen die Franzosen so große Verluste beigebracht hatten, die Übergabe anzubieten. Durch das Vorrücken anderer Einheiten beiderseits der Straße zwischen Fort Douaumont und dem Zwischenwerk Thiaumont war das »Franzosennest« von der Munitionsversorgung abgeschnitten und unhaltbar geworden.

Inmitten der Trichterwüste, zwischen den alten und neuen Toten und den stöhnenden Verwundeten vollzog sich die feierliche Kapitulation. Die feindlichen Offiziere gaben sich die Hand, nur die Bitte um Abzug mit der Waffe konnte nicht erfüllt werden. Die Franzosen, über 200 Mann, warfen ihre Gewehre der Reihe nach in den Graben. Dann wanderten sie in Gefangenschaft. Auch die Jäger wurden abgelöst. Aus den Resten der 2., 3. und 4. Kompanie wurde eine neue gebildet.

Ein anderes »Franzosennest« in der Mitte der Thiaumontschlucht gegenüber den bereits eroberten Wabengräben behinderte allerdings noch immer den Zugang zum Thiaumontrücken. Zwar lagen sich Deutsche und Franzosen in gleicher Höhe gegenüber, doch lag das Artilleriefeuer der Franzosen besser. An dieser Stelle wehrte ein französisches Infanterieregiment mehrere Angriffe zweier Divisionen ab und ging sogar zu Gegenangriffen über. Die Divisionsführung der 1. Bayerischen Infanteriedivision konnte es offensichtlich nicht begreifen, daß dieser winzige Stützpunkt ohne Rückhalt in Betonräumen nicht zu beseitigen war, und befahl Angriff auf Angriff. Sogar der verantwortliche Bataillonskommandeur riet am 19. Juni von weiteren Stürmen ab, weil die Artillerie überhaupt keine Unterstützung gegeben hatte und offenbar nicht einmal den wirklichen Linienverlauf kannte, doch zurückgenommen wurde der Befehl nicht. Nach 80 m brach der Angriff zusammen. Das Werk Thiaumont, das noch vor der großen Offensive Ende Juni hatte besetzt werden sollen, war noch immer in französischer Hand.

5

Für die große Junioffensive stand der 5. Armee auch das Alpenkorps mit dem Königlich Bayerischen Infanterieleibregiment, den sogenannten »Leibern«, zur Verfügung, zu dem seltsamerweise auch ein preußisches Jägerregiment zählte. Ebenso wie vorher die 50. Infanteriedivision kam das Alpenkorps aus der Champagne. Der Führer der 3. Armee, General von Einem, gab seine »vortreffliche Truppe« nur widerstrebend für die »Mühle« her.

Die Sturmtruppen durften zum ersten Mal die neuen Stahlhelme benutzen, von denen allerdings noch nicht ausreichend vorhanden waren, so daß nur die Männer in vorderster Linie ihrem Schutz anvertraut wurden. Wer abgelöst wurde, mußte an hinteren Sammelstellen seinen Stahlhelm wieder abgeben. Da die Ablösung immer nachts und in größter Eile stattfinden mußte, hatte natürlich kaum jemand Zeit, sich die passende Größe aus dem Durcheinander der abgelegten Stahlhelme auszusuchen und mußte mit dem Helm vorliebnehmen, den er in der Hast greifen konnte. Die Folge war, daß die einen mit zu großen, die anderen mit zu kleinen Helmen nach vorn gingen.

Es waren sich bald alle einig, daß der neue Helm einen vorzüglichen Schutz darstellte. Man fragte allerdings auch, warum es nicht möglich gewesen war, statt des »Friedenshelms« aus gepreßtem Leder von Anfang an mit einem »Eisenhut« auszurücken wie die Franzosen. Viele Soldaten fanden freilich auch, daß der Stahlhelm sehr drücke, und setzten lieber ihre Mützen auf, wenn gerade »nichts los war«.

Mit Mißtrauen betrachteten die Bayern vom Alpenkorps die Vorführungen des Sturmbataillons Rohr, der Lieblingstruppe des Kronprinzen, das die neu an die Verdunfront versetzten Regimenter »in die letzten Erfahrungen des Angriffs und des Grabenkampfes« einweisen sollte. Zu den Demonstrationen gehörten Vorführungen von Flammenwerfern beim Angriff auf Scheinfestungen, die hinter der Front natürlich »vorzüglich klappten« und gerade deshalb einen »theaterhaften« Eindruck machten.

Zum Mißvergnügen des Kommandeurs Krafft von Delmenfingen war das Alpenkorps nicht geschlossen eingesetzt worden, sondern wurde als Lückenbüßer mißbraucht. Einige Jägereinheiten kamen zum 1. Bayerischen Armeekorps im Abschnitt Douaumont, andere in den Abschnitt Fumin, wo sie das Betonwerk R 1 eroberten; die schwere Artillerie fuhr in den Vauxabschnitt. So war das Alpenkorps schon vor seinem Großeinsatz nicht mehr intakt.

6

21. Juni, 15.50 Uhr. Die gesamte deutsche Front auf dem östlichen Maasufer geriet in Bewegung. Die Stoßtrupps, gemischt aus Infanteristen, Pionieren und Flammenwerfern sprangen aus ihren Trichtern und Gräben. Insgesamt waren es drei Armeekorps mit 6 Divisionen.

Vom »pünktlichen Vorbrechen« der Infanterie auf der gesamten Frontbreite hatte sich Lochow die »Überrumpelung« des Gegners erhofft. Doch konnte von einer Überraschung keine Rede sein, wieder einmal warnte das Vernichtungsfeuer der Artillerie und der Minenwerfer die Franzosen. Trotz des gewaltigen Munitionsverbrauchs waren aber die meisten Stellungen der Franzosen gar nicht zerstört worden. An einigen Abschnitten kamen die Franzosen den Angreifern mit erhobenen Händen entgegen, an den meisten aber mähten Maschinengewehre die Angreifer nieder. Scharfschützen schossen die Offiziere heraus.

Am späten Abend mußten die Stabsoffiziere eine negative Bilanz ziehen: Auf dem rechten Flügel war der erneute Vorstoß gegen das »Franzosennest« in der Thiaumontschlucht gescheitert, das bayerische Infanterieregiment 1 war so angeschlagen, daß es sofort aus der Front herausgezogen wurde. Im Mittelabschnitt war der Angriff auf den Joffregraben in der Nordspitze des Chapitrewaldes liegengeblieben. Die Einschläge der Mörser hatten 200 m hinter dem französischen Graben gelegen, und als sie aus der Vauxschlucht heraufdrängten, wurden die Angreifer überdies von der Sonne geblendet, die den Verteidigern im Rücken stand. Auch dem Jägerregiment 3 war es auf dem Fuminrücken, wo die querlaufende Lagerschlucht überwunden werden mußte, nicht besser gegangen. Schließlich hatte noch eine betonierte Batterie am Ende der Damloupschlucht auf dem linken Flügel ein ganzes Regiment aufgehalten.

Weitere Angriffstruppen waren erst gar nicht aus den Kasernen des Forts Vaux herausgekommen. Von einem Bunker im Lauféewald, dem I-Werk 780, wurde jede Bewegung in diesem Gebiet kontrolliert. Nur an der Straße zwischen Fort Vaux und Tavannes hatten zwei Regimenter über einen Kilometer Boden gewinnen können, dabei war das Infanterieregiment 41 in den Angriffsabschnitt des Infanterieregiments 172 hineingeraten und hatte die Batterie »a«, einen Betonbunker mit vier Räumen und einer gemauerten Brustwehr, erobert. Die 172er waren schließlich bis zu einem Steinbruch vorangekommen, in dem ein unterirdischer Bunker eingebaut war, das sogenannte Kleine Depot. 115 Gefangene und drei MGs waren die Ausbeute.

7

Das Schwergewicht der Operationen hatte an diesem ersten Offensivtag auf dem linken Flügel gelegen. Die Angriffe sollten nur den Auftakt für den Hauptangriff am 23. Juni darstellen. In der Zwischenzeit wurden von den Divisionsstäben die Bataillone und sogar ganze Regimenter ausgewechselt. Nur das Jägerregiment 3 erhielt am 22. Juni Befehl, am hellichten Tag seinen Rückstand auf dem Fumin wettzumachen. Die Kompanieführer reagierten erst gar nicht auf diese Anweisungen, zum Teil fehlte jeder Zusammenhang zwischen den einzelnen Kompanien, so daß das ganze Jägerregiment stillschweigend durch das Grenadierregiment 1 abgelöst wurde. »Eine Truppe, die trotz ausgiebiger Artillerievorbereitung so blutig abgewiesen wurde, greift nicht wieder an.«

Als die Dunkelheit einbrach, warteten alle deutschen Batterien auf das Zeichen für den Beginn des Grünkreuzschießens. Reservebedienungen saßen in den Unterständen bereit. Um 22 Uhr sprangen von einem Fesselballon über dem Dörfchen Azannes fünf weiße Leuchtkugeln herunter: »Grünkreuztag.« 230 Geschütze eröffneten das Feuer.

Die Nacht vom 22. auf den 23. Juni war »wie geschaffen zum Gaskampf«, wie die Experten unter den Artillerieoffizieren befriedigt feststellten. Kein Lüftchen regte sich, eine schwüle, unheilverkündende Nacht. Erst schossen die Franzosen ebenfalls Gas, das im Vauxtal »in graugelben, giftigen Schwaden« hin und her wogte und dem anrückenden Nachschub das Leben schwermachte. Dann verstummten nach und nach die französischen Batterien – das deutsche Gas schien seine Wirkung zu tun. Die primitiven Gasmasken schützten nicht gegen das Grünkreuz.

Nach siebenstündigem Feuer hatten zum Beispiel die drei Geschütze einer Batterie des 7. Feldartillerieregiments 1876 Schuß verfeuert, in der ersten Stunde 348 Granaten, dann hatte das Tempo nachgelassen.

Insgesamt hatten die Männer 276 Granaten mehr als vorgeschrieben verfeuert; durch ein Versehen war bei ihnen zuviel Munition gelagert worden, die aus Sicherheitsgründen nicht dort bleiben durfte. Um 5 Uhr morgens meldete der Batterieführer durchs Telefon dem Regiment: »Batterie hat abgeschossen.« Die Kanoniere machten sich ans Reinigen der Rohre und wechselten an einem Geschütz die Bremszylinder am Rohrrückläufer aus.

8

Der 23. Juni war ein strahlender Sommertag. Um 6 Uhr morgens war für den linken Flügel auf dem Fumin- und Vauxberg »Sturmzeit«, zwei Stunden eher als für den Hauptstoß gegen den Höhenrücken Belleville. Die Divisionen auf dieser Seite sollten noch ihren Rückstand vom 21. Juni aufholen. Während die deutschen Batterien ihr Feuer mit einem Ruck um 100 m vorverlegten, sprangen die Infanteristen aus ihren Löchern, die Offiziere vorneweg.

Der Angriff brach fast auf der Stelle zusammen. Die Grünkreuzgranaten hatten zwar die Batteriestellungen der Franzosen vergast, doch die vorderen Linien der Franzosen waren nicht zerstört worden. Das Infanteriewerk im Lauféewald wurde wieder nicht erobert, ebensowenig die Hohe Batterie von Damloup, ein 40 m langer, mit einer dicken Erdschicht bedeckter Betonbau am Steilhang der Damloupschlucht, dessen hohe Brustwehr die ganze Gegend beherrschte. Das Infanterieregiment 105 blieb am Fuß des mächtigen Bollwerks liegen, aus dem auf die so gut wie wehrlos liegenden Sachsen Eierhandgranaten herabregneten. Lediglich die Anschlußbatterie von Fort Vaux hatten die Franzosen geräumt, ohne ihre Verwundeten mitzunehmen.

Im Mittelabschnitt war die 103. Division nur mit großen Verlusten 100 m über den Joffregraben im Chapitrewald hinausgekommen, dann lag auch sie fest. Von dem Sprung gegen das Fort Souville konnte keine Rede mehr sein.

Allein den Bayern gelang an diesem Tag ein Erfolg, der Schlagzeilen machte. Die 1. Bayerische Division eroberte das Zwischenwerk Thiaumont, ihr linker Nachbar, das Alpenkorps, nahm das Dorf Fleury ein und stieß noch einen weiteren Kilometer darüber hinaus zur »Filzlaus« vor, einer Bereitstellung der Franzosen vor Belleville, die auf der Karte dem Umriß des Ungeziefers ähnelte, das den Soldaten beider Seiten nur allzu bekannt war.

Ein kompliziertes Angriffsschema sollte das »Zusammenwirken« zwischen Infanterie und Artillerie und das »gleichmäßige Vorrücken« der Verbände ermöglichen, um die verheerenden Folgen flankierender feindlicher MGs auszuschalten: Die Truppen vor Fleury sollten erst auf das Dorf losstürmen, wenn Leuchtraketen mit zwei weißen Sternen aus dem Zwischenwerk Thiaumont die Einnahme einer Straßenkreuzung vor diesem Werk signalisierten; die Truppen bei Thiaumont wiederum sollten dann erst weiter vorgehen, wenn in Fleury rote Leuchtkugeln mit einem Doppelstern das Zeichen geben würden, daß sich das Dorf in deutscher Hand befinde. Auch das Vorverlegen des Artilleriefeuers wurde nach diesen Zeichen geregelt. Das Wechselspiel sollte den ganzen Tag über fortgesetzt werden: Nach der Einnahme des Forts Kalte Erde würden weiße Leuchtkugeln den Bayern in Fleury das Signal zum Angriff auf die »Filzlaus« geben, rote Leuchtkugeln für das Vorrücken bis zum Fort Belleville.

Was sich Generalstabsköpfe am Kartentisch ausgeklügelt hatten, sah in Wirklichkeit anders aus. In der Trichterwüste, in der es für die vorwärts hastenden Infanteristen keine markanten Orientierungspunkte gab, riß sofort der Zusammenhalt der Kompanien, das Feuer der französischen MGs drängte die Verbände aus ihren Angriffsrichtungen, Leuchtzeichen waren im Rauchschleier über dem Kampffeld nicht mehr erkennbar.

In den Divisions- und Artilleriestäben wußte bald niemand

mehr über den Verlauf der vorderen Linien Bescheid. Statt der gleichmäßigen, aufeinander abgestimmten Vorwärtsbewegung bildeten sich zwei Stoßkeile, in denen sich die bayerischen Soldaten »wie eine wilde Herde« Hurra-brüllend vorwärts wälzten: die 1. Bayerische Infanteriedivision mit den 10ern sowie Pionier- und Jägereinheiten am Zwischenwerk Thiaumont vorbei Richtung Fort Kalte Erde (Froide Terre); links von ihnen das Alpenkorps mit dem bayerischen Leibregiment 1 und Sturmpionieren aus dem Elitebataillon Rohr Richtung Fleury.

Für das Durcheinander, das später nur mühselig entwirrt werden konnte, war das Schicksal eines niedersächsischen Leutnants vom Infanterieregiment 92 bezeichnend, das der 1. Bayerischen Division unterstellt worden war. Der Leutnant nahm zuerst am Sturm eines der zahllosen Infanteriebunker beim Zwischenwerk Thiaumont teil, eroberte mit dem Alpenkorps Fleury, ging dann beim Sturm auf das Fort Kalte Erde mit und legte sich schließlich völlig erschöpft beim Zwischenwerk Thiaumont zu fremden Einheiten zum Schlafen nieder.

9

Stoßkeil Fleury: Um 8 Uhr hatten kleine Gruppen des bayerischen Leibregiments, der Masse der anderen Infanteristen weit voraus, die erste Stellung der Franzosen nach einem Handgranatenkampf überrannt und waren bereits 20 Minuten später vor den Mauern von Fleury. Die Franzosen wehrten sich allerdings zäh, kaum einer ging unverwundet in Gefangenschaft.

Schon um 9 Uhr begannen die französischen Geschütze wieder zu feuern. Eine böse Überraschung. Für die ausgefallenen Geschütze sprangen zuerst die Batterien vom westlichen Maasufer ein, die nicht unter Gasbeschuß genommen worden waren.

Um die wenigen noch stehenden Hausmauern und Keller von Fleury entbrannte ein wilder Nahkampf, während sowohl die deutsche als auch die französische Artillerie in den Trümmerhaufen hineinschoß.

Eine große Gruppe von Bayern, unter ihnen auch »Rohr«-Pioniere, lief noch über Fleury hinaus über freies Feld in Richtung

»Filzlaus« bergabwärts, bis sie von MG-Feuer gestoppt wurden. Vor sich sahen sie in einem Haferfeld schon die Grabenaufwürfe der französischen Stellungen. Auch die Truppen, die nach links in Richtung Souville drängten, wurden nun durch Gewehrgranaten und Kartätschenfeuer angehalten und legten sich im Halbkreis um Fleury in die Trichter.

An der Flanke dieses Stoßkeils hatte eine kleine Jägereinheit den M-Raum 372 (auf den französischen Karten als *abri 320* registriert) oberhalb des Bogens des aus der Vauxschlucht führenden Bahndamms erobert. Wie andere Depots zur Versorgung umliegender Batterien war dieser Unterstand in den flachen Hang hineingetrieben und besaß zwei Eingänge, auf deren Treppen man ein großes Gewölbe erreichte, das Platz für mindestens 200 Mann bot. Die von außen schwer zu erkennende Anlage war von den deutschen 42-cm-Batterien unter Punktfeuer genommen worden, riesige Krater umgaben ihn, er selbst war jedoch nicht getroffen worden. Die Besatzung war umzingelt, ehe sie aus den engen, eingedrückten Ausgängen ins Freie gelangte. Durch die Lüftungsschächte auf dem Dach warfen die Angreifer Handgranaten hinunter, die unten im Gewölbe detonierten.

Bis zu diesem Zeitpunkt hatte die kleine Einheit keinerlei Verluste gehabt, weil sie sich einen unbeschossenen Hang ausgesucht hatte. Die Männer hatten auch weiterhin Glück, als sie (»wie die Juden im Roten Meere zwischen starrenden Wassermauern«) unbehelligt den Friedhof des Dorfes Fleury erreichten und Stellungen aushoben. Mit 80 Mann mußten die Jäger eine Frontlücke von 1 km besetzen. Links sahen sie in einiger Entfernung die Sturmwellen der »Leiber« verebben. Zwei bayerische Offiziere, die offenbar bei dem Sturm einen Schock erlitten hatten, liefen vorbei. Einer fragte nach dem Weg zum Hofbräuhaus, ein anderer – ohne Helm und Waffe – kommandierte wie betrunken »alle Reserven zum Bahnhof«, bevor er weitertorkelte. Wie sie später erfuhren, war der Angriff am Bahnhof von Fleury trotz mehrerer Gewaltversuche gescheitert.

10

Während der linke Stoßkeil der Bayern Fleury besetzte, hatte der rechte endlich auch Werke auf dem Rücken Kalte Erde genommen, die ursprünglich schon vier Monate zuvor hatten gestürmt werden sollen. Zum Teil hatten die Verteidiger sogar auf den Dächern der zahllosen kleineren Werke Maschinengewehre postiert, deren Bedienungen in der Todesverachtung mit den Deutschen wetteiferten.

Aus dem Werk Thiaumont, dessen stählerne Beobachtungskuppel von einem Volltreffer gespalten worden war, kletterten 25 Franzosen mit erhobenen Händen ins Freie. Die Leuchtraketen, die seine Einnahme nach hinten melden sollte, lagen irgendwo bei den Toten. Den Blinkapparat, mit dem durch eine Bresche in der ringförmigen Umwallung die Verbindung zum Douaumont aufgenommen werden sollte, zerstörte eine eigene Infanteriekugel.

Während ein bayerischer Offizier die beiden Eingänge des Betonwerkes mit Sandsäcken verbarrikadieren und fünf erbeutete Maschinengewehre im Halbkreis ausbauen ließ, um sich auf die Verteidigung vorzubereiten, stürmten die Kompanien weiter zur Straße Thiaumont-Fleury, wo ebenfalls noch eine Anzahl von Depots und ehemalige Batteriebunker lagen, die sich zum Teil als leer erwiesen.

Zuletzt erreichten der Kompanieführer Ernst Röhm und ein weiterer Offizier mit fünfzehn Mann das Infanteriewerk 147 auf dem Höhenkamm Kalte Erde. Dieses Tempo war in der Planung nicht vorgesehen. Das Feuer der eigenen Artillerie überraschte die Gruppe in dem Moment, als die Verteidiger des Betonwerkes am Eingang auftauchten, um sich zu ergeben. Angreifer und Franzosen wälzten sich von Splittern getroffen am Boden. Röhm wurde verwundet, und der kümmerliche Rest der Gruppe schloß sich den anderen Infanteristen an, die weiter vorpreschten. Den Nachteil dieses wilden Sturms bekamen die Verwundeten zu spüren, die zurückgingen; überall stießen sie auf Franzosen, die überrannt worden waren und noch immer Widerstand leisteten.

Da der Stoßtrupp, der das Zwischenwerk Kalte Erde einnehmen sollte, sich bei Fleury verlaufen hatte, bildete Oberleutnant Ludwig aus versprengten und verstreuten Infanteristen eine improvisierte

Kampfgruppe, um das Zwischenwerk anzugreifen, dessen Umrisse er 300 m hinter dem Werk 147 erkannte. Ohne beschossen zu werden, kletterten sie durch den Drahtverhau auf das Dach des Forts und steckten die Eierhandgranaten in einen Turm, der sich aus seiner Bettung emporgehoben hatte. Auch in die kleinen Luftschächte flogen Handgranaten. Vom Douaumont aus waren die Silhouetten der Männer gut zu erkennen, und der Regimentsstab meldete prompt, das Fort *Froide Terre* sei genommen.

In Wirklichkeit hatten jedoch die Angreifer das Fort schon wieder verlassen. Eine der Handgranaten hatte im Innern einen Stapel Signalraketen entzündet, und als der weiße Rauch aus den Luftschächten fauchte, glaubten die Deutschen, daß eine Sprengung bevorstünde, und liefen davon, um Deckung zu nehmen.

In respektvoller Entfernung legte sich die Gruppe in die Trichter und wartete auf Verstärkung. Eine Rückkehr auf das Fort war nicht möglich. Der Panzerturm war wieder ausgefahren und hielt die Deutschen mit Kartätschenfeuer in Schach. Als einzige Antwort auf Ludwigs fiebrige Bitte um Verstärkung traf später ein Zug von 30 Mann mit der Nachricht »Aushalten und Eingraben!« ein. Der Offizier, der die Gruppe geführt hatte, war schon gefallen. Anstatt sich wie alle anderen von Trichter zu Trichter springend vorzuarbeiten, hatte er alle Deckung verschmäht. Immer weitere Offiziere fielen durch den Leichtsinn, mit dem sie ihren Männern ein Vorbild an Todesverachtung geben wollten, so ein Bataillonsführer der 10er, der mit einem Reitstöckchen in der Hand auf dem Grabenrand entlanglief.

Am Nachmittag versteifte sich der Widerstand der Franzosen, die sich nun wieder gefangen hatten. Aus der Weinbergschlucht drangen die ersten Patrouillen herauf, die aber von den Jägern auf dem Friedhof von Fleury noch mühelos abgewehrt wurden. Andererseits waren nirgends frische Kräfte zu sehen, mit denen der Erfolg vom Vormittag ausgenutzt werden konnte. »Die Leute am Morgen waren begeistert losgestürmt in der Hoffnung, am Abend in Verdun zu sein. Der Halt ließ den einzelnen allzusehr auf sich besinnen, der Einfluß von Hitze und Durst die Kräfte erschlaffen.«

Seit dem Mittag war das Feuer der französischen Batterien wieder zur alten Stärke zurückgekehrt. Zwischen Fleury und dem Hinterland lag wütendes Sperrfeuer, und selbst die hinter dem

Douaumont liegenden Schluchten wurden wieder mit solcher Wucht abgekämmt, daß die nachrückenden Reserven, immerhin zwei Regimenter, nur ungeordnet nach vorn kamen und die Transportkolonnen in alle Richtungen verstreut wurden. Die im Laufe des Tages in Douaumont eintreffenden Meldungen stimmten die Regimentsführung nachdenklich. Der Stab des Leibregiments, das seinen Gefechtsstand in Fleury aufbauen wollte, mußte auf halbem Weg umkehren. Es gab Kompanieführer, die kategorisch erklärten, sie könnten keinen Schritt weiter vorgehen, wenn sie nicht mit Wasser und Munition versorgt würden. Ein Gewitterregen in der Nacht linderte zumindest den Durst. Am frühen Morgen wurden die Überreste der Gruppe Ludwig, die am Vortag versucht hatte, das Fort Kalte Erde zu stürmen und jetzt 800 m vor der deutschen Front lag, von den Franzosen gefangengenommen.

Die Verstärkungen, die in der Nacht zum 24. Juni endlich eintrafen, wurden »wenig freundlich« empfangen. Ein Leutnant der 92er, der mit zwei Kompanien im Zwischenwerk Thiaumont anlangte und sich mühsam durch die Schlafenden, Wartenden und Verwundeten bis zum Regimentsstab der bayerischen 10er hindurchdrängte, erhielt noch nicht einmal eine Auskunft darüber, wo nun eigentlich die vorderen Linien genau verliefen. Der Hauptwunsch der bayerischen Offiziere bestand darin, die beiden Kompanien der 92er wieder loszuwerden, damit der Gegner am Morgen keine Truppenansammlung bemerkte. Dabei lag der Bunker ohnehin schon unter schwerem Feuer, der Boden vibrierte. Betonstücke fielen von der Decke, die Eingänge drohten vollends zusammengeschossen zu werden und konnten nur noch kriechend passiert werden.

Die Einnahme von Fleury und dem Panzerfort Thiaumont wurde in der deutschen Presse als Sieg gefeiert; in den Augen der Armeeführung, die ja bis zum Stadtrand von Verdun kommen wollte, war die Offensive mißglückt. Wieder setzte das Rätselraten ein, ob nicht durch die fehlenden Reserven der Durchbruch verschenkt worden war. Der Stab des Leibregiments kam zu dem Schluß, daß, auch »wenn sie dagewesen wären, sie in dem dichten Sperrfeuer nicht vorangekommen wären«.

Eine Kompanie des Leibregiments irrte aus Mangel an Bereitstellungsplätzen zwischen Bahndamm und der Kiesgrube vor dem

Douaumont hin und her, um dem Granatfeuer auszuweichen. Alle Meldeläufer, die abgeschickt wurden, um Verbindung mit dem vorderen Bataillon aufzunehmen, fielen aus. Anrückende Sanitäter und Träger wurden vor den Augen der Kompanie »vom Granathagel hinweggefegt.« Als dem Rest der Kompanie schließlich erlaubt wurde, den Douaumont aufzusuchen, bestand er nur noch aus 9 Mann unter einem Offiziersstellvertreter.

11

Die Deutschen ahnten nicht, wie nahe sich die französische Führung einer Katastrophe gefühlt hatte. Bis in die Vorortstraßen Verduns waren von Panik erfaßte Truppen geflüchtet. Überall wälzten sich die Gaskranken wimmernd auf dem Boden. »Die Unglücklichen, die aus Leichtsinn oder Kopflosigkeit ihre Masken schlecht aufgesetzt hatten, starben unter unsagbaren Qualen. Nichts ist erschütternder als diese Todeskämpfe. Ich habe Gesichter gesehen, voller Flecken, mit rötlichem Schaum vor dem von Krämpfen verzerrten Mund, und Finger, die sich in der Brust einkrallten. Ich habe schreckliche Reizhustenanfälle mit angehört, Stöhnen und heisere Schreie.«

In Verdun wurde die Verlegung von Nachschubdienststellen und Vorräten auf das westliche Ufer in Aussicht genommen. Am Stadtrand begannen Arbeitskolonnen mit dem Ausheben von Schützengräben. Der Kommandant des Tunnels von Tavannes ließ beide Eingänge zur Sprengung vorbereiten, obwohl der Tunnel für die verwundeten Soldaten aus dem Lauféewald die einzige Zuflucht darstellte. Man fürchtete, die Deutschen könnten durch den Tunnel kommen und im Rücken der beiden Forts von Tavannes und Souville auftauchen.

Ein Bataillon des französischen Infanterieregiments 39, das ein anderes Bataillon am Bahndamm ablösen sollte, wurde durch das Trommelfeuer, in dessen Rauch- und Staubwolken die Sicht auf 20 m beschränkt war, versprengt und irrte ziellos umher. Schon vor Souville war es von den explodierenden Gasgranaten überrascht worden – »durch die zu engen Gasmasken stieg den Leuten das Blut zu Kopf, bei schlechtem Sitz der Gasmaske bot diese keinen

Schutz. Fiel ein Soldat in ein Loch, so war dies verhängnisvoll, weil durch den Aufprall die Gasmaske verrutschte und die gashaltige Luft in die Bronchien eindrang.«

Wie im Februar war es wieder einmal dem unorganisierten Widerstand zu verdanken, daß die Deutschen gestoppt wurden: ein paar Maschinengewehre, ein paar Feldgeschütze, improvisierte Gegenangriffe selbständig handelnder Offiziere, die sich nicht von der Panik anstecken ließen. Als General Nivelle in Pétain-Manier seine Parole »Ihr dürft sie nicht durchlassen« ausgab, hatten die eilends herangefahrenen Ersatztruppen bereits die Lage stabilisiert. Von den Verwundeten wurden die neuen Truppen, die den Weg zum Fort Souville oder zur Weinbergschlucht hinaufhasteten, wütend beschimpft, weil sie keine Zeit für Samariterdienste hatten, nicht einmal für einen Tropfen aus der Feldflasche.

Regimentskommandeure bildeten kleine Eingreifeinheiten aus Meldern, Telefonisten, Schreibern und Essensträgern, die in ihrer Verwirrung gar nicht bemerkten, daß sie noch die Kochgeschirre in der Hand hielten, als sie bereits angegriffen wurden. »Mehr als in jeder anderen Schlacht hatten – vielleicht wegen der Dichte der Beschießung auf einem beschränkten Raum – Vorgesetzte kleiner Einheiten und Kämpfer in den vorderen Linien Gelegenheit zum selbständigen Handeln und zum Einzelwiderstand«, urteilte der Stabsoffizier Henri Bordeaux. Die eigentlich entscheidenden Männer der modernen Schlacht blieben wie immer im Hintergrund: die Artilleristen, die mit schweißtreibendem Stumpfsinn ihr übermenschliches Pensum ableisteten, taub vom unablässigen Abschußknall der vielen Geschütze um sie herum. Joffre und Castelnau war der 23. Juni »in die Knochen gefahren«. Am Abend konnte Pétain General Nivelle vier frische Divisionen ankündigen. Mangin wurde wieder in Gnaden aufgenommen und erhielt das Kommando über das westliche Ufer.

12

Auf französischer Seite war auch ein amerikanischer, von Freiwilligen gesteuerter Sanitätszug von rund 20 Kraftfahrzeugen im Einsatz, neben Munitionslieferungen ein erster Beitrag der Vereinigten Staaten zur Rettung der bedrohten Festung. Jede andere Hilfe, etwa ein Kontingent englischer Soldaten, hatte sich Joffre verbeten. Verdun – inzwischen zur »heiligen Stadt« erklärt – sollte eine rein französische Angelegenheit bleiben.

Die Sanitätswagen fuhren von Verdun aus, von der St.-Pauls-Kaserne am Rande der Stadt über die Uferstraße 6 km weit nach Bras, wo eine große Sammelstelle für Verwundete lag. Bis hierhin wurden die Schwerverwundeten von ein- und zweispännigen Pferdefuhrwerken aus den vorderen Verbandsplätzen gebracht, so zum Beispiel aus den unterirdischen Anlagen »Vier Schornsteine« *(Quatre Cheminées)* in der Weinbergschlucht, die für alle Verwundeten aus dem Gebiet zwischen Fleury, Thiaumont und Kalte Erde die erste Zuflucht darstellten.

Da die Weinbergschlucht unter Beschluß lag, waren alle Bewegungen außerhalb der Unterstände riskant. Die meisten Leichtverletzten zogen es deshalb vor, in den Stollen Hunger und Durst zu ertragen, als sich in die Hölle nach draußen zu begeben. Ab und zu wurden die einzelnen Räume von Offizieren durchkämmt, doch waren alle Räumungsabsichten meist von geringem Erfolg.

Wer glücklich das Gedränge in der Weinbergschlucht und auch den 1000 m langen Abstieg zum Maastal hinter sich hatte, konnte eventuell die Weiterfahrt nach Verdun mit einem amerikanischen Sanitätswagen antreten. Aber auch jetzt war die Fahrt noch lebensgefährlich. Bei Bras fegten in unregelmäßigen Abständen MG-Salven über die Straße, mit denen die Deutschen den Verkehr zu stören versuchten.

Die Straße zwischen Bras und Belleville, dem Vorort Verduns, lag unter ständigem Artilleriefeuer. Ein französischer Oberarzt auf dem Beifahrersitz eines Sanitätswagens verglich sie mit einem »Strom stinkenden Schlamms, der nach Leichen riecht.« In der Dunkelheit mußten sich die Wagen, die in Abständen von zehn Minuten fuhren, einen Weg zwischen Trichtern und zusammengeschossenen Kolonnen suchen, so daß der Beifahrer mehrmals befürchtete, in einem Granatloch steckenzubleiben oder umzustürzen. Unterwegs traf der Oberarzt auf seinen eigenen Sanitätswagen, in dem Wagen lagen zwei Tote, über das mitten auf dem Weg gestürzte Zugpferd rollten die Räder anderer Fahrzeuge.

Die amerikanischen Sanitätswagen, die den Hin- und Rückweg

in einer Stunde schafften, reichten nicht aus, um aus den Kellern in Bras alle Verwundeten abzutransportieren. Die Klügeren unter den Leichtverwundeten zogen es ohnehin vor, am Kanal entlang nach Verdun zu laufen, um die gefährliche Straße zu meiden. Um jeden Wagen, der in Bras eintraf, drängten sich Verwundete, die nicht mitgenommen werden konnten, da die Plätze im Auto nur für Schwerverwundete reserviert waren. Wütend bestanden sie auf ihrem Recht, als Verwundete im Auto transportiert zu werden. Da die »armen Kerle« nahe an einer Revolte waren, gab der Oberarzt, der den Transport organisierte, dem Fahrer den Befehl, in einem unbeobachteten Augenblick davonzufahren, ohne jemand etwas zu sagen.

13

In diesem Monat gewann der Krieg neue Dimensionen. Vor dem Artilleriefeuer hatten die Behörden die Bevölkerung (zum Teil mit Hilfe brutaler Evakuierungsmaßnahmen) in Schutz nehmen können, gegen Flugzeuge waren sie machtlos. Der Luftkrieg, der gegen Bewaffnete wie Zivilisten ohne Unterschied geführt wurde, begann im Juni 1916 Gestalt anzunehmen. Bis zu diesem Zeitpunkt war der Luftkrieg gegen die feindliche Zivilbevölkerung von deutscher Seite in erster Linie mit den schwerfälligen Zeppelinen geführt worden, vor allem gegen London, da die englische Hauptstadt jenseits des Kanals außerhalb der Reichweite von Flugzeugen lag.

Bilanz von 20 Flügen über London waren 207 Tote und 532 Verletzte. Falsche Vorstellungen über die Leistungsfähigkeiten der Luftschiffe hatten in Deutschland zur Bevorzugung des Zeppelins geführt: der Glaube, Luftschiffe könnten unendliche Mengen an Abwerfmunition mit sich führen, durch deren Abwerfen ganze Städte dem Erdboden gleichgemacht werden könnten. Mitte des Jahres 1916 war das neue Bombenflugzeug vom Typ Gotha einsatzbereit, mit dem die deutsche Heeresführung dem Krieg am Himmel eine neue Wirksamkeit zu geben hoffte, neue Geschwader, neue Brandbomben und Lufttorpedos mit hochexplosiver Brisanz. Aber nicht nur London und Paris, auch deutsche Städte sollten den neuen Kriegsschrecken kennenlernen.

Am 22. Juni 1916, am Fronleichnamstag, flogen französische Flieger das Gebiet des deutschen Reiches an, um Karlsruhe, Mülheim und Trier zu bombardieren. In Karlsruhe detonierten die Fliegerbomben mitten in einer Menschenmenge, die sich vor dem Zirkus Hagenbeck drängte, unter ihnen viele Kinder, da die Nachmittagsvorstellung mit einer Preisermäßigung verbunden war. Die Zahl der Opfer war überaus hoch: 110 Tote, darunter 75 Kinder, und 147 Verletzte. »Nennenswerter militärischer Schaden konnte nicht angerichtet werden«, fügte der offizielle deutsche Bericht hinzu, »die Erbitterung über den militärisch zwecklosen Angriff ist allgemein und tief.«

Der Luftangriff belebte die Diskussion um die psychologische Kampfführung. Nach den Vorstellungen des Berliner Professors Paul Eltzbacher war der Krieg gegen die Bevölkerung zulässig und kein Verstoß gegen das Völkerrecht (solange es deutsche Flugzeuge waren):

Das Abwerfen von Bomben aus Luftschiffen und Flugzeugen sei ohne Einschränkung gestattet, also auch gegen unbefestigte bzw. unbewaffnete Orte, nicht um das feindliche Wirtschaftsleben zu stören, sondern vor allem um bei der feindlichen Bevölkerung Mutlosigkeit und Kriegsunlust zu erzeugen. Eltzbacher rechtfertigte die Bombenabwürfe auf London damit, daß »im hohen Maß dem Kriegsziel dient, wenn seine Bewohner die Schrecken des Krieges erleben«.

Den Geistlichen am Grab der Opfer von Karlsruhe schienen diese Argumente nicht fremd: »Wenn unsere Feinde glaubten, daß durch diese Untaten unser Mut geschwächt und unsere Kraft gelähmt würde, täuschen sie sich. Im Gegenteil, unsere Kraft wird dadurch gestählt und unser Wille zum Durchhalten gekräftigt.«

Vergessen war, daß es sich bei dem französischen Fliegerangriff um eine Vergeltungsaktion für einen Besuch deutscher Flieger über Bar-le-Duc handelte, die am Himmelfahrtstag den Bahnhof bombardiert und dabei 50 Menschen getötet und 80 verletzt hatten.

»Also Aug um Aug, Zahn um Zahn« – kommentierte Alfred Fried diese Entwicklung, dem der Widerspruch zwischen den Worten und Taten nicht verborgen blieb: die feindlichen Angriffe gegen die eigene Bevölkerung als zwecklos zu bezeichnen, während die

Angriffe gleichen Stils zur Erzeugung von Mutlosigkeit und Kriegsunlust beim Gegner dienten.

Der Angriff auf Bar-le-Duc war nicht nur eine politische Dummheit, sondern auch ein militärischer Fehler, eine von zwei Unüberlegtheiten: anstatt die empfindliche Nachschublinie auf der »Heiligen Straße« durch systematische Luftangriffe zu blockieren, wurden die Eisenbahnlinien zu treffen versucht und weiterhin die Jägereinheiten durch »Sperrflüge« verzettelt, so daß die französischen Beobachter auf dem Schlachtfeld die Oberhand bekamen. Boelckes Erfolge täuschten die Öffentlichkeit darüber hinweg.

17 »Hein kaputt!« (24. Juni–12. Juli 1916)

1

Am 24. Juni traf in Stenay ein Schreiben der Heeresleitung ein. Es sei »dringend wünschenswert«, erklärte Falkenhayn, den »Menschen-, Material- und Munitionsverbrauch entschieden einzuschränken«. Die Quittung für den Fehlschlag.

Falkenhayn war das Verdununternehmen endgültig leid. An der Somme stand offensichtlich ein Großangriff der Alliierten bevor, das Trommelfeuer hatte begonnen. Da bei Verdun mit der Einnahme von Fleury »ein gewisser Abschnitt« erreicht worden sei, könne auf weitere Angriffe verzichtet werden, erklärte der Chef des Generalstabes.

Knobelsdorf dagegen beabsichtigte, den Juniangriffen eine weitere Offensive folgen zu lassen, bevor die Truppen in den neuen Positionen aufgerieben wurden und sich der Gegner erholt hätte. Es schien ihm äußerst bedenklich, gerade jetzt aufzuhören, wo es – seiner Meinung nach – wieder voranging und sich die Franzosen »auf immer engerem Raum« in die Verteidigung gedrängt sahen. Nach vier Monaten hatte man sich Verdun bis auf 3 km genähert. Noch am 24. Juni reiste er nach Charleville, um die Genehmigung für einen weiteren Angriff einzuholen. Um seine Chancen zu bessern, verlangte er weder neue Truppen noch neue Munition außerhalb der üblichen Tagesraten. So wie die Dinge standen, war sein Vorschlag die einzige Lösung: In den Stellungen liegenzubleiben, hätte zur Zermürbung geführt, zurückzugehen – wie es der Kronprinz vorschlug – wäre dem Eingeständnis einer Niederlage gleichgekommen. Wie sollte man die entsetzlichen Opfer rechtfertigen, wenn man alles Meter um Meter Erkämpfte freiwillig wieder aufgab?

Falkenhayn konnte sich diesen Gedankengängen nicht verschließen und genehmigte den neuen allerletzten Versuch. Ein Angriff beiderseits der Maas kam jedoch auch diesmal nicht mehr in Frage.

Als Knobelsdorf von Charleville nach Stenay zurückkam,

erwarteten ihn schlechte Nachrichten. Die Franzosen hatten nach einer vierstündigen Artillerievorbereitung einen Großangriff gestartet, dem fast das Zwischenwerk Thiaumont zum Opfer gefallen war. Auch in den nächsten Tagen gingen die französischen Gegenangriffe weiter, am 27. Juni nach einem zehnstündigen Trommelfeuer. Durch die Initiative der Franzosen, die doch nach Knobelsdorfs Ansicht in die Verteidigung gedrängt worden waren, kamen die Angriffsvorbereitungen völlig durcheinander.

Am 1. Juli begannen überdies die Infanterieangriffe der Alliierten an der Somme, nach einem einwöchigen Trommelfeuer – das hatte es bisher nicht gegeben, nicht einmal vor Verdun. Schon am folgenden Tag mußte die 5. Armee 14 schwere Batterien abgeben, zwei Tage später fragte die OHL an, welche Artillerieformationen weiterhin freigemacht werden könnten, zwei Infanteriedivisionen, die bei Longwy und Briey als Reserve standen, wurden sofort von der Heeresleitung einkassiert. Die Kampfgeschwader der Flieger verschwanden bis auf wenige Staffeln. Verdun war in Gefahr, zum Nebenkriegsschauplatz zu werden.

2

Ein zerschossenes Dorf und ein einzelner, halb schon in den Boden gestampfter Betonbunker bildeten in den nächsten Wochen den Mittelpunkt hin und her wogender Nahkämpfe. Vier Tage und Nächte lagen die Reste der Eroberer von Fleury, bayerische Jäger und Leibinfanteristen, in den Trümmern, bis sie abgelöst wurden, jeder von ihnen zwei bis drei Gewehre neben sich, die sie den Toten abgenommen hatten, daneben griffbereit Handgranaten. Am südöstlichen Dorfrand, in der Nähe von Fort Souville, und am Bahnhof lagen sich Deutsche und Franzosen hinter Mauerresten und Schutthaufen auf wenigen Metern gegenüber.

Wenn kein Angriff abzuwehren war, verkroch sich tagsüber alles bis auf die Posten in den Kellern, um den französischen Beobachtungsfliegern, die dicht über die Trümmer hinwegsurrten, die Stellungen nicht zu verraten. Unter dem Beschuß brachen die Kellerdecken auf die hilflosen Verwundeten herunter. Durch einen Volltreffer wurde auch Prinz Heinrich von Bayern verschüttet, der ein Bataillon in vorderster Linie kommandierte. Da die Dorfquelle zu stark beschossen wurde, entnahmen die Bayern nachts irgendwelchen Trichtern ihr Wasser. So konnte es passieren, daß sie am nächsten Morgen, wenn sie den Rest in ihren Feldflaschen zu sich nehmen wollten, eine rostbraune Brühe voller Würmer entdeckten – Wasser aus Trichtern, in denen seit Tagen Leichen lagen.

Nachdem alle Angriffe gegen Fleury abgewehrt worden waren, konzentrierten sich die Franzosen auf den Abschnitt Thiaumont. Hier war am 26. Juni das bayerische Infanterieregiment 10 durch die 2. Bayerische Infanteriedivision mit den beiden Regimentern 12 und 20 abgelöst worden. Beide Regimenter wurden durch das französische Artilleriefeuer gleich so zerrupft, daß eine Kompanie der 12er auf 5 Mann zusammenschmolz.

Am 1. Juli brach eine kleine Gruppe von Franzosen durch und stand vor dem Zwischenwerk Thiaumont, das nur noch einen Eingang hatte. Die Franzosen, die schon die Deutschen zur Kapitulation aufforderten, waren durch die schnelle Reaktion der Insassen so überrascht, daß sie ihrerseits die Arme hochnahmen. Zeitweilig hatten beide Parteien keinen Überblick mehr, wer nun eigentlich das Werk besaß; als die Franzosen seine Einnahme der Welt meldeten, hatten es gerade wieder die Deutschen besetzt.

Die Hohe Batterie an der Damloupschlucht wurde durch einen Trick eingenommen. Alle fünf Minuten hatten am 3. Juli von 2 Uhr nachts an die schweren Minenwerfer eine Mine nach der anderen auf den Bunker geschleudert, eine halbe Stunde später schlossen sich die leichten Werfer diesem systematischen Bombardement an. Die letzten Minen um 3 Uhr wurden ohne Zünder abgeschossen, zur gleichen Zeit erreichten die Angreifer die Batterie und fanden die französischen Posten platt auf dem Boden liegend vor, wo sie auf das Platzen der letzten Minen warteten – die ja ohne Zündung als Blindgänger niedergegangen waren. Handgranaten und Brandröhren flogen in die Eingänge, im Werk entstand eine Panik, den herausstürzenden Franzosen blieb nichts anderes übrig, als sich zu ergeben.

3

Knobelsdorf und Lochow wollten sich bei der Julioffensive wieder in erster Linie auf die Bayern stützen und hatten wiederum die Angriffsfront verkleinert, um die Artillerie noch stärker zu konzentrieren. Ein Nebenstoß sollte am linken Flügel bis zur Tavannesschlucht führen, der Hauptstoß – aus nur 600 m Frontbreite heraus – zwischen Chapitrewald und Fleury gegen Fort Souville erfolgen. Fünf Bataillone wurden zwischen Fleury und Chapitre auf einem Bereitstellungsraum von nur 450 m Tiefe konzentriert, auf diese Art und Weise wollte man den nachstoßenden Reserven den langen Anmarschweg ersparen, der sie dem Sperrfeuer aussetzen würde.

Für die Einnahme von Fort Souville war das Jägerregiment 3 vorgesehen, das an den Festungsmauern von Longwy den Festungsangriff geübt hatte. Unterstützt wurde es vom Infanterieregiment 140, einem westpreußischen Regiment, das aus diesem Anlaß dem Alpenkorps unterstellt worden war – es hatte bereits den Sturm auf die Höhe 304 mitgemacht und war hier von der eigenen Artillerie gestoppt worden. Auf dem rechten Flügel stürmten das 1. Bayer. Jägerbataillon und das bayer. Leibregiment gegen die Stellungen zwischen Souville und Kalte Erde: »Filzlaus« und M-Räume. Um das Durcheinander vom 23. Juni zu vermeiden, wurde diesmal das Feuer der Artillerie durch einen exakten Zeitplan und nicht durch Leuchtraketen reguliert. 63 000 Grünkreuzgranaten sollten die gegnerischen Artilleristen ausschalten, deshalb wurde auf gutes Wetter gewartet.

Den heißen Junitagen folgte aber im Juli ein anhaltendes Regenwetter. Als sich am 6. Juli der Himmel aufheiterte, wurde der Angriff auf den 8. Juli festgesetzt, doch schon am 7. Juli goß es wieder in Strömen, so daß der Angriff wiederum vertagt werden mußte. Schließlich schien es am 11. Juli »schön« zu werden. In der Zwischenzeit waren die Sturmtruppen wieder aus den Ausgangsstellungen zurückgezogen worden und mußten nun nachts, mit ihrer schweren Ausrüstung bepackt, zwischen den mit Wasser angefüllten Trichtern balancierend, durch den zähen Lehm ein zweites Mal vormarschieren.

Als in der Nacht vom 10./11. Juli um 24 Uhr die Gasgranaten mit dumpfem Laut in die feindlichen Artilleriestellungen fielen, erlebten die Deutschen eine unangenehme Überraschung. Überall ertönten Alarmhupen, und die französischen Kanoniere setzten ihre neuen Gasmasken auf. Für alle, die in diesem Augenblick keinen Atemschutz bei sich trugen, waren mit Schlauch und Mundstücken versehene Apparate an verschiedenen Orten aufgestellt. Das Sperrfeuer der Franzosen setzte sofort mit ungebrochener Wut ein.

Im Bereich der 1. Infanteriedivision auf dem Fumin blieben wiederum alle Angriffe liegen. Vom Souvillerücken strömte den Deutschen das eigene Gas entgegen. Kompanien, die die Souvilleschlucht zu überschreiten versuchten, wurden von den MGs auf der Höhe bis zum letzten Mann niedergestreckt. Im Chapitrewald kam weder das Infanterieregiment 71 noch das Reserveregiment 116 vorwärts, das aus älteren, im Schnellverfahren ausgebildeten Landsturmmännern bestand, die schnell den Mut verloren, als alle Offiziere ausfielen. Das Chaos in dem frisch aufgewühlten Wald erinnerte an die Zustände vom Februar. In ihrer Verzweiflung setzten sich die Männer in die Trichter oder versteckten sich hinter Baumstämmen, um die Entwicklung der Dinge erst einmal abzuwarten.

Als sich die Front zwischen Fleury und Chapitre in Bewegung setzte, wurden die Angreifer von einem so starken Abwehrfeuer überschüttet, daß einige Kompanien sofort liegenblieben. Der Bataillonsführer der vordersten Welle der 140er, der das Zeichen zum Sturm gab, fiel durch einen Kopfschuß. Da das Artilleriefeuer in der vordersten Linie in der Nähe des Gegners wie immer am schwächsten war, drängten die hinteren Kompanien in die zögernden ersten Wellen hinein und brachten alle Zeit- und Angriffspläne durcheinander.

»Kein Stocken der Sturmtruppen, im Vorwärtsstreben sucht man sein Heil, wer liegenbleibt, kommt in feindliches Sperrfeuer«, hieß es beschwörend im Regimentsbefehl. Wer stürzt, ist rettungslos verloren, hieß das im Klartext, da beim Sturm wie immer den Verwundeten nicht geholfen werden durfte, um nicht den Angriff zu verzögern. Der Führer des III. Bataillons des 3. Jägerregiments teilte seinem Regimentskommandeur mit, daß er aufgrund der gänzlich aussichtslosen Verhältnisse den Sturm auf

Souville nicht ausführen könne, jedes andere Verhalten würde nutzloses Blutvergießen bedeuten. Da das Regiment bis zum Juni 1182 Mann und 23 Offiziere verloren hatte und die neu eingetroffenen 1300 Mann »Ersatz« kaum Fronterfahrung besaßen, war sein Kampfwert ohnehin nicht mehr der vom Frühjahr des Jahres.

Trotzdem gab es einen Erfolg. Von den französischen MGs am Bahnhof in Richtung Fleury abgedrängt, nahmen die 140er zusammen mit dem bayerischen Leibregiment das Dorf vollends ein, eine aus Gasschwaden und Granatqualm aufsteigende Dunstwand hatte den französischen Beobachtern die Sicht genommen.

Gruppen des bayerischen Leibregiments, das ja vor diesem Offensivtag in den Trümmern Fleurys ausgehalten hatte, liefen tief in die Poudrièreschlucht hinter Fleury hinein und stießen hier auf ein unterirdisches Werk – die M-Räume; ein paar 100 m weiter war die »Filzlaus« erreicht und damit der weiteste Punkt der deutschen Offensive, im Ganzen 1 km innerhalb von 10 Minuten! Wie immer fehlten nachrückende Reserven. Die Bayern erreichten auch das Fort Souville, dreißig Angehörige gelangten bis auf den Höhenrücken von Souville, von dem aus die Stadt Verdun zu sehen war.

Zwei weitere Befehle zum Vorgehen auf das Fort blieben unbeantwortet. In die verworrenen Kompanien war so rasch keine Übersicht zu bringen, der Anblick der in Scharen beim Fort Douaumont eintreffenden französischen Gefangenen vermittelte den Regimentskommandeuren zudem noch ein allzu optimistisches Bild der Situation.

Völlig unerwartet für die bayerischen Infanteristen trat mittags Ruhe auf den Anhöhen um Fleury ein, die Soldaten konnten aufrecht in den Trümmern des Dorfes umhergehen und in aller Gemütlichkeit die in 500 m Entfernung erhöht liegenden Umrisse von Souville betrachten. Am meisten jedoch schauten sie nach hinten zum Douaumont, wo die Reserven auftauchen mußten, um Verdun den Todesstoß zu versetzen.

Aber weder Soldaten noch Nachschub kamen von hinten. Da die zweite Feldflasche auch schon geleert war, fing der Durst an, quälend zu werden. Es empfahl sich nicht, das Wasser aus den

Trichtern zu nehmen, da das ganze Gelände »süßlich scharf« nach Gas roch und demnach verseucht war, so daß das Wasser erfahrungsgemäß Jucken und Brennen der Haut und Durchfall verursachte. Statt der Reserven erschienen bald Franzosen auf dem Bellevillerücken, Artillerie fuhr auf, ungefähr 25 Feldgeschütze, die es bald ratsam erscheinen ließen, in den Trichtern zu verschwinden. Nur ein paar Krankenträger sprangen von Loch zu Loch, um die Verwundeten zu verbinden. Nachmittags begann sich auch französische Infanterie heranzuschieben. Der Krieg ging weiter.

4

Der Anblick der französischen Fesselballone, die wie an einer Schnur aufgereiht am grauen Morgenhimmel hingen, zeigte auch den Männern der 50. Infanteriedivision auf dem linken Flügel, daß sie erwartet wurden. Für die Versorgung der 3 Regimenter, die bis zur Tavannesschlucht vorgehen sollten, war das bayerische Reserveinfanterieregiment 15 zuständig. Auch hier kam der Angriff durch die heftige Gegenwehr der Franzosen so ungleichmäßig vorwärts, daß das Flankenfeuer oft die Kompanien zum Halten zwang, die ihren Gegner überlaufen hatten; andere gerieten in die Feuerzone der eigenen Artillerie, deren Kanoniere nach dem festen Zeitschema vorgingen.

Die französische Artillerie schoß wieder einmal so exakt, daß die im Fort Vaux wartenden Stoßtrupps nicht aus dem Fort herauskamen. Die Offiziere schafften es nicht, ihre Leute dazu zu bewegen, die Sicherheit des Betondaches mit der Hölle draußen zu vertauschen. Als nach 8 Stunden endlich in einer Feuerpause eine erste Welle hinauslaufen konnte, wurde sie auf ihrem Weg zur Hohen Batterie, dem nächsten schützenden Bunker, zur Hälfte aufgerieben.

Das Hauptziel, die Tavannesschlucht mit dem Zwischenwerk Laufée, wurde nicht erreicht. Immerhin konnte sich eine Kompanie der 99er im Infanteriewerk 780 festsetzen und 25 Franzosen, denen ein Flammenwerfer den Mut genommen hatte, nach hinten schikken. Zum Nachbarregiment 143 hatte sie keinen Kontakt.

Ohne »wegekundige« Begleiter vom »Einführungskommando«, das sie eigentlich vor dem Fort Vaux hätten in Empfang nehmen sollen, waren mehrere Stoßtrupps der 143er noch in der Dunkelheit der Nacht in Richtung Lauféewald vorgelaufen. In dem Durcheinander stießen sie schließlich auf einen Betonblock, der 2 m hoch vor ihnen aufragte, eine Treppe führte nach unten. Die ersten, die nach unten sprangen, wurden von Kugeln getroffen, Handgranaten flogen in die Eingänge, schließlich ergaben sich die Franzosen, als ihnen ein Gefangener, der hinuntergeschickt wurde, klarmachte, daß sie eingeschlossen waren. Mann für Mann kletterten sie einzeln nach oben, so daß ihnen nicht bewußt wurde, wie klein die Gruppe der Deutschen war, die bis hierhin vorgedrungen waren. Insgesamt waren es über 200 Franzosen, die, bevor sie in Richtung Fort Vaux geschickt wurden, erst einmal ihre Feldflaschen abschnallen mußten. Zurück blieben ein Dutzend Schwerverletzte, zusammen mit ihren Sanitätern und einem Arzt.

Die Deutschen, ungefähr 60 Mann, bildeten einen Verteidigungskranz mit eigenen und erbeuteten Maschinengewehren um das Betonwerk, schickten eine Meldung zum Fort Vaux und warteten. Ein Unteroffizier hatte inzwischen anhand der Karte festgestellt, daß sie in der Batterie »h« waren, obwohl keine Geschütze zu sehen waren.

Verwundete Deutsche und Franzosen, die sich verirrt hatten, liefen vorbei. Da sie kein Artilleriefeuer belästigte, konnten die 143er in Ruhe die unterirdischen Räume inspizieren und entdeckten dabei neben einer französischen Stellungskarte auch eine Kiste mit Schokolade. Sie probierten die französischen Leuchtkugeln aus, um sich mit ihnen notfalls aushelfen zu können. Mit großem Nachhall explodierte vor ihnen in der unsichtbaren Tavannesschlucht, etwa 100 m entfernt, wo der Eingang zum Tunnel liegen mußte, alle zwei Minuten ein schweres eigenes Kaliber.

Gegen Mittag fing die französische Artillerie an, sich auf die Batterie einzuschießen, bis auf wenige Posten verschwand die Besatzung, zu der nun auch Versprengte vom Infanterieregiment 99 zählten, in den Bunkerräumen. Mit der Zahl der Besatzung wuchs auch die Zahl der Verletzten. Um 2 Uhr griff französische

Infanterie an. Mit einem grünen Doppelstern wurde das deutsche Sperrfeuer ausgelöst, das die Franzosen zerstreute, allerdings schlugen jetzt auch die Granaten einer schweren eigenen Haubitze in der Nähe ein. Schließlich wanderten die Einschläge heran, bis sie genau auf der Betondecke saßen. Der Vorrat an roten Doppelsternen »Artillerie schießt zu kurz« war bald aufgebraucht. Französische Flachbahngeschoße, die vor den Eingängen krepierten, sausten obendrein heran. Aus dem Fort Vaux, von dem aus der Blick bis zum Rand der Tavannesschlucht reichte, kam unerwartet doch noch Hilfe. Als sich der Altkirchgraben, ein zwischen Batterie »h« und Petit Depot steil auf das Fort zulaufender Graben, mit Franzosen füllte, die sich hier zum Angriff versammelten, wurde er von den im Fort stehenden fünf leichten Werfern unter Beschuß genommen, der sich für die Franzosen unheilvoll auswirkte – »in hochgehenden Rauchsäulen wirbeln Erdbrocken und Teile menschlicher Leiber«. Die Franzosen, die aus dem Graben stiegen, um dem Verderben zu entfliehen, wurden von den Maschinengewehren aus dem Fort getötet. Schließlich liefen Franzosen mit wehenden weißen Tüchern auf das Fort zu.

Die Deutschen in der Batterie blieben in Deckung hocken, ohne zu wissen, was um sie herum geschah und was geschehen würde.

5

Das »Kleine Depot« im Steinbruch zwischen Fort Vaux und Tavannes wurde von den Deutschen bald »Stützpunkt Hölle« genannt. In der Nacht vom 5. zum 6. Juli hatten die 126er die 172er abgelöst. Bei dem großen Angriff vom 11. Juli konnte die Stellung nur geringfügig vorgeschoben werden, so daß der Kampfgraben oberhalb des Gewölbes besetzt gehalten werden mußte. Der Kommandant der Anlage, der zusammen mit einem »Pionieroffizier vom Platze« für die Verhältnisse im Kleinen Depot verantwortlich war, hatte zwar die Sohle des Steinbruchs tiefer legen lassen, um sich gegen das Flankenfeuer von der Hohen Batterie her besser zu schützen, doch fegten die Geschosse der Franzosen genau in den Eingang der bombensicheren Kasematte. Der halbverschüttete Zugang konnte nur noch kriechend passiert werden.

Das ehemalige Depot der Franzosen diente jetzt als Verbandsraum. Er war ungefähr 50 qm groß und 4 m hoch. Die Luft stand förmlich im Raum, auch durch das Schwenken einer Zeltbahn am Eingang wurde sie kaum besser, dazu kam die Hitze – die Temperatur lag bei 30–40 Grad.

Am Abend des 11. Juli war der Raum mit 50 Schwerverletzten belegt, die anderen mußten im Steinbruch draußen abgesetzt werden – »wobei es nicht zu vermeiden war, daß sie bei den häufigen Feuerüberfällen durch Stein- und Granatsplitter von neuem verwundet wurden«.

Noch schlimmer waren die Zustände am 12. Juli. Die Luft wurde immer schlechter, die Hitze immer größer, obwohl die Pioniere einen Luftschacht durch den Felsen nach oben getrieben hatten. Da nur fünf Flaschen Mineralwasser vom Fort durchgebracht worden waren, wurde der Durst für die Verwundeten unerträglich – »die Lichter begannen zu verlöschen, Schwerverletzte erhoben sich und tasteten an den feuchten Wänden entlang, um die Tropfen abzulecken, ein Mann trank in einem unbewachten Augenblick seinen eigenen Urin. Selbst ohne Wasser mußten die Sanitätsmannschaften den Verwundeten Tag und Nacht größte Aufmerksamkeit schenken, um Leute, die der Durst an den Rand des Wahnsinns getrieben hatte, zu hindern, selbst Hand an sich zu legen.

6

Verdun schien sich immer weiter zu entfernen, je näher sich die Spitzen der deutschen Divisionen heranschoben: die Anmarschwege, Versorgungswege für die Trägertruppen wurden immer länger, der Marsch durch die Trichterwüste war immer schwieriger, immer verlustreicher, das Sperrfeuer der Franzosen, die immer mehr Geschützbatterien an die Verdunfront verlegten und mit der Anzahl der Rohre die Deutschen bald überholten, immer heftiger.

Vom »Kap der guten Hoffnung« bei Azannes, wo der Angriff im Februar begann, bis nach Verdun sind es in der Luftlinie rund 15 km. Von Fleury aus, dessen Nordteil Anfang Juli eingenommen wurde, blieben nur noch 3 km bergab, wenn man die letzte Anhöhe, den Souvillerücken, erreichte. Doch der letzte, der unmoderne und älteste Ring des Verteidigungsgürtels, stellte sich als der fatalste heraus. Wo sollte man angreifen? Eine Lücke war nicht zu entdecken. Die Schlucht zwischen Souville und »Kalte Erde« lag im Kreuzfeuer der beiden Forts, ebenso das Höhengelände südwestlich von Souville zwischen Fort und Belleville, ebenfalls durch ein Fort gesichert. Blieb nur der Stoß auf das Fort Souville selbst übrig, das nun zum »Schlüssel von Verdun« wurde (und bereits im Angriffsentwurf für den 23. 6. vorgesehen worden war).

Von Mal zu Mal war die Frontbreite, in der der Einbruch erfolgen sollte, kleiner geworden – am 12. Juli waren es nur noch 3 km, auf die man sich konzentrierte, taktische Finessen gab es nicht mehr, die Phantasielosigkeit triumphierte.

Das Fort bestand zu diesem Zeitpunkt nur noch aus ein paar unzusammenhängenden Kasematten und Grabenlücken. Von dem Mauerwerk war fast nichts mehr zu sehen. Die Grabenböschungen waren weggefegt, der 30 m breite Stacheldrahtverhau zerrissen. Da der einzige Panzerturm, mit dessen Mechanik die Franzosen wenig Glück gehabt hatten, am 16. März zerstört worden war, war das Fort zur Verteidigung auf seine zahlreichen Maschinengewehre angewiesen. Seit dem 1. Juni waren täglich rund 1000 Granaten auf das Fort herabgestürzt, am 22. Juni waren es rund 2400 gewesen, insgesamt hatten nun über 38 000 Granaten die Oberfläche aufgewühlt. 42-cm-Granaten hatten die Zugänge zu einigen Außenkasematten verschüttet und 6 m tiefe Krater gerissen. Allerdings hatten sie die tiefen Felsbunker nicht erreicht.

Am 11. Juli war ein großer Teil der Besatzung am Gas erkrankt, darunter auch der Kommandant und die sechs Brieftaubenwärter. Nur durch einen Zufall hatte das Fort am Morgen des 11. Juli 60 Mann Verstärkung bekommen. Eine Kompanie des Infanterieregiments 7, das »Hals über Kopf« an die Front geworfen wurde und auf dem Weg zum Fumin in das schwere deutsche Artilleriefeuer kam, suchte kurzentschlossen die sicheren Kasematten des Forts auf, um nicht vollends aufgerieben zu werden. Ihr Führer, Oberleutnant Dupuy, begriff sofort, in welcher Gefahr sich das Fort befand, und ging an die Organisation des Widerstands, ließ die Ausgänge mit Sandsäcken und Drahtverhauen verbarrikadieren und Maschinengewehre an der besonders gefährdeten Nordwestseite postieren. Schließlich schickte er noch Alarmposten auf die Fortwälle und ließ die gehfähigen Gaskranken und Verwundeten aus den Gewölben weisen, um Bewegungsfreiheit für die Verteidiger zu schaffen. Seinem Regimentskommandeur schickte er die Meldung nach hinten: »Erreichten mit Müh und Not Souville, hier geht alles drunter und drüber, die Garnison ist kampfunfähig, falls kein anderer Befehl gegeben wird, bleibe ich im Fort und übernehme seine Verteidigung.« Drei Stunden später erschien der Regimentskommandeur, um selbst die Rolle des Kommandanten zu übernehmen. Als am 12. Juli vormittags das Artilleriefeuer wieder zunahm, hielt Dupuy seine Leute so lange in den granatsicheren Kasematten zurück, bis die ersten Deutschen am Fuß des Forts erschienen. Während zeitweise deutsche und französische Granaten gleichzeitig auf das Werk herabfielen, da keine Seite mehr eine Übersicht besaß, bewarfen sich die beiden Parteien erbittert mit Handgranaten. »Die amtliche Geschichtsschreibung begreift nicht, daß dies nicht ein Tag war wie zu Zeiten Napoleons, wo Generäle von einem Hügel oder Kirchturm die Bewegungen ihrer Regimenter mit größter Genauigkeit lenkten wie ein Schachspieler seine Figuren. Auch wenn wir den siegreichen Führern ihren Anteil an Ruhm lassen, ist es heute nach den riesigen Kriegserfahrungen und Handgemengen, wo jeder für sich kämpft, nötig, auch den bescheidenen Führern und einfachen Soldaten ihren Ruhmesanteil zu geben«, schrieb später ein französischer Chronist.

7

Obwohl die Führung des 140. Regiments nur zwei Kompanien als Unterstützung nachschicken konnte, hatte sie noch in der Nacht zum 12. Juli neue Angriffsbefehle herausgegeben. Während französische Tiefflieger über das Vorfeld surrten und das Abwehrfeuer ihrer Batterien lenkten, waren die Reste des Regiments um 5 Uhr morgens unerwartet schnell bis zu der Straßenkreuzung St-Fine gekommen, wo einmal eine inzwischen zertrümmerte kleine Kapelle gestanden hatte.

Infanteriefeuer schlug ihnen nicht entgegen, nur das eigene Artilleriefeuer war so lästig, daß ihnen nichts weiter übrigblieb, als es zu unterlaufen. Eine kleine Gruppe erreichte die Wälle des Forts Souville und stieß hier auf die französischen Verteidiger, die sich erbittert wehrten.

Der Kampf zwischen den Resten zweier erschöpfter und dezimierter Gegner zog sich in die Länge. Verzweifelt schauten die paar deutschen Infanteristen auf Souville den ganzen Tag danach aus, ob nicht Verstärkung eintraf: Offenbar hatte hinten niemand mit diesem Vorstoß ernsthaft gerechnet. Schließlich schickten sie eine Meldung zum Douaumont, aber diese blieb ohne Ergebnis. Einen Tag lang kümmerte sich niemand um die 140er! Ihr Regimentskommandeur war am Morgen des 12. Juli bei einem Sturz von der Treppe verletzt und von den Regimentsmusikern in die Brûleschlucht gebracht worden. Ein Major vom Regiment 49 übernahm das Kommando und befahl, sich bei Fleury zur Verteidigung einzurichten.

Die zusammengeschmolzene Schar auf dem Glacis von Souville, der die Munition ausging, wagte nicht, durch das wütende Sperrfeuer der Franzosen und Deutschen den Weg zurückzugehen. Schließlich wurde sie von der Fortbesatzung, die inzwischen Verstärkung bekommen hatte, überwältigt und gefangengenommen.

Noch ein anderer Angehöriger des 140. Regiments sollte Fort Souville erreichen. Am 12. Juli war er bei St-Fine verwundet liegengeblieben; als der französische Gegenstoß kam, fand ihn ein französischer Korporal und überließ ihm seine Feldflasche. Einen Tag später trugen ihn andere Soldaten wohl auf Befehl des Korporals in einer Zeltbahn weg, ließen ihn aber dann voller Panik im deutschen Feuer liegen. Die dritte Nacht verbrachte er zwischen toten und verwundeten Franzosen in einem Trichter. Dann kamen französische Sanitäter, trugen ihn auf einer Tragbahre zum Sanitätsunterstand beim Fort, wo ihn ein Arzt gegen Wundstarrkrampf impfte.

Auch der Angriff zwischen Vaux und Chapitre im Bereich der 1. Infanteriedivision mit den Regimentern 3 und 43 brachte am

12. Juli keinen Fortschritt. Mehrmals gingen von der Divisionsführung Angriffsbefehle hinaus, ohne daß etwas geschah. Schließlich begab sich der Kommandeur des 3. Grenadierregiments selbst in die vorderste Stellung, um seine Kompanien anzutreiben, doch fand er seine Grenadiere verstreut und schicksalergeben in ihren Granatlöchern liegen. Sie waren seit 18 Tagen ununterbrochen im Einsatz. »Stumpfsinnige Gleichgültigkeit hat sich der Überlebenden bemächtigt«, meldete ein Bataillonskommandeur nach hinten, um den Stäben einen Begriff von den Zuständen zu vermitteln. Die »H«-Batterie war in der Nacht von den Franzosen zurückerobert worden, der einzige Überlebende, ein verwundeter deutscher Unteroffizier, erreichte mit Hilfe eines französischen Sanitäters den Tavannestunnel, kam auch glücklich durch das deutsche Sperrfeuer, das den Tunneleingang abzuriegeln versuchte, und wurde hier im Verbandsraum von einem Arzt versorgt. »Hein kaputt«, hänselten ihn die französischen Soldaten gutmütig. Als er am Ende des Tunnels angekommen war, nahm ihm ein dicker französischer Offizier Soldbuch und Taschenmesser ab. Auch auf dem Weg nach Verdun wurde er von den deutschen Granaten verschont. Im Sanitätsauto fuhr er in Gefangenschaft.

8

Wer wie Leutnant Harry Wiesebaum zum Fort Vaux kommandiert wurde, mußte den Hang am Hardaumont hinunter-, dann über den Damm des Vauxteiches hinüberlaufen und konnte sich am Hang des Vauxberges erst einmal in den Stollen »verschnaufen«, die hier Ablösungen und Melder aufnahmen. Offiziere paßten auf, daß niemand an diesem Ort etwa übernachtete. Der Pfad war die einzige passierbare Stelle, um über den Vauxbach zu kommen, der sich inzwischen zu einem riesigen Sumpf ausgebreitet hatte. In erster Linie wurde dieser Weg benutzt, um den Fumin zu erreichen. Andere Übergänge führten am Ostende des Dorfes im Bahnhofsbereich über den Vauxbach (zum Fort). Da die französische Artillerie den Damm regelmäßig beschoß, hieß der Weg der Todespfad. Überall im Wasser und im Morast lagen Leichen und

Leichenteile, sogar Pferde. Auf dem Hang löste sich die Ordnung auf, jeder suchte so schnell wie möglich nach oben zu kommen, an den schreienden Verwundeten vorbei, die sich in die Füße der Vorbeikeuchenden krallten.

Harry Wiesebaum, auch »Wald-, Sumpf- und Wiesebaum« genannt, gehörte zur Pionierkompanie 100 im Verband der 50. Infanteriedivision: »Alles staunt und wundert, jetzt kommt PK hundert.« Der kleine Trupp, den Wiesebaum anführte, hatte den Auftrag bekommen, beim nächsten Angriff den Eingang des Tavannestunnels zu sprengen. Um für den Spezialauftrag gewappnet zu sein, hatten die Pioniere hinter der Front an einem Steilhang geballte Ladungen hinuntergeworfen, um zielen zu üben. Oben auf dem Vauxberg ließ er sich durch ein enges Loch in das Fort hineinfallen, nahm seinen Helm ab, um sich den Schweiß von der Stirn zu wischen, ging zu der Kasematte, wo der Regimentsstab saß, setzte den Helm wieder auf und haspelte seine Meldung herunter.

Im Fort hatte sich nichts verändert, wie immer saßen am »Eingang« auf der Treppe, die man mehr hinunterrutschte als ging, Soldaten mit Gasmasken und verrichteten ihre Notdurft.

An der Front, dort, wo Lebensgefahr bestand, gab es keinen Befehlston mehr, kein Offizier wagte es, »Befehle« zu geben, statt dessen hieß es etwa »Versuchen Sie bitte . . .« Außerdem gab es immer noch genug Freiwillige, die heikle Aufträge erledigten – niemand wollte schon als Feigling, der seine Kameraden im Stich ließ, gelten. Wiesebaum hatte es aber auch erlebt, daß unbeliebte Offiziere, die als Schinder galten, nicht mehr wiederkehrten und dabei von keiner feindlichen Kugel getroffen worden waren . . .

Er selbst führte bei seinen Wegen zum Fort nur einen Knotenstock und eine Pistole mit sich (eine Decke fand sich immer irgendwo). Die Pistole trug er nicht etwa in der Befürchtung, auf Franzosen zu stoßen; eine Pistole war immer gut. Auch wenn niemand das Wort Gnadenschuß aussprach, weil es als Tabu galt, wußte jeder, der nach vorne ging, daß man verloren war, wenn man »liegenblieb.« Vor den Senegalesen und Farbigen hatte Wiesebaum keine Angst; waren sie gefangengenommen, trugen sie sofort willig Pioniermaterial und waren für Verpflegung dankbar. Am 12. Juli geriet Wiesebaum mit seinen zwei Trägern sofort in das

MG-Feuer aus der Richtung Lauféewald. Wie viele andere, die keine Möglichkeit sahen, heil davonzukommen, legte auch er sich in einen Trichter und stellte sich »tot«, um die Dunkelheit abzuwarten. Nur die Verwundeten liefen schreiend mit aufgerissenen Uniformen nach hinten zum Sanitätsstand in der Hoffnung, daß sie die französischen Schützen laufenlassen würden. Seinen beiden Trägern, die die Sprengladung genau neben sich gestellt hatten, rief er zu, sich einen anderen Trichter zu suchen, falls sie nicht mit in die Luft gehen wollten. Nachts ging er zurück. Den Tavannestunnel hat er nie gesehen.

I-Werk 780

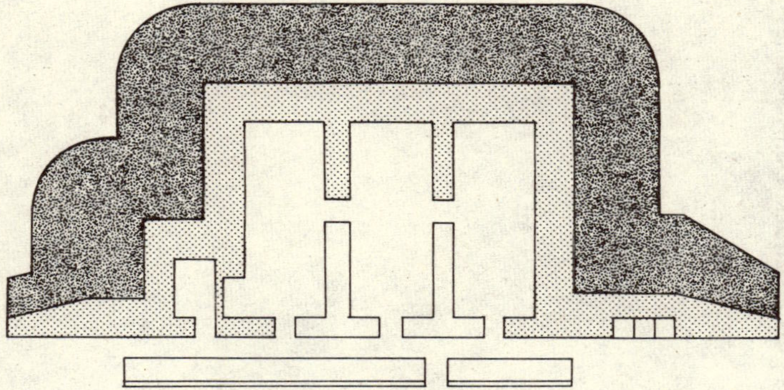

Grundriß

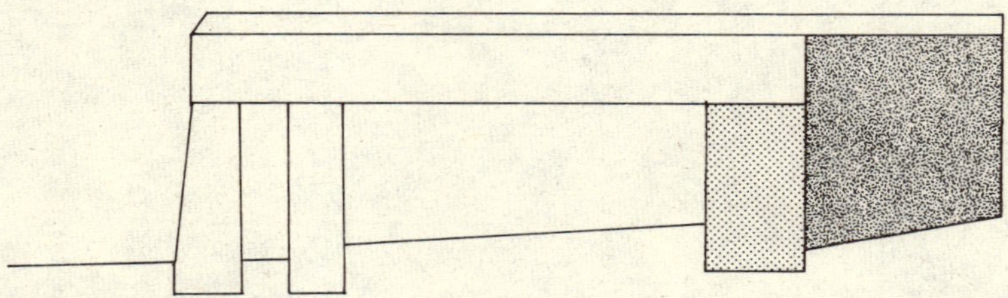

Querschnitt

18 Die kleinen Werke (11. Juli–16. August 1916)

1

Die letzte, die allerletzte und die allerallerletzte Offensive waren mißlungen. Falkenhayn und Tappen selbst waren am 11. Juli in Stenay Zeugen des Debakels geworden. Noch am selben Tag befahl Falkenhayn der 5. Armee strikte »Defensive« und verlangte weitere Abgaben von der Verdunfront, allein von der Ostgruppe fast 30 Batterien. Am 12. Juli machte ein Erlaß der Heeresgruppe Kronprinz die unteren Armeestellen mit der »vorübergehenden« Einstellung der Offensive auf beiden Ufern bekannt; wiederum ließ Knobelsdorf ein Hintertürchen offen: »Einstellung« – abgesehen von sich bietenden günstigen Gelegenheiten zum Vorwärtskommen. Es sollten Vorkehrungen getroffen werden, den Angriff nach der »Periode des Stillstandes« wieder fortsetzen zu können: »Bis dahin sind die erreichten Linien auch gegen starke Angriffe zu halten. Der Ausbau – einschließlich der Ausgangsstellungen – ist mit allem Nachdruck zu fördern. Die Artillerie ist in breite Aufstellung zu nehmen und hat von Scheinanlagen Gebrauch zu machen.«

Einen Tag später erfuhr Gallwitz bei einer Besprechung mit Knobelsdorf, daß er sich bereithalten sollte, Verdun zu verlassen, um an der Somme eine Heeresgruppe zu übernehmen. Für die Niederlage vor Souville machte Knobelsdorf den Munitionsmangel verantwortlich, weder an Truppen noch an Geschützen habe es gefehlt. In diesen Tagen tauchte wieder das Argument auf, bei Verdun würden große feindliche Kräfte gefesselt. Von dem Ziel, Verdun zu erobern, war keine Rede mehr, selbst »das Phantom einer Eroberung von Fort Souville verblaßte«. »Wenn wir hier ganz brachliegen«, erklärte Knobelsdorf Gallwitz, dann »müßte dies für den Feind das Signal zum Fortziehen weiterer Kräfte an die Somme sein.« Gallwitz maß Falkenhayn die Hauptschuld an der Lage vor Verdun zu: »Ich habe Falkenhayns Strategie immer zum Vorwurf gemacht, das allmähliche Einsetzen bei großen Unternehmungen, das Arbeiten mit unzureichenden Mitteln (die stets fehlenden 2 Korps!)«, notierte er kurz vor seiner Abfahrt. »Er führt nicht strategisch, sondern diplomatisch ... Mit dem Zermürben allein siegt man nicht.«

2

Die Kämpfe um Fort Douaumont und Fort Vaux, um Fleury und Thiaumont machten Schlagzeilen. Die Stärke der französischen Befestigung um Verdun beruhte aber nicht nur auf den Forts und befestigten Dörfern, sondern vor allem auf kleinen, betonierten Anlagen, die oft nur aus einem einzigen Bunker bestanden. Teils waren es Munitionsräume, Depots für Artilleriegranaten, teils Unterstellplätze für Artilleristen in der Nähe von Batterien, teils Schutzräume für Infanteristen. Von Stacheldraht umgeben, in ein geschickt angelegtes Grabennetz mit flankierenden Maschinengewehren eingebettet, von der deutschen Artillerie nur durch einen Glückstreffer zu zerstören, wurden diese Plätze zu Brennpunkten des Kampfgeschehens, das sich wesentlich verlustreicher gestaltete als die Auseinandersetzungen um die großen Forts bzw. »Anklammerungspunkte«. Am 11. Mai waren auf die Betonbunker südwestlich des Douaumont von drei 42-cm-Mörsern 90 Granaten abgefeuert worden, wobei vier trafen, am 12. Mai 40 Granaten von 30,5-cm-Kalibern ohne Trefferergebnis.

Von den Deutschen wurden diese Anlagen Infanteriewerke (I-Werk) und Munitionsräume (M-Raum) genannt; auf den französischen Karten waren sie unter der Bezeichnung R *(retranchement)* oder als *abri* registriert. Ein Beispiel war das berüchtigte I-Werk Nord – *abri no. 3209* – im Caillettewald, unterhalb des Douaumont, wo sich gleich am 25. Februar der Angriff festgelaufen hatte.

Zwei weitere Infanteriewerke in der Mitte des Caillettewaldes wurden erst Anfang Juni eingenommen und dienten danach als Zufluchtsort für Melder und Versprengte. Wenn im französischen Sperrfeuer kein Weiterkommen mehr war, wurden sie Inseln in der Trichterwüste, die einen oft nur mit Widerwillen benutzten Schutz boten. Ein Werk war von einem 42-cm-Geschoß durchschlagen worden und bis zur Decke mit Toten angefüllt.

»Der Betonklotz zittert unter den Aufschlägen aller Kaliber, und es gehört Entschlußkraft dazu, hinaus- und hereinzukommen.«

Ebenso hartnäckig war um das I-Werk 323, auf dem Douaumontrücken zwischen dem Fort und der Thiaumontferme an der Straße nach Fleury gelegen, gerungen worden. An ihm hatten sich alle Angriffe im März, April und Mai gebrochen, die nach der Eroberung des Dorfes Douaumont hier in Richtung »Kalte Erde« weiter vorgetrieben werden sollten. Erst am 1. Juni konnte das 1. Bayerische Infanterieregiment das Werk einnehmen, nachdem für kurze Zeit vorher die vordersten Stellungen sogar aufgegeben worden waren, um das unbehinderte Wirkungsschießen eines 42-cm-Geschützes und einer Mörserbatterie zu ermöglichen. Alle Regimenter, die rechts und links an dem Werk vorbeigingen, erlitten hohe Verluste durch MG-Feuer aus dem Werk. Das Werk spielte weiterhin eine unglückliche Rolle – am 7. Juni kam die deutsche Besatzung bei einer Handgranatenexplosion, die durch eine französische Granate ausgelöst wurde, ums Leben. »Mangels jeder besseren Unterkunftsmöglichkeit« diente es weiterhin als Gefechtsstand, in dem der Bataillonsstab unterkroch. »Der eigentliche, nach Süden gelegene Eingang dieses kleinen unterirdischen Betonbaues, der zur Not eine Kompanie beherbergen konnte, war von den Franzosen, die ihn natürlich genau kannten, bis zur Unkenntlichkeit zerschossen; von innen hatte man ihn mit Sandsäcken und Erde notdürftig verstopft. An der entgegengesetzten Nordseite vermittelte den Verkehr ein Einsteigloch, das nur Eingeweihten bekannt und bei Nacht überhaupt nicht zu finden war.«

Die Angehörigen einer Materialtransportkolonne, die vom Steilhang kam und am Werk vorbeiging, sah vor sich »einen Erdhügel, eine Erhebung mitten im Trümmerfeld, zerschossen und zerborsten. Haustiefe Löcher ringsherum, ungeheure Krater, keine Spur mehr von einem Weg. Das ist das I-Werk, einst ein Sperrwerk, eine starke Trutzburg der Franzosen, heute ein elendes Loch, darin ein paar Mann liegen als Stafette. Wild umtost ist das Werk, wenn Sperrfeuer einsetzt. Die Franzosen vermuten wohl Truppen dort. Man sieht auf die Trümmerstätte mit Grausen.«

Zwei weitere Werke, wenige 100 m entfernt, fielen am 8. Juni, das nur 500 m weiter vom I-Werk 323 entfernt gelegene I-Werk 361 an der Straßenkreuzung Dorf/Fort Douaumont, bei den Franzosen Werk Adalbert genannt, kapitulierte am 23. Juni; »es war eine üble

Ruine mit klaffenden Volltreffern in der Kehlseite, die auch als Verbandsplatz dienen mußte und die Toten und Verwundeten von langen Wochen her barg. Die Luft war zum Ersticken. Ein Gemisch von widerlich süßlichem Verwesungsgeruch, Karbol- und Jodoformgeruch, dem Gestank menschlicher Exkremente, Explosionsgasen und Staub benahm den Atem. Unser tüchtiger Oberarzt holte unter den alten Lagerpritschen noch vier tote Franzosen vom Mai heraus.«

Auf dem Weg vom Fort zur vorderen Linie stellten diese kleinen Werke eine Zwischenetappe dar – ein Leutnant des bayerischen Jägerbataillons 10 beschreibt den nächtlichen Marsch: »Wir erreichen glücklich ohne größere Verluste unser I-Werk. Es ist ein Betonklotz in der Größe einer Stube, der Eingang feindwärts gelegen; durch eine Wand in der Mitte ist es in zwei kleine Räume geteilt. Dort hinein müssen nun meine etwa 40 Mann. Drinnen bietet sich uns ein schrecklicher Anblick. Der ganze Boden ist mit toten und schwerverwundeten Deutschen und Franzosen bedeckt, die teils schon tagelang dort hilflos lagen. Die Luft ist von Leichengeruch verpestet. Kaum ist es uns möglich, uns noch zwischen die Toten und Verwundeten zu zwängen. Die Nacht vergeht. Die feindliche Beschießung setzt verstärkt ein, eine feindliche leichte Batterie hat sich unseren Betonklotz zum Ziel genommen. Ein Treffer nach dem anderen bringt die Wände zum Erzittern. Aber diese halten stand. In einigen 100 Metern Entfernung kann ich das andere I-Werk liegen sehen, in dem der andere Zug liegt. Dort ist die Beschießung heftiger. Plötzlich steht das andere Werk in Flammen, da der Franzose scheinbar Brandgranaten benutzt. Die Besatzung flüchtet nach allen Seiten ins Trichterfeld. Ein Teil rettet sich zu unserem Werk und zieht dadurch das französische Feuer verstärkt auf uns. Einschlag um Einschlag um uns herum. Ein Blindgänger fährt durch die Luke in den Nebenraum, ohne Schaden anzurichten. So vergeht der Tag. Ein junger Jäger irrt draußen durch das Trichterfeld und findet den Weg zu uns, er redet wirres Zeug; die grausigen Eindrücke haben ihn wohl um den Verstand gebracht.«

Ein anderer Leutnant, ebenfalls auf dem Weg zu einem I-Werk, schreibt in einem Brief vom 20. Juni:

»Gleich am Ausgange liegen schon die Leichen. Franzosen;

einige Kameraden – im Tode sind sie ja alle gleich. Wer würde sich davor noch entsetzen? Ist man so wenig noch Mensch? Ist es Willensstärke, die einem über Leichen hinweg hilft? Wer hätte das früher gekonnt? Man denkt sich nichts mehr dabei. Was gibt uns nur die Kraft, das auszuhalten? Wer will sich dagegen wehren? Was würde das helfen – es ist ein stummes Dulden und Ertragen.«

Es wurde bald angezweifelt, ob der Generalstab der Kronprinzenarmee die bereits im Frieden ausgearbeitete Denkschrift »Verdun«, in der fast alle kleinen Werke eingezeichnet waren, auch wirklich bei der Planung hinreichend ausgewertet hatte.

3

Auf dem Weg zur »Filzlaus«-Stellung waren die Bayern auf einen unterirdischen Bunker der Franzosen gestoßen. Ebenso wie die riesigen Kasernen »Vier Schornsteine«, die unterhalb der »Kalten Erde« in den Hang hineingetrieben waren, waren diese Bunker aus der Luft so gut wie nicht auszumachen und von der Artillerie nicht zu fassen. Die M-Räume in der Poudriéreschlucht, 1 km von Fleury entfernt, waren ein H-förmiger Stollen, in den zwei Eingänge hineinführten. Durch die beiden Hauptgänge sowie den Verbindungsraum liefen Feldbahngleise zum Munitionstransport, an der Seite der Gänge waren kleinere Räume in den Fels gesprengt, die als Stabs-, Verbandsraum oder Abort dienten. Die M-Räume hatten den Franzosen als Munitions- und Versorgungsdepot gedient, die Beute war reichlich: über 6000 Granaten für die Feldartillerie, massenweise Handgranaten, Infanteriemuniton, 250 Gewehre, Fernsprechgeräte, Zwieback, Schokolade, Fleischkonserven und andere Lebensmittel, die die nicht verwöhnten Deutschen an den Eintritt ins Paradies glauben ließen.

Die deutsche Stellung verlief seit dem 11. Juli in einem Halbkreis um die M-Räume herum, in die die Reserven gelegt wurden. Auch ein Verbandsplatz wurde eingerichtet. Da keine deutschen Ärzte zur Verfügung standen, übernahmen zwei französische Ärzte die Betreuung der Schwerverwundeten beider Nationen. Krankenträger sollten die nicht Gehfähigen zum Douaumont bringen, doch gelang dies nur in seltenen Fällen. Natürlich lagen jetzt die M-Räume unter starkem französischem Artilleriefeuer, und auf dem langen Weg über Fleury zum Douaumont waren noch weitere Feuerzonen zu durchqueren.

Tagsüber wirkten die beiden Toröffnungen der M-Räume bei Fleury »wie ausgestorbene Höhlen«. Bei Morgengrauen wurden die Eingänge durch eiserne, mit Schießscharten versehene Tore geschlossen, da die Franzosen 200 Meter in Richtung »Filzlaus« entfernt lagen und jede Bewegung wahrnehmen konnten. Drei Mann kamen als Wache nach vorne, alle anderen hielten sich in dem engen Quergang auf. Da der Verbandsraum überfüllt war, lagen die Schwerverletzten, nur notdürftig verbunden, auf dem Boden der Gänge. »Hart und scharf wie Peitschenhiebe hörten sich hierinnen die Gewehrschüsse draußen an. Dumpf, wie ferner Donner, rollten in den langen Gängen die leichteren Granateinschläge über dem Werk. Zwischendurch ließen schwere Detonationen das ganze Werk in seinen Fundamenten erzittern, wobei jedesmal die beiden Kerzen, die die einzige Beleuchtung darstellten, erloschen.«

Erst bei Einbruch der Dunkelheit öffneten sich die Tore zur Außenwelt. In den völlig finsteren Gängen entstand ein dichtes Gedränge. Melder, Ordonnanzoffiziere, Krankenträger, Transportkolonnen, Verwundete schoben und drängten aneinander vorbei – »die einen wollten rein, die anderen raus. Bald stolperte man über eine Kiste oder einen Haufen Munition, bald rannte man an die Wand oder fiel über eine am Boden sitzende Gestalt . . . dazwischen das Stöhnen und Jammern der Verwundeten.« Wer etwas trinken wollte, mußte jetzt hinaus, um sich aus irgendeinem Granattrichter Wasser zu schöpfen.

»Wir hatten uns bereits ganz gut an unsere neue Lage gewöhnt und glaubten, die kommenden Tage bis zu unserer Ablösung getrost hier aushalten zu können.« Doch wollten die Franzosen den Aufenthalt an dem hier am weitesten vorgeschobenen Frontpunkt der Deutschen nicht dulden. Bevor die 5. Armee zu einem neuen Anlauf ansetzte, kam General Mangin mit einem Angriff dazwischen. Am 15. Juli gelang es den Franzosen, rechts von den M-Räumen die Nahtstelle zwischen dem 2. Bayerischen Infanterieregiment und dem Infanterieleibregiment einzudrücken. Die Meldungen widersprachen sich, im Douaumont war man zu weit von den Kämpfen entfernt, um Klarheit zu erhalten.

4

In der Nacht zum 16. Juli erreichte den Stab im M-Raum die Hiobsbotschaft, daß auf dem rechten Frontabschnitt durch das »Artilleriedauerfeuer« eine Lücke von ungefähr 80 m entstanden sei – den ganzen Abschnitt »hielten nur noch Tote«. Als der Regimentsstab im Douaumont durch eine Eilmeldung um Verstärkung gebeten wurde, kam nur die Antwort, bis morgen mit den zur Verfügung stehenden Kräften die Lücke zu besetzen, da das ganze Alpenkorps sowieso bald abgelöst werde. Daraufhin ging ein Leutnant mit 17 Mann nach draußen, um die Einbruchstelle abzuriegeln, er selbst und vier andere wurden sofort verwundet. Kurz bevor am Morgen die Tore geschlossen wurden, kamen noch einmal drei Verwundete, zuletzt ein Unteroffizier, der als letzter Überlebender meldete: »Alles übrige ist tot.«

Daraufhin beschloß der Bataillonsstab, den Tag abzuwarten und in der kommenden Nacht den unbesetzten Abschnitt nur durch Pendelposten abgehen zu lassen. Dieser Pendelposten konnte allerdings überhaupt keinen Anschluß mehr finden, die Verbindung mit dem anderen Ende der deutschen Linie war abgerissen, die Lücke nun schon über 300 m breit. Der Gegner hätte hier in aller Seelenruhe hindurchmarschieren können. Die Katastrophe vor Augen, schickte der Stab noch einmal einen Eilboten zum Douaumont – wiederum wurde er auf Ablösung durch das 11. Bayerische Regiment vertröstet. Teile der Besatzung, die nur noch nachts auf den steilen Hang oberhalb der M-Räume kletterten, stießen in der Trichterwüste, in der nur Tote zu finden waren, auf eine französische Patrouille, die an derselben Stelle die Lage erkundete. »Um diesen Zustand hier zu ändern, genügte nicht mehr eine Handvoll abgekämpfer Leute.«

Um 1 Uhr kamen tatsächlich »Elfer«, die neu vor Verdun waren und daher fassungslos über die Verhältnisse, hatten sie doch zwei Jahre an einer ziemlich ruhigen Stelle der Westfront verbracht. Für die alte Besatzung kamen sie zu spät, der Morgen war bereits angebrochen, er begann mit Donnerschlägen schwerer Granaten, deren Luftdruck die massiven Tore aufdrückte. Sie wurden mühsam geschlossen, die Wachen unmittelbar hinter ihnen zurückgezogen. Doch wenig später wurden beide Torflügel des rechten Eingangs durch eine Explosion aus den Angeln gehoben und einige Meter weit in den Gang geschleudert. Das Mauerwerk des Eingangs stürzte nach.

Das Feuer hielt den ganzen Tag an; als es dunkel wurde, machten sich die Reste der alten Besatzung zum Abmarsch fertig, hängten das Gewehr um, ließen jedoch ihre Patronen für ihre Nachfolger da, füllten die leeren Brotbeutel statt dessen mit französischen Konserven, als sie das Alarmgeschrei eines MG-Schützen, der noch draußen gewacht hatte, erstarren ließ. Die Franzosen waren durch die Linie oberhalb der M-Räume durchgebrochen und rollten die Stellungen von hinten her auf. Schon krachten die ersten Eierhandgranaten gegen die Tore, während innen Handgranaten geschärft wurden und die Infanteristen hastig wieder ihre Patronentaschen mit den bereits zur Seite gelegten Patronen füllten. »Türen schließen und zur Verteidigung einrichten!« kam der Befehl. Die Deutschen saßen in der »Mausefalle«.

Im Laufe der folgenden Nacht wurde die Situation der Eingeschlossenen immer verzweifelter, nachdem sich auch die Hoffnung auf Ersatz von außen zerschlagen hatte. Nur ein Versprengter aus der Krankenträgerkompanie, die sonst jede Nacht kam, hatte sich noch durch die französischen Belagerer durchschleichen können. Jeder Versuch, das verbleibende Tor zu öffnen, führte zu wütenden Feuerstößen und Handgranatenwürfen der Belagerer. Auch einem Unteroffizier und einem Gefreiten, denen für ihre freiwillige Meldung die Tapferkeitsmedaille versprochen wurde, gelang es nicht, unbemerkt hinauszukommen, um eine Meldung nach hinten zu bringen. »Mit angehaltenem Atem«, um nur ja kein verdächtiges Zeichen zu überhören, lagen die Deutschen in den dunklen Stollen und warteten auf die Franzosen, die sich jedoch Zeit ließen. Beim geringsten Geräusch gab die Torwache Schnellfeuer durch die Schießscharten. »Durch die Schießscharten und die Unmenge Durchschüsse in den Toren fiel ein matter Schimmer herein. Hin und wieder leuchtete weiter draußen eine Leuchtkugel auf und ließ dann im Steigen und Fallen einen hellen Schein über uns hinweghuschen. Nach einiger Zeit versuchte der Gegner, uns durch MG-Feuer mürbe zu machen. Mit eingestellten Gewehren streute er die schmalen Gänge ab. Alle Einschläge gingen in die Gewölbe. Unmittelbar darauf unternahm er nochmals einen Sturmlauf gegen die Tore.«

Auch dieser Vorstoß scheiterte noch einmal. Inzwischen waren die Deutschen auf die Idee gekommen, die Vorräte des Lebensmitteldepots zum Barrikadenbau zu verwenden. Säcke voller Fleischbüchsen, Kisten mit Zwieback und Zucker wurden am offenen rechten Eingang aufgetürmt. Unausgesprochen lag die Befürchtung in der Luft, daß die Franzosen »schließlich zum äußersten Mittel, den gefürchteten Flammenwerfern, greifen würden«. Stunde auf Stunde verrann.

Die Katastrophe kam mit dem ersten Morgengrauen, als ein heller Lichtschein am linken Eingang aufleuchtete, den manche verschlafen mit dem Ruf »Licht aus!« kommentierten.

Binnen kurzem war der ganze linke Eingang ein Feuermeer, dicke Schwaden von Dunst und Rauch füllten sofort die Gänge und Kasematten. Dabei hatten die Franzosen zunächst nur eine Leuchtkugel hineingefeuert, die einen Lumpen in Brand gesetzt hatte. Doch der Gegner nutzte den Moment, um mit den Flammenwerfern an die Tore heranzukommen.

Die vorderen Männer in den Gängen wurden sofort verbrannt, die zunächst Stehenden drängten vor der fürchterlichen Gluthitze nach hinten, traten auf die Schwerverwundeten und lösten eine Panik aus. Die einen brüllten »Gasmasken auf«, obwohl kaum jemand noch damit ausgerüstet war, andere schrien, daß alles gleich in die Luft fliegen werde. Ungefähr 60 Mann verbrannten und erstickten in diesen Minuten im linken Eingang, die noch Lebenden drängten zum rechten Eingang hinaus, die ersten wurden von dem dort in mehreren Reihen aufgebauten Gegner erschossen, bis auch sicher war, daß sich alle Nachkommenden ergeben würden. *»Les mains en l'air«* – es waren Kolonialtruppen. Sie umringten die Deutschen, rissen ihnen die Gewehre aus den Händen, schlugen die Helme herunter und nahmen ihnen das Koppelzeug weg.

Während die Deutschen in zwei Haufen zusammengetrieben

und »gefilzt« wurden, lagen die Eingänge »drohend und finster da . . . schwarze Wolken quollen träge aus den zerschossenen Öffnungen«. Die Franzosen konnten sich noch nicht entschließen, sie zu betreten, da sie eine Explosion befürchteten. Die zurückgebliebenen Verwundeten erstickten im Werk. Ein Schuß fiel, ein Offizier hatte sich im Werk erschossen – auch der französische Offizier, der beim Sturm auf das Wachthaus vor den M-Räumen damals allein geblieben war, hatte sich aus Verzweiflung auf diese Weise der Gefangennahme entzogen. Wenig später wurde der deutsche Offizier aus dem Stollen herausgeholt, die Kugel hatte ihn nicht getötet, sondern blind geschossen. Der Bataillonskommandeur, der ebenfalls zurückgeblieben war, versuchte mit Gewalt die französische Postenkette zu durchbrechen und erhielt einen Kopfschuß. Wer vernünftig war, leistete beim Abtransport keinen Widerstand. Nur ein Krankenträger, der seine Uhr nicht herausgeben wollte, wurde niedergestochen, trotz der Rot-Kreuz-Binde. Die Gefangenen – eine ganze Kompanie – zogen in einer langen Kolonne nach hinten. So sahen sie Verdun als Gefangene. Sie kamen in das berüchtigte »Kronprinzenlager« bei Souilly.

5

Während Fleury von den Bayern gehalten werden konnte, griffen die Franzosen fast ununterbrochen im Thiaumontabschnitt die um das Panzerwerk gruppierten Betonräume an. Am 15. Juli ging abends auch der M-Raum an der Straßengabelung Thiaumont – »Kalte Erde« – Fleury verloren. Von Straßen war hier allerdings ebenso nichts mehr zu erkennen wie von Stellungen – nur die Betonklötze gaben Anhaltspunkte. Vom Regimentsstab des Infanterieregiments 14, das Mitte Juli diesen Abschnitt übernommen hatte, wurden Bataillone nach vorne geworfen mit dem Befehl zum Gegenstoß, aber »die durch das Sperrfeuer dezimierten Kompanien tragen, wenn sie endlich die vordere Linie erreichen, nicht mehr die Kraft zum Gegenstoß in sich . . . so kommt es immer nur zu einem Auffüllen der Trichterlinie mit zunehmender Vermischung der Kompanien«, und das hieß: die Kompanieführer wußten nicht, wo ihre Kompanien waren, die Bataillonsführer nicht, wohin sie die Befehle schicken sollten.

Über der ganzen Verdunfront lag in diesen Julitagen ein »glutheißer Himmel. Furchtbar leidet die Truppe unter den Qualen des Durstes, der sie die eisernen Rationen nicht mehr hinunterwürgen läßt.« Nur wenig Wasser gelangt nach vorn, obwohl mehrere Kompanien für den Transport eingeteilt waren. Pausenlos gingen Angriffe und Gegenangriffe hin und her. Drei Versuche, den M-Raum wieder zu nehmen, scheiterten.

Ein Leutnant der 149er berichtete von seinem Aufenthalt in einem der noch besetzten Werke: »Leider konnten wir in dem Werk den schußsicheren Keller nicht benutzen, weil er von Toten überfüllt und die Luft dort unerträglich war. So lagerten wir zu ebener Erde in dem Hauptraum, der nach der Feindseite durch eine Schutzmauer gesichert schien. Wir teilten in fürchterlicher Enge den Raum mit einer Anzahl von Verwundeten. Ein strahlender Sommertag brach an. Unfern stieg eine Lerche jubilierend in die Luft. Bald aber teilte ihren luftigen Bereich ein französischer Flieger.

Es war um die Mittagszeit. Bald sollte uns klarwerden, daß er das feindliche Artilleriefeuer zu lenken hatte. Granateinschläge kamen näher und näher. Schon setzte ein dicker Brummer auf die Außenwand. Ein anderer schlug eine Bresche in die Vorderwand. Und dann – noch in der Erinnerung kann einen das Entsetzen packen –, dann fegte eine Granate durch die Bresche und mitten hinein zwischen die Lagernden. Staub, Rauch, Eisensplitter erfüllten den Raum; entsetzliche Schmerzensschreie der zu Tode Getroffenen!

Die Überlebenden wollten nun ins Freie, nicht noch einen Volltreffer im geschlossenen Raum abwarten. Es gelang, sie einstweilen noch zurückzuhalten, wie schrecklich auch das Bild der Vernichtung war, das sich nach Abzug der Explosionsschwaden bot: An 15 Tote und schwer Verwundete hatte der Einschlag gekostet! Ehe man noch darangehen konnte, den Verwundeten beizustehen, kam, grauenvoll zu erleben, ein zweiter Volltreffer mit gleicher, schrecklicher Wirkung. Nun war für die meisten kein Halten mehr in dieser Hölle.«

Ein anderer Angehöriger des Infanterieregiments, das diese Stellung hielt, erlebte es ähnlich: »In langen Sätzen vorauseilend, erreiche ich ein Gemäuer rechts vom Wege, ein graues Etwas, das aus der Dunkelheit sichtbar wird. Dahinein weise ich meine Leute. Über Steintrümmer geht es in gähnende Finsternis hinein. Aus dem Innern tönt heftiges, tiefes Atmen, leises Stimmengemurmel, warnende Zurufe vor Blindgängern, durch den Eingang hereinpfeifende MG-Geschosse, die an die Steine klatschen. Draußen tobt der Granatorkan weiter. Wiederholt schlagen schwerste Kaliber auf das Dach, gegen die Wände, daß alle den Atem anhalten und glauben, ihr letztes Stündlein sei gekommen. Trotz bleierner Müdigkeit vermag niemand zu schlafen. Sie sitzen regungslos, zusammengekauert, stumm, immer wartend, daß das ganze Gebäude über ihnen zusammenstürzen wird. Eine lange furchtbare Nacht. Der grauende Morgen lenkt die Blicke auf die etwa 20 müden, übernächtigten Gestalten mit bleichen todernsten Gesichtern. Der ganze Fußboden ist hoch mit deutschen und französischen Ausrüstungsgegenständen bedeckt. Schmutzige, zerrissene Brotbeutel, zerbeulte Helme, eingedrückte Feldflaschen, zerrissene Koppelzeuge, zerfetzte Tornister, durchlöcherte Kochgeschirre, rostige Seitengewehre und Spaten, zerbrochene Gewehre liegen wirr durcheinander, dazwischen einige Blindgänger wie bläulich schimmernde, lauernde Schlangen. Im hinteren Eckraum aber, dem Eingang gegenüber, liegt ein hoch übereinandergeschichteter Haufen blutiger, zerfetzter Leichen mit zerschmetterten Köpfen, abgerissenen Gliedmaßen und sichtbaren blutigen Fleischfetzen und Knochen, obenauf ein kopfloser Leichnam, der wachsbleiche, mit geronnenem Blut besudelte Kopf mit weit geöffneten starren Augen neben dem Haufen.«

Am 24. Juli ging die Doppelbatterie unmittelbar links vom Zwischenwerk Thiaumont in die Hände des Feindes über, danach das I-Werk Nr. 358. Stück für Stück wurde von den Franzosen aus dem Verteidigungsgürtel um das Zwischenwerk herausgebrochen. Im Juli mußte Knobelsdorf in diesem Abschnitt 11 Regimenter einsetzen, die sich bei Versuchen verschlissen, die alten Stellungen um M-Raum und Batterie »a« zurückzuerobern.

So konnte es auf die Dauer nicht weitergehen. »Die Führung war sich darüber klar, daß der sichere Besitz des heißumstrittenen Werkes ein Vortreiben der im Nordabschnitt stark zurückgedrückten Linie erforderte.« Mit kleinen Teilangriffen war nichts auszurichten – also noch einmal ein Angriff auf breiter Front. Falkenhayn genehmigte nach einigem »Schwanken« die Offensive, um Verschiebungen von französischen Truppen an die Somme zu verhindern. Er machte nur die Auflage, daß die 5. Armee mit ihren eigenen Truppen dabei auskommen müsse. Knobelsdorf beschloß daraufhin, eine auf dem anderen Maasufer bei der Höhe 304 stehende Division bei Thiaumont einzusetzen, da sich zwischen Cumières und Avocourt sowieso nur unbedeutende Stellungskämpfe abspielten.

Am 29. Juli begann das letzte deutsche Trommelfeuer auf der ganzen Linie zwischen Thiaumont und Damloup. Der Angriff sollte mitten in die ehrgeizigen Anstrengungen General Mangins hineinplatzen, nunmehr seinerseits Fleury und den ganzen Thiaumontabschnitt zurückzuerobern.

6

Nachdem die letzten Befehle an die Infanterie und Artillerie mit den genauen Angriffszeiten und dem Zeitplan für das Sperrfeuerschießen heraus waren, blieb den Stäben im Fort Vaux und im Douaumont wie immer nichts anderes übrig als zu warten. Durch ihre Scherenfernrohre spähten sie nach den Leuchtsignalen aus, die ihnen das Vorwärtskommen melden würden.

Tatsächlich durchbrach die 21. Infanteriereservedivision, die an die Stelle der 1. Infanteriedivision getreten war, die gegnerischen Stellungen in der berüchtigten Lagerschlucht im Fumin und war schon eine halbe Stunde später bei ihrer Ziellinie angelangt, in der Nähe der »Souvillenase.« Vor ihnen war kein Gegner mehr zu sehen. Das eigene Artilleriefeuer riegelte jedoch alle weiteren Vorstöße ab. Auch hatten sich die Kompanieführer längst daran gewöhnt, nur »das Vorgeschriebene« auszuführen.

Gleichzeitig erreichte die Division den Nordrand der Tavannesschlucht. Da die vor ihnen her fliehenden Franzosen das dichte deutsche Sperrfeuer nicht zu durchlaufen wagten, kehrten sie um und gaben sich gefangen. Auch die ausgeruhten Regimenter 158 und 39, die von der 50. Infanteriedivision zum zweiten Mal wieder eingesetzt wurden, durchbrachen die feindlichen Linien und drangen bis zur Batterie »f« und »h« am Rand der Tavannesschlucht vor, wo es ein mörderisches Handgemenge mit Senegaltruppen gab, die sich nicht ergeben wollten und auch die Zurufe nicht verstanden; mit Messern wehrten sich die Farbigen, mit Spaten und Äxten hieben die Pioniere auf sie ein. Verwundete kämpften »bis zum letzten Atemzug«.

Auf dem rechten Flügel dagegen, wo noch immer der Schwerpunkt der Verdunfront lag, stand die Lage weniger günstig. Der Angriff am 1. August, der das Terrain vor dem Zwischenwerk Thiaumont zurückholen sollte, war erfolglos, obwohl 3 Regimenter eingesetzt worden waren, die die Bayern in diesem Abschnitt abgelöst hatten. Am nächsten Tag stießen die Franzosen durch eine schmale Lücke in der Front, die die französischen Beobachtungsflieger erkundet hatten; ganze Bataillone wurden zersprengt, mehrere Kompanien gingen in Gefangenschaft, die Schwerverwundeten, die seit 6 Tagen hilflos zwischen den Kämpfenden lagen, demoralisierten selbst die tapfer in der unübersichtlichen Lage aushaltenden Soldaten.

Von hinten wurden nachts Bataillone in die vorderen Linien vorgeschickt, um die Lücken zu stopfen. Aber sie wurden im Licht der Leuchtkugeln und Scheinwerfer entdeckt und nahezu aufgerieben. Lochow ließ daraufhin in der Nacht vom 2./3. August ein neues Regiment einschieben, was sich als schwerer Fehler herausstellte. Da niemand wußte, wo die deutschen Linien waren, fanden die Neulinge weder die Reste der zerschlagenen Kompanien noch die Stellungen selbst und irrten in der Kraterlandschaft umher. Am 3. August wurde ein Bataillon, das sich nachts auf gut Glück oberhalb des Thiaumontrückens eingegraben hatte, überrannt und gefangengenommen. Bevor die Franzosen überhaupt heran waren, räumten die 57er das Werk Thiaumont, weil es von der eigenen schweren Artillerie bombardiert wurde; der Artilleriekommandeur hatte einem der wenigen deutschen Flieger Glauben geschenkt, der bereits die Franzosen am Werk sah. Die Reste der bayerischen Besatzung von Fleury, Angehörige des Infanterieregimentes 13, wurden eingeschlossen und entwaffnet. Innerhalb von 14 Tagen hatten die Franzosen Fleury 13mal, das Werk Thiaumont sogar 23mal angegriffen.

Ein Gegenstoß der in Reserve zurückgehaltenen Bataillone verschiedener Regimenter (6. Bayerische Infanteriedivision) wurde für den 4. August befohlen. Da einige Einheiten den Angriffsbefehl zu spät erhielten, gab es keine geschlossene Aktion. Wie beim 23. Juni gerieten die Truppen durcheinander. Die für das Zwischenwerk Thiaumont angesetzten Einheiten gingen beim Angriff gegen Fleury mit. Fleury, wo nunmehr keine Mauern mehr standen, konnte zurückerobert werden. Unter Oberstleutnant Friedrich Paulus wurde am 8. August der Angriff auf Thiaumont wiederholt, 2 bayerische Jägerbataillone, die noch immer stolz darauf waren, einen Tschako und keinen Helm zu tragen, waren beteiligt. Sie kannten die Gegend nur zu gut und waren keineswegs begeistert, noch einmal am »Todesloch«, wie das Zwischenwerk inzwischen hieß, eingesetzt zu werden.

Mit einem Überraschungsangriff, der eigentlich gegen eine stillschweigende Übereinkunft unter den feindlichen Frontsoldaten verstieß, gelang es den Bayern, die dösenden Franzosen zu überrumpeln und Thiaumont zum zweiten Mal zu erobern. In der Morgenstunde, in der das Feuer fast ganz zu verstummen pflegte und die Verletzten gesucht wurden, ließ die Abschnittsartillerie einen Feuerschlag von nur 5 Minuten los. Dann sprang die Feuerwand vor, unmittelbar gefolgt von den bayerischen Jägern. Zehn Minuten nach dem Feuerüberfall was das Werk wieder besetzt. Der Heeresbericht allerdings verschwieg den Erfolg: Man hatte erst gar nicht gemeldet, daß man das Werk Thiaumont überhaupt eingebüßt hatte.

7

Mitte August war die Krise im Hauptquartier der Kronprinzenarmee perfekt. Von einem Meinungsaustausch konnte keine Rede mehr sein, auch nicht mehr von Meinungsverschiedenheiten, sondern von gegensätzlichen Anschauungen, die sich nicht mehr beilegen ließen. Für Kronprinz Wilhelm kamen nur noch Verbesserungen der eigenen Abwehrstellung in Frage, Lochow stimmte dem zu, wollte zuvor aber den »Souvillesack« (eine Ausbuchtung zwischen Chapitre- und Bergwald) beseitigen und das VII. Reservekorps angreifen lassen, um die Flanke des Thiaumontwerkes besser zu schützen; Knobelsdorf dagegen beabsichtigte, den

Angriff nach dem bisherigen Schema fortzusetzen und doch noch das Fort Souville zu erobern.

Um seine Position zu stärken, ließ sich Lochow von den drei Kommandostellen seiner Angriffsgruppe (Alpenkorps, XVIII. Reserve- und XV. Armeekorps) schriftlich bestätigen, daß mit der Einnahme von Souville niemandem gedient sei: von den Beobachtungsstellen der Artillerie im Douaumont und auf dem Hardaumont sei das Gelände südlich von Souville nicht einzusehen, bei Vorverlegung der Beobachter würden mit Sicherheit die Fernsprechverbindungen zu den Batterien zerstört werden, und außerdem würden zur Behauptung der gewonnenen Linie die infanteristischen und artilleristischen Kräfte nicht ausreichen; mit Zuweisung von Kampftagesraten an die Artillerie für mehrere Wochen sei ohnedies nicht zu rechnen!

Am 12. August war Knobelsdorf nach seinem Lagebericht in der OHL zum ersten Mal ohne Rückendeckung zurückgekehrt. Wortkarg, wie Knobelsdorf war, konnte der Kronprinz nur ahnen, daß die Aussprache mit Falkenhayn keine Übereinstimmung gebracht hatte; eine Entscheidung indessen auch nicht. Denn in dem Schreiben, das am 15. August hinterherkam, wurde zwar der »tatsächliche Abbruch der Offensive« nahegelegt, aber wie immer hatte Falkenhayn eher ein Orakel gegeben als eine klare Anweisung. Sein Schreiben war mit widersprüchlichen Klauseln versehen: So sollte zwar sparsam in der »Ausgabe von Menschen und Munition« umgegangen werden, doch nicht etwa beim Gegner der Eindruck entstehen, daß die Angriffe aufgegeben worden seien; zumal der rührige Feind nicht einen Tag verlieren würde, ernste Gegenmaßnahmen zu treffen, die bei seiner Überlegenheit »uns bei Verdun oder an anderer Stelle viel empfindlicher werden könnten als die derzeitigen Verluste im Maasgebiet«. Knobelsdorf las aus Falkenhayns »pythischen« Formulierungen (Kronprinz Wilhelm) jedoch nur das Alibi für künftige Aktivitäten heraus: Vor Eintreten der Herbstwitterung müßten sicherlich die vorderen Linien verbessert werden.

Knobelsdorf sah natürlich eine Besserungsmöglichkeit nur in der Wegnahme der Höhenlinie Souville-Belleville. Seine beiden Untergebenen pflichteten ihm bei: General von François, der Nachfolger von Gallwitz auf dem linken Ufer, befürwortete Angriffsunternehmungen »mit begrenztem Ziel«; denn reine Verteidigung würde ein Eingeständnis deutscher Schwäche bedeuten, außerdem würden französische Kräfte vor Verdun gebunden.

Lochow plädierte ebenfalls für weitere Angriffe, wenn auch nicht mehr bei Fleury und Souville, wo die Franzosen die deutschen Anmarschwege kontrollierten, sondern gegen das Zwischenwerk La Lauffée am linken Flügel. Nun sprach er sich wieder einmal wie einst General Mudra für »abschnittsweises Heranarbeiten« aus.

Gegen diese drei Männer stand der Kronprinz, der, durch Schulenberg unterstützt, als einziger Vernunft walten ließ. Nach seiner Meinung würden bei einem Angriff auf schmaler Front im konzentrierten feindlichen Feuer die letzten Kräfte der Heeresgruppe verbraucht werden, nur große Offensiven auf breiter Front mit gewaltiger Artillerieunterstützung hätten bisher Erfolg gebracht, »schöne Erfolge« und auch viele Verluste. Aber eine große Offensive käme ja nicht mehr in Frage. Den Rückzug zu empfehlen, fehlte ihm indessen die Courage.

Von Falkenhayn kam eine Antwort, die nichts klärte und die Initiative bei Knobelsdorf ließ – nur das Oberkommando der Heeresgruppe könne entscheiden, wie beim Gegner der Eindruck lebendig erhalten werde, daß die Offensive nicht aufgegeben worden sei. »Das war alles andere als eine Entscheidung«, kommentierte der Kronprinz.

Da Schmidt von Knobelsdorf mit der ihm eigentümlichen Sturheit an seinem Standpunkt festhielt, ermannte sich der Kronprinz, zum ersten Mal selbst die Sache in die Hand zu nehmen, »innerlich froh, nun endlich einer unerträglich gewordenen Gehorsamspflicht ledig und Herr meiner Beschlüsse zu werden«.

Während der Diskussionen in Stenay verschlechterte sich die Lage der Truppen in dem vorspringenden Frontstück zwischen Fort Souville und »Kalte Erde« von Tag zu Tag. »Die Verhältnisse sind unbeschreiblich: man muß sie gesehen haben«, schrieb am 15. August ein Offizier, dessen Stellung bei Fleury »aus der Vogelperspektive« eingesehen werden konnte, Flanken- und sogar Rückenfeuer erhielt.

»Von Gräben, Unterständen ist nicht die Rede, auch nicht von Hindernissen: Die Leute liegen einfach in den Geschoßlöchern, von denen die Gegend so voll ist, daß sie wie ein im Sturm erstarrter See oder eine Mondlandschaft aussieht. Hier werden sie unter Tage von der französischen Artillerie zusammengeschmettert.« Wenn sie angriffen, fanden die Franzosen nur noch Leichen oder Verwundete, dann wurden sie durch deutsche Gegenangriffe wieder zurückgedrängt. Wenn die Stellung wieder durch deutsche Kompanien aufgefüllt war, konnte »das Spiel von neuem beginnen«.

Nicht nur die Gefechtsstärke der Bataillone schrumpfte, die Trägertrupps beanspruchten überdies ein Drittel der »fechtenden Truppe«.

Täglich versuchten die Franzosen die Stellungen bei Fleury und Thiaumont einzudrücken. Aber obwohl wie beim Karussell immer wieder dieselben Regimenter eingesetzt wurden, hielt die deutsche Front. Es gab Anfang September sogar eine »Frontverbesserung« im Mittelabschnitt: der »Souvillesack« wurde beseitigt und die Linie bis auf die Höhe der »Souvillenase« vorgetrieben, wo im Juni und Juli die terrassenförmig eingebauten Maschinengewehre der Franzosen jeden Angriff vereitelt hatten. Bis auf 300 m schoben sich die Deutschen an die Kreuzung St-Fine heran. Drei Tage später wurde durch einen Gegenschlag der Franzosen die alte Frontlinie wiederhergestellt. Dann trat auf beiden Seiten Ruhe ein.

8

Zusammen mit dem III. Bataillon des Infanterieregiments 168 wurde Franz Lang aus den »feindlichen Argonnen« nach Verdun verlegt, wo die Soldaten zu seinem Erstaunen keine »Zielscheibe« mehr trugen: die Pickelhaube war durch den Stahlhelm ersetzt worden. Nachdem der Divisionspfarrer dem Bataillon in Chaumont seinen Segen gegeben hatte, während in der Nähe eine Granate herunterkrachte, zogen die Männer im Gänsemarsch nach vorne, überschritten bei der Chambrettesferme ein schmales Feldbahngleis, auf dem eine Benzolbahn auf ihren Loren Munition zur Front und Leichen zum Friedhof bei Azannes transportierte, und setzten sich schließlich unterhalb der Höhe 378 in eine Schlucht. Zur Kampfzone waren es 4 km. Als Brillenträger war Lang zum Hilfskrankenträger ernannt worden, was man ohne Sanitäterausbildung werden konnte, und trug – wie er fand – nun eine auffallende Armbinde. Beim Abmarsch nach vorne faßten sie sich gegenseitig ans Koppel, um sich in der Dunkelheit nicht zu verlieren. Als ein naher Granateinschlag die Schlange auseinanderriß und Lang überhaupt nicht mehr wußte, wo er sich befand, entzündete er trotz des Verbots ein Streichholz und sah in einem eingefallenen Unterstand eine halbverweste Leiche noch mit dem Gewehr in der Hand sitzen, »wohl vom Februar«. Der Weg über den Albainrücken war besonders gefährlich, weil ein französicher Scharfschütze den Kamm mit seinem Maschinengewehr abstrich.

Schlangenförmige Laufgräben führten aus der Thiaumontschlucht zum Höhenrücken, wo sich die Trichterstellung befand. Alle Bewegungen fanden dort im Kriechen statt. Beim Sanitätsstand unten in der Schlucht wurden zugleich die Toten in einen Trichter gelegt und mit Erde bedeckt, eine vergebliche Mühe, da die Granaten die Toten immer wieder ausgruben. Der Aufenthalt in den Laufgräben war fürchterlich; wenn der Regen die Erde wegwusch, kamen menschliche Gliedmaßen zum Vorschein. Überall huschten Ratten, die spitze Schreie ausstießen. Lang fand, daß die Welt schwer zu begreifen war: hier ein Leben zwischen Toten, hinten im Ruhelager Appelle, bei denen man wegen eines fehlenden Nagels in der Stiefelsohle angeschnauzt wurde.

Als sie wieder hinten in Chaumont waren, hatte Lang das Glück, »Druck« zu bekommen, wie die anderen hänselten, einen Druckposten in der Schreibstube, wo er auf eine Frontkarte die Punkte eintragen mußte, die die Gräber der Einheit bezeichneten – Ordnung mußte sein!

Beim nächsten Einsatz begleitete sie die Regimentsmusik. Ein Lied wurde befohlen, während sie am Beobachtungsturm auf dem Romagnerücken vorbeizogen – »Siegreich wollen wir Frankreich schlagen«. In der Ferne standen zahllose französische Fesselballons am Himmel, deutsche Ballons oder Flieger waren oft überhaupt nicht zu sehen. Tagelang schleppte Lang mit den Sanitätern Verwundete von der Thiaumonthöhe herunter, vor allem morgens, wenn das Feuer nach 6 Uhr nachließ, da in der Dunkelheit wegen der vielen Trichter der Transport so gut wie unmöglich war. Wenn der Verletzte dazu noch in der Lage war, bekam er eine Rote-Kreuz-Fahne zum Halten in die Hand. Es gab mehrere sogenannte

Sanitätswege an der Front, auf denen die Franzosen im allgemeinen die Konvois der Trägergruppen passieren ließen, sofern es sich erkennbar nur um waffenlose Verwundete und Sanitäter handelte. Die für den Nachschub, Abschub und Verwundetentransport benutzten Wege richteten sich nach den Divisionsabschnitten. In diesen bewegten sich die verschiedenen Kolonnen für den

Abschnitt Thiaumont: über die Fossesschlucht, Chauffourschlucht (Steilhang hinter Dorf Douaumont), Albain- und Thiaumontschlucht; für den

Abschnitt Fleury: über Ornes, Brûleschlucht, Hassouleschlucht, Fort Douaumont, Bahndamm; für den

Abschnitt Chapitre (Fumin): über Bezonvauxschlucht, Kasemattenschlucht, Vauxdamm; für den

Abschnitt Vaux: über Dieppe, Ostteil Vauxschlucht, Fort Vaux jeweils

zu den vordersten Stellungen.

Dem Gelände entsprechend hatte jeder Divisionsabschnitt seine Verwundetensammelstellen, im Hintergelände Verbandsplätze, während die Feldverbandsplätze im rückwärtigen Kampfraum, etwa bei Azannes (Kaplager) lagen.

Am Steilhang unterhalb des Dorfes Douaumont gab es für die Verwundeten eine erste Versorgungsstelle. Hier allerdings, wo noch andere tiefe Stollen in den Hang getrieben worden waren, um Truppen und Stäbe unterzubringen, waren sie wiederum dem Artilleriefeuer ausgesetzt. Die Ärzte standen beim Operieren im Freien, eine vorspringende Balkenlage deckte sie nach oben hin ab. Oft fehlten Wasser und Alkohol, um die Spritzen zu säubern, oft verhinderten Granateinschläge und der Schmutz jede Operation. »Die Totenschlucht verdient ihren Namen.«

Dritter Exkurs:
Die Geburt des Frontsoldaten – Ernst Jünger oder Henri Barbusse

Jener deutsche Schriftsteller, der den Krieg am eindringlichsten zu beschreiben und zu verherrlichen wußte, Ernst Jünger, war kein Verdunkämpfer. Die monatelange Schlacht an der Somme, die vor allem von englischer Seite mit dem bis dahin größten Aufgebot an Menschen und Material betrieben wurde und auch zu den größten Verlusten führte, prägte Jüngers Vorstellungswelt (obwohl sie für seine Einheit bei Guillemont den »Kampf auf verlorenem Posten« bedeutet hatte) – als gewonnene und daher sinnvolle Abwehrschlacht für die Deutschen. Die »alte Streitfrage, ob (bei Verdun) der Stier bei den Hörnern zu packen wäre oder nicht«, ließ ihn kalt.

Doch spielten strategische Überlegungen und Streitfragen bei Jünger ohnehin keine große Rolle, nicht einmal Sieg oder Niederlage; ihn faszinierte die neue, durch einen bisher nie gekannten Materialeinsatz gezeichnete Landschaft – eine in der bisherigen Menschheitsgeschichte »unbekannte Szenerie« – und ihn interessierte die Wandlung in der Seele der Menschen, die in dieser Mondlandschaft existieren mußten. »Von dieser Schlacht an«, heißt es von der »Somme«, »trug der deutsche Soldat den Stahlhelm, und in seine Züge meißelte sich jener starre Ausdruck einer bis aufs allerletzte überspannten Energie, die spätere Geschlechter vielleicht ebenso rätselhaft und großartig anmuten wird, wie uns der Ausdruck mancher Köpfe der Antike oder der Renaissance.«

Bis auf wenige Bemerkungen dieser Art war Jüngers erstes Kriegsbuch *In Stahlgewittern* aus dem Jahr 1920 ein reiner Erfahrungsbericht. Zwei Jahre später holte Jünger nach, was seiner Ansicht nach als emotionale und psychische Auswirkungen der Materialschlacht den »Materialkämpfer« bewegt hatte. *Der Kampf als inneres Erlebnis* sollte so etwas wie eine Programmschrift des Weltkriegsteilnehmers sein. Ernst Jünger suchte den Typ des deutschen Frontsoldaten zu schildern, der sich »in dieser grausigen Landschaft (des Schlachtfeldes) zu Hause fühlt«.

5. Armee: Gliederung Juli/August 1916

Ostufer								
		Angriffsgruppe Ost						
VII. Res.-Korps		Generalkommando Alpenkorps		Generalkommando XVIII. Res.-Korps		XV. Armeekorps		
14. RID	*13. RID*	*4. ID*	*6. bayer. ID*	*Garde-Ersatz-Div.*	*21. RID*	*50. ID*	*30. ID*	*39. ID*
(siehe Februar 1916)		IR 14	b. IR 10	6. GIR	RIR 80	(siehe Mai/Juni 1916)		
	25. RID	IR 149	b. IR 13	7. GIR	RIR 87			
	IR 168	IR 49	b. IR 6	IR 357	RIR 81			
	RIR 83	IR 140	b. IR 11	IR 358	RIR 88			
	RIR 118							
					103. ID			
					IR 32			
					IR 71			
					RIR 116			
Maas – Pfefferrücken – Thiaumontrücken		Zwischenwerk – Thiaumont – Fleury – Souville		Chapitre – Souvillenase – Bergwald		(Fort Vaux) – Lauffféewald – Tavannesschlucht – Damloup		

Daß der »Soldat von 1917« ein ganz anderer als der »Soldat von 1914« war, daß ihn drei Jahre Krieg äußerlich und innerlich »vollständig umgeformt«, Verdun und Somme ihm »ihren Stempel in die Seele gebrannt« hatten, steht auch bei anderen Autoren. Werner Beumelburg schilderte jenes »sonderbare Wesen«, dessen Charakteristikum »Gleichgültigkeit« und »Schweigsamkeit« sind, und das, nach einem dem Überleben im Trichtergelände angepaßten Kampfstil, auch in seinem militärischen Habitus nicht mehr dem gedrillten Kasernenhoftypus entspricht.

Wie sich das »innere Geschehen« des deutschen Riesenheeres, die »unvergleichliche Umwälzung der Seelen von Millionen« abspielte, hatte übrigens bereits vor Jünger als erster überhaupt Franz Schauwecker in dem Buch »Im Todesrachen« (1919) beschrieben, mit dem dann Jünger später Weltkriegspublikationen im gleichen Geiste herausgab.

Jüngers literarische Tätigkeit diente nicht etwa dazu, die Kriegsrealität zu verschleiern. Seine Absicht war die Identifikation mit dem Geschehen im Sinne einer »Romantik des Krieges«, die auch die Schatten- und Schauerseiten des Lebens an der Front einschloß und dem Bewußtsein vertraut machte. Nicht etwa der Hurrapatriotismus entrollter Fahnen und schmetternder Marschmusik, sondern die Erscheinungen des Grausigen, Verwesung und Gestank, sollten den Frontkämpfer seelisch stählen. Der »heroische Realismus« verlangte, gerade die Scheußlichkeit und Sinnlosigkeit der modernen Schlacht zu akzeptieren: »Wer in diesem Krieg nur Verneinung, nur das eigene Leiden und nicht die Bejahung, die höhere Bewegung empfand, der hat ihn als Sklave erlebt. Der hat kein inneres, sondern nur ein äußeres Erlebnis gehabt.«

Über »seelische Vorgänge« konnte man auch anderer Meinung sein, ohne gleich von »Sklavenseelen« zu sprechen. Ein Stabsoffizier beschrieb die »wahnsinnige Überreizung der Nerven« so: »Wer mehrere Jahre den Krieg vorn in der fechtenden Truppe und ganz besonders bei der Infanterie mitgemacht hat, ist kein normaler Mensch mehr. Seine Nerven sind verbraucht.« Der anonyme Verfasser, Autor der von rechts vielgeschmähten »Weltbühne«, ging auch auf einen Tatbestand ein, der von fast allen übersehen wurde: Über Nacht waren Millionen Menschen, friedliche Bürger und Arbeiter, die gesetzestreu und moralbewußt lebten, in Ereignisse und Erlebnisse hineingerissen worden, in denen ein Menschenleben nichts galt, in denen Menschen getötet werden mußten; ein Einschnitt in die Erfahrungswelt von Millionen, mehr – »eine Umwertung aller Werte«. Dieser Frontoffizier erinnerte sich wie Ernst Jünger und Franz Schauwecker an die Verwandlungen, die in den Menschen vor sich gingen, ohne heroische Gestalten aus ihnen zu machen: »Aus friedfertigen, gutmütigen, harmlosen, ein wenig rohen Leuten werden (unter den aufpeitschenden Einflüssen des Gefechtes) rasende, mit hervorgequollenen Augen wütend vorwärtsstürmende, brüllende Unholde, die nach Nahkampf lechzen. Ist dann die Blutarbeit getan, so ist auch die Spannung vorbei, und man sieht dieselben Leute friedlich neben den Gefangenen sitzen, denen sie Zigaretten und Essen geben, und fragt sich kopfschüttelnd: Was haben die Leute eigentlich gegeneinander?«

Dabei war der Nahkampf gar nicht die Kampfform, mit der die meisten Feldsoldaten in Berührung kamen, es war vielmehr das stundenlange, oft tagelange Ausharren im Trommelfeuer, das am meisten »auf die Nerven ging«. Neben der brutalen physischen Bedrohlichkeit war bereits der akustische Sinneseindruck von zermürbender Wirkung, »dieses Geräusch der Granaten, ein ziehendes Heulen und Pfeifen, ein blechernes Klappern und Klirren, dann wieder ein langgezogener, klagender Ton«; zur Untätigkeit verurteilt, in sein Trichterloch gepreßt, mußte das »Gefühl der Wehrlosigkeit gegenüber dem unsichtbaren Feind« den Menschen bis zur »Willenlosigkeit lähmen«, zum Wahnsinn treiben – »den Schwachen zerbrechen«, wie Ernst Jünger hochfahrend meinte.

Nun waren Männer wie Ernst Jünger nicht einfach nur Soldaten unter anderen Soldaten, sie verkörperten einen neuen Typus des Frontsoldaten, den Kämpfer der Materialschlacht, der nicht nur eine passive Rolle einnehmen, sondern sich aktiv beteiligen wollte; dieser neue Soldat war durch nichts zu erschüttern, er war »abgehärtet von dem tödlichen Grauen ringsumher, gleichgültig, erfindungsreich, selbständig bis an die Grenze des Ungehorsams – ein Mann, für den der Krieg zu einem harten, alltäglichen blutigen Handwerk geworden war, entblößt allen äußeren Glanzes und allen falschen Heldentums«. Jünger ist zu Recht mit dem »Stoßtruppführer« identifiziert worden (der zugleich den Typus des Einzel- und Alleinkämpfers im besonderen Maße verkörperte), obwohl er die

Stoßtrupptechnik, den Stoßtruppgedanken, nicht etwa erfunden hatte, wie oft behauptet wurde. Er gehörte zu jenen Einheiten, denen all die schweren und gefährlichen Aufgaben aufgebürdet wurden, die von der Masse der gewöhnlichen Soldaten immer weniger erfüllt werden konnten, und die deshalb auch auf diejenigen verächtlich herabblickten, die in bürgerlicher Neigung auf Sicherheit bedacht waren und für Heim und Herd kämpften, obwohl sie ohne diese zahllosen anderen, ohne ihre Unterstützung als Artilleristen oder Nachschubsoldaten, ohne Etappe, Stäbe und Organisation nicht denkbar waren. Und es war eine Elite, die erst recht nach dem Krieg nicht gewillt war, sich einfach wieder dem Alltag anzupassen (Herbert Rosinski).

Für Jünger waren Krieg und Kampf Ausdruck des Lebens, ein Teil der menschlichen und kosmischen Natur, der sich nicht abstellen oder unterdrücken ließ, kein historischer Defekt oder Versagen gesellschaftlicher Moral. Mit seinen Büchern wollte er nicht nur »den Spießern den Krieg aus den Zähnen reißen«, den Stammtischstrategen und Nichtsoldaten, sondern vor allem den Pazifisten die Gegnerschaft ansagen, die eine Welt ohne Krieg postulierten. Während die meisten Soldaten froh waren, heil aus dem Krieg zurückgekommen zu sein, und überdies der Ansicht, daß man ihnen vier Jahre ihres Lebens gestohlen hatte, verteidigte Ernst Jünger nunmehr Krieg und Krieger, als wollte man ihm die vier Jahre nachträglich wegnehmen. »Der Krieg ist ebensowenig eine menschliche Einrichtung wie der Geschlechtstrieb, er ist ein Naturgesetz, deshalb werden wir uns niemals seinem Banne entwinden«, schrieb er unter dem Stichwort Pazifismus in seiner »Kampf«-Schrift.

Aber Ernst Jünger war nicht der einzige und auch nicht der erste, der den Krieg schön fand. Noch 1918, mitten in diesem Jahr totaler Erschöpfung von Front und Heimat, hat Thomas Mann den Krieg als »unsterbliche Einrichtung« und Erziehungsmittel des Menschen gepriesen, in dem »ohne Zweifel ein primitiv-heroisches Element, ein tiefes Verlangen nach dem Furchtbaren« lebe; ohne Krieg sei »das Menschliche nicht komplett«. Daß er gar nicht an der Front gewesen war, wurmte den Verfasser dieser Durchhalteschrift nicht einmal, im Gegenteil, ja Thomas Mann sah darin sogar einen Vorteil: da »das Herz sowieso nur eines begrenzten Maßes von Schrecken fähig sei«, wäre er eben nicht abgestumpft, sondern besonders empfänglich – »Menschlichkeit sei selbstverständlich«, und schließlich seien wir alle »zum bitteren Tode verurteilt«!

Wer dieses zynische Gefasel im Propagandastil las, konnte einen Ernst Jünger verstehen, der seine Wahrheiten unter Lebensgefahr gefunden hatte und sie nunmehr gegenüber den sog. Humanisten unter den Schreibtischtätern zu verteidigen suchte.

Jünger wußte, daß ein Menschenleben auf dem Schlachtfeld ein Nichts war, daß der Krieg das »Beste und Wertvollste« verschlang – »ein Maschinengewehr, nur ein sekundenlanges Gleiten des Gurtes, und diese fünfundzwanzig Mann, mit denen man eine weite Insel kultivieren könnte, hängen im Draht als zerfetzte Bündel, um langsam zu verwesen«. Trotzdem hing er einem Vulgärdarwinismus an, wenn er glaubte, daß sich auf dem Schlachtfeld eine neue Elite herausbildete, daß dort eine »Auslese sozialer Natur« stattfand; verdankte doch der Soldat sein Überleben trotz instinktmäßiger Anpassung letzten Endes nur dem Zufall, der ihn beim anonymen Flächenbombardement verschonte. Mochte er das nun Glück oder Schicksal nennen; der Kämpfer konnte seinen Körper weder durch Mut noch Kraft oder Geschicklichkeit schützen – »die heraneilende Granate kann er nicht beeinflussen«. Der Weltkrieg war ein »Massenschicksal«, eine »Massenhandlung«, die dem Soldaten »nur selten Gelegenheit gab, aus der Anonymität der vielen Unbekannten herauszutreten«, schrieb ein anderer Weltkriegsautor, ganz der gleichen Meinung wie ein anderer Autor, ein Nichtsoldat, der in einem von der Zensur unterdrückten Buch festhielt, daß die Auslese im modernen Krieg eine negative Selektion bewirkte, indem er die Blinden und Paralytiker zum Beispiel (die ja nicht eingezogen wurden) schonte, und Krüppel und Nervenkranke hinterließ. Doch wider besseren Wissens machte Jünger aus seinem Glück, trotz mehrfacher Verwundungen heil davongekommen zu sein, ein weltanschauliches System. Die Franzosen verachtete Jünger, ihm waren die Engländer lieber, deren arrogante Offiziere den Krieg als professionellen Sport verstanden und daher den Gegner ohne Affekte wie Haß und Wut bekämpften (im Gegensatz zu den Franzosen, die ihr Vaterland gegen einen Eindringling verteidigten, der ihr Land verwüstete).

Dementsprechend duldete Jünger auch während des blutigen

Spiels keine Regelverletzungen durch humane Regungen, auch keine Verständigung zwischen den Fronten. Er leugnete nicht, daß im Krieg auch »fraternisiert« wurde, und trug dazu folgenden Erlebnisbericht bei: Als im Herbst einmal nach einer langen Regenperiode die Gräben im Schlamm ineinandersinken und die Unterstände voller Wasser gelaufen sind, verlassen Deutsche und Engländer wie nach einer Absprache im Morgengrauen ihre Stellungen, treffen sich im Niemandsland und beginnen miteinander zu reden, »etwas Unerwartetes, das wir nie für möglich gehalten hatten«. »In diesen Augenblicken trat die Sonne hinter den Regenschleiern hervor, und jeder mochte wohl etwas von dem beglükkenden Gefühl, von der seltsamen Freude empfinden, mit welcher der vom Willen entspannte, nicht mehr unter einer Aufgabe stehende Geist sich dem Genuß des Lebens überläßt.« Dieser Moment »sittlicher Einsicht« ist jedoch nur von kurzer Dauer, der Krieg, »der nackte Krieg«, die Lust zu töten, sitzt tiefer, der Kampf geht weiter – ohne ein Wort des Bedauerns.

Eine ganz ähnliche Szene enthält der Roman *Le Feu* von Henri Barbusse; der Pazifist schilderte, wie die »Sintflut« des unablässig strömenden Regens das Schlachtfeld in eine konturlose Ebene verwandelt hat, wie der Schlamm alle Rangunterschiede, alle Identität und Nationalität verwischt: »Sind es Deutsche? Sind es Franzosen? Wir wissen es nicht.«

Bei Barbusse ist die Begegnung der Gegner die Stunde der Erkenntnis, der Abrechnung mit dem Krieg, die Wiedergeburt des Lichts, eine Morgendämmerung der Humanität: »Sie erheben ihr Menschenantlitz, in dem endlich ein Entschluß keimt – man muß den Krieg töten. Der Mensch ist zum Leben geschaffen, aber nicht, daß er auf solche Weise umkomme. Wir sind das Material des Krieges. Wir bilden die Totenfelder und die Blutströme. Alle Menschen müssen gleich sein.«

Le Feu endet mit dem Schwur der Überlebenden, nicht zu vergessen, obwohl das Gedächtnis des Menschen vom Vergessen und von der Verklärung gezeichnet sei. (Daß der Mensch eine »Vergeßmaschine« sei, ist eine wortwörtliche Übereinstimmung von Barbusse und Ernst Jünger.) Obwohl beide Schriftsteller, Ernst Jünger und Henri Barbusse, zwei absolut gegensätzliche Positionen vertraten, wurden beide nach dem Krieg Exponenten und

Wortführer der Männer, die »im Feuer« gewesen waren. Beide waren Kriegsfreiwillige gewesen und waren trotz mehrmaliger Verwundung oder Krankheit an die Front zurückgekehrt, als ob sie die Granaten suchten; beide hatten die Hölle der Materialschlacht kennengelernt, Barbusse 1915 im Artois und in der Champagne, der ersten Materialschlacht der Franzosen; beide verkündeten den Tod der alten Gesellschaft und die Geburt des »neuen Menschen«, doch für beide bedeutete er etwas anderes. Ernst Jünger beschrieb den »Landsknecht«, der sich aktiv am Vernichtungskampf beteiligte und dabei eine Steigerung seines Ichs erlebte; Henri Barbusse den Märtyrersoldaten, der mehr duldete als handelte, dem es vor allem um das Überleben ging, pointiert gesagt den »Prügelknaben der Schlachten«. Barbusses Mitleid und Mitgefühl waren Ernst Jünger fremd. Die wirklich bewunderungswürdigen Helden waren für Barbusse die einfachen Soldaten: »Ich weiß, was einzig und allein diese Arbeit an Nöten, Leiden, Opfern und echter Selbstverleugnung bedeutet. Das um so mehr, als dieser unendliche Aufwand an Heroismus für Ziele aufgebracht wird, die ich nach wie vor für unklar, für unvereinbar mit unserem inneren Wesen und eigentlich für etwas halte, das unserer menschlichen Bestimmung zuwiderläuft.«

Wie absurd Barbusse der Krieg erschien, demonstrierte er an den Beobachtungen eines Fliegers, der weit über dem Schlachtfeld schwebend unter sich zwei Feldgottesdienste entdeckt, die sich beide in ihrer Formation überhaupt nicht unterscheiden, obwohl einer auf deutscher und der andere auf französischer Seite stattfindet. Dies war nicht die Perspektive Ernst Jüngers: »Mag der Flieger des Barbusse tief unter sich zwei gerüstete Heere zu *einem* Gott um den Sieg ihrer gerechten Sache beten sehen, so heftet sicher eins, wahrscheinlich beide, einen Irrtum an die Fahnen; und doch wird Gott beide zugleich in seinem Wesen umfassen. Der Wahn und die Welt sind eins, und wer für einen Irrtum starb, bleibt doch ein Held.«

In der Weltkriegschrift *Das Wäldchen 125* (1925) polemisierte Jünger gegen Barbusse, weil er seiner Meinung nach den Krieg nur als materiellen Vorgang auffaßte und daher seine »negative« Seite hervorkehrte: »Sie« – Barbusse und dessen Anhänger – »führen verwüstete Städte und furchtbare Leiden als ihre Gründe an, als ob es unsere höchste Aufgabe wäre, dem Schmerz aus dem Wege zu gehen, und ihnen ist der Wille fremd, der die Verantwortung nicht scheut, so vergängliche Werte wie Leben und Eigentum zu opfern, wenn es gilt, die Größe des Volkes und seiner Ideen zu verwirklichen.« Die eigentliche Kritik Jüngers galt den Widersprüchen, in die sich Geister wie Barbusse verwickelten; die den Krieg zunächst bejahten, da er sich in ihrem Bewußtsein als ein Kampf für Fortschritt und Zivilisation darstellte, bevor sie ihn für immer zu verdammen gedachten. Hatte sich doch Barbusse zunächst der alliierten Propaganda angeschlossen, in deren Augen allein Deutschland der Hauptschuldige und Kriegstreiber und überdies der reaktionäre Vertreter eines demokratiefeindlichen Militarismus war, so hatte er sich nach dem Krieg auf die Seite der Kommunisten geschlagen, deren Liebe zur Proletarischen Revolution für Stalins Verbrechen blind machte. »Barbusse ist ein Krieger wie jeder andere, ein Krieger der Humanität, der Sperrfeuer und Gasangriffe oder auch die Guillotine ebensowenig entbehren kann, wie die christliche Kirche das weltliche Schwert entbehren konnte.«

Aber auch die »stählerne Romantik« Jüngers hatte eine politische Funktion und diente nicht nur der Bewahrung von Erinnerungen. Dem Bekenntnis zum Frontsoldatentum war das Bekenntnis zum Nationalismus gefolgt, der Frontsoldat hatte sich vom »neuen Menschen« zum neuen gefährlichen Menschenschlag entwickelt, der als neue Führungsgeneration die Herrschaft der Minderwertigen ablösen sollte. »Die Kräfte, die sich ihm gegenüberstellen, müssen von einem dämonisch aus allen Schichten auflodernden Glauben an Volk und Vaterland verschlungen, jeder anders Fühlende muß mit dem Brandmal des Ketzers behaftet und ausgerottet werden. Wir können gar nicht national, ja nationalistisch genug sein.« Jünger verstand sich als Mineur, als Agitator, der die bestehende Gesellschaft unterwühlte, – nur daß er der politischen Entwicklung hinterherlief. »Revolution, Revolution! Das ist es, was unaufhörlich gepredigt werden muß, gehässig, systematisch, unerbittlich!« forderte Jünger, während sich seine Anhängerschaft von Jahr zu Jahr verringerte, um sich mit den bestehenden Verhältnissen zu arrangieren. Auch wenn Ernst Jünger schließlich ein so bekannter Mann war, daß der Dramatiker Friedrich Bethge ihn in seinem Schauspiel »Reims« auf die Bühne bringen konnte, Repräsentant der Weltkriegsteilnehmer war er nicht, er war mit seiner Begeisterung ebensowenig »der Offizier« oder »der bekannte Soldat des Weltkriegs« wie auf der anderen Seite Remarque etwa der Vertreter der »verlorenen Generation« war. Bethge ließ seinen »Hauptmann Jünger« als einen Stabsoffizier mit schlechtem Gewissen auftreten, dem klar ist, daß er nur durch seine Zugehörigkeit zum hinteren Stab dem Tod entkommen war, obwohl er eigentlich an die Seite seiner Kameraden gehört hatte, als das Regiment seinen schicksalhaften »Todeskampf kämpfte«. Falls dies eine Anspielung auf Guillemont war, so geschah Jünger hier Unrecht, denn nur seine Verwundung hatte Jünger damals vor dem weiteren Fronteinsatz bewahrt.

Gewiß, der Nationalsozialismus war nicht Jüngers Nationalismus, aber er lag in seiner Konsequenz, mochte Jünger auch frühzeitig in die »innere Emigration« gehen, und auch Jüngers »totale Mobilmachung« – die »Gliederung aller Deutschen in das große Hundertmillionenreich der Zukunft« war anders gedacht als Hitlers »Volksgemeinschaft«. Doch Jüngers »Metaphysik des Krieges«, die Selbstverständlichkeit, mit der er den Krieg dem Leben zuordnete, lieferte denjenigen die ideologische Basis, die an den nächsten Krieg dachten.

Bevor die Masse der heroisierenden und nationalistischen Weltkriegsromane einsetzte, die zur Lieblingslektüre des Dritten Reiches wurden, hatte Jünger durch seine Schriften bereits geklärt, was das »Kriegserlebnis« war: »(Es) erzieht zu männlicher Gemeinschaft und stellt Werte, die halb vergessen waren . . ., wieder an den rechten Platz. Man spürt wieder Blut in den Adern, Schicksal und Zukunft, die sich zusammenballt – das wird man später merken im Land. Solche Jahre gehen nicht spurlos vorbei . . .« Den Deutschen, die den Krieg verloren hatten und nach 1918 den anderen Nationen militärisch als Habenichtse gegenüberstanden, suggerierte Jünger, daß nicht die Überlegenheit von Material und Technik die Entscheidung herbeiführt, sondern die bessere Moral, der Geist, der die Materie beherrscht. Es war die zentrale Erkenntnis, die Jünger aus der Materialschlacht gewonnen hatte: »Die Leute standen in steinerner Unbeweglichkeit, das Gewehr in der Hand, und starrten in das Vorgelände. Ab und zu beim Scheine einer Leuchtkugel sah ich Stahlhelm an Stahlhelm blinken und wurde von dem stolzen Gefühl erfüllt, einer Schar von Männern zu gebieten, die vielleicht zermalmt, nicht aber besiegt werden konnten. In solchen Augenblicken triumphiert der menschliche Geist über die gewaltigsten Äußerungen der Materie, der gebrechliche Körper stellt sich, vom Willen gestählt, dem furchtbaren Gewitter entgegen.« Als Verkörperung dieses »Willensmenschen« sollte sich wenige Jahre später Adolf Hitler, der Gefreite des Ersten Weltkriegs, ausgeben, der rituale Hinweis auf sein Frontkämpfertum, seine Weltkriegserfahrungen ihm suggestive Überzeugungskraft verleihen. »Die Trichter und Gräben haben einen engen Horizont«, stellte Ernst Jünger in *Wäldchen 125* fest. »Der Gesichtskreis reicht nicht weiter als ein Handgranatenwurf, aber was man dort sieht, das tritt sehr klar hervor. Vor der furchtbaren Eintönigkeit des Hintergrundes steht der Kämpfer als eine Erscheinung von tragischer Wucht, und in den Augenblicken, in denen der Tod sich funkelnd erhebt, sieht man den Menschen, so wie er ist. Hier hat man wieder sehen und fühlen gelernt, an ihn zu glauben und ihm das Höchste zuzutrauen.«

Im Glauben an die Moral, die die tote Materie beseelt und damit für einen Kräfteausgleich mit dem an Material überlegenen Gegner sorgt, stand Ernst Jünger nicht allein. »Es gehört mehr zum Krieg als Granaten . . . wir müssen bemüht sein, den wichtigsten Ausfall . . . durch etwas anderes zu ersetzen, etwas anderes dem Feind entgegenstellen. Nur wir können das durch die Hingabe des letzten, das in uns steckt: die volle Entfaltung unser Hilfswilligkeit«, schrieb Georg Bucher in seinem Frontbuch. »Das Material kann keine Schlachten gewinnen. Es gibt keine Materialschlacht! Der Geist gewinnt die Schlacht!« stellte Cordt von Brandis fest und schloß sich damit Kurt von Klüfers Feststellung an: »Je stärker im Kampf die seelischen Widerstandskräfte, desto gewisser der Sieg.« Aber selbst Remarque konnte sich nicht der fatalen Neigung entziehen, den Sieg der westlichen Demokratie als Sieg des »Materialismus« zu diffamieren: »Wir sind nicht geschlagen, denn wir sind als Soldaten besser und erfahrener; wir sind einfach von der vielfachen Übermacht zerdrückt und zurückgeschoben.«

Jünger wollte sich mit dieser Erfahrung nicht abfinden. Und dabei setzte er nun keineswegs nur auf »Moral«, sondern ganz im

Gegenteil auf »Maschinen«:

»Ganz bestimmt aber wird sich erweisen, daß die Maschine stärker ist als die Muskulatur, und niemals hat es eine verderblichere Auffassung gegeben als jene, die selbst heute noch den Geist der Truppe der Maschine gegenüber in die Waagschale werfen will.«

Der Barde des Stellungskrieges wandelte sich zum Propheten des Bewegungskrieges, der den Blitzkriegstrategen – bereits 1925 – seiner Zeit voraus ideelle Grundlagen zu liefern bemüht war. In der Konzeption der Waffen von morgen sah Jünger die große Aussicht des Schwächeren. Eine solche Waffe war vor allem der Panzer, dessen Entwicklung die Oberste Heeresleitung während des Weltkrieges sträflich vernachlässigt hatte.

»Es gilt eine Maschine herzustellen, einfach, praktisch, durchdacht, von höchster Leistungsfähigkeit und ohne Verschnörkelung, die man mit derselben Zuversicht in den Kampf schicken kann wie etwa eine große Automobilfirma ihren besten Wagen in ein internationales Straßenrennen.«

Nicht mehr »Feuer und Blut« war die Devise, sondern »Feuer und Bewegung«. Die »krankhafte Überschätzung der Artillerie« gehörte der Vergangenheit an. Menschenkraft sollte in dem neuen Kriegsverfahren sogar nur »als kostspielige Aushilfe« dienen – ein denkwürdiger Satz aus dem Munde des Vertreters eines heroischen Nihilismus, der »ein Fest« aus seinem »Untergang« machen wollte und die Erkenntnisse aus dem Materialkrieg »mit Millionen von Toten noch billig bezahlt« fand. Jüngers militärische Phantasie nahm sogar den Kampfhubschrauber vorweg: eine gewisse Verschmelzung von Fliegertruppe und Infanterie in der Form des fliegenden Tanks – schwere, niedrig fliegende Flugzeuge, gepanzert gegen Infanteriebeschuß, die nur zum Kampf auf dem Boden bestimmt sind, während ihre Flugvorrichtung zur Fortbewegung dient – »so ist mit Bestimmtheit anzunehmen, daß schon der nächste Krieg sich in der kurzen und wütenden Form abspielen wird, die dem Tempo der Maschine entspricht.«

Ernst Jünger sah aber bald, daß das Soldatische und Kriegerische mit zunehmender technischer Aufrüstung notwendigerweise ihren Sinn verloren, der Maschine zum Opfer fielen. Am Zweiten Weltkrieg fand er keinen militärischen Gefallen, »Krieg war nicht mehr Krieg« ließ er in der Erzählung »Gläserne Bienen« (1957) später einen alten abgesessenen Kavalleristen sagen und das Erscheinen der Panzer auf dem Schlachtfeld als den Sieg der Technik über den Menschen kommentieren; eine melancholische Betrachtungsweise, die an Malapartes Abgesang auf das Pferd erinnert. Jünger zeigte sich auch an den nationalen, konkret-politischen Auswirkungen der Ereignisse von 1939–1945 desinteressiert, weil er den Zweiten Weltkrieg als »Weltbürgerkrieg« interpretierte (gemeinsam mit Thomas Mann übrigens). Die unmittelbare Geschichte verschwand zunehmend aus seinem Blickfeld, der »enge Horizont« von einst erweiterte sich zur »planetarischen« Weltschau, eine Entwicklung, die Karl O. Paetel als Wendung »vom Gewehr zum Geist« vorausgesehen hatte. Aus der Soldatenfigur, dem »Arbeiter in der Schlacht«, entwickelt er den Typus des Arbeiters als charakteristische Gestalt einer übernationalen, technisierten Welt.

Auch zum früheren Materialschlachtmythos ging Ernst Jünger in Distanz. »Ein Schlachten war's, nicht eine Schlacht zu nennen«, mäkelte er am 3. Juni 1966 anläßlich einer Erinnerungsfeier von Verdun in seinem Tagebuch und zitierte dabei wie Fontane bei seinem Besuch des dem Erdboden gleichgemachten Bazeilles (bei Sedan) im September 1870 Friedrich Schiller. »Von Kriegskunst konnte kaum mehr die Rede sein. Die Abnutzungsstrategie wird besonders widrig, wo sie auf den reinen Blutverlust, den Aderlaß zielt. Die Begegnung hatte eher titanischen als historischen Charakter.«

»In Stahlgewittern« war nun für ihn kein zukunftsweisendes Werk mehr: es enthielt »den Abschied des Kriegers von den homerischen Helden mit ihrem Kampfspiel, ihrem Ruhm . . . der Soldat ist als Lebender unsichtbar geworden, als Toter unbekannt«. Die Materialschlacht war eine Feuerwelt, die sich nicht einem überlieferten Ethos anpassen ließ, sondern einer neuen Weltmacht, der die Arbeitswelt unterstand.

Zunehmend zog sich Jünger von der Welt zurück. »Ein übermächtiges, ja tödliches Erleben ist durch Autorschaft zu bewältigen«, meinte er im Rückblick auf den Ersten Weltkrieg. Wenn er allerdings Autorschaft mit der Tätigkeit eines »Descriptors« und »Seismographen« verglich, so unterschlug er, daß er einst mit der

Feder auch Politik machen wollte.

Angesichts des »titanischen Fanals« von Hiroshima bedeutete Verdun für Ernst Jünger nur noch einen heroischen Anachronismus. Als alter Mann besuchte der nun in Frankreich hochangesehene Schriftsteller, der einstmals über den Schlachtfeldtourismus der amerikanischen Vergnügungsreisenden den bitteren Spott des Kombattanten ausgegossen hatte, das »museale« Schlachtfeld von Verdun, um als Gast eine Rede zu halten. »Damals«, so korrigierte er sich, »als wir uns in die Trichter preßten, wähnten wir noch, der Mensch sei stärker als das Material. Das hat sich als Irrtum herausgestellt.« Nach Guillemont allerdings wollte er nie wieder zurückkehren.

19 Falkenhayn geht
(23. August – 30. September 1916)

1

Gleichgültig, welche Vorstellungen Falkenhayn von dem Verdununternehmen gehabt hatte, mit dem Monat August trat die Schlacht in eine Phase, in der sie in den Augen der Frontoffiziere nicht mehr zu rechtfertigen war. »Hier feiert die sinnlose Materialschlacht ihren Triumph, hier geht alles verloren, was den Geist früherer Kämpfe ausmachte, Besinnung des einzelnen, Zusammenarbeit der Masse, das Hirn des Führers und die Zucht des Mannes ... Verdun ist das Ende infanteristischer Kunst und Tüchtigkeit. Hier zerstampft das Unmaß technischer Vernichtungsmittel die preußische Schulung zweier Jahrhunderte und stößt die Soldatentugenden auch dieser hochbewährten Regimenter in die Gruft der Ohnmacht ...« (wie eine Regimentsgeschichte feststellte).

Weder hatte es die deutsche Führung in der Hand, die Offensive auf Verdun in schnellem oder langsamem Tempo, mit voller oder halber Kraft zu führen, noch sie einfach abzubrechen – als ob die Schlacht sich selbständig gemacht hätte. Die Angriffsschlacht begann, sich in eine Abwehrschlacht zu verwandeln.

Trotzdem beharrten die Korpsstäbe auf dem Erreichen der Angriffsziele. Nachdem sogar das württembergische Infanterieregiment 126, das sich zugute hielt, preußischer als die Preußen zu sein, sechs Mal vergeblich versucht hatte, den Großen Steinbruch zwischen Fumin und Bergwald zurückzuerobern, wurde ihr die dringend ersehnte Ablösung nur unter der Bedingung in Aussicht gestellt, daß sie die verlorengegangenen Stellungen restlos wiedernähme. Erst als selbst diese Drohung nichts half, wurden die 126er schließlich doch aus der Front herausgezogen.

2

Obwohl es die Richtlinie der OHL gab, in der Defensive zu verbleiben, dachte Knobelsdorf nicht daran, sich an Falkenhayns Bitte zu halten. Sobald irgendwo ein Geländeabschnitt, und wenn es sich auch nur um 300 m handelte, verlorenging, bestand er darauf, ihn sofort zurückzuerobern; General Zwehl gehörte zu den wenigen Führern, die ihm widersprachen. Da die kriegserfahrenen Frontoffiziere fehlten, die alten Regimenter durch jungen »schnell ausgebildeten Ersatz« aus Deutschland aufgefüllt worden waren, so daß sie schon mehrmals ihren »Bestand« erneuert hatten, sank der Kampfwert von Einsatz zu Einsatz.

Die zunehmende feindliche Überlegenheit führte zur Verdrossenheit und Gleichgültigkeit bei der Truppe. Zum ersten Mal wurden »Polizeiliche Maßnahmen« notwendig, um das, was bei den Stäben »Drückebergertum« hieß, zu bestrafen. Gerüchte von meuternden Soldaten drangen nach oben durch, obwohl die Frontoffiziere, die genau wußten, daß es sich meist nur um die Weigerung handelte, sinnlose Befehle auszuführen, selten Meldung erstatteten. Auch die Zahl der Überläufer nahm zu, wobei es sich keineswegs um die vielzitierten Elsässer handelte, denen stets Kollaboration nachgesagt wurde.

Obwohl es in den Ruhelagern »alles« gab und Zulagen an Tabak, Konserven, Branntwein, Schokolade die Stimmung bessern sollten, sank die »Moral«. Apathisch stolperten die abgelösten Kompanien zurück, oft barfuß, da ihnen der Stiefel im Schlamm steckengeblieben waren, ohne auf den rostigen Stacheldraht zu achten, der das Fleisch in Fetzen abriß, abgestumpft durch den Anblick der Leichen, die unbestattet herumlagen – »mit zerschmetterter Stirn, ohne Kopf, mit einem Arm, ohne Fuß, in der Mitte durchschossen, vollkommen zerrissen oder mit einem kreisrunden Loch in der Brust, der größte Teil nicht mehr zu erkennen, bleich und schmutzig von dem zähen, gelbbraunen Schlamm, der die Sohlen der Schluchten bedeckte.«

Ein Armeearzt beobachtete, wie Truppen, die von der Front mit LKWs abgeholt wurden, »halb verblödet«, »nichts als ruhebedürftig«, zurücktransportiert wurden. Dieser Arzt war mit einem alten Oberleutnant befreundet, der seine Grenadiere mit den Worten:

»Siehst du, mein Junge, links und rechts habe ich eine Handgranate, die kriegst du in die Fresse, wenn du kneifst«, auf den Hardaumont zu schicken pflegte. In den Militärgefängnissen hinter der Front lagen einige hundert Soldaten, die aus ihren Stellungen geflohen waren und nun ihrer Aburteilung entgegensahen, unter ihnen Infanteristen, die bisher untadelig gekämpft hatten und ausgezeichnet worden waren. »Das Leben vor Verdun konnte auch den Stärksten in einen Zustand versetzen, in dem eine Kleinigkeit genügte, ihn umzuwerfen.«

Ein Kompanieführer gestand ein, daß im Trommelfeuer »es kaum eine Tapferkeit mehr gibt, nur Nerven, Nerven, Nerven. Ich habe mich nie gewundert, wenn die verantwortlichen Führer krank zusammenbrachen. Als Frontkämpfer kann ich nur sagen, daß alle, die tagelang in solchem Feuer in stumpfer, passiver Resistenz standgehalten haben, kaum mehr als Gegner in Betracht kamen, weder als Verteidiger noch als Angreifer.«

Ein Divisionsgeneral bestätigte die Aussage: seine Leute litten Durst, und selbst wenn sie etwas zu essen hätten, würden sie nichts hinunterbringen, weil die Fetzen von Leichen unter die Lebenden gestreut würden; die Tag und Nacht nie aufhörende Lebensgefahr, die fehlenden Erholungsmöglichkeiten in den Reservestellungen, beständig den »Gang in die vordere Hölle« vor Augen – alles dies erschüttere »auch die festesten Herzen« – das Vertrauen der Truppe auf die Führung sei dahin.

Wer in diesen Wochen in Stellung ging, wußte, daß er seine Rechnung mit dem Himmel machen konnte. In den fahrenden Eisenbahnzügen, in denen Truppenverlegungen hinter der Westfront durchgeführt wurden, beobachteten die Männer in den Güterwagen ängstlich die Kompaßnadel; nahm der Zug eine südwestliche Richtung, so konnte dies den Einsatz bei Verdun bedeuten – das Todesurteil. Am Wavrillewäldchen, wo sich kein Feldgendarm hintraute, weil hier noch gelegentlich französische Granaten einschlugen, hatte ein Unbekannter auf einen Wegweiser »Zur Schlachtbank« geschrieben – mit Blut.

3

Zur Festigung der »Moral der Truppe« legte General von Lochow den Offizieren nahe, drastisch durchzugreifen, und, falls nötig, Exempel zu statuieren. »Ich muß Ihnen nun die Eröffnung machen, daß die Division in einen Abschnitt kommen wird, wo ihr schwere Tage bevorstehen«, erklärte er den versammelten Offizieren des neu eingetroffenen Infanterieregiments 84, das vorher auf dem Westufer eingesetzt worden war. »Ihnen, besonders den jüngeren Herren, den Kompanie- und Zugführern gebe ich ausdrücklich hiermit die Ermächtigung zu schärfstem Eingreifen, wenn Ihre Leute nicht mehr wollen. Knallen Sie die Kerls über den Haufen, wenn Sie sie bei feiger Drückebergerei abfassen. Hier darf es kein Pardon geben! Lassen Sie auf keinen Fall die Feigheit durchgehen! Und nun meine Herren, viel Glück!«

Ein Leutnant, der als Zugführer bei der Besprechung anwesend war, empfand Lochows Empfehlung als eine schwere Zumutung für jeden Offizier, der in monatelangen Kämpfen seinen Untergebenen nähergekommen war. Jedem, auch dem Tüchtigsten, konnten doch mal die Nerven durchgehen! Trotzdem benutzte man den Befehl. Offiziere bedienten sich bei diesen Schnellgerichten, zu denen kein Vertreter der Militärgerichtsbarkeit hinzugezogen wurde, »willfähriger Organe« unter den Soldaten, die es übernahmen, einen ihrer Kameraden auf Befehl zu liquidieren. Der Sanitäter Ehl, der zur Sanitätskompanie 40 gehörte, die ihren Standort im Fort Douaumont hatte, wurde Zeuge einer Hinrichtung. Als sich ein Angehöriger seiner Kompanie nach dreimaliger Aufforderung mit dem Hinweis auf Frau und Kinder weigerte, nach vorne zu gehen, wurde er 100 m abseits geführt und erschossen, Der Soldat, der ihn exekutiert hatte, überlebte diese Tat nicht lange. Er wurde beim nächsten Gang zur Front von »eigenen Leuten« umgebracht.

4

Wie aus heiterem Himmel kam für die 5. Armee am 23. August 1916 die Nachricht von der Absetzung ihres Armeechefs. Der Kronprinz legte später Wert darauf, als Urheber des Sturzes von Knobelsdorf zu gelten. In der Tat hatte er nach jenem Schreiben von Falkenhayn, in dem die Verantwortung für Verdun der 5. Armee aufgebürdet wurde, beschlossen, bei seinem Vater unter Umgehung aller dienstlicher Instanzen und Gepflogenheiten am Hofe um die Befreiung von dem Mann zu bitten, der seit einem Jahr »wie ein Alptraum« auf ihm lastete; er wurde darin durch seinen Adjutanten Graf Schulenberg bestärkt, der in Knobelsdorf den »bösen Geist« Falkenhayns sah.

Man mußte dem Kronprinzen zugestehen, daß er bei allem Leichtsinn, den er sonst an den Tag legte, in Stenay der einzige war, der aus der unhaltbaren Situation an der Verdunfront die Konsequenzen zog: »Wie sollte bei solcher Lage bei dem Gegner der Eindruck lebendig erhalten werden, daß die Offensive deutscherseits nicht aufgegeben sei? Wie sollten wir uns ferner eine Stellung nach vorwärts erkämpfen, in der wir bei Eintritt der ungünstigen Jahreszeit dauernd ausharren konnten? Darüber bestanden solche Meinungsverschiedenheiten zwischen mir und meinem Chef, daß sich die immer mehr hervortretenden Gegensätze bis zur Unerträglichkeit verschärften.«

Seiner Meinung nach hatte Knobelsdorf Falkenhayns Rolle (»Ausbluten!«) übernommen; in Wahrheit ging es jedoch Knobelsdorf immer nur um die Einnahme von Verdun, womit der Zermürbungsschlacht ein gutes Ende bereitet worden wäre; er war überzeugt, daß die Franzosen die Räumung des rechten Maasufers schon ins Auge gefaßt und die Erledigung der Festung damit beinahe greifbar vor den Deutschen lag – es kam nur aufs »Durchkämpfen« an.

Den Zeitpunkt seiner Demarche beim Kaiser hätte er nicht günstiger wählen können. Falkenhayn, der seinem ehemaligen Regimentskommandeur Knobelsdorf aus der Zeit vor dem Krieg immer loyal gegenübergestanden hatte, war gerade nicht in Charleville, als dem Kronprinzen eine der seltenen Audienzen bei seinem Vater gewährt wurde. Sein letzter Besuch lag über einen Monat zurück, allerdings hatte er sich da noch zuversichtlich über die Fortschritte bei Verdun geäußert. In Wirklichkeit war die Ablösung Knobelsdorfs, dessen Ernennung zum Führer eines Armeekorps praktisch einer Strafversetzung gleichkam, nur der erste Auftakt zu dem Sturz, der Falkenhayn selbst treffen sollte.

Daß »Falkenhayn wackelt«, war im Großen Hauptquartier kein Geheimnis. Zu niemandem, außer vielleicht zu Wild von Hohenborn, dem preußischen Kriegsminister, bestanden freundschaftliche Beziehungen. Überall war im Laufe der letzten Monate der Unmut über den Chef des Generalstabes gestiegen, vor allem bei den Armeeführern, denen er Truppen für eine eigene Offensive versprochen und doch schließlich nur Divisionen entzogen hatte.

Nach seinen eigenen Worten brütete Falkenhayn »Tag und Nacht über der Karte, wo Truppen freizubekommen sind«. Im Februar des Jahres hatte die Heeresreserve der Westfront – also die Truppen, die nicht an einem bestimmten Frontabschnitt festlagen – 25 Divisionen betragen. Im August war es nur noch eine einzige Division, und diese war bereits zweimal bei Verdun eingesetzt gewesen.

Falkenhayns ständiger Hinweis darauf, die Front im Ganzen im Auge haben zu müssen, stellte für die meisten Generalstäbler nur die Unfähigkeit dar, Schwerpunkte zu setzen – »notdürftige Flickwerke zur Abstellung dringender Nöte«. Einige bezeichneten Falkenhayns Methode, heute hier und morgen dort ein paar Divisionen einzusetzen und »mit Vertrauen auf Gott und die Tapferkeit der Truppe herumzuprobieren«, als die Verhaltensweise eines Spielers, der bei mehreren Einsätzen sein Glück sucht; einige erinnerten gehässig daran, daß Falkenhayn vor dem Krieg hohe Spielschulden gemacht hatte.

Verdun war ihnen der beste Beweis. Aus der Schlacht, die die Franzosen zermürben sollte, war eine »Mühle« geworden, die Reserven und Artilleriebatterien wie ein Faß ohne Boden verschluckte, so daß alle Operationsfreiheit verlorengegangen war. In welchem Maß die Kämpfe bei Verdun von den Offizieren als unheilvoll angesehen wurden, bewies der »Abwehrspezialist« von Loßberg, dem der gerade bettlägerige Falkenhayn vor dessen Abreise an die Somme in die Hand versprechen mußte, das

Unternehmen abzubrechen. In der 3. Armee, von der Loßberg kam, sprach man von 200 000 Mann Verlusten bei Verdun.

Die Sommeoffenive, unter schweren Verlusten erfolgreich abgewehrt – und ein Halten der Front galt im Stellungskrieg schon als Sieg –, schien gerade den Mißerfolg von Falkenhayns Strategie zu bestätigen: die Offensivkraft der Alliierten war nun ungebrochen, und ausgerechnet die Franzosen, denen doch angeblich das Blut »abgezapft« worden war, hatten sich als weitaus gefährlicher als die Engländer gezeigt. »Der jugendfrische General von 1914 ist durch das Unglück bei Verdun ein alter Mann geworden«, stellte Groener fest. Falkenhayn erschien nach zweijähriger Tätigkeit im Amt verbraucht und ablösungsreif. Doch der Kaiser, in letzter Zeit mißlaunig, hielt weiterhin zu seinem Generalstabschef, obwohl Falkenhayn zugegeben hatte, daß der Zusammenbruch der österreichisch-ungarischen Armee in Galizien einen Strich durch seine Pläne gemacht habe.

Doch noch am 8. Juli hatte Falkenhayn beim Lagevortrag wiederholt, Frankreich »durch Blutabzapfung zur Besinnung zu bringen« und die Engländer zu einer Offensive zu provozieren (angesichts der Sommeschlacht mußte das wie ein unfreiwilliger Scherz klingen). An einem »siegreichen Frieden« sei zwar nicht zu zweifeln, doch werde man über das »System der Aushilfen«, zu dem die Heeresleitung ständig gezwungen sei, auch in absehbarer Zeit nicht hinauskommen. Doch das sei – so die überraschende Wendung, mit der sich Falkenhayn optimistisch gab – kein Unglück: Die Kräfte, auf beiden Fronten, im Osten und Westen, gleichzeitig den Gegner zu schlagen, hätten die Deutschen sowieso nie besessen. Auf jeden Fall fiele die Entscheidung an der Westfront! Frankreich würde einen weiteren Winterfeldzug mit Rücksicht auf sein Menschenmaterial nicht ertragen können.

Erlösung aus solcher Resignation schienen nur die beiden Männer zu versprechen, die seit Tannenberg 1914 den Nimbus der Unbesiegbarkeit genossen, die »Firma Hindenburg-Ludendorff«, wie Groener sagte. Für Falkenhayn war die Rivalität des ehrgeizigen Ludendorffs dadurch gefährlich geworden, daß der Reichskanzler Bethmann Hollweg nichts dringlicher als eine Ablösung Falkenhayns durch Ludendorff wünschte und dabei keine Intrige scheute, um sein Ziel beim Kaiser zu erreichen. Seltsamerweise erhoffte er sich gerade von Ludendorff alles das, was er bei Falkenhayn vermißte: die Einsicht, auf die Ausweitung des U-Boot-Krieges zu verzichten, und auf die Einleitung von Friedensverhandlungen; nur unter Hindenburg und Ludendorff würde das deutsche Volk das Eingeständnis verkraften, am Ende zu sein.

Als Falkenhayn am 21. August Bethmann Hollweg in einem Schreiben sein strategisches und politisches Konzept darlegte, das in seiner umständlichen und ausführlichen Form eher einer Rechtfertungsschrift gleichkam, benutzte der Reichskanzler dieses Papier dazu, eine Expertise durch Oberst Bauer aus dem Generalstab anfertigen zu lassen, die Falkenhayns Unzulänglichkeiten dokumentieren sollte. Für Bethmann Hollweg war längst klar, daß Falkenhayns Plan, Frankreich zum Frieden zu bringen, an der »unerwarteten Widerstandskraft Frankreichs, der überraschenden Stoßkraft Rußlands und dem Zusammenbruch Österreichs gescheitert« war.

Aber alle Versuche, dem Kaiser die Trennung von Falkenhayn nahezulegen, wären wohl auch weiterhin gescheitert, wenn nicht der mit Sicherheit zu erwartende Übertritt Rumäniens auf die Seite der Entente (eine Folge der österreichischen Niederlage in Galizien) die deutsche Führung in eine tiefe Krise gestürzt hätte. Da die Diskussion über einen einheitlichen Oberbefehl im Osten, durch den die österreichischen und deutschen Truppen in eine Hand kommen sollten, dank der Österreicher zu keinem Ende kam, schien es den Parteigängern Ludendorffs sinnvoll, ihm statt dessen unter dem Mantel Hindenburgs die Befehlsgewalt über sämtliche deutsche Armeen zu geben.

Noch am 19. August hatte der Kaiser abgelehnt, Hindenburg und Ludendorff *ohne* Falkenhayn zum persönlichen Vortrag zu empfangen; am 25. versicherte er dem von der Neutralität Rumäniens noch immer überzeugten Falkenhayn, er werde mit ihm bis zum Kriegsende zusammenbleiben. Da erreichte ihn am Abend des 27. August in Charleville die Nachricht von der Kriegserklärung Rumäniens. Der Kabinettchef Lyncker, nun noch einmal durch Admiral von Müller gedrängt, legt ihm beschwörend dar, nur Hindenburg und Ludendorff könnten die Krone noch retten.

Für den 29. August – ausgerechnet am Jahrestag der Schlacht von Tannenberg – wurden telefonisch Hindenburg und Ludendorff nach Charleville gerufen. Der Kaiser ließ Falkenhayn durch Lynkker (der auch 1914 Moltke den Befehl überbrachte, sich krank zu melden) zu einer Besprechung über die politische und militärische Lage einladen, an der auch Hindenburg und Ludendorff teilnehmen sollten.

Falkenhayn reagierte wie erwartet, sofort mit der Bitte um seine Entlassung, da Majestät ihm offenbar kein Vertrauen mehr entgegenbringe. »Die Rumänen haben uns einen großen Dienst erwiesen«, kommentierte General von Einem, der Führer der 3. Armee, »ein Feldherr war er auf keinen Fall. Die Desorganisation wird in eine Organisation umgewandelt!« Während Falkenhayn »sang- und klanglos« nach Berlin abreiste und den Kaiser in Katerstimmung zurückließ, wurde Hindenburg zum Chef des Generalstabs und Ludendorff auf eigenen Vorschlag zum Ersten Generalquartiermeister ernannt, eine Formel, mit der man die allen bekannte Tatsache umschrieb, daß Ludendorff der eigentliche neue Chef war.

Mit Falkenhayns Ablösung war auch ein Streit beendet, der seit der Marneschlacht Generalität und Politiker in zwei Lager gespalten hatte, in die »Westler« und »Ostler«. Letztere, vertreten durch General Ludendorff, hatten Falkenhayn stets vorgeworfen, die Entscheidung an der falschen Front zu suchen, anstatt zuerst Rußland niederzukämpfen, und sie hatten ihn in bis zu Gehässigkeit und Intrigen gesteigerten Angriffen sogar verdächtigt, der Ostfront aus Neid und Mißgunst niemals genügend Truppen zur Verfügung gestellt zu haben, um die militärischen Erfolge von *Oberost* mit Hindenburg an der Spitze zu sabotieren. Nach Ludendorffs Ansicht hatte Falkenhayn mit Verdun ein Jahr »blutig vertrödelt«.

5

Die erste Amtshandlung der neuen Obersten Heeresleitung bestand in der Neueinteilung der ganzen Westfront in zwei Heeresgruppen, um »den Willen an zwei Brennpunkten zu konzentrieren« (daß es im Grunde nur noch einen »Brennpunkt« im Willen Ludendorffs gab, blieb unausgesprochen): die eine – mit der 1., 2., 5. und 7. Armee – bekam der bayerische Erbfolger, die andere – mit der 3. und 5. Armee sowie den Armeeabschnitten bis zur Schweizer Grenze – der deutsche Kronprinz. Zu den ersten Maßnahmen gehörte auch (auf Antrag des deutschen Kronprinzen) der Befehl zur Einstellung des Angriffs auf Verdun. Die zusätzliche Anweisung, die »gewonnene Linie sei als Dauerstellung auszubauen«, bewies allerdings, daß das neue Feldherrnpaar keine Ahnung von den wirklichen Verhältnissen an der Verdunfront besaß.

Auch als Ludendorff am 5. September auf seiner Reise zu den einzelnen Armeen mit dem Kronprinzen zusammentraf und bei dieser Gelegenheit zum ersten Mal »eine Kompanie im Sturmanzug mit dem so überaus nützlichen Stahlhelm« zu Gesicht bekam, änderte er nichts an diesem Befehl; auch nicht nach dem 8. September, nach dem ersten Lagebericht des Generals von Lüttwitz, dem neuen Generalstabschef der Heeresgruppe Kronprinz: Es gäbe vor Verdun keine Stellungen, die Leute lägen in Geschoßtrichtern, im feindlichen Feuer sei keine Arbeit möglich, 7 Divisionen müßten eigentlich abgelöst werden.

Lochow dagegen war der Ansicht, daß sich die jetzige vordere Linie (nachdem der »Souville-Sack« beseitigt worden sei) zum Ausbau als Dauerstellung eigne. Die OHL bat um Kräfteersparung, es solle Verdun auf deutscher Seite ruhig bleiben, und sie drohte mit dem Abzug von Divisionen. Das war ein anderer als der gewohnte Ton. Nur änderte er nichts an der Situation.

»Verdun blieb ein offenes, Kraft fressendes Geschwür. Es wäre richtiger gewesen, die Stellungen nach rückwärts aus dem Trichterfeld herauszulegen. Von den örtlichen Schwierigkeiten des Kampfes vor Verdun hatte ich damals noch nicht den richtigen Begriff«, gestand Ludendorff später ein. Die ehemaligen Angriffsgruppen erhielten eine »mildere Benennung«: Maasgruppe West und Maasgruppe Ost.

Am 10. September, frühmorgens beim Antreten, erfuhren die Truppen hinter der Front, daß die Verdunschlacht zum Abschluß gekommen sei – »zu einem für uns höchst vorteilhaften Abschluß«. »Sie war beendet, und wir hatten sie gewonnen«, meditierte der Armierungssoldat Arnold Zweig. »Was jetzt noch kommen wollte, mochte kommen: Schlacht vor Verdun war es jedenfalls nicht mehr ... Die Verdunschlacht siegreich beendet! Wo wir vom Gürtel des Sperrforts gerade den Douaumont und Vaux in unseren Besitz gebracht hatten und fast sieben Monate dahingegeben, uns auch nur tausend Meter tiefer ins Gelände hineinzukämpfen!«

Die Deutschen hatten die Angriffsschlacht für beendet erklärt, nur hielten sich die Franzosen nicht daran. Mit ihren dauernden Angriffen nahmen sie den Deutschen die schwierige Frage ab, wie es weitergehen sollte. Und weil die Deutschen nun in schlechten Stellungen unhaltbare Positionen verteidigen mußten, hatten sie im August 1916 zum ersten Mal wesentlich höhere Verluste als die Franzosen.

6

Anfang September wurden die Franzosen von einer Explosionskatastrophe betroffen, die dem Vorfall im Douaumont vom Mai ähnelte. Am 4. September hörten Offiziere und Soldaten, die sich am Westausgang des Tavannestunnels aufhielten, plötzlich ungewöhnlichen Lärm. Dann ereigneten sich zwei aufeinanderfolgende, sehr heftige Explosionen, die sie zu Boden warfen. Das elektrische Licht erlosch. Rauch und Gasschwaden zogen durch den Tunnel.

Seit im August 1914 der letzte Zug den Tunnel passiert hatte, war dieser als Depot benutzt worden. Während der Verdunschlacht diente er als Kaserne, deren Felsdecke mehr Sicherheit bot als jedes Fort. In dem über 1000 m langen Tunnel waren Holzgerüste von 2 m Höhe eingezogen worden, die einen Durchgangsverkehr von einem Ende zum anderen erlaubten, ohne daß die Schläfer auf den Bretterpodesten gestört wurden. In der Mitte des Tunnels befand sich ein Entlüftungsschacht, durch den man auf einer Steigleiter zu einem Beobachtungsstand im *Bois des Hospices* klettern konnte. Den Ostausgang zur Front verschlossen zwei drei Meter starke Sandsackmauern, hinter denen Maschinengewehre postiert waren. Ein fünfzig Meter tiefes Stacheldrahthindernis schloß sich an, über der schmalen Gasse hingen Spanische Reiter an der Decke, die bei Gefahr schnellstens heruntergelassen werden konnten.

Wie sich später herausstellte, hatte die Ladung auf dem Rükken eines Maultiers, das gerade mit einer Tragtierkolonne den Westausgang passierte, Feuer gefangen. Als der Vorfall im Tunnel bemerkt wurde, war es bereits zu spät, das Feuer griff auf leicht brennbares Material über und wurde durch den starken Luftzug aus dem Entlüftungsschacht erst richtig entfacht. Infanteriemunition explodierte, Munitionslager gingen in die Luft. Die Qualm- und Hitzeentwicklung war so stark, daß niemand von den herbeigeeilten Pionieren den Tunnel mit Gasmasken oder Sauerstoffgeräten zu betreten wagte. Das Geschrei der Soldaten, die von ihren Feldbetten auf der Plattform heruntergesprungen waren und den Ausgang suchten, ging in einer Reihe weiterer Explosionen unter. Drei Tage wütete das Feuer, über 500 Mann kamen im Tunnel um.

Den deutschen Fesselballonbeobachtern, denen die französischen Flieger ohnehin kaum noch Gelegenheit gaben, aufzusteigen, entging die Verwirrung hinter den französischen Linien.

7

In der Nacht vom 13. zum 14. September rückte Leutnant Osenbrück von den 84er mit einer Kompanie, deren »urlaubsreifen« Kompanieführer er vertreten mußte, (was mit einer Soldzulage verbunden war), in die Stellung im Chapitrewald bei Fleury vor. Zwischenstation war der Douaumont, um den das Trichterfeld immer wüster geworden war, die dicksten Trichter saßen direkt beim Fort, Trichter von 20 m Durchmesser. Sie erreichten den niederen dunklen Eingang, ein Loch, vor dem ein Posten sie zur Eile drängte. In einer Kasematte sammelte sich die Kompanie, während Osenbrück Meldung machte.

Die doppelstöckigen Lagerstätten an den Wänden, drahbespannte Holzverschläge, waren für die Träger- und Führerkommandos reserviert, ablösende Einheiten durften sich nur 20 Minuten aufhalten. Kreuz und quer saßen Offiziere und Mannschaften in den Gängen und Räumen, um die kurze Ruhezeit auszunutzen. Die im Douaumont eingewiesenen Reserven durften sich nur in bestimmten Teilen des Forts aufhalten. Der Aufsichtsoffizier des Forts wollte die Kompanie schon nach 10 Minuten »hinauswerfen«, doch Osenbrück bestand auf dem Recht, die zugebilligte Zeit auch voll auszunutzen. Ein paar alte Leute aus seiner Kompanie, teilweise über 45 Jahre alt, baten ihn, noch einen Tag im Fort bleiben zu dürfen, um sich auszuruhen. Sie würden auch bestimmt morgen abend nachkommen. »Heute abend können wir nicht mehr.« Er war einverstanden.

Ein Führer zur vorderen Stellung meldete sich, völlig unvorschriftsmäßig gekleidet: Drillichbluse, Wickelgamaschen, Gasmaske, Revolver, Knotenstock. Zwischen dicken Sandsackbarrieren ging es durch ein großes Tor, vor dem alle 20 Sekunden eine Lage Granaten einschlug. Der richtige Augenblick mußte abgepaßt werden, wer stolperte und liegenblieb, war verloren, niemand konnte ihm helfen. Durch den eingeschossenen Festungsgraben ging es bis zu einer Ecke der Wallmauer und von dort einen schlüpfrigen Weg zwischen Granatlöchern den Berghang hinunter. »Nicht hinlegen, weiter!« schrie der Führer, als es neben ihnen krachte. Wer sich hinwarf, landete in den schlüpfrigen Trichtern auf Toten. Der Detonationsdruck hatte ihnen die Kleider vom Leib gerissen. Mit stinkenden Händen liefen die Gestürzten den anderen nach. Meterhohe Stümpfe ragten aus dem Trichterfeld – die Reste des Waldes, der hier einmal gestanden hatte. Stollenrahmen lagen herum, die vorne so dringend gebraucht wurden, von den Trägertrupps unterwegs im Granathagel weggeworfen.

Nächster Anhaltspunkt im Gelände war der weiße Einschnitt im Bahndamm Fleury–Vaux, eine Stelle, die die Franzosen unaufhörlich beschossen. Ein weißes Band auf dem Boden diente dem Führer als Orientierung bis zum nächsten Laufgraben. Völlig außer Atem warf sich die Kompanie in die vorderen Gräben – Unterstände waren nicht vorhanden, der Kompanieführer besaß ein Loch, das gerade groß genug war, um ihn darin sitzend die Schreibarbeiten bei Kerzenlicht erledigen zu lassen – als nächstes die Meldung über die erfolgreiche Ablösung. Der Führer der Nachbarkompanie hatte seinen Unterstand im »Bahnhof Fleury«. Osenbrück sah lediglich ein paar Schwellen und Eisenbahnschienen. Nur die hellen Steinbrocken deuteten darauf hin, daß hier einmal Häuser gestanden hatten. In der Lehmwand waren ein paar Löcher, »Zuavenlöcher«, über die eine feuchte Zeltbahn gespannt wurde, um die Gasschwaden abzuhalten. Um seine Stellung ausbauen zu können, forderte Osenbrück beim Bataillon Stollenrahmen an. Gleichzeitig bat er schriftlich, das Tragen von Wickelgamaschen im Graben zu erlauben und Spazierstöcke zu schicken, alles Dinge, die vorne unentbehrlich und in den Augen der höheren Vorgesetzten ein Greuel waren. Die Leute scherten sich nicht um die offizielle Genehmigung, sie hatten sich längst Gamaschen und Stöcke besorgt. Aus dem Fort trafen die Nachzügler ein.

Wenn es einmal ruhiger wurde, ließ sich durch den Grabenspiegel von den Sappenköpfen bei Fleury weit ins französische Land jenseits der Maas hineinsehen, hinter den Forts St.-Michel und Kalte Erde, wo französische Soldaten arbeiteten, war ein Stück des Maaskanals zu sehen. Weiter nach rechts verdunkelte sich die grüne Landschaft immer mehr bis zum tiefsten Braun. Aus dem schmutzigfarbenen Einerlei des vollständig durchwühlten Erdreichs ragte unförmig das zerstörte Zwischenwerk Thiaumont. Hinter ihnen lag die Silhouette des Douaumont – so weit das Auge reichte nichts als braune, zerwühlte Erde, aus der sich nur ab und zu der hellere Fleck eines Betonwerks oder einer zerstörten Batteriestellung abhob. Von den Wäldern waren nur halbmeterhohe Baumstümpfe übriggeblieben. Nach zehn Tagen ging es zurück. Zusammen mit der Kompanie langte an ihrem ersten Tag im Ruhelager ein Brigadebefehl an, in dem Generalmajor von Goertzen – »der Giftzwerg« – wünschte, »nicht mehr das unmilitärische Bild zu sehen, daß die Mannschaften einzeln oder in kleinen Trupps aus der Stellung kommen, und daß die Leute in anständigem Anzug nach hinten kommen. Außerdem hätten die Kompanieführer die Stellung in tadellosem Zustand zu übergeben.« Als Osenbrück seinen Abschnitt übergeben hatte, waren die Gräben und Löcher durch das Regenwetter gerade buchstäblich ineinandergesunken.

Von den Pionieren wurden Tragtierkolonnen bis zum Fort Douaumont eingesetzt, zu denen kleine Panje- oder Serbenpferdchen gehörten. Im Gelände entwickelten sie große Gewandtheit und Schlauheit und nahmen, wie die Infanteristen beschworen, sogar bei übergroßem Artilleriefeuer in den Trichtern Deckung. Waren sie oben am Fort von ihrer Traglast befreit worden, so liefen sie umgehend von allein zurück; Neulingen wurde geraten, sich an diese Tiere zu halten, falls sie den Rückweg nicht fänden.

20 Das Fort der Toten
(1.–24. Oktober 1916)

1

An der Verdunfront herrschte Stille. Unter den Augen der wenigen deutschen Flieger bauten die Franzosen feste Straßen zum Fort Souville und in der Weinbergschule zu den unterirdischen Kasernen »Vier Schornsteine«. Dann wurden Batteriestellungen planiert, Lagerplätze für Pioniergerät und Munitionsstapel angelegt und schließlich Granaten herangeschafft, die an eigens dafür neu angelegten Bahnhöfen ankamen – insgesamt 50 000 Tonnen Stahl und Sprengstoff.

Unterirdische Telefonkabel wurden verlegt, Bereitstellungsplätze für die Infanterie geschaffen und Einweisungsschilder aufgestellt– das ganze Maasufer verwandelte sich in eine »Riesenbaustelle«. Überall stießen die Spaten und Hacken auf Leichen. Die Soldaten der Arbeitskommandos steckten sich Knoblauchzehen in die Nasenlöcher, um den »entsetzlichen Gestank« auszuhalten.

Da mit dem Herbst sich nun wieder das typische Verdunwetter einstellte, brachte der klebrige Lehm, der nicht von den Schaufeln abgehen wollte, die Schanzenden zur Verzweiflung. Nirgends war es ratsam, die Laufgräben zu verlassen, zu groß war das Risiko, in den Trichtern des Schlammeeres spurlos zu verschwinden. Der unaufhörliche herabrieselnde Regen verwandelte »dieses Beinhaus in eine ekelhafte Jauchegrube«.

Als ein französischer Offizier vor Thiaumont die vorderen Linien inspizierte, fand er eine Situation vor, die für die Verhältnisse auf beiden Seiten charakteristisch war; Deutsche und Franzosen hatten wie nach einer stillschweigenden Übereinkunft ihre Gräben verlassen und sich auf die Grabenböschung gesetzt; über zehn Meter Entfernung sahen sich die Gegner schweigend an.

Das friedliche Bild täuschte. Inzwischen ließ Mangin seine neuen acht Divisionen, die für die Großoffensive vorgesehen waren, weit hinter der Front an Scheinfestungen in die neue Kampfgruppentaktik einweisen. Mit ihren gemischten Einheiten von MG-Schützen, Infanteristen und Pionieren ähnelten die Kampfgruppen der deutschen Stoßtruppenpraxis.

Von der deutschen Artillerie war nichts mehr zu hören, sie sparte Munition. Anfang Oktober kamen auf ein feuerndes deutsches Rohr sieben französische Geschütze. Am 12. Oktober kam der Politiker Georges Clémenceau nach Verdun und ließ sich nicht davon abbringen, vordere Gräben zu besuchen, was alle Soldaten sehr anerkennenswert fanden.

2

Am 21. Oktober begann die Artillerie mit fürchterlicher Wucht auf die deutschen Stellungen und Verbindungswege zu feuern. Eine Artilleriemassierung von 850 Geschützen, unter denen sich ungewöhnlich viel schwere Kaliber befanden, sollte auf der ganzen für den Angriff vorgesehenen Frontbreite von sieben Kilometern die deutschen Stellungen vernichten, um eine breite Bresche zu schlagen. Den Fehler vom 22. Mai, als der Einbruch nicht breit genug war, wollte man diesmal vermeiden.

Die Artillerieexperten hatten den Angriff bis ins kleinste geplant. Der ganze Frontbogen war auf der Karte mit einem Raster von Koordinaten überzogen worden, auf denen zu irgendeinem Zeitpunkt das Feuer liegen würde. In einer Fragebogenaktion an 84 Artilleriekommandanten hatte man noch kurz vor Offensivbeginn kontrolliert, ob auch allen Batterien ihre Aufgabe bekannt sei. Es sollte keine Schlacht werden, in der der Zufall Regie führte.

Den entscheidenden Schlag versprach man sich von der neuen Wunderwaffe, zwei 400-mm-Steilfeuergeschützen auf Eisenbahnlafetten, die ihre Premiere in der Sommeschlacht gehabt hatten und nun dazu gedacht waren, den Douaumont zu erledigen. Es handelte sich um eine Konstruktion der Firma Schneider-Creuzot, mit der die Franzosen den Vorsprung der Deutschen auf dem Gebiet allerschwerster Kaliber endlich eingeholt hatten. 6 km von Verdun und über 17 km von ihrem Ziel entfernt standen beide Geschütze im Wald bei Baleycourt an der wieder befahrbaren Bahnlinie nach Ste-Ménehould und wareteten auf ihre Stunde. Die rund acht Meter langen, sich nach oben verjüngenden Rohre waren mit Tarnfarben bemalt. Weitere Sicherung mit Netzen oder Sichtblenden war eigentlich nicht nötig.

Seit dem Sommer hatten die Franzosen die absolute Luftüberlegenheit im Bereich von Verdun. In Schwärmen bis zu acht Maschinen überflogen ihre Flieger die deutschen Linien und bombardierten das Hinterland, machten Jagd auf einzelne Kolonnen. Deutsche Deserteure kamen zu den Franzosen herüber, weil sie die Anspannung nicht mehr aushielten, gleichzeitig liefen 82 Mann einer französischen Strafeinheit zu den Deutschen über.

Auf den Douaumont, das Herzstück der ganzen deutschen Verteidigung, konzentrierte sich die schwere französische Artillerie – »seine Kuppe glich einem Vulkan, aus dem ununterbrochen Feuer, Qualm und Erdfontänen aufbrachen«. Das Glacis wurde unaufhörlich durch Kaliber aller Art umgewühlt. Aus den Schlitzen der gepanzerten Beobachtungstürme im Fort Souville blickten die Stabsoffiziere zu den Umrissen des Forts hinüber, um mitzuerleben, wie ihm endlich der Todesstoß versetzt würde.

Wie bei einem gepanzerten Schlachtschiff galt es für die Artilleristen, den wunden Punkt in der Panzerung zu finden, von dem aus sich das Geschoß seinen Weg in den neuralgischen Bereich, den Munitionsraum, suchen würde. Über dem Douaumont kreiste ein Beobachter, um die Wirkung zu beobachten und das Feuer zu leiten.

Als am Abend des 21. Oktober an Hand einer genauen Trefferkarte Bilanz gemacht wurde, war das Resultat mager. Von den 48 Schuß, die die beiden Steilfeuergeschütze abgegeben hatten, waren 20 im Bereich des Forts gelandet, hatten dort jedoch nur die Erde aufgewühlt, 2 Treffer waren dabei offenbar erzielt worden, 14 Schuß konnten überhaupt nicht registriert werden, da zur gleichen Zeit auch siebzig 37-cm-Mörsergeschosse auf das Fort heruntergegangen waren.

Am 22. Oktober machten die beiden Supergeschütze erst einmal eine Pause, während durch einen Scheinangriff die deutschen Batterien, die sofort auf der ganzen Front Sperrfeuer schossen, veranlaßt wurden, ihre Standorte zu verraten. Von den 158 deutschen Batterien fielen fast 70 auf diesen Trick des Gegners herein. Die ausgefallenen Geschütze konnten ebensowenig ersetzt werden wie der ganze seit Wochen mühsam eingesparte Munitionsvorrat.

3

Am 21. Oktober hatten die deutschen Offiziere im Fort Douaumont, das im Befehlsbereich der 54. Infanteriedivision lag, bereits aus dem Lärm der einschlagenden Geschosse herausgehört, daß sie von einem bisher unbekannten schweren Kaliber auf Korn genommen wurden. Das ganze Fort fing an »zu schaukeln«. Wachestehen in jeweils einem der beiden gepanzerten Beobachtungstürme wurde lebensgefährlich. »Unermüdlich, im gleichen Takt abwechselnd«, heulten Panzergranaten mit Verzögerung und Gasgranaten heran. Das Schicksal der Türme und der Beobachter konnte nur eine Frage von Stunden sein. Die sechs Offiziere, die zur Beobachtung eingeteilt waren, fragten sich nur noch, wann sie »dran glauben« mußten. Gegen das Gas versuchten sie sich mit dem unhandlichen Draeger-Sauerstoffapparat zu schützen; nur bedeutete das gleichzeitig, daß sie auch keine Sicht mehr hatten. »Die Alternative hieß: Draeger auf, kein Gas, keine Sicht – oder sehen, dann Gas schlucken.«

Von 11 Uhr bis 12 Uhr hatte Leutnant Beyn Dienst in einem der beiden Türme. Das schwere Gasschutzgerät vor der Brust, die Maske in der einen Hand, in der anderen Hand das Scherenfernrohr, hockte er im Turm, 6 m unter sich den Telefonoffizier, alles wankte und zitterte, durch den Sehschlitz drang immer wieder Gas: »Maske auf, Maske runter«, ein weiterer Blick auf die vorderen Linien, die in einer Wolke einschlagender Granaten verschwunden waren. Noch waren keine Franzosen zu sehen. Gegen 15 Uhr erhielt der Südwest-Panzerturm, von dem aus die Front bei Fleury beobachtet werden und der 1600 m weit entfernte Bahndamm durch ein Maschinengewehr unter Feuer genommen werden konnte, einen Volltreffer. Der Beobachter war sofort tot. In den Gewölben zeigten sich Risse, durch die Regenwasser sickerte. Trotzdem fühlten sich die Deutschen im Fort noch sicher.

Die Soldaten außerhalb des Douaumont erlebten die Zertrümmerung des Forts als Zuschauer. Bei klarem Wettter sahen sie hoch oben in der Luft einen »eisernen Topf« auf den rauchenden Berggipfel zustürzen, aus dem Süden schlug ein dröhnender Abschuß ans Ohr, heulend und brüllend jagte der Schall dem Geschoß hinterher. Auf dem Douaumont erfolgte ein scharfer

Donnerschlag, wiederum nach Bruchteilen von Sekunden »quoll aus dem Innern des Berges eine pechschwarze Rauchfahne und stieg in gigantischer Steilheit hoch auf«. Die Explosionsfahne auf dem Douaumont mischte sich mit dem Qualm zahlloser anderer Einschläge und verdickte sich in 1000 m Höhe über dem Schlachtfeld zu einer undurchsichtigen Wolkenwand.

Bei der 5. Armee ahnte man, daß »etwas bevorstand«. Am 17. Oktober waren Lochow und Lüttwitz beim Kaiser zum Vortrag gewesen, als der Oberste Kriegsherr die 5. Armee besuchte. Die Protokolle dieser Besprechung waren am 20. Oktober bei der OHL angekommen, doch kam von dort keine Hilfe, sondern nur der Wunsch nach der Herauslösung einer Division aus dem Befehlsbereich Lochows. Lüttwitz wußte, wovon er sprach, er hatte selbst den Douaumont besucht und einen deprimierenden Eindruck von dem »Gräberfeld« erhalten, auch hatte er mit eigenen Augen feststellen können, daß sich im Vorfeld keine ausgebaute Verteidigungslinie anlegen ließ, da alles sofort von der feindlichen Artillerie zerschlagen wurde.

Konsequenzen wurden nicht gezogen; es war, als hätte sich in der Armeeführung Fatalismus breitgemacht; Entschlußlosigkeit gewiß. Man wollte eine Stellung behaupten, aber gleichzeitig nicht »die Mittel zur Behauptung des Gewonnenen« bereithalten.

4

Am Mittag des 23. Oktober nahmen die beiden Steilfeuergeschütze bei Baleycourt ihre Tätigkeit erneut auf. Und diesmal war das Schicksal des Douaumont besiegelt, dessen Betondecke stellenweise völlig zermürbt und abgetragen war und damit keinen Schutz mehr bot. Ungefähr alle zehn Minuten donnerte eine 1000 Kilo schwere Granate aus dem Himmel herunter, diesmal mit genauerer Treffsicherheit. Von den im Laufe des Tages abgefeuerten 45 Geschossen saßen immerhin rund ein Dutzend im Ziel – trotzdem waren es eher Glückstreffer, die sich für die Besatzung im Fort katastrophal auswirkten. Eine der ersten 40-cm-Granaten ging unmittelbar vor die Grundmauer der Südkaserne und traf damit eine schwache Stelle in der Konstruktion, eine weder durch Erdreich noch durch Beton gedeckte Nahtstelle zwischen der Außenrampe zum Hof und der balkonartig vorspringenden Südkaserne, und explodierte im Untergeschoß, wo das vollbesetzte Lazarett lag. Verwundete und Ärzte waren sofort tot. Vielen mußten durch den Detonationsdruck sofort die Lungen geplatzt sein.

Ein weiteres Geschoß durchschlug das Deckengewölbe der Kasematte 8 und begrub die Insassen. Ein Riesenloch gähnte durch die Decke. Eine Granate drückte den Verbindungsgang zum Nordwest-Panzerturm ein, Beobachter und Fernsprechoffizier wurden lebendig begraben, die Teile der geborstenen Kuppel umhergeschleudert. Damit war der Douaumont »blind«, wie der »Artillerieoffizier vom Platze« konstatieren mußte, eine Verbindung nach außen gab es nicht mehr, auch keine Möglichkeit, Beobachtungen nach hinten zu geben. Eine Granate traf den oberen Gefechtsgang, das Mauerwerk der Decke polterte herunter.

Doch schließlich war es kein »40er«-Kaliber, das die Katastrophe auslöste und zum Brand des Pionierdepots führte, sondern ein Geschoß mit flacher Flugbahn, das durch die schon zerstörte Südwand einer Kasematte schlug und von dort durch ein Loch in der Decke nach unten flog, wo Pioniermaterial und Munition lagerte (das Loch war alt, die Deutschen hatten es als gute Möglichkeit benutzt, ohne Umwege über Treppen und Gänge von hier aus die Munition nach unten weiterzureichen).

Das elektrische Licht erlosch. Die mehreren hundert Mann der Besatzung begannen unruhig zu werden, einige rannten ohne Stiefel und Waffenrock umher und suchten die Ausgänge. Hauptmann Soltau, ein Infanterist vom I.-R. Nr. 84, der erst seit zwei Tagen im Fort war und sich kaum auskannte, erhielt vom Fortkommandanten Rosendahl den Auftrag, mit 30 Mann das Fort zu verlassen, um Verbindung mit den hinteren Linien aufzunehmen. Kaum hatte er jedoch die im Untergeschoß gelegene Kasematte des Kommandanten verlassen, als hinter ihm das Gewölbe einstürzte, gleichzeitig flammte es im Pionier- und Munitionsdepot auf. Die hölzerne Treppe, die zum Obergeschoß führte, brannte lichterloh, Infanteriemunition knatterte, Rauch, Gase, Qualm und Staub füllten den untersten Verbindungsgang, in den sich die Männer der Stammbesatzung geflüchtet hatten, weil sie sich hier am sichersten glaubten.

Aus Furcht zu ersticken, drängten die zusammengepferchten Menschen »in wahnsinniger Erregung« die steinerne Treppe am anderen Ende zum Ausgang hoch, eine Panik schien unvermeidlich.

Soltau und Lindelof, ein weiterer Infanterieoffizier, die sich dem Strom entgegenstemmten, wurden buchstäblich die Treppe nach oben getragen, bevor es Soltau gelang, die Soldaten zu beruhigen; seine Anordnungen schienen Rettung zu versprechen. Freiwillige drangen durch das Feuer zu den schreienden Verwundeten vor und bis in das Pionierdepot, wo die Leucht- und Maschinengewehrmunition wie eine Serie von Knallfröschen explodierte. Mit dem kostbaren Selterswasser und dem Inhalt der Urintonnen versuchten sie, das Feuer zu löschen, um es von dem Handgranatenlager (7000 Stück!) abzuhalten, das nur durch eine brusthohe Mauer mit ein paar hölzernen Bohlentüren vom Brandherd getrennt war.

In dem durch das Feuer abgeriegelten östlichen Teil des unteren Flurs hatten sich inzwischen die Offiziere (der Kommandant war bei der Explosion gegen die Wand geschleudert worden und lag noch immer besinnungslos da) darauf geeinigt, das Fort zu räumen – aus Furcht davor, daß sich die Katastrophe vom 8. Mai wiederholen würde. Der gaskranke Regimentskommandeur vom Dienst, Schaeffer, der ohnehin nichts mehr vom Schicksal seiner Truppen außerhalb des Forts wußte, gab pro forma den Befehl zum Abmarsch; Waffen und Gepäck blieben zurück. Soltau wurde nicht informiert, man hielt ihn für verloren.

Durch einen Steigeschacht gelangten die Deutschen in den oberen Gefechtsgang und von dort durch den langen Hohlgang zur Ostgrabenstreiche. Schaeffer erreichte um einhalb 6 Uhr nachmittags in der Brûleschlucht den Bataillonsführer vom Reserve-Infanterieregiment 27 und unterrichtete ihn von der Räumung des Forts.

Inzwischen ließ Soltau, der mit einigen hundert Mann im westlichen Teil des Forts zurückgeblieben war, die Ausgänge freilegen und versuchte sogar, das Fort zur Verteidigung einzurichten. Alle gehfähigen Verwundeten und Gaskranken wurden nach draußen abgeschoben. Keiner wußte, wohin der Kommandant verschwunden war.

Eine Brieftaube, die hinter einem toten Infanteristen entdeckt wurde, ging um 15 Uhr mit der Meldung ab: »Obere Kasematten bis Kasematte XI verschüttet. Besatzung 200 Mann. Kommandant nicht anwesend. Letzter Blinkspruch des Kommandanten: Anfordere Sperrfeuer. Luftverhältnisse schlecht. Ersatz für Gasmasken, namentlich Selbstretter, dringend nötig. Habe Kommando übernommen, gez. Soltau.«

Bald darauf flatterte eine zweite Brieftaube davon mit dem Zusatz: »Rettungsarbeiten im Gange. Fortbesatzung bleibt, wenn möglich, im Fort. Besatzung durchweg vergast. Ablösung dringend.«

Im Laufe des Abends nahm die Beschießung wieder zu, schwere Kaliber waren nicht darunter, doch drang Gas durch Risse und Öffnungen ein und machte das Atmen zur Qual. Noch immer waren die Pioniere im Kellergeschoß damit beschäftigt, das Feuer einzudämmen; die Steinwand zwischen Brandherd und dem Lager von 7000 Handgranaten und noch vom Februar her lagernder französischer Feldgeschützmunition wurde immer heißer.

Um 21 Uhr verließ Soltaus frischernannter Ordonnanzoffizier Beyn das Fort, um selbst eine Meldung nach hinten zu bringen. Im Sperrfeuer verlor er von seinen 10 Begleitern unterwegs einen nach dem anderen, zuletzt wurde er selbst durch einen Bauch- und Lungenschuß verwundet. Als er zu Bewußtsein kam, gab er das Papier einem nach hinten laufenden Infanteristen mit dem Befehl, es zur Division zu bringen. Auch diese Meldung kam nicht an. Um 22 Uhr fiel Soltau aus, der bis zuletzt keine Gasmaske aufgesetzt hatte, um Befehle geben zu können. Kurz nach Mitternacht sandte sein Vertreter Kupke weitere Meldungen nach hinten, diesmal schickte er Leutnant Lindelof, der tatsächlich die Brûleschlucht erreichte, dort jedoch den Regimentsgefechtsstand unbesetzt fand und zur Ornesschlucht weitergehen mußte, um einen Funkspruch abzusetzen. Für eine Strecke von vier Kilometern brauchte er schließlich drei Stunden.

In dem durch das ungeheure Ausmaß des Artilleriefeuers verursachten Chaos hatten die hinteren Stäbe völlig den Überblick verloren; Meldungen kamen in der falschen Reihenfolge an und vergrößerten die Verwirrung. Als der stellvertretende Kommandeur der 54. Infanteriedivision Goertzen um 17 Uhr 34 eine Meldung von den Vorgängen im Fort erhielt, entsandte er ein kleines Kommando, um die Lage zu erkunden; dieses Kommando machte schon in der Brûleschlucht halt, da seinem Führer versichert wurde, das Fort sei nicht mehr betretbar. Weitere Meldungen verdichteten sich zu dem Eindruck, daß das Fort aufgegeben sei.

Als am 24. Oktober morgens um 3 Uhr 30 die Nachricht eintraf, das Fort sei doch noch besetzt, wurde ein Pionierzug aus Freiwilligen und ein paar Stunden später vom Generalkommando eine Infanteriekompanie in Marsch gesetzt. Nur der Pionierzug erreichte das Fort, konnte jedoch nur durch kleine Löcher ein paar Sauerstoffapparate durchgeben, da alle Eingänge »dichtgeschossen« waren. Die Besatzung schien von der Außenwelt abgeschlossen.

Die ganze Nacht zum 24. Oktober hatte der Rest der deutschen Besatzung wie im Dämmerzustand verbracht, die Infanteristen waren apathisch, kämpften gegen Übelkeit und gegen das unüberwindliche Schlafbedürfnis an. Gaskranke starben. Soltau erhielt jeweils dann etwas vom kostbaren Sauerstoff, wenn ein Befehl zu geben war. An einer kleinen Öffnung, wo klare Luft von außen hereinkam, zogen alle Leute im Gänsemarsch vorbei, um ein paar Züge frischer Luft machen zu können und von dort aus weiter zu einem Offizier an einem Sauerstoffgerät, der jedem kurz den Schlauch ansetzte.

Um 2 Uhr ließ sich Soltau zur Brandstelle tragen und gewann den Eindruck, daß eine Explosion unvermeidlich sei. Sie beschlossen, noch ein Weilchen auf Verstärkung zu warten. Als niemand kam, das Riesenfort aber mit einer Handvoll Leute nicht mehr zu verteidigen war, beschloß Soltau, es zu räumen. Sein Argument war, daß der Douaumont »weder als Fort noch als Infanteriewerk mehr zu etwas tauge und lediglich einen großen, nicht schußsicheren Unterstand darstellte, dessen Zugänge jederzeit wieder eingeschossen werden können.«

Morgens um 4 Uhr gab Soltau den Befehl zum Abmarsch. In der Nacht war es gelungen, mit Schaufeln und Hacken ein Loch nach draußen freizulegen. Der Rettungsweg führte auf der Eingangseite über das Fort hinweg nach hinten, an riesigen Trichtern vorbei. Zwei Stunden dauerte es, bis alle Verwundeten auf Bahren abtransportiert waren, unter ihnen der gaskranke Soltau. Ein Feldwebel der Maschinengewehrkompanie des Reserve-Infanterieregiments 27 bildete mit seinen Leuten die Nachhut. Zwei versprengte Infanteristen in der Nordwestgrabenstreiche blieben zurück, sie waren glattweg vergessen worden. Aus Angst vor dem Artilleriefeuer blieben sie sitzen.

Die entkommenen 84er waren bereits als Vermißte geführt worden, am selben Abend noch mußten sie zurück in die Brûleschlucht, um den Einbruch der Franzosen abzuriegeln.

5

Während die Gruppe Soltau den Douaumont durch den freigelegten Ausgang der Westdurchfahrt verließ, kehrte der Artillerieoffizier vom Platze, Hauptmann Prollius, nachdem er den bisherigen Kommandanten des Forts, Major Rosendahl, bei einer Verwundetensammelstelle abgegeben hatte, gerade über die Ostgrabenstreiche zurück. Prollius, der mit der Gruppe Schaeffer das Fort geräumt hatte, war umgekehrt, als ihm klar wurde, daß die hinteren Stäbe es sicher mißbilligen würden, den Douaumont kampflos aufzugeben. Die andere Kolonne war zu weit entfernt, um etwas davon zu bemerken. Zum Erstaunen von Prollius war das Fort inzwischen wieder so gut wie gasfrei. In der kurzen Zeit war das Gas durch die vielen Einschußlöcher wieder abgezogen; das Feuer im Munitionsdepot schien eingedämmt zu sein.

Prollius sandte sofort, nachdem er das Fort inspiziert hatte, eine Reihe von Meldungen ab, die aber alle nicht ankamen. Eine der vorderen Fernsprechstationen, die keinen Anschluß nach hinten bekam, beschriftete eine Meldung mit dem Hinweis: »Weiterbeförderung unmöglich, da sämtliche Leitungen gestört.«

Eine Meldung ging sogar in elf Exemplaren gegen Mittag aus dem Fort ab, ohne daß sich Unterstützung sehen ließ. Vorbeilaufende Infanteristen, die froh waren, der Hölle entkommen zu sein, wurden angehalten und mußten sich der zusammengewürfelten Truppe von Prollius anschließen. Bald hatte er eine Fortbesatzung von zwanzig Mann zur Verfügung, von denen allerdings einige behaupteten, mit der Bedienung eines Maschinengewehrs nicht vertraut zu sein. Auch ein Leutnant einer bei Fleury aufgeriebenen Kompanie blieb im Fort, obwohl er infolge einer Verschüttung eine Lungenquetschung hatte. Ein gewaltiger Trichter, der bis ins Pionierdepot herunterreichte, fiel ihm ins Auge. Er war der letzte Deutsche, der ins Fort kam.

6

Bepackt wie Maulesel waren in der Nacht zum 24. Oktober die französischen Angriffsdivisionen in ihre Bereitstellungsräume marschiert – neben zwei Gasmasken und den zum Platzen gefüllten Patronentaschen einen Brotbeutel mit Biskuit umgehängt, einen weiteren mit Rindfleischbüchsen und Schokolade, einen dritten mit Eierhandgranaten. Dazu kamen zwei Feldflaschen, eine mit Wasser, die andere mit Rotwein gefüllt, weiterhin der unter die Zeltbahn gerollte Mantel, Spaten und zwei leere Sandsäcke, die notfalls als Deckungsschutz oder zum Abdichten von Gräben mit Sand gefüllt werden sollten.

Der Abmarsch erfolgte ohne Begeisterung – Verdun war für alle »ein Gegenstand des Schreckens« geworden, obwohl General Nivelle den Divisionen im Tagesbefehl durch den Hinweis Mut machen wollte, daß die Kampfkraft ihres Gegners in den letzten Wochen stark gesunken sei. Ein paar vereinzelte Weitschüsse der Deutschen trafen nur, weil die Sammelplätze der Franzosen überfüllt waren.

Als der Morgen des 24. Oktober anbrach, bedeckte zum Ärger der Artilleristen dichter Nebel das Schlachtfeld. Trotzdem beschloß Nivelle, das Unternehmen nicht zu vertagen; die Offiziere sollten ihre Kolonnen nach dem Kompaß führen, wenn sie nichts sehen konnten. Einige Kompanien verirrten sich prompt, ehe ihre Anführer bemerkten, daß die zahlreichen Metallteile der eigenen Ausrüstung die Kompaßnadel abgelenkt hatten.

20 Minuten vor 12 Uhr setzten sich die Regimenter der drei Stoßdivisionen in einer Frontbreite von sieben Kilometern hinter der »Feuerwalze« in Bewegung. Durch ein ausgeklügeltes System wurde das Feuer nicht wie üblich in den verräterisch großen Sprüngen nach vorne verlegt, sondern rollte in rund 70 m Entfer-

nung »wie ein auf die Sekunde geregeltes Uhrwerk« vor der Infanterie her, deren »Siegeslauf« auf 100 m innerhalb von vier Minuten veranschlagt wurde. Die Methode des *barrage roulant*, eine »Geheimwaffe«, die der Artillerist Nivelle erfunden hatte, stellte die Krönung des französischen Grundsatzes dar, Artillerie und Infanterie so aufeinander abzustimmen, daß ihr unfehlbar der Weg zum Sieg geebnet wurde. Solche Raffinesse war indessen gar nicht mehr nötig, nachdem vor dem Angriffstag die Zahl der verschossenen Artilleriemunition auf 240 000 Granaten pro Tag (gegenüber dem »Normalverbrauch« von 100 000) angestiegen war. Insgesamt hatten jetzt auf französischer Seite innerhalb von 7 Monaten 23 Millionen Granaten das Schlachtfeld verwüstet.

Seit dem 21. Oktober gab es auf deutscher Seite keine zusammenhängende Linie und auch keinen einheitlichen Widerstand mehr. Die wenigen Überlebenden wurden überrannt. Wegen der weiten Entfernungen und der schweren Bodenverhältnisse waren sowieso ganze Bataillone als Trägerkolonnen für den Nachschub beschäftigt gewesen und dadurch die vorderen Linien »über das vertretbare Maß« nur dünn besetzt. Gasschwaden durchzogen die Schluchten und erstickten die Bewegung auf den Nachschubwegen. Regimenter, die zur Ablösung vorgehen sollten, wurden von der Divisionsführung als Reserve für den Fall des Angriffs zurückgehalten, um sie nicht vorne im Feuer zerschlagen zu lassen. Da nicht alle Kompanien von dem Befehl erfuhren, marschierten sie trotzdem los, so daß Verwirrung entstand. Die ehemalige Stellung verrieten nur »ein paar Leichen, ein aus dem Schlamm in Todesstarre emporragender Arm, herumliegende Waffen und Stahlhelme«.

Die gegen Fleury und den Chapitre vorgehenden zwei französischen Divisionen brachen sofort durch; wer von den Deutschen überlebt hatte, ergab sich. Ein paar Deutsche setzten sich zur Wehr, aus Verzweiflung über ihre erfrorenen Füße, ihre Wunden, und aus Wut, die durch das tagelange ohnmächtig erduldete Artilleriefeuer geschürt worden war. Um 12 Uhr erreichte das 4. Zuavenregiment das Werk Thiaumont und die Trümmer der Ferme, um 14.30 Uhr die wegen ihrer langen Messer gefürchteten Senegalesen das Dorf Douaumont. Teilweise fühlten sie sich so sicher, daß sie ihre Gewehre zusammenstellten.

Die Punkte, an denen Widerstand geleistet wurde, waren später an einer Hand abzuzählen: Steilhang, Steinbruch Haudraumont, Kiesgrube in der Albainschlucht. Doch genügten ein paar intakte Maschinengewehre in guter Schußposition, um den Siegeslauf ganzer Bataillone zu bremsen. Zwei MGs beherrschten am Steinbruch die Ost-West-Schlucht und vereitelten das Vordringen der Franzosen über die Höhe 378.

In der Nähe des M-Raumes am Bahnbogen hielt sich ein Bataillon des Infanterieregiments 30 mehrere Stunden lang gegen die Übermacht, doch gingen rechts und links die Franzosen vorbei. Inzwischen war der M-Raum, der mit Bataillons- und Abschnittsstäben, Reserven, Meldeläufern und Sanitätern übervoll besetzt war, zur Mausefalle geworden. Beide Eingänge waren eingedrückt. Als endlich ein kleines Loch wieder von innen freigeräumt war, flogen zwei Brandbomben die Treppe herunter, Fäkalienkübel kippten um, eine pechschwarze, brennende, nach Schwefel stinkende Flüssigkeit kroch die Stufen herunter.

Schließlich gelang es den Pionieren, den Brand mit Sand zu ersticken. Als um 6 Uhr abends erneut ein Ausgang freigelegt war, sah der erste Deutsche, der seinen Kopf herausstreckte, eine französische Lichtsignalstation in der Nähe bei ihrer Arbeit – also waren sie inzwischen zum Hinterland geworden! Eine Patrouille verscheuchte die Franzosen und nahm ein paar gefangen, von denen sie hörten, Fort Douaumont sei in französischer Hand.

Um 23 Uhr wurden sie eingekesselt. Aus Sorge, das am Ausgang liegende Handgranatenlager könne explodieren, kapitulierte die Besatzung des M-Raumes. Auf allen vieren krochen die Soldaten ins Freie. Farbige und weiße Franzosen nahmen sie gefangen, die Farbigen, die von den weißen Offizieren gemaßregelt wurden, erwiesen sich überraschend als »kameradschaftlich«.

7

Die Franzosen hatten sich dem Douaumont mit großer Vorsicht genähert. Für seine Einnahme war von Mangin ein renommiertes Kolonialregiment von Marokkanern vorgesehen, dessen Bataillonskommandeur Nicolay sich jedoch im Nebel verlief. Er mußte sich erst von einem deutschen Gefangenen auf den richtigen Weg bringen lassen.

Unterdessen war rechts von Nicolay ein Bataillon des Infanterieregiments 321 vorgegangen, hatte den freistehenden Panzerturm besetzt und sich dann zum Fort vorgewagt, obwohl es gar nicht in den eigenen Angriffsstreifen gehörte. Plötzlich zerriß ungefähr um 15 Uhr 30 der Nebel, im Sonnenlicht lag der dampfende Douaumont in einem Meer von Schlamm vor den Marokkanern, die nur noch 300 m von den Wallgräben entfernt waren. Einem Angehörigen der 321er erschien der unförmige Hügel wie ein auf den Strand geworfener Walfisch.

Ein Oberst bezeichnete – nachträglich – diese Sekunde als den glücklichsten Moment seines Lebens, für den er gerne mit dem Heldentod bezahlt hätte. Die Marokkaner waren vom Anblick des Forts nicht ganz so begeistert. Für sie war es eher ein Schock, als sie sich auf weiter Flur völlig allein vor dem Koloß sahen, der jeden Augenblick Feuer speien konnte. Von den Offizieren angespornt, unter dem schweren Gepäck schwankend, ging das Bataillon weiter vor und besetzte die Umgebung des Forts. Der eigentliche Sturm war ja dem 8. Bataillon unter Nicolay vorbehalten.

Aus einigen Scharten der Kasematten schlug den Marokkanern Infanteriefeuer entgegen. Mit aufgepflanztem Seitengewehr stürmten sie daraufhin den westlichen Geschützpanzerturm. Handgranaten detonierten. Der Kampf zog sich bis in die Abendstunden hin. Merkwürdigerweise versuchten die Marokkaner nicht, über die Zwischenraumstreiche, den »Südwestpanzerturm«, in das Fort einzudringen.

Dann schwieg auf einmal das deutsche Feuer. Als zwei Marokkaner vorsichtig in die Durchfahrt hinunterstiegen, kam ihnen im Gefechtsgang ein deutscher Offizier mit erhobenen Händen entgegen. Da das Feuer im Pionierdepot immer noch schwelte und auch keine Hoffnung auf Entsatz war, hatte Hauptmann Prollius um 19 Uhr beschlossen zu kapitulieren. Als die anderen Marokkaner nachkamen, wunderten sie sich, daß zwei ihrer Leute über zwanzig Deutsche, darunter vier Offiziere, gefangengenommen hatten.

Schließlich kam auch Nicolay an, Prollius, der die französische Sprache beherrschte, wandte sich an ihn, um in etwas geschraubter Höflichkeit »den Kommandantenraum« anzubieten. Doch für solche Artigkeiten hatte Nicolay wenig Geschmack; er musterte seinen deutschen Gegner kalt und suchte krampfhaft nach einem Satz »für die Geschichte«. Schließlich teilte er Prollius mit, daß der französische Kommandant die Nacht vor dem Forteingang mit seinen Leuten zubringen werde – »Mein Herr!«

Von dem Angebot Prollius', den Brand mit seinen Leuten zu löschen, machte Nicolay allerdings gerne Gebrauch. Den Deutschen wurden die Schulterstücke als Souvenir abgeschnitten, die Marokkaner durchkämmten das Fort nach Beute. Als später Prollius den neuen französischen Kommandanten auf den Mangel an Trinkwasser aufmerksam machte, ließ Nicolay ihm mitteilen, er solle den Brand löschen, alles andere ginge den »Boche« nichts an.

Inzwischen hatte sich Nicolay doch im Zimmer des Kommandanten eingerichtet, das den sichersten Raum im Fort darstellte, zumal auch schon die meisten seiner müden Leute auf den Bettgestellen Platz genommen hatten, anstatt vor dem Forteingang zu nächtigen. Wie ein Sergeant feststellte, machte das Fort einen außerordentlich aufgeräumten Eindruck. Nach dem Wegfall des Artilleriefeuers ließ es sich durchaus darin aushalten.

21 Allerseelen (24. Oktober–2. November 1916)

1

Während die Front bei Fleury und Thiaumont wie ein Kartenhaus zusammenklappte, war der Sturm der Franzosen gegen den linken deutschen Flügel äußerst verlustreich und verlief gar nicht fahrplanmäßig. Während des Kampfes, der bis in die Nacht andauerte, wurden französische Regimenter bis auf dreiviertel ihrer Kampfstärke reduziert. Dabei war die erste Welle leicht über die vordere deutsche Linie – in den französischen Stabskarten mit so respektheischenden Namen wie Clausewitz, Moltke, Seydlitz bezeichnet – hinweggekommen.

Bis in den Abend hinein gab ein deutscher Hornist, der zu einer auf der »Souville-Nase« eingeschlossenen Gruppe gehörte, Signale als Zeichen dafür nach hinten, daß die Abgeschnittenen (in der »Redoute Hindenburg«) noch nicht aufgegeben hätten. Um 15 Uhr kam der Angriff auf dem Fumin an der Linie zwischen Fort Vaux, Werk 512 und Vauxteich zum Stehen, erst um 1 Uhr nach Mitternacht kapitulierte die deutsche Besatzung im »Stützpunkt Hölle«, deren Aushalten vier französische Bataillone gefesselt hatten.

Deprimierend war für die Deutschen, daß sie sich von hinten im Stich gelassen fühlen mußten und auch noch obendrein von der eigenen Artillerie beschossen worden waren, da die Beobachter im Fort das Feuer dorthin lenkten, wo sie Franzosen sahen. Ein französischer Generalstabsoffizier war beim Verhör der Gefangenen in Souilly so sehr von der Zähigkeit seiner Gegner beeindruckt, daß er auf das Verhör der *»Héros du Petit Depot«* verzichtete.

2

Am 24. Oktober, drei Tage vor seinem 20. Geburtstag, war der Krieg auch für Franz Lang zu Ende. Einen Tag hatten die Männer vergeblich in der Thiaumontschlucht auf ihre Ablösung gewartet. Doch im schweren Feuer war niemand durchgekommen. Die vorderen Gräben wurden durch Minen verwüstet.

Um zwei Uhr mittags waren am Hang in der Nähe französische Stimmen zu hören – »*Allez! Allez! Dépêchez-vous!*« Ein Offiziersstellvertreter faßte zuerst Mut, ließ sein Koppel fallen und verließ den Unterstand. Lang und andere folgten ihm und krochen den Hang hoch. Oben erwartete sie ein Senegalese, in der einen Hand einen Revolver, in der anderen ein Gewehr mit aufgepflanztem Bajonett. Überall standen Deutsche mit erhobenen Armen, »gottergeben und ängstlich«, während die Franzosen, meist nicht weniger ängstlich, mit dem Bajonett herumfuchtelten.

Die Franzosen schnitten ihren Gefangenen Knöpfe und Achselklappen ab und suchten in ihren Uniformtaschen nach Wertsachen. Lang gelang es, seine silberne Taschenuhr im linken Stiefelschaft verschwinden zu lassen. Sein Zigarettenetui, auf dessen Innenseite die Abbildungen »Kriegers Abschied« und »Kriegers Heimkehr« eingraviert waren, wanderte in eine französische Manteltasche. Einige Marokkaner steckten den Deutschen dagegen sogar etwas zu essen zu, heimlich, damit es die Offiziere nicht merkten.

In langen Reihen gingen die Gefangenen nach rückwärts – wie zahllose Bachrinnsale, die sich zu einem Strom vereinigten. Bei Belleville wurden sie zu Kolonnen formiert, die Verwundeten, die laufen konnten, mitten unter ihnen. An einem Kleinbahnhof kamen sie an feuernden Batterien vorbei. In der Nähe einer Maasbrücke mußten sie sich in einer Kolonne zu vieren aufstellen. Kavalleristen übernahmen ihre Bewachung. »Austreten« war verboten.

Über eine Maasbrücke zogen sie in Verdun ein. Nach einem Marsch von fünf Kilometern erreichten sie am Abend den Vorort Regret. Hier holten die Bewacher die Offiziere aus den Kolonnen heraus und sperrten sie in eine Baracke, wo sie noch einmal einer gründlichen Leibesvisitation und einem Verhör unterzogen wurden.

Ein weiterer Fußmarsch von zwanzig Kilometern nach Souilly schloß sich an – ins berüchtigte »Kronprinzenlager«. Es bestand aus Spitzzelten und Baracken ohne Fußboden, die nicht zur Aufnahme aller Gefangenen ausreichten, so daß ein großer Teil im Freien kampierte. Viele standen in der feuchten und kalten Jahreszeit in einem stacheldrahtumgürteten Pferch zwölf Tage unter freiem Himmel im Morast.

Einen Tag später wurden alle Neuangekommenen entlaust – splitternackt wanderten sie in einer Schlange unter einem hohen Bottich durch, aus dessen Dusche sich ein Strahl mit einer ekelhaft riechenden Flüssigkeit ergoß. Einigen wurden die Stiefel, in denen die Füße geschwollen waren, von einem Wachmann mit einem Messer aufgeschlitzt, da der Stiefel als Versteck bekannt war. Wieder konnte Lang seine Uhr retten.

Kolonnenweise rückten die Gefangenen zum Arbeitsdienst aus. Lang kam mit anderen in einen Steinbruch, um hier Steine zu zerklopfen, die für die Ausbesserung der »Heiligen Straße« bestimmt waren. Da die deutschen Langrohrgeschütze bis in diese Gegend schossen, gab es Tote und Verwundete unter den Gefangenen. Läuse gab es weiterhin, aber die waren sie von der Front her gewohnt.

Beide Seiten hielten sich nicht an die internationalen Abmachungen über die Behandlung von Kriegsgefangenen, jede Seite argumentierte mit dem Recht auf »Repressalien«, der Streit, wer zuerst die Konventionen gebrochen habe, war nicht durch eine eindeutige Antwort beizulegen. Als die Franzosen im Winter deutsche Kriegsgefangene unmittelbar hinter der Front zum Stellungsbau und sogar zum Transport von Munition einsetzten, wurden von deutsche Seite ebenfalls französische Kriegsgefangene bis in Frontnähe zur Höhe 307 oder im Herbebois zur Arbeit geschickt, von denen auch viele durch Zerstörungsfeuer ihrer eigenen Batterien umkamen. Da sich diese Vergeltungsmaßnahmen schnell herumsprachen, nahm die Zahl der Überläufer aus den französischen Linien ab, was den Sinn der Repressalien wieder in Frage stellte.

Souilly diente auch 1917 weiterhin als Gefangenenlager. Für Neuankömmlinge begann die Verpflegung meist erst am dritten Tag – Wasser, Suppe ohne Fleisch und Kartoffeln, ein Pfund Brot. Als Entschuldigung konnten die Franzosen vorbringen, auf diese Massen von deutschen Soldaten nicht eingerichtet zu sein. Das war nicht einmal eine Lüge, denn so viele Gefangenen hatte wohl Mangin selbst in seinen ehrgeizigsten Träumen nicht erwartet.

3

Am 24. Oktober alarmierte ein Hornist die in der Brûleschlucht liegenden Reserveeinheiten: Der Feind ist da! Der Feind ist da! Die Schlucht wimmelte sofort wie ein Ameisenhaufen, da niemand in seinem Unterstand bleiben durfte. Französische Flieger surrten über die Köpfe hinweg. An zertrümmerten Feldgeschützen vorbei ging Leutnant Osenbrück mit seiner Kompanie bis zum nördlichen Hang vor. Durch das Fernglas sah er menschliche Gestalten auf dem Fort Douaumont. Als erst in der Dunkelheit viel zu spät der Befehl kam, weiter vorzugehen, weigerte sich Osenbrück – ohne Verpflegung, Munition und Orientierungsmöglichkeit sei es heller Wahnsinn. Um fünf Uhr morgens erreichte sie das Gerücht, daß der Douaumont in deutscher Hand sei. Doch beim Erreichen der zur Hassouleschlucht parallel verlaufenden kleinen Erdbeerschlucht setzte plötzlich französisches Sperrfeuer ein – also konnten sie beobachtet werden!

Die Kompanie legte sich in die Unterstände einer verlassenen Artilleriestellung, wo sie zu ihrem Erstaunen einen jammernden Artilleristen vorfanden, der wegen einer Fußverstauchung zurückgelassen worden war, Eßwaren, Trinkwasser in Griffnähe um sich aufgebaut. Nicht nur ihren Kameraden, sondern die gesamten Vorräte hatten die Artilleristen in ihrer Panik zurückgelassen – Decken, Mäntel, Stiefel, Getränke, eine ganze »Batterie« von Steinhägerflaschen, Kakao, Fotoapparate, Spiegel, Rasierzeug – »Dinge, die die Infanteristen wie Augäpfel hüteten, wenn sie es wagten, solche Sachen mit in Stellung zu nehmen«. Kein Offizier hatte etwas dagegen, daß sich die Leute alles Brauchbare aneigneten. Dann hoben die Männer Gräben aus und schütteten die tiefen Geschützplätze zu, um über die Brüstung sehen zu können.

An diesem 25. Oktober bestand die Front der 54. Infanteriedivision nur noch aus vier Kompanien mit einer Gefechtsstärke von 100 Gewehren. Die Zahl der Feldartilleriegeschütze betrug sieben Rohre.

Gegen Mittag traf mit weiteren Truppen Leutnant Lindelof von den 84ern ein. Da er einer der letzten gewesen war, die den Douaumont verlassen hatten, setzten sich die Offiziere mit ihren

Meldern und Burschen in einem Unterstand zu einem Steinhäger zusammen, um mehr zu erfahren: Der Fortkommandant Major Rosendahl habe schon am 23. Oktober den Douaumont verlassen wollen, doch es sei zu einem »Mordskrach« gekommen, weil sich Hauptmann Soltau und ein Stabsarzt geweigert hätten. Rosendahl habe sogar mit Kriegsgericht wegen Befehlsverweigerung gedroht. Soltau wäre morgens in aller Ruhe als letzter aus dem »Trümmerhaufen« gegangen, da wahrscheinlich das Munitionslager in die Luft gehen würde; bis zu 3 Stockwerke tief hätten sich die Granaten gewühlt, Kasematten seien eingestürzt, kurzum: »Die Franzosen sind nicht um seinen Besitz zu beneiden.«

Wer weiß, meinte Osenbrück, ob es nicht viel besser gewesen wäre, wenn wir das Fort nie gehabt hätten! So war es doch nur eine halbe Sache, und man hätte früher oder später damit rechnen müssen, daß es wieder verlorengeht.

4

Nachdem die Franzosen am Kleinen Depot und an der Hohen Batterie vorbei waren, näherten sie sich am 24. Oktober um 17 Uhr 30 auch dem Fort Vaux. Alarmglocken riefen die Besatzung auf ihre Gefechtsplätze. Die Reihen der französischen Infanterie waren jedoch schon so gelichtet, daß der erste Angriff mühelos abgeschlagen werden konnte. Im Nebel hatten weder die Deutschen, die noch in lockeren Gruppen neben dem Fort lagen, noch die Franzosen die Übersicht behalten. Die hinteren Stäbe wußten noch weniger, was vorne geschehen war. Immerhin, den Franzosen war klar, daß ihr Angriff Erfolg gehabt hatte, und die Deutschen ahnten etwas von dem sich anbahnenden Fiasko. Aus dem Fort Vaux kam um 13 Uhr als erste Nachricht von der Blinkstation, daß der Feind durchgebrochen sei und die Damloupschlucht herabsteige. Eine Brieftaube brachte nach vierstündigem Flug eine weitere Durchbruchsmeldung. Als es dunkel wurde, konnte die Lichtsignalstation auf dem Vauxberg einen genauen Bericht nach hinten geben.

Über den Umfang der französischen Offensive machte sich Generalmajor von Engelbrechten, der Kommandeur der 50. Infanteriedivision, jedoch noch solche unrealistische Vorstellungen, daß er Befehle zum Gegenangriff herausgab, um alles verlorengegangene Terrain zurückzuholen. Patrouillen stießen in der Nacht vor. Die Franzosen, die oberhalb der Damloupschlucht siegessicher und total ermüdet niedergesunken waren und schliefen, waren äußerst verwirrt, als plötzlich deutsche Gruppen auftauchten. Um 2 Uhr nachts brach Hauptmann Gillhausen von den 39ern hier eine Aktion ab, da der improvisierte Gegenangriff ohne Kenntnis der deutschen Linien bei der Masse der vor ihm stehenden Franzosen nun vollends absurd schien.

Der 25. Oktober verschaffte weitere Klarheit. Die Franzosen waren vom Chapitrewald bis zum Vauxgrund durchgebrochen und dann offenbar stehengeblieben, weil sie ihr Angriffsziel erreicht hatten. Wenn ihre Offiziere auf eigene Faust weiter vorgegangen wären, hätten sie den ganzen Hardaumont einnehmen und die dahinterstehenden Feldartilleriegeschütze erbeuten können, da der Höhenrücken nur mit Beobachtern besetzt war. Schnell wurden die Bataillone des Infanterieregiments 364 in die Lücke eingeschoben. Als die Franzosen am 25. Oktober ihre Angriffe gegen die Reste der Fuminstellung fortsetzten, konnten die flüchtenden Deutschen durch die 364er, die ihnen entgegenliefen, aufgehalten werden, obwohl sie bereits von französischen Maschinengewehren aus der Britenschlucht (südlicher Anschluß der Kasemattenschlucht) beschossen wurden. Der Regimentskommandeur der 364er erschien selbst in der Fuminstellung, um seine Leute anzuspornen.

Der improvisierte Gegenangriff der 50. Infanteriedivision wurde abgeblasen. Die Truppen, die auf den Vauxberg sollten, unter ihnen ein paar Kompanien des Infanterieregiments 192, hatten sich zum Teil in der »rabenschwarzen Finsternis« verlaufen und waren stundenlang im Schlamm des Vauxbaches herumgewatet. Dem Kommandanten des Fort Vaux erschien der Flankenschutz des Forts wichtiger als alle neuen Angriffe, und er behielt mehrere Einheiten der 192er einfach zurück, um sie zur Verteidigung einzusetzen.

Unterdessen traf die konzentrierte Wut der französischen Artillerie das Fort Vaux. Als sich am 25. Oktober um 10 Uhr vormittags der Nebel unvermutet lichtete, sahen die MG-Besatzungen die Kolonnen der Franzosen in breiter Front gegen die Wälle anrücken.

Zweieinhalb Stunden später war der erste Ansturm der Franzosen abgeschlagen, das Feuer aus dem Fort und die deutsche Artillerie, die in diesem Frontabschnitt immer noch exakt geleitet wurde, hatten »mörderisch« unter den Angreifern gehaust, die mit einer beispiellosen Bravour bis zu den Zwischenraumstreichen vorgedrungen waren, um das Fort einzuschließen. Zwei weitere Angriffe, rücksichtslos von der französischen Führung angesetzt, die sich nach dem Fall des Douaumont einen Widerstand in Fort Vaux nicht vorstellen konnte, wurden wiederum abgeschlagen. So weit das Auge reichte, war das Vorgelände mit Leichen bedeckt. Überall lagen in den Granattrichtern und auf ihren Rändern bewegungslos blaue Gestalten, vielleicht 800, vielleicht über 1000 Tote. Die Zahl der Verwundeten war gar nicht zu schätzen. Noch am 26. Oktober wurden morgens Franzosen, die sich auf den Trümmern des Forts versteckt hatten, zu Gefangenen gemacht.

Die Besatzung des Forts hatte nur rund 40 Tote und 120 Verwundete zu beklagen. Nach 28stündigem Kampf waren zwei französische Divisionen aufgerieben worden. Französische Truppen, die in die Damloupschlucht hinunterstiegen, wurden von der Artillerie zersprengt. Dann trat in diesem Abschnitt eine seltsame Ruhe ein. Deutsche und Franzosen kümmerten sich um ihre Verwundeten. Die Stäbe ließen ihre müden Truppen liegen und schickten keine Angriffsbefehle. Vom Kronprinzen traf ein Glückwunschtelegramm im Fort ein.

Beim Betrachten der neuen deutschen Linien mußte General Lochow von der »Maasgruppe Ost« allerdings feststellen, daß das balkonartig aus der Front herausragende Fort Vaux bei einem neuen Angriff der Franzosen nur schwer zu halten war; durch einen Vorstoß aus dem Caillettewald konnte es hoffnungslos abgeschnitten werden. Nur eine Gegenoffensive hätte es retten können, doch schon am 29. Oktober sagte ein französischer Gefangener beim Verhör aus, daß eine frische Division nach Verdun gefahren worden sei, um Vaux erneut anzugreifen.

Die eigenen Truppen waren immer noch beschäftigt, die neue Verteidigungslinie auf dem Hardaumont auszubauen und eine zweite Linie dahinter anzulegen. Da die Schlammperiode angebrochen war, stellte sich schon das Herausziehen der Geschütze als eine Arbeit heraus, die die Pferdekolonnen bis zum Zusammenbrechen strapazierte. Den Soldaten blieben im schweren Lehmboden die Stiefel stecken, der sich wie ein Moor benahm: wer in einen Trichter rutschte, konnte nur durch fremde Hilfe vor dem Versinken bewahrt werden. Zum ersten Mal wurde in den Stabsräumen von Stenay der Gedanke eines Rückzugs laut, ein bis dahin als ungeheuerlich angesehener Gedanke. Als am 17. Oktober der Kronprinz das Thema Rückzug anschnitt, hatte General von Lochow empört jeden Gedanken daran zurückgewiesen. Lochow hatte jetzt die Rolle des »gefeuerten« Knobelsdorf übernommen und vertrat das »Durchhaltenmüssen um jeden Preis.«

Was bei Falkenhayn allerdings unmöglich gewesen wäre, stellte sich dem in Kategorien der beweglichen Kampfführung denkenden Ludendorff als Selbstverständlichkeit dar. Vom »unbedingten Festklammern« hatte er nie etwas gehalten; obwohl er für die nächste Zeit an keine Offensive dachte, sah die neue »Taktik der Abwehrschlacht« eine Tiefengliederung vor, die das ganze Trichterfeld zur Verteidigung ausnutzte, um Angreifer und Artilleriewirkung zu zersplittern. Das ganze Ringen um den Morast von Verdun war ihm zuwider.

Einer von Ludendorffs Mitarbeitern hatte Falkenhayn wegen der Verdunoffensive nichts als einen »Verbrecher« genannt. Schon bei seinem Antritt als Generalquartiermeister hatte Ludendorff zum Entsetzen der Armeeführer an der Westfront von Rücknahmen der Frontabschnitte gesprochen, die strategisch nichts einbrachten und nur unnötige Verluste kosteten. Mit Verdun verband ihn im Gegensatz zu Falkenhayn und Knobelsdorf kein Prestigegedanke.

Mit Ludendorffs Genehmigung in der Tasche leitete die 5. Armee die Aufgabe des Forts Vaux und der letzten Stellung auf dem Fuminrücken ein. Am 31. Oktober trafen vier Lastwagen mit einem Sprengkommando von der PK 100 und der nötigen Sprengmunition in dem Dörfchen Dieppe ein. Das Pionierkommando war die letzte deutsche Kolonne, die sich in Richtung Vauxberg in Bewegung setzte. Während das Fort unter dem Einschlag der französischen Granaten vibrierte, wurden die Sprengladungen angebracht, der noch im Fort lagernde Vorrat an Handgranaten wurde mitverbraucht. Ein Einschlag im Hohlgang zum großen Geschützpanzerturm verschüttete mehrere Infanteristen und verzögerte die Arbeiten.

Am 2. November, um 12 Uhr mittags, begann der Abmarsch der Besatzung. Um 13 Uhr 30 erfolgte die erste Sprengung – der Kommandant hatte sich persönlich die Zündung des westlichen Panzerturms vorbehalten. Der Pionierhauptmann Rosenkrantz, nach dem eine von der 50. Infanteriedivision gebaute Stollengruppe am Hang des Vauxberges benannt worden war, erhielt die »Ehre«, den 7,5-cm-Geschützpanzerturm (bzw. seine Reste) in die Luft zu jagen. Dann folgten die Sprengungen in den Hohlgräben und Munitionskasematten. Mauerwerk stürzte nach. Um 14 Uhr verließ der Sprengtrupp den Vauxberg.

Als sich die Abziehenden noch einmal umwandten, waren die Beobachtungstürme verschwunden, die schwere Kuppel des Geschützpanzerturmes lag, den Wall herabgeschleudert, im Graben. Rauchschwaden quollen aus dem Trümmerhaufen in den grauen Novemberhimmel.

Vielen Angehörigen der 50. Infanteriedivision bereitete die Aufgabe des Forts, das Tausenden das Leben gekostet hatte, »ein unbeschreibliches Gefühl tiefster Beklommenheit, grausigen Entsetzens und namenloser Trauer«, wie es die Ordonnanz eines Feldartillerieregiments beschrieb. Die meisten jedoch kehrten dem verfluchten Vauxberg erleichtert den Rücken. Die Zerstörung des Forts durch ihre eigenen Pioniere symbolisierte nur zu deutlich, daß alles umsonst gewesen war. Die französischen Artilleristen beschossen weiterhin das Fort mit schweren Granaten. Den ganzen 2. November stand das Fort leer. Es war »Allerseelen«, der Tag, der dem Gedächnis der Verstorbenen bestimmt ist. »Es schien, als gehörte das Fort einen Tag lang nur den Toten.« Erst am 3. November betrat in der Frühe eine französische Patrouille den Trümmerhaufen. Über das Radio hatten die Franzosen von dem Abzug der Deutschen erfahren.

5

Mehr noch als der Zusammenbruch ganzer Verteidigungsabschnitte, der Ausfall von 11 000 Mann bei 7 Divisionen, traf der Verlust des Douaumont die Deutschen wie ein Schock. Wieso war das Fort verlorengegangen, wenn Fort Vaux gehalten werden konnte? Wieder einmal mußte ein Schuldiger gefunden werden. Eine Untersuchungskommission wurde eingesetzt, die sogar in den Lazaretten den Überlebenden der Katastrophe nachspürte. Die ganze Wut der Armeespitze traf Hauptmann Soltau, der im Etappenlazarett von Pierremont seine Gaserkrankung ausheilte. Obwohl er gar nicht der Fortkommandant gewesen war, sondern nur als Schanz- und Nachschuboffizier im Fort tätig sein sollte, wurde gegen ihn der Vorwurf erhoben, das Fort ohne stichhaltigen Grund aufgegeben zu haben; als ältester Offizier sei ihm auch ohne ausdrücklichen Befehl automatisch nach dem Weggang des Fortkommandanten die Befehlsgewalt und damit die Verantwortung zugefallen. Mehrere Verhöre brachten den als tapfer und pflichtbewußt bekannten Offizier »fast von Sinnen«. Nur durch die Fürsprache seines Divisionskommandeurs konnten schließlich Disziplinarmaßnahmen gegen ihn abgewendet werden.

Kaum hatte sich die Frontlage etwas beruhigt, da regte sich schon wieder bei der Armeeführung der Wunsch, den »mit so vielen Opfern verteidigten Douaumont« zurückzuerobern – bis ein Verbot der OHL – Ludendorff! – eintraf.

Soltau fiel in der Tankschlacht von Cambra: »Er sprang mit gezogener Pistole vor einen Tank, gegen den die MGs nichts ausrichteten«, wie ein Augenzeuge berichtete.

Vierter Exkurs:
Der heroisierte Krieg

1

»Der Krieg vor Verdun war ein besonderer Krieg«, stellte Werner Beumelburg 1923 in seinem dokumentarischen Buch über den *Douaumont* fest, »am schwersten war die grenzenlose Verlassenheit, die aus schlammgefüllten Trichtern, verkohlten Baumstümpfen, zerwühlten Gräben, zerstörten Protzen, zerrissenen Leibern und gebrochenen Augen die Soldaten anstarrte. Das war das Bitterste. Das Grau des zähen Schlamms auf dem Boden der Schluchten machte vor nichts halt, nicht vor Kleidern und Waffen, nicht vor der Nahrung und nicht vor den Gesichtern. Es drang auch in die stumpf gewordenen Seelen.« Der verlorene Douaumont wurde zum Symbol für die Sinnlosigkeit der ganzen Schlacht: »Der letzte Sang vom Douaumont ist Totensang, ein dunkles Lied.«

Es sollte sich für die nationalen Autoren als besonders schwer erweisen, Verdun in die Fronterlebnisliteratur einzubeziehen. Wiederum hatte dies Beumelburg angedeutet, als er in seinem »Roman des Frontsoldaten« *Gruppe Bosemüller* einen Leutnant zu einem Frontneuling sagen ließ: »Hüten Sie sich vor Verdun, es ist noch keiner heil davongekommen . . . Es ist etwas Besonderes, Abseitiges . . . Ich möchte sagen, wer hier gewesen ist, dem ist etwas zerbrochen. Er wandelt noch unter den anderen, man merkt ihm noch nichts an. Es ist aber doch ein Sprung in ihm, ein Riß. Das Gefäß gibt keinen reinen Ton mehr von sich.«

Erst um 1930 setzte eine regelrechte Flut von Kriegsbüchern ein, unter denen die nationalistischen Autoren überwogen. Nun wurde auch Verdun literarisch aufgearbeitet und »bewältigt«; dabei sind besonders Alfred Heins *Eine Kompanie Soldaten, In der Hölle von Verdun* (1929), Joseph Magnus Wehners *Sieben vor Verdun* (1930), Franz Schauweckers *Aufbruch der Nation* (1930), Hans Zöberleins *Glaube an Deutschland* (1931) zu nennen.

Die Auseinandersetzung mit dem verlorenen Krieg, die die ganze Epoche der Weimarer Republik durchzog, fand in diesen Büchern ihren literarischen Höhepunkt.

Warum geschah dies erst jetzt, über ein Jahrzehnt nach Kriegsschluß? Einmal brauchte es wohl eine gewisse Zeit, bis das Kriegserlebnis so verarbeitet war, so distanziert gesehen wurde, daß es, episch gestaltet, zu einem Roman geformt werden konnte, im Gegensatz etwa zur Tagebuchaufzeichnung, zum Gedicht oder zum reinen Erlebnisbericht. Es war sicherlich keine Phrase, wenn in den Romanen selbst immer wieder von den Soldaten oder Fronturlaubern darauf hingewiesen wurde, daß sie »davon« nicht sprechen könnten oder daß ihnen doch niemand Gehör schenken würde; zum anderen gab es Ursachen, die in der politischen Situation lagen: 1928 ging für die Weimarer Republik die Zeit der Stabilisierung und Beruhigung vorüber, wirtschaftliche Krisen kündigten sich an, die Auseinandersetzungen zwischen den Parteien radikalisierten sich, die Ratlosigkeit vieler Politiker nahm zu, weder die Revolution von 1918, noch Weimar, die Folgezeit, hatten eine befriedigende Antwort auf die Frage gegeben, welchen Sinn der Völkerkrieg, geschweige denn der verlorene Krieg gehabt haben könnte.

Das Kriegs- oder Fronterlebnis schien der Nenner zu sein, auf den Millionen orientierungsloser Menschen gebracht werden konnten, weil es für alle dasselbe bedeutet hatte, aber gerade die Auslegung der gleichen Erlebnisse und die Folgerungen daraus brachte sie auseinander.

Den rechtsstehenden Autoren fiel im Gegensatz zu den ehrlichen und mitunter widersprüchlichen Erlebnisbüchern die Beschreibung des Kriegschaos um so leichter, als sie bestimmte Absichten verfolgten, ihre Bücher als Erziehungsromane anlegten, in denen der Frontneuling in das Geheimnis der Materialschlacht – als »das Blutopfer der Nation« – eingeweiht wurde.

2

Es war keineswegs so, daß sich die rechtsstehenden Autoren um die wirkliche Seite, die Kehrseite des Kriegs etwa nicht geschert hätten, im Gegenteil; auch in ihren Büchern spiegelte sich die allgemeine Desillusionierung, die sich mit der scheinbar endlosen Dauer des Kriegs einstellte: das »ewig vibrierende Rollen des

Feuers« gibt den »Unterton der trostlosen Stimmung« ab, die über der ganzen Gegend von Verdun liegt. Konfrontiert mit der »unheimlichen Größe des feurigen Schicksals«, wird der Mensch »jämmerlich klein«, zu einem Nichts. Als »fürchterliche Hölle von Dreck und Gestank und Chaos« erscheint das Schlachtfeld, als eine dämonische Erde, die Menschen frißt. »Faust? Ach du lieber Gott. Dreck! Dreck! Dreck!« Das Schlachtfeld ist kein »Feld der Ehre«, sondern ein riesiger stinkender Schutthaufen, auf dem sich die Fragmente von Ausrüstungsgegenständen mit menschlichen Überresten zu einem unbeschreiblichen Chaos vermengen. Ohnmächtig sieht sich der Soldat dem Prozeß systematischer Vernichtung ausgeliefert: »So also sah der Schlachtentod aus?« fragt sich Zöberleins Held, als er die ersten Gefallenen erblickt: »So wenig wert war ein Menschenleben, daß es jederzeit durch irgendeine Tücke, durch einen grotesken Zufall ausgelöscht werden konnte? War man so wenig Herr über sein Leben?« Der Eisensturm der Artilleriemassen macht aus dem einzelnen Kämpfer »einen Dreck«.

Auf die Frage nach dem Sinn gibt es vorerst keine Antwort, wie Zöberleins Held erfährt: »Wieder fragt da etwas in mir – und so fragt es in allen – was hat es denn für einen Sinn – dieses Sterbenmüssen von Verdun, das der Heimat und dem Volk nichts nützen kann?«

Zöberleins Held unternimmt es stellvertretend, Zweifel und Hoffnungen aller Mitkämpfer auszusprechen, aber nur, um aus der Erkenntnis der faktischen, praktischen Sinnlosigkeit den irrationalen Schluß zu ziehen, daß höhere Kräfte am Werk seien. Je weniger das Gemetzel militärisch-politisch zu rechtfertigen ist, desto mehr ist vom »unbegreiflichen Ergreifenden« und »geheimnisvollen Zauber« die Rede.

Als »elementarster Ausdruck« des Lebens und der Natur trägt für Zöberlein der Krieg seine Berechtigung in sich selbst, seinem Helden ist es völlig gleichgültig, ob es sich hierbei um »Schrekken« oder »Schönheit« handelt, erhält doch hier der Mensch die in Friedenszeiten ungeahnte Möglichkeit, einen Blick jenseits der Grenzen seines Daseins zu werfen. Schauwecker vergleicht (wie Ernst Jünger) den deutschen Soldaten mit der griechischen Sagenfigur Antaios, dem neue Kraft aus der Berührung mit der

Erde zufließt – das Fronterlebnis wird durch mythische Bilder erhöht.

Im feindlichen Sperrfeuer gelangt der Soldat zu einer neuen Identität mit den Elementen, in diesem »Zwischenfeld« wird er selbst ein »erdiger Teil« der Natur, gleichsam neugeboren – wobei ausgerechnet der technische, doch von Menschen inszenierte Vernichtungsmechanismus der Schlacht mit dem Urzustand der Natur, dem Schöpfungsakt, gleichgesetzt wird. Zynismus, Trotz, Galgenhumor, Intellektualität – alles Diskutieren, wie es verächtlich heißt – helfen nicht weiter. Nur mit Hingabe, Fatalismus, Selbstaufgabe kann diese neue »kosmische« Wirklichkeit bestanden werden: »So war ihr Schicksal. Sie mußten ihr Schicksal wollen.«

Die Materialschlacht von Verdun wird zum Mysterium erhöht, das in die »letzten Geheimnisse« einweiht, der Krieg als Voraussetzung einer seelischen Wandlung beschrieben, einer »tragischen Haltung«, einer »inneren Erweckung im donnernden Stichflammenschlag der Granaten, die nicht nur die Erde völlig umwälzt, sondern die zugleich ihre Herzen und Seelen umpflügt«.

Halt, Zusammenhalt gibt zunächst nur die Gruppe, die Frontgemeinschaft, die Frontkameradschaft, wie zum Beispiel Alfred Hein programmatisch formuliert: »Jeder hatte andere Gedanken über Krieg, Vaterland, Heimat und Welt – aber ein Gedanke hielt sie alle zusammen: der Gedanke der Kameradschaft.« Oder Friedrich Lehmann: »Ist das nicht auch Vaterland, wie wir jetzt beisammensitzen, aus allen Berufen und Gegenden, und zusammenhalten und jeder für den anderen einsteht?«

Die gleichen Lebensbedingungen, das gleiche »eherne Gesetz« stiften eine neue Gemeinschaft, weil der einzelne vom eigenen Ich und zugleich vom bürgerlichen, individuellen Verhältnis zu Leben und Tod angeblich »befreit« worden ist. Gemeinschaft wird zum Schicksal: »Wen die Front hat, den läßt sie nicht mehr los«, heißt es später noch in Paul C. Ettighofers Verdunbuch *Gespenster am Toten Mann* (1937). »Wir alle tragen das unsichtbare Opferzeichen auf der Stirn. Unser Schicksal ist hart, aber wir tragen es ohne Groll, weil es so sein muß. Nur die Heimat macht uns Sorgen. Wir aber müssen kämpfen, denn kein Verdunsoldat entgeht seinem Schicksal.«

Beumelburg beschreibt, wie eine Gruppe, die kleinste Einheit innerhalb der Infanteriekompanie, im täglichen Einsatz unaufhaltsam aufgerieben wird. Daß die Frage nach dem Sinn des Krieges mit der Kameradschaft noch nicht endgültig beantwortet ist, läßt Beumelburg seinen Leutnant vor dessen Tod am Ende der Verdunschlacht – für Beumelburg zu Ende mit dem Verlust des Douaumont – fast schon zynisch rätseln: »Es ist jetzt zu Ende, die Zwangsversteigerung ist aus, die Leute gehen nach Hause, jeder mit dem Stück, das er bekommen hat. Und nun muß es doch irgendwohin weitergehn ... ja, wohin, wohin?«

3

In seinem Roman *Das eherne Gesetz* (1934) hat Beumelburg das Schicksal der Überlebenden aus der Gruppe Bosemüller weiterverfolgt, für die die Weimarer Republik kein Staat war, in dem es sich zu leben lohnt. Einer der Protagonisten des Romans brachte beispielsweise seinem kleinen Sohn folgenden Gutenachtspruch bei:

»Wer hat den Douaumont erstürmt?«

»Die Brandenburger.«

»Wo liegt Brandenburg?«

»Bei Berlin.«

»Was ist Berlin?«

»Berlin ist die Hauptstadt des Deutschen Reiches.«

»Und was ist das Deutsche Reich?«

»Ein Saustall ...«

Die logische Konsequenz aus dieser »Analyse«: das Dritte Reich war schon angebrochen, als Beumelburgs Roman erschien. Und auch die Marschrichtung für die Zukunft lag bereits fest: »Wir sind nicht entkommen, um glücklich zu sein ... wir sind vielmehr entkommen, um uns dem gleichen Schicksal aufzubewahren, das jene bereits erfüllt haben.«

Beumelburgs Romanheld Erich Sievers hat einen anderen Kameraden beim Douaumont schwer verwundet liegen lassen, das ist der »Knacks«, an dem er nach dem Krieg leidet, seine Schuld, die ihn verfolgt und die er nur durch das Opfer seines eigenen Lebens sühnen kann: Er rettet dem Sohn des toten Kameraden, einem jungen Nationalsozialisten, das Leben, indem er sich der Kugel in den Weg stellt, die dem Jungnazi gilt. Im Hintergrund ist dazu schon »der Marschtritt singender Kolonnen« zu hören, der die »Stunde des Sieges«, d. h. die »Machtergreifung« verkündet.

Bei den völkischen, nationalistischen Autoren erhielten Opfer und Kameradschaft nicht ihre Legitimation durch den Krieg. Sie stellten seine Rechtfertigung dar. Aus dem zufällig zusammengewürfelten Frontkollektiv wird eine Schicksalsgemeinschaft, die den Kriegsschluß wie eine geheime Sekte bis zur Auferstehung des neuen Nationalstaates überdauert. »Die seelische Tuchfühlung, die jetzt begann, sie schuf tief in ihm den Begriff: Volk. Einen namenlosen echten Klang . . . Wir Volk, wir verlassen uns nicht. Wir halten treu zusammen.« Mochte auch der eine oder andere »fallen«, durch das »Blutopfer« des einzelnen wird die Volksidee begründet, die »Reinigung« im »Stahlbad« ist die Voraussetzung zur Wiedergeburt der Nation, einer Nation, mit der weder Kaiserreich noch Republik gemeint war.

An dem Frontbuch von Hans Zöberlein läßt sich der Umschlag der existentiellen Fronterfahrung in die Volksideologie, die Umwandlung der Sprache der Kriegsteilnehmer in die der Nationalsozialisten exemplarisch nachweisen: »Der Krieg ist aus. Der Kampf um Deutschland geht weiter . . . Denn – wir müssen ja das Licht in die dunkle Welt tragen« hieß es drohend am Schluß von *Glaube an Deutschland*. Rückwirkend erhält selbst die Niederlage einen Sinn, sie wird keineswegs bedauert, sondern als Notwendigkeit angesehen, um zu der neuen Volksgemeinschaft zu gelangen: »Wir mußten den Krieg verlieren, um die Nation zu gewinnen.« Schauweckers Formulierung wurde als Lösung berühmt-berüchtigt. Mit einer rein realistischen Bestandsaufnahme war es eben nicht getan. Die Schilderungen des Grauens dienten nur als Hintergrund, vor dem sich die Sinngebung, das »Dennoch« des »Glaubens an ein besseres Deutschland«, erst in seinem ganzen glorifizierenden Glanz abheben konnte. »Was ist Verdun? Nur ein Kampfabschnitt, ein Teil der riesigen Front?

Nein, Verdun ist mehr! Verdun ist Ausdruck und Inhalt eines Geschehens, eines völkischen Erlebens!« schrieb Fritz Laukisch 1933 im Vorwort seines Bühnenstückes *Verdun* ... Verdun wird bei den Autoren, die ihre Bücher als Kampfschriften gegen die Weimarer Republik verstehen, nachträglich zur Bewährung, zur Schicksalsprüfung der ganzen Nation, deren »Wiedergeburt« sie herbeischreiben möchten.

Josef Magnus Wehner deutete in seinem Roman *Sieben vor Verdun* (1930) den Angriff vom 21. Februar 1916 zum Symbol des ewigen Schicksalskampfes der Deutschen um. »Wir stürmen im Zeitlosen«, behauptet eine seiner Romanfiguren. Erst von der Warte späterer Jahrhunderte aus, so heißt es, werde sich für Verdun der Sinn finden lassen. Zwar hält sich Wehner in seinem Buch an den tatsächlichen Ablauf der Kampfhandlungen, doch wird damit nur historische Authentizität vorgetäuscht. In Wahrheit geht es ihm darum, jene »tiefen und dunklen Verbindungen« aufzudekken, die nach seinen Vorstellungen »vom einzelnen zum Weltall seiner Vergangenheit und seiner Zukunft« führen; der Sturm auf Verdun ist für ihn keine strategisch beschränkte Maßnahme, sondern Ausdruck einer »unterweltlichen Sehnsucht nach dem großen Reich aller deutschen Stämme«, nichts weniger als ein Markstein auf dem Wege der germanischen Völker zum »Westmeer«, denen das Recht auf die geographische Ausdehnung von Natur aus zusteht, denn »Verdun war noch vor zweihundertundachtzig Jahren freie deutsche Reichsstadt. Jetzt bluten wir hier, wo unsere Vorfahren gepflügt haben. Das Reich, das ist das deutsche Reich, und das ist überall, wo wir einst waren. Wir haben nicht Platz, wir haben nicht Raum. Wir müssen hinaus, die Wanderung beginnt wieder, wir sind die äußerste Welle. Und wo wir stehen, da ist deutsches Reich. Das ist für mich der Sinn des Krieges.«

Die Vorstellung, daß es Falkenhayn oder dem Kronprinzen um die Rückgewinnung einer »alten deutschen Reichsstadt« ging, ist selbstverständlich absurd, aber Wehner argumentiert nicht politisch-historisch, sondern demagogisch; daß das Heilige Römische Reich Deutscher Nation kein Nationalstaat im Sinne der Bismarckschen Reichsgründung war, schiebt er beiseite. Mit Wehners verschwommener Reichsideologie soll eine »deutsche Kehrtwendung aus einem modernen Verwaltungsstaat in die Vergangenheit eines Reichsvolkes mit universalistischen, aggressiven Ansprüchen« propagiert werden.

In einem anderen Buch, der 1933 erschienenen »patriotischen Phantasie« mit dem Titel *Wallfahrt nach Paris*, hat Wehner die Empfindungen eines auf das ehemalige Schlachtfeld zurückkehrenden Verdunkämpfers namens Schröder geschildert. Auch hier geht es Wehner nicht etwa darum, das Vergangene in der Erinnerung noch einmal wachzurufen, um die jüngere Generation vor einem erneuten Krieg zu warnen. Wehners Verdunkämpfer sieht in dem Schlachtfeld, das die Spuren des »faustischen« Schicksals der Deutschen trug, das »mystische Feld des Propheten«, zu dem die Gebeine reden, die »Schädelstätte eines Heeres, eines Reiches«. Während sich der Himmel mit Gewitterwolken bezieht, vervollständigt Wehners Held die Erziehung seines Sohnes vor Verdun, indem er ihn anhält, seine Hand auf ein von den Franzosen nach der Schlacht errichtetes Denkmal zu legen, den »Sterbenden Löwen« vor dem Fort Souville, der den äußersten Punkt des deutschen Vorstoßes bezeichnet: »Hier hat unsere Größe ihr Ende gefunden. (Es) ist hierher gesetzt in diese Wüste wie hundert andere Grabsteine in der weiten Welt, die hundertmal unseren Tod verkündet haben, damit wir hundertmal wieder auferstehen.«

Es ist kein Zufall, daß Hand in Hand mit der Apotheose des Krieges und der Nation die politische Legende vom »Dolchstoß« in den Rücken des »im Felde unbesiegten« Heeres auch auf Verdun ihre Anwendung findet. Schon zwei Jahre vor dem »schwarzen November« des Jahres 1918 sollten nun bereits 1916 die Feldgrauen um den Sieg gebracht worden sein. Freilich waren in Wehners Darstellung ausnahmsweise nicht die Sozialdemokraten und Liebknechtanhänger die Täter, sondern die Führung selbst. Falkenhayns Plan, die Zermürbung mit einer schrittweisen Vorantragung der Front zu koppeln, erschien Wehner als gigantischer Betrug: Der Kronprinz und die Generäle, vor allem aber »der deutsche Soldat« waren hinters Licht geführt worden von dem »starrsinnigen alten Mann«, »dem Spieler«, der irgendwelche dunklen Zwecke verfolgte. Denn: »Er hieb dem Geiste des Sturmes selbst den Kopf ab.«

Was Wehner romanhaft umschrieb – den »geraubten Sieg« –, versuchte Hermann Wendt in einer wissenschaftlichen Dissertation zu beweisen: die sorgfältige Rationierung, »Thesaurierung« von Reserven durch Falkenhayn zwecks Verhinderung der Eroberung von Verdun, denn nur dadurch konnte der Plan der 5. Armee, Verdun zu nehmen, zum Scheitern gebracht und die »Blutpumpe« in Betrieb gesetzt werden – »die Festung durfte nicht fallen«. Hinwegargumentiert wurde Falkenhayns strategische Absicht, beide Möglichkeiten in Betracht zu ziehen.

Damit war letzten Endes nicht der Gegner, dessen Tapferkeit und militärisches Potential Ursache der Niederlage, auch nicht eigene Fehler und Versäumnisse oder die für damalige Verhältnisse typische mangelhafte Nachrichtenübermittlung, die Chancen auszunützen unmöglich machte, sondern Verräter im eigenen Volk – auch dies als typisch deutsch hingestellt: war doch Verdun nur der »Ausdruck einer spezifischen Tragik unseres Volksschicksals, daß immer im letzten Augenblick der deutschen Hand der Sieg entgleitet«.

Ohne Zweifel war Falkenhayn – wie immer – in der Vergabe von Reserven vorsichtig gewesen; die Operationsführung lag jedoch schließlich in der Hand von Knobelsdorf, und der ließ sich nicht so leicht von Falkenhayn hinters Licht führen. In Wahrheit war es wohl so, daß die Armeeführung in der Anfangsphase der Schlacht durch übergroße Systematik und bürokratische Gründlichkeit sich selbst im Wege stand; schließlich lief sich der Angriff nach dem überraschenden Fall des Douaumonts fest, nicht weil Truppen fehlten, sondern weil an dieser Stelle die Verteidigungslinien der Franzosen zu stark waren, und als Ende Februar Falkenhayn überreichlich Reserven zuführte, weil die 5. Armee nunmehr die Franzosen unterschätzte, entwickelte sich die Lage bei Verdun wie auf allen anderen westlichen Kampfschauplätzen, wo ebenfalls um ein paar Meter Boden gerungen wurde. Der Fehler, nicht gleichzeitig auf dem linken Ufer anzugreifen, war ohnehin nicht mehr gutzumachen; gerade weil die Chance der Überraschung durch die Wetterschwierigkeiten dahin war, hätten die Offensivpläne korrigiert werden müssen.

Mit der historischen Schlacht hatte das, was Zöberlein und Wehner schrieben, nichts zu tun; es las sich nur angenehmer als das, was zum Beispiel in den einzelnen Regimentsgeschichten stand, die übrigens die Führungsfehler nicht verschwiegen – hob sich doch die Tapferkeit des Frontsoldaten um so stärker vor diesem düsteren Hintergrund von Versäumnissen ab.

4

Gegen die massive Propaganda von rechts konnten sich zwei Autoren schwerlich behaupten, die spät mit ihren Darstellungen, nämlich erst Mitte der dreißiger Jahre, hervortraten, gleichsam als Antwort auf die Bücher der extremen Nationalisten unter den Kriegsteilnehmern: Edgar Maass und Arnold Zweig. Die Bücher der beiden Autoren gehörten de facto schon zur unerwünschten Literatur, während das deutsche Volk bereits zum Marsch in die zweite militärische Katastrophe formiert wurde. Gerade an dem Buch von Edgar Maass, *Verdun* (1936), läßt sich ablesen, wie schwierig es mitunter für den ehemaligen Weltkriegssoldaten war, über sein Kriegserlebnis zu sprechen und daß erst die Befürchtung, die Ereignisse seien durch die vergehende Zeit schon »halb verschüttet«, so daß es »eines Tages keine Menschen mehr geben (wird), die um die Dinge wissen«, die Zunge löste.

»Ich liebe die, welche nicht zu leben wissen, es sei denn als Untergehende« – dieses Nietzsche-Zitat begleitet den Erzähler als Motto, als er sich lange nach Kriegsende an einem schwülen Sommertag hinsetzt, um sich endlich sein Verdunerlebnis von der Seele zu schreiben; es wurde nicht von den trügerischen Erwartungen des Februar und März 1916 geprägt, vielmehr von der Oktoberniederlage, von der Räumung des Forts Douaumont, des »menschenfresserischen Bergs« und »Labyrinths«, in dem sich die Soldaten nie zurechtfanden. Wie bei Ernst Jünger und Henri Barbusse gab es bei Maass das Bild der Sintflut für das Ineinander von Feuer, Schlamm, Regen, Gas, Eisen, Fleisch, das »alle plötzlich sehr ähnlich macht, als wären sie die Kinder einer Mutter«; auch der Vorstoß der siegreichen französischen Gegner ist kein Siegeslauf: »Die Sieger? Stolpernd, mühselig kamen sie über die Wüste, einige von ihnen brachen durch und standen bis über die Knie im Schlamm ... Sie stützten die Kolben ihrer

Gewehre wie müde Greise vor sich in die Erde und zogen ihre Körper mühselig nach.« Edgar Maass' Roman war vom Fatalismus gezeichnet: »Das ist Soldatenschicksal. Morgen werden wir Tote haben und übermorgen und alle Zeit bis ans Ende der Welt . . .«, erklärt ein Hauptmann seiner Maschinengewehrkompanie. Nicht die Geschichte der Schlacht oder die Diskussion strategischer Fehler, sondern die »Wiedergeburt des Menschen aus den Wehen der Schlacht« beabsichtigte er in spätexpressionistischer Manier zu erzählen, die Geschichte eines »Untergehenden«, eines Soldaten, der sich für einen anderen aufopfert und damit eine menschliche Schuld begleicht; es ist ein Opfer, das für menschliche Größe, nicht etwa für die Hybris einer »Volksgemeinschaft« steht. Der Douaumont, das »Totenfeld« um den »Schicksalshügel«, diente Maass als Erinnerungsmal zahlloser Opfergänge – ähnlich den urchristlichen Höhlen bei Rom: jeder Mensch, jedes Volk müsse seine »eigenen Katakomben haben, in die sie hinuntersteigen, um nicht zu verderben«. Als (modernes) Golgatha, Schädelstätte, war bereits früher das Schlachtfeld von Verdun bezeichnet worden, um die Unfaßbarkeit des existentiellen Martyriums im Kriegsinferno zu umschreiben; nur war es paradox, den Weg in die vorderen Linien als Passion zu bezeichnen, da der Leidende eine Waffe trug, mochte er auch nicht dazu kommen, sie zu gebrauchen.

Maass wehrte sich dagegen, Historiker zu sein: »Es ist etwas am Kriege, aber es ist ein Geheimnis, man wird niemals Schulaufsätze darüber schreiben.«

Resignation oder die Beschwörung von Erinnerungen waren nicht die Sache von Arnold Zweig. Er wollte »mit poetischen Mitteln die Verdrängung des Krieges aus dem öffentlichen Bewußtsein« und seine Hintergründe aufdecken, nachdem er als Schipper, als unbewaffneter Armierungssoldat bei Verdun eingesetzt worden war und die Schlacht damit aus einem kaum heroisch zu nennenden Aspekt erlebt hatte – beim Kartuschenklopfen und Granatenschleppen, immer in Reichweite der französischen Fernkampfartillerie.

Zweig hatte das Thema Verdun nach 1918 zunächst einmal zurückgestellt und sich ganz der Durchsetzung seines Theaterstücks, des »Spiels vom Sergeanten Grischa« gewidmet, das er zu einem Roman umarbeitete, als es auf den Bühnen nicht Fuß fassen wollte.

Die Entwicklung in Weimar, der von allen ungeliebten Republik, die auf Selbstaufgabe hinauslief, übte auf ihn eine »lähmende Wirkung« aus, so daß sich seine Pläne, einen großen Romanzyklus über den »Großen Krieg der weißen Männer« zu verfassen, nur stockend in die Realität umsetzen ließen.

Nach dem Sieg des Nationalsozialismus hielt er es für notwendig, den Frontsoldatenmythos zu entmystifizieren und nichts schien dafür geeigneter zu sein als das Lehrstück Verdun, aber nicht als Ich-Roman oder Erlebnisbericht, sondern als »möglichst getreues episches Bild des Heeres, das heißt des Staates, das heißt der Klassenkämpfe, die sich innerhalb der feldgrauen Welt abspielten«.

Als Sigmund Freud Zweigs Buch, das 1935 allerdings nicht mehr in Deutschland, sondern in einem holländischen Exilverlag gedruckt worden war, in den Händen hielt, erschien es ihm »wie eine langersehnte Befreiung. Endlich die Wahrheit, die grimmige, endgültige Wahrheit, die man doch nicht entbehren kann. Man versteht das Deutschland von heute nicht, wenn man um Verdun (und wofür es steht) nichts weiß.« Arnold Zweig mußte bereits 1933 emigrieren; Edgar Maass, der von 1926 bis 1934 als Chemiker in den USA gearbeitet hatte, wollte es noch einmal mit Deutschland versuchen, verließ es aber endgültig 1939.

Als die Nationalsozialisten die ehemaligen jüdischen Kriegsteilnehmer aus der neuen Volksgemeinschaft auszuschließen begannen, wurde Zweigs Mißtrauen bestätigt; der Krieg hatte eben doch nicht alle gleich gemacht, nicht einmal das Massengrab, denn auch die Erinnerungen an die jüdischen Kameraden wurden aus dem Gedächtnis gestrichen. Hatte dies nicht schon die »Judenzählung« bewiesen, eine statistische Erfassung der ins Heer eingezogenen und vom Militärdienst zurückgestellten Juden, die mitten im Krieg, im Oktober 1916 vom Kriegsministerium in Berlin angeordnet wurde; sie wurde organisiert, um den von antisemitischen Kreisen erhobenen Vorwurf von der angeblichen »Drückebergerei« der Juden zu entkräften, zeugte aber gleichzeitig von einem zu geflissentlichen Eingehen auf die Forderungen der Alldeutschen und radikalen Nationalisten.

In seiner 1917 publizierten visionären Erzählung »Judenzählung vor Verdun« ließ Zweig etwas von dem beleidigenden Charakter dieser ganzen Aktion durchblicken, wenn er beschrieb, wie die an der Front gefallenen Juden antraten: Hauptleute und Stabsärzte, Leutnants und Feldwebel, Unteroffiziere, Gefreite, Gemeine, um sich in die Listen eintragen zu lassen und ihre Auszeichnungen und Rangabzeichen abzulegen, eine weitsichtige Vorwegnahme der späteren Auslöschung der jüdischen Frontsoldaten durch die Vollzugsorgane der Reichsregierung unter Hitler.

Wie sich die »Judenzählung« abspielte, hat auch ein französischer Autor festgehalten, der die von den Horchposten (auf der Côte de Poivre) festgehaltenen Telefongespräche, oft verschlüsselte Gesprächsfetzen, auswertete. (»7.27 Uhr. – Geben Sie sofort dem Bataillon die Zahl der Juden durch, die bei Ihnen sind.«)

»Die Statistik fragt, wieviel von euch Juden sich vom ferneren Krieg gedrückt ins Grab« – ließ Arnold Zweig eine Stimme fragen, eine andere stöhnend und schmerzlich antworten: »Großes Vaterland, ich gedachte für dich zu sterben und zu *ruhn*!« Arnold Zweig sprach von einer *Erziehung vor Verdun*, aber er meinte nicht die Erziehung im »Stahlbad der Nation«. Zweigs Romanheld, der jüdische Schriftsteller Bertin, soll vor Verdun lernen, die politischen, gesellschaftlichen Hintergründe des Krieges zu durchschauen, bei dem es sich im Grunde um nichts anderes als um einen ökonomischen Prozeß mit dem Ziel der »Neuaufteilung der Weltmärkte« handelt, wie ihm ein Kamerad, der Setzer Pahl, zu erklären versucht. Ausführlich stellt Zweig den Industriecharakter der Materialschlacht dar, die erst durch den technischen Fortschritt, die hohe Produktionskapazität der modernen Massengesellschaft möglich ist. Die Infanteristen, diese »abgetriebenen Herden des Todes«, werden als »Fabrikarbeiter der Zerstörung« bezeichnet – »sie hatten alle die Gleichgültigkeit, die Industrie und Maschine dem Menschen aufprägen«, – nicht die »heroische« Gleichgültigkeit des Soldaten- und Arbeitertypus' Ernst Jüngers.

Bertin nimmt den Krieg vorerst als Naturereignis voller

Lebensfülle hin, als »Unwetter, Entfaltung reißender Elemente, nicht kritisierbar und niemandem Rechenschaft schuldig« und nicht »als ein von Menschen eingerichteter Betrieb«. Ironisch bezeichnet Zweig seinen Helden, der zu den »ruhmlosen« Einheiten gehört, die hinter den Frontlinien Stellungen bauen und Artilleriegranaten stapeln, einmal als einen »Parzival in Schipperstiefeln«. Aber der Douaumont ist keine Gralsburg. Der Tod eines Freundes, der den Intrigen der korrupten Etappe zum Opfer fällt, öffnet dem Helden die Augen. Er begreift, daß in der Hauptsache Gemeinheit, Selbsterhaltungstrieb und Profitsucht im Krieg triumphieren.

Eine Fülle von Details erweisen Zweig als guten Kenner der Schlacht: die Douaumontgroteske, die durch die Militärbürokratie verschuldete mangelhafte Koordination zwischen Artillerie und vorderen Truppen. Auf der anderen Seite verführte ihn eine rein marxistische Sicht zu dem Fehlurteil, die Verdunoffensive habe der Sicherung der Erzbecken von Longwy und Briey gegolten. Als historisch-materialistisch denkender Mensch konnte sich Zweig die irrationalen Wucherungen der preußischen Militärbürokratie offensichtlich nicht angemessen erklären (mochte auch Falkenhayn für den Fall eines »siegreichen Friedens« einen Teil der Côte Lorraine einzubehalten verlangen, darunter den »Douaumont und Hardaumont« – immerhin nicht gleich Verdun!).

Offenbar nicht mehr zufrieden mit seinem Buch »Erziehung vor Verdun«, hat Zweig 15 Jahre später, nach dem Ende des Zweiten Weltkriegs, dasselbe noch einmal erzählen wollen. In dem Roman »Die Feuerpause«, dessen Schauplatz die Ostfront im Jahr 1917, der Zeit von Brest-Litowsk, darstellte, trat ein geläuterter, aufgeklärter Bertin auf (jetzt Schreiber und vor der Front gerettet), der nunmehr begriffen hat, daß »Fronterfahrungen gesellschaftliche Erfahrungen sind und das Gesetz des Krieges der Klassenkampf ist«. Bertin hat das »Getriebe« durchschaut, »welches uns als Material verschrottet«, vor allem weiß er, daß er »nicht einfach ein deutscher Jude und Soldat war«, viel eher »Militärzuchthäusler und Gefangener« – »denn vor Verdun ward ich erzogen«.

Aber angesichts der Tatsache, daß es auch »jüdische Nationalisten« gab, fand er den »Schnitt« für ungeeignet zur »Erkenntnis der

Welt«, den man »zwischen Juden und Nichtjuden macht statt zwischen Geistigen, Fortschrittlichen, mit Uniform und ohne«. Daß nun aber im Rückblick ehemalige Frontkämpfer, mit den Pogromen des NS-Staates konfrontiert, auch in dem Staat, der die Menschenvernichtungsmaschine »Verdun« in Betrieb hielt, den »Holocaust« sahen, ist nur zu verständlich (so der aus Deutschland vertriebene Verdunteilnehmer William Hermanns, dessen Verdunbuch erst 1972 in New York erschien).

5

Auf den ersten Blick erscheint es als erschreckende Paradoxie, daß die Nationalsozialisten wesentliche Teile ihrer Ideologie ausgerechnet auf den Legenden errichten konnten, mit denen die verwesten Leichen vom Douaumont und vom Toten Mann verklärt worden waren. Die NSDAP würde schon zeigen, dichtete folgerichtig der ehemalige Verdunkämpfer Rudolf Hess, daß der Tod der Kameraden »nicht soll umsonst gewesen sein«.

So verkehrte sich der »heilige Geist der Frontkameradschaft« in den unheiligen Geist des NS-Regimes. Und General Weisenberger konnte 1940 auf dem Douaumont behaupten, »aus der Blutskameradschaft im Schlamm und Dreck und in den Trichtern von Verdun« sei der »nationalsozialistische Geist geboren« worden (»damals war es noch nicht soweit, und deshalb konnten wir damals die Festung nicht nehmen«).

Ein Beispiel für die nachträgliche Verdrehung und Stilisierung der Vorgänge von 1916 zum »Völkerringen um Sein oder Nichtsein« war auch in einem Frontbuch nachzulesen, in dem ein Kompanieführer den Angriff des sächsischen Infanterieregiments 105 auf das Dorf Douaumont schilderte, der im Feuer der eigenen, falsch geleiteten Artillerie gescheitert war: »Scheinbar zwecklos verblutet« hieß es am Schluß von Hans Schoenfelds Buch *Maas-Mühle*, doch »der Ruhm würde strahlen weit über das herrschende und das nächste Geschlecht hinaus – je länger, je heller; Vorbild stillen, selbstverständlichen Soldatentums und großer Zucht im Sterbenkönnen für ein höheres Ganzes: für Ehre und Sicherheit von Volk und Lebensraum.«

Auch Zöberlein hob hervor, daß »im Grunde alle Kriege um den Besitz von Land gehen, wahrscheinlich auch dieser Krieg«.

Es sind Hitlers Thesen vom »Volk ohne Lebensraum«, von den völkischen Kräften, die aus »Blut und Boden steigen«, die Zöberleins Helden nachträglich zum Aufschwung aus dem Elend des Trichterlochs zur ideologischen Vogelperspektive verhelfen, über ein Jahrzehnt danach!

22 Erschöpfung (25. November–31. Dezember 1916)

1

Eine mehrwöchige Kampfpause folgte auf den Verlust von Fort Vaux. Die Truppen begannen, sich auf den Winter einzurichten. Doch kaum hatte sich die Erregung über den Fall der beiden Forts etwas gelegt, als sich eine weitere Offensive der Franzosen ankündigte. Inzwischen war Nivelle zur Belohnung für die Zurückeroberung des Douaumonts, »des Heiligtums der Nation«, zum Oberbefehlshaber der französischen Armee ernannt worden. Sein Nachfolger in Verdun, General Mangin, der von der Truppe den Beinamen »der Schlächter« erhalten hatte, gedachte, sich in das Buch des Krieges mit einer Aktion einzutragen, die die Deutschen bis auf ihre Ausgangsstellungen vom Februar zurücktreiben sollte.

Auch auf deutscher Seite gab es Umbildungen. Wieder einmal begann sich, durch Ludendorff in Bewegung gesetzt, das Personalkarussell zu drehen. Der glücklose General von Lüttwitz, der Nachfolger Knobelsdorfs, wurde am 25. November wieder zum Führer eines Korps gemacht, und der ehrgeizige General von Lochow erhielt die 5. Armee. Sie bestand nach dem Abzug der 50. Infanteriedivision noch aus acht Divisionen, die bis auf eine durch die Kämpfe bei Verdun oder an der Somme angeschlagen waren. Ledebur, der Generalstabschef der 5. Armee, hatte resigniert, er bat die OHL nicht mehr um Reserven – »weil doch aussichtslos«.

Am 8. Dezember wurde Stenay durch einen Überläufer gewarnt, am 11. Dezember begann das französische Artilleriefeuer stärker zu werden.

Aus den Fehlern vom 24. Oktober hatte Lochow Konsequenzen ziehen und den Divisionen das »Verfügungsrecht« über die schwere Artillerie geben wollen, damit sie flexibler auf Angriffe gegen ihre Front reagieren konnten, anstatt erst herumzutelefonieren und damit kostbare Zeit zu verlieren. Doch Zwehl war damit nicht einverstanden gewesen und wollte teilweise sogar die leichte Artillerie weiterhin beim Generalkommando »einheitlich zusammenfassen«, da »das schluchtenreiche Gelände und die schmalen

Divisionsabschnitte besonders häufig flankierendes Feuer aus anderen Abschnitten erforderten«. Lochow hatte schließlich gegen Zwehl entschieden, doch war der Umbau der Batterien, die Neuverlegung von Telefonleitungen immer noch nicht abgeschlossen.

2

Auch das Infanterieregiment 159 geriet im Dezember erneut in die Kampfzone. Seit Mitte März, als es den Pfefferrücken an der Maas in Besitz nahm, hatte sich in diesem Abschnitt nichts mehr ereignet, da alles weitere Vorgehen sich an dieser Stelle durch die Geschütze und Maschinengewehre vom Marrerücken und von der Kalten Erde her verbot. Unangenehm war die Stellung nur gewesen, weil die Division darauf bestanden hatte, daß auch der südliche Steilhang des Pfefferrückens besetzt wurde, den der Gegner überblickte und sofort unter Feuer nahm, wenn er eine Bewegung entdeckte. Das Regiment hatte hier nur Posten aufgestellt und die Stellungstruppen auf dem rückwärtigen Hang in Bereitschaft gehalten.

Am 13. Dezember wurde das feindliche Feuer so dicht, daß sich nur noch Posten im Freien aufhalten konnten. Dadurch wurden viele Gruppen in Stollen eingequetscht, verschüttet oder eingeschlossen. Sehnsüchtig blickten nun die Posten auf das westliche Ufer der Maas, wo es ruhig war. »Könnte man jetzt dort sein! Ähnlich mögen die dort drüben während ihrer heißen Kampftage im Sommer gedacht haben, als unsere Stellungen ruhig dalagen.« Angriffe der Franzosen wurden am 14. und 15. Dezember abgeschlagen, sogar Gefangene gemacht, dann brach der Gegner bei Vacherauville und bei Louvemont durch und schnitt das Regiment ab. Teile gerieten in Gefangenschaft und konnten ihre eigenen Stellungen nun einmal von vorne sehen. Auf der Uferstraße, wo die Gefangenen nach Verdun trotteten, marschierte unbekümmert französische Infanterie vorwärts, in guten Uniformen steckend, tadellos bewaffnet; Regimentsstäbe standen wie im Manöver im Freien und begutachteten die bleichen und übernächtigten »Boches« in ihren zerrissenen Uniformen. Von der deutschen Artillerie schienen die Franzosen nichts zu befürchten.

3

Zwei Divisionen wurden am 13. Dezember buchstäblich überrannt, doch andere leisteten in völlig aussichtsloser Situation Widerstand, so daß die Franzosen weitaus höhere Verluste hatten als am 24. Oktober, als der Sieg »die Sache eines Nachmittags gewesen war«.

Da die Front an mehreren Stellen brach, konnten sich auch die standfesten Regimenter nicht halten. Feldgraue fluteten in solchen Massen als Gefangene Richtung Fumin, daß die 140er auf dem Hardaumont zuerst an einen erfolgreichen deutschen Gegenangriff glaubten und selbst schon wieder vorgehen wollten.

Die bayerische 39. Reservedivision, die zwar im Gegensatz zu allen anderen Divisionen ausgeruht war, doch keine »Großkampferfahrungen« besaß, kapitulierte förmlich vor den Franzosen; die französischen Soldaten waren völlig verblüfft, daß der gefürchtete deutsche Gegner ihnen den Rücken zukehrte oder gleich »regimenterweise« die Hände hochnahm und sich »wie Schafherden« einfangen ließ. Aber auf dem umgewühlten Hardaumont, wo das bayerische Ersatzregiment Nr. 1 lag, zu dem ohnehin viele Mannschaften aus älteren Jahrgängen, kaum ausgebildete Landsturmangehörige zählten, hatte es so gut wie keinen Schutz vor dem tagelangen Trommelfeuer gegeben. Einen der wenigen schußsicheren Unterstände mußten sich die Maschinengewehrmannschaften mit rund 40 übereinandergeschichteten, mit Chlorkalk übergossenen Toten teilen, von denen sie nur eine Zeltbahn trennte.

Französische Flieger kamen in der Vauxschlucht bis auf 100 m herunter, um nach intakten Stellungen zu spähen. Die Waffen waren zerbeult, die Handgranaten im Schlamm versunken, die Kompanien zersprengt, ehe der Angriff begann, wenn auch ein einziges funktionsfähiges Maschinengewehr mit drei Mann auf ein paar hundert Metern Front ausreichte, um an dieser Stelle Hunderte Franzosen zu töten und den Angriff zu stoppen. Bevor sich die Bayern aus ihren eingedrückten Unterständen gewühlt hatten, waren die Franzosen vorbei. Wer überlebte und nicht von Handgranaten zerrissen wurde, gab sich gefangen. Die Franzosen erlaubten nicht, daß die Deutschen ihre verschütteten Kameraden ausgruben. Bezonvaux, Hassoulewald, Chauffourwald, Chambrettesferme, Louvemont gingen verloren. Dann hielten in aller Eile mit Lastkraftwagen aus den Ruhelagern herantransportierte Divisionen am 16. Dezember den Gegner auf, unter ihnen die 5. Infanteriedivision, die ihr Schicksal, noch einmal nach Verdun zu kommen, verfluchte. Die neue Linie (Louvemont–Bezonvaux), obwohl zum Teil als »zweite Stellung« seit langem vorbereitet, bestand aus einzelnen Grabenstücken und schnell verbundenen Trichterketten, in denen die Mannschaften vor Kälte zitternd bis zu den Knien im Wasser standen.

Aber die Franzosen wollten gar nicht weiter. Die Angriffsspitzen hatten ungefähr die Reichweite ihrer Artillerie erreicht; um den Angriff fortzusetzen, hätten sie nun auch wieder ihre Geschütze in das wegelose, verschlammte Trichtergelände vorziehen müssen.

Einige Franzosen mokierten sich über die Deutschen, die sich zu Hunderten in den tiefen Unterständen »schnappen« ließen, die sie gegen jedes Bombardement schützten. »Es war ein wahres Vergnügen, dort einzudringen«, fand der Sanitäter Teilhard de Chardin: »Säcke, Waffen, Briefe, Zigaretten, Wein, Bier, Konserven.« Die jungen deutschen Gefangenen waren »weinerlich«, die Offiziere »schmollten aus Standesgründen, unzweifelhaft würden sich diese Leute ohne ihre Artillerie nicht halten können«. – Die Borniertheit war ein internationales Phänomen im Krieg der Nationen.

4

Die höhere Führung, vom Generalkommando bis zur Obersten Heeresleitung, sah jedoch nur die Tatsache der »zweiten schweren Niederlage vor Verdun« und entsetzte sich über die Verlustzahlen, die allerdings auch Bände sprachen – 11 000 meist unverwundete Gefangene, dazu fast 300 Offiziere und 115 Geschütze (wobei nicht klar war, ob der Franzose nicht die rechtzeitig gesprengten Kanonen mitzählte). »Die Vorgänge bei Verdun sind höchst ärgerlich«, kommentierte General von Einem, der bei Niederlagen stets den Verdacht hegte, daß zu viele Kommandeure in Urlaub gewesen seien. Gündell, weit weg vom Schuß, war über »die Wiederholung des gleichen Unglücks« konsterniert.

Hindenburg war auf ein Strafgericht aus, forderte kriegsgerichtliche Verfahren, untersagte Ordensverleihungen, wollte die Soldaten »scharf« auf ihre Pflichten hinweisen. Das Personalkarussell begann sich wieder zu drehen. In aller Eile wurde für den 19. Dezember in Stenay eine »Aussprache« angesetzt, zu der auch Generalstabschefs anderer Armeen wie Kuhl und Loßberg geladen waren. Einen Tag vor Ludendorffs Erscheinen war als neuer Führer der 5. Armee Gallwitz in Stenay erschienen. Gallwitz empfand es zwar als Ehre, wieder an einen Ort geholt zu werden, wo besondere Schwierigkeiten vorlagen. Doch noch immer sah er sich nicht im Besitz eines »Patentmittels« gegen die Tücken des modernen Stellungskrieges; »irgendeine romantische Anziehungskraft übte die Akropolis der Franzosen auf mich nicht aus. Ich ahnte vielmehr, daß ich nun in der Entartung des Stellungskrieges festsaß.« Den Armeebefehlshaber Lochow gedachte man nach wenigen Wochen der Mißerfolge wieder zu feuern. Nun sollte seine Schuld untersucht werden. Als Gallwitz eintraf, war der Kronprinz gerade zu Lochow gefahren, um ihm seine Entscheidung mitzuteilen. Von Schulenberg erfuhr Gallwitz, daß die Rückgewinnung eines Teiles des am 14. und 15. Dezember verlorenen Geländes »gewünscht« wurde. Als erstes bekam er den Auftrag, zu General von Zwehl zu fahren und ihm mitzuteilen, daß er seines Postens ebenfalls enthoben sei. Zwehl war in Ungnade gefallen, weil in seinem Kommandobereich ein überrannter Abschnitt gelegen hatte – allein 6500 Mann waren hier von den Franzosen gefangengenommen worden.

Die Untersuchung brachte niederschmetternde Ergebnisse: Viele deutsche Soldaten waren in ihren Unterständen gefangengenommen worden. Von den bayerischen Divisionen waren gleich ganze Bataillone ohne Kampf in Gefangenschaft geraten. Für Ludendorff und Gallwitz stand jedoch bald fest, daß vor allem die minutiöse Planung und das überwältigende Artilleriefeuer für den französischen Erfolg gesorgt hatten. Die Angriffswellen waren erstaunlich dicht hinter der Feuerwalze hergegangen, geschickt waren die Franzosen nach den Einbrüchen von den überrannten Stellungen aus seitlich eingeschwenkt und hatten die Nachbarabteilungen aufgerollt.

Dazu kam das »unsichtige« Wetter, der totale Ausfall der Nachrichteneinrichtungen, die »von oben« diktierte Munitionsknappheit, der Glaube, auch bei den Franzosen sei die Winterruhe eingetreten; schließlich fand sich obendrein in dem Friedensangebot der Reichsregierung (vom 12. Dezember) eine Entschuldigung, manchen diente sie sogar als Hauptschuldiger des Zusammenbruchs vor Verdun – »übertriebene Erwartungen (auf baldigen Frieden) hätten zu einem Nachlassen der Spannkraft geführt«. Abgesehen davon, daß in den Augen der Generalität jedenfalls der Feind ein Friedensangebot als Schwäche auslegen mußte! Gallwitz wunderte sich nur, mit welcher Schärfe die Heeresgruppe des Kronprinzen ihre eigene Armee kritisierte, da sie doch selbst noch vor kurzem unmittelbar die Verdunfront geleitet hatte, als Lochow noch in Gnaden gewesen war. Daß die physische und psychische Belastbarkeit des Soldaten auch ihre Grenzen hatte und in Verdun gegen Grundsätze der Truppenführung verstoßen worden war, diese Erkenntnisse fanden ihren Niederschlag in der blassen Formulierung, die Truppe habe zum großen Teil in ihrer seelischen Widerstandskraft nicht voll auf der Höhe ihrer »freilich unendlich schweren Aufgabe« gestanden.

Der Gedanke einer Gegenoffensive, mit der vor der Öffentlichkeit die Niederlage vertuscht werden konnte, wurde fallengelassen.

5

Es waren trübe Weihnachtsfeiern für die Soldaten in den Löchern und Unterständen der vorderen Stellungen. Den meisten erging es wie einer Kompanie des 6. Gardeinfanterieregiments in einem Keller von Champ an der wieder überschwemmten Maasniederung: Zwei Hindenburglämpchen verbreiteten ein trübes Licht, das Strohlager war verfault und stank, die nassen Sachen konnten nicht getrocknet werden, da kein Kanonenofen vorhanden war. Immerhin war ein kleiner Tannenbaum aufgetrieben worden.

Weihnachtspost, Konservendosen, Brot und Marmelade lagen auf dem Grund der Maas, weil der Versorgungskahn gekentert war. Draußen legte der Schnee eine weiße Decke über die zerrissene Landschaft. An der eben noch hektischen Verdunfront war zum ersten Mal seit einem Jahr für ein paar Stunden wirklich Ruhe eingetreten. Die Leuchtraketen, die von beiden Seiten in den Nachthimmel zischten, dienten einmal nicht dazu, das Kampffeld nach Patrouillen abzusuchen. Nur von der Höhe 304 und vom Toten Mann drangen Artillerieeinschläge herüber.

»1. Weihnachtstag im Felde«, notierte der Feldunterarzt Ernst Diebschlag in einem Keller von Champ. »Durch herabstürzendes Gebälk wird ein Mann von der 9. Kompanie erschlagen.« Sonntag, den 31. Dezember 1916, vermerkte er in sein Wachstuchheft: »Schreckliches Wetter. Heute am Silvesterabend bleibe ich nicht auf. Das neue Jahr findet auch so den Weg zu uns. Was wird es uns bringen? Wenn es doch einstmals in der Geschichte den Namen ›Friedensjahr‹ erhielte!« Als erstes lernte er Schafskopfspielen.

Österreichische Artillerieoffiziere erschienen auf dem »großen Kampffeld«, um erste Erfahrungen auf dem Westschauplatz zu sammeln. An den Lehrgängen des Sturmbataillons Rohr in Beuville nahmen über 100 Österreicher teil, um in die Kampfweise des Stoßtrupps eingearbeitet zu werden. Die Armeeführung ließ das Jahr nicht vorübergehen, ohne für eine Schlagzeile im Heeresbericht zu sorgen. Am 28. Dezember wurde bei einem kleinen Angriff der Südhang des Toten Mannes von den Deutschen besetzt.

6

Die Heeresleitung ließ, obwohl sie von dem Desaster überzeugt war, nur Meldungen von angeblich geglückten Abwehrerfolgen an die Presse gehen. Zwar sei der Angriff auf Verdun schließlich ohne den erhofften Erfolg geblieben und sogar ein beträchtlicher Teil des gewonnenen Bodens wieder verlorengegangen, gleichwohl das ganze Unternehmen nicht nutzlos gewesen: Verdun sei heute noch enger umschlungen und abgeriegelt, als es vor dem 22. Februar gewesen war, und bei ihren bis zum 24. Oktober völlig ergebnislosen Versuchen der Rückeroberung der Stellungen hätten die Franzosen erheblich größere Opfer an Menschen gebracht. »Aus der offenen Wunde von Verdun strömt unaufhaltsam das Blut Frankreichs«, habe ein Abgeordneter in der französischen Kammer zugeben müssen. »Wir müssen uns mit der Tatsache begnügen, daß hier, an der schwierigsten Stelle der französischen Front, eine

Offensive unternommen wurde, die nach monatelangen erbitterten Kämpfen allmählich aus einem mit Durchbruchstendenz geführten Angriff in einen Kräfte bindenden Angriff überging und schließlich wieder in die Defensive zurückfiel«, argumentierte der militärische Mitarbeiter der Frankfurter Zeitung, dem es offenbar nicht schwerfiel, in der Niederlage einen konsequenten militärischen Stil zu finden. »Die Franzosen konstruieren sich aus Verdun einen großen ›Sieg 1916‹. Gerade vom französischen Standpunkt aus mit Unrecht! Andernfalls müßten sie ihre eigenen Angriffe an der Somme als Niederlage bezeichnen, was sie nicht tun. Im Stellungskrieg kann man von einem Sieg im strengen Sinn des Wortes erst reden, wenn aus dem gelungenen taktischen Durchbruch die freie strategische Operation sich entwickeln kann.«

Der Winter 1916/1917, der »Kohlrübenwinter«, der die erste schwere Versorgungskrise für Deutschland mit sich brachte, die Todesanzeigen, die Erzählungen der Urlauber legten eine andere Ausdeutung nahe.

Anfang des Jahres gab die Oberzensurstelle des Kriegspresseamtes ein Zensurbuch heraus, mit dessen Hilfe die aufkommenden Zweifel am Endsieg bekämpft werden sollten. Zum Katalog der verbotenen Themen gehörten: »Aufsätze und Notizen über die Erfindung künstlicher Arme, Hände«, die Gesamtzahl der Gefallenen, »Berichte über sogenannte Verbrüderungsszenen zwischen Freund und Feind« und Abbildungen toter deutscher Heeresangehöriger, »wenn die Züge der Dargestellten so deutlich erkennbar sind, daß ein Wiedererkennen möglich ist«. Abbildungen verstümmelter deutscher Heeresangehöriger waren nur dann zugelassen, wenn sie »weniger das Leiden solcher Kriegsbeschädigter als ihre Pflege und ihr Wohlergehen zur Darstellung bringen«. Ferner wurde gebeten, den Ausdruck »Menschenmaterial« möglichst nicht zu verwenden, zumal er auch in den amtlichen Berichten nicht vorkomme.

23 »Wo ist denn die Schießbude?« (1. Januar–24. August 1917)

1

An der Verdunfront war seit dem Jahreswechsel Ruhe eingetreten – die trügerische Ruhe des Stellungskrieges. Das Artilleriefeuer verstummte nie. Deutsche und Franzosen waren ständig mit kleinen Unternehmungen beschäftigt – Patrouillen, »Stellungsverbesserungen«. Am 25. Januar 1917 stießen Einheiten der 13. Infanteriedivision auf den Südhang der Höhe 304 hinunter und machten 500 Gefangene. Acht vergebliche Gegenstöße der Franzosen folgten. Im Abschnitt Hardaumont wurde die Stellungslinie an den Rand des Caurièreswaldes vorverlegt, nur im Abschnitt Vaux am Rande der Côtes Lorraines herrschte wirklich Stille. Der Boden war so verschlammt. daß niemand irgendwelche Arbeiten durchführen konnte.

Die eigenen Verluste wurden durch die hohe Gefangenenquote »wettgemacht«, »am wenigsten wird der Munitionschef der OHL befriedigt sein«, befürchtete Gallwitz, da auch ohne besondere Artillerievorbereitungen 70 000 Schuß verfeuert worden waren. Bald erschien auch ein Abgesandter der Heeresleitung, um »auf Munitionsersparnis hinzuwirken«. Da Gallwitz aufgefallen war, wieviel achtlos fortgeworfene Munition im alten Aufmarschgelände herumlag, ließ er eine große Sammelaktion durchführen, deren Ausbeute »überreich« war. Bei einem Korps wurden sogar zehn herrenlos herumstehende Geschütze eingebracht, neben Infanterie- und Artilleriemunition fanden sich Helme, Pioniergerät, Stacheldraht, in alten Quartieren »unglaubliche Mengen« von Bekleidungsstücken. Die Soldaten waren so sorglos gewesen, daß sie monatelang neben alten Stapeln scharfer Gasmunition schliefen.

Hinter der Front begannen am Abend des 26. Januar die Festlichkeiten zur Geburtstagsfeier Wilhelm II. Diebschlag, der mit der »Garde« im Bayreuther-Lager bei Etienne Quartier hatte, notierte: »Um 5 Uhr nachm. Kaisergeburtstagsfeier des Batls. im Soldatenheim mit Biertrinken, Kinovorstellung etc. Es taten sich alle möglichen Genies auf. Mimen, Bauchredner, Künstler auf Zither und

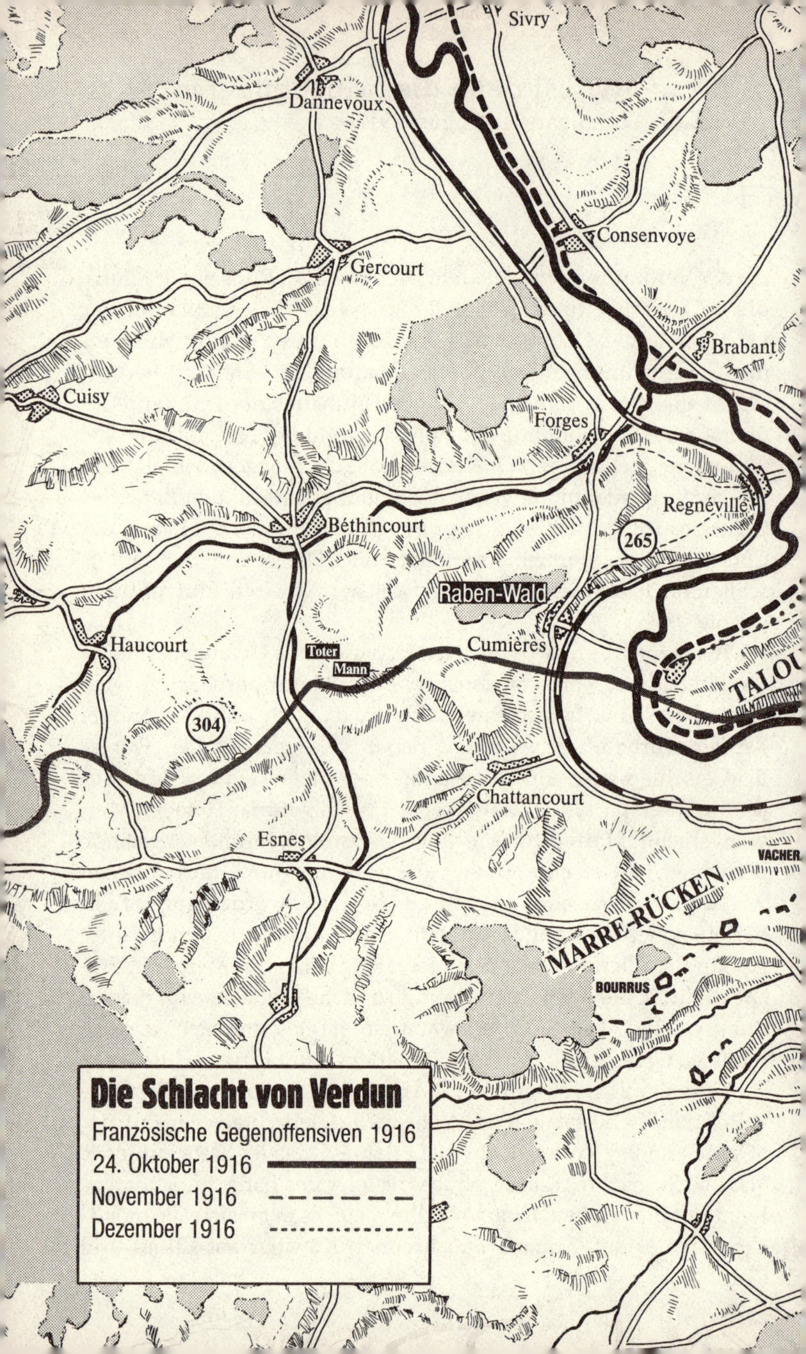

Sivry
Dannevoux
Consenvoye
Gercourt
Brabant
Cuisy
Forges
Regnéville
Béthincourt
265
Raben-Wald
Haucourt
Toter
Mann
Cumières
TALOU
304
Chattancourt
Esnes
VACHER
MARRE-RÜCKEN
BOURRUS
Die Schlacht von Verdun
Französische Gegenoffensiven 1916
24. Oktober 1916
November 1916
Dezember 1916

Chaumont
Crépion
Ville
Azannes
Flabas
Kap
Spincourt-Wald
Caures-Wald
Gremilly
Herbebois
Haumont
307
Beaumont
Ornes
344
Fosses-Wald
Vaux-Kreuz
Chambrettes-Ferme
Brûle-Schlucht
Louvemont
Bezonvaux
WOËVRE-EBENE
PFEFFER-RÜCKEN
Vacherauville
Chauffour-Wald
Douaumont
HARDAUMONT
Caillette-Wald
Charny
Bras
Vaux
Chapitre-Wald
KALTE ERDE
FUMIN
Damloup
Fleury
Berg-Wald
VERDUN
0 1 2 3 km
Regret

Bandoneon, Ringkämpfer etc.« Und am Sonntag, d. 27. Januar 1917: »Kaisergeburtstag. Festgottesdienst, Paradeaufstellung des Batls., Regimentskommandeur zufällig wie immer anwesend. Verteilung von Eisernen Kreuzen. Damit bin auch ich dekoriert. Abends Festessen. Schlemmerhaft! Schildkrötensuppe, Austern, Schnitzel mit Spargel, Filetbraten, Kaffee, Wein, Sekt. War sehr gemütlich.« Am nächsten Tag rückte das Bataillon wieder an die Front.

2

Angeregt durch Ludendorff wurde an der ganzen Westfront mit der Zurücknahme allzu exponierter Stellungen begonnen. Auch an der Verdunfront kam es zu Überlegungen, wie durch solche Frontverkürzungen Truppen eingespart werden konnten. Dabei erwies sich die Verdunfront wieder einmal als besonders problematische Zone. So wie Anfang 1916 die Angriffe auf dem Ostufer nicht mehr vorangetragen werden konnten, ohne auch die Front auf dem Westufer in Bewegung zu setzen, so verlangte ein Zurückgehen auf dem einen Ufer jetzt unweigerlich die Zurücknahme der Stellungen auf dem anderen. So würde ein Rückzug vom Talourücken dazu führen, daß die deutschen Positionen von Cumières bis zum Toten Mann dem »flankierenden Feuer« der Franzosen ausgesetzt waren, und damit zog »ein Zurückgehen auf dem Ostufer unvermeidlich das Aufgeben des Toten Mannes und der Höhe 304 mit sich. Den Entschluß zum Verzicht auf diese mit schwersten Opfern erkauften und mit ausgesprochener Gloriole umgebenden Punkte vermochten wir nicht über uns zu gewinnen«, faßte Gallwitz zusammen. »Wir sagten uns auch, wie ein solches Abstehen den Feind klar sehen ließe, daß wir nichts Aktives mehr vorhätten, und ihm die Gelegenheit gäbe, sich hier zugunsten anderer Zwecke wirksamer zu schwächen. Als Kompromiß wurde ein Rückzug bis nach Samogneux durchgeführt, wo große Stollen im Steinbruch an der Maas einen sicheren Halt boten. Inzwischen war die Front durch Abgabe von Truppen und Batterien immer weiter ausgedünnt worden. Gallwitz unterschätzte den Ehrgeiz der Franzosen, die beiden Höhen Toter Mann und 304 wiederzugewinnen, um so den Zustand von Anfang 1916 wiederherzustellen. Am 12. Mai 1917 begab er sich selbst »auf den geschichtlichen Boden« des Toten Mannes, um die raffinierten Anlagen zu inspizieren, die von François, dem Oberbefehlshaber der Gruppe West (die Bezeichnung Angriffsgruppe war nach Einstellung der Offensive im September gestrichen worden), Anfang Mai dort feierlich mit einer Verleihung von Auszeichnungen eröffnet worden waren: zwei riesige Tunnel, durch die der Nachschub ohne »Belästigung« durch den Gegner gefahrlos zur Kuppe heraufgeschafft werden konnte.

Ein Pionierleutnant namens Lenze, in Friedenszeiten 1. Ingenieur bei Thyssen, hatte diese »Meisterwerke der Tiefbaukunst« innerhalb weniger Monate fertiggestellt. Der eine Tunnel, dem Armeeführer zu Ehren »Gallwitztunnel« getauft, hatte seinen Eingang im Rabenwald, war ungefähr 630 m lang und diente dem Verkehr nach vorne. Auf Leitern ging es am Ende in der Caurettesmulde aus 45 m Tiefe ans Tageslicht; der andere Tunnel, der 903 m lange »Kronprinzentunnel« unter dem Toten Mann, diente dem Verkehr nach hinten und endete am Fuß der Anhöhe. Durch die feuchtkühlen Gänge führte ein Fördergleis, in Nebenstollen befanden sich Mannschaftsunterkünfte, Stallungen, Küchen, Sanitätseinrichtungen und sogar eine kleine Selterswasserfabrik – das Ganze elektrisch beleuchtet.

Trotz allem wollte François diese Errungenschaften deutschen Pioniergeistes wieder aufgeben, als die Franzosen auf dem Ostufer den Talourücken besetzten, doch kam nunmehr von der Heeresleitung das Verbot, die »Heldendenkmäler deutscher Waffenehre« preiszugeben.

Wann »denn Schluß mit dem Schwindel« sei, wurde der sozialdemokratische Landtagsabgeordnete Wilhelm Keil von einem württembergischen Soldaten gefragt, als er Pfingsten 1917 mit einer Abordnung die Verdunfront bereiste. »Ich merkte hier nichts von der guten Stimmung, die man oft von den Offizieren preisen hörte«, notierte Keil, der sich immerhin bis auf die Höhe 344 wagte. Der spitzbärtige Generaloberst von Gallwitz machte auf ihn einen sympathischen, gar nicht »schneidigen« Eindruck. Als der Sprecher der Abordnung eine Ansprache hielt, in der von den Kriegszielen »in der üblichen Tonart« die Rede war, antwortete Gallwitz maßvoll, daß das Ziel des Friedens darin bestehe, »die Wunden zu heilen, die uns der Krieg geschlagen hat«.

3

In der Zwischenzeit waren die Franzosen an die Wiederherstellung ihrer Forts gegangen, hatten doch die »ständigen Befestigungen – im Frieden umstritten, anfangs des Krieges verdammt – ihren hohen Wert bewiesen« – und das bei Angriffen, »wie sie noch niemals in einem Krieg vorgekommen sind«.

Obwohl die Betondecken im Douaumont unter den mörderischen Kalibern der Franzosen (am 14. Dezember 1916 war es wieder einmal einem Geschoß der »Dicken Berta« gelungen, eine Kasematte zu durchschlagen), teilweise eingebrochen waren, hatten nach den Ausführungen einer Denkschrift die lebenswichtigen »passiven Anlagen« der schwersten Beschießung Trotz geboten. Der große 15,5-cm-Panzerturm schoß wieder. Bis auf das zerstampfte Zwischenwerk Thiaumont waren bis Ende 1917 alle Forts von Verdun wieder kampftüchtig. Mitte Juni notierte Gallwitz auf der anderen Frontseite, daß mit dem Glas auf dem Douaumont neue Panzeraufbauten zu erkennen waren. In der französischen Untersuchung wurde festgestellt, daß nur die Wasserversorgung, die Ein- und Ausgänge und die Nachrichtenverbindungen Grund zur Beanstandung lieferten. Gleichzeitig mit den Instandsetzungsarbeiten an den Artilleriekuppeln wurden von den Pionieren Tunnelanlagen begonnen, die den Ehrgeiz der Deutschen weit übertrafen. Da die unterirdischen Zugänge zu den außen liegenden Grabenwehren den Geschossen nicht standgehalten hatten, wurden unter ihnen neue Stollen gegraben.

Auch in den Forts Tavannes, Souville und Moulanville wurden riesige Schachtabteufungen begonnen. Im Fort Tavannes stapelten die Arbeiter den verdächtig hellen Aushub, um ihn vor den Augen der deutschen Luftbeobachtung zu verbergen, im Fort selbst. Alle Räume und Gänge waren fast unpassierbar geworden, als der Krieg zu Ende war. Auch das Petit Depot wurde völlig neu zu einem Bunkersystem ausgebaut, und zum 1000 m weiter entfernt liegenden Fort Vaux ein Tunnel gegraben, dessen Geheimnis jahrzehntelang gehütet wurde. Auf dem Douaumont löste ein 800 m langer Tunnel, der in der Russenschlucht endete und einen anderen Ausgang in einer Kiesgrube auf dem südlichen Hang unterhalb des Forts besaß, das Zugangsproblem. Ein senkrechter Schacht von

45 m Tiefe führte im Südgang (dem alten Haupteingang) beim Gefechtsgang im Untergeschoß zu neuen unterirdischen Räumen, von denen aus die neuangelegten Verbindungsstollen zu den Grabenstreichen abgingen.

4

»Na, wo ist denn eure verdammte Schießbude?« sollen die amerikanischen Soldaten gefragt haben, als sie Anfang 1917 europäischen Boden betraten. Die deutsche Heeresleitung hatte nicht so bald mit ihrem Erscheinen gerechnet, nur mit »Scharen an Fliegern«. Aber auch Engländer und Franzosen fragten skeptisch, ob es die Amerikaner überhaupt schaffen würden. Joffre, nunmehr Marschall von Frankreich, und der Engländer General Bridges bezweifelten offen, daß das amerikanische Kriegsdepartment »eine Armee, die auf dem europäischen Kriegsschauplatz auch nur einigermaßen ins Gewicht falle, aufstellen, ausbilden oder transportieren könnte«. Einige meinten sogar, es sei am besten, Geld anstelle von Truppen zu schicken. Präsident Wilson und der Kongreß indessen waren entschlossen, nachdem ihnen Ludendorff durch die Eröffnung des unbeschränkten U-Boot-Krieges die Handhabe gegeben hatte, die Wirtschaftshilfe für die Entente in eine Militärhilfe zu verwandeln und den »Kreuzzug für die Demokratie« durch die Aufstellung einer eigenen Armee zu unterstützen.

Die USA waren nicht ganz unvorbereitet. Im Sommer 1916 war bereits die reguläre Armee durch das Gesetz zur Nationalen Verteidigung verdoppelt worden. Doch im März 1917 waren es immer noch nur 190 000 Mann und 6000 Offiziere, aus denen die US Army bestand. Als im April 1917 die große Offensive an der Aisne trotz immenser Artilleriekonzentration (die wieder einmal alles bisher Dagewesene übertraf) mit einem Fiasko endete, wurde der Ruf nach den Amerikanern wieder laut. Innerhalb von drei Tagen verloren die Franzosen 80 000 Soldaten. Der ehrgeizige Nivelle, ebenso wie Pétain als »Sieger von Verdun« bezeichnet, verschwand von der Bildfläche, mit ihm der »Nivelle-Plan«, nach dem die amerikanischen Soldaten in die dezimierten französischen und englischen Bataillone »gesteckt« werden sollten; am besten nur in die englischen, wie General Bridges meinte, wegen der sprachlichen Verständigung.

General Pershing, der frischgebackene Oberbefehlshaber der Amerikaner, hatte jedoch keine Lust, seine Soldaten als »Kanonenfutter« nach Europa fahren zu lassen. Als er Anfang Juni 1917 auf der »Baltic« in Liverpool landete, trug er eine eindeutige Vollmacht in der Tasche, die ihn bezüglich der militärischen »Operationen gegen die kaiserliche deutsche Regierung« anwies, zwar »mit den Streitkräften der anderen gegen eben diesen Feind eingesetzten Länder zusammenzuarbeiten«, dabei jedoch stets im Auge zu behalten, daß die Streitkräfte der Vereinigten Staaten »einen getrennten und besonderen Bestandteil der kombinierten Streitkräfte bilden, deren Selbständigkeit zu wahren ist«. Wie sein Stabschef General Harbord meinte, ließ es sich »nicht mit unserem nationalen Stolz vereinbaren, fremden Truppen einverleibt zu werden, so herzlich auch die sonstigen Beziehungen sein mochten. Es war ebensowenig erwünscht, Ellbogen an Ellbogen mit den Engländern zu stehen, wenn auch die gemeinschaftliche Sprache günstig gewesen wäre.«

Noch bevor die ersten Divisionen gelandet waren, lud Pétain, der neue Oberbefehlshaber des französischen Heeres, Pershing mitsamt seinem Stab ein, sich einmal an Ort und Stelle anzusehen, wie sich der Krieg in der »alten Schießbude« abspielte. Die Amerikaner, meinte er, sollten doch zur Augustoffensive gegen die deutschen Stellungen beiderseits der Maas zur »dritten Schlacht von Verdun« kommen.

Es war nach den Meutereien französischer Armeeteile im April die erste größere Unternehmung, mit der Pétain die von ihm selbst wiederhergestellte Moral seiner Soldaten testen wollte. Während die Abschüsse der französischen schweren Kaliber herübergrollten, aß Pétain mit seinen Gästen in Souilly »an der Verduner Straße«, wo sich noch immer das Hauptquartier der 2. Armee befand. Bei Cognac und Zigarren erläuterte General Guillaumat den Angriffsplan. Pershing erfuhr, daß im Verhältnis zum Flächenausmaß dieses Gebietes mehr Granaten verbraucht worden waren als in irgendeinem früheren Gefecht des Krieges. Unerfahren, wie er noch war, schätzte Pershing beeindruckt die Kosten des vorbereitenden Trommelfeuers auf 75 Millionen Dollar. Dann fuhren sie auf der »Heiligen Straße«, die einen recht schmutzigen Eindruck machte, zu einem Beobachtungsstand. Durch das Fernglas sah Pershing »die wogenden Wellenlinien der französischen Soldaten über die granatzerpflügten Hügel vorstoßen«. Wie immer stellte sich angesichts der grauen, von Granatsplittern zerwühlten Gegend der Vergleich mit der Kraterlandschaft des Mondes ein.

Auf dem Rückweg begegnete ihnen der Nachschubverkehr, daneben endlose graue, müde Gefangenenkolonnen, von denen ein »säuerlicher Geruch« aufstieg, der »Geruch des Feindes«.

»Krankenwagen mit ihrer Ladung an Seufzern und blutigen Verbänden blieben wartend stehen, um frische, halb betrunkene Abteilungen, denen der Untergang ins Gesicht geschrieben stand, auf ihrem Weg an die Front vorbeizulassen«, schrieb John Dos Passos, der selber in einer Sanitätskolonne diente. General Pétain befand sich, wie Pershing fand, in selten aufgeschlossener Stimmung, er rieb sich die Hände über die niedrigen Verluste. Andere Generäle warfen ihm Munitionsverschwendung vor.

Die Masse der Lastkraftwagen, die hinter der Front für unablässig nachrollenden Nachschub und Ersatz sorgten, imponierten dem Amerikaner, der aus dem Land des Automobils kam. Den Kriegsminister Painlevé und den Sozialisten Thomas, die extra aus Paris gekommen waren, um einem Sieg beizuwohnen, behandelte Pétain mit eiskalter Ablehnung. »Er beglückwünschte Pershing, so weit von seiner Heimat entfernt zu sein, daß er dem Zugriff der Politiker entzogen war.«

Die Bevölkerung bereitete Pétain, wohin er auch kam, Ovationen – »er war der Held von Verdun«.

5

Bevor die Franzosen neuen Ruhm an ihre Fahne heften konnten, mußten sie eine Schlappe hinnehmen. Ein Überraschungsvorstoß von der Höhe 304 hinunter brachte 400 Gefangene ein, die merkwürdigerweise drei verschiedenen Regimentern angehörten, von denen der Abwehr bisher nichts bekannt war. Da nach ihren Aussagen die ganze Gegend um Verdun voller Truppen lag, wurden die Deutschen durch diese zufällige Aktion auf die Absichten der Franzosen aufmerksam. Gallwitz fuhr nach Cunel, um sich die Gefangenen anzuschauen. »Sie gaben sich als kriegsmüde, doch wußten sie von besonders schlechter Stimmung oder Meuterei nichts, die Verpflegung wäre reichlich und gut.«

Die acht gefangenen Offiziere machten »keinen imponierenden Eindruck«, am wenigsten der Wortführer, ein kleiner dicker Landwehrhauptmann in großen »Wasserstiefeln«; ein Infanterieregiment, in dem gemeutert worden war (das 129.), sollte vor Verdun seine Ehre wiederherstellen; zur Sicherheit hätte der Divisionskommandant ein Bataillon Senegalschützen hinter ihnen aufgestellt – die würden ihnen schon Beine machen!

Am 15. Juli 1917 war das französische Artilleriefeuer stärker als sonst, bald feuerten alle Batterien des Westufers. Die 10. Reservedivision bat am 16. Juli um Ablösung, dem Antrag war ein Bericht des Divisionsarztes beigefügt, nach dem die vorderen Regimenter »körperlich und im Nervensystem herunter wären; das übermäßige Artilleriefeuer und der Mangel an Schlaf machten die Leute kaputt«. 1500 Mann »blutige Verluste« kamen hinzu. Gallwitz fand es ganz ungünstig, daß eine Division zu diesem Zeitpunkt aus der Front herausgelöst wurde. »Wechsel und Seitwärtsschieben waren stets ein ungünstiges Moment für den Widerstand.« Was Gallwitz befürchtete, traf ein, genau am Ablösungstag griffen die Franzosen an und überrannten die Stellungen dieser Division. 1000 Mann wurden gefangen.

Gallwitz wollte das verlorene Teilstück sofort wieder zurückholen, Ludendorff riet ab, um »Kräfte zu sparen«. Eine ausgesprochene Mißstimmung war die Folge – von François schob die Schuld den Regimentern zu, die daraufhin vom Kronprinzen scharf gerügt wurden. Törichterweise hatte François einem Kommandeur Versagen vorgeworfen, der als ausgesprochen tapfer galt und einen Arm verloren hatte – für einen Regimentskommandeur in der Tat eine außerordentliche Verwundung (Divisionsgeneräle gerieten noch seltener an die Front). Am 17. Juli wurden die Gräben auf der Westseite von der Höhe 304 zurückerobert, 800 gefangene Franzosen gingen nach hinten. Ein Gefangener hatte die Landung von amerikanischen Truppentransporten in Boulogne beobachtet: »10 Schiffe mit 2 bis 3 Schornsteinen, geleitet von 3 Kriegsschiffen.«

Ein Hauptmann des von General François gemaßregelten Regiments erstattete Strafanzeige »wegen Beleidigung«. Gallwitz konnte vermitteln, wegen Formfehler zog der Hauptmann seine Anzeige zurück, François wurde von Gallwitz und vom Kronprinzen sanft »geregelt«, zur Beruhigung erhielt er den längst fälligen Pour le mérite.

Lange konnte sich François der neuen Auszeichnung nicht erfreuen. In der Nacht zum 15. August steigerte sich das Artilleriefeuer der Franzosen, obwohl die Deutschen über 100 000 Gasgranaten verschossen hatten, um die Batteriestellungen des Gegners zu lähmen. Nun hatten die Franzosen ihre durcheinandergeratenen Divisionen wieder geordnet. 21 Fesselballons standen hinter der französischen Front in der Luft. Bei den Fliegern waren die Franzosen weit überlegen, in abgeschossenen Maschinen wurden amerikanische Piloten aufgefunden. Einige deutsche Batterien wurden so stark »eingedeckt«, daß sämtliche Geschütze ausfielen. Da auf den Feldern hinter der Front und in der Heimat die Ernte eingebracht wurde, herrschte Mangel an »Ersatz«. Am 18. August waren die Stellungen auf dem Toten Mann und auf der Höhe 304 auf den Fotos der Aufklärungsflugzeuge kaum mehr auszumachen. Durch die vergaste Forgesbachniederung kamen kaum Reserven und Versorgungseinheiten durch. Die Tagesverluste bewegten sich auf die Zahl 1000 zu.

Bei den höheren Stäben brannte die ganze Nacht vom 18. August Licht. Die Fensterscheiben klirrten unausgesetzt. Feuerblitze zuckten am Himmel. »Es schien endlich voller Ernst zu werden«, notierte Gallwitz. »Das rollende Feuer geht ununterbrochen weiter. Das kostet wieder Munition. Es kostet aber auch Menschen; die furchtbare Schlächterei geht weiter. Ich komme mir so klein vor, daß ich den Meinen draußen von hier nicht besser helfen kann, daß ich es so gut habe.«

Nachdem sieben Tage lang Granaten auf beide Anhöhen heruntergeregnet waren, brach die Front zusammen. Für Gegenstöße bereitgehaltene Bataillone zerflatterten. Die neuen überschweren Kaliber der Eisenbahngeschütze, die schon den Douaumont mürbe getrommelt hatte, zerschlugen nun auch die Tunnelanlagen, auf die François so stolz war. Am 19. August wurde die 10 bis 12 m starke Decke des Nordeingangs vom Kronprinzentunnel durch zwei aufeinanderfolgende 40-cm-Geschosse durchschlagen, durch die nachstürzenden Geröllmassen der ganze Eingang verschüttet. 50 Mann erstickten, durch das sich ausbreitende Kohlenoxyd wurden 60 vergiftet und fielen ebenfalls für die Verteidigung aus. In den Seitenstollen fanden 90 Mann den Tod. Durch einen Luftschacht konnten sich 30 Überlebende retten.

Trotz allem leisteten die draußenliegenden Truppen so zäh Widerstand, daß die Franzosen mehrere Stunden brauchten, um 1200 m weit vorzudringen. Dann ging den Verteidigern die Munition aus. Die Tunneleingänge wurden zu den letzten Widerstandspunkten. Durch die Öffnungen warfen die Franzosen Gasbomben herunter, die die Luft »verpesteten«. Am 20. August ging vormittags der Südteil des Kronprinzentunnels verloren. »Gegen Mittag war im Tunnel alles denkende Leben erloschen. Die Ruhe wurde nur durch das Krachen der Geschosse und durch einige durch Kohlenoxydgas irrsinnig gewordene Mannschaften, welche sich singend im Tunnel wälzten, unterbrochen.« Zwischen 15 und 16 Uhr drangen die Franzosen in den Tunnel ein.

Der Nordteil des Gallwitztunnels hielt sich sogar bis zum frühen Morgen des 21. August – als das Leiden der Hunderte von Verwundeten und Gaskranken unerträglich wurde und auch nicht mehr auf Ersatz zu rechnen war, entschloß sich der ranghöchste Offizier zur Kapitulation. Rund 1000 Mann verließen mit erhobenen Armen den Schacht.

Von diesen Vorgängen erfuhren die Stäbe hinten so gut wie nichts. Zwei Tage lang waren beide Höhen in Rauch und Flammen gehüllt, durch das Scherenfernrohr ergab sich das übliche Bild eines hin und her wogenden Kampfes, bei dem nicht festzustellen war, wer die Oberhand behielt. Der Tote Mann war verloren, die 213. Infanteriedivision auf der Höhe 304 hielt noch immer, aber die Stellung war auf Dauer nicht mehr zu verteidigen. Schon hatten die Franzosen Batterien bis an den Toten Mann herangefahren, die direkt zur Höhe hinüberschossen. Inzwischen benutzte der Feind sogar schon den Gallwitztunnel, um zum Forgesbach vorzudringen. Am 24. August konnte die Höhe 304 planmäßig und in aller Ordnung geräumt werden. Die »Ausfälle« waren erschreckend hoch, 4000 Mann zum Beispiel nur für die 6. Reservedivision.

Gallwitz war über den Verlust der »zu einer Art Heiligtum gewordenen blutgetränkten Höhen des Westufers« sehr betroffen.

Trotzdem hatte er schon im Abendbericht des 20. August den Verlust des Toten Mannes gemeldet, was vom Stabschef der Westgruppe »unangenehm« empfunden wurde – »da sie ihn ja bald wieder hätten«!

Fünfter Exkurs:
Mythen, Gegenmythen

1

Arnold Zweig berichtet in seinem Verdunbuch von einem Stabsoffizier, der, »schwermütig« geworden, noch jahrelang nach dem September 1914 über Karten, Akten, Berichten, Befehlen gebeugt »wie ein Verdammter« bemüht ist, die Schlacht an der Marne »noch einmal zu schlagen, wieder und immer wieder nachzuprüfen, was hätte geschehen müssen und was wirklich geschehen war«.

Verdun schien weniger Rätsel dieser Art aufzugeben. Im Gegensatz zur »Bewegungsschlacht« an der Marne haftete der Schlacht an der Maas eine Einfallslosigkeit und Monotonie an, die sie zum Symbol für den mörderischen Stumpfsinn des vierjährigen Stellungskrieges überhaupt machte, für ein »Höchstmaß an Menschenverachtung«. Die offensichtlich aller militärischer Vernunft zuwiderlaufende Tatsache, daß die Kämpfe nicht abgebrochen worden waren, als die Erfolgsaussichten im Schlamm begraben lagen, daß sie »wie ein Uhrwerk« sich selbständig gemacht zu haben schienen, vom Willen ihrer Initiatoren nicht mehr zu beeinflussen – dies alles schien ein Geheimnis zu bergen, das scheinbar nur mit der »Macht eines übergewaltigen Schicksals« erklärt werden konnte.

Dabei hatte bereits ein Jahr nach Kriegsschluß Falkenhayn sein Schweigen gebrochen und der Öffentlichkeit sein bis dahin sorgsam gehütetes strategisches Konzept preisgegeben; seiner Meinung nach hatten sich die Operationen im Maasgebiet – »trotz aller Krisen« – sogar entsprechend seinen Absichten entwickelt, die Franzosen »zum Ausbluten« zu bringen: Etwa 90 feindliche Divisionen seien in der Mühle an der Maas zerschlagen worden, die deutschen Verluste hätten nicht mehr als ein Drittel davon betragen, so daß »für zwei Deutsche, die außer Gefecht gesetzt wurden, drüben fünf Franzosen bluten mußten . . . so beklagenswert die deutschen Opfer blieben, so sicher war doch, daß sie für eine gute, aussichtsvolle Sache hingegeben wurden«.

Unverbesserlichkeit oder Rechtfertigungszwang? Ein Vergleich der Verlustzahlen, ein Blick auf den Stellungsverlauf vom Dezember 1916 ließen Falkenhayns Worte nur als blanken Zynismus erscheinen: Beide Armeen hatten gleich gelitten, aber innerhalb von eineinhalb Monaten war den Deutschen so gut wie alles wieder abgenommen worden, was sie in über einem halben Jahr andauernder »unerhört blutiger« Kämpfe mühselig Meter für Meter erobert hatten.

Hatte Falkenhayn überhaupt genau gewußt, was er wollte? Oder gab es in Wahrheit gar »kein fertiges strategisches Gedankengebäude« im Kopf des deutschen Generalstabschefs, hatte er nur nachträglich »aus der Not des Mißerfolgs die Tugend des Bescheidens« gemacht? Fand jene grausige Ausblutungsschlacht ihre »ganz einfache« Erklärung darin, daß Falkenhayn und die 5. Armee (die ja auch für Verdun verantwortlich war und »keineswegs nur eine Puppe in der Hand des Generalstabsschefs«) erst Wochen, dann Monate bemüht gewesen waren, das unzureichende Ergebnis des ersten Ansturms durch ständiges Nachschieben neuer, zusätzlicher Kräfte zu korrigieren, wobei jedoch »jeder Schritt nach vorn zu immer größerer Verstrickung führte«? Hatte Falkenhayn »strategisches Neuland« betreten? Oder war er nichts weiter als ein Mann seiner Epoche, waren seine Ideen nur Produkt von Umwelt, Militärtradition, Stand der Waffentechnik? Denn wenn er ein Mann war, der die Gesetze der Materialschlacht zu beherrschen glaubte, dann war er – frontfremd, technokratisch, entschlußlos, verworren denkend – ein Opfer dieser Konzeption geworden, als die Schlacht ihre eigene Gesetzlichkeit entwickelte – Triumph des Materials, Beweis für die Unberechenbarkeit des modernen Kriegs für künftige Zeiten.

Ohne Zweifel hatte nicht Falkenhayn, sondern Ludendorff ungleich mehr militärische Fähigkeiten an den Tag gelegt. Ludendorff hatte nach seinem Amtsantritt organisatorisch und strategisch eine Wende eingeleitet, indem er neue Reserven geschaffen, das Munitions-, Waffen- und Flugzeugbeschaffungsprogramm angekurbelt, das elastische Defensiv- und Offensivverfahren durchgesetzt, den Mut zum Rückzug gezeigt und eben mit einer so nebensächlichen Sache wie dem Infanteriebegleitgeschütz, der »Grabensturmkanone«, die nach vorne kam und damit dem Infanteristen wieder Mut machte, Bewegung in den Krieg gebracht. Trotzdem hatte ein so renommierter Militärfachmann wie Hans

Delbrück 1920 die damals »unerhörte« Verwegenheit besessen, als die Ludendorff-Anhänger und Schlieffen-Verehrer noch das Übergewicht in der Weltkriegsdiskussion besaßen und die Stühle im Potsdamer Reichsarchiv besetzt hielten, Ludendorffs Totalanspruch auf Feldherrntum entgegenzutreten und auch der von Ludendorff in Umlauf gebrachten Ansicht, Deutschland hätte den Krieg gewinnen können, »wenn das Volk bis zum Schluß einmütig den Willen dazu gehabt hätte«. (Dolchstoßlegende!) Delbrück dagegen: »Das Volk wollte nicht mehr, weil es tatsächlich nicht mehr konnte.« In Falkenhayns Ideen über die Kriegführung sah Delbrück dagegen eine Variante der friderizianischen Ermattungsstrategie (nämlich den Feind durch kraftvolle Einzelschläge die eigene Stärke zu zeigen sowie gleichzeitig die Bereitwilligkeit zum Verständigungsfrieden kundzutun), denn Falkenhayn hatte weder Ludendorffs maßlose Kriegszielpolitik gutgeheißen, noch dessen Siegfriedenswahn geteilt. Verdun, das »Ausblutenlassen«, erschien Delbrück allerdings als »Überspannung« dieser altpreußischen Zermürbungsmethode.

2

War für die Franzosen das Grauen der Schlacht mit der Gloire des Sieges überdeckt, so behielt für die Deutschen, soweit sie in menschlichen, politischen und militärischen Kategorien zu denken bereit waren, der Name Verdun nichts als den Charakter eines Schreckens ohne Ende, eines Opfers ohne Sinn. Das amtliche Werk des Reichsarchivs sprach von der »Katastrophe der Tragödie von Verdun«. Noch die Gedenkartikel zum 25. Jahrestag der Schlacht waren so überschrieben, dennoch blieben nachträglich Mythisierung und Heroisierung nicht aus; je ferner die Geschehnisse rückten, desto unüberhörbarer schlich sich ein falscher Unterton ein. Man begann von der »Unsterblichen Landschaft« oder vom »Heldenlied Verdun« zu sprechen.

Bei der Rekonstruktion der Schlacht hielt man sich nicht mehr an die nüchterne Sichtung des Geschehens. Sätze wie »der deutsche Soldat meistert die Schrecken der Hölle« verdrängten die Zeugnisse von Verzweiflung und Resignation. Ob Sieg oder Niederlage, so sei Verdun »bei aller Tragik, der kühnste und großartigste Anlauf nach dem höchsten Siegespreis im ganzen Weltkrieg gewesen. Das bezeugen noch heute die Steine und die Trümmer auf der Walstatt von Verdun, die nie wiederaufgebaut worden ist. Noch in Äonen werden sie vom himmelstürmenden Heldentum der Frontkämpfer von Verdun reden: ›Den lieb ich, der Unmögliches begehrt . . .‹«

Schließlich wurde in dem 1934 erschienenen Buch von Hermann Ziese-Beringer »Der einsame Feldherr« aus der Niederlage sogar noch ein nachträglicher Sieg und die Tragödie der 5. Armee zur Tragödie eines unverstandenen und verkannten Falkenhayns, den der Autor zu einer Gestalt von »ungeheuerlicher Willenskraft« und »schicksalsbestimmender Größe« stilisierte. Als Beweis dienten ihm die Meutereien der französischen Armee 1917 – letzten Endes nichts anderes als Falkenhayns doch noch errungener Verdunsieg, als Ergebnis der moralischen Ausblutung, der »Ausblutungsschlacht auf der Stelle« mit Verdun als »Anzapfpunkt«; weil die Franzosen ihre Einheiten nach einem Verduneinsatz schneller austauschten und auch ungleich mehr Divisionen nach Verdun warfen, hätte der Verdunbazillus auf das ganze französische Heer übergreifen können, während sich Falkenhayn auf die »Leidensfähigkeit und Geduld des deutschen Soldaten« stützen konnte. Die Abnutzungsstrategie der Alliierten fand Ziese-Beringer dagegen »stumpfsinnig«. Entscheidungen, die durch Materialanhäufung und Riesenheere zustande kämen, waren seiner Meinung nach »kein Sieg im wahren Sinn.« Die Schlußfeststellung des Reichsarchivs, auch Waffenerfolge könnten nicht darüber hinwegtäuschen, daß Verdun eine deutsche Niederlage von erschreckender und weittragender Bedeutung gewesen ist, drehte Ziese-Beringer einfach um: Verdun 1916 sei eine Niederlage von erschreckender und weittragender Bedeutung für Frankreich gewesen.

Wieviel höher die Verluste der Franzosen bei Verdun tatsächlich waren, weiß niemand zu sagen, und es ist nicht einmal sicher, ob sie überhaupt höher waren. Sicher ist nur, daß die deutschen Truppen bei Verdun einen irreversiblen Verlust an Kampfkraft erlitten. 48 Divisionen waren durch die Mühle an der Maas gegangen, fast alles Truppen mit langjähriger Ausbildung und langer Kriegserfahrung, die nicht mehr zu ersetzen waren. Verdun zeigt die deutsche Armee noch in einem Stadium der Disziplin, die es später nicht mehr gab. Am Ende war der Glaube an die Führung zerbrochen. Der Geist des Durchhaltens begann den »Geist von 1914« zu ersetzen. Alles Erkenntnisse, die der Kronprinz später in die Worte faßte, »die Mühle an der Maas hat die Herzen der Soldaten ebenso zermalmt wie ihre Körper«. Nach den 10 Monaten von Verdun war das deutsche Heer nicht mehr dasselbe. »Der alte, feste Kern der Infanterie war Ende 1916 zum großen Teil verschwunden . . . hatte der nie gekannte Feuersturm von Verdun und an der Somme zerfetzt.« Verdun war mehr als eine Schlacht unter anderen Schlachten, ob man nun von der »zweiten großen Wende« oder von einer »Niederlage« sprach, der Kampf auf dem Schlachtfeld war entschieden, die »Kriegswende« war da: ein Wechsel der *bords* hatte stattgefunden.

Wer auch immer, vor allem nach dem totalen Krieg 1939–1945, den realistischen Weitblick Falkenhayns, seine maßvolle politische Haltung positiv beurteilte, an Verdun kam er nicht vorbei; als »Teilstück einer weit vorausschauenden strategischen Planung«, als »verzweifelter Versuch«, strategisch zu operieren unter Bedingungen, die der Strategie kaum Spielraum ließen, hatte der Verdunplan zum denkbar schlimmsten Ergebnis geführt, stellte er eine »militärische Bankrotterklärung« dar, die »Übersteigerung soldatischer Unerschrockenheit und Blindheit krampfhaften Siegeswillens«, das Ergebnis »barbarischer Phantasielosigkeit«, »Entartung« und »Ende aller Strategie«.

3

Für die Franzosen war die Sache denkbar einfach: Die Deutschen hatten angegriffen und waren abgewiesen worden. Verdun war in französischer Hand geblieben. Auf »Spitzfindigkeiten« ließ man sich nicht ein: Falkenhayns Demoralisierungsstrategie, seine Absicht, Verdun gar nicht erobern zu wollen, wurde von dem französischen Kronzeugen Pétain glattweg als Fälschung bezeichnet, als Alibi, um die Niederlage zu verschleiern.

Gegen alle Versuchungen nachträglicher Sinngebungen demagogischer Art war die französische Romanliteratur jedoch gefeit.

Frankreichs wohl bekanntestes Verdunbuch, der Doppelroman von Jules Romains, schien für diese Ansicht den besten Beweis zu liefern. Mit dokumentarischer Genauigkeit erzählte Jules Romains den Schlachtverlauf nach und legte dabei den unchauvinistischen Patriotismus französischer Prägung an den Tag, dessen Vertreter zwar die Deutschen – »Les Feldgrau« – bekämpften, doch ihren Haß gegen die Kriegsgewinnler und professionellen Patrioten richteten, vor allem gegen die Literaten, die »in Pantoffeln« ihr Kriegsgeschrei anstimmten, die Drückeberger, die ehrgeizigen Generäle (dicke, gepflegte alte Herren, die Schokolade schlürfend die Bulletins lasen, in denen von der Notwendigkeit des Opfers die Rede war). Todesverachtung, Todesmut ohne Illusionen, Opferstolz, bittere Resignation – dies charakterisierte dagegen für ihn die einfachen Frontsoldaten: Zivilisten in Waffen, Arbeiter in einer Fabrik, einer riesigen »Verschleißfabrik«, deren Mechanismus sich selbständig gemacht hat und deren Maschinen weiterlaufen müssen, weil sie nun einmal schon soviel gekostet haben. Aber mochte die Front ein »Schlachthaus« sein, so war sie für Jules Romains zugleich auch ein »Kloster«, rein und voller Idealismus im Vergleich zur Heimat, wo nach Sieg, nach Nutzen und Gewinn gefragt wurde. Ganz so pessimistisch, wie es schien, war Jules Romains indessen doch nicht. Seine beiden Verdunbücher gehörten in einen auf über zwei Dutzend Bände bemessenen Romanzyklus, der ein Gesamtbild der Gesellschaft Frankreichs quer durch alle Berufe und Schichten entwerfen und zugleich mehr sein sollte: Herausarbeitung einer Gruppen- oder Kollektivseele, der ideellen Gemeinsamkeit aller Menschen, die guten Willens sind: »Les hommes de bonne volonté«. Damit waren alle Europäer aufgerufen, quer durch alle ehemals verfeindeten Nationen. Seit 1920 hatte Jules Romains sich um die deutsch-französische Aussöhnung, ja sogar um eine deutsch-französische Union bemüht und für »einen gerechten, vom Kriegsglück unabhängigen europäischen Ausgleich« eingesetzt.

Pessimismus schien eher angebracht. Jules Romains' Überzeugung, der vierjährige Weltkrieg habe die Absurdität des Krieges überhaupt so überzeugend vor Augen geführt, daß »durch den Krieg der Krieg selber getötet« worden sei, wurde durch Zeichen neuer politischer Spannungen widerlegt.

Die Bücher von Georges Duhamel (Das Leben der Märtyrer), Roland Dorgelès (Die hölzernen Kreuze), Maurice Genevoix (Ceux de 14) verkündeten so etwas wie ein existenzielles Programm der ehemaligen Kombattanten: ein außergewöhnliches Schicksal geteilt und überstanden zu haben, die Gemeinsamkeit des Erlebnisses, das alle ausschloß, die nicht mit dem Tod kommuniziert hatten. Gegen den Krieg zu sein, war nur Recht des Kriegers – »Ich kann nur deshalb in Freiheit und mit Gewißheit den gänzlichen Abscheu ausdrücken, den mir dieser Krieg einflößt, weil ich mich selbst ein für allemal entschieden habe, den Schrecken nicht auszuweichen, die er mir bringen mag«, ließ der Existenzphilosoph Gabriel Marcel seinen Fronthelden Bernard sagen.

Viele Überlebende hatten ein schlechtes Gewissen: Womit hatten sie den Zufall, verschont geblieben zu sein, verdient? »Wir sind allesamt anachronistisch Überlebende«, schrieb Genevoix, bis zu seinem Tod 1980 jahrelang Präsident des »Nationalen Komitees zur Erinnerung an Verdun«. »Wir werden jene Jahre vergessen, und die Toten werden ein zweites Mal sterben«, ahnte Dorgelès. Aber bereits der Fronturlauber von 1916 hatte sich als Fremdling unter Fremden gefühlt, wenn er Urlaub machte. Bereits ein Oberst war in den Augen von Gabriel Marcel Bernard kein Krieger. Dem französischen Poilu ging es, wenn er Fronturlaub hatte, nicht anders als dem deutschen »Landser«. »Ich werde vermutlich in acht Tagen fallen, und ihr verlangt von mir, daß ich lustig bin!« bemerkt Montherlants Verdunurlauber, der mit seinem mürrischen und »unheldischen« Benehmen seine lustige Familie in Paris enttäuscht. Und Unruhs Frontschwein bleibt die Sprache weg, als er in Frankfurt mit den Stammtischweisheiten der Heimatkrieger konfrontiert wird: »Muß idyllisch sein, wenn's jetzt Frühling gibt. Kenne das, war auch mal draußen. Famos sauber haltet ihr eure Häuschen . . .«

Während auf den offiziellen Gedenkfeiern, die ununterbrochen die Einwohner Verduns an den großen Friedhof vor den Toren der Stadt erinnerten, von den militärischen Tugenden der *grande nation* geredet, an die Schlachtentradition von Poitiers bis Austerlitz gemahnt wurde, sprach einer der größten Schriftsteller Frankreichs, Jean Giono, Verfasser des Kriegsromans »Die große Herde« (1931), seinen Landsleuten rundweg das Talent für Heldentaten ab;

er ging sogar so weit, im Gegensatz zu allen anderen französischen Autoren zu behaupten: »Die Menschen werden nicht vom Krieg geprägt, sie sind im Krieg nur, was sie immer sind.« – Die Franzosen betrachtete er als ein Volk von Bauern, für ihn war nur das Bauerntum rein, waren alle Nichtbauern durch die Politik verdorben, zu Arbeitern deformiert. Auf Jules Romains' Optimismus gab Giono zur Antwort: »Der Weltkrieg habe nicht den Krieg getötet, sondern Menschen.« Gionos radikaler Pazifismus dagegen ging bis zur Verweigerung staatlicher Autorität, von Kapital und Staat. Als Kriegsdienstverweigerer verachtete er den patriotischen Erinnerungskult, über seinen Satz »Besser ein lebendiger Deutscher als ein toter Franzose« war Georges Duhamel entsetzt, da er ihn als Zeichen gefährlicher Passivität ansah.

Zu den Schriftstellern, die die heiligsten Güter der Nation zertrümmerten, gehörte Jean Norton Cru. Er sammelte unzählige Zeugenaussagen, um beliebte »Heldensagen« – eine »Schwäche« seiner Landsleute – zu widerlegen und um die Literatur als Handlanger der Lüge zu überführen. Dabei ließ er nur Aussagen bis zum Hauptmannsrang gelten, alles andere galt bei ihm als Etappenwahrheit, der nichts über die Front zu entnehmen war. »Nein, der Krieg ist kein ehrlicher Kampf; wir können ihn nicht bewundern wie das Ringen des Athleten. Die Soldaten sind Henker oder Opfer, Jäger oder Beute, und wir von der Infanterie haben den Eindruck, daß wir in den meisten Fällen die Rolle der Zielscheibe spielten.« Und: »Der Tod im Kriege ist bejammernswert. Der Soldat wird an der Ecke einer Mistgrube oder auf einem schlammigen Erdhaufen getötet. Sein Ende gleicht dem Tode einer Ratte.« Die »Lust an der Gefahr«, »Tapferkeit ohne Furcht«, die »Feldherrnkunst«, der »Haß auf den Feind«, das »blutgierige Tier im Menschen«, der »Heldenmut« – für Cru alles erbärmliche Lügen, die nur überdecken sollten, daß sich der Feind ebenso wenig für die Rolle des Soldaten geschaffen fühlte wie der Franzose. Von Schlachten zu reden überließ er den Generälen und Politikern. »Wir, die Frontkämpfer«, schrieb er gerade im Hinblick auf Verdun, »wir lehnen es ab, im Gewinn oder Verlust von Gelände, Gefangenen und Material klare militärische Tatsachen zu sehen, die ehrlicherweise den Namen Sieg oder Niederlage, Erfolg oder Mißerfolg verdienen könnten.«

4

Merkwürdigerweise wurde Frankreichs militärisches Denken nicht so sehr von der Schlußphase des Krieges bestimmt, in der die Tanks wieder Bewegung in den fürchterlichen Stumpfsinn der Artillerieschlachten gebracht hatten, sondern von den Erfahrungen bei Verdun: die Maginot-Linie, eine Kette von Douaumonts, hinter der sich die Franzosen verschanzten, bestimmte die neue strategische Defensivdoktrin. Der Lorbeer der Grabenschlachten schien so übermächtig zu sein, daß die jüngere Generation an die Unwiederholbarkeit eines neuen Verduns glaubte, eine Haltung, die politischem Fatalismus gleichkam und nichts mit Pazifismus zu schaffen hatte. Fasziniert und geängstigt schaute man auf den Nachbarn jenseits des Rheins, der sich so schnell von den Demütigungen und dem Druck des Versailler Vertrages erholt hatte.

»Zwanzig Jahre haben fast nichts am Aussehen des Toten Mannes geändert. Der Boden liegt immer noch in der Agonie. Und schon will man wieder anfangen«, schrieb 1937 François Mauriac, als er mit seinem Sohn eine Gedenkfahrt nach Verdun unternahm. Daß es Menschen gab, die nach Hitler-Manier am Arc de Triomphe die »Flagge von Verdun« grüßen, erschien ihm als böses Vorzeichen, das Scheitern der Völkerbundverhandlungen »als Maß des Versagens einer Hoffnung, zu deren Erben uns die Gefallenen von Verdun gemacht haben«. Denn es gab auch das Gegenstück zu dem Friedensschwur auf dem Douaumont von 1936 – jenes gefährliche Gelübde »für einige Menschen des Abendlandes«, von dem Drieu la Rochelle sprach, als er seinen Appell an die Deutschen veröffentlichte: »Unser Verstand soll die Wahrheiten ihres Instinktes anerkennen; wir werden den Urteilsspruch fällen, daß der Krieg gut ist, so wie sie ihn erleben ... ich erhebe den Krieg, weil er mit der Größe verbunden ist.«

Drieu la Rochelle sah die starken Völker, Deutschland und Frankreich, nicht mehr im Haß getrennt, sondern in der Ablehnung des »faulen Friedens« verbunden. Im Rückblick schien ihm »in der schauerlichen Unvollkommenheit des Lebens unser gegenseitiges Nichtverstehen ein hinreißendes Abenteuer«.

Aus dem Zusammenhang mit der Geschichte gelöst, wurde für

Drieu Verdun zum Symbol für die Grausamkeit eines Lebens überhaupt, in dem der Tod mit blinder Schicksalhaftigkeit haust. In seinem Roman »Gilles« (1939) hat Drieu la Rochelle am Beispiel seines Helden das Schicksal der ganzen Frontkämpfergeneration zu schildern versucht, die die Fähigkeit verlor, glücklich zu sein. Als er von seiner unheilbar an Krebs erkrankten Geliebten angefleht wird, ihrem Leiden ein Ende zu bereiten, findet seine Verzweiflung nur noch im Schlachtennamen Ausdruck: »Da war wieder Verdun! Der Augenblick, wo das verzweifelte menschliche Wesen das Himmelsgewölbe nicht mehr zu ertragen vermag und es in einem schrecklichen Chaos zusammenstürzen läßt.«

Wenn es einen Verdunmythos in Frankreich zwischen den beiden Weltkriegen gab, dann war es der Glaube an die Solidarität derer, die dabei gewesen waren – »jener von Verdun«. »Pétain – Verdun. Wovor hast du Angst?« läßt der Schriftsteller Vercors in der Novelle »Die Druckerei von Verdun« 1940 nach Pétains Amtsübernahme einen Franzosen zu einem Mitarbeiter sagen, der wie er Verdunkämpfer, allerdings Jude ist. Wenig später wird der Jude abgeholt. »Laß Pétain in Ruhe, er kann nichts dafür, es ist nicht seine Schuld, wenn Schweinehunde . . .« – In diesen Worten zur Verteidigung Pétains ist die Tragik des alten Marschalls von Frankreich beschlossen, der der Retter von Frankreich sein sollte und dem de Gaulle nach 1945 den Prozeß machen ließ, weil er geduldet hatte, daß Verbrechen in seinem, Pétains Namen geschahen. Daß der Mythos von Verdun nichts mehr taugte, faßte der Spötter Céline in den Worten »Verdun? Papperlapapp!« zusammen. Trotz allem verlor der Name Verdun, mochte er auch nur noch als Schlagwort herhalten, nichts von seiner Düsternis.

5

In dem Sieg bei Tannenberg, dem »Cannae des Ostens«, das die Richtigkeit der Idee Schlieffens von der Umfassungsschlacht auch im modernen Materialkrieg zu bestätigen schien, suchten die nationalen Kreise nach dem Zusammenbruch Trost und Ersatz für den verlorenen und selbstmörderischen Stellungskrieg an der Westfront. Zwar war die legendäre Feldherreneinheit Hindenburg-Ludendorff, die 1916 Deutschland retten sollte, nach 1918 auseinandergebrochen, doch hatte der Hindenburg-Mythos den Krieg unbeschädigt überlebt.

In Tannenberg hatte das militärische Überlegenheitsgefühl gegenüber den Russen seinen Ursprung, das ein Vierteljahrhundert später mit zu Hitlers leichtfertigem Konzept des Barbarossafeldzugs beitrug. Daß auch Niederlagen, sogar vernichtende Niederlagen, Gegenstand eines öffentlichen Kultes werden konnten, wenn auch unter bestimmten Vorzeichen, bewies der Langemarckmythos. Er beruhte auf einer Meldung der OHL vom 11. November 1914: »Westlich Langemarck brachen junge Regimenter unter dem Gesang ›Deutschland, Deutschland über alles‹ gegen die erste Linie der feindlichen Stellungen vor und nahmen sie.« In Wirklichkeit war der Versuch der neugebildeten 4. Armee, die Front der Engländer und Belgier an der Yser in Flandern zu durchbrechen, im November 1914 gescheitert und damit der letzte Versuch, den Gegner zu überflügeln und von der Küste abzudrängen. Vier neue Armeekorps (größtenteils aus schnellausgebildeten Kriegsfreiwilligen, Oberschülern und Abiturienten zusammengesetzt) waren bei dieser letzten Offensivhandlung vor dem Erstarren der Front im Maschinengewehrfeuer der gegnerischen Berufssoldaten liegengeblieben.

Der Langemarckkult setzte erst 14 Jahre nach dem historischen Ereignis ein, als mit dem Jahr 1928, dem 10. Jahrestag zum Gedenken an das Ende des Weltkrieges, eine ganze Welle von Erinnerungen ausgelöst wurde. Eine Langemarckrede vor Studenten in Greifswald am 11. November 1928 war als bewußter Gegenakt zu den öffentlichen Feiern zur Gründung der Weimarer Republik angelegt. Der Langemarckkult sollte den »Rausch von 1914« ins Gedächtnis zurückrufen und an »die Wiedergeburt des heroischen Menschen« mahnen: Langemarck »als Verpflichtung zum Kampf für ein größeres Deutschland«, als »Sinnbild der opferbereiten Vaterlandsbegeisterung«, des »Wegwerfens des eigenen Lebens für den Fortbestand von Volk und Freiheit«, als Zeichen eines »Fernwehs nach einem göttlichen, ewigen Leben«, als »Geburt der deutschen Volksgemeinschaft« – so und ähnlich lautete die monotone Litanei, mit der nach 1928 der »Tag von Langemarck« als »höchster Ehrentag der deutschen Jugend, insbesondere der akademischen Jugend« gefeiert wurde. Zum Schluß hatte sich auch der Langemarckkult von der Feier »des patriotischen Opfers zur Symbolik des Nationalsozialismus« entwickelt. Als mit der Machtübernahme auch die Heldenverehrung geregelt wurde, erhielt auch der Langemarckmythos noch einmal eine Steigerung. Mehrere Theaterstücke entstanden, darunter Heinrich Zerkaulens »Jugend von Langemarck«, das am 9. November 1933 gleichzeitig in mehreren Städten uraufgeführt wurde, am gleichen Tage, der von den neuen Machthabern zum nationalen Gedenktag für die Opfer des Marsches auf die Feldherrnhalle erhoben worden war.

6

Verdun 1940 sollte Langemarck 1914 ebenso wie Verdun 1916 auslöschen – doch der »Schrecken von Verdun« geriet nicht in Vergessenheit. Mit der Länge des Krieges und dem Zweifel an dem Sieg der Wehrmacht über die Rote Armee wurden die Erinnerungen wieder wach. Redewendungen wie »in den Boden krallen«, »Wille zum Durchhalten« oder »Verbluten« tauchten auf, Begriffe, die dem Blitzkriegvokabular fremd waren.

Nach der Schlacht von Charkow meditierte Hitler am 2. Juni 1942 abends, die Russen suchten jetzt ihre Mißerfolge durch Theorien zu decken, »so wie jeder, dem etwas mißlungen sei, dumme Theorien zur Bemäntelung erfinde« – wie zum Beispiel die nach der Schlacht von Verdun im Weltkrieg vertretene Abnützungstheorie: »Solche Redensarten seien immer ein Beweis dafür, daß man nicht den Mut aufgebracht habe, ein nicht mehr Erfolg versprechendes Verfahren sofort abzubrechen.«

Als noch im selben Jahr der Angriff auf Stalingrad festlief, war der Gedanke an Verdun so lebhaft, daß Hitler am 8. November im Münchner Löwenbräukeller erklären mußte, er wolle »kein zweites Verdun«. Dennoch wurde auch Stalingrad zur Prestigeschlacht, dennoch wurde die Schlacht nicht abgebrochen, als sie sinnlos geworden war; schließlich diente auch hier der Hinweis darauf, starke gegnerische Kräfte zu binden, als strategisches Alibi für militärische »Wahnsinnstaten«. Und die Propagandalügen der Nazis, mit denen der Tod von 200 000 Soldaten verklärt wurde, erinnerten an das bombastische Pathos, das »Verdun« einst einen Sinn geben sollte: »Weißglut – Schlacke – Nibelungentreue – Nibelungentod. Ihr Deutschen! Streicht aus euren Geschichtsbüchern Sparta und den Paß der Thermopylen und haltet euren Kindern das Sterben vor Verdun vor die Seele: Du habest uns hier liegen gesehen, wie das Gesetz es befahl!« (Zitiert bei Wilhelm Ziegler.)

24 »Eine Minute vor 12!«
September 1917–November 1918

1

Im September 1917 verlief die deutsche Stellung auf dem Ostufer von Samogneux über Beaumont, Vauxkreuz, der »Straßenspinne« vor dem Caurièreswald, nach Bezonvaux. Die Stellungen an der Maas lagen ungünstig, weil der Gegner auf der Höhe 344 saß und jede Bewegung der Deutschen verfolgte, die sich daher tagsüber in die Stollen der Steinbrüche bei Samogneux verkrochen. Für die Deutschen war der Aufenthalt auf dem alten Schlachtfeld angesichts der verlorenen Forts besonders deprimierend.

Viele Stollen, in denen die Soldaten tagsüber hausten, waren so eng, daß sie sich kaum darin umdrehen konnten, die Decken so dünn, daß sie von Volltreffern glatt durchschlagen wurden. Meist hatten sie nur einen Ausgang, so daß bei Verschüttungen die Eingeschlossenen nicht mehr herauskamen. Aus vielen eingedrückten Unterständen stieg den Vorbeikommenden Leichengeruch entgegen. Mit der Wasserversorgung war es nicht besser geworden, beim Wasserschöpfen stießen die Soldaten in den Trichtern auf halbverweste alte Leichen, Deutsche und Franzosen, die seit einem Jahr hier lagen. Einschlagende Granaten schleuderten Skeletteile in die Gegend. Die Höhe 344 wurde noch einmal zurückerobert, bis sie Ende September endgültig in die Hände der Franzosen überging.

In den Unterständen führten die Bataillonsführer in den Kampfpausen ihren Papierkrieg. In seinem Betonstollen »Elbe«, vier Kilometer nördlich des Toten Mannes, vertiefte sich Ernst Bach vom Infanterieregiment 83 beim Licht eines Kerzenstummels »in den Stoß von Verfügungen, Skizzen, Tabellen und Plänen«, die er bei der Übernahme des Abschnittes von seinem Vorgänger in die Hand gedrückt bekam. »Vieles ist gut, notwendig zur Klärung der Stellungsverhältnisse, viel, sehr viel aber auch stammt von den Heldengrößen des Papierkrieges, die dahinten am grünen Tisch zur Nachweisung ihrer Daseinsberechtigung eigenartige Ideen ausbrüten und so den ihnen völlig wesensfremden Frontsoldaten das armselige Leben noch schwerer machen.« Das war natürlich leicht übertrieben, die meisten Anordnungen wurden ohnedies mit Gelächter quittiert.

Da die Handbücher nicht ständig in einer geänderten Fassung neu gedruckt werden konnten, flatterten die Bestimmungen der OHL mit den neuen Anweisungen für den Stellungskrieg als lose Blätter auf den Tisch der verantwortlichen Offiziere, was bei der Ausdehnung der Front und Größe des Heeres zu einer »unfrischen Ausdehnung des Schreibwesens« führte, wie Gallwitz eingestand. Mit Ludendorffs Antritt als Generalquartiermeister war eine ganze Flut von neuen Anweisungen und Deckblättern über die Truppen heruntergegangen.

Im März 1917 waren die Bestimmungen über die Abwehrschlacht von der OHL weiter »ausgebaut« worden, in denen die Notwendigkeit schneller Gegenstöße »aus der Tiefe« betont wurde. Eine zweite Dienstvorschrift über die »Angriffsschlacht aus dem Stellungskrieg« sollte folgen – Ludendorffs Versuche, zum Bewegungskrieg zurückzukehren. Das System der zusammenhängenden Verteidigungsgräben wurde endlich aufgegeben, Verteidigungsraum war nun das gesamte Trichterfeld, in dem die Infanterie verstreute Verteidigungsinseln bildete, die von der feindlichen Artillerie nur schwer aufzufinden waren. Auch der Gegner suchte nach neuen Rezepten. Über das neue Angriffsverfahren der Franzosen informierte eine erbeutete Vorschrift, »in breiteren Fronten mit starker Tiefengliederung durchstoßen bis zu unserer Artillerie, dann bald durch Truppen zweiter Linie weitere Angriffe in Front und von der Flanke gegen die stehengebliebenen Abschnitte; neue Kräfte dritter Linie zur operativen Ausnutzung des Durchbruchs«. Ebenso wie die Kronprinzenarmee nach dem Debakel von 1916 hatte die Heeresgruppe »Kronprinz von Bayern« nach der Sommeschlacht eine Schrift herausgebracht, in der die Erfahrungen aus der Schlacht gezogen wurden. Bei der Lektüre stellte Gallwitz zu seiner Erbitterung fest, daß alles das, was er an Erfahrungen von Verdun mitgebracht und bis Ende August an der Somme praktiziert hatte, schlichtweg fehlte, statt dessen seine Führung obendrein noch stark kritisiert wurde – »ihm hätte der vollkommen unabhängige Überblick über die Lage und die Bedürfnisse der beiden Armeen gefehlt!« Kronprinz Rupprecht liebte es eben, sich in das beste Licht zu setzen.

2

Für die inzwischen aus dem Osten an die Westfront transportierten Regimenter wirkte die Umstellung wie ein Schock. Zugleich mit dem Infanterieregiment 83 waren die ebenfalls aus Kassel stammenden »167er« angekommen (obwohl sie der alten Bezeichnung nach das 1. oberelsässische Regiment waren), zu denen Kompanieführer Werner Stephan gehörte.

Kaum war die Division in Montmédy ausgeladen, als schon der Einsatzbefehl für einen Abschnitt der Verdunfront anlangte – »inmitten zerwühlter Krater dauernd leben zu sollen, das wurde uns, den an die Weite und Freiheit des Ostens gewöhnten Kriegern, schwer. Wir sehnten uns in den vernichteten Wäldern, von denen nur Baumreste in Besenstielform geblieben waren, nach Galizien.« Stephan machte der Fronteinsatz doppelt zu schaffen, weil ihn seine Beinverletzung aus Rußland stark behinderte, das Fußgelenk schwoll nach jeder größeren Anstrengung an. Trotzdem verließ er in den Wochen, in denen das Bataillon vorne lag, jede Nacht einmal seinen Keller in Malancourt, um in dem zerstörten Haucourt die Posten abzugehen, und kehrte im Morgengrauen übermüdet und lahmend in seine kümmerliche Unterkunft zurück. Zwei Lehrgänge, zu denen er abkommandiert wurde, stellten eine willkommene Abwechslung dar. Ein Lehrgang fand in einer Fliegerformation bei Dun statt. Für die Lehrgangsteilnehmer war es interessant, bei Flügen über der eigenen Stellung zu sehen, »was eigentlich vom Infanteristen, seiner Unterkunft und seinen Waffen aus der Luft bemerkt werden konnte«, um auf die Möglichkeit und Wichtigkeit der Tarnung aufmerksam gemacht zu werden. Geradezu sensationell erschien den Infanteristen in den zerschlissenen Uniformen das komfortable Dasein, das die Flieger zwischen ihren Einsätzen führten – »Abende und auch Nächte wurden mit Sekt und Glücksspielen mit großen Geldumsätzen verbracht«, viele Fliegeroffiziere hatten ihre französische Freundin, die Unterkünfte waren von ungewohnter Eleganz. Aufschlußreich waren auch Wochenendfahrten nach Charleville und Sedan, zu denen sich bei einem Kompanieführerkurs in Mouzon Gelegenheit fand. Da Stephan hier alte französische Freunde der Familie treffen konnte, ergaben sich Eindrücke von der Stimmung in den besetzten

Gebieten, von denen die meisten anderen Frontsoldaten keine Ahnung hatten.

»Kalte Wut« herrschte bei den Einwohnern über die Maßnahmen der deutschen Besatzungsbehörden, durch die zum Beispiel der Postverkehr mit den Angehörigen unterbunden war, wenn sie nicht in der gleichen Zone wohnten, Reisen waren untersagt, selbst Lyzealschüler wurden auf Güterbahnhöfen und Lagerplätzen zu »Zwangsarbeiten« herangezogen, kleinliche Verwaltungsschikanen erschwerten den Alltag. Die Nahrungsmittelpakete aus den USA wurden jedoch korrekt an die Franzosen und Belgier verteilt, für die sie bestimmt waren.

Was überraschte, war die Sicherheit, mit der der Sieg der Westmächte erwartet wurde. Sie beruhte auf den Kriegsanstrengungen der Amerikaner – für die deutschen Offiziere war das neu, denn sie beurteilten alles unter dem Gesichtspunkt der Entwicklung in Rußland, wo der Sieg der revolutionären Bolschewisten über Kerenskij und der damit verbundene Waffenstillstand ja alle bisher dort stationierten Divisionen für den Einsatz im Westen frei machen würden. Stephan beschloß, ebenfalls eine revolutionäre Maßnahme durchzuführen – er stellte seinen Kompanieangehörigen den Besuch am Feldgottesdienst frei, zur Verzweiflung seines Feldwebels, der eine Blamage fürchtete, falls die Kompanien nun »zu schwach anträten«.

3

Den Aussagen von Gefangenen konnte das AOK 5 entnehmen, daß es mit der Stimmung der französischen Truppe nicht zum besten stand. »Der Gefangene, Bauer, Klasse 01, bereits dreimal verwundet, ist mit seinem Los durchaus zufrieden: Clémenceau könne jetzt den durch seine Gefangennahme frei gewordenen Platz einnehmen, wenn er seine Kriegsbegeisterung betätigen wolle. Zahlreiche ältere Kameraden würden sich finden, die auch ihre Plätze an Lloyd George und Wilson abzutreten bereit wären, wenn auch die jüngeren Klassen durch systematische Beeinflussung immer noch Geschmack am Krieg fänden!« faßte der Nachrichtenoffizier der OHL in der Akte Nr. 15705 am 18. April 1918 unter der Rubrik

»Stimmung« die Aussagen eines französischen Soldaten zusammen, den ein Stoßtruppunternehmen am Tag zuvor vormittags 300 m östlich von Samogneux eingebracht hatte; der Poilu war den Deutschen in die Hände gefallen, als er beim Einsetzen des deutschen Abriegelungsfeuers (50 m hinter dem vordersten Graben) »befehlsgemäß« zurückgehen wollte. Er leistete keinen Widerstand. Seine Aussagen wurden in dem Vernehmungsprotokoll sorgfältig rubriziert unter Kriegsgliederung, Divisionsgeschichte und Kampfwert, Angriffsabsichten, Ablösungsmodus, Stellung, Anmarschweg, Stärken, Verluste, Geschütz, Signale (Sperrfeuerzeichen: weiß mit 6 Sternen; Feuer vorverlegen: rot; Gasalarm: grün), Bewaffnung, andere Truppen, Nachrichtenbeschaffung. Ein Verteiler sorgte für den Weg der gewonnenen Informationen von der OHL-Stelle im Armeehauptquartier von Gallwitz bis zu den Abschnittskommandostellen – fast 100 Kopien.

4

Im März 1918 hatte Ludendorff eine Umgliederung vorgenommen und die 5. Armee aus der Heeresgruppe Deutscher Kronprinz herausgenommen. Zusammen mit der Armeeabteilung C im St.-Mihiel-Dreieck bildete sie jetzt eine eigene Heeresgruppe, die »Heeresgruppe Gallwitz«. Begründet wurde diese Maßnahme mit der Neuaufteilung der Armeen im Hinblick auf die geplanten Offensiven. Gleichzeitig sollten damit die Verbindungen gelöst werden, die der Name des Kronprinzen mit dem unheilvollen Namen Verduns und damit einer Niederlage eingegangen war. Den ersten großen Schlag führte Ludendorff unter dem Decknamen »Michael« gegen die Engländer. Noch einmal wurde die Somme zum Brennpunkt. Da es an der eigenen Front ruhig blieb, unternahm Gallwitz eine Frontfahrt auf das alte Schlachtfeld bei St.-Quentin, wo es nun nach so langer Zeit zum ersten Mal wieder einen deutschen Sieg gegeben hatte.

Vom großen »Pariser Geschütz« hörten sie Wunderdinge, sein Rohr war 38 m lang, die Kartusche der Granate allein 4,5 m. Dieses Monstrum stellte so etwas wie einen Ersatz der »Dicken Berta« dar, die inzwischen aus dem Verkehr gezogen worden war, da es keine Festungen mehr zu beschießen galt und das unbewegliche Geschütz für den geplanten Bewegungskrieg untauglich war. Außerdem waren in der letzten Zeit zu viel Geschütze dieser Art durch Rohrkrepierer zerrissen worden, weil die Spezialgranaten offensichtlich nicht mehr mit genügender Präzision hergestellt wurden.

Mit solchen Kalibern konnte der Gegner nicht mithalten, doch täuschte das gewaltige Geschütz darüber hinweg, daß die deutschen Armeen ansonsten in der technischen Entwicklung hinter den alliierten Armeen zurückgeblieben waren. Zu einer Motorisierung der eigenen Truppen hatte es nicht gereicht, es fehlte an Kraftstoff. Die wenigen Lastkraftwagen, die man hatte, fuhren anstatt auf Gummi- auf Eisenreifen. Auch die schweren Geschütze wurden noch immer von Pferdegespannen gezogen, und da die Pferde als erste die gespannte Versorgungslage zu spüren bekamen, waren sie unterernährt und den Anforderungen in keiner Weise mehr wie die früheren Zugtiere gewachsen. Von den Franzosen wußte man, daß sie inzwischen sogar ihre Feldartillerieregimenter auf »Kraftzüge« umstellten. Die Entwicklung der Tankwaffe war jahrelang vernachlässigt worden, nun war es zu spät, um die Überlegenheit des Gegners auf diesem Gebiet aufzuholen; bei Cambrai hatte im November 1917 der »Tankschrecken« den ersten durchschlagenden Erfolg für die Alliierten gebracht. Handgranaten und Maschinengewehre waren trotz »K-Munition« gegen Panzer machtlos. Den unverbrauchten Amerikanern, Australiern, Kanadiern standen ausgepumpte deutsche Regimenter, oft nur noch 500 Mann stark, gegenüber, die sich mit allen möglichen Ersatzstoffen behelfen mußten, ohne ausreichende Ruhemöglichkeiten, voller Skepsis, ob die Opfer noch einen Sinn hätten. Aber totale Erschöpfung, Führungsfehler, Mißbrauch der Opferbereitschaft, politische Versäumnisse wurden von Ludendorff als »Nachlassen der Moral« verschleiert. Ein spezielles Tankgeschütz mußte erst konstruiert, die Tankabwehr gelernt werden.

Mit einer Stellungsarmee war auf Dauer kein Krieg gegen einen Gegner zu gewinnen, der mit zunehmender Motorisierung und Mechanisierung den Anforderungen eines Bewegungskrieges weit eher entsprach. Auch mit noch so intelligenten Instruktionen, hinter denen Ludendorffs militärische Fähigkeiten spürbar waren, und auch mit der neuen Infanterietaktik des Einsickerns von Stoßtruppen war der entscheidende Durchbruch nicht zu erzwingen.

Die ersten beiden Offensivstöße Ludendorffs brachten trotz alledem einen unerwarteten Erfolg, der die Alliierten fast in Panik versetzte. Zur Ablenkung des Gegners plante die Oberste Heeresleitung vor ihrer nächsten Großoffensive einige Täuschungsangriffe, unter anderem auch bei Verdun. Die alte Idee der »Zange von Verdun« tauchte wieder auf, der Angriff von der Westfront der Armeeabteilung C gegen die Maas und mit dem rechten Flügel der 5. Armee gegen den Hesseforst, also zwischen Argonnen und Höhe 304. Damit war Gallwitz allerdings nicht einverstanden, sondern versuchte Ludendorff davon zu überzeugen, statt der kleinen Aktion eine große Abschnürungsoperation Verduns durchzuführen und von der Champagne aus den Hauptstoß anzusetzen, was gleichzeitig die Einkesselung der Argonnen mit sich gebracht hätte. Ludendorff war nicht abgeneigt. Da machte der erste große Gegenschlag der Alliierten unter Foch, der im April 1918 Oberbefehlshaber der alliierten Streitkräfte geworden war, einen Strich durch alle weiteren Planungen. »Ein entscheidender Umschwung der Kriegslage trotz aller unserer schönfärbenden Berichte und der dicken Überschriften von der ›siegreichen Abwehr‹«, notierte Gallwitz. »Haben wir im Laufe des Jahres nicht mehr die Kraft zu 2 großen Angriffen, dann werden wir den Krieg nicht gewinnen.«

Am 8. August wurden sechs »durchweg erstklassige« Divisionen der 2. Armee bei Amiens überrannt, am 10. August konnten die Franzosen bereits 24 000 Gefangene für sich verbuchen. Tanks waren 10 km tief durchgebrochen, am Himmel keine deutschen Flieger zu sehen. »Ich war starr«, notierte Gallwitz später: »Ein Verhängnis schien über uns gekommen.«

Ludendorff erklärte den Krieg für verloren. Kurz zuvor hatte er den Staatssekretär Kühlmann, der als erster zu sagen wagte, daß der Krieg mit militärischen Mitteln nicht mehr zu gewinnen sei, aus dem Amt entfernen lassen. Die Hoffnungen, die das Zweigestirn Hindenburg/Ludendorff im deutschen Volk geweckt hatten, waren verflogen. Lange davor hatte der Frontsoldat schon gewitzelt: »Ist Hindenburg nicht wie die Sonne? Sie geht im Osten auf und im Westen unter!«

5

Bei der Suche nach einem geeigneten Frontabschnitt für seine im Entstehen begriffene Armee war Pershing der St.-Mihiel-Bogen ins Auge gefallen. Der Verlauf der gegnerischen Linien bot sich geradezu an für eine Zangenoperation. Hier stand nur die recht schwache Armeeabteilung C der Deutschen, denen freilich nicht verborgen blieb, wie gefährlich diese »vorspringende Ecke« war. Bei einer Gefangenenvernehmung im August 1917 erhielt Gallwitz einen direkten Hinweis auf die Absichten der Alliierten gerade an diesem Abschnitt. In einer Ansprache vor der 97. Division hatte der französische General Guillaumat davon gesprochen, jetzt, wo er eine »formidable Artillerie«, viermal so stark als vorher, besitze, stelle der jetzige Angriff (auf die beiden Höhen des Westufers) nur ein »Vorspiel dar, später würde ein Angriff auf St.-Mihiel mit dem Ziele Erzbecken Briey folgen!«

Für Pershing waren logistische Gründe ebenso maßgeblich wie operative, die Verkehrsverbindungen waren außerordentlich günstig, eine große Anzahl von Truppen konnte hier konzentriert werden. Außerdem waren an dieser Stelle die französischen Linien recht dünn, und die französischen Generäle sahen hier einen Frontabschnitt, in dem, wie Dos Passos schrieb, »die verrückten Amerikaner den geringsten Schaden anrichten konnten«. Jetzt aber hatten die Amerikaner ihre Feuerprobe bestanden und im Juli 1918 bei der letzten Marneschlacht die Spitze der Deutschen bei Chateau-Thierry gestoppt. Während die Franzosen zurückgingen, hatte die 1. Division sogar den ihr gegenüberstehenden »Krauts« eine Niederlage beigebracht. In demselben Monat hatte die Zahl der gelandeten Amerikaner die Million überschritten, Mangel bestand nur an schwerer Artillerie, weshalb die Franzosen mit Batterien aushelfen mußten, was Pershing ärgerte, weil sich so nicht die volle erwünschte Unabhängigkeit herstellte.

Von den Gastgebern hatte man inzwischen keine so hohe

Meinung mehr. Bei aller persönlicher Freundschaft mit Pétain hatte es mit der Unterstützung durch die französische Verwaltung gehapert. Ende November 1917 war sogar Mangel an Heu und Hafer eingetreten, was die Versorgung von 17 000 Pferden und Mauleseln bedrohte. »Oberst Dawes machte verzweifelte Anstrengungen, diese Fourage von den Franzosen zu bekommen, aber ohne merklichen Erfolg«, berichtete General Harbord. Seife, Kerzen, Dörrobst, Schuhwerk begannen auszugehen, statt wichtiger Nachschubgüter kamen Massen von Badewannen, Formularkästen, Rasenmähern und Spucknäpfe über den Atlantik. Zusätzlich zur Liste der erwünschten Gegenstände gab der Oberbefehlshaber eine Liste der unerwünschten heraus.

Truppen, die den Franzosen am Anfang »leihweise« zur Ausbildung überlassen worden waren, wie zum Beispiel die 93. Division mit vier farbigen Garderegimentern, wurden nicht mehr zurückgegeben und dienten bis Kriegsende unter der Trikolore. Die Unordentlichkeit und Nachlässigkeit, mit der die Franzosen ihren Eisenbahnverkehr abwickelten, brachte die Amerikaner zur Verzweiflung, da sie nicht genug Züge zum Transport ihrer Truppen bekamen. »Großbritannien hatte im Verlauf der letzten zwölf Monate 40 000 Waggons in Frankreich in Dienst gestellt, aber die Waggons standen zu Tausenden, beladen oder unbeladen, auf Nebengleisen wochenlang und von niemandem in Anspruch genommen herum.«

Sehr ärgerlich war, daß die Franzosen genaue amerikanische Verlustlisten herausgaben, die sie, wie General Harbord berichtete, auf telegrafischem Weg aus den Vereinigten Staaten erhielten, was auf die Soldaten in den betreffenden Abschnitten einen schlechten Eindruck machte und den Deutschen gute Informationen lieferte. Im eigenen Fall pflegten die französischen Armeebehörden nur die zuständigen Bürgermeister zu benachrichtigen, die wiederum den betroffenen Familien den Trauerfall mitteilten.

Auch die gemeinsamen Übungen mit den Franzosen waren inzwischen aufgegeben worden. Die Amerikaner hatten sich von ihren Lehrmeistern getrennt und neues Selbstbewußtsein gewonnen. Pershing war nicht mehr damit einverstanden, daß die Franzosen die Amerikaner in den Stellungskrieg einwiesen und ihnen die Kunst des Handgranatenwerfens beibrachten anstatt sie die

Gewehre gebrauchen zu lehren. Er plante eine offene Schlacht und bestand auf erstklassigen Ergebnissen auf dem Schießstand. Auch den Deutschenhaß ließ er schüren, wobei die Legende von den abgehackten Kinderhänden herhalten mußte, um eine Vorstellung von der Grausamkeit der Hunnen zu schaffen. Die Strohpuppen für die Bajonettübungen wurden Hans und Fritz genannt und die Übenden darin unterwiesen, »wie sie ihnen die Gedärme mit der richtigen Begeisterung aus dem Leib reißen mußten«.

Nachdem sich Pershing und Marschall Foch einmal in einer Auseinandersetzung angeschrien hatten, bekam der Amerikaner seinen Willen.

Nach dem Schock der ersten deutschen Frühjahrsoffensive blieb den Franzosen und Engländern auch gar nichts anderes mehr übrig. Anfang September 1917 wurde in einer feierlichen Zeremonie der gesamte Abschnitt vor St.-Mihiel den Amerikanern als Operationsbasis übergeben, allerdings mußte Pershing versprechen, nach der geglückten Durchführung der Offensive im St.-Mihiel-Bogen sofort seine Truppen umzugruppieren und einen Vorstoß westlich der Maas durchzuführen, um die Franzosen zwischen Maas und Aisne zu unterstützen; diese zweite Offensive war Teil eines großen Plans, der zu einer Einkreisung der Deutschen führen sollte, die zur gleichen Zeit durch einen Stoß auf Cambrai angegriffen werden sollten.

Der Oberbefehlshaber der französischen Armee, die bisher hier gelegen hatte, war zur Feier des Augenblicks mit seinem Stabschef in den roten Hosen vom August 1914, der Friedensuniform, erschienen, was den nüchternen Amerikanern »im Zeitalter der Fliegerbeobachtung und der Maschinengewehre recht deplaciert vorkam«. Pershing wurden die fertigen Angriffspläne, ein Aktenband von 150 Seiten, überreicht, er verschwand nach dem Festakt sofort in der Versenkung; die Entwürfe des amerikanischen Planungsstabs waren nur acht Seiten stark. Die Front bei St.-Mihiel belebte sich rasch. Fast drei Jahre lang hatten sich hier nach einem stillschweigenden Übereinkommen Deutsche und Franzosen gegenseitig in Ruhe gelassen. Dieser Brauch war nicht etwa einmalig. Überall an der langen Front zwischen Kanal und Vogesen gab es neben den Abschnitten, wo sich die Gegner gegenseitig massakrierten, »friedliche« Zonen der Ruhe. Harry Wiesebaum fand nach dem Abzug der 50. Infanteriedivision von Verdun gegenüber der neuen Stellung ein Schild, auf dem »Wir waren auch in Verdun! Nicht schießen!« stand, offensichtlich von einem Franzosen beschriftet.

6

Die Geheimwaffe, mit der die Deutschen auf die Offensive der Amerikaner im St.-Mihiel-Bogen antworteten, hieß »Loki«. Loki 1 bis 4 waren die geplanten Absetzbewegungen zur Michelstellung, mit deren Hilfe der Vorstoß Pershings ins Leere gehen sollte.

Am 12. September 1918, 5 Uhr morgens, begann der Angriff, 9 amerikanische Divisionen traten um zwei Uhr morgens auf beiden Seiten der Front an. Von Pont-à-Mousson an der Mosel bis zur Spitze des Dreiecks bei Camp des Romains und von dort in Richtung Verdun bis Haudiomont zuckten die Blitze der Artillerie. Die Ehre, die Combreshöhen und Les Esparges zurückzuerobern, fiel den drei unterstellten französischen Divisionen zu. Die deutsche Front wurde von drei Landwehrdivisionen, einer österreichischen Division und vier anderen Divisionen verteidigt. Einige waren zum Zeitpunkt des Angriffs unglücklicherweise noch bei den Vorbereitungen der Absetzbewegungen. Daran trug jedoch nicht Gallwitz Schuld, sondern die OHL mit Ludendorff, die bis dahin nicht ihre Genehmigung zum Rückzug gegeben hatte und die »Neulingsheere der Vereinigten Staaten« sträflich unterschätzte.

Auch jetzt glaubte sie nur an kleine Teilunternehmungen. Während sich die Sachsen der 192. Infanteriedivision, die den äußersten Zipfel des Dreiecks besetzt hatten, planmäßig zurückziehen konnten, wurde eine andere Division, zu denen 800 von Gallwitz schon lange mißtrauisch beäugte Elsässer gehörten, überrannt und »verschwand« regelrecht vom Gefechtsfeld. Die Zahl der gegnerischen Divisionen täuschte, eine amerikanische Division entsprach mit vollen 16 Bataillonen und doppelt so starker Artillerie zwei deutschen Divisionen, von denen die meisten nur noch die Hälfte der normalen Kriegsstärke besaßen. Auch von Bezonvaux herab griffen Franzosen und Kolonialtruppen an. Deutsche Flieger hatten phantastischerweise etwa 300 Tanks gezählt, die sich in der Gegend um den Douaumont versammelten. Als »recht peinlich« empfand Gallwitz, daß die amerikanischen Berichte am 14. September 1918 von 15 000 Gefangenen und 100 erbeuteten Geschützen sprachen. »Es wurde immer dünner bei uns.« In Deutschland wurde der Jahrgang 1900 einberufen, nach einer dreimonatigen Gesamtausbildung sollte er an die Front. »Es bestand die Gefahr, daß diese jungen Leute der Truppe wenig nützten, die Verluste mehrten und später fehlten.«

Aus dem großen Tankangriff der Amerikaner wurde allerdings nichts – sie blieben im zerwühlten und verschlammten Kampfgelände zwischen Vaux und Ornes stecken, bei Varennes wurden an einem Tag 20 Tanks abgeschossen. Von Hindenburg und Ludendorff kamen nach dem Rückzug Vorwürfe. Im Gegensatz zu Ludendorff und Hindenburg fürchtete Gallwitz, daß der »Kraftzuwachs« nach dem Ausscheiden Rußlands durch die ungeahnte (und auch von ihm selbst zuerst bezweifelte) Kraftentfaltung der Vereinigten Staaten ausgeglichen wurde. Auch hatte »geschickte Handhabung« die angeschlagene französische Armee wieder »hochgebracht«.

Wie immer wurde ein Sündenbock gesucht. Der Oberbefehlshaber der 5. Armee wurde ausgetauscht, auch einige Stabschefs wurden versetzt, Gallwitz behielt allerdings seinen Posten als Führer der Heeresgruppe, trotzdem blieb er verbittert, was das herrschende »Maßregelungssystem« betraf, dem ja auch sein Stabschef einmal zum Opfer gefallen war. Einfluß bei der OHL hatte er bei diesen Strafversetzungen nicht, von einem Rücktritt hielt er aber auch nichts.

7

Wiederum wurde die 5. Armee zum Drehpunkt der ganzen deutschen Heeresbewegung. Allerdings ging es diesmal nach rückwärts. An der Verdunfront gab General Pershing keine Ruhe. Es war, als hätten die Amerikaner die Befürchtung, nicht mehr genug Lorbeeren einzuheimsen, bevor der Krieg zu Ende war. Ununterbrochen berannten elf amerikanische Divisionen die schwachen Stellungen zwischen Maas und Argonnen, die teilweise nur von

Landwehrregimentern gehalten wurden. Französisch-amerikanische Vorstöße entlang des Ostufers schlossen sich an. Wiederum erschienen Tanks bei Montfaucon und Flabas – und blieben im zähen Lehmbrei des Herbstregens erst recht stecken. Kurz vor seinem Tod Anfang Oktober schrieb ein Student nach Hause: »Als Schreckgespenst hat es mir in den letzten Tagen vorgeschwebt: Verdun – wir sind doch wieder hier, und nun wird's wohl nichts helfen: mein Verderben wird dieses Verdun doch noch werden. 22-Kilometer-Marsch: es war schwer heut nacht, und man wundert sich, daß die Leute noch durchhalten. Aber es ist ein Jammer, sie stöhnen zu hören, weil sie fast nicht mehr können. Man muß alle Seelenkräfte zusammennehmen, um bestehen zu können. Ich kann's nicht glauben, daß wir unterliegen sollen, ich kann's nicht!«

Noch immer forderten die Generäle zum Sterben auf, so der Kommandierende General der Gruppe Argonnen, von Kleist: »Der Einbruch der Amerikaner auf dem linken Flügel der Gruppe darf und wird unseren Siegeswillen nicht brechen.« Und General von Einem verbot der 1. und 5. Gardedivision den taktisch notwendigen Rückzug mit der Aufforderung, sich in der vordersten Linie »totschlagen« zu lassen, die Kommandeure aller Grade hätten ihren ganzen persönlichen Einfluß aufzubieten, um dem Befehl Nachdruck zu geben. Und er erinnerte die Regimenter an ihre »historische Ehre«.

Manche Angriffe der Amerikaner waren indessen so planlos, daß sie bei den routinierten Verteidigern den Eindruck von Leuten machten, die sich in der Gegend verirrt hätten. General Harbord war vom Widerstand der Deutschen bei Montfaucon so beeindruckt, daß er gerade den »alten Knaben« von der Landwehr Komplimente machte. Tagelang wurde um Ortschaften wie Cierges, Sivry, Cunel gekämpft, um die ehemaligen Waldgebiete des Wavrille, um den Caureswald. Eingreifbataillone auf Lastwagen fuhren von einer Brandstelle zur anderen. Inzwischen bereitete sich die Etappe zur Flucht vor. Endlos lange Troßschlangen wälzten sich in Richtung Rhein; auf Lastkraftwagen, die vorne so dringend gebraucht worden wären, ließen Etappenoffiziere Möbel und Gegenstände, die sie im Laufe der Jahre zusammengetragen hatten, abtransportieren. Proteste von Frontoffizieren blieben ergebnislos. Die Verluste durch Gefangennahmen und Überläufer häuften sich.

Bisher bewährte Truppenteile weigerten sich, in Stellung zu gehen, die Zahl nicht mehr einsatzfähiger Divisionen – in Wahrheit nur noch Regimentsstärke – nahm beängstigend zu. Die Wendung »Eine Minute vor 12 soll ich mich noch totschießen lassen?« wurde sprichwörtlich. Sollten die Toten die Toten begraben!

Die Situation vor Verdun spiegelte nur die Lage an der ganzen Front. Noch immer waren die Armeen zu kleinen Unternehmungen fähig, nicht jedoch mehr zu einer großen Offensivhandlung oder zu einer langen Abwehrschlacht. Bei der »Ludendorff-Offensive« war die letzte Kraft verbraucht worden. Viele Offiziere fragten sich, was mehr demoralisiert hatte: die haushohe Überlegenheit des Gegners an Tanks und Artillerie oder der Anblick der unermeßlichen Depots voller Nahrungsmittel und Ausrüstungsgegenstände, die beim letzten Vorrücken in die Hände der Sturmtruppen gefallen waren. Ludendorff, Gallwitz, Groener, der bayerische Kronprinz Rupprecht – sie alle fürchteten den Zusammenbruch des deutschen Heeres, den Dammbruch, falls nicht Waffenstillstand geschlossen würde.

Schließlich brach am 1. November bei Verdun die Front, binnen kurzem waren ausgerechnet die »dreckigen Amerikaner«, wie der Kronprinz Wilhelm hochmütig zu sagen pflegte, auf beiden Ufern über 8 km tief eingebrochen. Gallwitz hatte keine Reserven mehr, um das Loch zu stopfen. Glücklicherweise versäumte es der Gegner, die deutschen Linien von den Flügeln her aufzurollen. Die planmäßigen Absetzbewegungen glückten, am 4. November ging der rechte Flügel der ehemaligen Kronprinzenarmee über die Maas. Am 6. November, 5 Tage vor dem Waffenstillstand, wurde aus der Gruppe Argonnen die Gruppe Kleist, aus der Gruppe Maas-West die Gruppe Oven. Am 3. November war bereits die Gruppe Maas-Ost zur Gruppe Louppy umbenannt worden. Zwischen den alliierten Waffengefährten gab es nun doch noch einmal Ärger, als die Amerikaner vor den Franzosen Sedan erreichten, obwohl General Maistre von der 4. Armee Pershing inständig ersucht hatte, den Franzosen den Vortritt zu lassen – als Revanche für 1870. Die Schlacht, die ewig schien, war zu Ende. Im Novembernebel lag alles: die Gewißheit des Friedens und die Unsicherheit, wie man ihn bewältigen sollte.

Sechster Exkurs:
Der unbekannte Soldat

1

Zu den Legenden, die sich um Verdun lagerten, gehörte auch die Zahl der Opfer. So gewiß es noch niemals soviel Tote auf so kleinem, begrenztem Raum gegeben hatte, so gewiß war auch, daß mit den Verlustzahlen ziemlich sorglos umgegangen wurde in dem Bemühen, die Furchtbarkeit der Schlacht auch statistisch zum Ausdruck zu bringen. Von 700 000 Mann, die der »Moloch« von Verdun verschlungen hatte, war die Rede – »fast eine dreiviertel Million Mann«: 362 000 Tote und Verwundete auf französischer, 336 831 auf deutscher Seite – die Zahl der Toten ließ sich errechnen, wenn man den üblichen Quotienten von 1:3 für das Verhältnis von Toten und Verwundeten nahm, also rund 100 000 Mann für jede der beiden Nationen. Noch Alistair Horne gibt ähnliche Größenordnungen an – 377 231 französische, 337 000 deutsche Verluste, eine viertel Million Tote insgesamt, und stützte sich dabei auf Angaben in Churchills Weltgeschichte. Einer schien den anderen bald übertreffen zu wollen: Kurt Tucholsky sprach von 400 000 Toten allein auf französischer Seite, Ernst Glaeser von 300 000 nicht identifizierten Opfern, andere Schlachtfeldbesucher von 250 000 Gebeinen gefallener Franzosen allein im Beinhaus. Bis heute schockieren Journalisten nach dem Gelegenheitsbesuch in Verdun ihre Leser mit 600 000 gefallenen Franzosen und Deutschen, eine Zahl, die nur durch die Behauptung eines französischen Offiziers aus dem Zweiten Weltkrieg überboten wurde – »Der Sieg bei Verdun – um welchen Preis: 1 500 000 Tote!« Noch der stellvertretende Präsident des Volksbundes Deutsche Kriegsgräberfürsorge erinnerte im Mai 1979 bei der Enthüllung einer Gedenktafel auf dem Douaumont daran, daß 1916 in den Kämpfen um Verdun »mehrere hunderttausend deutsche und französische Soldaten« das Leben lassen mußten.

Aber schon der Begriff »Verluste« ist vage: auch Kranke mit Erkältungen und die sogenannten Vermißten gehörten dazu, unter die ja auch die Gefangenen gerechnet wurden, also oft die Geretteten! Einigermaßen verläßliche Auskünfte über die deutschen Verluste sind dem »Sanitätsbericht über das deutsche Heer« zu entnehmen, der auf den alle 10 Tage aufgestellten Truppenkrankenrapporten beruht, in denen die »Krankenbewegung« registriert wurde. An Hand dieser Sanitätsberichte lassen sich keineswegs jene »Berge von Leichen« herstellen, die in den Berichten über Verdun aufzutauchen pflegen. In der Phase der Angriffsschlacht vom 21. Februar bis 10. September – leider beschränkt sich die Statistik auf diesen Zeitraum – hatte die 5. Armee einen Gesamtausfall von 708 524 Köpfen – bei einer Durchschnittsstärke von 572 855 Mann. Das Rätsel löst sich, wenn man berücksichtigt, daß bei der Truppe, im Bereich der 5. Armee also, bereits wieder 275 770 Mann dienstfähig wurden und aus den Feldlazaretten rund 75 000 Mann zurückkehrten, woraus sich die bekannte Verlustzahl von 350 000 Mann berechnet – immer noch $^{3}/_{5}$ der ganzen 5. Armee! Diese 350 000 Mann liegen jedoch nicht auf dem Schlachtfeld, wie der ahnungslose Tourist glaubt. Vielmehr beträgt die Zahl der deutschen Toten und Vermißten 81 668 Mann (Februar bis Dezember 1916), von denen also noch einmal die lebend in Gefangenschaft geratenen Soldaten abgezogen werden müssen, die unter den Vermißten geführt wurden, die übliche Lüge der amtlichen Statistiker, die nicht zugeben wollen, wie viele Soldaten das Überleben dem Heldentod vorzogen. Zu den »Verlusten« gehörten jedoch auch die zahllosen Verstörten, Geschädigten, die in keiner Tabelle zu finden sind. Das Mißtrauen gegenüber der reinen Zahl fand im Sinnbild vom »Unbekannten Soldaten« seinen Ausdruck.

2

In einem umgebauten Eisenbahnwagen dritter Klasse fahren kurz nach der Beendigung des ersten Weltkriegs zwölf französische Soldaten und ein Sergeant, einen leeren Holzsarg neben sich, nach Verdun, einen »nicht gerade besonders angenehmen« Aufenthalt vor sich. Zum Ausgleich haben sie eine Extraration Wein erhalten; ihren Vorgesetzten, einen »sturen Sonderling«, der den ganzen Krieg in der Etappe zugebracht hat, bekommen sie während der ganzen Fahrt nicht zu Gesicht, er hat sich »gleich nach der Abfahrt mit einem pornographischen Magazin« in einem anderen Abteil eingeschlossen. So schildert William Faulkner in seinem Roman *A Fable* (Eine Legende) einen Vorgang, der im allgemeinen nur mit den Worten höchster Ehrerbietung umschrieben wurde: den Transport des unbekannten Soldaten von der Front zum Pariser Triumphbogen.

Die Idee, dem Leichnam eines anonymen Poilu einen Platz unter dem Arc de Triomphe einzuräumen, ging auf eine Anregung des Schriftstellers Henry de Jouvenal zurück, der am 4. November 1920 in die Diskussion über ein Denkmal für die französischen Kriegstoten eingriff und in einem Zeitungsartikel forderte, den toten Soldaten nicht etwa in der »Einsamkeit des Pantheon einzuschließen«, sondern ihn an das Ende der Triumphstraße zu bringen, »in die Mitte dieser vier Bögen, die dem Himmel offenstehen«. Von dort sollte der Unbekannte »den Invalidendom beherrschen, den Louvre der Könige«, denn es sei der »anonyme einfache Soldat, der dem Triumphbogen seinen ganzen Sinn gibt, er ist es, der den Lorbeer Napoleons bei Waterloo wieder aufgehoben hat«.

Der Ort, wo der neue Lorbeer der Materialschlacht aufgehoben worden war, ist bei Faulkner anschaulich beschrieben: die geschlagene und verwüstete Landschaft Verduns, »ein Kadaver die Erde, von der einiges, da sie von Pulver, Blut und menschlicher Qual getränkt und durchsäuert war, nie wiederaufleben würde, als sei sie nicht nur vom Menschen verlassen, sondern von Gott selbst für immer verworfen«.

Mit einem Fußtritt befördert jener Sergeant seine Leute vom Lastwagen, mit dem sie zum Fort »Valaumont« heraufgefahren sind, und treibt sie zur korrekten Erfüllung ihres Auftrags an, da sie sich am liebsten irgendeinen der noch unbestattet herumliegenden Toten nehmen würden, um der fürchterlichen Gegend schnellstens den Rücken zu kehren; doch der Sergeant ist stur wie ein Büroangestellter: »Der Befehl lautet: Fahren Sie zu den Katakomben des Forts und holen Sie dort die unbeschädigte Leiche eines unidentifizierten und weder nach Namen, Regiment und Dienstgrad identifizierbaren französischen Soldaten! Und genauso werden wir es machen. Also los, vorwärts!«

Aber »genauso«, wie es Faulkner hier schildert, hat es sich eben nicht abgespielt. Am 10. November 1920 waren, auf Anordnung der französischen Regierung, acht anonyme Tote, die man in den meistumkämpften Frontabschnitten Verduns exhumiert hatte, in der Zitadelle der »heiligen Stadt« aufgebahrt worden. Einer von ihnen sollte der Unbekannte unter dem Triumphbogen werden. Im Beisein des Ministers Maginot traf ein Kriegsfreiwilliger namens Auguste Thin seine Wahl, indem er einen Blumenstrauß, den man auf dem Schlachtfeld pflücken ließ, auf einen der Särge legte – zufällig war es der sechste Sarg mit dem Toten vom Douaumont, Thin hatte in seiner Verlegenheit einfach die Quersumme aus der Nummer seines Regiments gezogen.

Im Morgengrauen des 11. November, am Tag des Waffenstillstands, wurde dann der Sarg nach Paris gebracht und unter dem Triumphbogen in einer erleuchteten Kapelle aufgestellt, die auf der Spitze einer gigantischen Treppe stand und bis unter den Scheitelpunkt des Monuments reichte. Wenige Wochen später senkte man den Sarg in den Boden. Die »ewige Flamme«, in der kanonenschlundförmigen Öffnung in der Mitte des Rundschilds auf der Grabplatte installiert, kam erst Jahre später hinzu, um – wie es offiziell hieß – »über den Unbekannten von Verdun zu wachen, der in seiner Anonymität und Einsamkeit größer ist als alle Marschälle und Generäle, deren Namen in den Triumphbogen eingemeißelt sind«.

So gespenstisch und makaber Romanerzählung und Wirklichkeit gleichermaßen sind – mit dem Grab des Unbekannten Soldaten in Paris, gleichsam dem Pendant zum Sarkophag Napoleons mit umgekehrtem Vorzeichen, hatten die Franzosen ein Symbol gefunden, das bald in ganz Europa und in den USA Nachahmung fand und zum Sinnbild des anonymen Massensterbens in den modernen Vernichtungsschlachten wurde. Waren doch in allen Ländern, bei Siegern wie Besiegten, der nationalistischen Begeisterung totale Ernüchterung und Depression gefolgt. »Einen Feldherrn erwarteten alle Kriegführenden als Helden des Krieges«, schrieb Emil Ludwig in seiner Hindenburg-Biographie, »niemand in der Welt ahnte zu Anfang, daß man am Ende dem Unbekannten Soldaten das Denkmal errichten würde.«

Anonym blieb allerdings auch das Schicksal der Überlebenden, mochten sie auch auf alliierter Seite bei der großen Siegesparade 1919 zusammen mit ihren Befehlshabern durch den Pariser

Triumphbogen hindurchgezogen sein. »Sie sahen armselig aus wie Gefangene«, schrieb Henri Barbusse, »sie passierten den Triumphbogen wie zufällig Vorbeigehende, schnell verwischt und namenlos, nur Schatten ihrer selbst, während Generäle mit prunkendem Titel ihnen ihren schlichten Ruhm wegstahlen.«

Dem Unmut der Überlebenden gegenüber dem offiziellen Pathos hat ebenfalls Faulkner in seinem Roman Ausdruck gegeben; er beschreibt, wie es zu einer Protestaktion am Arc de Triomphe kommt, als sich ein Unbekannter, ein Invalide, demonstrativ die militärischen Tapferkeitsauszeichnungen von der Brust reißt. Faulkners Skandalszene enthält eine tiefere Ironie. Im Grab am Triumphbogen liegt – so will es Faulkner – keineswegs jener anonyme Kriegstote, den die Poilus damals aus dem Fort holten, sondern auf Grund einer Verwechslung die sterbliche Hülle eines ehemaligen Korporals, der wegen Anstiftung zur Meuterei aus der Armee ausgestoßen und hingerichtet worden war.

Trotz aller Parallelen mit wirklichen Geschehnissen und Ähnlichkeiten mit historischen Lokalitäten (zum Beispiel mit der Meuterei französischer Einheiten 1917 oder mit dem legendären Fort Douaumont) ist Faulkners Roman kein realistisches Kriegsbuch, sondern eine Passionsgeschichte. Faulkners Held, ein Korporal, ist eine Christusfigur. Er geht außerhalb des schützenden Grabens, ohne von den feindlichen Kugeln getroffen zu werden; mit zwölf Kameraden, seinen Jüngern, wiegelt er sein Regiment zur Rebellion auf, wird verraten und hingerichtet; unter den Schüssen des Peletons stürzt er rücklings in einen alten Stacheldrahtverhau, wobei sich ein Stück Stacheldraht wie eine Dornenkrone um seinen Kopf wickelt. Seine Leiche wird auf einem Bauerngut bei St.-Mihiel begraben, verschwindet jedoch nach drei Tagen auf rätselhafte Weise, als bei einem Artillerieüberfall eine Granate in das Grab schlägt – eine Analogie zum leeren Grab Christi.

Faulkners Roman erschien 1954, aber bereits lange davor war die Figur des Unbekannten Soldaten ein literarisches Motiv, und in fast allen Romanen über den Ersten Weltkrieg sind die Erlebnisse des einfachen Frontsoldaten mit einer christlichen Metaphorik versehen worden, um die alle Vorstellungen übersteigenden Leiden darzustellen. *Le Tombeau sous l'Arc de Triomphe* hieß eine Tragödie von Paul Raynal, die nach 1926 auch in Deutschland vielerorts aufgeführt wurde. Raynals Held wächst in die Rolle eines Heiligen, welcher Leiden und Tod der ganzen Kriegsgeneration repräsentiert. In seiner Person verbinden sich patriotische und pazifistische Motive; er schläft nach seinem Tod »für die Ewigkeit und für Frankreich«, er ist »ein armes Vieh, das zur Schlachtbank« geführt wird, und zugleich »heiliges Martyrium«, in dem der Mensch die Weihe des Menschheitsopfers erlangt. Am Schluß steht der Appell an die Lebenden, die Toten nicht zu vergessen, das riesige Gräberfeld aller Gefallenen stets vor Augen zu haben.

Diese Botschaft des Unbekannten Soldaten ähnelt dem Evangelium vom neuen Menschen, das auf deutscher Seite nach dem Krieg von den Expressionisten verkündet wurde. In Fritz von Unruhs Festspiel *Heinrich aus Andernach* – es wurde 1925 im Auftrag des damaligen Kölner Oberbürgermeisters Konrad Adenauer verfaßt – erhält die Figur des Unbekannten Soldaten eine Schlüsselrolle. Im »gasfahlen Rock«, von »Dämpfen der Hölle« umgeben – eine Anspielung auf die vielzitierte Hölle der Materialschlacht –, bietet er den Lebenden einen »entsetzlichen Anblick«; sein »Gesicht ist Gericht«.

In Unruhs Stück, das während der französischen Besatzungszeit im Rheinland spielt, wandelt sich der Winzer Heinrich vom unversöhnlichen, auf Rache sinnenden Franzosenfeind zum Fürsprecher der Völkerversöhnung. Entscheidend ist dabei die Begegnung mit dem Unbekannten Soldaten, vor dessen Leichnam sich auch die bis dahin zerstrittenen Deutschen (der Nationalkonservative, der Demokrat, der Monarchist, der Sozialist und der Parteilose) in Einigkeit zusammenfinden.

Unruh hat seinem Friedenstraum, der auf der Solidarität aller Weltkriegskämpfer gründete, die einen »geheimen Verduneid« geschworen haben, später noch einmal, nach dem Zweiten Weltkrieg, in seinem autobiographischen Buch *Friede in USA?* visionäre Gestalt gegeben. Doch aus dem unbekannten ist nun ein »heimatloser« Soldat geworden, dessen Leidensgeschichte und Friedenswille für egoistische Parteizwecke ausgebeutet werden.

Gerade die Erinnerung an den Weltkrieg brachte die Nationen und Parteien nicht in Übereinstimmung. Das Fronterlebnis, das nach den Vorstellungen der Dichter erst die Rolle des Friedensstiftens legitimierte, hatten nicht nur Fritz von Unruh und Henri

Barbusse gezeichnet, es war nicht nur unter pazifistischen Vorzeichen zu verarbeiten. Die Figur des Unbekannten Soldaten konnte für vieles einstehen, für die Vision von marschierenden Massen unter wehenden roten Fahnen (wie bei Johannes R. Becher in *Der Bankier reitet über das Schlachtfeld*) und auch für den sich vorbereitenden Auftritt des Nationalsozialismus.

Mit einem Denkmal mochten sich viele nicht anfreunden, auch wenn sie die Gestalt des Unbekannten Soldaten, lebendig oder tot, als Symbol des Weltkriegsgeschehens bejahten: die Anonymität des Ganzen erschüttere bis ins Tiefste, so tief, daß der höchste Wille zur Ehrung »keine Form mehr findet, nicht Grab, nicht Stein, nicht Denkmal« (Friedrich Georg Jünger). Als ideelle Gestalt jedoch entwickelte sich der Unbekannte Soldat zu einem politisch brisanten Mythos.

3

Von der Heils- und Reichserwartung des »Dritten Reichs« handelt Richard Euringers Bühnenstück *Deutsche Passion 1933*. Wie Mephisto und die Engel um das Unsterbliche Fausts, ringen bei Euringer ein »böser Geist« und ein »guter Geist« miteinander um die Zukunft des deutschen Volks. Das »Duell« schließt mit der Auferstehung des »namenlosen Soldaten« und der Austreibung des »bösen« (sprich: jüdischen) Geistes aus Deutschland, was alles erst durch den namenlosen Soldaten zustande kommt. Leidensweg und Himmelfahrt sind der Passion Christi nachgeahmt, nur sind die Leiden, die er stellvertretend auf sich nimmt, die des deutschen Volkes, und die Himmelfahrt endet im »Dritten Reich«. Das Werk der Passion wird auch nicht von einer außerirdischen Instanz in Gang gesetzt; der Gefallene meldet sich vielmehr selbst zu Wort, um seine Erlöseransprüche anzumelden.

Wie der *Völkische Beobachter* meinte, stellte Euringer »den Aufbruch der Gefallenen und den Sieg der Toten über das Scheinleben der Nachkriegszeit dar«. Allein die Front, das Gedächtnis der »reinen Toten« haben Reichs- und Volksgedanken bewahrt, wie der »Chor der Toten« den Lebenden vorhält.

Die »Rückkehr der Toten« wurde in einer ganzen Reihe von

Theaterstücken beschworen, so in Eberhard Wolfgang Möllers Szenarium *Douaumont oder die Heimkehr des Soldaten Odysseus* oder in Ettighofers Hörspiel *Traum am Douaumont*, wo die »wiederauferstandenen« Gefallenen zuletzt zufrieden und beruhigt wieder in ihr Grab zurücksteigen, da sie im Deutschland des Nationalsozialismus alles »in bester Ordnung« finden.

Das war indirekt eine Antwort auf Hans Chlumbergs Ende der zwanziger Jahre aufgeführtes bitteres Theaterstück *Wunder von Verdun*, in dem die auferstandenen Soldaten ins Massengrab zurückgejagt werden. Denn die Lebenden, die sie betrauert und beklagt haben, wissen nichts mit ihnen anzufangen: den Politikern sind die Fragen der Soldaten nach dem Warum unbequem, den Militärs die verdreckten Gestalten zu unordentlich, die Kirche kann kein zweites Wunder der Auferstehung anerkennen, der Stammtischbürger sieht sich in seinen wohligen Kriegserinnerungen gestört, und die Witwen haben sich bereits mit dem Verlust abgefunden – Kriegstote sind nur als Tote nützlich, für vaterländische Feiern, für Heldengedenktage oder (dies als Satire Chlumbergs auf den florierenden Schlachtfeldtourismus) zur Hebung des Fremdenverkehrs.

Ähnlich Bertolt Brecht in einem satirischen Gedicht: der Steinbogen dient in Wahrheit dazu, zu verhindern, daß der Unbekannte (den »wir unkenntlich gemacht, daß er keines Menschen Sohn sei«) »aufstünde am Jüngsten Tag«, also Anklage erhebt; es ist kein Triumphbogen, sondern »Triumphgeheul«, Verhöhnung.

Die Mythisierung der Frontgeneration hatte einen realen Hintergrund. Für die Weimarer Republik hatte sich die soziale Rückgliederung der Kriegsteilnehmer als schwieriges Problem herausgestellt; teils war die wirtschaftliche Situation, teils die politische Instabilität daran schuld, teils empfanden sich die Heimkehrer selbst als Fremdkörper, waren ziviler Alltag und Extremsituation an der Front nicht zu versöhnen. Ernst von Salomon hat in den *Geächteten* den Einzug eines 1918 aus Frankreich heimkehrenden Regiments beschrieben, derjenigen, für die die Front »die Heimat gewesen war und die der Krieg niemals verlassen würde«. In seinen Memoiren hat der ehemalige Reichskanzler Heinrich Brüning dieses literarische Bild vom namenlosen, grauen Heer, das immer weitermarschieren muß, weil »der Krieg keine Antwort gab«, diesen Geisterzug, der aus einer anderen Welt zu kommen schien, authentisch bezeugt. Der Waffenstillstand von 1918 war die Geburtsstunde des Mythos vom deutschen Soldaten, der sich seinen Sieg eines Tages doch noch erkämpfen würde, vom unbesiegten, weil ewig weiterkämpfenden Deutschen.

Aber während bei den meisten nationalen Dramatikern der Mann in Feldgrau nur Repräsentant der vielen anderen Feldgrauen war, personifizierte Richard Euringer die Rettergestalt des gefallenen namenlosen Soldaten eindeutig, indem er postulierte: »Ein Mann tut Deutschland not. Führt mich, Verführte, ich bin rein, mitten in den Sumpf hinein.« Dieser angebliche »Sumpf« war die Gesellschaft der Weimarer Republik, die von den Nationalsozialisten diffamiert wurde. Mitten in das Treiben in einer Tanzbar im Westen Berlins, wo »Schieber, Neger und Prostituierte« ihr mühelos verdientes Geld verprassen, platzt in dem Theaterstück »*Düsseldorfer Passion*« von Paul Beyer – ebenfalls als Darstellung der Leidensgeschichte Deutschlands plakatiert – die Gestalt eines unbekannten Soldaten, um Anklage zu erheben, »zerlumpt, bleich, knochig-mager, mit schmalem Kopf und fanatischen Zügen, beinahe wie eine fossile, mythische Figur, erscheint er – ein steinerner Gast«.

Beyers Unbekannter wird aus der Bar geworfen; seine Mission ist aber nur vorübergehend gescheitert. Denn dieser namenlose deutsche Soldat hatte inzwischen längst einen Namen, auch wenn er sich selbst immer noch gern als »unbekannten Soldaten« bezeichnete – den Adolf Hitlers. Dem »unbekannten Gefreiten« die »blutmäßige und kameradschaftliche« Verbundenheit mit den Gefallenen des Ersten Weltkriegs zu bescheinigen, wurde bald zur regelmäßigen rhetorischen Pflichtübung des Führerkults und erklärte auch Hitlers Anziehungskraft auf die Frontsoldatengeneration.

Als Hanns Johst, der zu dieser Verklärung Hitlers beitrug, in Paris das Grabmal des Unbekannten Soldaten besuchte, sah er die Wirkung dieser Mahnstätte bei weitem übertroffen durch die Art, wie man in Deutschland den »unbekannten Soldaten des Ersten Weltkriegs« ehre: indem ihn die Deutschen zum »Führer des Volkes« gemacht hätten. Der Germanist Hans Naumann widmete eine Aufsatzsammlung »dem Führer, in dessen Person sich die fremde tote Gewalt vom ›unbekannten Soldaten‹ gewandelt hat zum lebendigen Erwecker der Nation«. Und Friedrich Bethge beschwor auf einer Theatertagung der HJ 1937 jenen Tag des 13. August 1932 als »ersten Akt des großen, noch ungeschriebenen, aber gelebten Dramas unserer Zeit«, an dem »der bekannteste und der unbekannteste Soldat des Weltkriegs zum ersten Mal einander gegenüberstanden« – Hindenburg und Hitler.

»Als vertraut und fremd zugleich, als ein Namenloser« war übrigens Hitler bereits 1919 von Dietrich Eckart charakterisiert worden, als es den Nationalsozialismus als Parteiideologie noch gar nicht gab. Hans-Jochen Gamm hat in seinem Buch *Der braune Kult* diesen Vorgang als Versuch Hitlers erklärt, sich aller rationalen Kriterien und normalen Maßstäbe zu entziehen: »Nicht aus Bescheidenheit und Demut wuchs der Anspruch Hitlers, der unbekannte Soldat seines Volkes zu sein, vielmehr löste er sich damit aus der Anfechtbarkeit und ging über in den Bezirk mythischer Größe und transmoralischer Erhabenheit«, in dieser Rolle »unternahm es Hitler, tot und lebendig in einer Person zu sein«.

Doch manche waren irritiert: »Merkwürdig, man hat das immer für etwas Mythisches und Anonymes gehalten; jetzt kommt einer daher und sagt: Das bin ich!« (Carl Schmitt zu Ernst Jünger.)

In allen Ländern war nach 1918 jener »zerrissene, zermörserte, atomisierte Niemand« (Carl Zuckmayer) das, was man »sterbliche Überreste« nannte, zum Sinnbild der Epoche geworden. Nur in Deutschland schlug das Symbol in die politische Realität um, als die nationalsozialistische Propaganda in dem Gefreiten Hitler die Auferstehung des von der Heimat angeblich verratenen Weltkriegsmärtyrers feierte. Es war ein pessimistischer Kommentar, den Heinrich Mann 1932 abgab, als er zu dem französischen Kriegsbuch von Albert Jamet *Der unbekannte Soldat spricht* schrieb, daß die ganze Generation der Kriegskämpfer mißverstanden worden sei, daß »der ihr bekannte Sinn des Krieges« – der Friede – verfälscht wurde für »unwissende Nachgeborene«.

Für Theodor Wolff wiederum war der wahrhaft unbekannte Soldat nur in einer Nation möglich, deren politische Prinzipien Gleichheit und Demokratie hießen. »Warum konnten die Nationalsozialisten keinen Unbekannten beisetzen? Sie hätten dann befürchten müssen, womöglich einen Juden oder einen Sozialdemokraten zu verehren.«

4

Das Symbol des unbekannten Soldaten überdauerte den Zweiten Weltkrieg, aber es behielt nur noch teilweise Gültigkeit. Zum ersten Mal war in diesem Krieg die Zivilbevölkerung total in die Kampfhandlung einbezogen worden; durch Hitler kam die Schuld an der systematischen Vernichtung der jüdischen Bevölkerung Europas hinzu. Die neuen Denkmäler galten allen Opfern des Krieges, ob sie nun mit oder ohne Uniform gestorben waren. Das Soldatenlos verlor seine Einmaligkeit. In den Ländern, in denen das Grab des Unbekannten Soldaten zur Gedenkstätte des soldatischen Martyriums gemacht worden war, erstarrte das Ritual zum Pflichttermin bei Staatsbesuchen. So konnte Faulkners Roman, in dem »die Welt des Krieges als Symbol für das ewige Leiden der Menschheit« beschworen wurde, nicht mehr mit dem Verständnis einer späteren Generation rechnen, für die der Waffenträger nicht mehr ein Sinnbild vom stellvertretenden Leiden war. Die Geschichte vom Unbekannten Soldaten, die auf dem Schlachtfeld von Verdun begann, war nunmehr wirklich nur noch eine Legende.

Epilog

Zuerst kamen die Kriegsgefangenen, um das ehemalige Schlachtfeld aufzuräumen und die Kadaver, die verstreuten Überreste der Gefallenen, einzusammeln. Bald folgten ihnen die Metallsucher, denen die Behörden für die Bergung von Granaten, Zündern und Kupferteilen Prämien versprochen hatten. Sie waren die einzigen, die sich in die »Rote Zone« hineinwagten, in der jeder Schritt mit Lebensgefahr verbunden war. Überall lauerte der Tod. Die Stille auf der größten Müllhalde des Weltkriegs wurde nur durch einzelne Explosionen unterbrochen, wenn Blindgänger hochgingen.

Die Aufräumungsarbeiten dauerten ein Jahrzehnt. Über 20 Millionen Granaten waren auf das Schlachtfeld niedergegangen. Da der Mutterboden weggesengt, die Erde buchstäblich verseucht und vergiftet war, kehrten die Bauern nicht zurück. Inmitten einer zerstörten Landschaft war auch der Wiederaufbau der Ortschaften sinnlos, von denen die meisten wie vom Erdboden verschluckt schienen. Als die »Höhe 304« neu vermessen wurde, hätte sie nun eigentlich »Höhe 297« heißen müssen – 7 m Erdboden waren von beiden Artillerien buchstäblich weggeschossen worden. 1920 war im Beisein von Marschall Pétain bereits der Grundstein zum großen Beinhaus zwischen dem Douaumont und dem Zwischenwerk Thiaumont gelegt worden. Doch die Fertigstellung des monumentalen teuren Sarkophags verzögerte sich bis in die 30er Jahre, so daß die sterblichen Überreste der Getöteten in der Zwischenzeit in einer provisorischen Holzbaracke in übereinander gestapelten Holzkisten aufbewahrt werden mußten. Waren Erich Kästners Gedichtzeilen wirklich so pietätlos, wie sie sich für Uneingeweihte anhörten? »Über die Schlachtfelder von Verdun laufen mit Schaufeln bewaffnete Christen, kehren Rippen und Köpfe zusammen und verfrachten die Helden in Kisten.«

Noch mitten im Krieg, im August 1916, hatte Teilhard de Chardin in einer Vision als »Denkmal zur Erinnerung an den großen Kampf« eine riesige Christusfigur auf dem Höhenzug von Froideterre erblickt: »Nur die Gestalt des Gekreuzigten vermag zu trösten und auszudrücken, was in einer solchen Entfesselung von Kampf und Schmerz an Schrecken, Schönheit, Hoffnung und tiefem

Mysterium wohnt.« Statt dessen wuchs über dem langgestreckten Tonnengewölbe des Beinhauses ein Turm in den Himmel, der eher einer Granate ähnelte.

Mochten die ehemaligen Gegner sich bald ohne chauvinistische Gefühle auf dem ehemaligen Schlachtfeld zusammenfinden, so wurde jedenfalls auf Anweisung der Behörden versucht, deutsche und französische Tote möglichst auseinanderzuhalten, um nicht etwa einen Bayern unter der Trikolore als Beschützer des heiligen Vaterlandsbodens zu beerdigen. Die »Selektion« war gar nicht einfach angesichts der Tatsache, daß die Granaten viele Tote mehrmals zerrissen hatten. Laut Versailler Vertrag waren für die Kennzeichnung der deutschen Kriegsgräber die weißen Gräberkreuze untersagt und die Farbe schwarz als »Zeichen der Schande« vorgesehen worden. Alle erhaltenen deutschen Gräber wurden auf Friedhöfe in der Umgebung verteilt, die unbekannten Deutschen, die zwischen Fleury und Vaux gefunden wurden, kamen auf große Haufen, wo sie später mit Erde zugeschüttet wurden. Die Katakomben des Beinhauses, durch Glasscheiben vom Auge des Betrachters getrennt, blieben den französischen Gefallenen vorbehalten, die nicht mehr identifiziert werden konnten. Ein neobarockes memento mori »pour la France« – der Tod machte eben nicht alle gleich, weder der Schlachtentod noch das Massengrab. Das jedoch waren alles Aspekte der ersten Jahre nach dem Ende der Schlacht und des Weltkrieges überhaupt. Da sich der vierjährige Krieg im Westen fast ausschließlich auf französischem Boden abgespielt hatte, war die Haltung der Franzosen nur zu verständlich, die mit der wenig angenehmen Hinterlassenschaft heroischer Zeiten fertig werden mußten.

Später kamen die Touristen, im wahrsten Sinne des Wortes Schlachtenbummler, zuerst natürlich die Amerikaner, deren Ansturm man in Verdun durch Hotelbauten mitten in der Schlachtfeldwüste gerecht zu werden versuchte. »Schlachtfelderrundfahrten im bequemen Personenauto« versprachen dem Besucher »unvergeßliche« Eindrücke auf dem »Schlachtfeld par excellence«, auf dem sich »letzten Endes der Riesenkampf zwischen Frankreich und Deutschland« entschieden hatte und sich »alle Einzelheiten des Krieges zu einem unerhört großartigen Gesamtbild von Grauen und Schrecken vereinigten« – »in dem kleinen Abschnitt, wo mehr als eine Million, vielleicht $1\frac{1}{2}$ Millionen Menschen verbluteten, gibt es keinen Quadratzentimeter Oberfläche, der nicht von Granaten durchwühlt wurde. Trinkgelder, Paßformalitäten und Visum inbegriffen!« Verdun begann mit den Toten und von den Toten zu leben.

Der Schlachtfeldertourismus nahm solche Ausmaße an, daß er für Karl Kraus »alle Schande dieses Zeitalters« noch zu überflügeln schien.

Die Überlebenden der Schlacht blickten auf diesen Rummel mit Verachtung. Mit den vielen Denkmälern, die in der Öde des Trichterfeldes errichtet wurden, schien ihnen nur der »Geist der Etappe« eingezogen zu sein. Was alles hatte das mit ihren Erlebnissen zu schaffen, mit der Schlacht selbst, der sie selber nur wie durch Zufall entkommen waren? Eine Art Unbehaustheit in der Nachkriegswelt ließ die nun wieder zu Bürgern gewordenen ehemaligen Soldaten trotzdem immer wieder zurückkehren. Verdun zog sie magisch an. Waren es Schuldgefühle gegenüber den Toten? Mußte das Glück, entkommen zu sein, immer wieder beglaubigt werden? »Die Suche nach dem verlorenen Krieg« nannte Friedrich Sieburg solche »herbstlichen Reisen«, die Sehnsucht nach dem »Gefühl« von damals, nicht nach militärischen Begebenheiten oder Effekten: »Denn nicht eher ist der verlorene Krieg wiedergefunden und zu den anderen begraben, als bis das Leben uns die gleichen Erkenntnisse schenkt, die uns einst der nahe Tod gab.« Von dem »Heimweh nach der Front« (La nostalgie du front) hatte Teilhard de Chardin gesprochen: »Die Front zieht unüberwindlich an als äußerste Grenze dessen, was gefühlt und was getan werden kann.«

Der knöcherne Beinmann in Denkmalsform auf dem »Toten Mann« schien die Überlebenden eher zu verhöhnen, ein anderes Denkmal sie schlichtweg für dumm zu verkaufen: Der Bajonettgraben – »*La tranchée des baionettes*« –, ein von einem Amerikaner 1921 gestiftetes wuchtiges Betongewölbe über ein Grabenstück, aus dem noch die Bajonettspitzen der »aufrecht in diesem Graben begrabenen Soldaten« herausragten, die hier angeblich durch eine Lage von Artillerieeinschlägen gleichzeitig verschüttet worden waren – in Wirklichkeit ein Denkmal für alte verrostete Gewehre. Es blieb auch erhalten, nachdem der französische Schriftsteller Jean Norton Cru in aller Öffentlichkeit 1930 die Geschichte als Erfindung entlarvt und darauf hingewiesen hatte, daß es überall an der Front in den Boden gesteckte Bajonette gegeben hatte, als Bezeichnung für Massengräber: »Will man wirklich behaupten, daß diese Infanteristen mit aufgepflanztem Bajonett in Reih und Glied stehenblieben, während die Erde ihnen langsam vom Knöchel zum Knie, zum Gürtel, zu den Schultern und endlich bis zum Munde stieg?« Des Rätsels Lösung findet sich in dem Bericht eines bayerischen Jägers, der sich bei einem Verdunbesuch erinnerte, daß sich das Denkmal genau an der Stelle befand, wo sich am 12. Juni die Besatzung des »Franzosennestes« ergeben und ihre Waffen abgeworfen hatte. Nichtsdestoweniger kann der französische Schuljunge noch heute die Legende vom »Graben der Bajonette« als Comic strip verfolgen.

Hatten jedoch die Deutschen den Franzosen etwas vorzuwerfen? Hatte nicht der Schriftsteller Wehner, obwohl er, der Schwerverwundete, von französischen Gefangenen freiwillig durch das Trommelfeuer geschleppt und geborgen worden war, das Märchen von der typischen Grausamkeit französischer Kolonialsoldaten in die Welt gesetzt – die Eroberer des Douaumont im Oktober 1916 hätten den Leuten um Prollius die Kehle durchgeschnitten. Ein Beispiel für eine Legende, mit der Haß gesät wurde. Andere Legenden verkauften die Leute für dumm: der bayerische Regimentskommandeur von Epp sei mit einem Schimmel nach Fleury geritten. Oder: im sicheren Glauben an die Einnahme von Verdun habe der Kaiser eine Goldplakette mit der Abbildung der »Blutpumpe« prägen lassen. Man mußte auch nicht in Verdun leben, um mit vergangenem Elend Gegenwartsunterhaltung zu betreiben; versprach doch zum Beispiel in Berlin in den zwanziger Jahren ein Veranstalter den Ausflüglern in Treptow als Riesenfeuerwerk »Fünf Minuten Trommelfeuer vor Verdun«.

Schon vor den Bemühungen der französischen und deutschen Politiker wie Rathenau, Stresemann und Briand um Aussöhnung und Verständigung schienen die Kriegsteilnehmer selbst am wenigsten Haß gegeneinander zu empfinden. Kurt Tucholsky fiel 1924 bei seinem Besuch in Verdun auf, daß sich nirgends auch nur die leiseste Beschimpfung des Gegners auffinden ließ – »*Les Allemands ou les Français, c'était toujours la même chose!*« Nicht die Reliquien der Schlacht in dem riesigen Freiluftmuseum, sondern die amtlichen und öffentlichen Lügen, mit denen in Deutschland »die Wahrheit« zugedeckt worden war, empörten Tucholsky und führten ihn zu der Frage: »Habt ihr einmal, ein einziges Mal nur, wenigstens nachher die volle, nackte, verlaust-blutige Wahrheit gezeigt?«

Die Wahrheit war im Museum freilich ebensowenig zu finden wie an den Stammtischen zu Hause, sie mußte aus vielen Fragmenten zusammengesucht und zusammengesetzt werden – ein Bruchteil nur von alldem, was Hunderttausende erlebt hatten. Das Schlachtfeld gab seine Geheimnisse nicht mehr preis.

Ein Bericht von hunderten Artikeln und Reisebeschreibungen aus den zwanziger Jahren: »Es ist Frühling. Die Natur deckt die Erde mit einem dünnen Tuch. Primeln schießen saftig in die Höhe und wackeln im Winde. Diese Schlüsselblumen sind viel voller und größer denn anderswo. Sie haben guten Boden. Nimmer kann jedoch dieser Grasteppich die Wüste verhüllen. So weit das Auge blickt, über Täler und Höhen, wohin wir auch kommen: ein Granatloch neben dem andern. Die weite Erde gleicht einem Schwamm, in dem Pore an Pore sitzt, Loch an Loch; vom kleinsten Granateinschlag bis zum Minentrichter von sechzig Metern Durchmesser und dreißig Metern Tiefe. In jedem Loch steht Wasser. Die Erde ist um und um gepflügt. Wievielmal? Millionen von Granatlöchern. Die gesamte Industrie Europas hat monate- und monatelang für dieses Zerstörungswerk gearbeitet. Hier sind die Kriegsanleihen verpulvert und verschossen, hier ist der Reichtum von Nationen in die Erde gemahlen worden . . . Der Wind bläst drüber hin, als hätte er alles, alles fortgeweht. Grab ist alles, endloses geöffnetes Grab.«

Bis kurz nach dem Zweiten Weltkrieg, der ganz neue Todeslandschaften schuf, gab die Gegend bei Verdun noch etwas von der früheren Öde und Einsamkeit wieder. Heute verbirgt fast überall dichter Wald die Spuren des Granatfeuers. Die Steinbrüche und Kapellen, die geborstenen Betonräume und Stolleneingänge sind zugewachsen, im dichten Dorngestrüpp verborgen. Nur die großen Forts, zu denen die Routen der Besichtigungsfahrten führen, liegen in großen Lichtungen und Parkplätzen, die eigens angelegt wurden, um im Sommer den Ansturm der Busse und PKWs bewältigen zu können. »Wer denkt heute noch an Verdun?«

schrieb Ende der sechziger Jahre der Schriftsteller Heinz Risse, nachdem selbst die große 50-Jahr-Feier zur Erinnerung an »die größte Schlacht der Weltgeschichte« in Deutschland kaum ein Echo weckte. Allerdings hatte der ehemalige Capitaine Charles de Gaulle weder Deutsche noch Amerikaner eingeladen, Frankreich sollte bei der Erinnerung an seinen größten Sieg allein sein. Die sterblichen Überreste Pétains durften trotz der Bitten der anciens combattants nicht nach Verdun überführt werden – de Gaulle verzieh um der Résistance-Legende willen nicht, daß der »Retter von Verdun« zum »Verräter von 1940« wurde.

Nach de Gaulles Abgang von der politischen Bühne konnte die große Feier 10 Jahre später nur noch eine mißlungene Kopie der Zeremonie französischer Gloire von 1966 darstellen. Zum letzten Mal hatten sich die Veteranen, »Jene von Verdun«, versammelt – eine »Heerschau der Gebrechlichkeit«, die zugleich beglaubigte, daß Verdun 1916 noch etwas mit der Generation von heute zu tun hatte, daß es noch nicht Geschichte war. Wenn die heutigen Rekruten, französische und deutsche Soldaten, sich zur Vereidigung auf dem Douaumont einfinden zum Zeichen der deutsch-französischen Freundschaft, so ist dies im Atomzeitalter eine leere Geste, da das deutsch-französische Verhältnis nicht mehr die Weltpolitik bestimmt.

Nun gehört das Schlachtfeld den Touristen, den Neugierigen, den Sammlern. »Man spricht wieder von Verdun!« In der Saison können sich die Führer in den beiden legendären Forts nicht vor dem Andrang der Besucher aus Belgien und Holland, Frankreich und aus der Bundesrepublik retten.

Aufgeräumt macht das Schlachtfeld nun eher den Eindruck einer Phantasielandschaft: daß in der Nähe der Gedenkstätte im Douaumont für die Explosionsopfer des 8. Mai einst die Urintonnen standen, in denen Soldaten elend ertranken, verschweigt der Schlachtenführer, der an dieser Stelle Pietät »verkauft«.

Neue Attraktionen sind dazugekommen. Die Kriegsarchäologen haben sich des Schlachtfeldes bemächtigt, bevor es von der Natur zurückerobert wurde. Das Dorf Fleury, die Fundamente der Häuser, der Zugang zu dem berüchtigten M-Raum am Bahnbogen, das Fort Kalte Erde, die Beobachtungstürme von Souville wurden freigelegt, der ehemalige Haupteingang vom Douaumont und auch der Ausgang in der Westdurchfahrt, von dem aus die Soldaten, den Tod ins Gesicht geschrieben, zum letzten Gefecht nach Fleury aufbrachen. Heute fährt der Besucher im Auto vom Douaumont nach Fleury, wo ihn an der Stelle des zerstörten Bahnhofs ein Museum erwartet, in dem alles ganz genau beschrieben und dokumentiert ist. Eine deutsche Pfadfindergruppe hat sogar den großen Geschützturm im Douaumont gereinigt, entrostet, »sehenswert« gemacht. Auf dem Hardaumont, oberhalb des Vauxteiches, schieben sich Wochenendhäuser in den Hang; ein Stück »heiliger Erde«, das billig zu haben war, da die Mückenplage im Sommer hier besonders lästig ist. Die Stadt richtet sich auf eine neue Generation von »Pilgern« ein, die keine Gespenster am Toten Mann mehr sehen. Bald soll es wieder eine Kleinbahn von Verdun zum Douaumont geben, auf der Trasse des alten Bahndamms natürlich, auf der einst Munition gefahren wurde. Die Parkplätze sind hoffnungslos verstopft, auch die Picknickplätze am Rande des »heiligen Bezirks«. Bald wird man sie noch einmal erweitern und wieder ein paar verrostete Stahlhelme und ganz sicher einige Skelette finden. Waren es Deutsche? Waren es Franzosen?

Nur im Herbst oder im Winter, wenn die Forts geschlossen sind und kein Neugieriger mehr bis auf die Höhen hinauffährt, scheint die Landschaft etwas von ihrem alten Geheimnis zu besitzen. Traurigkeit? Gleichgültigkeit? Das Laub ist abgefallen, die kreidige Erde, der Schlamm von Verdun, klebt an den Sohlen, wenn man die sicheren Asphaltwege verläßt. Es ist nicht ratsam, sich im Gebüsch zu verlieren; wer weder Karte noch Kompaß hat, irrt stundenlang herum. Die Dornenhecken scheinen einen festhalten zu wollen. Doch es gibt nichts mehr zu entdecken, was nicht schon hundertmal entdeckt wurde: noch ein Bunker, schwarzverkohlte Baumstümpfe, Patronen, Stacheldraht, der im Laufe der Zeit von den Ästen nach oben gehoben wurde, ein paar Dachziegel, von denen der Regen die Erde gewaschen hat, Granatsplitter, verrottete Lederteile, vom Rost zerfressene Feldflaschen, Knochenfragmente. Sic transit gloria mundi? Es vergeht nicht nur der Ruhm der Welt, es vergeht auch das Elend.

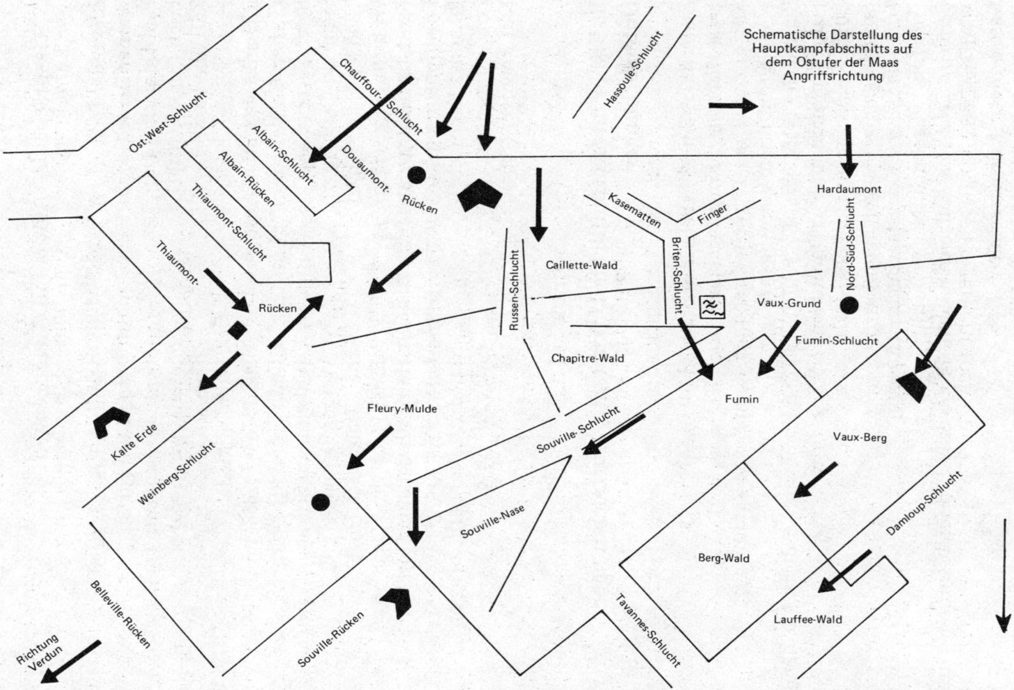

Schematische Darstellung des Hauptkampfabschnitts auf dem Ostufer der Maas
Angriffsrichtung

Bibliographie

A. Gespräche des Autors mit Augenzeugen

Alexander Dahl (1973)
Werner Darge (1977)
Paul Dunisch (1979)
Erich Dunkel (1979)
Karl Eberhardt (1972)
Paul C. Ettighofer (1966)
Richard Friedenthal (1976–1979)
Herbert Geißler (1980)
Peter Geyer (1976)
Sigmund Graff (1977)
Theodor Halter (1972)
Wilhelm Hayer (1982)
Franz Jagielski (1978)
Ernst Johannsen (1975–1977)
Johannes Kant (1980)
Fritz Klingenberg (1977)
Karl Koeniger (1965)
Heinrich Krause (1978)
Franz Lang (1976)
Bernhard Lehmann (1966–1979)
Josef Meyer (1980)
Eugen Radtke (1966–1968)
Wilhelm Riedel (1978)
Heinz Risse (1966–1979)
Carlo Schmid (1979)
Wilhelm von Schramm (1976)
Werner Stephan (1978)
Karl Tiefenbach (1973)
Ernst Weckerling (1978–1979)
Harry Wiesebaum (1978)
Georg Wolf (1978)
Friedrich Wunderlich (1976)
Max Zill (1956)

B. Bisher unveröffentlichte Dokumente, Aufzeichnungen, Untersuchungen

Leutnant W. Brand: Lebenserinnerungen (Auszug)
Ernst Diebschlag: Kriegstagebuch
Kurt Fischer: Die I-Werke während der Kämpfe vor Verdun. 1977 Weiterhin Briefe von Augenzeugen.
Bericht des Stabsarztes Dr. Hallauer an den Kommandeur der 5. I.D. über die Explosion im Fort Douaumont am 8. 5. 1916
Uoffz. Hornik: Kriegstagebuch
Ernst Johannsen: Aufzeichnungen
Fritz Klingenberg: Kriegstagebücher (Auszug)
Fritz Lang: Tagebuch (Nachschrift)
Bernhard Lehmann: Aufzeichnungen, Briefwechsel, Briefabschriften (zur Affäre Douaumont)
Gustav Mohr: Kriegstagebuch
Hans Peter von Müller: Die Ereignisse im Fort Douaumont in den letzten Tagen deutscher Besetzung 21.–24. Oktober 1916, mit Augenzeugenberichten [darin: Oberst von Bénoist: Fort Douaumont 1917 (Übersetzung)]. 1975

Der Fumin 1916 (mit Augenzeugenberichten). 1977
Die Tunnel im Raum »Toter Mann«. 1976
Leutnant Osenbrück: Kriegserinnerungen eines 84ers
Eugen Radtke: Briefe, Dokumente (zur Affäre Douaumont)
Hans Henning von Pentz: Aufzeichnungen. 1960
Paul Sommer: Bericht über den Sturm auf Fort Douaumont am 25. 2. 1916
Werner Stephan: Erinnerungen (Auszug)
Denkschrift über die im Vauxabschnitt von der 50. Infanteriedivision in der Zeit vom 14. April bis 20. November 1916 geschaffenen Lager, Bauten und sonstigen Anlagen. Weiterhin: Bericht über die Eindrücke auf Fort Vaux am 12. Juni vormittags. Fotokopie aus dem Tagebuch des Obersten a. D. Eberhard von Selansinsky 1916

C. Berichte, Biographien, Erinnerungen, historische Untersuchungen

(Auswahl

Alberti, Adriano, Brigadegeneral: General Falkenhayn. Die Beziehungen zwischen den Generalstabschefs des Dreibundes. Rom und Berlin 1924.
Baer, C. H. (Hrsg.): Die Schlacht vor Verdun. In: Der Völkerkrieg. Eine Chronik der Ereignisse seit dem 1. Juli 1914. 14. Band. Stuttgart 1917.
Barnett, Corelli: Anatomie eines Krieges. Eine Studie über die Hintergründe und entscheidenden Phasen des Ersten Weltkriegs. Aus dem Englischen. München und Esslingen 1963.
Bauer, Max, Oberst: Der Große Krieg in Feld und Heimat. Erinnerungen und Betrachtungen. Tübingen 1921.
Bircher, Eugen/Clam, Ernst: Krieg ohne Gnade. Von Tannenberg zur Schlacht der Zukunft. Zürich 1937.
Blond, Georges: Verdun. Aus dem Französischen. Reinbek b. Hamburg 1965.
ders.: Pétain. Paris 1966.
Bordeaux, Henry: Histoire d'une Vie. Bd. 5.: Douleur et Gloire de Verdun. Paris 1930.
Bourget, Pierre: Der Marschall. Pétain zwischen Kollaboration und Résistance. Aus dem Französischen. Frankfurt/M. – Berlin 1968.
Churchill, Winston S.: Weltkrisis (1911–1915). Aus dem Englischen. Bd. 1 und 2 Berlin u. Leipzig 1924/26; Die Weltkrisis 1916–1918. Aus dem Englischen. Bd. 1 Zürich–Leipzig–Wien 1928.
Craig, Gordon A.: Die preußisch-deutsche Armee. Staat im Staate. 1940–1945. Aus dem Englischen. Düsseldorf 1960.
Delbrück, Hans: Ludendorff, Tirpitz, Falkenhayn, Berlin 1920.
Dos Passos, John: Wilsons verlorener Friede. Wie Amerika in den Krieg gedrängt wurde. Aus dem Amerikanischen. Wien 1964.
Einem, Carl von, Generaloberst: Ein Armeeführer erlebt den Weltkrieg. Persönliche Aufzeichnungen. Hrsg. Junius Alter. Leipzig 1938.

Elze, Walter: Der strategische Aufbau des Weltkrieges 1914–1918. Betrachtungen und Anregungen. Berlin 1939.

Ettighofer, Paul Coelestin: Verdun. Das große Gericht. Gütersloh 1936.

Falkenhayn, Erich von: Die Oberste Heeresleitung 1914–1916 in ihren wichtigsten Entschließungen. Berlin 1920.

Fischer, Fritz: Griff nach der Weltmacht. Die Kriegszielpolitik des kaiserlichen Deutschland 1914–1918. Düsseldorf 1963.

Foch, Ferdinand: Erinnerungen. Von der Marneschlacht bis zur Ruhr. Aus dem Französischen. Leipzig o. J.

Foerster, Wolfgang: Falkenhayns Plan für 1916. Ein Beitrag zu der Frage: Wie gelangt man aus dem Stellungskriege zu entscheidungssuchender Operation? Militärwissenschaftliche Rundschau, 3/1937.

ders.: Graf Schlieffen und der Weltkrieg. Dritter Teil: Verdun 1916. Der Feldherr Ludendorff. Die Große Schlacht in Frankreich. Berlin 1921.

François, Hermann v., General der Infanterie: Der Deutsche Kronprinz. Der Soldat und Heerführer. Leipzig 1926.

Frentz, Hans: Der unbekannte Ludendorff. Der Feldherr in seiner Umwelt und Epoche. Wiesbaden 1972.

Freytag-Loringhoven, Freiherr von, General der Infanterie a. D.: Menschen und Dinge, wie ich sie in meinem Leben sah. Berlin 1923.

Fried, Alfred H.: Mein Kriegs-Tagebuch. Drei Bände. Zürich 1918/19.

Fuller, J. F. C.: Die entartete Kunst, Krieg zu führen. 1789–1961. Aus dem Englischen. Köln 1964.

Gallwitz, Max, General der Artillerie a. D. d. R.: Erleben im Westen 1916–1918. Berlin 1932.

ders.: Meine Führertätigkeit im Weltkriege 1914/1918. Berlin 1929.

Görlitz, Walter: Der deutsche Generalstab. Geschichte und Gestalt. 1657–1945. Frankfurt/M. 1950.

Goodspeed. D. J.: Ludendorff. Soldat, Diktator, Revolutionär. Aus dem Amerikanischen. Gütersloh 1968.

Groener, Wilhelm: Lebenserinnerungen. Jugend–Generalstab–Weltkrieg. Hrsg. Friedrich Frhr. Hiller von Gaertingen. Mit einem Vorwort von Peter Rassow, Göttingen 1957.

Guderian, Heinz: Erinnerungen eines Soldaten. Heidelberg 1951.

Gündell, Erich von: General Erich von Gündell. Aus seinen Tagebüchern. Hrsg. Walter Obkircher, Hamburg 1939.

Harbord, General: Die Amerikanische Armee in Frankreich. Aus dem Amerikanischen. Berlin o. J.

Heerführer des Weltkrieges. Hrsg. Deutsche Gesellschaft für Wehrpolitik und Wehrwissenschaften. Berlin 1939.

Hereus, Fritz: Der Kampf um Verdun. Vernichtung oder Ausblutung? In: Wehrpolitik und Landesverteidigung Nr. 9 (Wochenbeilage zum Völkischen Beobachter) Februar 1934.

Herre, Paul: Kronprinz Wilhelm. Seine Rolle in der deutschen Politik. München 1954.

Herzfeld, Hans: Der Erste Weltkrieg. München 1968.

Hilbert, Lothar: Falkenhayn. L'Homme et sa conception de l'Offensive de Verdun. In: Verdun 1916. Actes du Colloque International sur la Bataille de Verdun. 6–7–8 Juin 1975. Verdun 1976.

Hindenburg, Paul von, Generalfeldmarschall: Aus meinem Leben. Leipzig 1920.

Hoffmann, Max: Die Aufzeichnungen des Generalmajors Max Hoffmann. Hrsg. Karl Friedrich Nowak. Bd. 1. Berlin 1929.

ders.: Der Krieg der versäumten Gelegenheiten. München 1923.

Hoffmeister, Edmund: Schicksalswende. In: Wissen und Wehr. 10/1933.

Horne, Alistair: Des Ruhmes Lohn. Verdun 1916. Aus dem Englischen. Minden/Westf. 1965.

ders.: Über die Maas, über Schelde und Rhein. Frankreichs Niederlage 1940. Aus dem Englischen. Wien–München–Zürich 1969.

Janßen, Karl-Heinz: Der Kanzler und der General. Die Führungskrise um Bethmann Hollweg und Falkenhayn 1914–1916. Göttingen 1967.

ders.: (Hrsg.): Die graue Exzellenz. Zwischen Staatsräson und Vasallentreue. Aus den Papieren des kaiserlichen Gesandten Karl Georg von Treutler. Frankfurt/M.–Berlin–Wien 1971.

Jonas, Klaus Werner: Der Kronprinz Wilhelm. Frankfurt/M. 1962.

Jost, W./F. Felger (Hrsg.): Was wir vom Weltkrieg nicht wissen. Leipzig 1936.

Kabisch, Ernst: Streitfragen des Weltkrieges 1914–1918. Stuttgart 1924.

ders.: Verdun. Wende des Weltkrieges. Berlin 1935.

Kielmansegg, Peter Graf: Deutschland und der Erste Weltkrieg. Frankfurt/M. 1968.

Klüfer, Kurt von, Major a. D.: Seelenkräfte im Kampf um Douaumont. II./I.-R. 24, seine Nachbarn und Gegner am 25. Februar 1916. Berlin 1938.

Koch, Heinrich: Verdun 1916. Als Manuskript gedruckt. Verden/Aller 1971.

Kraft, Heinz: Das Problem Falkenhayn. Eine Würdigung der Kriegsführung des Generalstabschefs. In: Die Welt als Geschichte. Heft 1/2. Stuttgart 1962.

Kuhl, Hermann, General der Infanterie a. D.: Der Weltkrieg 1914–1918. Dem deutschen Volke dargestellt. Band I. Berlin 1933.

Lefevre, Jacques-Henri: Verdun. La plus grande bataille de l'Histoire, racontée par les survivants. Paris 1960.

Liddel-Hart, B. H.: Strategie. Aus dem Englischen. Wiesbaden o. J.

Loßberg, Fritz v., General der Infanterie: Meine Tätigkeit im Weltkriege 1914–1918. Berlin 1939.

Ludendorff, Erich von: Meine Kriegserinnerungen 1914–1918. Berlin 1919.

Marot, Jean: Die Schlacht von Verdun in Bildern. Französische und deutsche Dokumente. Aus dem Französischen. Paris 1970.

Messenger, Charles: Blitzkrieg. Eine Strategie macht Geschichte. Aus dem Englischen. Bergisch Gladbach 1978.

Miksche, Ferdinand Otto: Vom Kriegsbild. Stuttgart 1976.

Moltke, Helmuth von, Generaloberst: Erinnerungen, Briefe, Dokumente 1877–1916. Hrsg. Eliza von Moltke geb. Gräfin Moltke-Huitfeldt. Stuttgart 1922.

Moser, Otto von, Generalleutnant z. D.: Ernsthafte Plaudereien über den

Weltkrieg. Eine kritische, militärpolitische Geschichte des Krieges für Fachleute und Nichtfachleute. Berlin 1925.

Müller, Georg Alexander von, Admiral: Regierte der Kaiser? Kriegstagebücher. Aufzeichnungen und Briefe des Chefs des Marinekabinetts 1914–1918. Hrsg. Walter Görlitz. Göttingen–Berlin–Frankfurt/M. 1959.

Paul, Wolfgang: Entscheidung im September. Das Wunder an der Marne 1916. Esslingen 1974.

Péricard, Jacques: Verdun. Histoire des combats. Paris 1933.

Pétain, Maréchal: La bataille de Verdun. Paris 1938.

Pineau, Georges (Hrsg.): Verdun. La bataille de 300 jours et de 300 nuits. Paris 1976.

Rathenau, Walther: Tagebuch 1907–1922. Düsseldorf 1967.

Repington, Col. Lieut.-Col. C. à Court: The First World War. London 1920.

Riebicke, Otto: Was brauchte der Weltkrieg? Tatsachen und Zahlen aus dem deutschen Ringen 1914–1918. Berlin 1936.

Ritter, Gerhard: Der Schlieffenplan. Kritik eines Mythos. Mit erstmaliger Veröffentlichung der Texte und 6 Kartenskizzen. München 1956.

Ritter, Gerhard: Staatskunst und Kriegshandwerk. Das Problem des »Militarismus« in Deutschland. Dritter Band: Die Tragödie der Staatskunst. Bethmann Hollweg als Kriegskanzler (1914–1917) München 1964.

Ritter, H., Hauptmann a. D.: Kritik des Weltkrieges. Das Erbe Moltkes und Schlieffens im großen Kriege. Zweite Auflage. Leipzig 1921.

Rommel, Erwin: Infanterie greift an. Erlebnis und Erfahrung. Potsdam 1937.

Rosinski, Herbert: Die deutsche Armee. Vom Triumph zur Niederlage. Aus dem Amerikanischen München 1977.

Rupprecht von Bayern, Kronprinz: Mein Kriegstagebuch. Hrsg. E. v. Frauenholz. Bd. I–III. Berlin 1929.

Salewski, Michael: Verdun und die Folgen. Eine militär- und geistesgeschichtliche Betrachtung. Wehrwissenschaftliche Rundschau 3/1976.

Schlachten des Weltkrieges 1914–18. In Einzeldarstellungen bearbeitet und herausgegeben im Auftrag des Reichsarchivs. Bd. 1: Douaumont; Bd. 6: Von Nancy bis zum Camp des Romains 1914; Bd. 13: Die Tragödie von Verdun. I. Teil: Die deutsche Offensivschlacht; Bd. 14: II. Teil: Das Ringen um Fort Vaux; Bd. 15: III. und IV. Teil: Die Zermürbungsschlacht; Bd. 18: Argonnen. Oldenburg i. O/Berlin 1925–1929.

Schramm, Wilhelm v.: Clausewitz. Leben und Werk. Esslingen 1976.

Schulte, Bernd-Felix: Die deutsche Armee 1900–1914. Zwischen Beharren und Verändern. Düsseldorf 1977.

Schwarte, Max (Hrsg.): Der große Krieg 1914/1918. Leipzig 1921/23.

Solger, Wilhelm: Falkenhayn, in: Heerführer des Weltkrieges. Hrsg. von der Deutschen Gesellschaft für Wehrpolitik und Wehrwissenschaften. Berlin 1939.

Seeßelberg, Friedrich: Der Stellungskrieg 1914–1918. Berlin 1926.

Stegemann, Hermann: Geschichte des Krieges. 4. Bd. Stuttgart 1921.

Stürgkh, Josef Graf, General der Infanterie d. R.: Im Deutschen Großen Hauptquartier. Leipzig 1921.

Thaer, Albrecht von, Generalmajor a. D.: Generalstabsdienst an der Front und in der OHL. Aus Briefen und Tagebuchaufzeichnungen 1915–1919. Unter Mitarbeit von Helmuth K. G. Rönnefarth, hrsg. von Siegfried Kähler. Göttingen 1958.
Tirpitz, Alfred von: Erinnerungen. Leipzig 1919.
Tournoux, J. R.: Pétain und de Gaulle. Aus dem Französischen. Düsseldorf 1966.
Tuchmann, Barbara: August 1914. Aus dem Amerikanischen. Bern–München–Wien 1964.
Wallach, Jehuda L.: Das Dogma der Vernichtungsschlacht. Aus dem Englischen. Frankfurt/M. 1967.
Die Weltbühne, Jahrgang 1919 und 1920
Der Weltkrieg 1914–1918. Im Auftrag des Reichskriegsministeriums bearbeitet und herausgegeben von der Forschungsanstalt für Kriegs- und Heeresgeschichte. Die militärischen Operationen zu Lande, 1.–11. Band. Berlin 1925–1938. (Bd. 10 enthält den »Kampf um Verdun«: Die Operationen des Jahres 1916 bis zum Wechsel in der Obersten Heeresleitung. Berlin 1936.)
Wendt, Hermann: Der italienische Kriegsschauplatz in europäischen Konflikten. Berlin 1936.
Wendt, Hermann: Verdun 1916. Die Angriffe Falkenhayns im Maasgebiet mit Richtung auf Verdun als strategisches Problem. Berlin 1931.
Wheeler-Bennett, John W.: Der hölzerne Titan. Paul von Hindenburg. Aus dem Englischen. Tübingen 1969.
Wienskowski, von, Major a. D.: Falkenhayn. Berlin 1937.
Wilhelm, Kronprinz: Meine Erinnerungen aus Deutschlands Heldenkampf. Berlin 1923.
Ziegler, Wilhelm: Verdun. Hamburg 1936.
Ziese-Beringer, Hermann: Der einsame Feldherr. Die Wahrheit über Verdun. 2 Bände. Berlin 1934.
Zwehl, H. von, General der Infanterie a. D.: Erich von Falkenhayn, General der Infanterie. Eine biographische Studie. Berlin 1926.
ders.: Maubeuge, Aisne-Verdun. Das VII. Reservekorps im Weltkriege von seinem Beginn bis Ende 1916. Berlin 1921.

Zeittafel

21. Februar 1916	Offensivbeginn der 5. Armee gegen Verdun.
25. Februar 1916	Einnahme des Forts Douaumont. General Philippe Pétain übernimmt mit der 2. Armee die Verteidigung Verduns.
6. März 1916	Beginn der deutschen Offensive auf dem Westufer.
30. April 1916	Pétain wird Oberbefehlshaber der Heeresgruppe Mitte. General Nivelle übernimmt die 2. Armee bei Verdun.
8. Mai 1916	Explosionskatastrophe im Fort Douaumont.
20. Mai 1916	Einnahme des »Toten Manns« durch die Deutschen.
22. Mai 1916	Französischer Gegenstoß erreicht das Fort Douaumont.
7. Juni 1916	Fort Vaux kapituliert.
21.–23. Juni 1916	Deutsche Offensive auf dem Ostufer (Einnahme Fleurys und Thiaumonts).
1. Juli 1916	Beginn der englisch-französischen Offensive an der Somme.
11./12. Juli 1916	Deutsche Offensive auf dem Ostufer (weitester Vorstoß bis Fort Souville).
28./29. August 1916	Rücktritt General von Falkenhayns vom Amt des Generalstabschefs. Hindenburg und Ludendorff übernehmen die Oberste Heeresleitung.
2. September 1916	Befehl zur Einstellung des Angriffs auf Verdun.
24. Oktober 1916	Wiedereinnahme des Forts Douaumont durch die Franzosen.
15. Dezember 1916	Französische Gegenoffensive auf dem Ostufer – bis an den Rand der deutschen Ausgangsstellungen vom Februar – »Das Ende der Schlacht von Verdun« (Pétain).
20.–22. August 1917	Die Franzosen erobern den »Toten Mann« und die Höhe 304 zurück.
12.–14. September 1918	Amerikanische Offensive gegen den St.-Mihiel-Bogen.
22. August 1920	Grundsteinlegung des Beinhauses am Douaumont durch Marschall Pétain.
23. Juni 1929	Einweihung des Siegesdenkmals der Stadt Verdun.
12./13. Juni 1936	Internationale Feier zur 20. Wiederkehr der Schlacht von Verdun – Friedensschwur am Douaumont.

15. Juni 1940	Einnahme Verduns durch die deutsche Wehrmacht.
28./29. Mai 1966	Feier zur 50. Wiederkehr der Schlacht von Verdun mit Staatspräsident Charles de Gaulle.
17. September 1967	Einweihung des Verdunmuseums bei Fleury.

Nachbemerkung

Ohne die Erzählungen der letzten Überlebenden der Schlacht wäre das Buch nicht geschrieben worden, deshalb gilt ihnen vor allem der Dank des Verfassers. Die zahllosen Berichte und Bücher über Verdun haben sie ergänzt; ob ein ganzes Bild sich ergeben hat, sei dahingestellt: die Gefühle, die die Teilnehmer 1916 bewegt haben, sind ihnen teilweise heute genauso fremd wie alles Geschriebene. Bedanken möchte sich der Verfasser auch für die Mithilfe Kurt Fischers, der zu den besten Kennern der Geschichte dieser Schlacht und des heutigen Geländes gehört.

Verzeichnis der Karten, Abbildungen und Truppenaufstellungen